Emmanuel Macron

Président de la République française

Liste alphabétique par département de Mesdames et Messieurs

les députés à l'Assemblée nationale*

© Assemblée nationale

* Liste établie en juin 2023

AIN

Abad Damien
Apparenté au groupe Renaissance
Ain

Breton Xavier
Les Républicains
Ain

Buisson Jérôme
Rassemblement National
Ain

Daubié Romain
Démocrate (MoDem et Indépendants)
Ain

Givernet Olga
Renaissance
Ain

AISNE

Beaurain José
Rassemblement National
Aisne

Bricout Jean-Louis
Libertés, Indépendants, Outre-mer et Territoires
Aisne

Dessigny Jocelyn
Rassemblement National
Aisne

Dive Julien
Les Républicains
Aisne

Dragon Nicolas
Rassemblement National
Aisne

ALLIER

Bovet Jorys
Rassemblement National
Allier

Monnet Yannick
Gauche démocrate et républicaine - NUPES
Allier

Ray Nicolas
Les Républicains
Allier

ALPES-DE-HAUTE-PROVENCE

Girard Christian
Rassemblement National
Alpes-de-Haute-Provence

Walter Léo
La France insoumise - Nouvelle Union Populaire écologique et sociale
Alpes-de-Haute-Provence

ALPES-MARITIMES

Ciotti Éric
Les Républicains
Alpes-Maritimes

D'Intorni Christelle
Les Républicains
Alpes-Maritimes

Martin Alexandra
Les Républicains
Alpes-Maritimes

Masson Alexandra
Rassemblement National
Alpes-Maritimes

Masson Bryan
Rassemblement National
Alpes-Maritimes

Pauget Éric
Les Républicains
Alpes-Maritimes

Pradal Philippe
Horizons et apparentés
Alpes-Maritimes

Tabarot Michèle
Les Républicains
Alpes-Maritimes

Tivoli Lionel
Rassemblement National
Alpes-Maritimes

ARDÈCHE

Brun Fabrice
Les Républicains
Ardèche

Heydel Grillere Laurence
Renaissance
Ardèche

Saulignac Hervé
Socialistes et apparentés (membre de l'intergroupe NUPES) *Ardèche*

ARDENNES

Cordier Pierre
Apparenté au groupe Les Républicains
Ardennes

Vuibert Lionel
Renaissance
Ardennes

Warsmann Jean-Luc
Libertés, Indépendants, Outre-mer et Territoires
Ardennes

ARIÈGE

Froger Martine
Libertés, Indépendants, Outre-mer et Territoires
Ariège

Panifous Laurent
Libertés, Indépendants, Outre-mer et Territoires
Ariège

AUBE

Bazin-Malgras Valérie
Les Républicains
Aube

Guitton Jordan
Rassemblement National
Aube

Ranc Angélique
Rassemblement National
Aube

AUDE

Barthès Christophe
Rassemblement National
Aude

Falcon Frédéric
Rassemblement National
Aude

Rancoule Julien
Rassemblement National
Aude

AVEYRON

Alexandre Laurent
La France insoumise - Nouvelle Union Populaire écologique et sociale
Aveyron

Mazars Stéphane
Renaissance
Aveyron

Rousset Jean-François
Renaissance
Aveyron

BAS-RHIN

Buffet Françoise
Renaissance
Bas-Rhin

Fernandes Emmanuel
La France insoumise - Nouvelle Union Populaire écologique et sociale
Bas-Rhin

Hetzel Patrick
Les Républicains
Bas-Rhin

Kochert Stéphanie
Horizons et apparentés
Bas-Rhin

Morel Louise
Démocrate (MoDem et Indépendants)
Bas-Rhin

Regol Sandra
Écologiste - NUPES
Bas-Rhin

Sitzenstuhl Charles
Renaissance
Bas-Rhin

Studer Bruno
Renaissance
Bas-Rhin

Thiébaut Vincent
Horizons et apparentés
Bas-Rhin

BOUCHES-DU-RHÔNE

Agresti-Roubache Sabrina
Renaissance
Bouches-du-Rhône

Allisio Franck
Rassemblement National
Bouches-du-Rhône

Baubry Romain
Rassemblement National
Bouches-du-Rhône

Bompard Manuel
La France insoumise - Nouvelle Union Populaire écologique et sociale *Bouches-du-Rhône*

DÉPUTÉS DE L'ASSEMBLÉE NATIONALE

Bouches-du-Rhône, Calvados, Cantal, Charente, Charente-Maritime, Cher, Corrèze, Corse-du-Sud

Davi Hendrik
La France insoumise - Nouvelle Union Populaire écologique et sociale
Bouches-du-Rhône

Delogu Sébastien
La France insoumise - Nouvelle Union Populaire écologique et sociale
Bouches-du-Rhône

Dharréville Pierre
Gauche démocrate et républicaine - NUPES
Bouches-du-Rhône

Gonzalez José
Rassemblement National
Bouches-du-Rhône

Laqhila Mohamed
Démocrate (MoDem et Indépendants)
Bouches-du-Rhône

Lelouis Gisèle
Rassemblement National
Bouches-du-Rhône

Mélin Joëlle
Rassemblement National
Bouches-du-Rhône

Petel Anne-Laurence
Renaissance
Bouches-du-Rhône

Pitollat Claire
Renaissance
Bouches-du-Rhône

Royer-Perreaut Lionel
Renaissance
Bouches-du-Rhône

Taché de la Pagerie Emmanuel
Rassemblement National
Bouches-du-Rhône

Zulesi Jean-Marc
Renaissance
Bouches-du-Rhône

CALVADOS

Blanchet Christophe
Démocrate (MoDem et Indépendants)
Calvados

Bouyx Bertrand
Renaissance
Calvados

Delaporte Arthur
Socialistes et apparentés (membre de l'intergroupe NUPES) *Calvados*

Le Vigoureux Fabrice
Renaissance
Calvados

Patrier-Leitus Jérémie
Horizons et apparentés
Calvados

Sertin Freddy
Renaissance
Calvados

CANTAL

Bony Jean-Yves
Les Républicains
Cantal

Descoeur Vincent
Les Républicains
Cantal

CHARENTE

Colombier Caroline
Rassemblement National
Charente

Marsaud Sandra
Renaissance
Charente

Pilato René
La France insoumise - Nouvelle Union Populaire écologique et sociale
Charente

Sur les 577 députés de l'Assemblée nationale, l'âge moyen est de 49 ans, contre 42,2 ans pour la population française.

CHARENTE-MARITIME

Ardouin Jean-Philippe
Renaissance
Charente-Maritime

Babault Anne-Laure
Démocrate (MoDem et Indépendants)
Charente-Maritime

Falorni Olivier
Démocrate (MoDem et Indépendants)
Charente-Maritime

Gérard Raphaël
Renaissance
Charente-Maritime

Plassard Christophe
Horizons et apparentés
Charente-Maritime

CHER

Cormier-Bouligeon François
Renaissance
Cher

Kervran Loïc
Horizons et apparentés
Cher

Sansu Nicolas
Gauche démocrate et républicaine - NUPES
Cher

CORRÈZE

Dubois Francis
Les Républicains
Corrèze

Meunier Frédérique
Les Républicains
Corrèze

CORSE-DU-SUD

Colombani Paul-André
Libertés, Indépendants, Outre-mer et Territoires
Corse-du-Sud

Marcangeli Laurent
Président du groupe Horizons et apparentés
Corse-du-Sud

CÔTE-D'OR

Bordat Benoît
Apparenté au groupe Renaissance
Côte-d'Or

Brigand Hubert
Les Républicains
Côte-d'Or

Khattabi Fadila
Renaissance
Côte-d'Or

Martin Didier
Renaissance
Côte-d'Or

Paris Didier
Renaissance
Côte-d'Or

Le Bureau composé de 22 membres (le président de l'Assemblée nationale, 6 vice-présidents, 3 questeurs et 12 secrétaires), exerce une compétence générale sur l'organisation et le fonctionnement de l'Assemblée.

CÔTES-D'ARMOR

Bothorel Éric
Renaissance
Côtes-d'Armor

Bouloux Chantal
Renaissance
Côtes-d'Armor

Cosson Mickaël
Démocrate (MoDem et Indépendants)
Côtes-d'Armor

Le Fur Marc
Les Républicains
Côtes-d'Armor

Lepvraud Murielle
La France insoumise - Nouvelle Union Populaire écologique et sociale
Côtes-d'Armor

CREUSE

Couturier Catherine
La France insoumise - Nouvelle Union Populaire écologique et sociale
Creuse

DEUX-SÈVRES

Batho Delphine
Écologiste - NUPES
Deux-Sèvres

Fiévet Jean-Marie
Renaissance
Deux-Sèvres

Marchive Bastien
Apparenté au groupe Renaissance
Deux-Sèvres

DORDOGNE

Cubertafon Jean-Pierre
Démocrate (MoDem et Indépendants)
Dordogne

Martin Pascale
La France insoumise - Nouvelle Union Populaire écologique et sociale
Dordogne

Muller Serge
Rassemblement National
Dordogne

Peytavie Sébastien
Écologiste - NUPES
Dordogne

DOUBS

Alauzet Éric
Renaissance
Doubs

Croizier Laurent
Démocrate (MoDem et Indépendants)
Doubs

Genevard Annie
Les Républicains
Doubs

Grangier Géraldine
Rassemblement National
Doubs

Pacquot Nicolas
Renaissance
Doubs

DRÔME

Anthoine Emmanuelle
Les Républicains
Drôme

Clapot Mireille
Apparentée au groupe Renaissance
Drôme

Pochon Marie
Écologiste - NUPES
Drôme

Pollet Lisette
Rassemblement National
Drôme

ESSONNE

Amrani Farida
La France insoumise - Nouvelle Union Populaire écologique et sociale
Essonne

Da Conceicao Carvalho Nathalie
Rassemblement National
Essonne

Dupont-Aignan Nicolas
Non inscrit
Essonne

Guévenoux Marie
Renaissance
Essonne

Guedj Jérôme
Socialistes et apparentés (membre de l'intergroupe NUPES) *Essonne*

Izard Alexis
Renaissance
Essonne

Léaument Antoine
La France insoumise - Nouvelle Union Populaire écologique et sociale
Essonne

Midy Paul
Renaissance
Essonne

Reda Robin
Renaissance
Essonne

Rixain Marie-Pierre
Renaissance
Essonne

EURE

Brun Philippe
Socialistes et apparentés (membre de l'intergroupe NUPES)
Eure

Houssin Timothée
Rassemblement National
Eure

Levavasseur Katiana
Rassemblement National
Eure

Loir Christine
Rassemblement National
Eure

Mauvieux Kévin
Rassemblement National
Eure

EURE-ET-LOIR

Kasbarian Guillaume
Renaissance
Eure-et-Loir

Lamirault Luc
Horizons et apparentés
Eure-et-Loir

Marleix Olivier
Président du groupe Les Républicains
Eure-et-Loir

Vigier Philippe
Démocrate (MoDem et Indépendants)
Eure-et-Loir

FINISTÈRE

Balanant Erwan
Démocrate (MoDem et Indépendants)
Finistère

Larsonneur Jean-Charles
Apparenté au groupe Horizons et apparentés
Finistère

Le Feur Sandrine
Renaissance
Finistère

Le Gac Didier
Renaissance
Finistère

Le Meur Annaïg
Renaissance
Finistère

Melchior Graziella
Renaissance
Finistère

Tanguy Liliana
Renaissance
Finistère

Thomin Mélanie
Socialistes et apparentés (membre de l'intergroupe NUPES)
Finistère

GARD

Berta Philippe
Démocrate (MoDem et Indépendants)
Gard

Bordes Pascale
Rassemblement National
Gard

Gillet Yoann
Rassemblement National
Gard

Meizonnet Nicolas
Rassemblement National
Gard

Meurin Pierre
Rassemblement National
Gard

Sala Michel
La France insoumise - Nouvelle Union Populaire écologique et sociale
Gard

GERS

Cazeneuve Jean-René
Renaissance
Gers

Taupiac David
Libertés, Indépendants, Outre-mer et Territoires
Gers

GIRONDE

Boudié Florent
Renaissance
Gironde

Cazenave Thomas
Renaissance
Gironde

David Alain
Socialistes et apparentés (membre de l'intergroupe NUPES) *Gironde*

de Fournas Grégoire
Rassemblement National
Gironde

Diaz Edwige
Rassemblement National
Gironde

Lavergne Pascal
Renaissance
Gironde

Mette Sophie
Démocrate (MoDem et Indépendants)
Gironde

Panonacle Sophie
Renaissance
Gironde

Poulliat Éric
Renaissance
Gironde

Prud'homme Loïc
La France insoumise - Nouvelle Union Populaire écologique et sociale
Gironde

Thierry Nicolas
Écologiste - NUPES
Gironde

Zgainski Frédéric
Démocrate (MoDem et Indépendants)
Gironde

HAUT-RHIN

Fuchs Bruno
Démocrate (MoDem et Indépendants)
Haut-Rhin

Goetschy-Bolognese Charlotte
Renaissance
Haut-Rhin

Klinkert Brigitte
Renaissance
Haut-Rhin

Lemaire Didier
Horizons et apparentés
Haut-Rhin

Ott Hubert
Démocrate (MoDem et Indépendants)
Haut-Rhin

Schellenberger Raphaël
Les Républicains
Haut-Rhin

HAUTE-CORSE

Acquaviva Jean-Félix
Libertés, Indépendants, Outre-mer et Territoires
Haute-Corse

Castellani Michel
Libertés, Indépendants, Outre-mer et Territoires
Haute-Corse

HAUTE-GARONNE

Arrighi Christine
Écologiste - NUPES
Haute-Garonne

Aviragnet Joël
Socialistes et apparentés (membre de l'intergroupe NUPES)
Haute-Garonne

Bex Christophe
La France insoumise - Nouvelle Union Populaire écologique et sociale
Haute-Garonne

Clouet Hadrien
La France insoumise - Nouvelle Union Populaire écologique et sociale
Haute-Garonne

Esquenet-Goxes Laurent
Démocrate (MoDem et Indépendants)
Haute-Garonne

Iborra Monique
Renaissance
Haute-Garonne

Piquemal François
La France insoumise - Nouvelle Union Populaire écologique et sociale *Haute-Garonne*

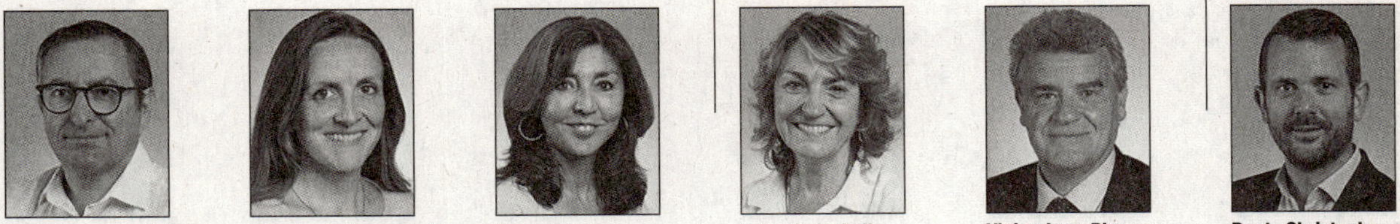

Portarrieu Jean-François
Horizons et apparentés
Haute-Garonne

Stambach-Terrenoir Anne
La France insoumise - Nouvelle Union Populaire écologique et sociale *Haute-Garonne*

Vignon Corinne
Renaissance
Haute-Garonne

HAUTE-LOIRE

Valentin Isabelle
Les Républicains
Haute-Loire

Vigier Jean-Pierre
Les Républicains
Haute-Loire

HAUTE-MARNE

Bentz Christophe
Rassemblement National
Haute-Marne

Robert-Dehault Laurence
Rassemblement National
Haute-Marne

HAUTE-SAVOIE

Armand Antoine
Renaissance
Haute-Savoie

Duby-Muller Virginie
Les Républicains
Haute-Savoie

Petex-Levet Christelle
Les Républicains
Haute-Savoie

Riotton Véronique
Renaissance
Haute-Savoie

Roseren Xavier
Renaissance
Haute-Savoie

Violland Anne-Cécile
Horizons et apparentés
Haute-Savoie

HAUTE-SAÔNE

Salmon Emeric
Rassemblement National
Haute-Saône

Villedieu Antoine
Rassemblement National
Haute-Saône

HAUTE-VIENNE

Delautrette Stéphane
Socialistes et apparentés (membre de l'intergroupe NUPES)
Haute-Vienne

Maudet Damien
La France insoumise - Nouvelle Union Populaire écologique et sociale
Haute-Vienne

Meunier Manon
La France insoumise - Nouvelle Union Populaire écologique et sociale *Haute-Vienne*

HAUTES-ALPES

Boyer Pascale
Renaissance
Hautes-Alpes

Giraud Joël
Renaissance
Hautes-Alpes

HAUTES-PYRÉNÉES

Ferrer Sylvie
La France insoumise - Nouvelle Union Populaire écologique et sociale
Hautes-Pyrénées

Mournet Benoit
Renaissance
Hautes-Pyrénées

HAUTS-DE-SEINE

Bourlanges Jean-Louis
Démocrate (MoDem et ndépendants)
Hauts-de-Seine

Bregeon Maud
Renaissance
Hauts-de-Seine

Calvez Céline
Renaissance
Hauts-de-Seine

Cazeneuve Pierre
Renaissance
Hauts-de-Seine

Faucillon Elsa
Gauche démocrate et républicaine - NUPES
Hauts-de-Seine

Guichard Claire
Renaissance
Hauts-de-Seine

Juvin Philippe
Les Républicains
Hauts-de-Seine

Le Grip Constance
Renaissance
Hauts-de-Seine

Pasquini Francesca
Écologiste - NUPES
Hauts-de-Seine

Pellerin Emmanuel
Renaissance
Hauts-de-Seine

Saintoul Aurélien
La France insoumise - Nouvelle Union Populaire écologique et sociale
Hauts-de-Seine

Sebaihi Sabrina
Écologiste - NUPES
Hauts-de-Seine

Thevenot Prisca
Renaissance
Hauts-de-Seine

HÉRAULT

Carrière Sylvain
La France insoumise - Nouvelle Union Populaire écologique et sociale
Hérault

Cristol Laurence
Renaissance
Hérault

Galzy Stéphanie
Rassemblement National
Hérault

Lopez-Liguori Aurélien
Rassemblement National
Hérault

Ménard Emmanuelle
Non inscrit
Hérault

Oziol Nathalie
La France insoumise - Nouvelle Union Populaire écologique et sociale
Hérault

Rome Sébastien
La France insoumise - Nouvelle Union Populaire écologique et sociale
Hérault

Sorez Philippe
Renaissance
Hérault

Vignal Patrick
Renaissance
Hérault

ILLE-ET-VILAINE

Benoit Thierry
Apparenté au groupe Horizons et apparentés
Ille-et-Vilaine

Bouloux Mickaël
Socialistes et apparentés (membre de l'intergroupe NUPES)
Ille-et-Vilaine

Bourgeaux Jean-Luc
Apparenté au groupe Les Républicains
Ille-et-Vilaine

Hignet Mathilde
La France insoumise - Nouvelle Union Populaire écologique et sociale
Ille-et-Vilaine

Le Nabour Christine
Renaissance
Ille-et-Vilaine

Maillart-Méhaignerie Laurence
Renaissance
Ille-et-Vilaine

Mathieu Frédéric
La France insoumise - Nouvelle Union Populaire écologique et sociale
Ille-et-Vilaine

Rouaux Claudia
Socialistes et apparentés (membre de l'intergroupe NUPES)
Ille-et-Vilaine

INDRE

Forissier Nicolas
Les Républicains
Indre

Jolivet François
Horizons et apparentés
Indre

INDRE-ET-LOIRE

Alfandari Henri
Horizons et apparentés
Indre-et-Loire

Colboc Fabienne
Renaissance
Indre-et-Loire

Fournier Charles
Écologiste - NUPES
Indre-et-Loire

Labaronne Daniel
Renaissance
Indre-et-Loire

Thillaye Sabine
Démocrate (MoDem et Indépendants)
Indre-et-Loire

ISÈRE

Abadie Caroline
Renaissance
Isère

Battistel Marie-Noëlle
Socialistes et apparentés (membre de l'intergroupe NUPES)
Isère

Chatelain Cyrielle
Présidente du groupe Écologiste - NUPES
Isère

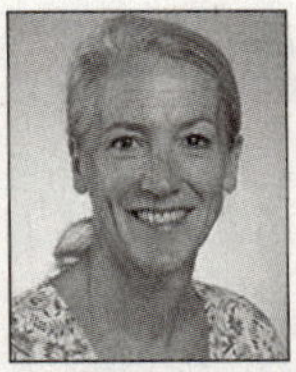

Hugues Servane
Renaissance
Isère

Iordanoff Jérémie
Écologiste - NUPES
Isère

Jacquier-Laforge Élodie
Démocrate (MoDem et Indépendants)
Isère

Jolly Alexis
Rassemblement National
Isère

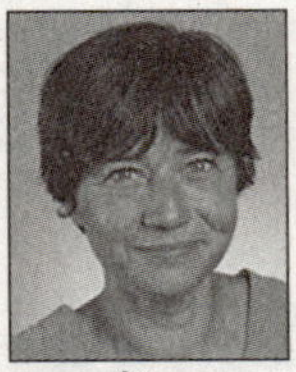

Martin Élisa
La France insoumise - Nouvelle Union Populaire écologique et sociale *Isère*

Meynier-Millefert Marjolaine
Renaissance
Isère

Neuder Yannick
Les Républicains
Isère

JURA

Brulebois Danielle
Renaissance
Jura

Dalloz Marie-Christine
Les Républicains
Jura

Gruet Justine
Les Républicains
Jura

LANDES

Causse Lionel
Renaissance
Landes

Lainé Fabien
Démocrate (MoDem et Indépendants)
Landes

Vallaud Boris
Président du groupe Socialistes et apparentés (membre de l'intergroupe NUPES)
Landes

LOIR-ET-CHER

Chudeau Roger
Rassemblement National
Loir-et-Cher

Desjonquères Mathilde
Démocrate (MoDem et Indépendants)
Loir-et-Cher

Marion Christophe
Renaissance
Loir-et-Cher

LOIRE

Bataillon Quentin
Renaissance
Loire

Cinieri Dino
Les Républicains
Loire

Mandon Emmanuel
Démocrate (MoDem et Indépendants)
Loire

Taite Jean-Pierre
Les Républicains
Loire

Taurinya Andrée
La France insoumise - Nouvelle Union Populaire écologique et sociale
Loire

Vermorel-Marques Antoine
Les Républicains
Loire

LOIRE-ATLANTIQUE

Amiot Ségolène
La France insoumise - Nouvelle Union Populaire écologique et sociale
Loire-Atlantique

Belhamiti Mounir
Renaissance
Loire-Atlantique

Errante Sophie
Renaissance
Loire-Atlantique

Geismar Luc
Démocrate (MoDem et Indépendants)
Loire-Atlantique

Haury Yannick
Renaissance
Loire-Atlantique

Josso Sandrine
Démocrate (MoDem et Indépendants) *Loire-Atlantique*

DÉPUTÉS DE L'ASSEMBLÉE NATIONALE

Loire-Atlantique, Loiret, Lot, Lot-et-Garonne, Lozère, Maine-et-Loire, Manche, Marne, Mayenne

Kerbrat Andy
La France insoumise - Nouvelle Union Populaire écologique et sociale
Loire-Atlantique

Laernoes Julie
Écologiste - NUPES
Loire-Atlantique

Raux Jean-Claude
Écologiste - NUPES
Loire-Atlantique

Tavel Matthias
La France insoumise - Nouvelle Union Populaire écologique et sociale
Loire-Atlantique

LOIRET

Brosse Anthony
Renaissance
Loiret

Janvier Caroline
Renaissance
Loiret

Ménagé Thomas
Rassemblement National
Loiret

Paris Mathilde
Rassemblement National
Loiret

Ramos Richard
Démocrate (MoDem et Indépendants)
Loiret

Rist Stéphanie
Renaissance
Loiret

LOT

Pradié Aurélien
Les Républicains
Lot

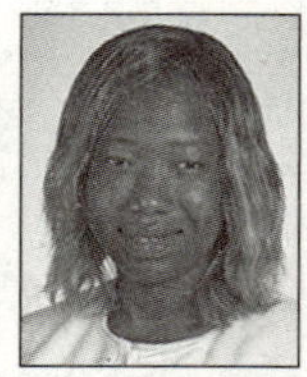

Tiegna Huguette
Renaissance
Lot

LOT-ET-GARONNE

Cousin Annick
Rassemblement National
Lot-et-Garonne

Laporte Hélène
Rassemblement National
Lot-et-Garonne

Lauzzana Michel
Renaissance
Lot-et-Garonne

LOZÈRE

Morel-À-L'Huissier Pierre
Libertés, Indépendants, Outre-mer et Territoires
Lozère

MAINE-ET-LOIRE

Blin Anne-Laure
Les Républicains
Maine-et-Loire

Bolo Philippe
Démocrate (MoDem et Indépendants)
Maine-et-Loire

Dubré-Chirat Nicole
Renaissance
Maine-et-Loire

Dupont Stella
Renaissance
Maine-et-Loire

Gernigon François
Horizons et apparentés
Maine-et-Loire

Masséglia Denis
Renaissance
Maine-et-Loire

Saint-Paul Laetitia
Renaissance
Maine-et-Loire

MANCHE

Gosselin Philippe
Les Républicains
Manche

Pic Anna
Socialistes et apparentés (membre de l'intergroupe NUPES)
Manche

Sorre Bertrand
Renaissance
Manche

Travert Stéphane
Renaissance
Manche

MARNE

Albertini Xavier
Horizons et apparentés
Marne

de Courson Charles
Libertés, Indépendants, Outre-mer et Territoires
Marne

Girardin Éric
Renaissance
Marne

Magnier Lise
Horizons et apparentés
Marne

Miller Laure
Renaissance
Marne

MAYENNE

Bannier Géraldine
Démocrate (MoDem et Indépendants)
Mayenne

Favennec-Bécot Yannick
Apparenté au groupe Horizons et apparentés
Mayenne

Garot Guillaume
Socialistes et apparentés (membre de l'intergroupe NUPES) *Mayenne*

Sur les 577 députés de l'Assemblée nationale, 220 sont des femmes.

MEURTHE-ET-MOSELLE

Bazin Thibault
Les Républicains
Meurthe-et-Moselle

Etienne Martine
La France insoumise - Nouvelle Union Populaire écologique et sociale
Meurthe-et-Moselle

Fiat Caroline
La France insoumise - Nouvelle Union Populaire écologique et sociale *Meurthe-et-Moselle*

Guillemard Philippe
Renaissance
Meurthe-et-Moselle

Lacresse Emmanuel
Renaissance
Meurthe-et-Moselle

Potier Dominique
Socialistes et apparentés (membre de l'intergroupe NUPES)
Meurthe-et-Moselle

MEUSE

Goulet Florence
Rassemblement National
Meuse

Pancher Bertrand
Président du groupe Libertés, Indépendants, Outre-mer et Territoires
Meuse

MORBIHAN

Jacques Jean-Michel
Renaissance
Morbihan

Le Hénanff Anne
Horizons et apparentés
Morbihan

Le Peih Nicole
Renaissance
Morbihan

Métayer Lysiane
Renaissance
Morbihan

Molac Paul
Libertés, Indépendants, Outre-mer et Territoires
Morbihan

Pahun Jimmy
Démocrate (MoDem et Indépendants)
Morbihan

MOSELLE

Belhaddad Belkhir
Renaissance
Moselle

Di Filippo Fabien
Les Républicains
Moselle

Jacobelli Laurent
Rassemblement National
Moselle

Leduc Charlotte
La France insoumise - Nouvelle Union Populaire écologique et sociale *Moselle*

Loubet Alexandre
Rassemblement National
Moselle

Mendes Ludovic
Renaissance
Moselle

Pfeffer Kévin
Rassemblement National
Moselle

Rauch Isabelle
Horizons et apparentés
Moselle

Seitlinger Vincent
Les Républicains
Moselle

NIÈVRE

Goulet Perrine
Démocrate (MoDem et Indépendants)
Nièvre

Perrot Patrice
Renaissance
Nièvre

NORD

Bernalicis Ugo
La France insoumise - Nouvelle Union Populaire écologique et sociale
Nord

Berteloot Pierrick
Rassemblement National
Nord

Bricout Guy
Libertés, Indépendants, Outre-mer et Territoires
Nord

Catteau Victor
Rassemblement National
Nord

Chenu Sébastien
Rassemblement National
Nord

Christophe Paul
Horizons et apparentés
Nord

Decodts Christine
Renaissance
Nord

Descamps Béatrice
Libertés, Indépendants, Outre-mer et Territoires
Nord

François Thibaut
Rassemblement National
Nord

Gérard Félicie
Horizons et apparentés
Nord

Guiraud David
La France insoumise - Nouvelle Union Populaire écologique et sociale *Nord*

DÉPUTÉS DE L'ASSEMBLÉE NATIONALE

Nord, Oise, Orne, Paris

Ledoux Vincent
Renaissance
Nord

Liso Brigitte
Renaissance
Nord

Marchio Matthieu
Rassemblement National
Nord

Parmentier-Lecocq Charlotte
Renaissance
Nord

Quatennens Adrien
La France insoumise - Nouvelle Union Populaire écologique et sociale *Nord*

Roussel Fabien
Gauche démocrate et républicaine - NUPES
Nord

Saint-Huile Benjamin
Libertés, Indépendants, Outre-mer et Territoires
Nord

Spillebout Violette
Renaissance
Nord

Taverne Michaël
Rassemblement National
Nord

Vicot Roger
Socialistes et apparentés (membre de l'intergroupe NUPES)
Nord

OISE

Ballard Philippe
Rassemblement National
Oise

Guiniot Michel
Rassemblement National
Oise

Habert-Dassault Victor
Les Républicains
Oise

Minot Maxime
Les Républicains
Oise

Sabatou Alexandre
Rassemblement National
Oise

Vatin Pierre
Les Républicains
Oise

Woerth Éric
Renaissance
Oise

ORNE

Jourdan Chantal
Socialistes et apparentés (membre de l'intergroupe NUPES)
Orne

Louwagie Véronique
Les Républicains
Orne

Nury Jérôme
Les Républicains
Orne

PARIS

Amiel David
Renaissance
Paris

Arenas Rodrigo
La France insoumise - Nouvelle Union Populaire écologique et sociale
Paris

Bayou Julien
Écologiste - NUPES
Paris

Berete Fanta
Renaissance
Paris

Caron Aymeric
La France insoumise - Nouvelle Union Populaire écologique et sociale
Paris

Chassaniol Clara
Renaissance
Paris

Chikirou Sophia
La France insoumise - Nouvelle Union Populaire écologique et sociale
Paris

Gatel Maud
Démocrate (MoDem et Indépendants)
Paris

Haddad Benjamin
Renaissance
Paris

Le Gendre Gilles
Renaissance
Paris

Legrain Sarah
La France insoumise - Nouvelle Union Populaire écologique et sociale *Paris*

Maillard Sylvain
Renaissance
Paris

Obono Danièle
La France insoumise - Nouvelle Union Populaire écologique et sociale
Paris

Panosyan-Bouvet Astrid
Renaissance
Paris

Rousseau Sandrine
Écologiste - NUPES
Paris

Sas Eva
Écologiste - NUPES
Paris

Simonnet Danielle
La France insoumise - Nouvelle Union Populaire écologique et sociale
Paris

Yadan Caroline
Renaissance
Paris

PAS-DE-CALAIS

Bilde Bruno
Rassemblement National
Pas-de-Calais

Blairy Emmanuel
Rassemblement National
Pas-de-Calais

Dumont Pierre-Henri
Les Républicains
Pas-de-Calais

Engrand Christine
Rassemblement National
Pas-de-Calais

Fait Philippe
Renaissance
Pas-de-Calais

Frappé Thierry
Rassemblement National
Pas-de-Calais

Le Pen Marine
Présidente du groupe Rassemblement National
Pas-de-Calais

Maquet Jacqueline
Renaissance
Pas-de-Calais

Parmentier Caroline
Rassemblement National
Pas-de-Calais

Petit Bertrand
Socialistes et apparentés (membre de l'intergroupe NUPES)
Pas-de-Calais

Pont Jean-Pierre
Renaissance
Pas-de-Calais

Tellier Jean-Marc
Gauche démocrate et républicaine - NUPES
Pas-de-Calais

PUY-DE-DÔME

Chassaigne André
Président du groupe Gauche démocrate et républicaine - NUPES *Puy-de-Dôme*

Lingemann Delphine
Démocrate (MoDem et Indépendants)
Puy-de-Dôme

Maximi Marianne
La France insoumise - Nouvelle Union Populaire écologique et sociale
Puy-de-Dôme

Pires Beaune Christine
Socialistes et apparentés (membre de l'intergroupe NUPES)
Puy-de-Dôme

Vichnievsky Laurence
Démocrate (MoDem et Indépendants)
Puy-de-Dôme

PYRÉNÉES-ATLANTIQUES

Bru Vincent
Démocrate (MoDem et Indépendants)
Pyrénées-Atlantiques

Echaniz Inaki
Socialistes et apparentés (membre de l'intergroupe NUPES) *Pyrénées-Atlantiques*

Habib David
Non inscrit
Pyrénées-Atlantiques

Lasserre Florence
Démocrate (MoDem et Indépendants)
Pyrénées-Atlantiques

Mattei Jean-Paul
Président du groupe Démocrate (MoDem et Indépendants)
Pyrénées-Atlantiques

Poueyto Josy
Démocrate (MoDem et Indépendants)
Pyrénées-Atlantiques

PYRÉNÉES-ORIENTALES

Blanc Sophie
Rassemblement National
Pyrénées-Orientales

Dogor-Such Sandrine
Rassemblement National
Pyrénées-Orientales

Martinez Michèle
Rassemblement National
Pyrénées-Orientales

Sabatini Anaïs
Rassemblement National
Pyrénées-Orientales

RHÔNE

Amard Gabriel
La France insoumise - Nouvelle Union Populaire écologique et sociale
Rhône

Boumertit Idir
La France insoumise - Nouvelle Union Populaire écologique et sociale
Rhône

Brocard Blandine
Démocrate (MoDem et Indépendants)
Rhône

Brugnera Anne
Renaissance
Rhône

Fugit Jean-Luc
Renaissance
Rhône

Garin Marie-Charlotte
Écologiste - NUPES
Rhône

Gassilloud Thomas
Renaissance
Rhône

DÉPUTÉS DE L'ASSEMBLÉE NATIONALE

Rhône, Sarthe, Savoie, Saône-et-Loire, Seine-et-Marne, Seine-Maritime

Isaac-Sibille Cyrille
Démocrate (MoDem et Indépendants)
Rhône

Julien-Laferrière Hubert
Écologiste - NUPES
Rhône

Portier Alexandre
Les Républicains
Rhône

Rudigoz Thomas
Renaissance
Rhône

Serre Nathalie
Les Républicains
Rhône

Tanzilli Sarah
Renaissance
Rhône

Vincendet Alexandre
Les Républicains
Rhône

SAÔNE-ET-LOIRE

Corneloup Josiane
Les Républicains
Saône-et-Loire

Dirx Benjamin
Renaissance
Saône-et-Loire

Margueritte Louis
Renaissance
Saône-et-Loire

Rebeyrotte Rémy
Renaissance
Saône-et-Loire

Untermaier Cécile
Socialistes et apparentés (membre de l'intergroupe NUPES) – *Saône-et-Loire*

SARTHE

Delpech Julie
Renaissance
Sarthe

Grelier Jean-Carles
Renaissance
Sarthe

Karamanli Marietta
Socialistes et apparentés (membre de l'intergroupe NUPES)
Sarthe

Leboucher Élise
La France insoumise - Nouvelle Union Populaire écologique et sociale *Sarthe*

Martineau Éric
Démocrate (MoDem et Indépendants)
Sarthe

SAVOIE

Bonnivard Émilie
Les Républicains
Savoie

Coulomme Jean-François
La France insoumise - Nouvelle Union Populaire écologique et sociale
Savoie

Ferrari Marina
Démocrate (MoDem et Indépendants)
Savoie

Rolland Vincent
Les Républicains
Savoie

SEINE-ET-MARNE

Faure Olivier
Socialistes et apparentés (membre de l'intergroupe NUPES)
Seine-et-Marne

Ghomi Hadrien
Renaissance
Seine-et-Marne

Laisney Maxime
La France insoumise - Nouvelle Union Populaire écologique et sociale
Seine-et-Marne

Lemoine Patricia
Renaissance
Seine-et-Marne

Luquet Aude
Démocrate (MoDem et Indépendants)
Seine-et-Marne

Périgault Isabelle
Les Républicains
Seine-et-Marne

Peyron Michèle
Renaissance
Seine-et-Marne

Roullaud Béatrice
Rassemblement National
Seine-et-Marne

Soudais Ersilia
La France insoumise - Nouvelle Union Populaire écologique et sociale
Seine-et-Marne

Thiériot Jean-Louis
Les Républicains
Seine-et-Marne

Valletoux Frédéric
Horizons et apparentés
Seine-et-Marne

SEINE-MARITIME

Adam Damien
Renaissance
Seine-Maritime

Batut Xavier
Renaissance
Seine-Maritime

Carel Agnès
Horizons et apparentés
Seine-Maritime

Dufour Alma
La France insoumise - Nouvelle Union Populaire écologique et sociale
Seine-Maritime

Jumel Sébastien
Gauche démocrate et républicaine - NUPES
Seine-Maritime

Lecoq Jean-Paul
Gauche démocrate et républicaine - NUPES
Seine-Maritime

Leseul Gérard
Socialistes et apparentés (membre de l'intergroupe NUPES)
Seine-Maritime

Poussier-Winsback Marie-Agnès
Horizons et apparentés
Seine-Maritime

Vidal Annie
Renaissance
Seine-Maritime

Wulfranc Hubert
Gauche démocrate et républicaine - NUPES
Seine-Maritime

SEINE-SAINT-DENIS

Abomangoli Nadège
La France insoumise - Nouvelle Union Populaire écologique et sociale
Seine-Saint-Denis

Autain Clémentine
La France insoumise - Nouvelle Union Populaire écologique et sociale
Seine-Saint-Denis

Bourouaha Soumya
Gauche démocrate et républicaine - NUPES
Seine-Saint-Denis

Coquerel Éric
La France insoumise - Nouvelle Union Populaire écologique et sociale
Seine-Saint-Denis

Corbière Alexis
La France insoumise - Nouvelle Union Populaire écologique et sociale
Seine-Saint-Denis

Garrido Raquel
La France insoumise - Nouvelle Union Populaire écologique et sociale
Seine-Saint-Denis

Keloua Hachi Fatiha
Socialistes et apparentés (membre de l'intergroupe NUPES) *Seine-Saint-Denis*

Lachaud Bastien
La France insoumise - Nouvelle Union Populaire écologique et sociale
Seine-Saint-Denis

Legavre Jérôme
La France insoumise - Nouvelle Union Populaire écologique et sociale
Seine-Saint-Denis

Peu Stéphane
Gauche démocrate et républicaine - NUPES
Seine-Saint-Denis

Portes Thomas
La France insoumise - Nouvelle Union Populaire écologique et sociale
Seine-Saint-Denis

Trouvé Aurélie
La France insoumise - Nouvelle Union Populaire écologique et sociale *Seine-Saint-Denis*

SOMME

Maquet Emmanuel
Les Républicains
Somme

Menache Yaël
Rassemblement National
Somme

Pompili Barbara
Apparentée au groupe Renaissance
Somme

Ruffin François
La France insoumise - Nouvelle Union Populaire écologique et sociale
Somme

Tanguy Jean-Philippe
Rassemblement National
Somme

TARN

Cabrolier Frédéric
Rassemblement National
Tarn

Erodi Karen
La France insoumise - Nouvelle Union Populaire écologique et sociale *Tarn*

Terlier Jean
Renaissance
Tarn

TARN-ET-GARONNE

Hamelet Marine
Rassemblement National
Tarn-et-Garonne

Rabault Valérie
Socialistes et apparentés (membre de l'intergroupe NUPES)
Tarn-et-Garonne

TERRITOIRE DE BELFORT

Boucard Ian
Les Républicains
Territoire de Belfort

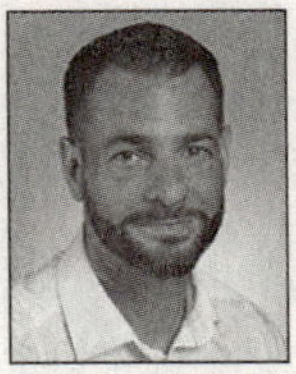

Chauche Florian
La France insoumise - Nouvelle Union Populaire écologique et sociale
Territoire de Belfort

VAL-DE-MARNE

Boyard Louis
La France insoumise - Nouvelle Union Populaire écologique et sociale
Val-de-Marne

Descrozaille Frédéric
Renaissance
Val-de-Marne

Gouffier Valente Guillaume
Renaissance
Val-de-Marne

Guetté Clémence
La France insoumise - Nouvelle Union Populaire écologique et sociale
Val-de-Marne

Herbillon Michel
Les Républicains
Val-de-Marne

Keke Rachel
La France insoumise - Nouvelle Union Populaire écologique et sociale *Val-de-Marne*

DÉPUTÉS DE L'ASSEMBLÉE NATIONALE

Val-de-Marne, Val-d'Oise, Var, Vaucluse, Vendée, Vienne

Lefèvre Mathieu
Renaissance
Val-de-Marne

Panot Mathilde
Présidente du groupe La France insoumise - Nouvelle Union Populaire écologique et sociale *Val-de-Marne*

Petit Maud
Démocrate (MoDem et Indépendants)
Val-de-Marne

Santiago Isabelle
Socialistes et apparentés (membre de l'intergroupe NUPES)
Val-de-Marne

Taillé-Polian Sophie
Écologiste - NUPES
Val-de-Marne

VAL-D'OISE

Bilongo Carlos Martens
La France insoumise - Nouvelle Union Populaire écologique et sociale
Val-d'Oise

Chandler Émilie
Renaissance
Val-d'Oise

Da Silva Dominique
Renaissance
Val-d'Oise

Folest Estelle
Démocrate (MoDem et Indépendants)
Val-d'Oise

Le Gall Arnaud
La France insoumise - Nouvelle Union Populaire écologique et sociale *Val-d'Oise*

Moutchou Naïma
Horizons et apparentés
Val-d'Oise

Rilhac Cécile
Apparentée au groupe Renaissance
Val-d'Oise

Taché Aurélien
Écologiste - NUPES
Val-d'Oise

Vannier Paul
La France insoumise - Nouvelle Union Populaire écologique et sociale
Val-d'Oise

Vuilletet Guillaume
Renaissance
Val-d'Oise

VAR

Boccaletti Frédéric
Rassemblement National
Var

Chenevard Yannick
Renaissance
Var

Giletti Frank
Rassemblement National
Var

Lavalette Laure
Rassemblement National
Var

Lechanteux Julie
Rassemblement National
Var

Lottiaux Philippe
Rassemblement National
Var

Rambaud Stéphane
Rassemblement National
Var

Schreck Philippe
Rassemblement National
Var

VAUCLUSE

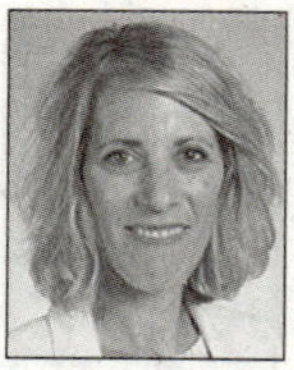

Auzanot Bénédicte
Rassemblement National
Vaucluse

Jaouen Catherine
Rassemblement National
Vaucluse

de Lépinau Hervé
Rassemblement National
Vaucluse

Lorho Marie-France
Apparentée au groupe Rassemblement National
Vaucluse

Lovisolo Jean-François
Renaissance
Vaucluse

VENDÉE

Bellamy Béatrice
Horizons et apparentés
Vendée

Besse Véronique
Non inscrit
Vendée

Buchou Stéphane
Renaissance
Vendée

Henriet Pierre
Renaissance
Vendée

Latombe Philippe
Démocrate (MoDem et Indépendants)
Vendée

VIENNE

Belluco Lisa
Écologiste - NUPES
Vienne

Houlié Sacha
Renaissance
Vienne

Lecamp Pascal
Démocrate (MoDem et Indépendants)
Vienne

Turquois Nicolas
Démocrate (MoDem et Indépendants)
Vienne

VOSGES

Gaultier Jean-Jacques
Les Républicains
Vosges

Naegelen Christophe
Libertés, Indépendants, Outre-mer et Territoires
Vosges

Valence David
Apparenté au groupe Renaissance
Vosges

Viry Stéphane
Les Républicains
Vosges

YONNE

Grenon Daniel
Rassemblement National
Yonne

Odoul Julien
Rassemblement National
Yonne

Villiers André
Horizons et apparentés
Yonne

YVELINES

Bergantz Anne
Démocrate (MoDem et Indépendants)
Yvelines

Bergé Aurore
Présidente du groupe Renaissance
Yvelines

Braun-Pivet Yaël
Renaissance
Yvelines

Hai Nadia
Renaissance
Yvelines

Lebec Marie
Renaissance
Yvelines

Lucas Benjamin
Écologiste - NUPES
Yvelines

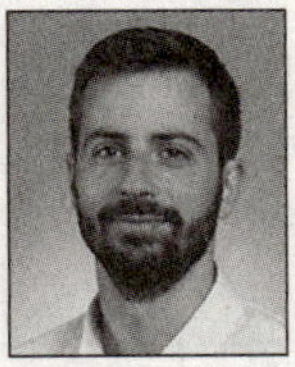

Martinet William
La France insoumise - Nouvelle Union Populaire écologique et sociale
Yvelines

Millienne Bruno
Démocrate (MoDem et Indépendants)
Yvelines

Olive Karl
Renaissance
Yvelines

Piron Béatrice
Renaissance
Yvelines

Pouzyreff Natalia
Renaissance
Yvelines

Rodwell Charles
Renaissance
Yvelines

Seizième législature

Les groupes politiques sont constitués au minimum de 15 députés et jouent un rôle majeur dans le fonctionnement de l'Assemblée nationale. Ainsi :
- les présidents de groupe siègent à la Conférence des présidents ;
- les commissions sont composées en proportion de l'importance numérique des groupes ;
- le temps de parole est distribué en fonction de l'effectif des groupes.

Groupe	Total
Renaissance	171
La France insoumise Nouvelle Union poplulaire écologique et sociale	75
Libertés, Indépendants, Outre-Mer et Territoires	21
Horizons et apparentés	29
Rassemblement National	88
Les Républicains	62
Écologistes-NUPES	23
Socialistes et apparentés (membres de l'intergroupe NUPES)	31
Démocrates (MoDem et Indépendants)	51
Non inscrits	4
Gauche démocrate et républicaine NUPES	22
Total des sièges	577

DÉPARTEMENTS D'OUTRE-MER

GUADELOUPE

Baptiste Christian
Apparenté au groupe Socialistes et apparentés (membre de l'intergroupe NUPES)
Guadeloupe

Califer Elie
Apparenté au groupe Socialistes et apparentés (membre de l'intergroupe NUPES)
Guadeloupe

Mathiasin Max
Libertés, Indépendants, Outre-mer et Territoires
Guadeloupe

Serva Olivier
Libertés, Indépendants, Outre-mer et Territoires
Guadeloupe

GUYANE

Castor Jean-Victor
Gauche démocrate et républicaine - NUPES
Guyane

Rimane Davy
Gauche démocrate et républicaine - NUPES
Guyane

DÉPUTÉS DE L'ASSEMBLÉE NATIONALE

Martinique, Mayotte, Réunion, Nouvelle-Calédonie, Polynésie française, St-Barthélemy et St-Martin, St-Pierre-et-Miquelon, Wallis-et-Futuna et les Français établis hors de France

MARTINIQUE

Hajjar Johnny
Apparenté au groupe Socialistes et apparentés (membre de l'intergroupe NUPES) *Martinique*

Nadeau Marcellin
Gauche démocrate et républicaine - NUPES
Martinique

Nilor Jean-Philippe
La France insoumise - Nouvelle Union Populaire écologique et sociale
Martinique

William Jiovanny
Gauche démocrate et républicaine - NUPES
Martinique

MAYOTTE

Kamardine Mansour
Les Républicains
Mayotte

Youssouffa Estelle
Libertés, Indépendants, Outre-mer et Territoires
Mayotte

RÉUNION

Bassire Nathalie
Libertés, Indépendants, Outre-mer et Territoires
Réunion

Gaillard Perceval
La France insoumise - Nouvelle Union Populaire écologique et sociale
Réunion

K/Bidi Emeline
Gauche démocrate et républicaine - NUPES
Réunion

Lebon Karine
Gauche démocrate et républicaine - NUPES
Réunion

Maillot Frédéric
Gauche démocrate et républicaine - NUPES
Réunion

Naillet Philippe
Apparenté au groupe Socialistes et apparentés (membre de l'intergroupe NUPES)
Réunion

Ratenon Jean-Hugues
La France insoumise - Nouvelle Union Populaire écologique et sociale
Réunion

Sur les 577 députés de l'Assemblée nationale, 17 ont moins de trente ans.

NOUVELLE-CALÉDONIE

Dunoyer Philippe
Renaissance
Nouvelle-Calédonie

Metzdorf Nicolas
Renaissance
Nouvelle-Calédonie

POLYNÉSIE FRANÇAISE

Reid Arbelot Mereana
Gauche démocrate et républicaine - NUPES
Polynésie Française

Chailloux Steve
Gauche démocrate et républicaine - NUPES
Polynésie Française

Le Gayic Tematai
Gauche démocrate et républicaine - NUPES
Polynésie Française

ST-BARTHÉLEMY ET ST-MARTIN

Gumbs Frantz
Démocrate (MoDem et Indépendants)
Saint-Barthélemy et Saint-Martin

ST-PIERRE-ET-MIQUELON

Lenormand Stéphane
Libertés, Indépendants, Outre-mer et Territoires
Saint-Pierre-et-Miquelon

WALLIS-ET-FUTUNA

Seo Mikaele
Renaissance
Wallis-et-Futuna

FRANÇAIS ÉTABLIS HORS DE FRANCE

Anglade Pieyre-Alexandre
Renaissance
Français établ's hors de France

Ben Cheikh Karim
Écologiste - NUPES
Français établis hors de France

Caroit Eléonore
Renaissance
Français établis hors de France

Ferracci Marc
Renaissance
Français établis hors de France

Genetet Anne
Renaissance
Français établis hors de France

Habib Meyer
Apparenté au groupe Les Républicains
Français établis hors de France

Holroyd Alexandre
Renaissance
Français établis hors de France

Lakrafi Amélia
Renaissance
Français établis hors de France

Petit Frédéric
Démocrate (MoDem et Indépendants)
Français établis hors de France

Vojetta Stéphane
Apparenté au groupe Renaissance
Français établis hors de France

Weissberg Christopher
Renaissance
Français établis hors de France

JOUR DE L'AN

JANVIER

ALMANACH VERMOT 2024

Saint Clair – On fête aussi les Fulgence

Lever du soleil **08h44**

Coucher du soleil **17h04**

« Les pensées portées sur des pattes de colombe mènent le monde. » *Friedrich Nietzsche*

Chaque année, vous recevez votre *Almanach Vermot*. Il est conçu comme un compagnon avec qui vous auriez chaque jour rendez-vous, pour poursuivre une conversation à bâtons rompus, pleine d'anecdotes, d'informations, de conseils, entrecoupée de blagues… Mais cette conversation est écrite. D'ailleurs, vous êtes nombreux chaque année à nous écrire. Pour dire votre satisfaction ou, au contraire, nous signaler des erreurs et les corriger. Nous sommes toujours heureux de vous lire ! Ce courrier donne du sens à notre travail, enrichit ce lien entre vous et nous. Cela nous a donné l'idée de vous proposer une sorte de jeu. Chaque mois s'ouvrira sur une lettre dont nous avons supprimé la date d'envoi, le nom de son auteur ou de son destinataire. À vous d'essayer de les retrouver…

Évidemment, l'exercice est très difficile en soi. Contrairement à un roman qui est écrit pour les lecteurs, donc pour vous, la lettre ou le billet que vous aurez sous les yeux ne vous sont pas destinés. Quand on lit une correspondance, on est un peu en position de voyeur. Ces mots, qui vous parviennent des années après leur envoi, quand le monde était peut-être bien différent, sont adressés à une personne particulière, racontent une histoire commune – amitié, amour ou relations d'affaires, par exemple –, que le courrier prolonge ou dont il s'inquiète, dont il ne livre que des indices. Une seule lettre, c'est un fragment de relation. On ne peut alors qu'essayer de la « lire entre les lignes », d'en imaginer les marges, le contexte : révèle-t-elle une familiarité, une intimité ? Est-elle écrite avec une politesse et une réserve qui signalent une prise de contact, une supplique ? Exprime-t-elle de la tristesse ou de la joie ? Un détail au détour d'une phrase ou le vocabulaire font-ils surgir un usage passé, une époque révolue ?

Rassurez-vous : vous ne passez pas un examen (ah ! ce rêve que tous nous avons fait au moins une fois, au cours duquel nous devions repasser le baccalauréat et dont nous nous sommes réveillés comme d'un cauchemar…) ; il s'agit d'éveiller votre curiosité et de vous inviter à imaginer qui a pu écrire cette lettre, dans quelle situation, à quel type de correspondant elle s'adresse. Peut-être, parfois, aurez-vous vu juste. Pour tout vous dire, nous avons essayé de résoudre ces énigmes et nous nous sommes surpris à échafauder des hypothèses étonnantes, drôles, rarement vérifiées par la réponse qui est donnée le mois suivant…

La seule règle est : divertissez-vous !

Pour clore ce parcours à travers ces énigmes épistolières, en décembre nous vous proposerons d'écrire une lettre. Nous en sélectionnerons une que nous publierons dans votre *Almanach* l'année prochaine !

Pour bien commencer, nous vous souhaitons une bonne année !

LA LETTRE MYSTÈRE

Rouen, 1er janvier …

Ma chère maman

Je te souhaite une bonne année. comment vous portes vous tous. tu feras mes complimens a mon oncle a ma tante a ma cousine a félicité a eugène mathieu poupou charonnat. je vous souhaite une bonne année à vous tous.

Lever du soleil
08h44

Mardi 2

Coucher du soleil
17h05

Saint Basile – On fête aussi les Adélard, Macaire, Stéphanie

« Nous avons autant besoin de raisons de vivre que de quoi vivre. » *Abbé Pierre*

GRANDS SPORTIFS DES JO

CHAMPIONNE SANS LE SAVOIR

En 1900, Margaret Abbott s'inscrit à une compétition féminine de golf disputée à Paris, où elle passe ses vacances, et s'impose face à neuf autres concurrentes. Huit décennies plus tard, une chercheuse spécialiste de l'histoire olympique s'aperçoit que cette compétition n'était rien d'autre qu'une épreuve olympique. Disparue en 1965, Margaret Abbott fut ainsi la première athlète américaine médaillée d'or, mais ne l'a jamais su. Il faut attendre les Jeux de 2016 pour qu'elle ait une héritière dans son sport !

CITIUS - ALTIUS - FORTIUS

C'est qui celui-là ?

Au hasard Balthazar

L'expression « Au hasard Balthazar » n'est pas forgée uniquement sur l'allitération en « ar ». Elle se réfère aux Rois mages qui partirent sur un long chemin afin d'apporter des cadeaux célébrant la naissance de Jésus. Parmi eux se trouvait Balthazar, roi des Arabes selon la tradition, qui suivit l'étoile polaire pour trouver son chemin et ne partit pas tout à fait « au hasard ».

ACTU

Le joyau de la méduse

Comme la plupart des êtres vivants, les méduses grandissent, vieillissent et meurent. Sauf la bien nommée méduse immortelle qui peut indéfiniment inverser le processus, retrouver une forme juvénile et éviter la mort de vieillesse. Une équipe de chercheurs de l'université d'Oviedo (Espagne) a tenté de percer son secret. En la comparant à d'autres espèces, ils ont découvert que la méduse immortelle avait deux fois plus de copies de gènes associés à la réparation et à la protection de l'ADN. Quand elle est affaiblie par une blessure ou un changement d'environnement, ses cellules retrouvent leur état primordial, comme au premier jour. Les gènes identifiés pourraient fournir des informations sur les maladies liées à l'âge chez les humains, comme la neurodégénérescence, ou le cancer.

Poème

Devant les dernières pages de l'Almanach Vermot
Une sorte de nostalgie m'envahit aussitôt
Ma lecture assidue et bien sûr quotidienne
Empêche mon esprit de rester tout en berne
Chaque jour j'ai dans ce cas ma dose de jouissance
Me rappelant ainsi mon incroyable chance
Elle provoque en moi une joie immodérée
Face à ce numéro qui ne m'a pas quitté
D'être aujourd'hui obligé de m'en séparer
Déclenche bien sûr en moi un drôle mais vrai effet
Mais cette séparation se trouve compensée
Par l'Almanach nouveau qui vient chez moi d'entrer !

Ce poème nous a été envoyé par Robert Berthomé

Lever du soleil
08h44

Mercredi 3

Coucher du soleil
17h06

Sainte Geneviève – On fête aussi les Ginette, Gordius

« L'homme est visiblement fait pour penser ; c'est toute sa dignité et tout son métier ; et tout son devoir est de penser comme il faut. » *Blaise Pascal*

Bibliophiles

Au bonheur des ogres, Daniel Pennac (Gallimard, 1985)

En 2023 est paru le dernier volume de la *Saga Malaussène*, l'occasion de la lire ou relire. Dès le premier volume, les pages exposent (explosent) un monde au plus près de la vie. Grouillante, surprenante, effrayante parfois, et drôle. Tribu familiale et tribulations, terrorisme, avortement, ogres vrais ou imaginés qui menacent les petits enfants, relations de travail… Avec le recul, se dessine dans ces pages truculentes le bouillonnement de notre société, mais le vrai secret de Pennac est de réconcilier le monde contemporain et un hier à la Carné ou à la Tati, poétique, solidaire, où l'amour l'emporte.

DEVINETTES

De goût sucré,
De couleur presque noire,
Il est bon à manger,
Mais pas à recevoir,
Qu'est-ce que c'est ?

Le pruneau

La Véritable Histoire de… Le Comte de Monte-Cristo

Pour créer le personnage d'Edmond Dantès, Alexandre Dumas s'est amplement inspiré de l'histoire d'un certain Pierre Picaud, victime d'une machination en 1807. Sur le point d'épouser Marguerite Vigoroux, une femme aussi belle que riche, ce cordonnier nîmois est accusé par le restaurateur Loupian et deux complices (Solari et Chaubard) d'être un agent royaliste. Arrêté le jour de ses noces, Picaud est jeté en prison dans une forteresse italienne. Là, il se lie d'amitié avec un autre détenu, le père Torri. Mourant, ce dernier lui lègue par testament un trésor caché à Milan. Libéré à la chute de l'Empire, Picaud, vieilli et amaigri, récupère le butin et prend le nom de Joseph Lucher. Une fois en France, il va se venger de ceux qui ont brisé sa vie. Solari est poignardé et Chaubard empoisonné. Quant à Loupian, enrichi grâce à son mariage avec Marguerite, il est d'abord déshonoré : sa fille est engrossée par un complice de Picaud qui disparaît le jour des noces et son fils, retrouvé inconscient sur les lieux d'un cambriolage, est condamné à vingt ans de prison. Quelque temps plus tard, le restaurant de Loupian est incendié et il est ruiné. C'est dans les archives de la police que Dumas a découvert cette affaire qu'il a romancée pour son *Comte de Monte-Cristo* publié en 1844.

Présentatrices mythiques de TV

Dorothée

Une queue-de-cheval blonde, un enthousiasme constant et une passion pour les ritournelles entêtantes. Dorothée est un mythe pour les enfants des 80's, qui ont grandi avec le fameux club. La jeune Frédérique Hoschedé, de son vrai nom, est propulsée à la télévision par Jacqueline Joubert dans les années 1970. À la même période, elle fait une brève incursion dans le cinéma, notamment dans *L'Amour en fuite* de François Truffaut, et mène une carrière de chanteuse. Avec le *Club Dorothée*, l'animatrice accède au succès et devient une star nationale. De 1987 à 1997, l'émission jeunesse phare de TF1 diffuse des dessins animés, principalement des mangas, tous les matins. Dorothée y tient le rôle de présentatrice vedette, aux côtés d'une équipe d'animateurs trublions. Lorsque le programme s'arrête, en 1997, elle disparaît brusquement des écrans. Pour revenir ponctuellement, sur scène ou à la télévision, à partir de 2007.

Lever du soleil
08h44

Jeudi 4

Coucher du soleil
17h07

Saint Odilon – On fête aussi les Fata, Oringa

« Ce n'est pas parce qu'un problème n'a pas été résolu qu'il est impossible à résoudre. » *Agatha Christie*

Recette — Fondant chocolat et caramel au beurre salé

Pour 6 pers. | **5 min de préparation** | **10 à 12 min de cuisson**

- 200 g de chocolat pâtissier noir au caramel
- 100 g de beurre demi-sel ou aux cristaux de sel
- 2 œufs
- 25 g de sucre
- 70 g de farine

Préchauffez le four à 180 °C (th. 6). Chemisez de papier sulfurisé un moule à gâteau carré ou rectangulaire.

Faites fondre au bain-marie le chocolat et le beurre salé.

Dans un saladier, blanchissez les œufs avec le sucre en battant vigoureusement à la fourchette ou au fouet.

Incorporez la farine et mélangez jusqu'à ce que la pâte soit homogène.

Versez dans le moule et enfournez pour 10 à 12 min de cuisson : selon votre moule, l'épaisseur à cuire diffère un peu.

Laissez refroidir.

Conseils

Le gâteau est cuit quand il commence à gonfler. Quand vous le sortirez du four, vous aurez l'impression qu'il n'est pas assez cuit car la pâte tremblote encore. Ne vous inquiétez pas, il est parfait comme ça ! Mais laissez-le refroidir surtout, et n'hésitez pas même à le mettre au frais quelques heures avant de le déguster !

CÉTACÉS

LA BALEINE DE CUVIER

3 h 42 min. C'est le temps de plongée officiellement chronométré de la baleine de Cuvier et c'est le record d'apnée pour tous les cétacés et les baleines, et même tous les animaux à poumons. Et elle détient également le record de profondeur pour les mammifères, avec 2 992 m. Elle a une vie très sous-marine et ne paraît en surface que pour respirer un bon coup. On l'appelle aussi « baleine à bec d'oie », pour son bec proéminent sur une toute petite tête et un corps de seulement 6 m de long.

Humour du monde

ha ha, hi hi, ho ho — Français
huhuhuh, hahaha, kukuku — Japonais
ax ax ax — Russe
cha cha — Lituanien
jajaja — Espagnol

« Si tu as une envie de travail, assieds-toi et attends que ça passe ».

Proverbe italien

Brèves régions

45

LOIRET – STARS REGRETTÉES

C'est un drame atypique qui s'est déroulé le 4 janvier 2020 à Sury-aux-Bois, dans le Loiret. Ce soir-là, onze stars ont péri dans un incendie d'une rare violence. Des stars qui n'étaient pas connues pour leurs répliques mais pour leur présence emblématique, car il s'agissait d'animaux dressés pour les tournages de télévision et de cinéma. Certains de ces animaux avaient participé peu de temps auparavant au film **Les Vétos,** ***avec Clovis Cornillac, d'autres avaient été au générique des films*** **La Famille Bélier, Donne-moi des ailes** ***ou encore*** **L'École buissonnière.** ***L'établissement spécialisé a été dévoré par les flammes en quelques minutes.***

JANVIER

Lever du soleil
08h44

Vendredi 5

Coucher du soleil
17h09

Saint Édouard – On fête aussi les Eddy, Eddie

« Tu peux toujours vivre heureux, puisque toujours tu peux suivre la bonne voie, toujours concevoir et agir avec méthode. » *Marc Aurèle*

Les rues mythiques du MONDE

Avenue des Champs-Élysées (Paris, France)

Honneur à « la plus belle avenue du monde » pour commencer cette série. Tout ou presque a été dit, écrit et même chanté sur nos Champs, ce « chemin » créé par Le Nôtre, le jardinier de Louis XIV, progressivement agrandi au XVIIIe siècle, embelli tout au long du XIXe jusqu'à devenir l'épicentre du luxe parisien. Un petit détail souvent ignoré : parmi les multiples enseignes installées sur la prestigieuse avenue, une seule occupe la même adresse depuis plus d'un siècle. Et cocorico !, il s'agit de Renault, installé au 53, avenue des Champs-Élysées depuis 1910.

MYTHOLOGIES CÉLESTES

Sur les épaules des géants

Concept astronomique hérité de l'Antiquité, la voûte céleste est la sphère sur laquelle repose le ciel et ses constellations, nommées en référence à leur mythologie par les Grecs anciens. Dans leurs légendes, la voûte céleste n'est pas suspendue au-dessus de nos têtes, mais soutenue par le Titan Atlas. Car une guerre éclata entre les dieux de l'Olympe et les Titans lorsque Zeus voulut se venger de son père Cronos qui avait cherché à l'engloutir, comme il l'avait fait avec ses frères et sœurs. Après sa victoire, Zeus s'appropria le Ciel, les Titans furent condamnés à l'exil ou emprisonnés. Atlas, leur chef, reçut quant à lui une punition exemplaire : celle de porter la voûte céleste sur ses épaules pour l'éternité. Bienveillant envers les hommes, Atlas est celui qui initie ces derniers aux mystères de la Terre et du Ciel.

LES BANQUES ALIMENTAIRES LANCENT LEUR COLLECTE NATIONALE.

CITATIONS HUMORISTIQUES : BLAGUES ET VANNES

« Des cinq sens que possède l'homme, le plus précieux est le sens commun. »
Alphonse Karr

59 400

C'est, en euros, le prix atteint lors d'une vente aux enchères par la transcription d'un échange tendu entre l'ex-Première ministre néo-zélandaise, Jacinda Ardern, et le leader de l'opposition, David Seymour. Petit détail : ces propos inscrits au procès-verbal de la session parlementaire sont signés par les deux intéressés. Surtout, l'échange se termine par une injure de Jacinda Ardern qui qualifie son opposant de « connard arrogant » avant de regagner son siège, excédée. David Seymour avait alors requis des excuses auprès du président de la chambre. Jacinda Ardern a réussi à retourner la situation à son avantage en proposant à son adversaire de mettre aux enchères la transcription de leur altercation verbale et d'offrir les bénéfices de la vente à une association. Celui-ci a immédiatement accepté et proposé que les fonds soient versés à la Fondation contre le cancer de la prostate de Nouvelle-Zélande. Peu habitués aux insultes entre politiques, les Néo-Zélandais ont plébiscité ces enchères de réconciliation.

Samedi 6

Lever du soleil
08h44

Coucher du soleil
17h10

ÉPIPHANIE

Saint Mélaine – On fête aussi les Gaspard, Balthazar, Melchior

« Avec la télévision, il n'y a plus qu'un flux permanent, un ruissellement ininterrompu, tout coule et rien ne reste. L'œil ne contemple plus, il avale. » *Alain Finkielkraut*

Le saviez-vous ?

Étaient-ils vraiment trois ?

Un seul Évangile mentionne la visite de « sages » à l'enfant Jésus, l'Évangile selon saint Matthieu. S'il précise qu'ils lui offrent de l'or, de la myrrhe et de l'encens, il n'évoque ni leur nombre, ni leur statut de roi. Ce n'est qu'au IIIe siècle apr. J.-C. qu'on en fait des rois et qu'on établit leur nombre à trois.
Et ils reçoivent leurs noms de Melchior, Gaspard et Balthazar au VIIIe siècle.

CALEMBOURS ou RÉPARTIES cultes du cinéma

Dans quel film ?

« Les cons, ça ose tout. C'est même à ça qu'on les reconnaît. »

Réponse : *Les Tontons flingueurs*, de Georges Lautner

Cocktails

Mojito

Pour 1 grand verre – 5 min de préparation

- *5 feuilles de menthe*
- *1 cuil. à soupe de sucre roux*
- *10 ml de sirop de sucre de canne*
- *10 ml de jus de citron vert*
- *30 ml de rhum agricole blanc*
- *Eau gazeuse*
- *Glaçons (facultatif)*

Mettez la menthe au fond du verre.
Versez le sucre, le sirop et le jus. Ajoutez le rhum et complétez d'eau gazeuse, à votre goût. Ajoutez des glaçons et remuez bien avec la paille.

Conseil
Ajoutez des morceaux de citron vert.

CRÈCHES : DU PERSONNEL PAS TOUJOURS QUALIFIÉ.

Les plus beaux bateaux de l'histoire

LE *NORMANDIE*

C'est l'un des paquebots les plus mythiques de l'histoire, d'une époque où ils représentaient la seule façon de traverser l'Atlantique, bien avant que les bateaux de croisière ne fassent polémique à cause de leur empreinte écologique désastreuse.
Le chantier de construction du *Normandie* débute en 1931 à Saint-Nazaire. Ce concentré de technologie devient une gloire nationale en pulvérisant le record de traversée de l'Atlantique (en quatre jours, trois heures et deux minutes pour la première traversée en 1935).
Immobilisé à New York avec le début de la Seconde Guerre mondiale en 1939, le navire est réquisitionné en 1941 par les Américains pour transporter les troupes. Mais le 9 février 1942, un incendie éclate à cause d'une étincelle de chalumeau. Cette journée lui sera fatale. L'épave est mise en vente en août 1946 et finalement adjugée à un ferrailleur, qui achèvera sa démolition un an plus tard.

Lever du soleil
08h43

Dimanche 7

Coucher du soleil
17h11

Saint Raymond – On fête aussi les Aymone, Ramsès

« Savoir garder le silence est très important. C'est pourquoi, même pour dire des paroles qui sont bonnes, des paroles saintes qui aident les autres, les disciples parfaits recevront rarement la permission de parler. » *Saint Benoît*

Les Bons Bonbons de nos régions

Les bêtises de Cambrai

Comme d'autres succès culinaires, ces bêtises reconnaissables à leur couleur blanche et leur liseré jaune de caramel nous rappellent que leur recette a été inventée par erreur. Vers 1830, un jeune cuisinier de la confiserie Despinoy aurait en effet cuit le sucre trop longtemps. Jules Despinoy aurait alors remué la préparation, créant ainsi un liquide cuit de sucre blanc, composé principal du bonbon. À l'origine uniquement parfumées à la menthe Mitcham, les bêtises de Cambrai existent désormais à l'orange, la framboise ou la pomme verte. Leurs cousines, les sottises de Valenciennes, ont été créées en 1930.

CHARADE classique

Mon premier est généralement douillet,

Mon deuxième accompagne le coca,

Mon troisième est un philosophe allemand,

Mon quatrième ne montre pas patte blanche,

Mon tout est un humoriste et imitateur français.

NICOLAS CANTELOUP (NID – COLA – KANT – LOUP)

AHAHAHAHAH ! OH ! OH ! AH ! AH ! AH ! HI ! HI ! HI ! WHA HA ! HA !

LA BONNE BLAGUE

M. Ours et M. Lapin ne s'apprécient pas du tout. Un jour, alors qu'ils se promènent chacun dans les bois, ils se croisent et rencontrent également une grenouille dorée qui leur propose de faire trois vœux chacun. M. Ours, sans réfléchir bien longtemps, demande que tous les autres ours de la forêt soient des femelles. Hop, la grenouille exauce son vœu ! M. Lapin, lui, demande un casque. Hop, l'objet apparaît et M. Lapin le place sur sa tête. Pour son deuxième souhait, M. Ours demande que tous les ours des forêts voisines soient également des femelles. Là encore, la grenouille exauce son souhait. Pour son deuxième vœu, M. Lapin demande une moto, qui apparaît aussitôt. M. Lapin l'enfourche. M. Ours se moque de lui en lui disant qu'il a gaspillé deux vœux. Puis il fait son dernier vœu : que tous les ours du monde soient également des femelles, le laissant comme le seul ours mâle de la terre. La grenouille lui répond que c'est chose faite. Avant son dernier vœu, M. Lapin met en marche sa moto puis il dit : « Je souhaite que M. Ours soit gay ! » Et il s'enfuit sur sa moto…

Chevaliers de l'Histoire

Rodrigo Díaz de Vivar

Plus connu sous le nom Le Cid, ce chevalier est célébré comme un héros de la Reconquête espagnole contre les musulmans. Sa véritable histoire est un peu plus tourmentée. Né en 1043, Diaz se fait d'abord remarquer en commandant brillamment les armées du roi Sanche II de Castille et celles de son successeur Ferdinand Ier. Il acquiert alors le nom de *Campeador* (« vainqueur de batailles », en espagnol). Mais en 1081, après une dispute avec un commandant rival, Diaz est exilé. Devenu chevalier mercenaire, il se met au service de l'émir de Saragosse. Les musulmans, auprès desquels il combat désormais, lui donnent le titre de *Sid* (« seigneur », en arabe dialectal). Cinq ans plus tard, le nouveau roi Alphonse VI le rappelle à son service. Nouvelle brouille et nouvel exil en 1086. Dès lors, le Cid agit en seigneur indépendant et, en 1094, il prend possession de Valence pour y fonder une principauté. Il y meurt en 1099. Le *Cantar de mio Cid*, une chanson de geste composée vers 1128, va lancer sa légende.

Lever du soleil
08h43

Lundi 8

Coucher du soleil
17h12

Saint Lucien – On fête aussi les Gudule, Lucienne, Luciana

« La paix est le seul combat qui vaille d'être mené. Ce n'est plus une prière, mais un ordre qui doit monter des peuples vers les gouvernements, l'ordre de choisir définitivement entre l'enfer et la raison. » *Albert Camus*

Monarchies du monde

Arabie saoudite

C'est d'abord sur l'oasis de Dariya, située près de la capitale de l'Arabie saoudite, que régnait la famille Al Saoud connue dès 1744. Elle dirige aujourd'hui le pays tout entier, depuis la modernisation du royaume par Abdelaziz ben Abderrahmane qui en fut le souverain de 1932 à 1953. L'actuel monarque, le roi Salmane, est son fils, le sixième à régner après ses frères aînés.

ÇA S'EST PASSÉ Le 8 janvier 1324

Le marchand et voyageur italien Marco Polo, auteur du *Livre des merveilles du monde*, récit-reportage de ses souvenirs de voyage en Chine, s'éteint à Venise.

01 Brèves régions

AIN – LA CUIVRERIE DE CERDON

Fondée en 1854 par Charles Main, la cuivrerie de Cerdon, dans l'Ain, est l'une des seules en Europe qui fonctionna jusqu'en 2010 sur son site d'origine. Pendant plus de 150 ans, on y a transformé de multiples métaux pour fabriquer des ustensiles du quotidien ou des objets prestigieux que l'on retrouve autant dans les cuisines que dans les hôtels de luxe. En 2018, le département de l'Ain a décidé de sauver ce témoin d'une aventure industrielle unique et de réhabiliter l'ensemble du bâti, désormais protégé au titre des Monuments historiques. La cuivrerie de Cerdon est aujourd'hui un musée interactif qui propose un parcours historique immersif.

Les guitaristes de légende

Jennifer Batten

Née en 1957, seule femme admise au club très fermé des Guitar Heroes, elle fut, dans les années 1990, la guitariste officielle des tournées de Michael Jackson (à partir du Bad World Tour) et intègre le groupe de Jeff Beck, tant en studio qu'en live. Avec sa crête punk blond platine, ses solos endiablés basés sur le « tapping », technique consistant à taper sur les cordes plutôt que de les pincer, et les « bends », c'est-à-dire cette façon d'augmenter la hauteur d'une ou plusieurs notes en tirant sur une ou plusieurs cordes de son instrument, elle est devenue une référence et une source d'inspiration pour tous les guitaristes, hommes ou femmes, adeptes de la pop rock ou pas. Elle a même composé trois albums solos.

Disque conseil : *Above Below and Beyond,* son premier album, Voss Music, 1992.

Lever du soleil
08h43

Mardi 9

Coucher du soleil
17h13

Sainte Alix – On fête aussi les Alice

« Le sage estime tout le monde parce qu'il sait ce que chacun a de bon, et ce que les choses coûtent à les faire bien. » *Baltasar Gracian*

La saga de l'orthographe

Vous consultez le dictionnaire pour vérifier l'orthographe d'un mot. Or, peut-être certaines entrées vous laissent-elles perplexe, par exemple lorsque vous lisez dans le *Larousse* (en ligne) : « apparaître (Réf. ortho. apparaitre) », Apparaître ou apparaitre ? C'est à perdre son latin, non ? Votre almanach préféré va tenter cette année de vous éclairer en 24 petites chroniques qui vous raconteront l'histoire de notre langue.

➠ *À suivre p. 41*

ÇA, C'EST FAIT DIVERS

Une bataille judiciaire qui dure vingt-deux ans, c'est certes très long, mais pas forcément surprenant tant on connaît la lenteur des tribunaux. Ce qui l'est davantage dans cette affaire, c'est le montant du préjudice à l'origine de l'affaire : 25 centimes ! Plus exactement 20 roupies, puisque cette procédure longue de près d'un quart de siècle s'est déroulée dans l'État de l'Uttar Pradesh, en Inde. Tout commence en 1999. Tungnath Chaturvedi achète un billet de train au départ de Mathura pour se rendre à Moradabad, à 300 km de là. Or, la société de chemin de fer lui facture son billet 90 roupies (1,13 euro) au lieu de 70 (80 centimes). Notre homme effectue plusieurs demandes pour obtenir le remboursement de ses 25 centimes. En vain. Avocat, il décide de saisir les tribunaux. Cinq juges différents ont suivi l'affaire qui a engendré 120 audiences. Il y a quelques mois, le tribunal a finalement condamné la société de chemin de fer à rembourser Tungnath. En prime, elle doit lui verser 15 000 roupies (182 euros) de dommages et intérêts, soit 200 fois le prix du billet mais 3 fois moins que la somme déboursée par l'avocat pour plaider sa cause.

Humour du monde

ha ha, hi hi, ho ho — FRANÇAIS
huhuhuh, hahaha, kukuku — JAPONAIS
ax ax ax — RUSSE
cha cha — LITUANIEN
jajaja — ESPAGNOL

Un Suédois, un Norvégien et un Danois sont en train de parler de leurs pays respectifs. Le Suédois dit :

– En Suède, nous avons tellement de forêts que nous pouvons nous y perdre.

Le Norvégien dit :

– En Norvège, nous avons tellement de montagnes que nous pouvons nous y perdre.

Le Danois dit :

– Au Danemark, nous avons tellement de bicyclettes que nous pouvons nous perdre en les cherchant.

DES nuisibles PAS nuisibles

LA TAUPE

Pétards, pièges, poisons… L'arsenal anti-taupes est redoutable. On reproche à ce mammifère, qui creuse un vaste réseau souterrain de tunnels, de réduire la productivité des pâturages et de gâter les belles pelouses. Mais pour le géologue, il joue un rôle essentiel dans la formation des sols en les aérant et en faisant remonter à la surface des éléments bénéfiques. En outre, la terre fine des taupinières favorise l'installation d'espèces et la diversité végétale. Ajoutons que lorsque les taupes d'un réseau souterrain ont été éliminées, celui-ci est rapidement occupé par d'autres, venues du voisinage…

M. Ray Yon
Spécialiste de la vente et de la réparation de vélos

Ouvert du mardi au samedi
9h à 12h et de 14h à 18h

Lever du soleil
08h42

Mercredi 10

Coucher du soleil
17h15

Saint Guillaume – On fête aussi les Billy

« La vie, c'est comme une bicyclette, il faut avancer pour ne pas perdre l'équilibre. » *Albert Einstein*

Heureux Mariages

« **DESGROLARDS AUPETIT** » n'est pas une promesse de régime, mais le tandem des patronymes formé par un mariage célébré le 16 janvier 1862 à Orléans (Loiret). Ce jour-là Charles Desgrolards, un maçon né à Aigurande (Indre), épousa Marie Louise Aupetit, née au même endroit et fille d'un autre maçon. Le couple semble ne pas avoir eu d'enfants, peut-être un problème d'équilibre ?

OENOTOURISME

La route de la Côte des Bar, en Champagne

Le vignoble champenois compte quatre grandes régions viticoles et quelque 30 000 hectares de vignes. Située dans la partie méridionale de la région, la Côte des Bar représente un quart de l'AOC Champagne et rassemble principalement des pieds de pinot noir, ainsi que du chardonnay et du pinot meunier. Les 2 500 viticulteurs qui travaillent dans les vignes délivrent chaque année 80 millions de bouteilles. Très diversifié, ce territoire réunit deux zones viticoles, le Barséquanais et le Barsuraubois, dans lesquelles 64 communes sont classées en appellation Champagne. Entre les sommets boisés et les coteaux pentus, on découvre une tradition viticole de plus de trois siècles, qui privilégie les vendanges à la main et l'élaboration lente et naturelle.

C'EST LES SOLDES D'HIVER !

EURO 2024
UNE CRÉATION FRANÇAISE

Aux origines, la FIFA (Fédération internationale de football association) était une création européenne visant à faire s'affronter ses membres lors d'une compétition continentale. L'institution se mondialisant rapidement, il faut attendre 1954 et la création d'un organe européen, l'UEFA, pour que l'idée resurgisse. Auparavant secrétaire général de la FIFA, le Français Henry Delaunay avait imaginé l'épreuve dès 1927. Elle peut désormais voir le jour en 1956, avec une première édition en 1960. La compétition se nomme ainsi Coupe d'Europe des nations avant de devenir Championnat d'Europe des nations en 1968, lorsqu'elle introduit une phase de groupes, et que l'appellation EURO la supplante à partir des années 1980 pour devenir officielle dès 1996. Le trophée porte le nom du créateur français.

UEFA - UEFA - UEFA - UEFA - UEFA

SYSTÈME D

UN RANGE-CHAUSSURES POUR L'ENTRÉE

Les chaussures s'entassent dans l'entrée, près de la porte. Ce n'est ni décoratif ni très hygiénique. Cependant, il n'y a pas toujours assez de place pour loger une armoire à chaussures ou de grandes étagères dédiées. Le range-chaussures discret et rationnel, c'est en fait… le portemanteau – un petit portemanteau mural comportant si possible un nombre pair de patères. Vous pouvez en fixer deux, le premier à 30 cm du sol et le second 30 cm plus haut. Il suffit de percer deux trous, de cheviller et de visser – après avoir repéré l'horizontale avec un niveau à bulles. Vous pouvez aussi fabriquer le portemanteau vous-même, avec une planche sur laquelle vous fixez des patères individuelles, ce qui vous permet de l'adapter précisément aux dimensions de l'entrée.

Lever du soleil
08h42

Jeudi 11

Coucher du soleil
17h16

Saint Paulin – On fête aussi les Salvia, Hortense

« On peut faire beaucoup avec la haine, mais encore plus avec l'amour. » *William Shakespeare*

Cocktails

Ti punch

Pour 1 petit verre – 5 min de préparation

- *1 citron vert non traité*
- *60 ml de rhum agricole blanc*
- *20 ml de sirop de sucre de canne*
- *Glaçons (facultatif)*

Lavez le citron et coupez-le en deux. Coupez une moitié en petits dés.

Pressez le reste du citron dans le verre. Versez le sirop et le rhum dessus.

Ajoutez les dés de citron et écrasez bien tout en mélangeant.

Servez avec des glaçons si vous le souhaitez.

CHARADE à tiroirs

Mon premier manque d'honnêteté,

Mon deuxième est à l'affût,

Mon troisième ne dit pas la vérité,

Mon quatrième fait couler l'encre,

Mon tout est une salle de spectacle située à Paris.

OLYMPIA. Mon premier est O car O triche (Autriche). Mon second est LIN car Lin guette (Linguette). Mon troisième est PI car Pi ment (Piment). Mon quatrième est A car A verse (Averse).

CRISE EN PÉDIATRIE

ACTU

Pédagogie très alternative

L'école primaire Sainte-Anne de Charleville-Mézières (Ardennes) propose depuis quelques mois une activité pour le moins originale : le « vélo-bureau ». Cet objet insolite constitué d'une table surélevée avec une selle permet à certains élèves de se dépenser en faisant du vélo en classe, tout en écoutant le cours. Le but est de canaliser l'énergie débordante des enfants qui ont des difficultés à rester plusieurs heures assis sur une chaise et à se concentrer sans bouger. Le dispositif porterait déjà ses fruits : les élèves d'ordinaire très agités sont beaucoup moins dissipés. Ce n'est pas la première fois que cette école investit dans des objets insolites : des casques anti-bruit ont été fournis aux enfants pour leur permettre de mieux se concentrer et des élastiques ont été installés aux pieds des tables pour qu'ils puissent se défouler tout en écoutant en classe.

FIN DES MOTEURS THERMIQUES EN 2035 : L'INTELLIGENCE ARTIFICIELLE COMPLIQUE LA DONNE.

C'est sa ville !

ALBERTVILLE

Siège des Jeux olympiques d'hiver de 1992, Albertville se situe au cœur du massif alpin. Point de jonction des vallées de la Tarentaise, du Beaufortain et du Val d'Arly, en amont de la Combe de Savoie, elle porte le surnom de « carrefour des Quatre Vallées ». Un carrefour qui n'existe pas depuis très longtemps, car c'est dans la première moitié du XIXe siècle que la ville a été fondée par le roi Charles-Albert de Savoie, qui lui a laissé son nom. Né à Turin en 1798, il fut roi titulaire de Chypre, de Jérusalem et de Sardaigne jusqu'à son abdication en faveur de son fils en 1849, à la suite d'un désastreux conflit avec l'Autriche, avant de mourir en exil au Portugal quelques mois plus tard.

Lever du soleil
08h41

Vendredi 12

Coucher du soleil
17h17

Sainte Tatiana – On fête aussi les Tania, Tanagra, Césarine

« Le doute et la peur sont les auxiliaires des grandes initiatives. » *Amélie Nothomb*

NOS ANCÊTRES

UNE HISTOIRE DE LETTRES

L'histoire évolutive de l'Homme peut se décrire en termes de séparations successives. Il y a 20 millions d'années apparaissent les hominidés, ancêtres des homininés qui, il y a environ 16 millions d'années, se séparent des pongingés. De ces homininés descendent, six millions d'années plus tard, d'une part les gorilles et de l'autre les Hominini. De ces derniers surgissent les Hominina – ou hominines –, notre famille, il y a 7 millions d'années.

Etymologie

Quel fauteur de troubles, ce trublion !

Si le trublion est bien celui qui sème le trouble, le nom *trublion* ne doit rien au nom *trouble*. C'est Anatole France qui a créé le mot en 1898 pour l'attribuer à son adversaire dans l'affaire Dreyfus, Philippe, duc d'Orléans. En effet, ce dernier était surnommé le « Prince Gamelle » depuis 1890, car il avait été emprisonné à la Conciergerie pour être rentré illégalement en France alors qu'il était en exil. Et *gamelle*, en grec ancien, se dit *trublion*…

CRÊPAGE DE CHIGNONS

Dean Martin & Jerry Lewis

Les deux comédiens ont tourné 17 films ensemble entre 1949 et 1956 avant de rester brouillés pendant vingt ans. Le duo Dean Martin – Jerry Lewis a commencé par écumer les cabarets américains avec des sketchs qui font rapidement fureur. Leur succès, bientôt reproduit au cinéma, repose sur une recette simple : le playboy Dean incarne le charme et la confiance, tandis que le pitre Jerry amuse la galerie. Le public est séduit par l'interaction entre ces deux personnages. Mais Martin, qui se rêve en crooner, finit par se lasser de jouer les faire-valoir de Lewis. En prime, ce dernier, véritable bourreau de travail, a tendance à lui reprocher son dilettantisme. Lors de la promotion du *Trouillard du Far-West*, la publication d'une photo recadrée sans Dean Martin scelle leur rupture. Ils sortent un dernier film ensemble, *Un vrai cinglé de cinéma*. Ils ne se sont pas parlé hors caméra pendant tout le tournage. Il faut attendre 1975 pour que les deux hommes s'adressent à nouveau la parole lors d'une émission pour le Téléthon.

MOTS MÊLÉS

Communes de la Martinique

Y	N	I	L	C	U	A	V	E	L	E	V	N	A
L	E	L	O	R	R	A	I	N	Y	C	H	I	B
S	I	S	O	C	U	D	N	I	T	N	D	T	U
B	S	A	T	T	V	I	L	A	B	A	V	N	O
K	C	I	N	L	R	C	E	T	A	R	C	E	C
G	H	N	A	A	T	A	M	N	S	F	L	M	A
R	O	T	M	T	E	S	A	O	S	E	E	A	M
O	E	E	A	R	B	E	R	F	E	D	R	L	L
S	L	M	I	I	R	P	I	E	P	T	O	E	V
M	C	A	D	N	A	I	G	L	O	R	B	L	K
O	H	R	E	I	C	L	O	L	I	O	E	A	C
R	E	I	L	T	E	O	T	E	N	F	R	E	J
N	R	E	I	E	L	T	L	B	T	D	T	D	N
E	H	L	E	P	R	E	C	H	E	U	R	Q	E

Solution page 35

Cherchez les communes de la Martinique cachées dans la grille ci-dessous. Vous les trouverez soit horizontalement, soit verticalement ou encore en diagonale ; elles peuvent se lire de gauche à droite ou de droite à gauche, de haut en bas comme de bas en haut.

BASSE-POINTE	GROS-MORNE	LE LORRAIN	LE VAUCLIN
BELLEFONTAINE	LA TRINITÉ	LE MARIGOT	MACOUBA
CASE-PILOTE	LE CARBET	LE MARIN	SAINTE-MARIE
DUCOS	LE DIAMANT	LE PRÊCHEUR	SCHŒLCHER
FORT-DE-FRANCE	LE LAMENTIN	LE ROBERT	

Lever du soleil
08h41

Samedi 13

Coucher du soleil
17h19

Sainte Yvette – On fête aussi les Hilaire, Ivette

« La liberté appartient à ceux qui l'ont conquise. » *André Malraux*

INVENTIONS bleu, blanc, rouge

La bicyclette

Si le baron Karl Drais avait inventé la draisienne, il y avait encore fort à faire avant que celle-ci ne devienne la bicyclette ! En effet, l'invention allemande n'était qu'un cadre posé sur deux roues, mais il fallait pousser sur le sol avec ses pieds pour avancer. C'est le Français Pierre Michaux qui imagina l'accessoire ultime qui révolutionna le moyen de locomotion : les pédales.

Déguisées en homme ♂

Agnodyce

Née au IVe siècle av. J.-C., Agnodyce est frustrée par l'interdiction qui est faite aux femmes d'étudier la médecine. Afin de pouvoir suivre des cours, elle se coupe les cheveux, taille sa tunique comme celle d'un homme et prend le nom de Miltiade. Reçue à la première place à l'examen, elle se consacre aux maladies féminines et aux accouchements, tout en conservant son apparence masculine. Devenue « le » spécialiste le plus réputé d'Athènes, son succès suscite la jalousie d'autres médecins qui l'accusent de séduire les femmes mariées qui viennent « le » voir. Devant les juges, Miltiade révèle sa véritable identité. Alors que le tribunal veut la condamner à mort pour avoir enfreint la loi, Agnodyce est finalement acquittée sous la pression de ses nombreuses patientes qui menacent de mourir avec elle. Un an plus tard, le conseil athénien autorisera les femmes à étudier la médecine.

PAROLES Les mots des flics et des voyous PAROLES

Accordéon

• Casier judiciaire imposant. Synonymes : antécédents, ardoise, carte de visite, casier à broutilles, C.V., faits d'armes, feuille de route, palmarès, pedigree. • Dossier judiciaire important, chargé ou épais. Les fiches cartonnées concernant un même individu étaient reliées entre elles à la façon d'un accordéon. Synonymes : facture de garagiste, pavé. On dira également d'une personne bien connue des services de police qu'elle « se trimballe une belle affiche ».

ACTU

L'espéranto des tout-petits

Awa, gouzou, bobo, grrr… Le « parler bébé » est un sujet d'étude très sérieux. Or, selon une équipe internationale, dont des chercheurs de l'université de Toulouse, cette façon très particulière de parler aux plus petits possède des caractéristiques communes sur tous les continents. Ces scientifiques ont enregistré et analysé les paroles de 400 parents s'adressant à leurs nourrissons en Tanzanie, en Nouvelle-Zélande, en Chine, au Canada, dans les Andes, en Mélanésie ou encore en Pologne. Conclusion : quelle que soit la culture, les vocalisations destinées aux bébés ont systématiquement des timbres plus purs qu'en temps normal. De même, les chansons fredonnées aux tout-petits sont toujours plus douces. Les chercheurs ont également diffusé leurs enregistrements à plus de 50 000 personnes de 187 pays et la plupart d'entre elles ont deviné que ces paroles étaient adressées à des bébés. Les auteurs de cette étude se gardent néanmoins d'évoquer un langage universel et préfèrent souligner que le « parler bébé » est une pratique commune chez les humains. On s'en doutait un peu…

Lever du soleil
08h40

Dimanche 14

Coucher du soleil
17h20

Sainte Nina – On fête aussi les Odoric

« Une heure n'est pas qu'une heure, c'est un vase rempli de parfums, de sons, de projets et de climats. » *Marcel Proust*

Apéro

Pastis

Synonyme de Provence, de soleil et d'accent chantant, le nom de cette boisson signifie « mélange » en provençal. Alcool neutre aromatisé à l'anis, au fenouil et à la réglisse, le pastis est une variante de l'absinthe. Il se boit mélangé à de l'eau fraîche et des glaçons. Créé en 1918 par un ancien industriel de l'absinthe, Jules-Félix Pernod, le pastis est ensuite développé par un certain Paul Ricard, qui y ajoute de l'anis et de la réglisse. Les concurrents finiront par fusionner en 1975.

DEVINETTES

Chargées de venin,
Serrées en temps de chagrin,
Se découvrent pour menacer,
Ou dans un moment d'hilarité.
Que sont-elles ?

Les dents

Rébus Fable de La Fontaine

DDDDRAGON
DRAGONNNN

Le Dragon à plusieurs têtes et le Dragon à plusieurs queues

LE CYCLISME AUX JO

JOSÉ BEYAERT, L'AVENTURIER

Lors des Jeux de Londres de 1948, la pluie perturbe la course, mais un Français parvient à s'échapper à deux kilomètres de la ligne. Plus personne ne le revoit. José Beyaert franchit la ligne en solitaire. Il est encore à ce jour le dernier champion olympique français d'une course en ligne. Après avoir émigré en Colombie et participé à la professionnalisation du cyclisme local, il mène une vie romanesque. En attestent sa biographie, *Olympic Gangster* (« le gangster olympique »), et deux romans d'Auguste Le Breton dont il est l'un des personnages (*Rouges étaient les émeraudes* et *Les Bourlingueurs*).

ASTUCES 2 FAINÉANT

Apprenez à dire « non »

C'est un fait avéré, on ne peut pas être paresseux et tout accepter. La fainéantise, ça se mérite, il faut donc apprendre à dire « non » quand quelqu'un vous demande quelque chose que vous n'avez pas envie de faire. D'une part, en agissant ainsi vous ne laisserez pas planer le doute sur votre intention de ne pas faire ce qui vous est demandé. Avec un « non » tout de suite, la personne sera peut-être déçue sur l'instant, mais moins que si elle attend infiniment quelque chose qui ne viendra jamais. D'autre part, en disant « non », vous vous libérerez l'esprit de tâches qui seront forcément des corvées chronophages. Parce que votre temps libre, c'est à vous d'en garder la maîtrise pour faire vraiment ce que vous voulez, apprenez à exprimer votre refus quand vous ne voulez pas faire quelque chose.

Lever du soleil
08h39

Coucher du soleil
17h21

Saint Rémi – On fête aussi les Rachel, Racilia, Mortimer

« Les étoiles sont éclairées afin que chacun puisse un jour retrouver la sienne. » *Antoine de Saint-Exupéry*

Ça ne rime à rien…

Abrupt

Formé au XVIe siècle sur le latin *abruptus* qui était utilisé pour désigner tout ce qui est coupé brusquement (au sens propre comme figuré), le mot « abrupt » reste aujourd'hui une curiosité de la langue française avec le « p » qui précède son « t » final, sachant que les deux lettres se prononcent. À cause de cette particularité unique, abrupt ne rime avec aucun autre mot.

ÉNIGMES

Quatre canailles se retrouvent en prison dans des cellules voisines. À l'aide des assertions suivantes, pouvez-vous déterminer dans quelle cellule chacun se trouve et quel crime il a commis ?

1. Michel la canaille a commis la fraude fiscale.

2. Celui qui a commis un acte de terrorisme ne se trouve pas à côté de celui qui a commis la fraude fiscale, mais à la droite de celui qui a commis le vol à main armée.

3. Ni Terry la terreur, ni Gary la gâchette n'ont commis l'acte de terrorisme.

4. Celui qui a commis la fraude fiscale se trouve à côté et à droite de celui qui a commis l'homicide volontaire, qui n'est pas Michel la canaille.

5. Ou celui qui a commis le vol à main armée ou celui qui a commis l'homicide volontaire se trouve dans la troisième cellule.

6. Gary la gâchette se trouve entre Christian la crapule à sa gauche et Michel la canaille à sa droite.

Solution
Cellule 1 : Terry la terreur ; vol à main armée
Cellule 2 : Christian la crapule ; acte de terrorisme
Cellule 3 : Gary la gâchette ; homicide volontaire
Cellule 4 : Michel la canaille ; fraude fiscale

CALEMBOURS ou RÉPARTIES cultes du cinéma

Dans quel film ?

« Quand on parle de pognon, à partir d'un certain chiffre, tout le monde écoute. »

Réponse : Le Pacha, de Georges Lautner.

LA LOCATION DE VÊTEMENTS POUR UNE MODE PLUS RESPONSABLE.

AU JARDIN

Le potager en pots

La culture en pots (en terre, en pierre ou en bois, mais pas en plastique) n'est pas réservée aux balcons ou aux petites cours. Elle permet d'obtenir de belles récoltes et peut être pratiquée même dans un potager classique. Premier avantage : on choisit précisément le substrat de culture qui convient à la plante, et la profondeur – plus grande pour les légumes racines, mais réduite pour les salades. Ensuite, on peut déplacer les pots selon la saison – plein soleil au printemps, mi-ombre en été –, ou les abriter sous tunnel en début et en fin de saison. Autre grand atout, la lutte contre les limaces et les escargots est grandement facilitée (surtout avec des pots à rebord) et la mise en place des filets anti-insectes est plus aisée. Enfin, on dose mieux l'arrosage et les apports d'engrais.

Lever du soleil
08h39

Mardi 16

Coucher du soleil
17h23

Saint Marcel – On fête aussi les Bérard, Honorat

« Le sage n'aspire pas au plaisir, mais à l'absence de souffrance. » *Aristote*

Les rues mythiques du MONDE

Ocean Drive (Miami Beach, États-Unis)

Cette rue qui s'est développée au cours des années 1920-1930 est le cœur du quartier Art déco de Miami. Bordée de bâtiments aux couleurs pastel et d'hôtels mythiques comme le Colony Hotel, le Clevelander Hotel ou encore la Casa Casuarina, la résidence de Gianni Versace transformée en hôtel de charme depuis sa mort, Ocean Drive a servi de toile de fond à de nombreuses séries télévisées : *Deux flics à Miami*, *Clair de lune*, *Dexter* ; et, au cinéma, à *Mary à tout prix*, *Birdcage* et, bien sûr, *Scarface*. Avec ses nombreux bars et clubs très branchés, c'est « *the place to be* » à Miami.

Le saviez-vous ?

Circule, le sang, y a rien à voir !

Lorsqu'on croise trop longtemps les jambes, il arrive qu'au moment de les décroiser l'on ressente des picotements, les fameuses « fourmis ». Cela n'est pas du tout dû à une mauvaise circulation du sang provoquée par cette position, mais à la compression des nerfs. Ainsi endommagés, ces derniers ne pourront plus « communiquer » correctement avec le cerveau et il leur faudra un certain temps pour qu'ils se « réveillent » et retrouvent leur fonctionnement normal.

LES PRÉCURSEURS DE L'ÉCOLOGIE

JACQUES ELLUL

Chantre de la décroissance, ce penseur français (1912-1994) dénonce la technique comme facteur de catastrophe écologique. Dans *La Technique ou l'enjeu du siècle* (1954), Ellul avance qu'au nom du progrès technique, l'homme devient esclave de ses outils – et doit multiplier les ressorts pour résoudre des problèmes engendrés par cette même technique. Pour Ellul, la quête de performance est un écueil et il convient de penser un développement plus « ascétique » en s'éloignant du mythe du progrès.

100 000

C'est, à terme, le nombre d'animaux sauvages qui seront équipés de capteurs dans le cadre du projet ICARUS, également connu sous le nom d'Internet des animaux. L'objectif de ce programme ambitieux est d'étudier en détail le comportement des animaux en utilisant des capteurs pour les suivre depuis l'espace. Il y a trois ans, les chercheurs ont commencé à équiper un merle avec un capteur, ce qui leur a permis de suivre ses déplacements depuis le Belarus jusqu'en Albanie et de collecter des données sur sa position, son environnement et sa santé. Cet oiseau est le premier à avoir vu ses coordonnées GPS transmises à la Station spatiale internationale (ISS) puis renvoyées sur Terre. Les données de tous les « animaux sentinelles » sont mises à disposition sur une plateforme en ligne appelée Movebank, qui est accessible gratuitement pour les chercheurs et les scientifiques du monde entier. En suivant un très grand nombre d'espèces animales, le projet ICARUS peut aider à identifier les réservoirs potentiels de maladies infectieuses et cartographier les zones à risque pour prévenir les prochaines épidémies. En outre, ce projet pourrait contribuer à anticiper les catastrophes naturelles en permettant de repérer les comportements anormaux des animaux qui peuvent indiquer une menace imminente, comme un ouragan ou un tsunami.

Lever du soleil
08h38

Mercredi 17

Coucher du soleil
17h24

Sainte Roseline – On fête aussi les Roselyne, Anthony

« Qui vit sans folie n'est pas si sage qu'il croit. » *François de La Rochefoucauld*

Une chanson dans la tête

Couchés dans le foin, Mireille et Jean Nohain

Dans les années 1920, la chanson semble tourner en rond : les femmes chantent la tragédie et les hommes distillent des chansons de charme. La révolution viendra d'un petit bout de femme aux cheveux frisés et aux mains si petites qu'elles empêcheront sa carrière de pianiste, et d'un avocat qui, aux plaidoiries, préfère les rimes. Leur rencontre, en 1928, donne naissance à des chansons qui révolutionnent le genre. « Couchés dans le foin » ou « Le petit chemin » sont des bijoux aux textes scintillants, frais et gais sur une musique aux accents de jazz. Pills et Tabet, duo très populaire à cette époque, s'empare de ces titres et les diffuse à travers le pays. Mireille et Jean Nohain ouvrent la voie de la nouvelle chanson française que, plus tard, Trenet, Brassens, Brel et bien d'autres emprunteront.

Citations latines

Alea jacta est

Alea jacta est

La citation que l'on transpose en français généralement par « le sort en est jeté » se traduirait plus exactement par « le dé est jeté ». On l'emploie pour signifier qu'une action a atteint son point de non-retour et ne dépend plus de l'auteur de cette action. Ces paroles auraient été prononcées par César, alors gouverneur de la Gaule, après qu'il eut décidé de franchir le Rubicon, la frontière entre l'Italie et la Gaule cisalpine – ce qui était interdit sans l'aval du Sénat romain –, pour renverser Pompée.

SOLUTION MOTS MÊLÉS **P. 30**

Y	N	I	L	C	U	A	V	E	L	E	V	N	A
L	E	L	O	R	R	A	I	N	Y	C	H	I	B
S	I	S	O	C	U	D	N	I	T	N	D	T	U
B	S	A	T	T	V	I	L	A	B	A	V	N	O
K	C	I	N	L	R	C	E	T	A	R	C	E	C
G	H	N	A	A	T	A	M	N	S	F	L	M	A
R	O	T	M	T	E	S	A	O	S	E	E	A	M
O	E	E	A	R	B	E	R	F	E	D	R	L	L
S	L	M	I	I	R	P	I	E	P	T	O	E	V
M	C	A	D	N	A	I	G	L	O	R	B	L	K
O	H	R	E	I	C	L	O	L	I	O	E	A	C
R	E	I	L	T	E	O	T	E	N	F	R	E	J
N	R	E	I	E	L	T	L	B	T	D	T	D	N
E	H	L	E	P	R	E	C	H	E	U	R	Q	E

02 Brèves régions

AISNE – LA CITÉ DES PASTELS

Le surnom de la ville de Saint-Quentin, dans l'Aisne, est la « cité des Pastels ». Elle le doit au portraitiste Maurice Quentin de la Tour, surnommé le « prince des pastels », qui y est né en 1704 et décédé en 1788. Sa maison natale se trouve au 57 rue de la Tour, tout près de la collégiale où son père était chantre, en plus de son métier de géographe. À peine âgé de 14 ans, Quentin de la Tour dessina au crayon une perspective de Saint-Quentin. Quelques années plus tard, en 1735, le portrait de Voltaire, qu'il réalisa au pastel, lui assura une grande renommée et, en 1748, il exposa 15 portraits au pastel, dont ceux du roi, de la reine et du dauphin.

Lever du soleil **08h37**

Jeudi 18

Coucher du soleil **17h26**

Sainte Prisca – On fête aussi les Priscilla, Gwendal, Messaline

« Ce sont les circonstances qui font les héros, et l'inverse n'est pas vrai. » *Arthur Koestler*

GRANDS SPORTIFS DES JO

SUR UNE JAMBE

Comptable dans une entreprise de construction, George Eyser s'adonne également à la gymnastique, qu'il pratique dans le Colorado. Au cours de son adolescence, il perd la jambe gauche après un accident de train. Cela ne l'empêche pas de concourir en gymnastique, la jambe amputée étant remplacée par une prothèse en bois. En 1904, il remporte six médailles le même jour, dont trois en or. Il reste le premier participant aux JO avec une prothèse. En 2008, Natalie du Toit, nageuse sud-africaine, lui succède.

CITIUS - ALTIUS - FORTIUS

Monarchies du monde

Bahreïn

C'est au Qatar que l'actuelle famille régnante de Bahreïn, les Al Khalifa, trouve ses origines. En 1783, le fondateur de la dynastie s'empara du trône en chassant les Persans. Bahreïn est, depuis 2002, un « royaume » après avoir été longtemps un « émirat ». C'est une monarchie constitutionnelle composée de deux chambres et le roi en est Hamad II, douzième souverain du pays.

ACTU

L'odeur de l'amitié

L'expression « ne pas sentir quelqu'un » a une réalité scientifique. Plus exactement, le contraire vient d'être démontré par des chercheurs du Weizmann Institute of Science (Israël). Selon leur étude, les humains sont plus susceptibles de nouer des amitiés avec des personnes qui ont des odeurs semblables aux leurs. Les scientifiques ont « recruté » vingt paires d'amis du même sexe qui avaient accroché dès leur première rencontre. Ils ont analysé leurs odeurs corporelles avec un « nez électronique ». Résultat : la signature chimique des odeurs était plus proche chez les amis que chez les duos formés au hasard. Puis les chercheurs ont demandé à 24 « nez » humains de trouver l'individu qui n'était pas l'ami des deux autres dans un trio. Ces « nez » ont systématiquement repéré l'intrus. Comme chez d'autres animaux, l'alchimie entre humains est donc une affaire… de chimie !

CONSOMMATION : IL FAUT RÉDUIRE NOS FACTURES D'ÉLECTRICITÉ.

Bibliophiles

La Veuve Basquiat, Jennifer Clement (Bourgois, 2016)

De courts chapitres, parfois d'une page, qui sont comme les vignettes ou les cartes que s'échangent vos petits-enfants dans la cour de récréation : colorées, expressives, racontant en peu de mots l'épisode d'une histoire. Et quels mots ! quelle vie ! Suzanne Malouk « monte » à New York, galère, rencontre Jean-Michel Basquiat, donc l'amour, le tourbillon que crée Warhol dans sa Factory, la gloire, la drogue… Pour saisir l'art de Basquiat mieux que dans un essai critique, pour vivre dans le New York légendaire des années 1980 (folie créatrice, racisme, sida rampant) et dans la beauté d'une voix.

Lever du soleil **08h36**

Vendredi 19

Coucher du soleil **17h27**

Saint Marius – On fête aussi les Gabin, Mario, Audifax

« Pour vivre gaiement, chemine avec deux sacs, l'un pour donner, l'autre pour recevoir. » *Johann Wolfgang Goethe*

MOTS FLÉCHÉS

AUSSITÔT / ORDONNA	S	ÔTA / ON PEUT LA METTRE AU FEU	L	POISSON PLAT / MANTEAU	S	TITI / POSSESSIF	C	NID DE MARTINAIS	R	TERRAIN DE JEUX / PIGMENT BLEU	S	PÉRIODE CHAUDE
N	U	M	E	R	O	T	A	EST À LA BARRE / SIÈGE	E	S	T	L
QUI HUMILIE / ORIGAMI	R	A	V	A	L	A	N	T	NE RÉFLÉCHIT PAS / BIEN	M	A	T
P	L	I	A	G	E	PEUT ÊTRE AVEUGLE / IMPRÉVU	A	R	A	A	D	R
FAIT DE / LANGUE DU SUD	E	N	SÉPARATION DE BIENS	L	CERCLE INTIME / POISSON DE MER	A	R	E	O	L	E	AIRES DE CAVALIERS
O	C	GRAND PALMIER / DISSIPA	T	A	L	I	P	O	T	CHARGÉ DE MISSION	C
RÉCOMPENSE MAL L'EFFORT / CONTENT OU SAISI	H	E	R	N	I	E	PERSONNEL / FÉCULE	I	L	POUR METTRE D'ACCORD / ROULÉE	L	A
R	A	V	I	ON Y MET LE FOU / BOUT DE TERRAIN	C	A	S	E	ROULENT AU HASARD / FONT PARTIE DE LA COUR	D	E	S
POSSESSIF / PEUT ÊTRE SIMPLE	M	A	QUELLE SURPRISE ! / BUT	A	H	ATTRIBUE / A LE PAS SÛR	A	D	J	U	G	E
A	P	P	A	R	E	I	L	AU BOUT D'UN TRAIT / CAFÉ POPULAIRE	U	P	A	S
ÊTRE DANS LE FUTUR	ORNE LA CORNICHE / SANS RÉSERVE	O	V	E	PAS OUVERT / MALADIE TROPICALE	S	E	C	R	E	T	CONSEILLA
S	E	R	A	BAIE DU MEXIQUE / EXCLUE	P	A	P	A	Y	E	FRUIT DÉFENDU	S
LIEU DE SÉCHAGE / ARROSE L'ÉMILIE	H	A	L	O	I	R	REPAS DE BERGER / APPEL LOINTAIN	O	S	FILET MIGNON / FAMILLE	R	U
P	O	FAIT FEU / PRESQUE RIEN	A	M	A	D	O	U	TRUC À PLIER EN DEUX / FIGURE DE GYMNASTIQUE	G	A	G
NON PLUS / FEUX ROUGES	N	I	PRIVATIF / CARACTÈRE DES GRECS	N	N	ON EN FAIT DES FILETS / GREC OU ROMAIN	H	A	R	E	N	G
S	T	O	P	S	COLLE AU PAS / EN MET UN RAYON	N	E	MIETTE / BROME	O	N	C	E
AÉRIEN / CHANTE EN MAI	E	T	H	E	R	E	OISEAU OU MUFLE	B	U	T	O	R
G	E	A	I	BLANCHIT	A	Z	U	R	E	PONCTUE UN CAPRICE	N	A

SOLUTION PAGE 44

Lever du soleil
08h35

Samedi 20

Coucher du soleil
17h29

Saint Sébastien – On fête aussi les Bastien, Fabien, Fabienne

« Du fanatisme à la barbarie, il n'y a qu'un pas. » *Denis Diderot*

Le saviez-vous ?

À chacun son empreinte

Les tigres sont facilement reconnaissables à leur pelage de couleur jaune clair à orange foncé et leurs rayures noires. Ce qui est remarquable, c'est que ces rayures sont propres à chaque individu : il n'y a pas deux tigres qui portent la même combinaison de rayures, tout comme il n'y a pas deux humains qui ont les mêmes empreintes digitales. Il en va de même pour les rayures du zèbre et les taches du léopard ou de la girafe.

CHARADE piège

Mon premier fait son nid,

Mon second est un vrai pot de colle,

Mon troisième est un vieil ami,

Mon quatrième est conservé dans un chai,

Mon cinquième est la couleur de la fleur du lin,

Mon tout est un architecte urbaniste français.

(NID – COLLE – AMI – CHAI – LIN)
NICOLAS MICHELIN

AHAHAHAHAH ! OH ! OH ! AH ! AH ! AH ! HI ! HI ! HI ! WHA HA ! HA !

LA BONNE BLAGUE

Un homme consulte un médecin à cause de migraines qu'il n'arrive pas à faire passer, alors qu'il a pourtant essayé pratiquement toutes les thérapies connues.
« Écoutez, lui dit le médecin, je souffre moi aussi de migraines et le conseil que je vais vous donner n'est pas enseigné dans les écoles de médecine, mais il est tiré de mon expérience personnelle. Quand j'ai une migraine, je rentre chez moi, je prends un bain. Ensuite, ma femme m'éponge avec l'eau la plus chaude que je puisse supporter, en particulier autour du front. Cela me soulage déjà un peu. Puis je sors de la baignoire, je l'emmène dans la chambre, et même si ma tête continue à me faire souffrir, je me force à avoir une relation sexuelle avec elle. La plupart du temps, le mal de tête disparaît immédiatement. Je vous propose d'essayer et de revenir me voir dans six semaines. »
Six semaines plus tard, le patient revient avec un grand sourire.
« Docteur, j'ai suivi votre conseil et ça marche ! J'ai des migraines depuis dix-sept ans et c'est la première fois que quelqu'un me propose enfin un remède efficace !!! Vraiment merci docteur ! Et en plus, votre femme est très jolie !

07 *Brèves* régions

ARDÈCHE – LA GROTTE DU PONT D'ARC

Découverte en 1994, la grotte ornée du Pont d'Arc est la doyenne des grottes ornées de l'humanité, mais aussi la plus belle de toutes, la plus grande et la mieux conservée. Cette cavité unique, désormais inscrite au patrimoine de l'Unesco, a été dupliquée comme ses cousines de Lascaux en Périgord ou Altamira en Espagne. Dans cette réplique, le relief des parois est restitué au millimètre et les peintures, gravures et représentations les plus remarquables ainsi que les éléments paléontologiques et géologiques essentiels, reproduits à l'échelle 1. Le visiteur la découvre en suivant un parcours ponctué de 10 stations d'arrêt et d'observation.

Lever du soleil
08h34

Dimanche 21

Coucher du soleil
17h30

Sainte Agnès – On fête aussi les Aïna, Ania

« Nous sommes tous des amateurs. On ne vit pas assez longtemps pour être autre chose. » *Charlie Chaplin*

VERSEAU

Vermot'roscope

21 janvier – 19 février

Votre caractère

Novateur, inspiré, inventif, avant-gardiste, communicatif, indépendant, humaniste, original, anticonformiste, clairvoyant, lucide, idéaliste, sentimental, aérien, adaptable, aventureux, autoritaire, pessimiste, désinvolte, nerveux, angoissé.

Les événements célestes de 2024

Après un rapide premier passage en 2023, le 21 janvier, **Pluton**, l'astre des grandes transformations, revient dans votre signe. Il s'y installera plus longuement le 19 novembre pour une durée de vingt ans, vous incitant à aller vers de profondes mutations.

Quel que soit votre âge et quelle que soit votre situation, au fil des mois et des années, vous serez forcément touché par ce transit planétaire impliquant des carrefours, des remises en question et de grands changements.

PLEINS FEUX SUR 2024, DOMAINE PAR DOMAINE

Vie relationnelle : Jusqu'à la fin mai, votre sens de l'hospitalité est développé et vous appréciez de recevoir vos amis autour d'une table bien remplie. De juin à décembre, votre vie sociale est plus riche. Vous devez répondre à de nombreuses sollicitations ou invitations. C'est une période parfaite pour nouer de nouveaux liens d'amitié.

Amour : ***En couple*** : sur le premier trimestre, vous cherchez à préserver l'équilibre de votre relation. La complicité est à l'honneur. Au second semestre, plus créatif et inventif, vous ne manquez pas d'idées pour améliorer votre quotidien.

Célibataire : pendant la première partie de l'année, vous aspirez à rester au calme. Passé le printemps, vous êtes plus extraverti et cela participe à votre épanouissement sentimental.

Famille : Jusqu'au milieu du printemps, vos proches sont mis à l'honneur. Profitez-en pour mieux communiquer avec eux, vous réconcilier ou donner une nouvelle dynamique à votre foyer. De l'été à la fin 2024, la priorité est donnée à vos enfants ou vos petits-enfants.

Quotidien et vitalité : C'est une période intéressante qui s'ouvre devant vous. Même si les moments de fatigue ne sont pas exclus, vous pouvez compter sur une belle énergie qui vous permet de faire face à toutes vos obligations. 2024 est parfaite pour toutes celles et tous ceux qui désirent s'initier à de nouveaux loisirs ou à d'autres occupations. Jusqu'à fin mai, attention à ne pas faire d'excès ni surestimer vos forces.

Budget : Tout vous incite à faire preuve de prudence et de prévoyance. Pas question de dépenser sans compter. En 2024, gardez impérativement un œil sur vos finances pour en maintenir l'équilibre et faire face aux imprévus.

Les Bons Bonbons de nos régions

Les coussins de Lyon

Reconnaissables entre mille à leur couleur vert pâle, ces bonbons délicats fourrés d'une ganache de chocolat arrosée d'un peu de curaçao sont enrobés d'une pâte d'amande verte pailletée de candi. Répertoriée au patrimoine national de la confiserie, cette friandise n'est vendue que par la maison Voisin, maître chocolatier emblématique de la capitale des Gaules depuis 1897. Une légende raconte que le coussin aurait été créé en hommage à celui que porta en 1643, pendant l'épidémie de peste, un magistrat de la ville lors d'une procession sur la colline de Fourvière pour implorer la Vierge.

ÇA S'EST PASSÉ Le 21 janvier 1924

Vladimir Ilitch Oulianov, dit Lénine (né en 1870), révolutionnaire, fondateur du régime dictatorial soviétique et 1er président de l'URSS, décède près de Moscou.

Lever du soleil
08h33

Lundi 22

Coucher du soleil
17h32

Saint Vincent – On fête aussi les Anastase

« Se regarder scrupuleusement soi-même, ne regarder que discrètement les autres. » *Confucius*

Cocktails

Piña colada

Pour 1 verre à long drink – 5 min de préparation
Matériel : blender

- *3 cuil. à soupe de rhum blanc agricole*
- *3 cuil. à soupe de jus d'ananas*
- *3 cuil. à soupe de lait de coco*
- *1 cuil. à soupe de sucre roux*
- *Cannelle, vanille, muscade…*
- *3 glaçons*

Dans un blender, versez le rhum, le jus d'ananas, le lait de coco et le sucre.
Ajoutez les épices et mixez avec les glaçons jusqu'à obtenir un mélange onctueux et de la glace pilée.

Il faut être philosophe

SOCRATE*

Savons-nous qui nous sommes ?

Au Ve siècle av. J.-C., Socrate, le plus célèbre des philosophes, mettait l'homme au cœur de son enseignement et l'invitait à s'éveiller par des questions (qui suis-je ? suis-je vraiment mon corps ?). En exerçant ainsi son intelligence, l'homme peut être présent à sa vie. On ne pense pas par soi-même naturellement : il nous faut d'abord nous éloigner des activités quotidiennes qui sollicitent notre pensée pragmatique, la pensée de la collectivité, puis faire l'effort de réfléchir. La maïeutique, méthode par laquelle Socrate enseignait, consiste à interroger habilement son interlocuteur pour que celui-ci découvre la réponse par lui-même. D'ailleurs, fidèle à ce principe, Socrate n'a jamais écrit : l'élève doit apprendre à développer ses propres idées, il ne faut donc pas conditionner son raisonnement.

* Socrate (470-399 av. J.-C.), philosophe grec

Plantes qui soignent

LA SAUGE

De la sauge au jardin, pas besoin de médecin ! *Salvia officinale* est cultivée pour ses vertus depuis l'Antiquité. Elle est réputée diurétique et stimulante, et bonne pour la mémoire, mais la médecine moderne lui trouve aussi de nombreuses autres qualités, notamment anti-inflammatoires. Et sa tisane (cinq ou six feuilles fraîches par tasse) est excellente. Cette belle plante aromatique, au feuillage vert grisâtre et aux fleurs bleues printanières, est facile à cultiver, même en zone sèche.

Groupes des 60s

Jefferson Airplane

Symbole des années sexe, drogues et rock'n'roll, Jefferson Airplane est un groupe de rock américain, aux sonorités psychédéliques, composé à l'origine de Marty Balin, Paul Kantner, Jorma Kaukonen, Spencer Dryden et Grace Slick. Dès 1965, leurs morceaux « White Rabbit » et « Somebody to love » racontent l'amour et le LSD dans les clubs de San Francisco. Leur premier album, *Surrealistic Pillow,* est considéré comme l'un des piliers musicaux du mouvement hippie *Summer of Love*. Habitués des festivals de Woodstock et de l'île de Wight, ils jouent en live jusqu'au début des années 1970, avant de préférer le studio et enregistrer quelque 8 albums, jusqu'en 1989.

L'ÉCRITURE INCLUSIVE EST-ELLE UN DANGER ?

Lever du soleil
08h32

Mardi 23

Coucher du soleil
17h33

Saint Barnard – On fête aussi les Emerance, Alphonse

« La musique donne une âme à nos cœurs et des ailes à la pensée. » *Platon*

La saga de l'orthographe

Contrairement à des langues comme l'italien ou l'espagnol au système d'écriture essentiellement phonologique (on écrit le son entendu, il est donc difficile de faire des fautes), le français est davantage graphique : c'est que nous prononçons beaucoup plus de sons que nous avons de signes disponibles (nos lettres), il faut donc trouver des « trucs » pour les transcrire.

➠ *À suivre p. 55*

LE BON MOT DE L'HISTOIRE

« Malheur aux vaincus ! » Brennus, 390 av. J.-C.

En 390 av. J.-C., emmenés par leur chef Brennus, les Senons, des Gaulois installés dans l'actuelle région de Sens, traversent les Alpes et déferlent sur le nord de l'Italie. Rome est mise à sac pour la première fois de son histoire (et la dernière pendant huit siècles !). Réfugiée dans le Capitole, une partie des habitants résiste à l'envahisseur qui finit par accepter de lever le siège en échange de 1 000 livres d'or. Selon Tite-Live, qui écrit son *Histoire de Rome* trois siècles après les événements, lors de la pesée, le chef gaulois aurait ajouté son glaive avec les poids sur la balance pour alourdir la rançon et le déshonneur des Romains, en proclamant : « Vae Victis ».

LA FIN DU VERSEMENT DES PRESTATIONS SOCIALES SUR DES COMPTES NON EUROPÉENS.

SUDOKU

			1	5				3
	5		3			4		
	3	2			7		6	
		7			4		5	
		1				8		
	9		5			3		
	7		6			2	8	
		4			3		7	
6				4	8			

Solution page 46

ACTU

La bactérie colossale

Pouvez-vous imaginer qu'un « cil » de 2 centimètres bouscule les codes de la microbiologie ? C'est pourtant bien le cas de la bactérie Thiomargarita magnifica. *5 000 fois plus grande que ses semblables, elle a été découverte dans la mangrove guadeloupéenne. Il a fallu plus de dix ans à Jean-Marie Volland, chercheur en biologie à l'université des Antilles, pour démontrer qu'il s'agissait bien d'un seul micro-organisme unicellulaire ; et dix années d'analyses complémentaires menées au CNRS à Paris et à l'université de Berkeley aux États-Unis pour prouver que le filament de 2 cm est bien une seule et même cellule. Pour les spécialistes, la plus grosse bactérie du monde remet en question beaucoup de règles établies en microbiologie. Pour vous faire une idée : c'est un peu comme si demain, on découvrait un humain aussi grand que le mont Everest !*

Lever du soleil
08h31

Mercredi 24

Coucher du soleil
17h35

Saint François de Sales – On fête aussi les Thimothée, Franz, Paco

« Il n'y a pas de repos pour les peuples libres ; le repos, c'est une idée monarchique. » *Georges Clemenceau*

Recette

Œufs cocotte chorizo-cheddar

Pour 4 œufs cocotte | **10 min de préparation** | **8 à 10 min de cuisson**

- 8 œufs frais bios ou plein air
- 1 beau chorizo doux ou piquant
- 2 échalotes
- 10 cl de crème fraîche
- 1 paquet de cheddar râpé (100 à 150 g)
- Fleur de sel, poivre du moulin

Préchauffez le four à 180 °C (th. 6). Coupez le chorizo en tranches et recoupez chacune en quatre. Épluchez et émincez finement les échalotes.

Dans 4 petites cocottes ou ramequins, déposez 2 cuil. à soupe de crème fraîche puis ajoutez les échalotes et les petits morceaux de chorizo. Cassez 2 œufs dans chaque récipient. Parsemez de cheddar râpé et enfournez pour 8 à 10 min de cuisson : les jaunes doivent être encore coulants, mais le blanc doit être bien cuit.

À la sortie du four, parsemez de fleur de sel et de poivre du moulin.

Conseils
Il ne faut jamais saler les œufs avant la cuisson, des taches blanches apparaîtraient sur le jaune. Servez ces œufs avec une belle salade verte ou avec des pousses d'épinards assaisonnées d'huile d'olive et de vinaigre balsamique.

ha ha, hi hi, ho ho FRANÇAIS
huhuhuh, hahaha, kukuku JAPONAIS
ax ax ax RUSSE
cha cha LITUANIEN
jajaja ESPAGNOL

Humour du monde

Moshé téléphone à sa mère :

– Allô Maman ? Comment ça va ?

– Ça va bien…

– Oh ! Désolé, Madame, je me suis trompé de numéro.

NOS ANCÊTRES

LUCY, LA STAR

En 1974, le squelette d'un individu féminin complet à 40 % est découvert en Éthiopie. Baptisée Lucy en hommage à une chanson des Beatles, le fait qu'elle révolutionne alors notre perception des origines humaines l'a propulsée au rang de star. Haute de 1,10 m, pesant 30 kg, Lucy, dont les fossiles remontent à 3,2 millions d'années, a démontré que la bipédie avait précédé l'accroissement du volume crânien.

ARIÉGEOIS

Le comte Elie de Vézins est à l'origine de l'ariégeois, un chien qui porte le nom d'un département français. Ce grand amateur de chasse au lièvre voulait créer une race de chiens de chasse exceptionnelle et croisa pour y parvenir un briquet avec un grand bleu de Gascogne. Le résultat en fut un chien blanc de taille moyenne, au poil court parsemé de taches noires bien délimitées et surtout au flair infaillible. Dès son apparition et sa diffusion, dans les années 1900, le braque d'Ariège, appelé couramment ariégeois, fut adopté par les chasseurs. Son excellence l'a vite rendu indispensable, non seulement pour la chasse au lièvre, mais aussi pour le perdreau ou la bécasse. Très intelligent, attachant, doux et sensible, c'est aussi un compagnon idéal pour la famille car il est facile à éduquer.

Chiens voyageurs

Lever du soleil
08h30

Jeudi 25

Coucher du soleil
17h36

Conversion de saint Paul – On fête aussi les Artémis, Juventin

« Hâte-toi de bien vivre et songe que chaque jour est à lui seul une vie. » *Sénèque*

Gangs
LES CHAUFFEURS DE LA DRÔME

Entre 1906 et 1908, les Chauffeurs de la Drôme vont terroriser la région autour de Romans-sur-Isère et de Valence. Honnêtes travailleurs le jour, Pierre-Louis Berruyer, Octave-Louis David, Urbain-Célestin Liottard et Jean Lamarque s'introduisent, la nuit, dans des maisons isolées pour y dérober tout ce qui peut avoir de la valeur. Ce qui les distingue, c'est leurs méthodes effrayantes : avant de, souvent, les tuer, ils font rôtir les jambes de leurs victimes dans les cheminées pour qu'elles révèlent leurs cachettes. Le manque d'efficacité de la gendarmerie dans l'enquête conduira Clemenceau, alors président du Conseil, à créer les fameuses Brigades du Tigre. Interpellé alors qu'il tente de revendre le produit d'un cambriolage, Liottard balance ses amis. Berruyer et David sont rapidement coincés, mais Lamarque s'enfuit. Lors du procès en juillet 1909, les juges retiennent dix assassinats. Les trois accusés sont condamnés à la peine capitale et rapidement exécutés. Arrêté un an plus tard, Lamarque sera condamné aux travaux forcés et finira ses jours au bagne de Cayenne.

C'est qui celui-là ?

Ça colle, Anatole

Quelques expressions comportant des prénoms sont nées simplement pour… la rime ! C'est le cas de « Relax Max », « À l'aise Blaise », « Fonce Alphonse », « Tranquille Émile », « À la tienne Étienne », « Tu parles Charles », « Ça roule Raoul » ou encore « ça colle Anatole ». Dans un registre proche, « Tu rêves Herbert » ou « Avance Hercule » ont été créées pour le jeu de mots.

Le saviez-vous ?

Cocorico !

Les Romains associèrent les Gaulois au coq par un jeu de mots, *gallus* signifiant en latin à la fois « coq » et « Gaulois ». Par la suite, à l'étranger, on utilisa la comparaison pour se moquer des ennemis francs. Finalement, avec les Valois, la moquerie est récupérée et le coq devient le symbole de l'audace et de la vigilance du peuple français. Aujourd'hui, sans être un emblème officiel, il représente toujours la France aux yeux du monde, notamment dans le milieu du sport.

Brèves régions

94

VAL-DE-MARNE – LES PASSEURS DE CULTURE(S)

Le projet « Les Passeurs de culture(s) » s'appuie sur la diversité culturelle du lieu dans lequel il est implanté, pour offrir un tourisme alternatif. Il met en avant les aspects sociaux, culturels, économiques des migrations dans le département. Le projet consiste à construire des parcours urbains interculturels avec les habitants, qui par la suite se feront eux-mêmes les passeurs de ces cultures. Il s'agit là d'un tourisme local qui va à la rencontre de personnes de toutes origines, de leurs pratiques et savoirs, amène à découvrir leurs lieux de vie ou d'histoire, et fait toucher du doigt des expériences personnelles et des parcours singuliers. À découvrir d'urgence, car la culture est partout.

Lever du soleil
08h29

Vendredi 26

Coucher du soleil
17h38

Sainte Paule – On fête aussi les Paola, Pauline, Paulette

« Qui ne doute pas acquiert peu. » *Léonard de Vinci*

Ça ne rime à rien...

Belge

Si, en poésie, « Français » peut rimer avec de nombreux mots, tout comme « Allemand », « Suisse », « Italien », « Espagnol » ou même « Luxembourgeois », le mot « Belge » est orphelin car aucun autre mot de notre langue ne se termine comme lui. Certains poètes amateurs font rimer Belge avec Vierge, mais cela reste une rime pauvre. Nos voisins d'outre-Quiévrain sont bien uniques !

ALTHEN-DES-PALUDS

C'est sa ville !

Située au cœur du Vaucluse, la bourgade d'Althen-des-Paluds s'est développée grâce à la garance, plante cultivée pour la teinture rouge extraite de ses rhizomes. Jusqu'en 1845, Les Paluds n'étaient qu'un hameau de la commune de Monteux et, en acquérant son indépendance, le village a choisi un nom qui rend hommage à Jean Althen, le père fondateur de la culture de la garance. Né vers 1710, cet homme eut une vie curieuse car, fils d'un ambassadeur perse auprès de l'empereur germanique Joseph Ier, il fut vendu comme esclave en Asie Mineure avant de s'évader et de s'installer en France. C'est vers 1770 qu'il fit prospérer la culture de la garance en distribuant gratuitement des graines aux paysans.

SOLUTION MOTS FLÉCHÉS P. 37

	S		L		S		C		R		S	
N	U	M	E	R	O	T	A		E	S	T	E
	R	A	V	A	L	A	N	T		M	A	T
P	L	I	A	G	E		A	R	C	A	D	E
	E	N		L		A	R	E	O	L	E	
O	C		T	A	L	L	I	P	O	T		C
	H	E	R	N	I	E		I	L		L	A
R	A	V	I		C	A	S	E		D	E	S
	M	A		A	H		A	D	J	U	G	E
A	P	P	A	R	E	I	L		U	P	A	S
		O	V	E		S	E	C	R	E	T	
S	E	R	A		P	A	P	A	Y	E		S
	H	A	L	O	I	R		O	S		R	U
P	O		A	M	A	D	O	U		G	A	G
	N	I		I	N		H	A	R	E	N	G
S	T	O	P	S		N	E		O	N	C	E
	E	T	H	E	R	E		B	U	T	O	R
G	E	A	I		A	Z	U	R	E		N	A

0

C'est le nombre de braquages de banque enregistré au Danemark en 2022. Une première dans l'histoire du pays depuis... quatre siècles ! En 2000, 221 braquages de banque avaient été enregistrés, mais il n'y en avait déjà eu qu'un seul en 2021. Cela étant dit, cela n'aurait pas beaucoup de sens de vouloir braquer un établissement bancaire dans ce pays nordique où les transactions en espèces sont devenues pratiquement obsolètes, les Danois optant de plus en plus pour l'utilisation exclusive des cartes et des téléphones pour effectuer leurs paiements. D'ailleurs, depuis 2017, les retraits d'argent en espèces dans les distributeurs diminuent chaque année de 75 % au Danemark. Les billets et pièces ne représentent aujourd'hui qu'une part infime de l'argent dépensé au quotidien par les 5,7 millions d'habitants du pays. Selon Finance Denmark, l'association du secteur bancaire, il ne reste d'ailleurs aujourd'hui qu'une vingtaine d'agences bancaires dans le pays qui disposent encore de liquidités. Il y en avait dix fois plus il y a trente ans.

Lever du soleil
08h28

Samedi 27

Coucher du soleil
17h40

Sainte Angèle – On fête aussi les Angie

« Chacun doit être à la hauteur de ses actes. » *Ernest Hemingway*

DES nuisibles PAS nuisibles

LA FOUINE

Le terme de « nuisible », pour caractériser une espèce animale, n'est plus utilisé par l'administration française. Il a été remplacé par le sigle ESOD (espèce susceptible d'occasionner des dégâts). Les animaux concernés peuvent être détruits sur la base d'un arrêté préfectoral. La fouine en fait partie, et c'est l'espèce la plus piégée en France. On lui reproche de tuer les poules et aussi de causer des ravages dans les matériaux isolants des maisons et de dévorer des câbles. Cependant, comme d'autres mustélidés, elle régule les populations de rongeurs, notamment les rats, les mulots et même les surmulots.

Heureux Mariages

ALEXIS JEAN GUERRIER, qui avait déjà un nom très offensif, épousa à Gannat (Allier), le 4 août 1924, **YVETTE MARIE AIMÉE DÉTRUIT**. On ne peut être que soulagé de savoir qu'elle portait ce nom avant de le rencontrer, et donc que le Guerrier n'était pas responsable de la situation des Détruit. Pour la suite, espérons que ce mariage leur a permis de construire quelque chose…

CITATIONS HUMORISTIQUES : BLAGUES ET VANNES

« Tout ce que les gens veulent à tout prix savoir ne les regarde généralement pas. »

Bernard Shaw

EURO 2024

UNE SEULE ABSENCE

Non inscrite pour les deux premières éditions, l'Allemagne de l'Ouest prend part aux qualifications pour la première fois à l'occasion du championnat d'Europe 1968. Le 17 décembre 1967, contrainte au résultat nul face à l'Albanie, elle doit se contenter de la deuxième place, à un point de la Yougoslavie, future finaliste, qu'elle avait vaincue quelques semaines auparavant. Elle est ainsi privée de phase finale, une exception puisqu'il s'agit de sa seule élimination de l'histoire. Victorieuse en 1972, la Mannschaft n'a depuis manqué aucune phase finale d'un championnat d'Europe, soit treize participations consécutives ; elle s'est hissée dans le dernier carré à neuf reprises et a remporté trois titres, devenant ainsi la meilleure nation européenne, avec l'Espagne qui a décroché autant de titres.

UEFA - UEFA - UEFA - UEFA - UEFA - UEFA - UEFA - UEFA - UEFA

SYSTÈME D

UNE CHASSE D'EAU ANTI-GASPI

Un réservoir de chasse d'eau contient 7 à 12 litres, pour une bonne part gaspillés. Si la chasse n'a pas de double bouton, plutôt que de baisser le flotteur, la bonne solution consiste à réduire le volume sans diminuer la hauteur d'eau, essentielle pour assurer la pression dans la cuvette. Pour ce faire, placez dans le réservoir une grande bouteille d'eau bouchée ou plusieurs petites, ou encore une brique pleine. Il existe également des plaquettes conçues tout exprès, qui forment des barrages dans le fond et sur les côtés du réservoir, retenant une partie de l'eau, et qui évitent aussi la prolifération des bactéries. On économise ainsi jusqu'à 40 % en volume, et une somme non négligeable. Autre option : quand on le peut, aller faire pipi dans le jardin (c'est bon pour les plantes).

Lever du soleil
08h27

Dimanche 28

Coucher du soleil
17h41

Saint Thomas d'Aquin – On fête aussi les Gentile, Tom

« Le tyran est le démagogue qui a réussi. » *Raymond Aron*

ÇA S'EST PASSÉ Le 28 janvier 1924

Alexandra David-Néel, chanteuse lyrique, aventurière, orientaliste et féministe, pénètre à Lhassa, déguisée en mendiante. C'est la première femme occidentale à atteindre la capitale du Tibet.

CITATIONS HUMORISTIQUES : BLAGUES ET VANNES

« J'ai peur du passé, du présent, du futur, du passé simple, et du plus-que-parfait du subjonctif. »

Wolinski

« Il ne faut jamais faire de projets, surtout en ce qui concerne l'avenir. »

Alphonse Allais

« Il m'arrive d'avoir des visions – puis je remets mes lunettes. » *Tomi Ungerer*

« Nous vivons une époque où les pizzas arrivent plus vite que la police. »

Claude Chabrol

« L'idéal, ce serait de pouvoir déduire ses impôts de ses impôts. »

Jean Yanne

La dictée du mois *La villa au pied du Vésuve*

1/10

[La] villa est entourée de hauts peupliers et de sicomores, et ce boccage est le rendez-vous de tous les oiseaux de la rive ; au couché du soleil, il s'élève de ce petit bois une musique de fauvettes et de rossignols, la plus merveilleuse à entendre. On nous a dit le nom de cette maison de campagne ; nous croyons nous rappeler qu'elle se nomme la villa Capella, et nous aimons à nous figurer que le site ou elle est bâtie a pu appartenir à la famille de Bianca Capello, cette femme si belle est si malheureuse, dont vous savez l'histoire. Quoiqu'il en soit, la villa Capella est une délicieuse retraite d'où l'on apercoit Ischia et Capréa, ces deux îles de fleurs sur la mer bleue ; et dans le lointain, le sommet fumant du Vésuve, que les habitants de Gaëte et de Terracine nomme Somma *ou* la Montagna.

Marie de Surville, « Mystère », in Heures du soir, livre de femmes, *1833.*

sycomores, bocage, coucher, le site où, et si malheureuse, Quoi qu'il, aperçoit, nomment

INQUIÉTUDE DE RICHE À PROPOS DE LA VOITURE AUTONOME

Solution Sudoku p. 41

4	8	6	1	5	9	7	2	3
7	5	9	3	6	2	4	1	8
1	3	2	4	8	7	5	6	9
3	6	7	8	9	4	1	5	2
5	4	1	2	3	6	8	9	7
2	9	8	5	7	1	3	4	6
9	7	3	6	1	5	2	8	4
8	1	4	9	2	3	6	7	5
6	2	5	7	4	8	9	3	1

Brèves régions

03

ALLIER – LA NOUVELLE VIE DU PONT DE VALLON

Jeté sur le Cher depuis 1944, le pont de Vallon est « à corde d'arc », ce qui signifie que son tablier est soutenu de chaque côté par des suspentes fixées sur des poutres en forme d'arc qui vont d'un bout à l'autre du pont. Il a été l'objet d'importants travaux de restauration pour sécuriser la circulation des véhicules. Le pont de Vallon retrouve ainsi une nouvelle vie sans être remplacé par un ouvrage neuf. Le budget nécessaire, soit 1,4 million d'euros, a été supporté aux deux tiers par le département de l'Allier qui a en charge les ouvrages d'art de son territoire et qui montre par ce chantier son attachement au patrimoine.

Lever du soleil
08h25

Lundi 29

Coucher du soleil
17h43

Saint Gildas – On fête aussi les Sulpice

« Les soucis grandissent avec la fortune et le désir de l'accroître. » *Horace*

Apéro

Chouchen

Cette liqueur de miel, également appelée hydromel dans sa Bretagne natale, est créée au XIXe siècle, à Rosporden précisément. À l'origine, le chouchen était fabriqué à base de miel et de jus de pomme fermenté, mais aujourd'hui il ne contient plus que du miel. Consommé frais, le chouchen est à l'origine présenté comme un remède contre l'influenza, mais son taux d'alcool (14-16°) l'entraîne plutôt du côté des apéritifs. Une légende raconte que l'on mélangeait les abeilles dans le fût de fermentation, avec le miel, et que leur venin accentuait l'effet de la boisson…

Calembours ou répartie cultes du cinéma

Dans quel film ?

« Y'a pas d'hélice, hélas…

— C'est là qu'est l'os ! »

Réponse : La Grande Vadrouille, de Gérard Oury.

Déguisées en homme ♂

Jeanne Barret

Née dans une famille pauvre, la jeune femme, qui a tout de même appris à lire et écrire, entre en 1760 au service du botaniste Philibert Commerson. Invité à se joindre à l'expédition de Bougainville autour du monde, il souhaite que celle qui est devenue sa compagne le suive. À l'époque, hors de question d'embarquer une femme ! C'est donc comme valet de Commerson que Jeanne rejoint l'expédition en décembre 1766 sous le nom de Jean Barret. En raison de la santé fragile de Philibert, c'est elle qui porte le matériel et collecte une grande partie des 5 000 spécimens lors de leurs explorations en Amérique du Sud. Quand la supercherie est finalement découverte, à Tahiti, en avril 1768, Bougainville les autorise néanmoins à poursuivre le voyage jusqu'à l'île Maurice, où le couple s'installe. À la mort de Commerson, Jeanne ouvre une taverne à Port-Louis puis épouse un officier de marine avec lequel elle rentre en France en 1775. Jeanne Barret, première femme à avoir réalisé un tour du monde, est morte à Saint-Aulaye le 5 août 1807.

ACTU

La médecine à grand-papa

*Il y a 31 000 ans, un « chirurgien » a amputé un enfant avec succès ! C'est la conclusion stupéfiante à laquelle sont arrivés des scientifiques en étudiant un squelette humain retrouvé dans la grotte de Liang Tebo à Bornéo (Indonésie). Découvert par hasard, alors que les chercheurs étaient occupés à dater les peintures rupestres de la grotte, ce squelette d'*Homo sapiens *les a immédiatement intrigués car il lui manquait une partie de la jambe gauche. Les examens au microscope électronique ont montré une coupure droite très nette et des signes de réparation osseuse, preuves d'une amputation « chirurgicale ». L'individu était vraisemblablement un jeune adulte, mais l'intervention avait eu lieu au moins six ans avant sa mort. D'après les scientifiques, cela indique qu'à cette époque reculée les humains de la région avaient des connaissances d'anatomie, du système musculaire et vasculaire humain. Leur découverte chamboule les connaissances sur les soins et traitements prodigués par nos lointains ancêtres : jusqu'ici, la plus ancienne preuve d'une telle intervention avait été détectée sur un squelette datant de 7 000 ans découvert en France.*

Lever du soleil **08h24**

Mardi 30

Coucher du soleil **17h44**

Sainte Martine – On fête aussi les Aleaume

« L'obscurité ne peut chasser l'obscurité, seule la lumière le peut. La haine ne peut chasser la haine, seul l'amour le peut. » *Martin Luther King*

Le saviez-vous ?

De la barre solide à la pâte à tartiner

En 1946, parce que les fèves de cacao sont rares et chères, les frères pâtissiers Ferrero remplacent une partie du chocolat par des noisettes, abondantes dans leur région, dans la recette de leurs barres de chocolat. La canicule de l'été 1949 fait qu'il est impossible de garder solides ces barres. L'entreprise décide alors de vendre cette « crème » en petits pots de verre. Succès assuré ! Le Nutella était né, mais il ne prit ce nom qu'en 1964.

PAROLES Les mots des flics et des voyous PAROLES

Amazone

L'Amazone, c'est une femme guerrière, dans la mythologie grecque. En français, le mot a d'abord désigné une femme qui montait à cheval, puis une femme belliqueuse, audacieuse, indépendante. • La police française a repris le terme pour désigner une prostituée qui racole uniquement en voiture, contrairement à la piétonne, dite bitumeuse, marcheuse ou trotteuse. À Paris, aux abords de la Madeleine, les amazones étaient communes dans les années 1980. • Femme qui triche au jeu (rare).

CITATIONS HUMORISTIQUES : BLAGUES ET VANNES

« L'humour, c'est le malheur des autres. »

François Cavanna

Présentatrices mythiques de TV

Daphné Roulier

Si Daphné Roulier commence sa carrière à LCI, c'est bien lorsqu'elle entre à Canal + qu'elle se fait remarquer du grand public. D'abord en charge des journaux d'information de *Nulle part ailleurs*, elle est ensuite à la tête de + *Clair*, une émission consacrée aux médias, de 2001 à 2005. Viennent ensuite *Le Cercle*, *L'hebdo Cinéma* et *Extérieur jour*, trois émissions consacrées au grand écran. À partir de 2009, elle présente le magazine d'actualités *L'Effet papillon*, avant de basculer en 2012 sur le JT de D8 (groupe Canal). Un nouveau passage par *L'Effet papillon*, puis retour au *Cercle*, avant de quitter, en 2019, Canal +. La journaliste est depuis sur Paris Première, LCP, mais aussi sur Radio Classique. Entre deux émissions, Daphné Roulier prête sa voix au cinéma et à la série télé, pour différents programmes comme *Silex and the City* ou *50 nuances de Grecs*.

PROBLÈMES + – / de maths du certificat d'études

Un très riche industriel a disposé ainsi de sa fortune. Avec la moitié de son capital, il a acquis un yacht de luxe et avec $^1/_8$ de celui-ci il a acheté un château. Il a placé le reste de son capital sur un compte d'épargne rémunéré au taux annuel de 5 %, qui lui a rapporté 6 093 750 francs la première année. Quel était son capital de départ ? Quelles sont la valeur du yacht et celle du château ?

Solution : Le capital placé s'élève à (6 093 750*100)/5 = 121 875 000,00 francs.
½ + $^1/_8$ représentent $^4/_8$ + $^1/_8$ = $^5/_8$ du capital.
Il s'ensuit que 121 875 000,00 francs représentent $^8/_8$ - $^5/_8$ = $^3/_8$ du capital.
Le capital de départ s'élevait donc à (121 875 000 x 8) / 3
= 325 000 000,00 francs.
La valeur du yacht de luxe est égale à 325 000 000 / 2 = 162 500 000,00 francs.
Le château vaut 325 000 000 / 8 = 40 625 000,00 francs.

Lever du soleil
08h23

Mercredi 31

Coucher du soleil
17h46

Sainte Marcelle – On fête aussi les Marcelline, Marcela

« Ne vous souciez pas de n'être pas remarqué ; cherchez plutôt à faire quelque chose de remarquable. »
Confucius

Etymologie

Une pâtisserie somme toute saine

La galette, telle celle que nous avons dégustée il y a quelques semaines pour tirer les rois, ce n'est pas, bien sûr, une « petite gale », comme une fillette est une petite fille, ou une maisonnette une petite maison, grâce au suffixe diminutif *-ette*. Non, heureusement il n'y a aucun rapport entre cette pâtisserie et la maladie. Le nom *galette* est tout simplement dérivé de *galet*, car sa forme ronde et aplatie rappelle celle du caillou. C'est *galet* qui est le diminutif de l'ancien français *gal*, de même sens et d'origine gauloise.

Monarchies du monde

Belgique

Roi des Belges et non pas roi de la Belgique, Philippe est monté sur le trône en 2013. La dénomination différente de celle des autres monarchies n'est pas anodine, elle affirme la volonté des fondateurs du régime de faire du souverain un homme au service du peuple, et non l'inverse. Le roi des Belges ne prend d'ailleurs ses pouvoirs qu'après avoir prêté serment devant les chambres.

AU JARDIN

Le compostage des vivaces

La présence de plantes vivaces sauvages – ou « mauvaises herbes », dans la conception traditionnelle du jardin – est bénéfique dans la mesure où elles favorisent la diversité de la faune, surtout des insectes. Mais point trop n'en faut ! On les arrache (avant qu'elles donnent des graines) quand elles sont envahissantes (comme le chiendent ou l'oxalide), ou quand elles poussent au milieu d'un carré de laitue ou de fraise. Mais ne les jetez pas telles quelles sur le tas de compost, avec leur motte, car les racines continueraient à vivre. Secouez-les pour faire tomber la terre, mouillez-les et placez-les dans un sac-poubelle spécial jardin percé de trous à la fourche-bêche. Attendez alors que leur décomposition soit complète, en vérifiant de temps en temps. Videz alors le sac sur le compost.

ASTUCES 2 FAINÉANT

Belles plantes sans effort

C'est une astuce toute bête qui répond aux attentes de ceux qui aiment les plantes, à la maison ou au jardin, mais ne veulent pas faire trop d'efforts pour s'en occuper : il faut choisir des variétés adaptées. En effet, si vous voulez mettre des plantes exotiques sur votre balcon, mieux vaut habiter dans le Sud, sinon vous devrez les couvrir à la fin de l'automne ou les rentrer pour les protéger du gel. De même, au jardin, vouloir cultiver, par exemple, des melons dans les Ardennes n'est pas la meilleure idée qui soit, ce qui n'est pas grave car il y a d'autres variétés de fruits et légumes qui correspondent mieux au climat de la région. Le jardinier fainéant doit donc consacrer un peu de temps à réfléchir à ses choix plutôt que d'en passer ensuite beaucoup plus à réparer ses erreurs !

Jeudi 1er

FÉVRIER

Sainte Ella – On fête aussi les Viridiana, Sibert

Lever du soleil
08h21

Coucher du soleil
17h48

« Le chemin de la sagesse ou de la liberté est un chemin qui mène au centre de son propre être. » *Mircea Eliade*

LA LETTRE MYSTÈRE

À Chanteloup, ce 26 février 1771

Ma chère petite-fille, je vous renvoie votre lettre du baron ; j'en suis fort touchée, je vous prie de le lui dire ; mais vous savez ce que je vous ai déjà mandé là-dessus. Je ne puis lui écrire. Je vous en envoie une que m'a écrite Voltaire, qui est une réponse à une réponse ; je vous l'envoie d'abord parce que vous aimez toutes les lettres de Voltaire, ensuite pour que si, dans vos moments perdus, la fantaisie vous prend de lui écrire, vous répondiez pour moi à celle-ci, des honnêtetés, du bavardage, des coquetteries. Que si sa santé lui eût permis de venir, s'il eût pu obtenir un firman pour son voyage, j'aurais regardé comme un bonheur la circonstance qui m'aurait procuré le plaisir de le voir ; puis, si vous voulez, des plaisanteries sur le firman, dont il doute que je sache la signification ; comme qui dirait, par exemple, qu'on nous a trop familiarisés avec les mœurs turques, pour que nous ignorions encore leurs usages ; enfin ce qu'il vous plaira. [...]

L'arrivée ici de M. et de madame de Tingri, la facilité qu'ils ont eue à obtenir leur permission ; celle qu'a obtenue madame de Châteaurenaud par leur moyen, vous prouvent que les difficultés à cet égard viennent seules de ce petit saint, de cette petite vrille, de ce président Mogon, de ce gros vilain crapaud. On n'aura rien de lui qu'en se passant de lui, comme je vous conseille de le faire ; aussi attendez-vous à ne voir jamais le prince ici, ou à ne l'y voir que des derniers. J'en serai fâchée pour moi qui l'aime, et cela ne sera décent ni pour lui, ni pour sa petite vrille. Mais j'ai fait mon deuil de la décence de la petite vrille et de toutes les décences de la cour [...] »

Réponse Lettre de janvier

Gustave Flaubert

C'est manifestement un enfant qui écrit. Eh oui, même les plus grands de nos auteurs ont fait des fautes (et parfois continuent d'en faire, d'où le beau métier de correcteur). Il est normand qui plus est (« Rouen »). Ici, c'est le petit Gustave Flaubert (1821-1880), 9 ans tout juste (il est né le 21 décembre 1821, la lettre est du 1er janvier 1830), qui envoie ses vœux non pas à sa mère (« maman » est une fausse piste), mais à sa grand-mère (que l'on a longtemps appelée « bonne maman »), Marie-Apolline. Peut-être avez-vous repéré un nom, Félicité, celui de cette vieille domestique de la famille, qui lui inspirera bien plus tard un texte devenu célèbre : *Un cœur simple.*

Ces vœux ouvrent la correspondance de Flaubert, un monument de notre patrimoine littéraire qu'il va nourrir jusqu'à sa mort en 1880. Les plus de 4000 lettres qui sont conservées s'adressent aussi bien aux familiers, aux amis, qu'à ses pairs en littérature (George Sand, les frères Goncourt, Tourgueniev, Zola, Louise Colet…). On l'y découvre bon vivant, geignard, paillard, critique féroce, joyeux compagnon, mauvaise langue, écrivain besogneux, témoin caustique de son temps, en résumé un excellent compagnon avec qui déguster un verre de vin le soir et commenter les travers du temps, le sien comme le nôtre. Un bonheur !

Lever du soleil
08h20

Vendredi 2

Coucher du soleil
17h49

PRÉSENTATION DU SEIGNEUR

CHANDELEUR – On fête aussi les Théophane, Jeanne de Lestonnac

« Lire n'est pas un acte de consommation culturelle, c'est une conversation. » *Alain Finkielkraut*

Etymologie

C'est noir ou blanc

Malgré les apparences, *blackbouler* n'est pas un composé du verbe *bouler*. Emprunté au début du XIXe siècle à l'anglais *to blackball*, le verbe s'est francisé à moitié, par attraction de *boule*. À l'origine, blackbouler quelqu'un, c'est voter contre son admission au sein d'une assemblée en plaçant une boule (*ball*) noire (*black*), et non une blanche, dans une urne. Aujourd'hui, blackbouler quelqu'un, c'est le rejeter, l'évincer ; en quelque sorte, c'est l'envoyer bouler !

ACTU

L'Âge de glace pour de vrai ?

Disparu il y a 4 000 ans, le mammouth laineux pourrait cette fois faire son retour. La start-up américaine Colossal Biosiences a en effet levé plus de 15 millions de dollars pour y parvenir. Ses généticiens travaillent sur la création d'un embryon de mammouth croisé avec l'éléphant d'Asie. Surnommée « mammouphant », la créature aurait l'apparence d'un éléphant mais avec certaines caractéristiques du mammouth laineux telles que de longs poils hirsutes et un sang adapté aux basses températures. Des séquences d'ADN de mammouth collectées sur des restes trouvés en Sibérie vont être insérées dans le génome d'éléphants d'Asie, pour créer cette espèce hybride. L'embryon sera ensuite implanté dans une mère porteuse, en l'occurrence une éléphante d'Afrique, pour une gestation estimée à 20 mois. Pour justifier ce projet fou voire effrayant, la start-up évoque une « désextinction » dans un but environnemental : la réintroduction de ces « mammouphants » en Arctique permettrait de préserver le permafrost, le sol gelé qui recouvre la région. En se déplaçant, ces pachydermes écraseront herbe, mousse et neige, ce qui permettrait de garder la terre bien compacte et d'éviter les fuites de gaz à effet de serre. L'argument l'écolo permet décidément de justifier tout et n'importe quoi !

Le saviez-vous ?

Droit de cuissage, un mythe

Les seigneurs médiévaux auraient eu le droit d'exiger une relation sexuelle avec la future femme d'un serf ou vassal avant leur nuit de noces. Ce droit n'a jamais existé. Ce mythe a été créé au XVIe siècle et a été largement répandu par les auteurs des Lumières, dont Voltaire et Beaumarchais qui l'ont utilisé pour mettre à mal les mœurs de l'époque féodale et, par là même, la noblesse et la monarchie.

Les plus beaux bateaux de l'histoire

LE *BELEM*

Le *Belem* voit le jour en 1896, à la demande de la famille Crouan, des armateurs nantais spécialisés dans l'importation de cacao et de sucre en provenance des Antilles et de l'Amérique du Sud. Son nom est un hommage au port brésilien où ils avaient fondé un comptoir commercial.

Le trois-mâts barque, à coque en acier, est élégant, rapide et surtout robuste, puisqu'il peut contenir un chargement de 675 tonnes alors que sa ligne s'apparente plus à celle d'un yacht. D'ailleurs, c'est l'usage qu'en fera le duc de Westminster en 1914 quand il le rachètera. Plusieurs fois transformé et rebaptisé pour divers usages, il est retrouvé à Venise à la fin des années 1970 par un passionné, Luc-Olivier Gosse, qui ramène le voilier dans son pays d'origine grâce à l'appui financier de la Caisse d'Épargne.

Classé monument historique en 1984, il permet aujourd'hui de faire des stages d'initiation à la navigation.

Lever du soleil
08h19

Samedi 3

Coucher du soleil
17h51

Saint Blaise – On fête aussi les Oscar, Anshaire

« Tout est possible si vous avez assez d'audace. » *J. K. Rowling*

CALEMBOURS ou RÉPARTIES cultes du cinéma

Dans quel film ?

« Alors moi, je vais prendre mon aigreur, ma tristesse et ma rancune, et toutes les quatre on va aller se coucher. En vous laissant la vaisselle, pour une fois. Pierre, tu es sur le canapé, tu y restes. Si les enfants pleurent, c'est pour toi. Moi j'vais prendre une boîte de Témesta® et dormir pendant deux jours. Allez tous vous faire foutre ! Et bonne nuit ! »

Réponse : Le Prénom, d'Alexandre de La Patellière.

MOTS MÊLÉS

Prénoms de fille commençant par la lettre A

X	U	R	G	L	R	A	D	R	I	E	N	N	E
A	E	A	G	N	E	S	A	I	E	S	S	E	N
N	U	N	G	E	D	T	Y	L	D	G	M	A	A
I	E	R	I	A	L	A	T	L	I	I	K	E	I
E	S	L	E	L	T	E	L	E	A	E	T	W	R
R	I	G	L	L	L	H	D	B	L	T	N	X	D
O	A	L	L	E	I	O	E	A	E	R	I	O	A
R	N	T	E	D	B	E	P	N	D	R	A	N	R
U	A	F	A	M	A	A	I	A	A	J	T	Z	G
A	M	T	G	L	A	O	N	N	X	I	K	E	A
N	B	D	I	R	T	S	A	N	N	E	R	Z	G
S	R	C	B	N	X	O	I	D	A	A	L	A	L
V	E	Q	A	M	A	N	D	I	N	E	Z	L	A
G	T	K	A	L	E	X	A	N	D	R	A	H	E

Solution page 56

Cherchez les prénoms de fille cachés dans la grille ci-dessous. Vous les trouverez soit horizontalement, soit verticalement ou encore en diagonale ; ils peuvent se lire de gauche à droite ou de droite à gauche, de haut en bas comme de bas en haut.

ABIGAËLLE
ADÉLAÏDE
ADÈLE
ADRIANE
ADRIENNE
AGATHE
AGLAÉ
AGNÈS
AÏDA
AIMÉE
ALBERTE
ALEXANDRA
ALICE
ALIÉNOR
AMANDINE
AMBRE
AMÉLIE
ANAÏS
ANITA
ANNABELLE
ANNE
ANNIE
ANTOINETTE
APOLLINE
ARIANE
ARLETTE
ASTRID
AURÉLIE
AURORE
AXELLE

Heureux Mariages

C'est dans le 12e arrondissement de Paris que fut célébrée, le 25 juillet 1885, l'union de **FRANÇOIS BOULANGER** avec **EULALIE FOUR. FRANÇOIS LEPEIN**, quant à lui, épousa **MARIE LAMIE** à Montguillon (Maine-et-Loire) le 27 décembre 1803. Du côté des Deux-Sèvres, à Saint-Martin-du-Fouilloux, c'est **LOUIS PAIN** qui choisit **FRANÇOISE SECQ** pour femme. Du vrai pain béni tous ces mariages…

Moments *uniques*

LA PERCÉE DU VIN JAUNE DANS LE JURA

Issu d'un cépage local, le savagnin, le vin jaune est surnommé « l'or du Jura ». Selon la légende, il serait né par hasard, grâce à un fût oublié dans sa cave par un vigneron. Pour reproduire aujourd'hui cette découverte, on laisse vieillir le vin dans des fûts de chêne sans compléter l'évaporation de la « part des anges », contrairement aux autres vins. Conservé ainsi, le vin développe un voile de levure sur sa surface, qui le protège de l'oxydation et lui donne ses arômes typiques. La durée de ce vieillissement est rigoureusement fixée à 6 ans et 3 mois. C'est pourquoi c'est à date fixe, une seule fois dans l'année, que les fûts sont percés pour mettre le vin jaune en bouteille. L'opération survient au beau milieu de l'hiver, le premier week-end de février.

Lever du soleil
08h17

Dimanche 4

Coucher du soleil
17h53

Sainte Véronique – On fête aussi les Véronica

« Il y a des êtres qui justifient le monde, qui aident à vivre par leur seule présence. » *Albert Camus*

GRANDS SPORTIFS DES JO

RESSUSCITÉE

En 1928, alors qu'elle n'a pas encore 17 ans, Elizabeth Robinson participe aux Jeux d'Amsterdam et devient la première championne olympique du 100 m. Elle reste à ce jour la plus jeune médaillée d'or de l'histoire. Trois ans plus tard, victime d'un accident d'avion, elle est d'abord donnée pour morte, mais sort du coma au bout de sept semaines, incapable de plier la jambe gauche en raison des multiples fractures subies. Qu'importe. En 1936, elle est de retour aux Jeux, où elle décroche l'or en relais 4 x 100 m.

CITIUS - ALTIUS - FORTIUS

Les Bons Bonbons de nos régions

Les calissons d'Aix-en-Provence

Depuis 2002, cette confiserie bénéficie d'une Indication géographique protégée. Fabriqués à partir d'une pâte composée de melon confit, d'amandes blanchies et d'écorces d'orange posée sur un lit de pain azyme et nappée d'un glaçage, les *calin soun* (« ce sont des câlins », en provençal) sont apparus au XVe siècle. Amoureux de la reine Jeanne, le cuisinier de René d'Anjou, également roi de Naples et comte de Provence, lui aurait offert une confiserie en forme de bouche pour lui suggérer son désir. Créée au début du XIXe, la Maison Bremond est le plus ancien calissonnier d'Aix-en-Provence à perpétuer cette exquise tradition.

AHAHAHAHAH ! OH ! OH ! AH ! AH ! AH ! HI ! HI ! HI ! WHA HA ! HA !

LA BONNE BLAGUE

Le gorille d'un zoo meurt de vieillesse. Or, le primate était l'attraction principale du zoo et son absence va faire diminuer la fréquentation. En attendant de pouvoir en récupérer un autre, le directeur du zoo demande à l'un de ses salariés de porter un costume de gorille en échange d'une prime de 100 euros par jour. L'astuce fonctionne et ce nouveau « gorille » qui ressemble à un vrai séduit le public qui se presse autour de sa cage. Au bout d'un mois, l'engouement commence à s'estomper. Pour attirer l'attention des visiteurs, le « gorille » décide d'escalader son enclos et de se suspendre au filet au-dessus de la fosse d'un lion juste à côté de sa cage. Les visiteurs accourent aussitôt pour regarder le spectacle. Mais, soudain, l'homme lâche prise et tombe dans la fosse du fauve. Il commence à hurler « Au secours ! Au secours ! » Alors le lion lui donne un coup de patte sur l'épaule puis lui chuchote à l'oreille : « Tais-toi, imbécile ! Tu vas nous faire repérer. »

05

Brèves régions

HAUTES-ALPES – LA VALLÉE ÉTROITE

La Vallée étroite fait sans doute partie des territoires les plus récemment rattachés à la France. En effet, c'est seulement en 1947 que ce superbe site alpin a été en partie attribué à la France. Si aujourd'hui sa partie amont appartient au territoire de la commune de Névache, elle était auparavant uniquement italienne. Les choses n'ont pas beaucoup changé pour autant, malgré toutes ces décennies, car les panneaux de signalisation sont toujours italiens, comme le réseau téléphonique, car il serait trop onéreux de raccorder tous les services à la France. Heureusement, la Vallée étroite est peu habitée et surtout fréquentée par des randonneurs.

Lever du soleil
08h16

Lundi 5

Coucher du soleil
17h54

Sainte Agathe – On fête aussi les Agatha, Avit

« Que ton regard pénètre jusqu'à l'âme des sages, et tu sauras ce qu'ils fuient, ce qu'ils recherchent. »
Marc Aurèle

ÇA S'EST PASSÉ Le 5 février 1524

Mort de Hans Holbein l'Ancien, peintre, dessinateur et graveur allemand de style gothique tardif, avec des influences de la Renaissance flamande.

Humour du monde

ha ha, hi hi, ho ho — FRANÇAIS
huhuhuh, hahaha, kukuku — JAPONAIS
ax ax ax — RUSSE
cha cha — LITUANIEN
jajaja — ESPAGNOL

Dans un goulag, pendant la période soviétique, trois prisonniers échangent :

– Je suis ici parce que j'arrivais toujours 5 minutes en retard au travail, dit le premier, et on m'a accusé de sabotage.

– Je suis ici parce que j'arrivais toujours 5 minutes en avance au travail, dit le deuxième, et on m'a accusé d'espionnage.

– Je suis ici parce que j'arrivais à l'heure chaque jour, dit le troisième, et on m'a accusé d'avoir une montre occidentale.

LE PRIX DE L'ESSENCE BAT DES RECORDS

06

Brèves régions

ALPES-MARITIMES – LES JARDINS D'AUGUSTE

Le trophée d'Auguste, à La Turbie, est un monument antique entouré de jardins. Le Centre des monuments nationaux, qui en a la charge, a confié depuis deux ans leur mise en culture au chef Bruno Cirino. La production doit fournir son restaurant niçois et ses deux établissements de La Turbie dont l'Hostellerie Jérôme, doublement étoilée par le guide Michelin, et décorée d'une « étoile verte » attribuée aux restaurants constituant des modèles en matière de gastronomie écoresponsable. L'implantation du jardin potager au pied du trophée d'Auguste contribue à la sensibilisation des publics aux circuits courts et aux produits locaux de qualité.

LES CONDITIONS DE CRÉDITS SE DURCISSENT

ACTU

Bâiller, c'est communiquer

Mais pourquoi le bâillement est-il si souvent communicatif ? Andrew Gallup, biologiste de l'université de New York, a rassemblé toutes les connaissances acquises jusqu'à présent sur ce réflexe pour trouver la réponse. Et d'après lui, si le bâillement est contagieux, c'est parce qu'il servait à l'origine à protéger. De nombreux animaux bâillent et on estime que les premières espèces à avoir ouvert involontairement la bouche sont les poissons à mâchoires, il y a 400 millions d'années. Ce réflexe étant très ancien, on considérait jusqu'ici qu'il avait surtout des fonctions précises comme réguler la fatigue, rendre plus alerte ou refroidir le cerveau. Mais alors pourquoi le bâillement est-il communicatif chez la plupart des espèces dites « sociales » ? Apparue dans un second temps, cette fonction servirait à prévenir les autres qu'un membre du groupe est fatigué et qu'il leur faut donc redoubler de vigilance pour se protéger des prédateurs. La contagion serait un moyen de communiquer ce signal à toute la communauté. Ce réflexe ancestral se serait donc perpétué jusqu'à nos jours, y compris chez les humains !

Lever du soleil
08h14

Mardi 6

Coucher du soleil
17h56

Saint Gaston – On fête aussi les Dorothée, Doris, Melvin

« L'esprit cherche, et c'est le cœur qui trouve. » *George Sand*

La saga de l'orthographe

Si nous prononçons plus de sons que nous avons de signes, c'est que le français est un métissage de langues différentes (des dialectes celtes du nord de la Gaule, du latin populaire…). Or la langue écrite était le latin (phonologique : un son = une lettre), qui ne rendait pas compte de tous les sons. Par exemple, en latin le u se prononce [ou] bref, [ou] long ou [w], consonne…

➠ *À suivre p. 76*

C'est qui celui-là ?

Coiffer sainte Catherine

Catherine d'Alexandrie, martyre du IVe siècle, est le symbole de la pureté parce qu'elle est restée vierge jusqu'à sa mort. Dès le Moyen Âge, elle devint la patronne des jeunes filles non mariées à 25 ans, qui lui rendaient hommage en affublant sa statue d'un couvre-chef. Aujourd'hui, ce sont elles qui « coiffent sainte Catherine » en portant un chapeau vert et jaune.

La Véritable Histoire de… Indiana Jones

Créé par George Lucas et Steven Spielberg, le personnage incarné à l'écran par l'acteur Harrison Ford est, en partie, inspiré par l'explorateur américain Hiram Bingham. Comme le héros des *Aventuriers de l'Arche perdue*, celui-ci était à la fois aventurier et professeur d'université ; comme Indiana, il était séduisant, affectionnait la couleur ocre et portait des fedoras, ces chapeaux à larges bords ; comme lui, il a appartenu au corps expéditionnaire américain envoyé en France pendant la Première Guerre mondiale. Surtout, à l'instar de son « double » de fiction lancé à la recherche de reliques légendaires comme l'arche d'Alliance ou le saint Graal, Hiram Bingham s'est intéressé à un mythe archéologique : Vilcabamba, la supposée dernière demeure des Incas. C'est en la cherchant dans la jungle péruvienne qu'il a fait une découverte majeure : le Machu Picchu. Son histoire a d'ailleurs inspiré Hollywood dès 1954 pour *Le Secret des Incas*, un film d'aventures avec Charlton Heston, incontestable prédécesseur cinématographique d'Indiana Jones.

Recette

Galettes de sarrasin complètes

Pour 4 pers. — **1 min de préparation** — **4 à 5 min de cuisson par crêpe**

- 4 galettes de sarrasin ou blé noir de bonne qualité (au rayon frais)
- 4 tranches de jambon
- 4 œufs
- 150 g d'emmental râpé
- 20 cl de crème fraîche épaisse
- Huile d'olive
- Sel, poivre du moulin

Faites chauffer une grande poêle antiadhésive bien huilée.

Déposez la première galette, cassez l'œuf au centre, laissez prendre le blanc. Déposez la tranche de jambon, du fromage râpé, ajoutez 1 belle cuillerée de crème fraîche, un peu de sel et de poivre. Laissez chauffer le tout 2 min avant de replier la crêpe. Laissez encore cuire 30 secondes de chaque côté et réservez au chaud, le temps de procéder ainsi pour les 3 autres crêpes. N'oubliez pas de bien huiler la poêle entre deux crêpes.

Conseils

Utilisez deux poêles pour gagner du temps. Sinon, laissez les crêpes au chaud dans de l'aluminium ou bien dans votre four préchauffé à 80 °C (th. 2-3). Une recette à déguster avec une bolée de cidre fermier : la Bretagne, ça vous gagne !

Lever du soleil
08h13

Mercredi 7

Coucher du soleil
17h58

Sainte Eugénie – On fête aussi les Aodren

« Quand on s'indigne, il convient de se demander si l'on est digne. » *Abbé Pierre*

CÉTACÉS

LA BALEINE BLEUE

C'est le plus grand animal terrestre ! Elle peut dépasser 33 m de long (pour la femelle, plus grande que le mâle), et 180 tonnes. Elle se distingue entre autres par sa grosse tête (un quart de sa longueur), mais son cerveau est plus petit que celui d'un humain. En cas d'alerte, elle dépasse la vitesse de 50 km/h, ce qui la rend difficile à chasser. Toutefois, avec la généralisation du canon-harpon, à la fin du XIXe siècle, elle a été décimée. Elle est protégée depuis 1966, mais elle est toujours en danger d'extinction.

SOLUTION MOTS MÊLÉS P. 52

X	U	R	G	L	R	A	D	R	I	E	N	N	E
A	E	A	G	N	E	S	A	I	E	S	S	E	N
N	U	N	G	E	D	T	Y	L	D	G	M	A	A
I	E	R	I	A	L	A	T	L	I	I	K	E	I
E	S	L	E	L	T	E	L	E	A	E	T	W	R
R	I	G	L	L	L	H	D	B	L	T	N	X	D
O	A	L	L	E	I	O	E	A	E	R	I	O	A
R	N	T	E	D	B	E	P	N	D	R	A	N	R
U	A	F	A	M	A	A	I	A	A	J	T	Z	G
A	M	T	G	L	A	O	N	N	X	I	K	E	A
N	B	D	I	R	T	S	A	N	N	E	R	Z	G
S	R	C	B	N	X	O	I	D	A	A	L	A	L
V	E	Q	A	M	A	N	D	I	N	E	Z	L	A
G	T	K	A	L	E	X	A	N	D	R	A	H	E

AMÉLIE-LES-BAINS-PALALDA

C'est sa ville !

C'est à la frontière espagnole, dans le département des Pyrénées-Orientales, que se niche dans une vallée la commune d'Amélie-les-Bains-Palalda. Avant 1942, elle s'appelait simplement « Amélie-les-Bains », depuis 1840, en hommage à la reine Marie-Amélie de Bourbon-Siciles, épouse de Louis-Philippe Ier. Celle-ci avait découvert les vertus des eaux chaudes utilisées ici dans des thermes qui remontent à l'époque romaine et en fit la promotion à la Cour et dans la France entière, à tel point que toutes les personnes fortunées voulaient venir en bénéficier. Dans les temps plus anciens, la commune se nommait Fort-les-Bains, depuis la construction d'un ouvrage militaire de défense par Vauban en 1670.

SYSTÈME D

RÉPARER UNE CREVAISON

Un pneu de vélo à plat ? Quelques astuces pour réparer plus vite : commencez par examiner le pneu pour repérer, éventuellement, un clou ou une grosse épine, ce qui permet de localiser immédiatement le trou sur la chambre à air. Sinon, gonflez bien la chambre et, avant de la tremper dans l'eau, passez-la à 2 ou 3 cm de vos lèvres – qui perçoivent en général parfaitement le jet d'air qui sort du trou (c'est une astuce précieuse quand on doit réparer en pleine campagne). Quand la rustine est en place, avant de remonter, passez les doigts à l'intérieur du pneu : la pointe responsable du percement est peut-être toujours là. Passez du talc sur la chambre, montez-la sur la roue et gonflez-la légèrement afin de remonter le pneu sans risquer de la pincer. Enfin, gonflez le pneu à fond : il sera plus résistant au percement.

Lever du soleil
08h11

Jeudi 8

Coucher du soleil
17h59

Sainte Jaqueline – On fête aussi les Jacotte, Jackie, Effie

« Ceux qui ne lisent pas n'auront vécu qu'une seule vie à 70 ans : la leur. Le lecteur aura vécu 5 000 ans : il y a eu quand Caïn a tué Abel, quand Renzo a épousé Lucia, quand Leopardi admirait l'infini… car la lecture est une immortalité à l'envers. » *Umberto Eco*

Cocktails

Spritz

Pour 1 grand verre à cocktail – 3 min de préparation

- *50 ml d'Aperol® ou de Campari®*
- *75 ml de prosecco (sec)*
- *50 ml d'eau gazeuse*
- *3 glaçons*
- *1 tranche d'orange non traitée*

Versez l'alcool amer, le vin blanc sec et l'eau pétillante dans un verre.
Mélangez à la cuillère.
Ajoutez les glaçons et décorez de la tranche d'orange.

Alea jacta est Citations latines

Bis repetita placent

Dans son *Art poétique*, le poète latin Horace (Ier siècle av. J.-C.) déclare qu'il en va de la poésie comme de la peinture : un tableau aura plu une seule fois, « *haec placuit semel* », un autre répété dix fois plaira toujours, « *Haec decies repetita placebit* ». De cette constatation est né l'aphorisme latin tel que nous le connaissons et qui signifie : « Les choses répétées (*repetita*) deux fois (*bis*) plaisent (*placent*) », avec différentes interprétations. Mais l'expression la plus courante aujourd'hui est *bis repetita*, dans le sens de « Et ça recommence ! »

ÉNIGMES

Arnaud, Benoît et Valentin, trois criminels renommés, sont suspectés d'avoir pris part à une affaire d'otage. Arnaud et Valentin sont des jumeaux et il est impossible de les distinguer. L'un des jumeaux a un alibi qui a été confirmé par des témoins mais est-ce Arnaud ou Valentin ? Jusqu'à présent, l'enquête de la police a pu établir les faits suivants :

1. Les jumeaux n'opèrent jamais seuls. L'un ou l'autre fait toujours appel à un complice.

2. Par contre, Benoît préfère travailler seul et ne prend pas de complice.

Alors, qui est innocent et qui est coupable ?

Solution
Si Benoît est innocent, l'un des jumeaux est coupable ; mais alors, le jumeau devait avoir un complice qui ne pouvait être Benoît puisqu'il travaille toujours seul. Il s'ensuit que le complice était l'autre jumeau, mais c'est impossible puisqu'il a un alibi. Benoît est donc coupable, et puisqu'il travaille seul, les jumeaux sont innocents.

QUAND NOS MINISTRES REÇOIVENT LES SYNDICATS.

ÇA, C'EST FAIT DIVERS

Les aléas de la vie et les progrès de la science peuvent parfois s'entrechoquer au point de bouleverser une existence du jour au lendemain. Cette affaire relayée par les médias américains en est la tragique illustration. Amoureux depuis six ans, un homme et une femme viennent de découvrir qu'ils étaient frère et sœur. Adoptés l'un et l'autre par deux familles différentes lorsqu'ils étaient bébés, c'est ce parcours qui les a rapprochés quand ils se sont rencontrés pour la première fois. Ils sont rapidement devenus très complices et ont bientôt formé le couple idéal aux yeux de leurs amis. Il y a quelques mois, afin d'en savoir davantage sur leurs origines respectives, ils ont décidé de faire un test ADN. Un mois plus tard, une société spécialisée leur envoyait le résultat, avec cette révélation tragique pour eux ! Si leur ressemblance physique, leur familiarité instinctive et leur ressenti souvent similaire les étonnaient souvent, ils n'imaginaient pas cette très mauvaise surprise. Après un second test ADN confirmant les résultats du premier, le couple a décidé de se séparer pour construire une relation fraternelle « normale ». Leur seule consolation : ne jamais avoir eu d'enfant ensemble.

FÉVRIER

Lever du soleil
08h10

Vendredi 9

Coucher du soleil
18h01

Sainte Apolline – On fête aussi les Ansbert, Tyliann

« L'État est notre serviteur et nous n'avons pas à en être les esclaves. » *Albert Einstein*

NOS ANCÊTRES

BUISSON ÉVOLUTIF

On a souvent tendance à représenter l'évolution humaine sur une frise chronologique linéaire. Il n'en est rien. Des premiers hominidés apparus il y a environ 20 millions d'années à l'apparition du genre *Homo*, une myriade d'espèces différentes mais appartenant toutes à la lignée humaine ont cohabité. De sorte que l'histoire de l'humanité est un buisson qui ne cesse de s'enrichir de nouvelles branches.

Les rues mythiques du MONDE

Avenue Marques de Sapucai (Rio de Janeiro, Brésil)

Mélange unique de patrimoine historique, de vie nocturne et de culture, cette avenue située dans le quartier historique de Lapa est incontournable pour les amoureux de la musique brésilienne. Connue pour l'aqueduc de Carioca, modèle d'architecture coloniale construit au XVIIIe siècle pour fournir de l'eau potable à la ville et symbole du vieux Rio, l'avenue abrite aussi le Sambódromo, une portion de 700 m bordée de gradins où ont lieu les défilés des écoles de samba lors du carnaval de Rio. C'est ici que les images les plus grandioses de l'événement sont filmées par les médias du monde entier.

LE CYCLISME AUX JO

PAS DE VAINQUEUR

Lors des Jeux de Londres de 1908, le Français Maurice Schilles remporte le 1 000 m sur piste devant le Britannique Benjamin Jones, alors que deux autres Britanniques, Victor Johnson et Clarence Kingsbury, ont abandonné sur crevaison. Mais sa médaille lui est refusée. La raison ? Les coureurs avaient un temps limite pour effectuer le tour et 2/3 de piste. Ils l'ont dépassé de quelques dixièmes de seconde, entraînant l'annulation de la finale. Celle-ci ne sera pas recourue, le palmarès reste donc vide.

Ha! Ha! Ha!

CITATIONS HUMORISTIQUES : BLAGUES ET VANNES

« Quand quelqu'un vient me demander conseil pour son avenir, il me semble que mon propre passé s'allonge. » *Philippe Bouvard*

« Au début, vous savez, je crois que j'étais à peu près comme tout le monde. C'est-à-dire que je n'étais guère gaulliste… Et puis, petit à petit, en me regardant faire, je le suis devenu… » *Charles de Gaulle*

« Les hantises de l'homme se réduisent à trois points de mire : mon moi, mes mois et mes émois. » *Jacques Sternberg*

« Une vérité qui coûte quelques millions a plus de chance d'être crue qu'une vérité qui ne coûte rien. » *Jean Dutourd*

« Quand on a peu de talent, il faut encore moins de scrupules. » *Yvan Audouard*

« Tout ce que je raconte est vrai. Et particulièrement ce que j'invente. » *Bertrand Blier*

« Un véritable fantôme, ça me plairait assez. J'achèterais. S'il passe à travers les murs, je pourrais l'envoyer faire les courses la nuit, quand c'est fermé. » *Jacques Dutronc*

Lever du soleil
08h08

Samedi 10

Coucher du soleil
18h03

Saint Arnaud – On fête aussi les Austreberthe, Arnaude

« Il faut vaincre l'envie par la générosité et la grandeur d'âme, la colère par le sang-froid et la quiétude d'esprit. » *Miguel de Cervantes*

WESTERNS

Rio Bravo, de Howard Hawks (1959)

John Wayne, seul contre tous, ou quasi. John Wayne qui sauve le monde, embrassant le mythe américain du héros incorruptible. John Wayne, alias John Chance, incarne le shérif de *Rio Bravo*, qui lutte contre une armada de tueurs après avoir arrêté le frère de l'homme d'influence de la région. Il ne compte que quelques alliés, un adjoint ivrogne (joué par Dean Martin), un apprenti (Ricky Nelson) et une joueuse de poker (Angie Dickinson). Lorsqu'il réalise ce film, en 1959, Howard Hawks est déjà l'un des cinéastes fétiches d'Hollywood. Il compte à son actif une vingtaine de films, dont *Scarface* et *Les hommes préfèrent les blondes*. Avec *Rio Bravo*, il signe un western glamour, qui offre une vision de l'Amérique forte, sûre d'elle, portée par un héros protecteur, incarné à la perfection par John Wayne. Le film, tourné en Arizona, dans les studios de Tucson, remporte un franc succès à sa sortie. Outre l'aura de Hawks et Wayne, la présence au casting de deux stars de la musique, Nelson et Martin, joue en faveur de la popularité du film. À terme, *Rio Bravo* deviendra un film culte, repris et évoqué par de nombreux cinéastes, comme Quentin Tarantino ou John Carpenter.

Bibliophiles

V13, Emmanuel Carrère (POL, 2022)

C'est « une expérience unique d'effroi, de pitié, de proximité, de présence », résume l'auteur. Nous sommes ici loin des reportages axés sur le pathos, le traumatisme, le sensationnalisme et les peurs agitées. Dans cette chronique judiciaire, Emmanuel Carrère se fait humble, il décrit ce qui se passe sans chercher à établir la vérité de ce que serait le djihadisme. Toujours à hauteur d'homme, sans emphase, il nous fait pénétrer dans la salle du tribunal, assister au procès, écouter les protagonistes à la juste distance, avec intelligence et empathie : participer à ce moment collectif essentiel.

DEVINETTES

Grand ami d'enfance,
Des hommes, il fuit la présence,
Il n'est pas très bon danseur,
Et peut contenir des erreurs.

Qui est-il ?

L'ours

ASTUCES 2 FAINÉANT

Choisir des chaussures pour enfant

Avez-vous déjà emmené vos enfants acheter des chaussures lorsqu'ils étaient tout petits ? Si oui, vous savez qu'il est difficile de leur faire essayer plus de deux paires sans déclencher des pleurs ou des énervements. Alors, pour vous éviter de dépenser trop d'énergie dans ces achats indispensables, voici une astuce qui va vous simplifier la vie. Demandez à votre enfant de se tenir debout sur une feuille de papier et proposez-lui un jeu : vous aller faire le tour de son pied avec un crayon. Suivez bien les contours, sans trop serrer, et une fois les deux pieds dessinés, découpez ces formes. Il vous suffit ensuite de les emporter dans le magasin de chaussures et de les placer dans les paires qui vous plaisent pour voir si elles conviendront en taille.

Lever du soleil
08h06

Dimanche 11

Coucher du soleil
18h04

Notre-Dame de Lourdes – On fête aussi les Héloïse

« Le chat est d'une honnêteté absolue : les êtres humains cachent, pour une raison ou une autre, leurs sentiments. Les chats, non. » *Ernest Hemingway*

Le saviez-vous ?

Du blanc-gris au rose

Le petit flamant rose naît avec un plumage blanc-gris, des pattes blanc-gris, un bec blanc-gris... Ce n'est qu'à l'âge adulte, vers 3 ou 4 ans, qu'il se pare de rose. Cette couleur provient de son alimentation. En effet, il apprécie particulièrement une espèce de crevette de couleur rose, parce qu'elle-même se nourrit d'une algue rose. Ces deux aliments sont riches en pigments caroténoïdes (ceux de la carotte) qui, une fois digérés, se déposent sur la peau et les plumes de l'oiseau.

DES nuisibles PAS nuisibles

LA LIMACE

Difficile de persuader un jardinier qui a vu ses belles salades dévorées en quelques heures que les limaces peuvent être utiles. Elles le sont pourtant, à d'autres que lui – oiseaux, serpents, nématodes –, puisqu'elles jouent leur rôle dans la chaîne alimentaire, mais aussi à lui, puisqu'elles contribuent à recycler la matière organique, y compris en digérant la cellulose des plantes ligneuses. Mais comment vivre avec au potager ? Les barrières sont les moyens dissuasifs les plus efficaces : par exemple, de grands pots en plastique avec rebord et sans fond, avec lesquels on coiffe les salades.

Groupes des 60s

The Doors

Formé en 1965 par le chanteur-compositeur Jim Morrison et le claviériste Ray Manzarek, sur une plage de Los Angeles, The Doors incarne un univers poétique, méditatif, mais aussi transgressif, emblématique des années 1970, et fortement inspiré des expériences de drogues. Des sonorités psychédéliques, des paroles mystérieuses, des formats de chansons iconoclastes, le groupe expérimente sur tous les plans. Avec l'album *The Doors*, en 1966, ils connaissent le succès, notamment grâce à « Light my fire ». Outre la musique, c'est le charisme de Jim Morrison que l'on retient, poète maudit et sulfureux, en guerre contre l'Amérique bien-pensante. Le groupe sortira 7 albums, jusqu'à ce que la mort de Morrison mette un terme à l'expérience.

LE RECUL DE L'ÂGE DE LA RETRAITE, SOURCE DE TENSIONS.

2,15

C'est, en mètres, la taille de Rumeysa Gelgi, une jeune femme turque de 25 ans, élue « plus grande femme du monde » par le Guinness World Records. La jeune femme doit sa grande taille au syndrome de Weaver, une maladie héréditaire qui entraîne une croissance accélérée des os et des anomalies craniofaciales, neurologiques et des membres. Dès lors, la plupart du temps, Rumeysa est contrainte de se déplacer en fauteuil roulant ou avec l'aide d'un déambulateur. Il ne s'agit pas du premier titre pour la Turque. En 2014, elle recevait le titre d'adolescente vivante la plus grande du monde, avec ses 213,6 centimètres à l'âge de 17 ans. Et détaillant toutes les mensurations de son anatomie hors normes, elle est devenue également détentrice des records des plus longs doigts, des plus grandes mains et du plus long dos pour une femme vivante.

Lever du soleil
08h05

Lundi 12

Coucher du soleil
18h06

Saint Félix – On fête aussi les Hilarion, Rioc, Eulalie

« L'homme est un être raisonnable, mais les hommes le sont-ils ? » *Raymond Aron*

Apéro

Rillettes

C'est dans la ville de Tours que l'on goûte aux premières rillettes de porc, que Rabelais surnomme « brune confiture de cochon » au XVe siècle, et pourtant, ce sont bien celles du Mans qui deviendront célèbres, car produites industriellement au XIXe siècle. Cette préparation de viande de porc cuite longuement dans la graisse fait des émules et se décline ensuite avec différentes viandes, oie, poulet, canard, et poissons, maquereau, sardine et thon. À déguster en tartine sur du bon pain.

ÇA S'EST PASSÉ Le 12 février 1924

La première de la *Rhapsody in Blue* de George Gershwin – compositeur, pianiste et chef d'orchestre américain – connaît un grand succès à New York.

CALEMBOURS ou RÉPARTIES cultes du cinéma

Dans quel film ?

« Croyez-moi : un homme en retard, liaison dans le tiroir. »

Réponse : Le Père Noël est une ordure, *de Jean-Marie Poiré.*

PROBLÈMES + - /

de maths du certificat d'études

Un bonbon a la forme d'un cercle avec un trou au milieu. Le diamètre total du bonbon est égal à 1,7 cm et le rayon du trou intérieur est égal à 0,3 cm.

1. Quelle est la surface totale du bonbon, celle de son trou et enfin celle de la partie comestible ?

2. Les bonbons sont vendus en paquets cylindriques. Sachant que l'épaisseur de chaque bonbon est de 5 mm et que la longueur de chaque paquet est égale à 10,4 cm, combien de bonbons y a-t-il dans chaque paquet ?

3. L'emballage étant uniforme, quel est le diamètre du tube de bonbons ?

Solution : 1. Surface du bonbon = π x (1,7 / 2)² = 3,14 x 0,723 = 2,27 cm²
Surface du trou = π x 0,3² = 0,28 cm²
Surface de la partie comestible = 2,27 – 0,28 = 1,99 cm²
2. 10,4 / 0,5 = 20,8 c'est-à-dire 20 bonbons.
3. Épaisseur de l'emballage : 10,4 – (20 x 0,5) = 0,4 cm ; donc le diamètre total du tube de bonbon est égal à 1,7 + 0,4 = 2,1 cm.

Brèves régions

ARDENNES – LA BIÈRE ARDENNAISE

Terre brassicole s'il en est, les Ardennes comptaient plus de 248 brasseries artisanales à la fin du XIXe siècle. Et c'est dans la sous-préfecture de Sedan que fut éditée en 1865 Le Brasseur, *première revue française dédiée à la bière. Après une baisse due notamment aux évolutions technologiques, le secteur a retrouvé une réelle vigueur au début des années 2000. Aujourd'hui, les Ardennes comptent une quinzaine de brasseries et micro-brasseries produisant plus de 80 bières différentes, dont les plus représentées s'appellent Oubliette, Cuvée d'Arthur ou Ardwen. Toutes sont à consommer avec modération, car l'abus d'alcool est dangereux pour la santé.*

Lever du soleil
08h03

Mardi 13

Coucher du soleil
18h08

MARDI GRAS

Sainte Béatrice – On fête aussi les Jordan, Fulcran

« Le calme est un élément créateur. Il rassemble, il purifie, il ordonne les forces intérieures. » *Stefan Zweig*

MOTS FLÉCHÉS

LETTRE DE VENISE
VIVOTER
TRAVERSENT L'ESPACE
CUISSON
MOITIÉ ARGENTINE
A SA TOUR
PAS GRAVE
DU MANS OU DE TOURS
A UN PENCHANT POUR LA BOUTEILLE
TEL UN FRÈRE
RÉPÉTÉ POUR NE PAS RÉPÉTER
TRAITE LA PEAU
LIVRÂT
VOIE COMMUNALE
PERSUADE
LIEU D'AGRÉMENT
FAIT VIRER À GAUCHE
LÂCHE UN GAZ
VOLUME
OINDRE
SANS FOI NI LOI
CLAIR
À MOI
SULTANAT
AVION LÉGER
RÉOFFRIT UN SIÈGE
DU CUBITUS
NOTE
POMMADE
DESCENTE DE LIT
ONT CHAUD
MALSAIN
MORALE
DRESSE
DE MÊME
PEUT CAUSER UNE TUMEUR
ERBIUM
C'EST DE NAISSANCE !
ÉTAIENT CHANTÉS AUPRÈS DU FEU
ÊTRE SANS CONNAISSANCE
PACIFIQUE
PAYS D'ASIE
MOIS RÉPUBLICAIN
ANNONCE
C'EST DU PASSÉ
PAS LOIN
ÉTALAGE
FAMILLE
ON Y TROUVE LE COUCOU
POINT UNIES
PEUT ÊTRE DE FAMILLE
PREND L'AIR
CONTRE CONTRE
DÉTENDU
BEAU PARLEUR
DIRIGER
FUS À BOUT DE SOUFFLE
FAIT FEU
BOUILLON MAIGRE
GRATTE PAPIER
SOUDER
ENTENDS
MAURICE OU DOMINIQUE
A FAIT COMME APOLLO 11
MARS OU VÉNUS
A SON TRAIT
COUPE COURT
TEMPS POUR SHORT
PASSAGE POUR PIÉTONS
MÉTAL PRÉCIEUX
GENDRE DE MAHOMET
COIFFE LE PAPE
AFFICHE
PAS DE CE MONDE
CUIVRE
SITUÉE

SOLUTION PAGE 68

Lever du soleil
08h01

Mercredi 14

Coucher du soleil
18h09

Cendres – Saint Valentin – On fête aussi les Auxence, Cyrille, Maroun

« Tu es responsable pour toujours de ce que tu as apprivoisé. » *Antoine de Saint-Exupéry*

PAROLES
Les mots des flics et des voyous
PAROLES

As

Un alibi. Il s'agit d'une référence directe à l'« as » du jeu de cartes ; et comme au jeu, la combinaison est importante. Dans le jargon policier, une « paire d'as » désigne deux alibis, un « carré d'as », quatre alibis, un « as de cœur », un alibi avec une femme, et un « as de carreau », c'est un alibi avec son domicile. L'« as de trèfle » est l'alibi que sortent les adeptes des jeux. Exemple : « je ne pouvais pas cambrioler cette bijouterie, j'étais aux courses ».

Monarchies du monde

Bhoutan

Le Bhoutan, petit pays de l'Himalaya situé au nord-est de l'Inde, est une monarchie absolue depuis son unification en 1907. Une seule dynastie a dirigé le pays depuis cette date, la famille Wangchuck, qui a donné cinq rois au pays. Le souverain actuel se nomme Jigme Khesar Namgyel, il fut le plus jeune roi du monde lors de son couronnement en 2008 ; il n'avait que 28 ans.

Les guitaristes de légende

Jimi Hendrix

Sa carrière ne dure que quatre ans (1966-1970), mais suffit à l'inscrire au rang des plus grands musiciens du XXe siècle. Son influence dépasse d'ailleurs tant le rock que la seule guitare : Miles Davis, par exemple, s'en est inspiré. Gaucher, il jouait sur une guitare de droitier après en avoir remonté les cordes. Perfectionniste et maître de l'improvisation, il crée un langage unique, révolutionnaire, tout en vibratos, en feedbacks et en décharges électriques, qui s'étirent dans le temps pour épouser l'énergie et la violence de son époque. Showman, il met le feu à sa Stratocaster avant de la fracasser sur scène, à Monterey, en 1967, joue couché sur le dos, ou la guitare dans le dos, multiplie les sauts… Stupéfiant et génial.

Disque conseil : *Are You Experienced*, Track Records, 1967.

Déguisées en homme ♂

Deborah Sampson

Née en 1760 dans le Massachusetts, Deborah est d'abord domestique, puis institutrice l'été et tisserande l'hiver. En 1782, alors que la guerre d'Indépendance fait rage, elle se déguise en homme et prend le nom de Robert Shurtleff pour rejoindre le 4e régiment du Massachusetts. Elle reçoit bientôt la mission d'aller évaluer le niveau des troupes britanniques à Manhattan, une place que George Washington envisage d'attaquer. Plus tard, lors du siège de Yorktown, elle creuse des tranchées et participe à l'assaut d'une redoute britannique. Surnommée « Molly » en raison de ses traits imberbes, elle combat à plusieurs reprises avant d'être démasquée alors qu'elle est hospitalisée. Démobilisée, elle retourne dans le Massachusetts. En 1805, le Congrès adopte une loi lui accordant une pension militaire complète. Décédée de la fièvre jaune en 1827, elle est officiellement reconnue comme héroïne de la révolution américaine.

FEVRIER

Lever du soleil **08h00**

Jeudi 15

Coucher du soleil **18h11**

Saint Claude – On fête aussi les Georgette, Georgia, Faustin

« Si chacun ne conservait que ce dont il a besoin, nul ne manquerait de rien, et chacun se contenterait de ce qu'il a. » *Mahatma Gandhi*

Le saviez-vous ?

Du radar antiaérien au four à micro-ondes

Après la Seconde Guerre mondiale, l'entreprise américaine Raytheon fabrique des dispositifs permettant de produire des micro-ondes dont on équipe les radars pour les rendre bien plus performants que les radars classiques. Un de ses ingénieurs, Percy Spencer, cherchant à améliorer le dispositif, s'aperçoit un jour qu'une barre de chocolat a fondu dans sa poche. Il comprend vite que le « magnétron » est à l'origine de cette fonte et a l'idée de son utilisation en cuisine.

ÇA S'EST PASSÉ Le 15 février 1124

Le second siège de Tyr par les chrétiens, menés par Guillaume de Bures, prince de Galilée et régent du royaume, débute, alors que le roi Baudouin II est retenu en otage.

ACTU

La bonne bouille

On sait désormais pourquoi Lucky, Rex ou Naya parviennent à nous attendrir pour obtenir des friandises ou des caresses. Selon une étude menée par l'Université Duquesne de Pittsburgh (Pennsylvanie), il existe des différences entre la musculature faciale des chiens et celle des loups qui font que notre ami est plus proche de nous que de son ancêtre dans ses expressions. Sa domestication ne serait pas étrangère à cette métamorphose. La répartition des fibres qui jouent sur la contraction de certains muscles utilisés pour former des expressions faciales est plus ressemblante entre les chiens et les humains qu'entre eux et les loups. Les chercheurs se sont ainsi rendu compte que les fibres à contraction rapide, très répandues chez l'homme, étaient beaucoup plus nombreuses chez le chien (66 à 95 %) que chez le loup gris (25 %, en moyenne). Grâce à des muscles faciaux plus rapides, le chien communique facilement avec les humains. Sa meilleure mobilité faciale lui permet par exemple de lever un sourcil ou d'aboyer, là où le loup ne peut que hurler. Les chiens ayant divergé génétiquement de leurs ancêtres il y a plus de 30 000 ans, au cours du processus de domestication, il est probable que les humains aient sélectionné les spécimens avec des expressions faciales semblables aux leurs.

Brèves régions

09

ARIÈGE – LE LIT D'HENRI IV

Avant d'être roi de France, Henri IV fut roi de Navarre et comte de Foix. Pour gérer ce comté, il nomma Jacques de Villemur-Pailhès gouverneur en 1566. Celui-ci aménagea dans son château une chambre où dormait Henri lorsqu'il visitait ses terres. Et jusqu'en 1990 son lit fut conservé au château de Pailhès, avant d'être transporté au musée du château de Foix. Ce meuble remarquable est entouré de rideaux, comme c'était l'usage autrefois. Ces garnitures extérieures, au point de Hongrie, datent du début du XVIIe siècle, et la garniture intérieure est en satin de soie beige matelassé, brodée de fils de soie et ornée de velours et de passementeries.

Lever du soleil
07h58

Vendredi 16

Coucher du soleil
18h12

Sainte Julienne – On fête aussi les Onésime, Mareria, Lucille

« Je ne peux rien pour qui ne se pose pas de questions. » *Confucius*

Les rues mythiques du MONDE

Avenida 9 de Julio (Buenos Aires, Argentine)

Baptisée en l'honneur de la déclaration d'indépendance de l'Argentine du 9 juillet 1816, cette avenue ne fait qu'un kilomètre de long. En revanche, avec une largeur de 140 m, elle est considérée comme la plus large du monde !
Le long de l'Avenida 9 de Julio, bordée de magnifiques flamboyants bleus, on trouve plusieurs lieux incontournables de Buenos Aires tels que l'Obélisque, inaugurée en 1936 pour célébrer le quatrième centenaire de la fondation de la ville, le Teatro Colón, l'hôtel Ritz ou encore l'ancien palais Ortiz-Basualdo, superbe bâtiment Belle Époque qui abrite l'ambassade de France.

Chiens voyageurs

BEAUCERON

Berger de Beauce ou bas-rouge sont les deux autres noms du beauceron, un chien dont l'origine est très ancienne puisque certains affirment que la race remonte à l'Âge de pierre, même si elle n'a été inscrite au *Livre des Origines Françaises* qu'en 1893. Dans son ouvrage sur les races de chiens paru à la fin du XIXe siècle, Henry de Bylandt dit du beauceron qu'il est « intelligent et rustique, à l'aspect sauvage et rude, de taille moyenne et bâti pour résister à toutes les températures, supporte la faim et la fatigue et se contente d'une chétive nourriture ». Longtemps utilisé pour guider les troupeaux, il est devenu aujourd'hui un chien de compagnie. Mais attention, même s'il est heureux en compagnie des humains, il n'en oublie pas moins ses origines et a besoin de grands espaces pour s'épanouir.

KEMARU

Solution page 67

Vous devez compléter la grille avec les chiffres manquants dans des zones composées de 1 à 5 cases. Une zone d'une case contient forcément le chiffre 1, une zone de deux cases contient les chiffres 1 et 2, une zone de trois cases contient les chiffres 1, 2 et 3, etc. Les zones sont entourées de gras. Deux chiffres identiques ne peuvent être placés côte à côte, ni en diagonale.

SYSTÈME D

UN SATURATEUR D'AIR

On l'appelle souvent « humidificateur » alors que ce terme concerne plus spécifiquement un appareil qui produit activement de la vapeur d'eau. Un saturateur, c'est un simple récipient dans lequel on verse de l'eau pour qu'elle s'évapore. Ce peut être simplement un plat rectangulaire en verre allant au four, que l'on pose sur le radiateur. Son défaut : il risque de tomber si un enfant ou le chat s'en mêle. Il y a une option plus décorative qui convient aux radiateurs à éléments les tubes à essai. Vous en trouverez facilement, du bon diamètre pour s'adapter entre les éléments. Entourez-les de fil de cuivre (en enfilant éventuellement quelques perles pour la déco) et liez-les deux par deux – un de chaque côté du radiateur. Emplissez-les à moitié d'eau, qu'il faudra renouveler après évaporation.

Lever du soleil
07h56

Samedi 17

Coucher du soleil
18h14

Saint Alexis – On fête aussi les Loman, Théodule, Fintan

« Aller sur la Lune, ce n'est pas si loin. Le voyage le plus lointain, c'est à l'intérieur de soi-même. » *Anaïs Nin*

AHAHAHAHAH ! OH ! OH ! AH ! AH ! AH ! HI ! HI ! HI ! WHA HA ! HA !

LA BONNE BLAGUE

Un Italien, un Français et un Anglais sont accusés de pratiquer la contrebande d'alcool en Arabie saoudite, un crime passible de la peine de mort. Grâce à de très bons avocats, les trois hommes échappent au pire mais sont condamnés à la réclusion à perpétuité. Coup de chance, la sentence est proclamée le jour de la fête nationale saoudienne et le roi, dans son extrême bienveillance, décide qu'ils pourront être libérés après avoir reçu 20 coups de fouet chacun. Le jour dit, alors que les trois hommes se préparent à recevoir leur punition, le roi annonce que comme c'est l'anniversaire de sa fille unique, chacun d'entre eux a droit à une faveur avant de recevoir les coups de fouet. L'Italien réfléchit un moment et dit : « Je souhaiterais qu'on m'attache un oreiller sur le dos. » Sa demande est accordée, mais après 10 coups de fouet, l'oreiller est totalement déchiqueté et il ne peut éviter la suite des coups. À la fin de sa punition, l'Italien hurlant de douleur est évacué. Après avoir assisté à la scène avec horreur, le Français dit : « Je souhaiterais qu'on m'attache deux oreillers sur le dos. » Mais les deux oreillers ne peuvent amortir que 15 coups de fouet avant d'être déchiquetés. Une fois sa punition infligée, le Français est emporté en gémissant. L'Anglais s'approche à son tour et dit : « Je souhaiterais qu'on m'attache le Français sur le dos. »

Ça ne rime à rien...

Bulbe

Si on remplace les « b » de « bulbe » par des « v », on obtient « vulve », ce qui est logique puisque le mot vient du latin *bulbus*, lui-même dérivé de *vulva* qui signifiait « enveloppe ». Et c'est ainsi qu'avec cette mutation des « v » en « b », le « bulbe » est devenu un cas unique dans la langue française et fait le désespoir des poètes, car il ne rime avec rien.

7 ERREURS

Solution : la banderole, la croix, les cheveux de l'esthéticienne, le projecteur, le numéro de la footballeuse, le caméraman, la langue sur l'écran

EURO 2024 À L'ATTAQUE

Lorsqu'elle décroche son premier titre international en 1984, l'équipe de France devient le troisième pays hôte à s'imposer. Elle est à ce jour le dernier à y être parvenu. La performance des Bleus est d'autant plus exceptionnelle qu'elle est acquise après un parcours qui n'a connu que des victoires (cinq en autant de rencontres), une performance unique depuis l'instauration des phases finales sous forme de groupes en 1980. Mais surtout, en inscrivant 14 buts lors de ces rencontres, l'équipe de France reste la meilleure attaque de l'histoire de l'épreuve et, avec une moyenne de 2,8 buts par match, elle est le champion avec le meilleur ratio. Sur les 14 buts de cette meilleure attaque, Michel Platini en a inscrit 9. Une performance qui fait de lui le meilleur buteur de l'histoire sur une seule édition.

UEFA - UEFA - UEFA - UEFA - UEFA

LES PRÉCURSEURS DE L'ÉCOLOGIE

IVAN ILLICH

Ce penseur autrichien (1926-2002) remet en cause le capitalisme, et notamment la production industrielle de biens, dénonçant une aliénation des peuples et une absurdité de fonctionnement. Selon lui, travailler plus pour produire plus est un cercle vicieux, qui accroît la pauvreté et « détruit le lien social ». Illich est à l'origine du CIDOC, *Centro Intercultural de Documentacion*, une université « libre » dédiée au changement sociétal et à la déconstruction de la culture de consommation.

Lever du soleil
07h54

Dimanche 18

Coucher du soleil
18h16

Sainte Bernadette – On fête aussi les Taraise, Jean-Pierre, Riwan

« À partir du moment où vous croyez en vous, vous saurez comment vivre. » *Johann Wolfgang Goethe*

Les Bons Bonbons de nos régions

Les berlingots de Carpentras

Leur forme triangulaire striée de blanc les rend tout de suite reconnaissables. Spécialité de Carpentras mais aussi de Pézenas, ces bonbons translucides sont apparus vers 1830. À l'origine, ils étaient exclusivement fabriqués avec de la menthe et des restes de cerises confites. Longtemps proposé par les apothicaires de la région pour ses propriétés digestives, le berlingot acquiert une renommée nationale en 1939 grâce au film *Berlingots et compagnie* dont Fernandel est la star. À Carpentras, la Confiserie du Mont Ventoux et la confiserie Clavel produisent jusqu'à 60 tonnes de berlingots par an.

Solution Kemaru p. 65

2	3	1	3	1	2	5	3
4	5	4	2	4	3	1	2
1	2	3	1	5	2	5	3
3	4	5	4	3	4	1	2
2	1	2	1	5	2	5	3
5	4	5	3	4	1	4	1
3	2	1	2	5	3	5	2
1	4	3	4	1	2	1	4

RENTRÉE DES PROFS

Chevaliers de l'Histoire

Godefroy de Bouillon

Héros de la première croisade, ce chevalier est devenu légendaire à travers les nombreux récits vantant son courage et sa bonté diffusés aux XIIe et XIIIe siècles. Godefroy est parmi les premiers à répondre à l'appel à la croisade d'Urbain II, pape de Rome, en 1095. Pour financer son expédition, il hypothèque son château de Bouillon. Après quatre ans de bataille, les croisés reprennent Jérusalem aux « infidèles » en 1099. La renommée de Godefroy est telle que les barons commandant la croisade lui offrent le trône du nouveau royaume de Jérusalem. Le chevalier refuse en faisant valoir qu'il ne peut porter une couronne d'or dans la ville où le Christ a dû porter la couronne d'épines. Il décède le 18 juillet 1100, en revenant d'une expédition contre le sultan de Damas. Godefroy de Bouillon, qui était duc de Lotharingie, est considéré comme un héros national par nos voisins belges.

LA SNCF VEUT AMÉLIORER L'ACCÈS AUX VÉLOS DANS LES TGV.

ACTU

En avant, marche !

La marche rapide, source de jouvence ? Incontestablement, selon des chercheurs de l'université de Leicester (Royaume-Uni). Ces scientifiques ont étudié les données génétiques de 400 000 Britanniques. Plus précisément, la longueur des télomères de leurs globules blancs, qui est un marqueur de l'âge biologique. Et ils ont pu établir un lien de causalité clair entre le rythme du marcheur et la longueur des télomères, donc son vieillissement. La marche rapide (à une vitesse supérieure à 6,4 km/h) donnerait à un individu de 56 ans un âge biologique (celui de « ses artères ») plus jeune de 16 ans, soit celui d'un « quadra » ! Il y a trois ans, la même équipe avait déjà montré qu'une marche rapide de dix minutes par jour était associée à une espérance de vie plus longue. Ils avaient également expliqué que l'espérance de vie des marcheurs rapides était de vingt ans plus élevée que celle des marcheurs lents.

Lever du soleil
07h53

Lundi 19

Coucher du soleil
18h17

Saint Gabin – On fête aussi les Gabia, Philothée, Quodvultdeus

« La perversion de la cité commence par la fraude des mots. » *Platon*

Etymologie

Que vend le boucher ?

Le boucher vend-il des bouches, comme le fromager vend des fromages ou le volailler des volailles ? Non, bien sûr ! Pas plus qu'il n'est « celui qui nourrit les bouches »... Mais d'où vient le nom *boucher* ? À l'origine, le boucher (*bochier* à la fin du XIIe siècle) est celui qui est chargé de tuer les boucs pour la consommation. Puis le sens de *boucher* s'est étendu à « celui qui tue et vend les bestiaux pour la consommation » et s'est enfin restreint à « celui qui vend de la viande ».

Présentatrices mythiques de TV

Arlette Chabot

À la tête des plus grands services d'information radio et télé en France, Arlette Chabot mène une carrière dense et variée depuis les années 1970. Née en 1951, à Chartres, la journaliste commence comme reporter pour France Inter en 1973 et intègre rapidement le service politique, sous le mandat de Michèle Cotta. Dix ans plus tard, elle quitte la radio pour entrer à la rédaction de TF1, où elle ne reste que quelques années. C'est à France Télévisions qu'elle consacre finalement la plus grande partie de sa carrière, de 1990 à 2011, en tant que rédactrice en chef du service politique et économique, puis directrice de l'information. La journaliste se place aussi devant la caméra, en menant les débats politiques de *Mots croisés* jusqu'en 2001, puis ceux d'*À vous de juger*, à partir de 2005. Écartée de France Télévisions en 2010, Arlette Chabot quitte le groupe et reprend plusieurs chroniques politiques sur Europe 1 et LCI.

SOLUTION MOTS FLÉCHÉS P. 62

	D		O		E		V		I		L	
S	U	R	V	I	V	R	E		F	I	A	T
	C	O	N	V	A	I	N	C		D	I	A
P	A	T	I	O		L	I	V	R	E		N
	L	I	S	I	B	L	E		O	M	A	N
M	E	S		R	E	E	L	U	T		M	I
		S	U	E	N	T		L	E	C	O	N
A	V	A	L		I	T	E	M		E	R	
	I	G	N	O	R	E	R		I	R	A	N
O	C	E	A	N		S	I	G	N	A	L	E
	I		I	C	I		G	E	N	T		N
R	E	T	R	O		P	E	R	E		C	I
		R	E	G	I	R		M	E	C	H	E
A	R	A		E	M	E	R	I		O	I	S
	A	L	U	N	I		U	N	I	O	N	
P	L	A	N	E	T	E		A	L	L	E	E
	A	L	I		E	T	A	L	E		E	T
T	I	A	R	E		C	U		S	I	S	E

C'est sa ville !

LE BIGNON-MIRABEAU

Né sous le nom d'Honoré-Gabriel Riqueti de Mirabeau, cette figure de la noblesse d'Ancien Régime fut rejetée par les siens lors des États généraux de 1789. Il décida alors de se présenter au nom du tiers état et, devenu député, se fit appeler simplement Mirabeau. C'était un tribun exceptionnel, ce qui lui valut pendant la Révolution le surnom d'« orateur du peuple ». Né au Bignon, dans l'actuel département du Loiret, il fit ses études en Provence, d'où sa mère était originaire. Ses contemporains le décrivaient comme un homme au physique disgracieux, son père aurait même dit qu'il était « laid comme le fils de Satan ». Sa commune de naissance lui rend hommage dès 1889 en devenant Le Bignon-Mirabeau.

Lever du soleil
07h51

Mardi 20

Coucher du soleil
18h19

Sainte Aimée – On fête aussi les Amy, Aimie, Amata

« Qui cherche à plaire à tous ne plaît à personne. » *Jean-Jacques Rousseau*

POISSONS Vermot'roscope

20 février – 20 mars

Votre caractère

Insaisissable, intuitif, sensible, romantique, doux, tendre, adaptable, réservé, calme, compréhensif, sociable, opportuniste, inspiré, créatif, mystérieux, gourmand, ambivalent, multifacettes, hypersensible, irrationnel, hypocondriaque, angoissé, fuyant.

Les événements célestes de 2024

Cette année, vous êtes mis sous le joug de **Saturne**. Avec cette planète à vos côtés, vous allez devoir faire preuve de patience, gagner en clarté d'esprit et en réflexion. Pas question d'agir sans réfléchir ou de suivre vos instincts sans faire preuve d'un minimum de « jugeote ».
Avec la grande rigide comme accompagnante, tout vous incite à plus de maturité, d'analyse, de sérieux, de réalisme et d'organisation. Certains natifs du signe pourraient même trouver cette période un peu dure, car se sentant limités dans certaines de leurs actions ou démarches.

PLEINS FEUX SUR 2024, DOMAINE PAR DOMAINE

Vie relationnelle : D'un bout à l'autre de l'année, plus mystérieux et moins sociable, vous serez en quête de tranquillité. Communiquant plus difficilement avec les autres ou vos amis, vos échanges sont plus compliqués. Essayez d'être moins susceptible et plus disposé au dialogue.

Amour : ***En couple*** : pour les plus chanceux d'entre vous, en 2024, vous consolidez les liens qui vous unissent. Plus proche de votre moitié, de beaux moments de partage sont à prévoir. Pour les autres, attendez-vous à vivre des périodes de solitude et d'incompréhension.
Célibataire : plus qu'une année d'épanouissement, le cycle qui s'ouvre vous permettra de mieux cerner vos besoins et vos aspirations. Certains panseront leurs blessures d'antan, d'autres profiteront de 2024 pour se retrouver et se recentrer.

Famille : Si tout se passe pour le mieux au premier semestre, à partir de juin le temps se gâte. Les règlements de compte, les désaccords, les conflits voient le jour. Pour passer au mieux cette période, deux solutions s'offrent à vous : prendre de la distance ou mettre les pieds dans le plat.

Quotidien et vitalité : Cette année, c'est tout l'un ou tout l'autre, soit vous bénéficiez d'une résistance à toute épreuve, soit vous voyez votre capital santé mis à mal. Dans les deux cas, vous devez veiller à mener une vie saine et équilibrée. Profitez des moments de bien-être pour vaquer à vos activités.

Budget : Au premier semestre, vous vous laissez aller à toutes vos envies et vous multipliez les dépenses. Au second semestre, plus raisonnable et modéré, vous reprenez en main vos finances.

NOS ANCÊTRES

HOMME ORIGINEL

Il se nomme *Orrorin tugenensis*, ses restes ont été découverts au Kenya et remontent à environ 5,9 millions d'années. Longtemps considéré comme le premier homme, son nom signifiant « Homme originel », du haut de son 1,20 m et ses 50 kg cet hominine a bousculé un certain nombre d'idées sur nos origines, repoussant l'âge de la division entre singes et hommes. Toumaï lui fera ensuite perdre ce statut.

Brèves régions

AUBE – LE JUBÉ SCULPTÉ DE VILLEMAUR-SUR-VANNE

Dans la plupart des églises de France, le jubé a disparu. Cet élément mobilier séparait autrefois le chœur de la nef pour isoler les officiants des fidèles. La collégiale de Villemaur-sur-Vanne, située aujourd'hui sur le territoire de la commune d'Aix-Villemaur-Pâlis, dans l'Aube, a conservé le sien. C'est l'un des plus beaux jubés en bois sculpté de France, qui se distingue principalement pour la qualité de ses décors : 15 scènes de la Passion du Christ donnent sur la nef et 11 scènes de la vie de la Vierge côté chœur. Daté de 1521, il est aujourd'hui reconnu comme l'une des œuvres caractéristiques de la sculpture champenoise.

Lever du soleil
07h49

Mercredi 21

Coucher du soleil
18h21

Saint Pierre-Damien – On fête aussi les Pépin

« Garder le silence, quel mot étrange ! C'est le silence qui nous garde. » *Georges Bernanos*

ÉNIGMES
M@ths en-vie

On dit qu'un nombre est *premier* quand on ne peut le diviser que par 1 et par lui-même. Par exemple, 47 est un nombre premier, car il n'a d'autre diviseur que 1 et 47.

Combien de nombres premiers plus petits que 100 existe-t-il ?

Réponse : Il y a 26 nombres premiers inférieurs à 100 : 1, 2, 3, 5, 7, 11, 13, 17, 19, 23, 29, 31, 37, 41, 43, 47, 53, 59, 61, 67, 71, 73, 79, 83, 89, 97.
COFD !

Rébus Fable de La Fontaine

OURS
COMPAGNON
COMPAGNON

L'Ours et les Deux Compagnons

Humour du monde

ha ha, hi hi, ho ho FRANÇAIS
huhuhuh, hahaha, kukuku JAPONAIS
ax ax ax RUSSE
cha cha LITUANIEN
jajaja ESPAGNOL

Au cimetière, le rabbin prononce un discours dans lequel il loue l'honnêteté, la générosité et les qualités de cœur du défunt. L'épouse du disparu s'approche du rabbin et lui demande si elle peut regarder le visage de son mari.

– Cela vous est interdit, lui répond le rabbin.

– Je comprends, mais après vous avoir écouté, je ne suis pas certaine que c'est bien mon mari qu'on enterre.

LE BON MOT DE L'HISTOIRE

« Enfer n'existe pas. Stop. Tu peux te dissiper. Stop. Préviens Claudel. »
André Gide, 21 février 1951

Ce télégramme a été reçu par François Mauriac deux jours après la mort de son « auteur ». Il faut se souvenir qu'André Gide et François Mauriac ont vécu parfois douloureusement leur homosexualité, moins cachée pour le premier, au sein d'une société encore marquée par la morale religieuse et qui réprimait les relations entre hommes. La mention de Claudel, catholique convaincu, est davantage une boutade moquant ses contradictions. En réalité, ce télégramme qui a beaucoup fait jaser dans le milieu littéraire est un canular dont l'auteur reste aujourd'hui encore incertain. Peut-être est-ce Jean-Paul Sartre ? Les dernières paroles officielles d'André Gide, victime d'une congestion pulmonaire à 81 ans, sont beaucoup plus mystérieuses : « J'ai peur que mes phrases ne deviennent grammaticalement incorrectes. C'est toujours la lutte entre le raisonnable et ce qui ne l'est pas… ».

Cocktails

Soupe de champagne

Pour 10 flûtes à champagne – 5 min de préparation
Quelques heures de réfrigération

- *1 bouteille de champagne brut*
- *15 cl de sirop de sucre de canne*
- *15 cl de Grand Marnier®*
- *20 cl de jus de citron*
- *2 citrons jaunes non traités*

Réunissez le sucre, la liqueur et le jus de citron dans une vasque transparente.
Réservez au frais.
Versez le champagne, ajoutez les citrons en rondelles et servez à la louche dans les flûtes.

FEVRIER

Lever du soleil **07h47**

Jeudi 22

Coucher du soleil **18h22**

Sainte Isabelle – On fête aussi les Belle, Bella, Iseult, Papias

« Ne craignez pas la perfection, vous n'y parviendrez jamais. » *Salvador Dali*

Le saviez-vous ?

Et pourtant, elles ne sont pas noires !

Les deux boîtes noires présentes à bord d'un avion enregistrent les informations du vol qui seront analysées en cas d'accident. Elles sont orange ou rouge vif, munies de bandes blanches réfléchissantes, pour faciliter leur repérage après un crash. Et si on les appelle « boîtes noires », c'est tout simplement parce que les premiers enregistreurs de vol recueillaient des photos sur une pellicule qu'on plaçait dans une boîte noire, étanche à la lumière. Le dispositif a évolué, le nom est resté.

Plantes qui soignent

L'ORTIE

Elle n'est pas vraiment décorative et elle pique ! Mais elle a bien des vertus qui lui assurent, depuis toujours, une place de choix dans la pharmacopée. Elle est très riche en fer et la tisane (cinq feuilles fraîches par tasse) est reminéralisante et dépurative. En usage externe (décoction), on l'utilise pour traiter l'acné et l'eczéma. Les jeunes pousses apportent une note de fraîcheur aux soupes et aux cakes. Cultivez-la en sol riche en humus, de préférence à mi-ombre. Mais attention à l'invasion !

OENOTOURISME

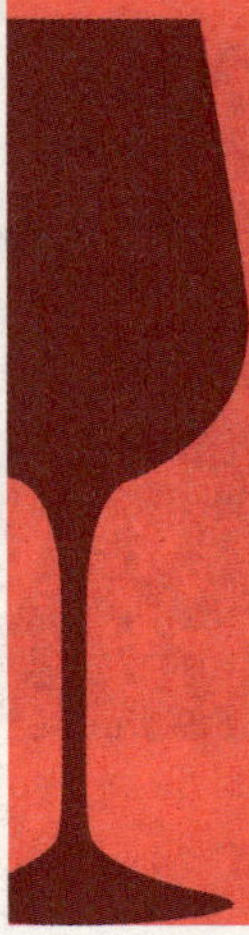

La route du vignoble d'Anjou-Saumur, dans la vallée de la Loire

Troisième grande région viticole de France, la vallée de la Loire compte 70 000 hectares de vignes et 80 appellations. Le vignoble Anjou-Saumur est d'une très grande richesse, avec déjà 27 appellations et 20 000 hectares d'exploitation. Savennières, Coteaux-du-layon, Anjou-villages-brissac, Saumur-champigny, Cabernet d'anjou, autant d'appellations qui alternent entre cépages chenin, cabernet franc ou cabernet sauvignon. Plusieurs randonnées permettent d'arpenter les coteaux, avec en ligne de mire la Loire, mais aussi les clochers d'ardoises et les élégantes tourelles du château de Saumur. En plus des domaines viticoles, on peut découvrir les traditions mets-vins du terroir dans les nombreux bars à vins d'Angers, établis dans les rues pavées de la vieille ville.

L'INTELLIGENCE ARTIFICIELLE BIENTÔT EXPÉRIMENTÉE DANS LES SERVICES PUBLICS.

100 000

C'est, en euros, le montant de la facture d'eau astronomique qu'un octogénaire de Saint-Ouen (Seine-Saint-Denis) doit régler après avoir été victime d'un squatteur ! Ce commerçant à la retraite a subi l'occupation illicite de son pavillon pendant quatre ans et ce n'est qu'après plusieurs années de bataille judiciaire qu'il a fini par le récupérer. Sitôt le jugement prononcé, la compagnie des eaux lui a réclamé le paiement de la facture d'eau, évidemment non réglée par les squatteurs. Comment cela est-il possible ? Simplement parce que la loi interdit à un fournisseur de couper l'eau d'une résidence principale et qu'en tant que propriétaire, il a toujours été considéré comme l'occupant ! Pour l'heure, la compagnie d'eau lui propose un étalement de dettes, mais elle refuse d'éponger l'ardoise. Et comme si cela ne suffisait pas, son assurance refuse de prendre en charge les dégâts causés par les squatteurs. La double peine…

Lever du soleil
07h45

Vendredi 23

Coucher du soleil
18h24

Saint Lazare – On fête aussi les Milburge

« La beauté, c'est la bonté ; c'est la mer sur laquelle nous flottons. Nous sommes imperméables ; mais parfois le bateau prend l'eau. » *Virginia Woolf*

C'est qui celui-là ?

Embrasser Fanny

Dans l'univers bouliste, celui qui embrasse Fanny est celui qui perd une partie. L'expression dépasse aujourd'hui le monde de la pétanque pour qualifier toutes les personnes qui font un score égal à zéro dans un jeu quelconque. Fanny semble avoir été, au tout début du XIXe siècle, une serveuse du café du Grand-Lemps, dans l'Isère, qui consolait les perdants en les embrassant.

C'EST QUOI UN INFLUENCEUR ?

GRANDS SPORTIFS DES JO

L'ART DU PARTAGE

Finale du concours du saut en hauteur aux Jeux de Tokyo. Après avoir franchi la barre des 2,37 m, ils ne sont plus que trois. Aucun ne parvient à franchir la hauteur supérieure, celle qui offrirait l'or et égalerait un record olympique datant de 1996. Leaders aux essais, le Qatarien Mutaz Barshim et l'Italien Gianmarco Tamberi se voient offrir deux possibilités : disputer un barrage ou partager l'or. Amis dans la vie, les deux hommes n'hésitent pas, il n'y aura pas de barrage, mais deux champions olympiques.

CITIUS - ALTIUS - FORTIUS

Heureux Mariages

C'est en pleine Révolution, le 11 mai 1796, à Sempy (Pas-de-Calais), que **SILVAIN LEROY** choisit d'épouser **MARIE FRANÇOISE REINE** ! L'histoire ne dit pas s'ils se sont enfuis à Varennes ou ailleurs sitôt la célébration terminée. Quelques années plus tard, sous Louis-Philippe, c'est **PIERRE LE PRINCE** qui se maria avec **OCTAVIE ROYAL**, le 6 octobre 1835 à Saint-Cornier-des-Landes (Orne).

Recette

Petits pois aux lardons fumés

Pour 4 pers. — **10 min de préparation** — **25 min de cuisson**

- 400 g de petits pois frais
- 150 g de poitrine fumée ou de lardons fumés
- 1 bel oignon jaune
- 2 gousses d'ail
- ½ cube de bouillon de légumes
- Ail semoule
- Sel, poivre

Écossez les petits pois frais. Faites-les précuire à la vapeur (ou à l'eau bouillante) 10 min environ. Refroidissez-les sous un filet d'eau froide pour conserver leur belle couleur verte.

Coupez en lardons la poitrine fumée. Pelez et émincez finement l'oignon. Épluchez et hachez l'ail.

Dans une poêle ou une sauteuse, faites revenir les lardons. Ajoutez l'oignon et l'ail et laissez-les dorer quelques minutes.

Diluez le demi-cube dans une tasse d'eau bouillante.

Versez les petits pois précuits dans la sauteuse, versez le bouillon, ajoutez de l'ail semoule, du sel et du poivre. Laissez cuire quelques minutes. Goûtez les petits pois et stoppez la cuisson quand ils sont cuits à votre goût.

Servez sans attendre.

Lever du soleil
07h43

Samedi 24

Coucher du soleil
18h25

Saint Modeste – On fête aussi les Modesty

« L'art est la seule chose qui résiste à la mort. » *André Malraux*

INVENTIONS bleu, blanc, rouge

La biscotte

Même si son nom vient de l'italien *biscotto* qui signifie « biscuit », la biscotte est une invention française. Elle date de 1903, lorsque Charles Heudebert, un boulanger installé à Nanterre (92), connut le succès en ayant l'idée de recuire son pain de mie tranché invendu. Le succès dura un siècle, car la biscotte disparaît progressivement depuis la fin du XXe siècle.

PAROLES Les mots des flics et des voyous PAROLES

Beurrer le marmot

Cette expression qu'on trouve dans San Antonio n'a rien à voir avec la consommation d'alcool et être « beurré ». Il s'agit de convaincre un suspect de passer aux aveux, en employant des « méthodes peu orthodoxes ». Autrement dit en le caressant d'une pichenette convaincante, d'une chiquenaude irréfutable ou d'un discret coup de bottin. Ces manières de « caraméliser » un suspect étant désormais normalement prohibées, l'expression se fait de plus en plus rare dans les commissariats.

CRÊPAGE DE CHIGNONS

Fernandel & Bourvil

Bourvil admirait Fernandel depuis son enfance. Aussi, lorsqu'on lui propose de partager l'écran avec son aîné dans *La Cuisine au beurre*, il n'hésite pas une seconde. Seul petit problème : les deux stars du cinéma comique ont signé sans vraiment connaître le scénario. Lorsqu'il le découvre au début du tournage, Fernandel entre dans une colère noire. Il disparaît du plateau en n'acceptant de revenir que si son rôle est réécrit. À son retour, il se comporte comme une diva et méprise tout le reste de l'équipe. Lors des scènes avec Bourvil, il s'arrange pour que ce dernier tourne le dos à la caméra, voire qu'il sorte du champ. Bourvil finit par perdre patience. La tension entre les deux monstres sacrés durera jusqu'à la fin du tournage. Dégoûté, Bourvil refusera de se rendre à la remise du prix Courteline, qui récompensait les deux comédiens pour leur performance dans le film.

La dictée du mois

2/10

L'ours solitaire

Ce n'était pas assez pour moi d'affliger mon père et ma mère par le spectacle de ma monomanie, je formai le projet de les abandonner et de chercher quelques retraite ignorée du monde, où je pusse me livré en liberté à mon goût pour la vie solitaire. Vainement ma conscience me représentat la douleur que j'allais leurs causer. Je confiai mon dessin à un ami de ma famille, afin qu'on sut bien que j'avais renoncé volontairement au monde, et qu'on ne crût pas que j'avais été la victime de quelque accident. Je n'oublirai jamais le jour où je quittai le toit qui m'a vu naître. C'était ce matin : mon père était parti pour la chasse ; ma mère dormait encore. Je profitai de cet instant pour sortir sans être vu. La neige couvrait la terre, et un vent glacé agitait tristement la cime des sapins couverts de frimats.

Louis Baude, Scènes de la vie privée et publique des animaux, *1842.*

quelque retraite, livrer, représenta, leur causer, dessein, sût, oublierai, frimas

Lever du soleil
07h41

Dimanche 25

Coucher du soleil
18h27

Saint Roméo – On fête aussi les Gerland, Walburge

« L'ignorant affirme, le savant doute, le sage réfléchit. » *Aristote*

Bibliophiles

Capitaine Vertu, Lucie Taïeb (Éditions de l'Ogre, 2022)

Il y a une capitaine de police exemplaire, un escroc manipulateur mystérieux qui échoue chaque fois à extorquer de l'argent à ses victimes, qui cependant demeurent profondément traumatisées, des indices parsemés ici et là dans le texte, comme un sac de sport, un tas de billets, une photo montrant des cadavres sur le bord d'une route en Amérique latine. Pourtant, ce n'est pas un roman policier, plutôt un livre de poésie noire, où ce qui se joue est dans la tête d'une femme, en rupture de ban, en refus : de son passé comme de notre monde et de sa violence. C'est une expérience de lecture déroutante.

ÇA S'EST PASSÉ Le 25 février 1324

Louis IV de Bavière-Wittelsbach, empereur romain germanique, épouse Marguerite II de Hainaut, fille de Guillaume Ier de Hainaut et de Jeanne de Valois.

ACTU

La planète de Babel

Pourrons-nous discuter sur Mars ? La réponse est « non », selon une étude publiée récemment dans la revue Nature. *Il y a deux ans, le robot Perseverance avait enregistré l'environnement sonore de la planète rouge pour la première fois. Les chercheurs ont analysé ce qu'on entendait vraiment dans ce « silence assourdissant ». Et ils concluent notamment que deux personnes, distantes de quelques mètres ne pourraient pas tenir de conversation sur Mars car... il y a deux vitesses du son, selon qu'il est aigu ou grave, sur celle-ci ! De même, les sons graves et aigus évoluent différemment. À la surface de la planète rouge, les sons graves peuvent durer longtemps quand les sons aigus se perdent rapidement. En fait, discuter sur Mars, c'est un peu comme parler à un interlocuteur situé à 2 m qui aurait l'impression d'être à 15 m et ne comprendrait rien de ce que vous dites alors qu'il parle la même langue que vous. Ces spécificités martiennes s'expliquent par la composition de l'atmosphère de la planète – composée de 96 % de* CO_2*, contre 0,04 % sur Terre – et la très faible pression à sa surface – 170 fois moins forte que sur Terre.*

MYTHOLOGIES CÉLESTES

Une histoire familiale

Les deux Ourses sont probablement les deux constellations les plus faciles à repérer. Elles cachent une histoire familiale, celle d'une nymphe de la suite d'Artémis, Callisto, dont Zeus s'éprit. De leur union naquit un enfant, Arcas. Deux versions s'ensuivent : l'une raconte qu'Artémis, déesse vierge, ne toléra pas la grossesse de Callisto, l'autre implique l'intervention d'Héra, l'épouse de Zeus. Dans les deux cas, Callisto fut transformée en ourse et croisa Arcas, devenu chasseur. Alors que ce dernier s'apprêtait à la tuer, Zeus intervint et plaça mère et fils côte à côte dans le ciel. Mais Héra, toujours jalouse, les empêcha de se reposer dans la mer, en plaçant les deux constellations loin de l'horizon.

FÉVRIER

Lever du soleil **07h39**

Lundi 26

Coucher du soleil **18h29**

Saint Nestor – On fête aussi les Kou'finid, Porphyre

« Il n'y a qu'un seul bien à la base d'une vie heureuse : la confiance en soi-même. » *Sénèque*

CHARADE de position

Je suis un prénom et un nom de douze lettres :

Avec mes quatrième, cinquième, dixième, onzième et douzième lettres, je suis un chamois des Pyrénées ;

Avec mes première, deuxième, troisième, onzième et douzième lettres, je ne suis pas léger ;

Avec mes cinquième, septième, neuvième, dixième et onzième lettres, je suis instrument de musique à cordes pincées, utilisé en Inde ;

Avec mes sixième, huitième et neuvième lettres je suis la part d'un ensemble ;

Sans mes deuxième, troisième, cinquième, sixième, septième, huitième et neuvième lettres, je suis une ancienne monnaie de cuivre qui valait un quart de sou ;

Avec toutes mes lettres je suis un explorateur français qui a exploré le Kham tibétain, en particulier les rives de la Salouen.

LOUIS LIOTARD – ISARD, LOURD, SITAR, LOT, LIARD

Dr Anna Tommy
Médecin généraliste

Consultations sur rendez-vous

Une chanson dans la tête

Les copains d'abord, Georges Brassens

Habitants d'Ambert et d'Issoire méfiez-vous, une bande de copains arrivent dans votre ville ! En 1964, Yves Robert décide de porter à l'écran le roman de Jules Romains, *Les Copains*, et demande à son ami Brassens d'en écrire la musique. Georges n'aimait pas travailler sur commande, il fit une exception. Résister à la demande pressante d'un ami ? Impossible. Mais l'auteur est un perfectionniste ; jusqu'au dernier moment, il modifie sa chanson, tant l'écriture que sa musique qu'il qualifie lui-même de tarabiscotée. Il finit par enregistrer la chanson « Les copains d'abord », hymne à l'amitié, dont l'histoire est transférée sur un modeste bateau. *Au moindre coup de Trafalgar / C'est l'amitié qui prenait l'quart / C'est elle qui leur montrait le nord*. Le film et la chanson connurent de beau succès.

TITRE DE LA CHANSON DES ANNÉES 80 DONT LES PAROLES SE CACHENT SOUS CE RÉBUS ?

SOLUTION : DÈS QUE LE VENT SOUFFLERA (1983). AUTEUR-COMPOSITEUR-INTERPRÈTE : RENAUD
DÉ, QUEUE, L', HAIE, V', AN, TOUR, NOEUD, ROND, NOUNOU, Z', AN, HALLES, ROND
(DÈS QUE LES VENTS TOURNERONT, NOUS NOUS EN ALLERONS)

12 Brèves régions

AVEYRON – LE GÂTEAU DE CRÊPES

Des œufs, du sucre, du beurre, de la farine et du lait, les ingrédients du gâteau à la broche aveyronnais sont les mêmes que ceux d'une pâte à crêpes. Pour le faire cuire, il faut préparer un « moule » conique fixé sur l'axe d'une broche qui tourne devant les braises. La pâte, versée progressivement à la louche, commence à se fixer sur le moule puis, avec la rotation de la broche devant la source de chaleur, l'épaisseur augmente en formant de petits pics. Pour obtenir une cuisson idéale, moelleuse et dorée à la fois, il faut compter environ une heure. La recette originale est russe, rapportée en Aveyron par des soldats au début du XIX*e siècle.*

Lever du soleil **07h37**

Mardi 27

Coucher du soleil **18h30**

Sainte Honorine – On fête aussi les Léandre, Galmien

« Notre grand et glorieux chef-d'œuvre, c'est [de] vivre à propos. Toutes les autres choses, régner, thésauriser, bâtir, n'en sont que des appendicules. » *Michel de Montaigne*

Apéro

Lillet

Inventé en 1872 à Podensac, en Gironde, c'est l'apéritif typique des Bordelais, concocté à base de vin (85 %), de liqueurs de fruits et de quinquina. Le Lillet se décline en blanc, rosé et rouge et se sert frais avec une rondelle d'orange ou de citron. L'idée d'associer vins de Bordeaux et fruits exotiques vient d'un médecin bordelais, qui produisait des liqueurs et des fortifiants à partir de quinquina. Au XXe siècle, le Lillet gagne ses galons internationaux, notamment à New York, où c'était le summum du chic dans les années 1960.

La saga de l'orthographe

Pour pallier le manque de signes, la langue innove en tâtonnant : elle prend à d'autres langues des lettres (w, v, k…) pour distinguer les sons (le j du i…), coagule des lettres (ai, au, eu, on, un, eau, ain, aon, eint, ingt…), ou invente les accents qui marquent une prononciation différente (accents aigu, grave, circonflexe, tréma, cédille…). Compliqué ? Ce n'est pas tout…

➠ *À suivre p. 88*

ASTUCES 2 FAINÉANT

Débloquer une fermeture éclair

C'est toujours quand on est pressé que la fermeture éclair de son jean préféré reste coincée. Comme il serait inapproprié de sortir dans la rue la braguette ouverte, voici l'astuce qu'il vous faut pour débloquer le zip sans avoir à le remplacer ni changer de pantalon. Vous aurez besoin pour cela d'un simple crayon à papier ! Passez la mine du crayon sur chaque dent de la fermeture éclair, d'un côté comme de l'autre. Le graphite qui compose la mine va se déposer progressivement et « colorier » toute la fermeture éclair. Cela aura pour effet de lubrifier l'ensemble et vous pourrez ensuite débloquer la glissière et la faire bouger sans difficulté. N'hésitez pas à répéter une ou deux fois l'opération sur toute la longueur du zip pour que tout rentre dans l'ordre.

LA FRANCE ACCUEILLE LA FLAMME OLYMPIQUE.

Il faut être philosophe

PLATON* (I)

Rechercher la vraie connaissance

Platon, disciple de Socrate, a développé la pensée de ce dernier : l'homme devient conscient parce qu'il a l'Idée de lui-même. Par « Idée », Platon entend la *forme* qui donne vie à la matière et grâce à laquelle tout devient réel.

La théorie platonicienne de la connaissance est résumée dans l'allégorie de la caverne (*République*, VII) : des hommes enchaînés au fond d'une grotte regardent sur la paroi des ombres projetées par un feu allumé derrière eux. Ils les prennent pour la réalité, puisque la lumière du jour – la vraie connaissance – leur est inaccessible. Pour y accéder, ils devraient quitter l'obscurité et affronter la lumière du soleil qui, dans un premier temps, les aveuglerait. Toutefois, si celui qui a vu la vraie lumière revenait dans la caverne, il serait moqué par ceux qui y étaient restés.

* Platon (vers 427-vers 348 av. J.-C.), philosophe grec

Lever du soleil
07h36

Mercredi 28

Coucher du soleil
18h32

Saint Romain – On fête aussi les Antonia, Rivelen, Romane

« J'ai appris que le calme était beaucoup plus déstabilisant que la colère, qu'un sourire désarme beaucoup plus qu'un visage froncé, j'ai appris que le silence, face à une offense, est un cri qui fait trembler la terre. » *Confucius*

Monarchies du monde

Brunei

Le destin d'Hassanal Bolkiah est atypique. Devenu 29e sultan de Brunei, pays situé au nord de la Malaisie, à l'âge de 21 ans en 1967, il est aujourd'hui le plus ancien dirigeant en fonction dans le monde. Mais il n'est devenu monarque absolu qu'en 1984, lors de l'indépendance de son pays qui était auparavant un protectorat britannique depuis soixante-seize ans. Sa dynastie remonte à 1368

EURO 2024

L'ÉDITION DE TOUS LES RECORDS

L'EURO féminin 2022 organisé et remporté par l'Angleterre a établi plusieurs records dans l'histoire de la compétition sur et en dehors du terrain. En inscrivant 22 buts, l'Angleterre est devenue la meilleure attaque de l'histoire, ses 14 réalisations en phase de groupes établissant un autre record, de même que la victoire 8-0 face à la Norvège, désormais la plus large victoire. D'autres records sont tombés en individuel : meilleure buteuse (6 buts pour Beth Mead et Alex Popp), plus grand nombre de buts inscrits en première mi-temps (Grace Geyoro avec la France), buteuse la plus âgée (Julie Nelson, 37 ans et 33 jours). Dans les tribunes, l'EURO 2022 reste celui qui a établi le record d'affluence sur un match, 87 192 spectateurs pour la finale, et le record d'affluence cumulée, 574 875 spectateurs.

UEFA - UEFA - UEFA - UEFA - UEFA

ÉNIGMES

M@ths en-vie

M. Duchamps pèse son pot de confiture qu'il vient d'acheter et lit 531 grammes sur la balance.

Sachant que le pot vide et son couvercle pèsent 343 grammes de moins que la confiture, quelle est la masse de confiture contenue dans le pot ?

Réponse : La confiture a une masse de 437 g.
En effet, si on appelle X la masse du pot vide et du couvercle et Y la masse de la confiture, on a : X + Y = 531 et X +343 = Y. Si on remplace la valeur de Y dans la première équation, on obtient X + X + 343 = 531, donc 2X = 188, soit X = 94 g, la masse du pot vide et du couvercle. On en déduit alors que la masse de la confiture est de 437 g (531-94), CQFD !

CITATIONS HUMORISTIQUES : BLAGUES ET VANNES

« Si l'argent ne fait pas le bonheur, rendez-le ! » *Jules Renard*

15 000

C'est en euros la somme qui vous sera allouée par le gouvernement italien si vous décidez de vous installer en Sardaigne. Comme de nombreuses régions italiennes, la magnifique île située à quelques encablures de la Corse souffre d'une diminution de sa population et d'une économie faible. Pour y remédier, les autorités ont donc décidé de sortir le carnet de chèque pour aider ceux qui voudraient contribuer à redynamiser l'île. Évidemment, cette offre alléchante est assortie de certaines conditions. Pour recevoir la prime, les candidats doivent s'installer dans une commune rurale de moins de 3 000 habitants et y vivre à plein temps. L'argent perçu doit être utilisé pour acheter et rénover une maison sarde, qui doit devenir une résidence principale, dans les 18 mois qui suivent. Cette condition très précise vise à dissuader les petits malins qui voudraient profiter du programme pour se faire construire une maison de vacances du côté de Porto Rotondo ou Porto Cervo, des stations balnéaires prisées par la jet-set.

Lever du soleil
07h34

Jeudi 29

Coucher du soleil
18h33

Saint Auguste – On fête aussi les Antoinette

« Faites attention, quand une démocratie est malade, le fascisme vient à son chevet mais ce n'est pas pour prendre de ses nouvelles. » *Albert Camus*

Gangs
LE GANG DES POSTICHES

L'histoire de ces braqueurs masqués qui ont défié l'antigang pendant sept ans commence le 29 septembre 1981. Ce jour-là, vers midi, trois individus font irruption dans une agence BNP du 16e arrondissement de Paris. Habillés en gentlemen, les malfrats sont grimés avec des postiches (perruques, barbiches, moustaches, grosses lunettes). Tandis qu'un membre de la bande surveille clients et employés retenus en otages, les autres forcent les coffres. Une demi-heure plus tard, le trio quitte la banque pour récidiver aussitôt un peu plus loin dans une agence de la Société générale. Rapidement surnommé le « gang des Postiches », la bande constituée par trois amis d'enfance de Belleville s'étoffe de quatre nouveaux membres et multiplie les braquages. Vingt-sept au total, avec un *modus operandi* qui ne varie jamais : les bandits masqués agissent gantés pour ne pas laisser d'empreintes, emportent les bandes de vidéosurveillance et traitent leurs otages avec courtoisie. Le 14 janvier 1986, c'est le casse de trop. L'alarme se déclenche. Un inspecteur est tué et un membre du groupe abattu. Toute la bande est bientôt arrêtée dans un pavillon à Yerres (Essonne). Vingt ans plus tard, le gang des Postiches refera la une lorsqu'on apprendra que le tueur en série Michel Fourniret a dérobé la majeure partie de leur butin enterré dans un cimetière du Val d'Oise.

DES nuisibles PAS nuisibles

LE PUTOIS

On le confond souvent avec la mouffette, noire et blanche, à cause des dessins animés américains. Mais le putois d'Europe est brun foncé, parfois brun clair, avec de petites oreilles ourlées de blanc. On lui reproche, outre l'odeur qu'il répand quand il est en alerte, de décimer les lapins de garenne et les perdrix. En fait, il mange surtout des grenouilles, des rats et des campagnols, jouant son rôle dans la chaîne alimentaire. En France, il est considéré comme menacé par l'UICN (Union internationale pour la conservation de la nature), mais il n'est pas protégé. Il est donc toujours chassé à l'automne, et ses populations sont en net déclin.

13

Brèves régions

BOUCHES-DU-RHÔNE – LE MARSEILLE DE FLAUBERT

En 1840, pour le récompenser d'avoir obtenu le baccalauréat, le père de Gustave Flaubert lui offrit un voyage dans le sud de la France. Lors d'une étape dans la ville phocéenne, le futur grand écrivain fut émerveillé : « Marseille est une jolie ville, bâtie de grandes maisons qui ont l'air de palais. Le soleil, le grand air du Midi entrent librement dans ses longues rues ; on y sent je ne sais quoi d'oriental, on y marche à l'aise, on respire content, la peau se dilate et hume le soleil comme un grand bain de lumière. Marseille est maintenant ce que devait être la Perse dans l'Antiquité, Alexandrie au Moyen-Âge : une Babel de toutes les nations. »

MARS

Saint Aubin – On fête aussi les Albin, Jonathan, Suitbert

Lever du soleil
07h32

Coucher du soleil
18h35

« On ne voit bien qu'avec le cœur.
L'essentiel est invisible pour les yeux. » *Antoine de Saint-Exupéry*

LA LETTRE MYSTÈRE

1er mars ...,

J'ai regardé à l'instant par la fenêtre de l'hôpital, et désormais, là où la neige avait tout recouvert, tout est un peu vert : l'herbe et les minables buissons, ceux qui ne perdent pas leurs feuilles (même si les arbres ne sont pas très encourageants), les branches nues et lugubres annoncent peut-être le printemps et sont peut-être un signe d'espoir.

Avez-vous vu Les Désaxés ? Dans l'une des scènes, vous pouvez voir à quel point un arbre peut m'apparaître étrange et nu. Je ne sais pas si ça apparaît vraiment à l'écran... Je n'aime pas la façon dont certaines scènes ont été montées. Depuis que j'ai commencé à écrire cette lettre, quatre larmes silencieuses ont coulé. Je ne sais pas vraiment pourquoi.

La nuit dernière, je suis encore restée éveillée toute la nuit. Parfois je me demande à quoi sert le temps de la nuit. Pour moi, il n'existe presque pas, et tout me semble n'être qu'un long et affreux jour sans fin. Enfin, j'ai essayé de profiter de mon insomnie pour être constructive et j'ai commencé à lire la correspondance de Sigmund Freud. En ouvrant le livre pour la première fois, j'ai vu la photographie de Freud et j'ai éclaté en sanglots : il avait l'air très déprimé (cette photo a dû être prise peu de temps avant sa mort), comme s'il était mort en homme désabusé... [Je] pense avoir raison aussi, je fais confiance à mon intuition car je sens une triste lassitude sur son doux visage. Le livre prouve (même si je ne suis pas sûre que l'on doive publier les lettres d'amour de quelqu'un) qu'il était loin d'être coincé ! J'aime son humour doux et un peu triste, son esprit combatif qui ne l'a jamais quitté. Je ne suis pas encore allée très loin dans la lecture car je lis l'autobiographie de Sean O'Casey en même temps (vous ai-je déjà raconté qu'il m'a un jour envoyé un poème ?). Ce livre me dérange beaucoup, enfin, dans la mesure où l'on peut être dérangé par ce genre de choses.

Il n'y avait aucune empathie à la clinique Paine Whitney, et cela m'a fait beaucoup de mal. On m'a interrogée après m'avoir mise dans une cellule (une vraie cellule en béton et tout) pour personnes vraiment dérangées, les grands dépressifs (sauf que j'avais l'impression d'être dans une sorte de prison pour un crime que je n'avais pas commis). J'ai trouvé ce manque d'humanité plus que barbare [...]

Réponse Lettre de février

De ce courrier entre deux grandes dames, la duchesse de Choiseul (1737-1801) et madame du Deffand (1696-1780), on retient, outre la langue délicieuse, qu'au XVIIIe siècle, la correspondance est la poursuite, continue, d'une conversation de salon, entre amis ou alliés : c'est un dialogue (« réponse à une réponse »). La lettre n'est d'ailleurs pas « privée », puisqu'elle est destinée à circuler, à faire montre d'esprit, à briller par ses relations (il y a ici une star de l'époque, Voltaire), à participer, même de loin, aux intrigues de la Cour, qui célèbre ou relègue au gré des cabales et des succès politiques de telle ou telle faction. Le « firman » comme la « permission » sont autant d'autorisations « administratives » de circuler librement et de se réunir.

la duchesse de Choiseul

madame du Deffand

Lever du soleil
07h30

Samedi 2

Coucher du soleil
18h37

Saint Charles le Bon – On fête aussi les Charlton, Chad, Jaoua

« Patience et longueur de temps font plus que force ni que rage. » *Jean de La Fontaine*

INVENTIONS bleu, blanc, rouge

Le télégraphe

Avant l'invention du télégraphe, seuls les Indiens d'Amérique avaient trouvé le moyen de communiquer à distance avec des signaux de fumée. Mais c'est bien le 2 mars 1791 que Claude Chappe réussit le premier essai public de communication à distance, entre deux communes éloignées de 14 km. Un demi-siècle plus tard, le réseau de télégraphe optique couvrait trente villes françaises.

LE BON MOT DE L'HISTOIRE

« J'ai parfois l'impression d'avoir épousé un moine. »
Aliénor d'Aquitaine, vers 1144

Mariés et couronnées en 1137, Aliénor d'Aquitaine et Louis VII ont des tempéraments diamétralement opposés. Entre la « Folle Reine », protectrice des troubadours, et le « Saint Moine », toujours plus mystique et austère, les rapports sont rapidement exécrables. Selon la légende, la reine n'hésite pas à s'en ouvrir à ses familiers. En 1147, alors qu'elle accompagne Louis VII en croisade, éclate « l'affaire d'Antioche ». Aliénor est soupçonnée d'avoir une liaison avec le prince d'Antioche. Rentré en France, Louis VII l'écarte du pouvoir avant de divorcer en 1152. Aliénor se remarie avec Henri Plantagenêt, futur roi d'Angleterre. Un mariage pas beaucoup plus heureux…

Ha! Ha! Ha! CITATIONS HUMORISTIQUES : BLAGUES ET VANNES

« On ne peut compter absolument que sur soi-même ! Et encore si peu ! »
Tristan Bernard

« À l'auberge, la servante était accorte et auvergnate, le menu copieux, les chaises en noyer et les water-closets au fond de la cour à droite. »
Pierre Cami

ACTU

Un cimetière déjà bien occupé

À Hérouville-Saint-Clair, près de Caen (Calvados), les travaux pour l'aménagement du nouveau cimetière de la commune ont mis au jour une quinzaine de tombes datant de l'Âge de bronze (entre 1900 et 1500 avant notre ère). Et, à quelques mètres de ce chantier, d'autres fouilles ont, elles, permis d'exhumer un petit cimetière carolingien (VIIIe-IXe siècle). Si, pour le premier site, les squelettes ne se sont pas conservés avec le temps, ceux du second, bien mieux préservés, concernent pour plus d'un tiers de jeunes voire très jeunes personnes. En outre, plusieurs squelettes carolingiens présentent des fractures. Les ossements, comme les céréales, poteries et outils présents au fond des fosses sont en cours d'analyse pour mieux comprendre ce qui s'est passé dans le coin il y a 1 200 ans. Le nouveau cimetière d'Hérouville devrait être inauguré au printemps cette année.

Lever du soleil
07h28

Dimanche 3

Coucher du soleil
18h38

FÊTE DES GRANDS-MÈRES

Saint Guénolé – On fête aussi les Cunégonde, Gerwin, Dylan

« La responsabilité de chacun implique deux actes : vouloir savoir et oser dire. » *Abbé Pierre*

Le saviez-vous ?

Être vainqueur sans rien faire

En 2014, l'artiste coréenne WoopsYang organise un nouveau concours, le Space Out Competition.
70 candidats sont sélectionnés, et pour remporter ce concours, il faut juste qu'ils ne fassent rien pendant une heure et demie, tout en restant éveillés. Ni bouger, ni regarder sa montre, ni bavarder… Le rythme cardiaque des concurrents est contrôlé tous les quarts d'heure et le vainqueur est celui dont le rythme est le plus stable.

CHARADE classique

Mon premier se trouve entre deux lisières,

Mon deuxième est une agglomération en milieu rural,

Mon troisième est un état de contentement,

Mon quatrième forme une paire,

Mon cinquième a la peau dure,

Mon sixième forme un écran de protection,

Mon tout est une sculpture célèbre d'Auguste Rodin.

LES BOURGEOIS DE CALAIS (LÉ – BOURG – JOIE – DEUX – CAL – HAIE)

CRÊPAGE DE CHIGNONS Angelina Jolie & Johnny Depp

Elle : « C'est un ami avec qui tu es très heureuse de venir travailler et de tourner des scènes. En plus, c'est un acteur tellement brillant. » Lui : « Elle est tout. C'est une sorte de poème ambulant. » À écouter Angelina Jolie et Johnny Depp lors de la promotion du film *The Tourist* (2010), leur collaboration fut à la mesure de leur histoire d'amour à l'écran. Un tantinet surjoués, leurs mamours devant les journalistes, car sur le tournage l'entente entre Jolie et Depp ne fut jamais au beau fixe. L'actrice ne supportait pas l'attitude de Depp, son manque de respect pour ses collègues, et était même dégoûtée lors des scènes de baiser. De son côté, l'interprète de Jack Sparrow estimait qu'elle était arrogante et prétentieuse. À la sortie de *The Tourist*, l'alchimie, tout artificielle donc, entre Angelina Jolie et Johnny Depp n'a pas vraiment fonctionné sur le public non plus.

COMPLÉTEZ LA GRILLE EN SACHANT QUE CHAQUE ICÔNE REPRÉSENTE TOUJOURS LA MÊME LETTRE

15 *Brèves* régions

CANTAL – CHÔMAGE AU PLUS BAS

Depuis plusieurs années, le Cantal est le département où le taux de chômage est le plus bas, avec seulement 4 % environ de sans-emploi. Mais cet indicateur est à la fois positif et négatif. Négatif car il est dû, comme dans tous les territoires ruraux, à une démographie complexe où les seniors sont majoritaires. Positif car les actifs étant peu nombreux, ils n'ont pas de mal à trouver un emploi. Les entreprises cantaliennes rencontrent d'ailleurs des difficultés à recruter dans certains secteurs. Alors, si vous rêvez de vous installer dans un paradis vert où vous trouverez emploi et qualité de vie, pourquoi ne pas choisir le Cantal ?

SOLUTION : J'AVAIS MAL LU, IL FALLAIT LIRE JOUR NÉFASTE ET NON JOURNÉE FASTE.

Lundi 4

Lever du soleil **07h26**

Coucher du soleil **18h40**

Saint Casimir – On fête aussi les Casimo, Roméo

« Les vrais artistes ne méprisent rien ; ils s'obligent à comprendre au lieu de juger. » *Albert Camus*

GRANDS SPORTIFS DES JO

LE ROI DE L'OLYMPE

Michael Phelps n'a que 15 ans lorsqu'il participe à ses premiers Jeux olympiques en 2000 ; il ne remporte aucune médaille, mais devient le plus jeune athlète américain masculin à prendre part aux Jeux depuis 1932. Quatre ans plus tard, il décroche six médailles d'or et deux de bronze. En 2008, il fait tomber le record établi par Mark Spitz en 1972 en remportant huit médailles d'or. En 2012 et 2016, il ajoute neuf autres médailles d'or et trois d'argent et porte son total à 28 médailles olympiques, dont 23 en or. Un record.

CITIUS - ALTIUS - FORTIUS

Heureux Mariages

Dans la famille Caca, il y a d'une part les contestataires, comme **MARIE JEANNE CACA** qui épousa **JOSEPH NICOLAS AUGUSTE LALOY** le 7 juillet 1897 à Cerisières (Haute-Marne), produisant le couple Caca-Laloy ! Il y a aussi les modestes comme le couple Petit-Caca, composé par **JACQUES** et **MARIE GENEVIÈVE** qui s'unirent le 26 décembre 1831, également à Cerisières (Haute-Marne).

AU JARDIN

Le fumier de bovin

Il est assez facile de s'en procurer à la campagne, dans les régions d'élevage, soit dans une ferme, soit directement sur les prés ou sur les chemins, mais il est aussi vendu en jardinerie sous forme de granulés. Contrairement à ce que l'on croit souvent, on peut l'utiliser frais : il faut alors l'épandre en automne, à raison de 2 ou 3 kg/m^2. Le fumier composté avec de la paille et des déchets du jardin et de la cuisine est toutefois préférable, parce qu'il libère mieux l'azote et qu'il apporte plus de potasse – et un compostage prolongé permet d'éliminer d'éventuels éléments pathogènes. Il faut l'épandre au printemps, à raison de 1 kg/m^2, avant de l'enfouir superficiellement par griffage. Le fumier de bovin est conseillé sur les terres calcaires et siliceuses, auxquelles il donne du corps.

— POUR FAIRE SIMPLE, VOUS SUPPRIMEZ TOUT CE QUI EST BON !

1 800

C'est, en dollars, l'amende infligée à un passager qui a eu la mauvaise idée de débarquer en Australie avec son repas McDo. Les autorités du pays, qui prennent la biosécurité très au sérieux, n'ont pas hésité à infliger une amende salée pour ce manquement à la réglementation. À son arrivée à Darwin, dans le nord de l'Australie, un chien renifleur a détecté quelque chose de suspect dans le sac de ce voyageur. Après une fouille, il s'est avéré que l'homme avait ramené de son séjour à Bali, en Indonésie, deux hamburgers de la célèbre chaîne de restauration rapide. Et ce dangereux délinquant avait omis de les mentionner dans le formulaire de déclaration des douanes. « Si vous faites le mauvais choix, vous serez punis », a expliqué Murray Watt, ministre australien de l'Agriculture, de la Pêche et des Forêts. Quand on vous dit qu'il vaut mieux éviter de manger McDo…

Lever du soleil
07h24

Mardi 5

Coucher du soleil
18h41

Sainte Olive – On fête aussi les Virgile, Gérasime

« Une civilisation me paraît se définir à la fois par des questions qu'elle pose et par celles qu'elle ne pose pas. » *André Malraux*

Etymologie

Construire ou détruire ?

Du nom *bouse* – attesté dès la fin du XIIe siècle mais d'origine inconnue –, qui désigne les excréments des bovins, on a tiré au XVIe siècle un verbe dérivé : *bousiller*. À cette époque, le verbe s'employait dans le sens de « construire avec du chaume et de la terre détrempée, en torchis ». Et c'est par comparaison avec le matériau noble qu'est la pierre que le verbe s'est chargé de nuances péjoratives : tout d'abord au sens de « mal construire, mal faire », puis dans le sens que nous lui connaissons aujourd'hui, « endommager, détruire ».

ASTUCES 2 FAINÉANT — Des bars à sieste

À Paris, Lyon, Marseille, Nantes, Rouen et bien d'autres villes encore dans le monde entier, la mode des « bars à sieste » se développe aujourd'hui de plus en plus. Ces établissements proposent, aux travailleurs comme aux voyageurs de passage, des hamacs, des lits massants ou des fauteuils apesanteur, dits « zéro gravité », qui permettent une relaxation profonde. On y trouve aussi des saunas japonais chauffés par infrarouge, des massages de bien-être, sans oublier la pressothérapie, technique connue pour retrouver des jambes légères. L'expérience dure entre un quart d'heure et une heure et demie, dans une ambiance personnalisable. Idéal pour se déconnecter du travail, faire une coupure dans la journée, régénérer ses forces et repartir de plus belle, et aussi… assumer sa paresse.

CITATIONS HUMORISTIQUES : BLAGUES ET VANNES

« On accusait autrefois les hommes politiques de ne songer qu'à "se remplir les poches". Aujourd'hui, on ne leur reproche plus guère que de vider les nôtres. »
André Frossard

SYSTÈME D

RÉPARER UN ROBINET QUI GOUTTE

Rien de plus énervant qu'un robinet qui goutte, surtout si on l'entend la nuit. Mais il n'est pas nécessaire d'appeler le plombier : c'est un problème de joint, en général facile à régler. Coupez l'arrivée d'eau ou fermez la vanne qui commande le circuit. Ensuite, démontez la poignée du robinet : il y a une vis, cachée derrière ou dissimulée par une pastille de couleur – qu'il faut extirper. Dévissez et retirez la poignée. Au-dessous, il y a un écrou qui maintient la tête. Dévissez-le avec une clé plate ou une clé à molette. Soulevez alors la tête. Vous avez accès au joint de clapet, qui assure la jonction entre la tête et le corps du robinet. Enlevez-le et achetez-en un identique. Placez le nouveau joint, nettoyez le siège en enlevant le tartre et effectuez les opérations dans l'ordre inverse.

Lever du soleil
07h22

Mercredi 6

Coucher du soleil
18h43

Sainte Colette – On fête aussi les Fridolin, Chrodegang

« La richesse ressemble à l'eau de mer : plus on en boit et plus on a soif. On peut dire la même chose de la gloire. » *Arthur Schopenhauer*

CALEMBOURS ou RÉPARTIES cultes du cinéma

Dans quel film ?

« Vous avez de la pâte ? Vous avez du sucre ? Avec la pâte, vous faites une crêpe et vous mettez du sucre dessus ! »

Réponse : Les bronzés font du ski, *de Patrice Leconte.*

Une chanson dans la tête

On n'a pas tous les jours vingt ans, Berthe Sylva

Berthe Sylva est une icône de la chanson réaliste et dramatique des années d'avant-guerre. Au milieu des chansons tristes, voire dramatiques, de son répertoire, elle interprète en 1934 un hymne à la jeunesse qui deviendra un grand classique : « On n'a pas tous les jours vingt ans ». Le texte de Charles-Ferdinand Pothier, sur une musique de Léon Raiter, débute gaiement : *L'atelier de couture est en fête*. Miracle, le patron compréhensif accorde une journée de congés aux cousettes. Joie et bonheur éclatent alors au long de cette journée de fête. *On n'a pas tous les jours vingt ans / Ça nous arrive une fois seulement*, affirme le texte. La chanson se termine sur la nostalgie d'un vieux couple, *Souviens toi ma bonne vieille*. Toutes les générations la connaissent pour l'avoir chantée ou au moins fredonnée.

PARIS 2024 :
LES TRAVAUX SERONT-ILS TERMINÉS À TEMPS

SÈCHERESSE SUR LA FRANCE.

Les Bons Bonbons de nos régions

Les violettes de Toulouse

La violette, emblème de la ville de Toulouse, se décline également en bonbon. Créée par Candiflor en 1818, cette confiserie est élaborée à partir de fleurs fraîches cueillies à maturité au mois de mars et cristallisées dans du sucre. Essentiellement manuelle, la fabrication des violettes de Toulouse n'a pratiquement pas évolué depuis deux siècles. Aujourd'hui réputées aux quatre coins du monde et distribuées dans les épiceries fines, ces confiseries d'une grande délicatesse ne doivent en aucun cas être confondues avec les bonbons aromatisés à la violette !

C'est sa ville !

BONREPOS-RIQUET

Le canal du Midi, ouvrage d'art remarquable, relie Toulouse à la mer Méditerranée depuis le XVIIe siècle. Les travaux de ce canal, considéré par ses contemporains comme le plus grand chantier du XVIIe siècle, ont été supervisés, sous le contrôle de Colbert, par Pierre-Paul Riquet, un entrepreneur né en 1609 à Béziers. Durant ce chantier commencé en 1666 et terminé seulement en 1681, le plus grand défi relevé par Riquet fut d'acheminer l'eau de la montagne Noire jusqu'au seuil de Naurouze, le point le plus élevé du canal. La commune de Bonrepos-Riquet, dans la Haute-Garonne, rend hommage par son nom au concepteur de génie qui y demeurait, et ses habitants s'appellent les Riquetois et les Riquetoises.

Lever du soleil
07h19

Jeudi 7

Coucher du soleil
18h44

Sainte Félicité – On fête aussi les Perpétue, Nathan, Ethan

« Celui qui est sévère envers lui-même et indulgent envers les autres évite les mécontentements. » *Confucius*

MOTS FLÉCHÉS

LES MOTS DÉCLENCHEURS SONT DES ANAGRAMMES.

ÉMOTTAIENT / MAÎTRE – FIRME / DÉLAIES – TÉTAIS / NA – ORTIES – RATAIT – OCRES / REA – SUT

CITANT / LE

ÉTENDRE / ÉMIT – TOUR / SERTIE

TOILIERS / LÉVIGEASSENT

ÉTAIS / LAC – RIT – ON – SEUL

ENTRAVE / TANNE – SARI

AÎNÉ / RÉVÉRENDES – ENTERRA – NIER – SV – LCI / DÉTIRÉES

UR / URE

TÉ – RAGRÉASSES

REIN / ATTRISTA – APTE – USÉ / LIE – STRESSÉE

SET – DILATANTE / PROSE – LI

NI – LAI – RI / NA

TP / ROC – TS – ÉPELÂT / AL

ÉTEL / OSSU – NÉ / NU – ÉTÉS

ARES / MOISÉE – GRÉ – SU / SI – SE / NUE

NI / EU – EUS / SA

GOBASSE – UT – SUR – ANET

EUSSE

SOLUTION PAGE 92

MARS

Vendredi 8

Lever du soleil
07h17

Coucher du soleil
18h46

JOURNÉE DES DROITS DES FEMMES

Saint Jean de Dieu – On fête aussi les Humphrey, Ryan, Pons

« Celui qui ne se contente pas de peu
ne sera jamais content de rien. » *Épicure*

ACTU

Une petite mousse ?

A priori, il y a peu de chance que vous ayez déjà goûté la NewBeer, une nouvelle bière qui fait fureur à Singapour. Et même si vous en aviez l'occasion, il est probable que vous hésiteriez avant d'en siroter un demi. Pourquoi ? Parce que cette bière qui contient du malt d'orge allemand et du houblon américain est composée à 95 % d'eaux usées ! Mise au point par l'agence nationale de l'eau de Singapour et une brasserie artisanale locale, le breuvage est commercialisé dans les bars et restaurants du pays et vendu par pack de trois dans les supermarchés. La brasserie recycle l'eau via la microfiltration et la lumière UV pour se débarrasser des bactéries indésirables et des virus. Une fois cette étape terminée, l'eau est purifiée et désinfectée. Santé !

Déguisées en homme ♂

Nadia Ghulam

Lorsqu'un bombardement détruit le domicile familial de Kaboul, en 1992, Nadia, 8 ans, est vivante mais défigurée. Les hôpitaux de la ville refusant de la soigner, la fillette est prise en charge par une ONG allemande à Jalalabad. Après huit opérations, retour à Kaboul où les Talibans ont pris le pouvoir. Désormais, les femmes ne sont plus autorisées à travailler. Tandis que son père sombre dans la dépression, Nadia, pour faire vivre sa famille, va prendre l'identité de son frère décédé dans le bombardement. Des années durant, elle s'habille, travaille et vit comme un homme. Après avoir étudié le Coran, elle réussit même à devenir assistante dans une mosquée. Nadia retrouvera son identité à la chute des Talibans en 2001. Après avoir repris ses études et passé le baccalauréat, elle obtiendra une bourse pour une université en Espagne, où elle vit aujourd'hui. Publié en 2010, *Cachée sous mon turban* raconte son histoire.

LE FÉMINISME

LE PAPIER HORS DE PRIX

Brèves régions

16

CHARENTE – LES VILLAS DE CHALAIS

Chalais n'est ni une station balnéaire, ni un centre touristique réputé, c'est un petit village charentais de 2 000 habitants situé à mi-chemin entre Angoulême et Libourne. On y découvre pourtant de superbes villas du XIXe siècle qui n'ont rien à envier à celles des côtes atlantique ou normande. Elles ont été construites par des marchands de vins dont la fortune fut consacrée par le chemin de fer. Car la vie des Chalaisiens a radicalement changé ce jour de 1852 où la gare fut ouverte, sur la grande ligne Paris-Bordeaux. Restaurées et toujours habitées, ces villas constituent un magnifique alignement que l'on peut admirer depuis la voie ferrée.

DEVINETTES

Dénotent une grande tristesse,
Ou un transport d'allégresse,
Ce ne sont que des gouttes,
Mais leur flot on redoute.

Que sont-elles ?

Les larmes

Lever du soleil
07h15

Samedi 9

Coucher du soleil
18h48

Sainte Françoise – On fête aussi les Fanny, Alvère, Botolf

« Quand on ne trouve pas son repos en soi-même, il est inutile de le chercher ailleurs. »
François de La Rochefoucauld

Bibliophiles

Jacqueline Jacqueline, Jean-Claude Grumberg (Le Seuil, 2021)

Jean-Claude Grumberg est scénariste (pour Truffaut, Costa-Gavras…). C'est surtout un des grands dramaturges de la scène française. Il est l'auteur notamment de *L'Atelier*. Dans son dernier livre pourtant, il semble avoir abandonné toute prétention littéraire ; c'est qu'il a bien autre chose à faire : exprimer sa colère, son refus de la mort de la femme aimée, Jacqueline, sa compagne de soixante ans ; se dédier à un hymne à l'épouse, à la muse, à un don du ciel qui ne cessait de l'étonner. Le texte se déploie entre geste de révolte et mouvement de gratitude, entre petites impudeurs, souvenirs et, toujours, l'admiration.

Chiens voyageurs

CHIHUAHUA

Il y a plus d'un millénaire, au Mexique, régnaient les Toltèques, peuple qui sera supplanté quelques années plus tard par les Aztèques. Si l'histoire a perpétué le nom des seconds, celui des premiers est tombé dans l'oubli. Pourtant, sans le savoir, nous continuons d'adorer les mêmes animaux que les Toltèques. Des peintures découvertes vers 1850 montrent en effet qu'ils vivaient entourés de chiens de petite taille, les « Techichi ». Domestiqués, sélectionnés, chouchoutés par les humains, ces canidés miniatures sont devenus une race à part entière, le chihuahua, du nom d'une ville située au nord du Mexique. Avec son tout petit museau, ses dents pointues et ses gros yeux globuleux, il fait craquer de nombreuses familles, mais n'oublions pas qu'il s'agit bien d'un chien et non d'un jouet !

LE GOUVERNEMENT PART EN GUERRE CONTRE LA FRAUDE FISCALE.

Ha! Ha! Ha!

CITATIONS HUMORISTIQUES : BLAGUES ET VANNES

« C'est un terrible avantage que de n'avoir rien fait, mais il ne faut pas en abuser. » *Antoine de Rivarol*

« La prochaine fois qu'on se verra, rappelez-moi de ne pas vous parler ! »
Groucho Marx

AHAHAHAHAH ! OH ! OH ! AH ! AH ! AH ! HI ! HI ! HI ! WHA HA ! HA !

LA BONNE BLAGUE

Un jour, alors qu'il lit tranquillement le journal dans son fauteuil, un homme reçoit un grand coup de poêle sur la tête de la part de son épouse.

– Mais, qu'est-ce qui t'arrive ? ! Tu es complètement folle ! hurle le mari.

– Tu me trompes ! J'allais faire une machine à laver et en vérifiant les poches de tes pantalons, j'ai trouvé un morceau de papier avec le nom « Marylou » écrit dessus ! lui répond sa femme en colère.

– Mais pas du tout, ma chérie ! dit l'homme. Tu te souviens quand je suis allé aux courses avec mes amis il y a quinze jours ? Eh bien Marylou, c'est le nom du cheval sur lequel j'ai parié.

Confuse, la femme s'excuse et retourne s'occuper de la machine. Mais, quelques heures plus tard, alors que son mari regarde la télé, elle lui assène un nouveau coup de poêle sur le crâne.

– Mais, mais ! crie son mari.

– Ton cheval vient d'appeler !

Lever du soleil
07h13

Dimanche 10

Coucher du soleil
18h49

Saint Vivien – On fête aussi les Simplice

« On ne ment jamais autant qu'avant les élections, pendant la guerre et après la chasse. »
George Clemenceau

Recette

Poêlée réconfortante

Un plat qui tient chaud au corps et au cœur.

Pour 4 à 6 pers. **15 min de préparation** **45 min de cuisson**

- 500 g de riz blanc
- 400 g de tomates pelées (maison ou en conserve)
- 1 oignon
- 2 courgettes
- 150 g de dés de jambon
- Huile d'olive
- Sel, poivre

Si vous utilisez des tomates fraîches, taillez le dessous en croix et ébouillantez-les 1 min afin de les émonder facilement.
Épluchez et émincez l'oignon. Lavez, éboutez et pelez les courgettes puis coupez-les en petits dés.
Dans une sauteuse, faites chauffer un peu d'huile d'olive et faites revenir l'oignon quelques minutes sur feu moyen-vif. Ajoutez les cubes de courgettes et laissez rissoler 5 min. L'eau doit s'évaporer. Ajoutez alors les tomates pelées et mélangez bien. Les tomates vont s'écraser lentement. Laissez mijoter sur feu doux jusqu'à obtenir une compotée.
Pendant le mijotage, faites cuire le riz 10 min à l'eau bouillante.
Ajoutez le riz cuit dans la sauteuse et mélangez bien.
Incorporez les dés de jambon au dernier moment, juste le temps de les réchauffer.

Monarchies du monde

Cambodge

Norodom Sihanouk avait été couronné roi du Cambodge en 1941. Son règne fut interrompu par le régime communiste de 1960 à 1993, année où il retrouva sa couronne. Après son abdication en 2004, son fils Norodom Sihamoni fut élu par le Conseil du Trône pour lui succéder. Curieux destin pour cet homme très francophile, qui avait été auparavant professeur de danse classique à Paris.

La saga de l'orthographe

En français, certaines lettres servent de signes diacritiques : le e muet (en début de mot, il entraîne deux prononciations : ennemi, ennui), le h muet, qui indique notamment une séparation entre deux voyelles (trahir ne se confond plus avec traire). Les homophones sont écrits différemment pour les distinguer : non, nom ; mais, mets. Des consonnes sont doublées : ll, nn, mm, tt, pp…

➠ *À suivre p. 103*

EURO 2024

PLUS D'UN DEMI-SIÈCLE

En 1968, l'Italie accueille la phase finale de la troisième édition du Championnat d'Europe des nations, organisé alors en deux tours à élimination directe (demi-finales et finale). Après avoir éliminé l'Union soviétique à la pièce (0-0 à l'issue du match, un lancer de pièce est alors effectué), elle prend le dessus sur la Yougoslavie après une finale rejouée, décrochant ainsi son premier titre. En 2021, au terme d'une séance de tirs au but qui voit trois joueurs anglais échouer, l'Italie remporte le deuxième EURO de son histoire. Les 53 années qui séparent ces deux victoires constituent le plus grand écart de l'épreuve entre deux consécrations. Union soviétique et Tchécoslovaquie n'existant plus, la plus longue disette après un titre est désormais propriété des Pays-Bas, sacrés en 1988.

UEFA - UEFA - UEFA - UEFA - UEFA - UEFA - UEFA - UEFA - UEFA

Lever du soleil
07h11

Lundi 11

Coucher du soleil
18h51

Sainte Rosine – On fête aussi les Théodora, Sophrone

« Le mot *progrès* n'aura aucun sens tant qu'il y aura des enfants malheureux. » *Albert Einstein*

Le saviez-vous ?

Il a vendu la tour Eiffel

Dans les années 1920, les journaux rapportent que le gouvernement peine à trouver de l'argent pour rénover la tour Eiffel. Cela donne une idée à Victor Lustig : il se fait passer pour un fonctionnaire et propose à cinq ferrailleurs de racheter l'édifice à l'État français. André Poisson se dit intéressé, mais, pour être sûr de remporter le marché, il doit verser un important pot-de-vin audit fonctionnaire, qui s'enfuit dès qu'il a l'argent en poche. Le ferrailleur, honteux, n'osa jamais porter plainte.

Les rues mythiques du MONDE

Nanjing Road (Shangai, Chine)

Longue de 5,5 km, elle est considérée comme la rue la plus commerçante de Chine. C'est aussi l'une des plus fréquentées du monde. Ici, les restaurants traditionnels et boutiques centenaires spécialisées dans les soieries, le jade, la broderie ou l'horlogerie côtoient les magasins de luxe, grands hôtels et salles de spectacle. Dès la tombée de la nuit, des centaines de néons publicitaires et enseignes lumineuses éclairent cette grande avenue piétonne sur plus de la moitié de sa longueur.

DES nuisibles PAS nuisibles

LE SURMULOT

S'il n'est consommé qu'en période de disette, le rat est mis à toutes les sauces, et le « rat d'égout » est haï et redouté pour bien des raisons, notamment pour avoir été le vecteur de la peste. Mais le « rat des villes » d'aujourd'hui est différent de celui qui transmet cette maladie. C'est un surmulot, petit rongeur de 25 cm de long et pesant 300 g. Il a colonisé tous les égouts urbains et, malgré sa réputation, il a un rôle plutôt positif car il débouche les canalisations et élimine des tonnes de déchets – 95 t par jour à Paris, pour 4 millions de surmulots –, sans bourse délier pour la municipalité !

12

C'est, en centimètres, la longueur des cils de You Jianxia, une Chinoise de 54 ans, ce qui lui confère le titre de recordwoman du monde. Généralement, les cils mesurent moins d'un centimètre, mais ceux de You ressemblent à des cheveux : ils descendent le long de son visage jusqu'à ses lèvres inférieures. Au fil du temps, ses cils n'ont jamais cessé jamais de pousser et ils devraient donc être encore plus longs dans les prochaines années. D'ailleurs, l'un d'eux dépasse déjà les 22 centimètres ! La quinquagénaire a consulté des professionnels de santé pour comprendre le phénomène, mais aucun d'entre eux n'a pu lui fournir d'explication convaincante. You Jianxia suppose qu'il s'agit d'un cadeau offert par Bouddha. Elle a donc décidé d'en faire une force en devenant une championne des « beautés différentes », à l'instar de sa compatriote Xie Qiuping, la femme aux cheveux les plus longs (5,62 mètres) ou de l'Américaine Lee Redmond, celle aux ongles les plus longs (8,65 mètres). Avant elle, le record des cils les plus longs était détenu par Stuart Miller, un homme dont les cils mesuraient seulement *6,6 centimètres de long.*

Lever du soleil
07h09

Mardi 12

Coucher du soleil
18h52

Sainte Justine – On fête aussi les Maximilien, Finette, Pol

« Toute la variété, tout le charme, toute la beauté de la vie ne sont qu'un mélange de lumière et d'ombre. »
Léon Tolstoï

CHARADE de position

Je suis un mot de dix lettres :

Avec mes troisième, quatrième, cinquième et neuvième lettres, je suis un bond ;

Sans mes première, deuxième, troisième, quatrième, cinquième, sixième, septième et neuvième lettres, je suis une ancienne commune française qui se trouve aux pieds des coteaux de vins de Champagne ;

Avec mes première, deuxième, troisième et cinquième lettres, j'ai de gros os ;

Avec mes première, cinquième, sixième et septième lettres, je suis un synonyme d'entendre ;

Avec toutes mes lettres je suis un fromage français de lait de brebis fabriqué dans le Pays basque français et le Béarn.

OSSAU-IRATY – SAUT, AŸ, OSSU, OUÏR

PAROLES Les mots des flics et des voyous PAROLES

Bijoutier du clair de lune

Cambrioleur qui travaille la nuit. Cette allusion « poétique » à l'activité nocturne des truands qui dérobent des objets précis date du XIXe siècle. Elle aurait été inventée pour désigner une bande de malfrats qui cambriolaient les maisons et n'y dérobaient que les bijoux. Pour plus de facilité, ils ne travaillaient qu'à la faveur de nuits claires ou de pleine lune. Un roman mettant en scène des brigands et des gendarmes sous le Second Empire et son adaptation cinématographique en 1957 avec Brigitte Bardot ont popularisé l'expression.

OENOTOURISME

La route des Châteaux, en Bordelais

Le Bordelais est le territoire viticole le plus célèbre du monde et il est sillonné par cinq grandes routes, dont la route des Châteaux. Ce circuit s'étire au nord de Bordeaux, à travers la région du Médoc et jusqu'à la pointe de Grave. Sur 80 km, sont cultivés les grands crus. Sur ces terres prolifiques, on parle de « châteaux » pour désigner les domaines viticoles – et la région, selon l'adage, en compte mille et un. En longeant la Garonne, on découvre des coteaux boisés, ponctués de propriétés réputées, qui réunissent huit appellations : Pauillac, Médoc, Haut-médoc, Saint-estèphe, Saint-julien, Margaux, Moulis et Listrac. Le Médoc, terre du milieu entre estuaire de la Gironde et océan Atlantique, regorge également de villages charmants, dont le patrimoine architectural et culturel reste vivace.

GRIPPE AVIAIRE : ON ABAT LES CANARDS.

Présentatrices mythiques de TV

Anne Sinclair

Née à New York en 1948, dans une famille d'industriels, cette journaliste politique doit sa grande notoriété à l'émission *7 sur 7*, diffusée sur TF1 de 1984 à 1997. Magazine de débat politique, ce programme et sa présentatrice sont récompensés au fil des années par plusieurs Sept d'or. En parallèle, Anne Sinclair est nommée directrice adjointe de l'information à TF1, puis directrice générale. En 1997, son mari, Dominique Strauss-Kahn, entre au gouvernement ; elle décide alors de se mettre en retrait de la sphère politique pendant quatre ans afin d'éviter un conflit d'intérêts, créant ainsi « la jurisprudence Anne Sinclair ». Après 2001, elle reprend son travail de journaliste politique pour différents médias comme France 3, France Inter et *Paris Match*. De 2012 à 2019, Sinclair assume la fonction de directrice éditoriale du HuffPost. Parallèlement, elle publie deux ouvrages historiques et est nommée chevalier de l'ordre national de la Légion d'honneur en 2015.

Lever du soleil
07h07

Mercredi 13

Coucher du soleil
18h54

Saint Rodrigue – On fête aussi les Rodéric, Ruya

« La beauté n'est pas dans les couleurs, mais dans leur harmonie. » *Marcel Proust*

C'est qui celui-là ?

En voiture Simone !

Simone des Forest est l'une des premières Françaises à avoir obtenu son permis de conduire. Elle le passa en 1929, avant de commencer une carrière de pilote automobile, ce qui était exceptionnel pour une femme à l'époque. On ne sait pas qui fut le premier à lui rendre hommage avec l'expression qui disait à l'origine : « En voiture Simone, c'est toi qui conduis, c'est moi qui klaxonne ! »

Cocktails

Gingembre (sans alcool)

Pour 1 grand verre – 5 min de préparation
10 min de macération

- *50 g de gingembre frais*
- *Eau de source plate ou gazeuse*
- *1 à 2 citrons (le jus)*
- *Sucre roux, à volonté*

Broyez le gingembre au pilon, versez de l'eau à volonté (plus il y aura d'eau, plus le goût de gingembre sera adouci) et laissez macérer 10 min.

Filtrez, versez le jus de citron et le sucre.

Servez bien frais.

Les plus beaux bateaux de l'histoire

LE *VASA*

L'histoire du *Vasa* est celle d'un naufrage en un temps record, le jour de son voyage inaugural, le 10 août 1628, dans le port de Stockholm.

L'ambitieux roi Gustave II Adolphe, pressé de se doter d'une flotte digne de ce nom, commande ce navire de guerre en 1625. Ce trois-mâts de 69 mètres de long a une sacrée allure : des couleurs vives (rouge, doré, bleu), dix voiles, soixante-quatre canons répartis sur deux ponts, et sept cents sculptures taillées dans le bois. Il est si imposant qu'il a fallu mille chênes pour le construire. De quoi montrer la puissance du monarque scandinave.

Seulement voilà, un quart d'heure à peine après être parti dans la liesse populaire, le galion coule. Trop haut, trop lourd, pas assez large, le navire était complètement instable. Mais ce qui aurait pu rester une honte nationale est tout de même devenu une fierté. En 1950, un archéologue localise l'épave. Après 333 années d'immersion, il est sorti des flots dans un état de conservation prodigieux. Un musée lui est aujourd'hui consacré et permet à des milliers de visiteurs chaque année de découvrir ce géant des mers.

ACTU

J'irai au bout de mes rêves

Il n'est jamais trop tard pour réaliser ses rêves, telle pourrait être la morale de cette histoire qui nous vient d'Italie. Né en 1923 à Palerme, en Sicile, Giuseppe Paterno a grandi dans une famille pauvre. Malgré sa propension aux études, il a dû travailler dès son plus jeune âge. C'est ainsi qu'a commencé sa carrière, d'abord comme garçon de courses, puis comme employé des chemins de fer italiens. À l'âge de 30 ans, Giuseppe devient géomètre et obtient un diplôme dans un institut technique de Palerme. En 1984, il prend sa retraite et, dès lors, il se jette à corps perdu dans la lecture. Il y a quelques années, il a décidé de reprendre ses études, un rêve qu'il avait depuis son enfance. Il a obtenu une licence en histoire et en philosophie à l'âge de 97 ans, devenant ainsi le plus vieil étudiant diplômé d'Italie. Mais Giuseppe ne s'est pas arrêté là et a obtenu un master en histoire et en philosophie à l'âge de 99 ans, battant ainsi son propre record. Modèle de détermination et de persévérance, le Sicilien n'est pas qu'un étudiant modèle puisqu'en parallèle de son cursus, il a achevé pendant l'été 2022 l'écriture d'un livre consacré au pape Grégoire le Grand. Et le centenaire ne semble avoir aucune limite puisqu'il vient de s'attaquer à l'écriture d'un roman sur le Palerme des années 1920 !

Lever du soleil
07h05

Jeudi 14

Coucher du soleil
18h55

Sainte Mathilde – On fête aussi les Mahaut, Maud, Matilda

« Le temps guérit les douleurs et les querelles, parce qu'on change : on n'est plus la même personne. Ni l'offensant ni l'offensé ne sont plus eux-mêmes. » *Blaise Pascal*

Gangs – LES CRIPS ET LES BLOODS

Los Angeles, ce n'est pas que le cinéma et ses beaux quartiers. Depuis cinq décennies, deux gangs rivaux s'y livrent une guerre sans pitié : les Crips et les Bloods. Créés en 1969 par deux lycéens de South Central, les premiers installent peu à peu leur domination sur les autres bandes du secteur. Reconnaissables à leur bandana bleu, ses membres pratiquent principalement le racket, le vol de voiture et le proxénétisme. C'est pour contrecarrer leur influence qu'en 1972, des bandes autonomes décident de s'unir. Les Bloods sont nés. Par opposition aux Crips, le rouge devient leur couleur distinctive. À partir de la décennie 1980, la lutte pour le contrôle du marché de la cocaïne et du crack alimente une rivalité sanglante entre les deux gangs qui créent des « filiales » dans tout le pays. Selon les autorités, on compte aujourd'hui plus de 35 000 Crips et 10 000 Bloods. Ce n'est pas leur nombre qui les fait connaître de par le monde, mais certains rappeurs éminents issus de leurs rangs : Snoop Dogg, Coolio ou Ice-T pour les Crips ; Will.i.am, Lil Wayne ou 2Pac pour les Bloods.

NOS ANCÊTRES

TOUMAÏ, LE PLUS ANCIEN

Découvert au Tchad en 2001, Toumaï a défini une nouvelle espèce : *Sahelanthropus tchadensis*. Âgé de près de 7 millions d'années, ce primate d'un mètre et pesant 35 kg est considéré comme notre plus vieil ancêtre. Bipède, il possédait encore la capacité à grimper aux arbres. Sa découverte a remis en question la théorie faisant de l'Afrique de l'Est le berceau de l'humanité.

ÉNIGMES

M@ths en-vie

J'ai entre 50 et 70 vis. Si je fais des paquets de 2 ou de 3 ou de 4 ou de 5 ou de 6, il m'en restera toujours 1.

Combien ai-je de vis ?

Réponse : J'ai 61 vis. En effet, le nombre moins 1 doit être divisible par 2, 3, 4, 5 ou 6. Entre 50 et 70, seul 60 répond à ce critère, CQFD !

PARIS VA CACHER SES MIGRANTS ET SDF POUR LES JO.

SOLUTION MOTS FLÉCHÉS P. 85

	O		F		A		S		A		S	
E	M	I	R	A	T		I	N	T	A	C	T
	E	D	E	N	T	E	R		T	R	O	U
I	T	E	M		I	L	O	T	I	E	R	S
	T	A	I	E	S		T	I	R		E	
C	A	L		V	E	T	E	R	A	N		E
	I	E	N	A				E		O	I	L
D	E	S	E	N	E	R	V	E	R		R	U
	N		A	G	R	E	S	S	E	R	A	S
E	T		N	E	R	I			E	U	S	
		A	T	L	A	N	T	I	D	E		T
E	S	T		I	N		A	L	I		I	R
	P	T		S	T		P	E	T	A	L	E
C	O	R		T	E	L	E		E	N		S
	R	A	S	E		A		U	S		E	S
M	E	I	O	S	E		I	N		U	S	E
		T	U		R	U	S		A	N	T	E
B	O	S	S	A	G	E		U	S	E	E	S

18 Brèves régions

CHER – LA VILLA MONIN

Longtemps destinés aux professionnels mais aujourd'hui accessibles au grand public, les sirops Monin font partie du haut de gamme pour aromatiser nos boissons, depuis quatre générations. Parce que le siège de la société est à Bourges, la marque a ouvert sa « villa » au centre-ville de la préfecture du Cher, en face de la cathédrale. Dans ce lieu conçu comme une maison avec plusieurs pièces et univers, les sirops se dégustent sous différentes formes car ils ne se consomment pas forcément avec de l'eau ou de la limonade. Des barmen spécialisés y concoctent des recettes de boissons chaudes et froides, des cocktails et plein d'autres douceurs encore.

Lever du soleil
07h03

Vendredi 15

Coucher du soleil
18h57

Sainte Louise – On fête aussi les Lucrèce, Clément-Marie

« La connaissance des mots conduit à la connaissance de choses. » *Platon*

Apéro

Anchoïade

Variante de la pissaladière et de la tapenade, l'anchoïade est une spécialité de la cuisine provençale, particulièrement appréciée en apéritif. C'est le chef provençal Jean-Baptiste Reboul qui invente cette préparation à base de pâte d'anchois, de câpres, d'huile d'olive et d'ail, en 1889, dans son ouvrage *La Cuisinière provençale*. Souvent utilisée pour accompagner les crudités en apéritif, l'anchoïade se déguste aussi en « fondue occitane ».

GRANDS SPORTIFS DES JO

RECORD FRANÇAIS

Sept fois vainqueur du classement général de la Coupe du monde, treize fois champion du monde de biathlon, Martin Fourcade a participé à trois olympiades. Médaillé d'argent en 2010, il décroche deux médailles d'or et une médaille d'argent en 2014 avant d'en ajouter trois autres en or quatre ans plus tard, portant son total à sept. Il est l'un des Français les plus médaillés de l'ère moderne, étant devancé d'une unité par deux escrimeurs de la première moitié du XXe siècle, Roger Ducret et Philippe Cattiau.

CITIUS - ALTIUS - FORTIUS

La dictée du mois

Une nouvelle destination touristique

En 1860, devant les afiches des chemins de fer qui vous mènent de Paris à Copenhague en trentes-six heures, il faut faire comme la vapeur et rayer d'un trait de plume ces distances qui n'en sont plus. Bientôt même la vieille terre des Goths et des Normands aura achevée son réseau de voix ferrées : les sollitudes scandinaves, à peine troublées par le « shooting » et le « fishing » britaniques, verront aux vacances s'abattre par légions les touristes du continent et il ne sera plus permis d'écrire sur le Nord d'autre livre que le Guide du voyageur. *Pour ceux qui aiment à trouvé de l'imprévu, à découvrir des sites ignorés, il faut se hâter : les vieilles idées qui assignaient pour patrie aux ours la banlieu de Copenhague s'en vont peu à peu et le canal de Gotha menace de devenir aussi banal que le Rhin ou la Loire.*

3/10

Paul Riant, Le Tour du monde, *Volume 2, 1860.*

affiches, trente-six, achevé, voies, solitudes, britanniques, trouver, banlieue

ÉDUCATION : LE NIVEAU A-T-IL VRAIMENT EMPIRÉ ?

Heureux Mariages

EUGÈNE DEHORS voulait bâtir un foyer, avec plein de petits Dehors dedans. De son côté, **AUGUSTINE MALASSIS** rêvait d'aménager sa maison avec des fauteuils confortables. C'est ainsi qu'ils s'unirent le 22 janvier 1877 à Bouafles (Eure). Mais le mariage se passa mal et ils divorcèrent vingt-cinq ans plus tard. C'est ainsi que, depuis son canapé, Augustine Malassis mit Dehors dehors.

Lever du soleil
07h01

Samedi 16

Coucher du soleil
18h58

Sainte Bénédicte – On fête aussi les Eusébie, Héribert

« Toute grande passion débouche sur l'infini. » *Michel Houellebecq*

Humour du monde

ha ha, hi hi, ho ho
FRANÇAIS
huhuhuh, hahaha, kukuku
JAPONAIS
ax ax ax
RUSSE
cha cha
LITUANIEN
jajaja
ESPAGNOL

Isaac, 85 ans, a toujours vécu en juif de la tradition et n'a jamais manqué une prière. Au soir de sa vie, il passe devant une boucherie dans laquelle il voit du lapin, du jambon, des abats... des choses qu'il n'a jamais goûtées. Au moment où il pousse la porte, un formidable coup de tonnerre retentit. Il referme vite la porte et s'adresse au ciel :

– Alors, même se renseigner, c'est interdit ?

Rébus Fable de La Fontaine

GRENOUILLE

GRENOUILLE ◂

GRENOUILLE

BŒUF

La Grenouille qui se veut faire aussi grosse que le bœuf

LES PRÉCURSEURS DE L'ÉCOLOGIE

ALDO LEOPOLD

Forestier américain, Aldo Leopold (1887-1948) est l'un des précurseurs de la politique de conservation des espaces naturels aux États-Unis – la forêt de Gila (Nouveau-Mexique) devient en 1924 le premier espace naturel officiel géré par le gouvernement américain grâce à lui. Il dénonce la propriété des terres, avançant que la privatisation de la nature est contradictoire avec une vie en harmonie avec l'environnement. Avec son *Almanach d'un comté des sables* (1949), il a contribué à populariser l'écologie.

— ON VA FAIRE DES ÉCONOMIES D'ÉLECTRICITÉ... JE RETIRE TOUTES LES AMPOULES !

ÇA, C'EST FAIT DIVERS

L'Américaine Amanda Ramirez a décidé de traîner en justice le géant de l'agro-alimentaire Kraft Heinz. L'objet de sa plainte ? L'entreprise qui commercialise les Velveeta Shells & Cheese, ses macaronis préférés, ne respecte pas la mention « prêtes en 3 minutes 30 » inscrite sur les paquets. Amanda a vérifié, montre en main, une quinzaine de fois. Il est impossible de cuire ces pâtes en seulement 210 secondes. La marque induit ses clients en erreur. Entourée d'une bordée d'avocats, la jeune femme installée en Floride a décidé d'assigner l'entreprise devant les tribunaux pour tromperie et publicité mensongère. Frustrés eux aussi par ces macaronis au temps de cuisson trop long, d'autres consommateurs l'ont rejointe pour une action collective. Désormais une trentaine de plaignants réclament 5 millions de dollars (environ 4,85 millions d'euros) de dommages et intérêts à Kraft Heinz. Pour motiver leur requête, les plaignants ont listé leurs griefs sur une quinzaine de pages. Ils estiment notamment qu'en sous-estimant volontairement le temps de cuisson, la marque peut vendre davantage ses macaronis que la concurrence alors qu'ils sont plus chers. La procédure n'en est qu'à ses débuts...

Lever du soleil
06h59

Dimanche 17

Coucher du soleil
19h00

Saint Patrice – On fête aussi les Patrick, Pascalin

« Peut-être la suprême vertu, en notre siècle, serait-elle de regarder en face l'inhumanité sans perdre la foi dans les hommes. » *Raymond Aron*

Le saviez-vous ?

Il est mort trop tôt pour y être enterré

François d'Aix de La Chaize (1624-1709), plus connu sous le nom de père de La Chaize, confesseur du roi Soleil de 1675 à 1709, se retirait souvent dans la maison de campagne que possédaient les jésuites à côté du Paris d'alors. En 1762, les jésuites, en proie à des difficultés financières, vendent la propriété qui finit par revenir à la préfecture de la Seine. Le cimetière fut inauguré en 1804 et on le baptisa Père-Lachaise en hommage au célèbre confesseur. Mais lui n'y réside pas !

Groupes des 60s

The Velvet Underground

Créé par Lou Reed en 1964, avec Sterling Morrison, John Cale, Moe Tucker et Doug Yule, le groupe est repéré par Andy Warhol, qui l'invite à se produire dans son atelier – centre de toutes les attentions new-yorkaises. The Velvet sortira 5 albums, entre 1967 et 1973, avant de se séparer. Le premier, *The Velvet Underground and Nico*, compte certains des morceaux les plus célèbres, « Venus in furs » ou « I'm Waiting for the man ». Le second, *White Light/White Heat*, est considéré comme précurseur du mouvement punk. Durant sa courte existence, le groupe n'aura pas un très grand succès ; sa popularité augmentera en revanche dans les décennies suivantes.

CHARADE classique

Mon premier est un employé chargé des écritures,

Mon deuxième protège du froid,

Mon troisième est un pétrin,

Mon quatrième est matière à pot,

Mon tout est un policier de fiction français, fumeur de pipe invétéré et amateur de bonne chère.

COMMISSAIRE MAIGRET (COMMIS – SERRE – MAIE – GRÈS)

HAUSSE DES PRIX DES FOURNITURES SCOLAIRES.

ÉNIGMES M@ths en-vie

Mme Couture range sa collection de 469 boutons dans trois boîtes. Dans la troisième boîte, il y a le quadruple de boutons de la deuxième. Il y a moitié moins de boutons dans la deuxième boîte que dans la première.

Combien de boutons contient chaque boîte ?

Réponse : la première boîte contient 134 boutons, la deuxième, 67, et la troisième, 268.
En effet, si on appelle A, B et C le nombre de boutons de la première boîte, deuxième boîte et troisième boîte, on a : A + B + C = 469, C = 4xB et 2xB = A.
On remplace alors la valeur de A et de C dans la première équation, ce qui donne : (2xB) + B + (4xB) = 469, soit 7xB = 469. Donc, dans la deuxième boîte, il y a 67 boutons. Si on remplace B par 67 dans les deux autres équations, on trouve la valeur de A et de C. CQFD !

Lever du soleil
06h57

Lundi 18

Coucher du soleil
19h01

Saint Cyrille – On fête aussi les Salvatore, Léobard

« Les hommes sont ce qu'est leur époque. » *William Shakespeare*

Ça ne rime à rien…

Chanvre

Si les adeptes de vers de mirlitons font rimer « chanvre » avec « antichambre », « gingembre » ou même « gendre », ils ne se fatiguent pas beaucoup, mais ces rimes pauvres sont imposées par le fait que « chanvre » constitue un cas unique. Venu du grec *kannabis*, il a tellement été trituré par la langue en passant ensuite du latin au français qu'aucun autre mot ne rime avec lui.

ASTUCES 2 FAINÉANT

Fainéantise versus créativité

Que deviennent les emballages traditionnels de cadeau dès que ceux-ci sont offerts ? Ils sont déchirés, froissés et jetés en quelques secondes. De quoi faire rager celui ou celle qui a passé des heures à découper une feuille de papier à la bonne taille, marquer les angles, découper des morceaux d'adhésif tout petits pour qu'ils soient discrets… Alors, voici une astuce qui vous libérera de la corvée de l'emballage et permettra, en plus, d'exprimer votre créativité : à l'aide de crayons, de feutres ou même de peinture, décorez directement la boîte du cadeau avec des motifs personnels et même des messages. Non seulement vous n'aurez pas perdu votre temps, mais il y a fort à parier que la boîte elle-même sera conservée par le destinataire au même titre que le cadeau !

CÉTACÉS

LA BALEINE À BOSSE

Elle n'a pas de bosse, mais arrondit le dos avant de plonger, ce qui lui vaut ce drôle de nom. Elle est massive, avec 14 m de long pour 30 tonnes, mais elle effectue des sauts spectaculaires hors de l'eau, jusqu'à une hauteur de 5 m ! Jadis beaucoup chassée, elle n'est plus considérée comme menacée. C'est l'une des meilleures baleines chanteuses, avec des notes prolongées et graves, pendant la période d'accouplement. Ses chants lancinants sont complexes et composés de « phrases musicales » longuement répétées.

C'est sa ville !

THOREY-LYAUTEY

C'est par un décret du 18 mars 1936 que la commune de Thorey devint Thorey-Lyautey. Cette petite cité de Meurthe-et-Moselle honorait ainsi Hubert Lyautey, mort à peine deux ans plus tôt. Le maréchal de France était issu, par sa mère, de la noblesse française et les études généalogiques montrent même qu'il descendait de Saint-Louis. C'est Mademoiselle de Villemotte, sa tante maternelle, qui possédait le château de Thorey où Lyautey se retira pour finir ses jours à 79 ans, après une vie bien remplie. Premier résident général du protectorat français au Maroc en 1912, ministre de la Guerre lors de la Première Guerre mondiale, il avait été fait maréchal de France en 1921, avant de devenir académicien.

Lever du soleil
06h55

Mardi 19

Coucher du soleil
19h03

Saint Joseph – On fête aussi les Joséphine, Quartille, Landoald

« L'aspect le plus triste de notre vie aujourd'hui est que la science acquière les connaissances plus vite que la société n'acquière la sagesse. » *Isaac Asimov*

LE CYCLISME AUX JO
UNE SPÉCIALITÉ FRANÇAISE

Depuis son apparition en 1896, le cyclisme olympique a décerné 600 médailles. Chez les hommes, en englobant cyclisme sur route et sur piste, la France domine les classements. 34 athlètes tricolores ont décroché l'or (contre 30 pour l'Italie et 27 pour la Grande-Bretagne). Ils sont également 80 Français à avoir ramené une médaille lors des Jeux, un de plus que les Britanniques. Chez les femmes, les Pays-Bas et la Grande-Bretagne pointent en tête avec 11 médailles d'or, la France est troisième (7 médailles d'or).

Ha! Ha! Ha!

CITATIONS HUMORISTIQUES : BLAGUES ET VANNES

« Pour ceux qui vont chercher midi à 14 heures, la minute de vérité risque de se faire longtemps attendre. » *Pierre Dac*

SUDOKU

6								4
	8	5	4				3	
	1	4	3		2			
				6				2
	2						8	
7				9				
			8		4	2	7	
	6				7	4	1	
3								9

Solution page 98

CALEMBOURS ou RÉPARTIES cultes du cinéma

Dans quel film ?

« La vie, c'est comme une boîte de chocolats, on ne sait jamais sur quoi on va tomber. »

Réponse : Forrest Gump, de Robert Zemeckis.

19

Brèves régions

CORRÈZE – UNE RÉSERVE DE BIODIVERSITÉ

Sur le site des anciennes gravières d'Argentat-sur-Dordogne, le département de la Corrèze porte un projet de reconquête de la biodiversité. Désormais classée en Espace Naturel Sensible, cette Réserve départementale de Biodiversité offre, sur 40 hectares, un milieu naturel exceptionnel, riche d'une faune et d'une flore qu'il est essentiel de préserver. Une reconversion réussie pour la friche industrielle qui accueille aujourd'hui les visiteurs avec un cheminement et des points d'observation, des panneaux d'interprétation, des bornes audio et une application numérique gratuite pour découvrir cet espace, sa faune, sa flore et son histoire.

Lever du soleil
06h52

Mercredi 20

Coucher du soleil
19h04

PRINTEMPS

Saint Herbert – On fête aussi les Alexandra, Cuthbert, Wulfran

« Nous croyons que les contes et les jeux appartiennent à l'enfance, myopes que nous sommes ! Comment pourrions-nous vivre, à n'importe quel âge de la vie, sans contes et sans jeux ! » *Friedrich Nietzsche*

Les Bons Bonbons de nos régions

Les Caramels d'Isigny

L'origine des « caramels tendres », les plus connus des caramels d'Isigny, vient de l'idée ingénieuse d'Ernest Fleutot, employé de la station d'écrémage de la laiterie Dupont à Isigny-sur-Mer. Fin gourmet, il propose à Pierre et Jean Dupont, propriétaires de la laiterie, d'utiliser le lait en excédent pour en faire du caramel. Petit à petit, le caramel prend la place du lait et la laiterie se transforme en confiserie. Près d'un siècle plus tard, Dupont d'Isigny demeure le fabricant légendaire de cette gourmandise, emblématique du terroir normand.

Solution Sudoku p. 97

6	7	3	5	8	9	1	2	4
2	8	5	4	1	6	9	3	7
9	1	4	3	7	2	5	6	8
4	3	8	1	6	5	7	9	2
1	2	9	7	4	3	6	8	5
7	5	6	2	9	8	3	4	1
5	9	1	8	3	4	2	7	6
8	6	2	9	5	7	4	1	3
3	4	7	6	2	1	8	5	9

125

C'est le nombre d'années depuis lesquelles l'Eden Théâtre, un cinéma de La Ciotat (Bouches-du-Rhône), projette des films. Ce qui en fait officiellement la plus ancienne salle de cinéma en activité dans le monde. Inaugurée comme théâtre en 1889, la même année que la tour Eiffel, la salle accueille en 1895 des projections de Louis Lumière qui tourne justement ses premiers films à La Ciotat. La date du 21 mars 1899 est reconnue pour être celle de la première séance payante de cinéma à l'Eden Théâtre. Deux cent cinquante spectateurs sont présents. Le premier film parlant, La route est belle, *y est diffusé le 31 août 1931. Éventrée par une explosion à la fin de la Seconde Guerre mondiale et abandonnée pendant un temps au cours des années 1980, la salle a fini par être inscrite aux monuments historiques. Entièrement rénové en respectant sa structure de 1889, l'Eden Théâtre accueille trois festivals annuels : le Festival du premier film francophone de La Ciotat, le Festival de films scientifiques et environnementaux Lumexplore, et le Best-of Shorts consacré aux courts-métrages.*

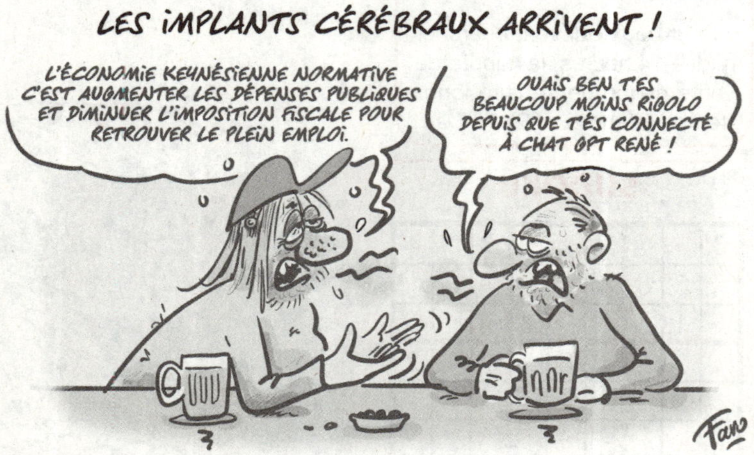

Chevaliers de l'Histoire

Hugues II de Payns

Cofondateur et premier grand maître de l'ordre du Temple, le chevalier est une figure clé de l'histoire des croisades. En 1114, Hugues de Payns quitte sa seigneurie champenoise pour s'établir à Jérusalem, où il met son épée au service des chanoines du Saint-Sépulcre, gardiens du tombeau du Christ. Avec Godefroy de Saint-Omer, Hugues de Payns fonde une compagnie de chevaliers pour protéger les pèlerins qui affluent dans la Ville sainte. Le quartier général de leur milice est installé sur le site de l'ancien temple de Salomon, d'où le futur nom de chevaliers du Temple ou Templiers. Pour faire connaître l'Ordre, recruter de nouveaux membres et surtout obtenir le soutien du pape, de Payns et cinq chevaliers entreprennent une longue chevauchée sur les routes de France et d'Angleterre. En 1129, les Templiers sont officiellement reconnus par l'Église catholique. Leur fondateur peut regagner la Terre sainte où il meurt six ans plus tard. « Ses » moines-soldats vont progressivement devenir une force militaire et économique majeure dans toute l'Europe. Mais considérant qu'il représente une menace pour le pouvoir royal, l'Ordre sera anéanti par Philippe IV « le Bel » en 1307.

Lever du soleil
06h50

Jeudi 21

Coucher du soleil
19h06

Sainte Clémence – On fête aussi les Endée, Sérapion

« La société de masse ne veut pas la culture mais les loisirs. » *Hannah Arendt*

BÉLIER Vermot'roscope

21 mars – 20 avril

Votre caractère

Dynamique, entreprenant, volontaire, passionné, entier, impulsif, créatif, combatif, rapide, curieux, franc, direct, héroïque, conquérant, séducteur, infatigable.

Les événements célestes de 2024

Le **nœud lunaire nord** passe dans votre signe toute l'année. Un symbole de prise de conscience et d'une belle possibilité de travail sur vous. Grâce à ce point céleste, vous pourriez sortir de 2024 avec une meilleure connaissance de vous-même.

De mi-mars à mi-mai, de mi-août à début septembre et de début novembre à début janvier, **Mercure rétrograde** vous confère vivacité d'esprit, adaptabilité et inventivité.

Durant le second semestre, **Jupiter** vous apporte optimisme, volonté et énergie. Toutes les conditions sont réunies pour multiplier les activités, sortir, bouger et faire de nouvelles rencontres.

PLEINS FEUX SUR 2024, DOMAINE PAR DOMAINE

Vie relationnelle : Dès les débuts de l'année, votre vie amicale ou sociale est en pleine évolution. Des amis vous « quittent » et de nouveaux viennent à vous. De juin à décembre, vous êtes très sollicité et votre cercle amical s'enrichit considérablement. Vos échanges avec les autres vous apportent joie et satisfaction.

Amour : ***En couple*** : vous aspirez à plus de simplicité dans vos échanges et dans votre quotidien. Vous faites de nombreux efforts pour mieux vous comprendre. Dès le printemps, vous trouvez auprès de votre moitié un rythme qui vous convient.

Célibataire : cette année, vous mettez l'accent sur l'amitié. Ainsi privilégiez-vous vos relations amicales à votre vie amoureuse, qui passe au second plan. De juin à décembre, votre vie sociale vous apporte énormément et les autres contribuent à votre épanouissement.

Famille : L'ambiance est chaleureuse et détendue. Vous communiquez facilement avec vos proches et vous vous comprenez facilement. C'est une période douce et légère qui se profile. De jolis moments de partage sont à prévoir.

Quotidien et vitalité : Bien dans votre tête, vous rayonnez. Du printemps à l'été, vous êtes en pleine forme et cela vous permet de multiplier les occupations et les loisirs. L'ennui n'est pas au rendez-vous et vous saisissez chaque occasion d'explorer de nouvelles activités ou de nouveaux hobbies.

Budget : La première partie de 2024 vous permet de consolider votre situation. Vos revenus s'améliorent et vous vivez mieux. De juin à décembre, vous vous faites plaisir et vous êtes un peu moins regardant quant à vos dépenses. Vous terminez l'année optimiste et tranquille.

Alea jacta est — Citations latines

Carpe diem

Ces deux mots latins sont extraits du dernier vers d'un poème paru dans le premier livre de ses *Odes* qu'Horace, poète latin du Ier siècle av. J.-C., adresse à une femme, Leuconoé : « *Carpe diem, quam minimum credula postero* ». Leconte de Lisle le traduit ainsi : « Cueille le jour, et ne crois pas au lendemain ». Par ce conseil, l'épicurien n'entendait nullement recommander à Leuconoé de vivre sa vie selon ses propres envies sans se soucier des autres, mais bien de saisir chaque instant vécu, sans se soucier de l'avenir.

Bibliophiles

La Leçon d'allemand, Siegfried Lenz (Robert Laffont, 1971)

Les tons de gris dominent : maison de redressement isolée sur une île, mer du Nord, plages de sable et digues raturées par le vent. Siggi a été puni pour avoir rendu copie blanche à une rédaction sur les « joies du devoir »… Or il a beaucoup à dire. C'est la guerre, nous sommes en Allemagne. Il lui faut l'espace du livre pour raconter comment son père, policier, surveilla un artiste interdit de peindre par le régime nazi. L'évocation d'Emil Nolde et de ses tableaux fait alors éclater les couleurs les plus vives. Avec ce roman publié en 1968, Lenz devint un des grands éveilleurs de la conscience allemande.

Lever du soleil
06h48

Vendredi 22

Coucher du soleil
19h07

Sainte Léa – On fête aussi les Epaphrodite, Darerca

« L'humour renforce notre instinct de survie et sauvegarde notre santé d'esprit. » *Charlie Chaplin*

Monarchies du monde

Danemark

Cousine du roi Harald V de Norvège, la reine Margrethe II du Danemark a épousé le Français Henri de Laborde de Monpezat. Curieusement, la famille de celui-ci est originaire du Béarn, comme celle de Bernadotte dont les descendants règnent sur la Suède. N'oubliant pas leurs origines hexagonales, Frédéric et Joachim, les princes héritiers du Danemark, sont aussi comtes de Monpezat.

Ha! Ha! Ha!

CITATIONS HUMORISTIQUES : BLAGUES ET VANNES

« Ce n'est rien de dire que les Anglais aiment les animaux, ils les aiment tellement qu'au lieu, comme nous, de les faire brutalement rôtir, ils les cuisent tout doucement dans de l'eau tiède avec de la sauce à la menthe. » *Philippe Meyer*

« J'ai commencé à rire de mes emmerdements le jour où j'ai réalisé que j'étais le seul dans mon entourage à ne pas en rire. » *Claude Chabrol*

« Il n'y a que les imbéciles qui rêvent de se transformer en quelqu'un d'autre qu'eux-mêmes. » *Olivier de Kersausaon*

CALEMBOURS ou RÉPARTIES cultes du cinéma

Dans quel film ?

« Si tu bois froid juste après le potage chaud, ça va faire sauter l'émail de tes dents, Emmanuelle. »

Réponse : La vie est un long fleuve tranquille, *d'Étienne Chatiliez.*

PROBLÈMES + – / de maths du certificat d'études

Le tableau suivant donne la quantité de nourriture pour les porcs pendant leur phase d'engraissement :

Poids du porc en kg	kg d'aliments par jour
≤ 40	1,5
> 40, ≤ 60	2
> 60, ≤ 70	2,5
> 70, ≤ 90	3
> 90, ≤ 110	3,5

Sachant qu'un jeune porc pèse 30 kg au début de sa phase d'engraissement et qu'il grossit de 600 grammes par jour, calculez sa consommation totale d'aliments et sa consommation journalière moyenne, jusqu'à ce qu'il atteigne 100 kg.

Solution : ((40 – 30) / 0,6) = 16,67 jours ; 16,67 x 1,5 = 25 kg
((60 – 40) / 0,6) = 33,33 ; 33,33 x 2 = 66,7 kg
((70 – 60) / 0,6) = 16,67 ; 16,67 x 2,5 = 41,7 kg
((90 – 70) / 0,6) = 33,33 ; 33,33 x 3 = 100 kg
((100 – 90) / 0,6) = 16,67 ; 16,67 x 3,5 = 58,3 kg
Consommation totale : 25 + 66,7 + 41,7 + 100 + 58,3 = 291,7 kg
Consommation moyenne : 291,7 / (16,67 + 33,33 + 16,67 + 33,33 + 16,67) = 291,7 / 116,67 = 2,5 kg

Lever du soleil
06h46

Samedi 23

Coucher du soleil
19h09

Saint Victorien – On fête aussi les Rebecca, Justog

« Le but du monde est le développement de l'esprit, et la première condition du développement de l'esprit, c'est sa liberté. » *Ernest Renan*

Cocktails

Sangria

Pour 10 personnes – 15 min de préparation Quelques heures de réfrigération

- *3 oranges bios*
- *3 citrons bios*
- *3 pommes bios*
- *2 bouteilles de vin rouge*
- *1 cuil. à soupe de sucre*
- *2 bâtons de cannelle*
- *20 cl de gin*
- *Eau gazeuse*

Coupez les oranges et citrons en rondelles, et les pommes en dés, et mettez-les dans un récipient avec le vin, le sucre et les bâtons de cannelle cassés en deux. Laissez macérer au frais. Versez l'alcool et l'eau gazeuse avant de servir.

MOTS MÊLÉS

Types de thé

O	O	S	F	U	K	U	J	U	G	D	H	J	P
T	A	H	C	N	A	B	U	N	O	D	T	Y	K
U	N	I	L	G	I	R	I	N	R	A	H	E	U
D	W	N	P	G	V	J	G	C	M	R	R	R	K
E	A	C	H	N	G	D	O	A	E	J	R	G	I
N	E	H	Z	N	I	Y	R	U	G	E	C	L	C
K	H	A	O	N	B	Y	P	E	D	E	E	R	H
R	O	L	G	N	O	A	N	W	U	L	Y	A	A
M	J	R	L	K	G	M	O	A	W	I	L	E	H
A	I	U	U	W	A	P	A	Z	U	N	A	C	C
S	C	C	B	I	N	G	A	T	H	G	N	O	N
S	H	L	C	U	V	U	T	O	C	O	E	T	E
A	A	H	G	Y	O	K	U	R	O	H	N	I	S
P	A	I	M	U	T	A	N	S	B	O	A	G	T

Solution page 107

Cherchez les types de thé cachés dans la grille ci-dessous. Vous les trouverez soit horizontalement, soit verticalement ou encore en diagonale ; ils peuvent se lire de gauche à droite ou de droite à gauche, de haut en bas comme de bas en haut.

ASSAM
BANCHA
BAOZHONG
CEYLAN
DAHONGPAO
DARJEELING
DONGDING
EARL GREY
FUKUJU
GENMAICHA
GUNPOWDER
GYOKURO
HOJICHA
KUKICHA
LONGJING
MATCHA
NILGIRI
PAI MU TAN
PU ERH
SENCHA
SHINCHA
TAMARYOKUCHA
TIEGUANYIN
YINZHEN

21 *Brèves régions*

CÔTE-D'OR – LA PAULÉE

La paulée est un déjeuner célébrant la fin des vendanges dans les villages bourguignons aux crus renommés. Créé au milieu des années 1920, cet événement ne réunissait à l'origine que des professionnels du vin et, à l'époque, les vignerons rivalisaient pour apporter leur meilleure bouteille. C'est aujourd'hui une grande manifestation viticole qui attire chaque année de plus en plus de visiteurs venus du monde entier. Cet événement œnologique s'est même exporté depuis l'an 2000 à New York et San Francisco. Le nom « paulée » est issu d'un mot local signifiant « pelletée », pour désigner la dernière pelle de raisins versée dans le pressoir.

SYSTÈME D

UNE TABLE ULTRA-RAPIDE

Un plateau de bois posé sur des tréteaux et l'on a une table, mais elle n'est pas stable et les tréteaux gênent les jambes quand on s'assoit. Pour disposer vite d'une table solide, fabriquez deux cadres en tasseaux de bois (de 40 x 30 mm, ou un peu plus). Par cadre, prévoyez deux montants de 70 cm, et deux traverses d'une longueur adaptée à la largeur de la table. Assemblez le cadre en vissant les deux montants (après perçage) sur les extrémités des traverses. Renforcez les quatre angles avec des équerres métalliques. Il reste à fixer un plateau de table (de 1,5 m de long, par exemple) acheté dans une grande surface de bricolage sur les deux cadres – vissez depuis le dessus du plateau (3 ou 4 vis, mais elles seront visibles), ou depuis le dessous des traverses (vis non traversantes). Renforcez là encore de ferrures.

Lever du soleil
06h44

Dimanche 24

Coucher du soleil
19h10

RAMEAUX

Sainte Catherine de Suède – On fête aussi les Adhémar

« J'ai toujours imaginé le paradis comme une sorte de bibliothèque. » *Jorge Luis Borges*

PAROLES
Les mots des flics et des voyous
PAROLES

Chichon

• Diminutif argotique du haschisch. Synonymes : caca, chocolat, confiture verte, marron, pilon, popo, shit, teuchi, teuteu. Exemple : « Renaud se méfie des pétards / et du chichon qui rend idiot / Renard se les roule, peinard / Pour s'exploser le ciboulot. » (Renaud, *Docteur Renaud, Mister Renard.*) • Amateur de chichon : chiteu • Le « chichon » est également une spécialité culinaire du sud-ouest de la France faite à base de canard et/ou de porc.

CHARADE répétitive

Mon premier est un terme affectueux,

Mon deuxième va bien,

Blanche, **mon troisième** est un animal fabuleux de nombreux contes médiévaux,

Mon quatrième est d'une couleur d'un blanc roussâtre,

Le pied de **mon cinquième** est un levier,

Mon sixième est la femelle d'un cervidé,

Mon tout est une tige verte.

CIBICHE (Six biches)

Les guitaristes de légende

Manitas de Plata

Son nom signifie « doigts de fée ». Né dans un campement à Sète, en 1921, tôt initié à la guitare gitane et au flamenco, ce musicien hors pair est vite promu héritier de Django Reinhardt. « À chaque fois que Manitas joue, les pompiers prennent feu », dira Salvador Dali. Sa carrière est fulgurante. Dès 1965, il joue au Carnegie Hall (New York) et enchaîne les tournées, popularisant le flamenco dans le monde entier (les Gipsy Kings lui doivent énormément), tout en demeurant fidèle, chaque année, aux rencontres des Saintes-Maries-de-la-Mer. Dépensier, joueur, sans doute victime de sa générosité envers ses amis et « sa tribu », accablé surtout par les deuils, sa carrière décline peu à peu : il meurt ruiné en 2014, malgré ses 93 millions d'albums vendus.

Disque conseil : *Guitarra Flamenco*, Philips, 1965.

Déguisées en homme ♂

Sainte Marine de Bithynie

Bien que sa vie soit retranscrite dans divers manuscrits du Moyen Âge, la réalité historique de sainte Marine est sujette à caution. Née vers 715 en Bithynie (Turquie), Marine fut élevée par son père veuf, Oganios, un homme très pieux. Lorsqu'elle fut assez grande pour se marier, celui-ci l'informa qu'il souhaitait entrer dans les ordres. La jeune femme le supplia de l'emmener. Devant l'insistance de sa fille, Oganios accepta. Marine se coupa les cheveux, enfila des vêtements d'homme et entra avec lui au monastère de Qannoubine (Liban) où elle devint frère Marin. Et y resta sous cette identité jusqu'à la fin de sa vie. Ce n'est que lors de sa toilette mortuaire que les moines découvrirent qu'elle était une femme. La dépouille de Marine la Déguisée fut alors transportée au couvent des religieuses pour y être enterrée. Emporté par les croisés au XIIIe siècle, son corps reposerait aujourd'hui à l'église Santa Maria Formosa de Venise.

Lever du soleil
06h42

Lundi 25

Coucher du soleil
19h12

Annonciation – On fête aussi les Humbert, Dula, Dismas

« Savoir écouter, c'est posséder, outre le sien, le cerveau des autres. » *Léonard de Vinci*

Plantes qui soignent

LA MÉLISSE

La tisane de mélisse, un pur délice ! Cette vivace à feuilles gaufrées et au parfum citronnée se cultive en sol ordinaire, à mi-ombre ou au soleil. Elle est renommée pour ses qualités digestives et pour prévenir les spasmes de l'estomac. Elle est aussi relaxante et légèrement sédative, et convient pour les tisanes du soir (une petite poignée de feuilles par tasse). En usage externe (décoction), elle est, dit-on, efficace contre l'herpès. Et ses feuilles parfument les soupes et les salades de fruits.

La saga de l'orthographe

Au Moyen Âge, la langue tâtonne et chacun fait à peu près comme il veut (ou peut). Il faut aussi prendre en compte les accents régionaux. Sans compter que, longtemps, les copistes ont été payés à la longueur du texte (d'où la tentation d'ajouter des lettres…). L'invention de l'imprimerie au XVe siècle conduit à poser la question de règles communes : le livre doit être lu (vendu) partout.

➠ *À suivre p. 115*

ÉNIGMES

Un homme en train de voler du bois de chauffage stocké devant une propriété et de le charger sur sa remorque est surpris par les propriétaires ; il s'enfuit dans une direction inconnue, mais un témoin qui se trouvait à proximité a pu donner quelques indices. Trois suspects, amis de longue date, ont été appréhendés et sont interrogés. Évidemment, ils ne se montrent pas très coopératifs et rendent la vie aussi difficile que possible à leurs interrogateurs :

Louis : C'est Romain le coupable.
Antoine : Louis ment.
Romain : Antoine dit la vérité.

Le coupable est celui qui ment, les deux autres disent la vérité mais voilà, lequel ment ?

Solution

Supposons que Louis dise la vérité.

Assertion		Vrai/Faux	Résultat
Louis	C'est Romain le coupable.	V	Romain est coupable.
Antoine	Louis ment.	F	Louis dit la vérité donc Antoine ment. Si Antoine ment, Romain ment.
Romain	Antoine dit la vérité.	F	Antoine ment donc Romain ment.

Nous avons deux suspects qui mentent alors qu'il ne devrait y en avoir qu'un.

Supposons donc que Louis mente.

Assertion		Vrai/Faux	Résultat
Louis	C'est Romain le coupable.	F	Romain est innocent.
Antoine	Louis ment.	V	Romain est innocent, donc Louis ment et Antoine dit donc la vérité.
Romain	Antoine dit la vérité.	V	Antoine dit la vérité donc l'assertion de Romain est vraie.

Louis est donc le coupable, puisque c'est le seul qui ment.

Lever du soleil
06h40

Mardi 26

Coucher du soleil
19h13

Sainte Larissa – On fête aussi les Ludger, Lara

« Sur le plus beau trône du monde, nous ne sommes jamais assis que sur notre cul ! » *Michel de Montaigne*

Recette — Tarte-gâteau au fromage blanc

Pour 6 pers.	10 min de préparation	45 min de cuisson

- 1 pâte à tarte prête à dérouler (brisée, sablée ou feuilletée)
- 1 kg de fromage blanc
- 4 œufs
- 6 cuil. à soupe de farine
- 8 cuil. à soupe de sucre
- 1 citron

Préchauffez le four à 180 °C (th. 6). Déroulez la pâte de votre choix dans un moule à tarte.

Dans un saladier, battez les œufs entiers à la fourchette puis ajoutez le fromage blanc. Mélangez puis incorporez la farine et le sucre. Pressez le citron et versez le jus dans la préparation. Mélangez jusqu'à obtenir une pâte homogène.

Versez le mélange sur le fond de tarte et enfournez pour 45 min de cuisson.

Variantes

Choisissez vos ingrédients selon vos goûts : pâte brisée ou pâte sablée, voire pas de pâte du tout, fromage blanc 0 % ou à 40 % de M.G., cette recette saura s'adapter à toutes vos envies… Ajoutez des dés de fruits frais, de fruits au sirop ou encore des raisins secs réhydratés pour encore plus de gourmandise ! Des pépites de chocolat pourraient aussi faire des heureux !

EURO 2024

PREMIER MATCH RECORD

Le 6 juillet 1960, le Parc des Princes accueille le premier match de l'histoire d'une phase finale d'un EURO. Sur le terrain, l'équipe de France d'Albert Batteux affronte la Yougoslavie. Malgré l'absence de Raymond Kopa, de Roger Piantoni et de Just Fontaine, les Bleus, qui furent troisièmes de la Coupe du Monde organisée deux ans plus tôt, offrent une opposition spectaculaire au futur champion olympique. Après avoir mené 2-1 à la mi-temps puis 4-2 jusqu'à l'entrée dans le dernier quart d'heure, la France s'incline finalement 5-4 et voit la Yougoslavie filer en finale. Avec neuf buts inscrits, ce premier match d'une phase finale est aussi et encore à ce jour le plus prolifique de l'histoire. Fait remarquable, ce jour-là, l'équipe de France jouait en rouge pour la dernière fois avant 2008.

UEFA - UEFA - UEFA - UEFA - UEFA

NOS ANCÊTRES

ARDI, LE NOUVEAU MAILLON

Ardipithecus ramidus mesurait environ 1,20 m, pesait environ 40 kg et vivait il y a 4,4 millions d'années. On l'a d'abord classé parmi les australopithèques, mais l'étude de son fossile a révélé des caractéristiques proches de celles des australopithèques, et d'autres proches de celles des grands singes. Ardi – c'est son surnom – possédait des mains et des dents quasi identiques aux nôtres, mais des pieds simiesques.

Le saviez-vous ?

Il faut les croquer, ces croissants !

En 1683, la capitale autrichienne est assiégée par les troupes de l'Empire ottoman. Un soir, les Turcs décident de passer à l'offensive durant la nuit. Mais un pâtissier, Adam Spiel, levé aux aurores, donne l'alerte et les Viennois repoussent l'envahisseur. Pour fêter la victoire, les pâtissiers confectionnent des « Hörnchen » (petite corne) dont la forme rappelle l'emblème du drapeau ottoman. C'est ensuite Marie-Antoinette, d'origine viennoise, qui introduisit la pâtisserie en France.

Lever du soleil
06h38

Mercredi 27

Coucher du soleil
19h15

Saint Habib – On fête aussi les Louarn

« On peut tout fuir, sauf sa conscience. » *Stefan Zweig*

Etymologie

Qui a troublé le breuvage ?

Qui voit dans le nom *breuvage* une erreur ? Plus personne, aujourd'hui. Pourtant notre actuel *breuvage* n'est ni plus ni moins qu'une altération des anciens *beverage*, fin XIIe siècle, et *bovrage*, XIIe siècle, dans lesquels le *r* s'est déplacé (le déplacement d'une lettre au sein d'un mot s'appelle une métathèse, par exemple la prononciation « infractus » au lieu de « infarctus »). Ces deux noms sont dérivés des verbes *beivre*, *boivre*, qui sont les formes anciennes de *boire*.

Les rues mythiques du MONDE

Andrassy Ut (Budapest, Hongrie)

Inscrite au patrimoine mondial par l'Unesco, cette avenue longue de 2 km relie le centre-ville de Budapest au Városliget (parc municipal). Bordée de manoirs et de villas néo-renaissance spectaculaires, c'est l'une des principales rues commerçantes de Budapest, avec ses cafés chics, ses restaurants raffinés, ses théâtres, ses ambassades et ses boutiques de luxe. Parmi les bâtiments les plus remarquables figurent l'opéra d'État, l'ancienne école de ballet (en reconstruction depuis plusieurs années), le musée consacré au compositeur Zoltán Kodály ou encore l'université hongroise des beaux-arts.

ÉNIGMES
M@ths en-vie

Depuis que M. Longey est né, il a soufflé 1 326 bougies.

Quel âge a M. Longey ?

Réponse : M. Longey a 51 ans. En effet, à 1 an, M. Longey a soufflé 1 bougie. À 2 ans, il a soufflé 3 bougies (1 + 2). À 3 ans, il a soufflé 6 bougies (1 + 2 + 3). À 4 ans, il a soufflé 10 bougies (1 + 2 + 3 + 4)… Si on ajoute les 51 premiers nombres entiers, on arrive à 1326. CQFD !

LA BONNE BLAGUE

AHAHAHAHAH ! OH ! OH ! AH ! AH ! AH ! HI ! HI ! HI ! WHA HA ! HA !

Deux hommes qui ne se connaissent pas sont accoudés côte à côte dans un bar.
Au bout d'un moment, le premier dit à l'autre en tendant son verre :
– Hé, cette eau magique peut me faire voler.
L'autre le regarde et lui répond :
– N'importe quoi ! Ou alors prouvez-le !
Alors le premier type avale une gorgée de son verre d'eau magique, monte sur le toit, saute, vole quelques instants et revient à sa place.
– Waouh ! fait l'autre gars. Recommencez pour voir !
Alors le premier homme avale une nouvelle gorgée de son eau magique, remonte sur le toit, saute, vole un peu plus haut puis commence à redescendre tranquillement.
À ce moment-là, l'autre dit :
– Faut vraiment que j'essaie moi aussi !
Il avale une gorgée du verre d'eau magique, monte sur le toit, saute et… s'écrase au sol.
Alors le barman dit au premier type qui s'est remis à sa place :
– Tu sais, Superman, t'es un vrai con quand t'es bourré.

Lever du soleil
06h36

Jeudi 28

Coucher du soleil
19h16

Saint Gontran – On fête aussi les Jeanne-Marie, Venturino

« Le fou se croit sage et le sage se reconnaît fou. » *William Shakespeare*

C'est qui celui-là ?

Etre Gros-Jean comme devant

Cette expression est aujourd'hui doublement désuète, par ses mots comme par sa forme. Autrefois, le terme « Gros-Jean » désignait quelqu'un de rustre et le mot « devant » qualifiait un temps révolu. Être « comme devant » indiquait donc que la situation d'une personne n'avait pas évolué entre hier et aujourd'hui. L'expression marque donc la désillusion du rustre qui reste rustre.

Heureux Mariages

FRANÇOIS JOLICON, un jeune tuilier de 23 ans domicilié dans le Puy-de-Dôme, convola le 14 janvier 1886 à Crocq (Creuse) avec **MARIE PAULINE ANAÏS LAIR**. Ils eurent trois enfants, Maurice, Joséphine et Émile, qui choisirent de ne pas garder le double nom issu du mariage de leurs parents : Lair-Jolicon. Les deux garçons eurent à leur tour toute une ribambelle de petits Jolicon.

MYTHOLOGIES CÉLESTES

Poursuite céleste

Dans la mythologie grecque, Orion est décrit comme un grand chasseur, accompagné de son chien Sirius. Tombé sous le charme de la beauté de Mérope, l'une des Pléiades, il se lança à leur poursuite, contraignant Zeus à placer ces dernières dans le ciel. Orion s'attira également les foudres d'Artémis après s'être mis à chasser n'importe quel animal se présentant à lui. La déesse de la nature sauvage envoya alors un animal inconnu des hommes, le scorpion, pour le tuer. Orion fut ensuite placé dans le ciel, à la poursuite éternelle des Pléiades, aux côtés de Sirius, étoile principale de la constellation du Grand Chien située à ses pieds, mais toujours sous la menace du Scorpion, qui prit également place dans le ciel, pour se lancer à sa poursuite.

ACTU

L'eau de l'au-delà

L'analyse de la composition d'échantillons de matière rapportés de l'astéroïde Ryugu par une mission spatiale japonaise accrédite la théorie d'une origine extraterrestre de l'eau. Découvert en 1999, Ryugu (« Palais du dragon » en japonais) est situé à plus de 300 millions de kilomètres de notre planète. Selon les scientifiques, une partie de la matière de cet astéroïde a été créée environ cinq millions d'années après la naissance de notre système solaire et n'a pas été chauffée au-delà de 100 °C. En 2019, une sonde japonaise est parvenue à prélever 5,4 g de roche et de poussière noire de Ryugu, et une capsule contenant cette cargaison exceptionnelle était revenue sur Terre, avec la promesse de livrer de nouveaux indices sur l'origine de la vie. Une autre étude japonaise a révélé il y a deux ans la présence dans ces échantillons d'acides aminés, des molécules à la base de la vie car capables de former des protéines en se combinant entre elles.

Lever du soleil
06h33

Vendredi 29

Coucher du soleil
19h18

VENDREDI SAINT

Sainte Gwladys – On fête aussi les Gladys, Archibald, Pasteur

« Ne choisis tes amis que parmi tes égaux. » *Confucius*

Le saviez-vous ?

Les chutes du Niagara réduites au silence

Le 29 mars 1848, un amoncellement de glace exceptionnel, dû à une vague de froid tout aussi exceptionnelle, retient l'eau de la rivière Niagara et l'empêche de s'écouler vers les chutes. Les riverains, intrigués par l'absence du grondement de l'eau, ont d'abord cru à un signe annonciateur de la fin du monde. Puis ils se sont amusés à traverser la rivière à pied, découvrant de nombreux objets militaires de la guerre anglo-américaine de 1812. L'eau s'est remise à couler le 30 mars.

Il faut être philosophe

PLATON* (II)

La responsabilité revient à celui qui choisit

La République, l'œuvre principale de Platon, se clôt par le récit d'Er de Pamphylie, un guerrier mort sur le champ de bataille, présenté comme un « messager de l'au-delà » puisqu'il revient à la vie et raconte ce qu'il a vu. Les âmes passent devant des juges célestes qui, évaluant leur conduite pendant leur vie mortelle, les envoient au ciel ou sous terre, au Tartare. Celles envoyées au ciel rencontrent les Moires, déesses du destin, et se voient soumettre des « modèles de vie » parmi lesquels elles doivent en choisir un pour leur future réincarnation. Il y en a de toutes sortes : justes et injustes, généreux et avares, lâches et courageux… Choisir son « héros » est ainsi fondamental car, comme nous l'apprend le mythe, « la responsabilité revient à celui qui choisit, Dieu n'y est pour rien ».

* Platon (vers 427-vers 348 av. J.-C.), philosophe grec

SOLUTION MOTS MÊLÉS P. 101

O	O	S	F	U	K	U	J	U	G	D	H	J	P
T	A	H	C	N	A	B	U	N	O	D	T	Y	K
U	N	I	L	G	I	R	I	N	R	A	H	E	U
D	W	N	P	G	V	J	G	C	M	R	R	R	K
E	A	C	H	N	G	D	O	A	E	J	R	G	I
N	E	H	Z	N	I	Y	R	U	G	E	C	L	C
K	H	A	O	N	B	Y	P	E	D	E	E	R	H
R	O	L	G	N	O	A	N	W	U	L	Y	A	A
M	J	R	L	K	G	M	O	A	W	I	L	E	H
A	I	U	U	W	A	P	A	Z	U	N	A	C	C
S	C	C	B	I	N	G	A	T	H	G	N	O	N
S	H	L	C	U	V	U	T	O	C	O	E	T	E
A	A	H	G	Y	O	K	U	R	O	H	N	I	S
P	A	I	M	U	T	A	N	S	B	O	A	G	T

Brèves régions

GIRONDE – LES MOSAÏQUES DE PLASSAC

Avec ses mosaïques datant du IVe siècle dans un état de conservation remarquable, la villa gallo-romaine de Plassac est un monument incontournable du tourisme girondin. C'est seulement au XIXe siècle que fut découverte cette maison, la plus luxueuse de son époque pour toute la région. La richesse de ses propriétaires se traduit par l'utilisation de matériaux nobles comme le marbre et la décoration faite de mosaïques exceptionnelles représentant notamment des motifs floraux très colorés. Le site se trouve sur la rive droite de l'estuaire de la Gironde, à environ 3 kilomètres au sud de Blaye, et est ouvert au public du 31 mars au 1er octobre.

Saint Amédée – On fête aussi les Amadeus, Amédine, Malon

« Pourquoi toujours chercher des terres chauffées par un autre soleil ?
En quittant sa patrie, est-ce soi-même que l'on cherche à fuir ? » *Horace*

ha ha, hi hi, ho ho Français
huhuhuh, hahaha, kukuku Japonais
ax ax ax Russe
cha cha Lituanien
jajaja Espagnol

Humour du monde

Humour belge

Après avoir créé la France, Dieu trouva que c'était le plus beau pays du monde. Cela allait faire des jaloux. Alors, pour rétablir l'équilibre, il a créé les Français.

Au sixième jour de la Création du monde, Dieu dit à ses anges :

– J'ai l'intention de créer un pays qui s'appellera Israël. Ce sera un pays de lait et de miel, avec des plages sublimes et un climat fantastique. Les habitants de ce pays s'appelleront les Israéliens et ils seront connus dans le monde entier.

– Seigneur, dit un ange à Dieu, tu n'as pas l'impression d'être trop généreux avec les Israéliens ?

– Pas du tout ! Vous allez voir les voisins que je vais leur donner !

Apéro

Troussepinette

Impossible de ne pas citer cet apéritif à base de prunelier, inventé en Vendée et joyeusement nommé « trousse pinette », en référence au trou de la pinette, cheville de bois servant de bouchon à la barrique. Vermouth vendéen, c'est un mélange d'eau-de-vie, de feuilles d'épines noires, et de prunelier sauvage, macérés dans du sucre et du vin. Le breuvage est d'ailleurs également appelé « vin d'épines ». Il se boit frais en apéritif ou en dessert, mais aussi chaud, en hiver.

DES nuisibles PAS nuisibles

LE RENARD

Le Luxembourg a interdit la chasse au renard en 2015 et on ne constate pas de prolifération. C'est pourtant là l'un des arguments des chasseurs qui chaque année, en France, tuent des centaines de milliers de ce beau canidé, officiellement considéré comme « susceptible d'occasionner des dégâts ». Or ses populations s'autorégulent. Le goupil est certes amateur de poules, mais il cause moins de dommages qu'autrefois, les poulaillers étant moins nombreux et mieux protégés. En revanche, il détruit beaucoup de campagnols et de petits rongeurs qui sont, notamment, les vecteurs de la maladie de Lyme.

Présentatrices mythiques de TV

Michèle Cotta

C'est l'une des grandes femmes de télévision du XXe siècle – elle a d'ailleurs impulsé la carrière télévisuelle de nombreuses présentatrices dans les générations suivantes. Figure incontournable de la presse française, Cotta débute comme journaliste politique à *Combat* dans les années 1960, avant d'être embauchée par Françoise Giroud à L'*Express*. Dotée d'un grand talent d'intervieweuse politique, elle monte en grade et devient rédactrice en chef à RTL en 1980, après un passage par France Inter. Elle est ensuite nommée par Pierre Mauroy à la tête de Radio France, puis elle préside l'ancêtre du CSA de 1982 à 1986. Par la suite, elle est directrice de l'information à TF1, puis DG à France 2 jusqu'en 2002. En parallèle, elle écrit plusieurs essais politiques et anime à plusieurs reprises les débats électoraux télévisés.

Lever du soleil
07h29

Dimanche 31

Coucher du soleil
20h21

PÂQUES
CHANGEMENT D'HEURE

Saint Benjamin – On fête aussi les Acace, Balbine

« N'imitez rien ni personne. Un lion qui copie un lion devient un singe. » *Victor Hugo*

Le saviez-vous ?

De l'œuf de poule à l'œuf en chocolat

Avec l'apparition du christianisme, il était interdit de manger des œufs pendant le carême, période qui précède Pâques. Ainsi, on gardait les œufs pondus durant ce temps, on les décorait et on les offrait le jour de Pâques. Puis on s'est mis à vider les œufs et à les remplir de chocolat. Enfin, les Allemands, à la fin du XIXe siècle, eurent l'idée de remplacer totalement les œufs de poule par des œufs en chocolat.

ACTU

Réanima-porc

Des chercheurs de l'université de Yale ont réussi à faire « revivre » pendant six heures des cellules et organes de porcs morts. Après avoir provoqué une crise cardiaque chez des gorets anesthésiés – le sang est alors empêché de circuler et les cellules privées d'oxygène meurent –, ils ont injecté dans les corps morts un liquide contenant le sang des porcs (qu'on leur avait prélevé auparavant), une forme synthétique d'hémoglobine ainsi que des anticoagulants. Le sang a recommencé à circuler et de nombreuses cellules se sont remises à fonctionner, y compris dans des organes vitaux comme le cœur, le foie et les reins. Cela n'a duré que quelques heures, mais cette technique pourrait être intéressante pour préserver des organes en prolongeant leur fonctionnement, de quoi potentiellement sauver la vie de personnes en attente d'une greffe. Cette équipe est une spécialiste en matière de vie après la mort : en 2018, elle avait réussi à restaurer la fonction cellulaire dans le cerveau de porcs quelques heures après leur décapitation.

ROUTINE PROTESTATAIRE !

CALEMBOURS ou RÉPARTIES cultes du cinéma

Dans quel film ?

« À la gare, y'avait trois manteaux, dans ces trois manteaux y'avait trois mecs et dans les trois mecs y'avait trois balles. »

Réponse : Il était une fois dans l'Ouest, *de Sergio Leone.*

LA GUERRE

La Véritable Histoire de… Gatsby le magnifique

Le héros de Francis Scott Fitzgerald a bel et bien existé, même si l'auteur ne l'a jamais dit. Dans le roman, publié en 1925, Jay Gatsby, un jeune homme fabuleusement riche, organise des fêtes somptueuses dans son manoir pour conquérir les femmes. Alors qu'il prétend appartenir à la haute société, on découvre qu'issu d'un milieu populaire, il a changé de nom et s'est enrichi grâce au trafic d'alcool. Or, c'est exactement le parcours de Max Gerlach, un voisin de Fitzgerald à Long Island. Garagiste dans un quartier ouvrier de New York, il a changé son nom en Von Gerlach après la Première Guerre mondiale puis s'est considérablement enrichi grâce à la contrebande d'alcool pendant la prohibition. Grâce à sa fortune, il a déménagé à Long Island où, prétendant être un baron allemand, il organisait des fêtes extravagantes. Comme Gatsby, il collectionnait les voitures de luxe et parlait avec un faux accent d'Oxford. Moins violente que celle de son double romanesque, la fin de Gerlach est aussi tragique : ruiné avec le krach de 1929, il est devenu aveugle après une tentative de suicide et est mort dans la misère en 1958.

Lundi 1er AVRIL

LUNDI DE PÂQUES

Saint Hugues – On fête aussi les Valéry, Agapé, Konwal

Lever du soleil **07h27**

Coucher du soleil **20h22**

« J'aime mieux forger mon âme que la meubler. » *Michel de Montaigne*

LA LETTRE MYSTÈRE

Merano-Untermais, Pension Ottoburg [fin avril 19...]

Chère Madame Milena,

Je vous ai écrit un billet de Prague, puis de Merano. Je n'ai reçu aucune réponse. Il est vrai que les billets ne nécessitaient pas une réponse particulièrement rapide, et si votre silence n'est rien d'autre que le signe d'un relatif bien-être, qui s'exprime souvent par le rejet de l'écriture, alors je suis très content. Mais il est aussi possible – c'est pour cela que je vous écris – que j'aie pu vous blesser de quelque façon dans mes billets (quelle main grossière, contre mon gré, que la mienne, si cela s'était passé ainsi) ou même, ce qui serait encore bien pire, que le moment de respiration tranquille, évoqué dans votre lettre, soit déjà passé et qu'un temps mauvais soit revenu pour vous. Quant à la première possibilité je ne sais pas quoi en dire, tant c'est loin de moi, tant je souhaite tout le contraire, quant à la seconde possibilité je ne donne pas de conseil – comment pourrais-je conseiller ? – mais je vous demande simplement : pourquoi ne quittez-vous pas un peu Vienne ? Vous n'êtes pas sans patrie comme d'autres gens. Un séjour en Bohême ne vous donnerait-il pas de nouvelles forces ? Et si, pour quelques raisons que je ne connais pas, vous ne souhaitez pas venir en Bohême, alors ailleurs, peut-être que même Merano conviendrait. La connaissez-vous ? J'attends donc deux choses. Ou la continuation du silence, ce qui signifie : « Pas de soucis, tout va bien pour moi. » Ou quelques lignes.

[...]

Je me rends compte que je ne parviens à me souvenir d'aucun détail précis de votre visage. La façon dont vous êtes sortie du café en passant entre les tables, votre silhouette, votre vêtement, cela je le vois encore.

Réponse Lettre de mars

Marilyn

Les Désaxés vous auront peut-être mis sur la voie : ce film de John Huston, au scénario signé de son ex-époux Arthur Miller, a pour interprète Marylin Monroe (1926-1962). La Marilyn qui écrit ici (à son psychiatre, Ralph Greenson) révèle une grande sensibilité, un regard poétique sur le monde, une curiosité intellectuelle et une finesse d'analyse critique qui étonnent ceux qui ne conservent d'elle que l'image d'une star écervelée et d'un sex-symbol (elle a même un regard critique sur le montage du film). Si vous voyez ou revoyez *Les Désaxés*, vous verrez à quel point c'est une actrice bouleversante, mais dont affleurent les failles et une fragilité qui n'appartiennent sans doute pas qu'au personnage. À la sortie du film aux États-Unis en 1961, on craint qu'elle n'attente à ses jours, et elle est internée dans un hôpital psychiatrique – à l'époque de véritables lieux d'incarcération aux traitements terrifiants. Un an plus tard, le 1er juin 1962, elle se suicidera.

On la découvre aujourd'hui dans toute sa complexité, grâce notamment à la publication de ses écrits intimes, d'extraits de sa correspondance et de poèmes : Marilyn Monroe, *Fragments* (Seuil, 2010).

Lever du soleil
07h25

Mardi 2

Coucher du soleil
20h24

Sainte Sandrine – On fête aussi les Agneflète, Alexandrine, Muse

« La vie, ce n'est pas attendre que l'orage passe, c'est apprendre à danser sous la pluie. » *Sénèque*

Monarchies du monde

Émirats arabes unis

Les Émirats arabes unis constituent une figure politique atypique puisqu'il s'agit d'une monarchie fédérale, réunissant 7 émirats. Le président de la fédération est désigné par le Conseil suprême fédéral, où siègent les émirs. C'est celui d'Abu Dhabi, Khalifa ben Zayed Al Nahyane, qui préside, et Mohammed ben Rachid Al Maktoum, souverain de Dubaï, en est le vice-président.

CALEMBOURS ou RÉPARTIES cultes du cinéma

Dans quel film ?

« Écoutez-moi bien, vous savez que le gendarme est à la nation ce que le chien de berger est au troupeau : il faut souvent aboyer, parfois mordre mais toujours se faire craindre. Vous êtes les branches, je suis le tronc et une seule chose compte : que la récolte soit bonne et que les vaches soient bien gardées. »

Réponse : Le Gendarme de Saint-Tropez, *de Jean Girault.*

Les plus beaux bateaux de l'histoire

LES *RIVA*

C'est sur les bords du lac italien d'Iseo, entre Milan et Vérone, que la légende Riva est née. Alors que le constructeur fabriquait initialement des bateaux de pêche, puis de courses, un modèle emblématique, imaginé par Carlo, le petit-fils du fondateur, va devenir une star. Il faut dire qu'on retrouve l'*Aquamara* dans un James Bond (*GoldenEye,* 1995) ou piloté par Vincent Cassel dans *Ocean's Twelve* en 2004.

Ces luxueux bateaux de plaisance élancés, en acajou, souvent dotés d'un solarium matelassé à l'arrière et produits à quelques exemplaires, ont connu un succès immédiat à leur sortie en 1962. Brigitte Bardot, Richard Burton, Sofia Loren, la famille de Monaco : le bateau est associé à la *dolce vita* et se multiplie aux pontons de Saint-Tropez, Monaco ou Venise. Aujourd'hui encore, ils sont l'une des embarcations les plus iconiques de la Méditerranée.

Les guitaristes de légende

Carlos Santana

Un ovni. D'abord parce que, dans les années 1970, les musiciens latinos ne sont pas si nombreux à régner sur la scène musicale internationale. Santana (né en 1946) est mexicain. Ses origines latines se retrouvent tant dans le rythme (salsa, clave cubaine…) que dans la mixité qui caractérise ses orchestrations (tambours, congas, orgues, amplificateurs…). Mais c'est surtout un jeu, identifiable à la seconde, lyrique mais énervé, ponctué de riffs hallucinés, de solos tour à tour méditatifs et explosifs, qui électrisent son auditoire. Jazz, salsa, rock classique, blues, fusion… L'homme (et le groupe) est prêt à toutes les aventures. Même si l'on peut regretter que les dernières soient plus formatées, et que le baroudeur hippie se soit réduit au statut de pop star.

Disque conseil : *Santana*, Columbia, 1971.

Lever du soleil
07h23

Mercredi 3

Coucher du soleil
20h25

Saint Richard – On fête aussi les Nicétas, Sixte, Dick

« Partout où l'on divinise un être ou une idée, cette idée ou cet être se retourne contre l'homme. »
Albert Camus

Le saviez-vous ?

Il n'a jamais pu entendre ce qu'il avait enregistré

Alors qu'il est sténographe, le Français Édouard-Léon Scott de Martinville cherche dans les années 1850 un moyen d'enregistrer les paroles. Il conçoit ainsi le « phonautographe », permettant d'obtenir le tracé graphique d'une vibration sonore, et dépose son brevet en 1860. Mais aucune technique ne parvenait à restituer l'enregistrement. Ce n'est qu'en 2008 que, grâce au numérique, l'enregistrement a pu être entendu : il s'agissait de la chanson Au clair de la Lune.

C'est qui celui-là ?

Faire le Jacques

« Faire le Jacques », c'est faire le pitre, selon une expression née vers 1880. À cette époque-là, le prénom Jacques était synonyme de naïf, de simple d'esprit, comme le fut plus tard le prénom Régis, à la grande époque des « Nuls », sur la chaîne Canal +. Évidemment les Régis comme les Jacques ne sont pas plus bêtes que les autres, mais l'expression est restée.

23

Brèves régions

CREUSE – LES MAÇONS DE LA CREUSE

Les châteaux de Versailles et de Vaux-le-Vicomte, le Louvre, le Paris haussmannien, la digue de La Rochelle, les villas « art nouveau » de Nancy… la liste est infinie des constructions que notre patrimoine architectural doit aux maçons de la Creuse. La spécialisation dans les métiers du bâtiment de ces hommes contraints aux migrations en raison de la faible fertilité de leur terre d'origine est attestée dès le xve siècle. Chaque printemps, ils quittaient leur famille pour construire la France et revenaient en fin d'année, lorsque la météo immobilisait les chantiers. Une association recense aujourd'hui les noms d'un maximum de ces ouvriers.

471

C'est, en millions d'euros, la valeur estimée de la « maison la plus chère du monde ». Cachée à l'abri des regards dans un quartier huppé de la capitale italienne, la « Villa Aurora » est occupée depuis une vingtaine d'années par la princesse Rita Boncompagni Ludovisi, une Américaine originaire du Texas, mariée au prince Boncompagni Ludovisi, décédé en 2018. Particularité de ce palais du xvie siècle, au premier étage, une petite pièce abrite Jupiter, Neptune et Pluton, *le seul tableau jamais exécuté sur un plafond par Michelangelo Merisi da Caravaggio, plus connu sous le nom de Caravage. La fresque de 2,7 m de long aurait été réalisée en 1597 et vaudrait à elle seule 310 millions d'euros. La bâtisse de 2 200 m² renferme de nombreuses autres œuvres d'art parmi lesquelles plusieurs peintures du Guerchin et de Pomarancio, une fresque de Pietro Gagliardi, des lettres de Marie-Antoinette ou encore une collection d'objets romains et grecs. Dans le jardin, une mystérieuse sculpture est même attribuée à… Michel-Ange. Si vous êtes intéressé, sachez qu'à la suite d'une querelle d'héritage entre la princesse et ses fils, la bâtisse est à vendre. Faute d'avoir trouvé un acquéreur, l'agence immobilière qui s'occupe de la vente est prête à la brader pour seulement 241 millions d'euros. Attention, des petits travaux de rénovation pour environ 12 millions d'euros sont à prévoir.*

Lever du soleil
07h21

Jeudi 4

Coucher du soleil
20h27

Saint Isidore – On fête aussi les Aleth, Platon

« Une démocratie doit être une fraternité ; sinon, c'est une imposture. » *Antoine de Saint-Exupéry*

NOS ANCÊTRES

L'ANCÊTRE DEVENU COUSIN

Après la découverte de Lucy, les australopithèques, dont elle est l'un des membres, sont vus comme les ancêtres directs du genre *Homo* auquel nous appartenons. Avec la découverte d'autres fossiles et les études montrant qu'ils ne sont pas exclusivement bipèdes, la théorie a été écartée. D'abord présentée comme la mère de l'humanité, Lucy est devenue notre tante ou notre cousine proche.

GRANDS SPORTIFS DES JO

RÉVOLUTION

Déjà champion olympique du 10 000 m en 1948, Emil Zátopek réalise une performance unique dans l'histoire en remportant le 5 000 m, le 10 000 m et le marathon, une discipline qu'il court pour la première fois, lors des Jeux d'Helsinki. Son exploit olympique n'est pas le seul : entre 1948 et 1954, il dispute trente-huit 10 000 m et n'en perd aucun. Ses succès, il les doit à de fortes charges d'entraînement et à l'invention de la course fractionnée, désormais utilisée par une grande majorité des athlètes.

PAROLES

Les mots des flics et des voyous

PAROLES

Croque-escrocs

Derrière cette expression qui fleure bon le XIXe siècle se cache en réalité une pratique très récente liée à internet, connue en anglais sous le nom de *scambaiter*. Le croque-escrocs est un spécialiste de la lutte contre les escroqueries pratiquées via des courriels pourris (« pourriels »), comme la fameuse « arnaque nigériane » qui vous annonce que vous avez gagné une grosse somme d'argent et vous demande vos coordonnées bancaires pour vous en faire profiter. Le croque-escrocs chasse les arnaqueurs en retournant contre eux leurs méthodes, tout en accumulant des informations pour les identifier.

CITIUS - ALTIUS - FORTIUS

Recette

Far breton

Pour 4 à 6 pers.	10 min de préparation	40 min de cuisson
	3 h de repos	

- 400 g de pruneaux d'Agen dénoyautés
- 60 cl de lait entier
- 1 gousse de vanille
- 4 œufs
- 50 g de sucre
- 1 dé de rhum
- 200 g de farine
- 40 g de beurre demi-sel

Dans une casserole, faites chauffer le lait avec la moitié du beurre. Ouvrez la gousse en deux et grattez les graines de vanille dans le lait, ajoutez aussi la gousse. Laissez infuser hors du feu.

Préchauffez le four à 180 °C (th. 6). Blanchissez les œufs avec le sucre. Versez le rhum, ajoutez la farine et mélangez jusqu'à obtenir une préparation lisse.

Retirez la gousse du lait vanillé puis incorporez-le à la pâte.

Beurrez le plat de votre choix. Ajoutez les pruneaux au fond et versez la pâte. Enfournez pour 40 min.

Quand la cuisson est finie, le far doit être bien doré. Laissez-le refroidir avant de le laisser reposer quelques heures au frais.

Lever du soleil
07h19

AVRIL Vendredi 5

Coucher du soleil
20h28

Sainte Irène – On fête aussi les Irina

« Lorsque les mots perdent leur sens, les gens perdent leur liberté. » *Confucius*

Le saviez-vous ?

Ils ont le droit de s'évader

En Allemagne, en Autriche, en Belgique, aux Pays-Bas, en Suède et au Mexique, un détenu n'est passible d'aucune sanction s'il s'évade de prison, à condition, bien sûr, qu'il ne commette aucun méfait (violences ou corruption) pour parvenir à ses fins. Estimant que tout individu aspire à la liberté, ces pays considèrent même qu'il y a un « droit à l'évasion ». En France, la simple évasion n'est répréhensible que depuis 2004.

CÉTACÉS

LE GRAND DAUPHIN

C'est le plus connu des dauphins, pour son « sourire » séducteur et sa nageoire dorsale qui fend l'eau – et par sa présence dans les delphinariums et la série *Flipper le dauphin*. Long de 3 m pour un poids de 400 kg (pour le mâle), il vit de quarante à cinquante ans. Il doit aussi sa popularité à ses acrobaties : jaillissement vertical (fusée), glissade à reculons sur la queue (fanfaron) ou saut au-dessus de l'eau, avec parfois une retombée sur le dos. Ses populations sont en recul, mais il reste abondant.

Moments uniques

UNE RIVIÈRE SÈCHE SE RÉVEILLE UNE FOIS PAR AN

La rivière Greenough est située sur la côte ouest de l'Australie, à 400 kilomètres au nord de la ville de Perth. Sa particularité est d'avoir un lit bien visible mais perpétuellement sec depuis des décennies. Il y a pourtant un moment dans l'année où la rivière se réveille, grâce aux pluies du printemps. C'est habituellement dans la première semaine d'avril que la « rivière sèche » reprend vie, d'abord sous forme de flaques qui se forment près de sa source, puis l'eau s'accumule et crée un véritable flot qui descend tout le lit sur des dizaines de kilomètres pour se jeter dans l'océan Indien. Le spectacle fascinant attire de nombreux curieux, y compris des cinéastes qui, chaque année, campent sur place pour attendre ce moment unique et l'immortaliser.

LE BON MOT DE L'HISTOIRE

« Je désire reposer dans la même tombe que mon père et ma sœur, en face de cette ligne bleue des Vosges d'où monte jusqu'à mon cœur fidèle la plainte touchante des vaincus. »
Jules Ferry, 5 avril 1890

Resté aux « affaires » entre 1879 et 1883, Jules Ferry occupa en même temps la présidence du Conseil et le ministère de l'Instruction publique. L'expression « ligne bleue des Vosges » représente symboliquement la frontière naturelle derrière laquelle se trouvaient l'Alsace et une partie de la Lorraine, après qu'elles furent conquises par les Allemands en 1870. La formule imaginée par Ferry est consignée dans son testament, rédigé le 5 avril 1890, par lequel le promoteur de « l'école publique laïque, gratuite et obligatoire » demande à être enterré dans sa ville natale de Saint-Dié. Notons que si c'est ce testament qui a popularisé l'expression, Jules Ferry l'avait utilisée dès 1881 devant les députés.

Lever du soleil
07h17

AVRIL Samedi 6

Coucher du soleil
20h30

Saint Marcellin – On fête aussi les Neven

« Si nous n'avions pas tant de défauts, nous ne prendrions pas tant d plaisir à en remarquer chez les autres. » *François de La Rochefoucauld*

La saga de l'orthographe

En 1635, le pouvoir royal crée l'Académie française pour mettre de l'ordre, « faire [du français] un patrimoine commun à tous les Français et à tous ceux qui pratiquent notre langue » (site de l'Académie). Elle publie à partir de 1694 un dictionnaire pour fixer l'orthographe et va proposer ensuite des réformes (deux par siècle) afin de la rendre la plus cohérente possible.

➠ *À suivre p. 134*

Cocktails

Soupe angevine

**Pour 10 flûtes –
5 min de préparation
Quelques heures de réfrigération**

- *1 bouteille de crémant de Loire*
- *1 louche de sirop de citron*
- *1 louche de sirop de sucre de canne*
- *1 louche de Cointreau®*
- *1 barquette de framboises fraîches*

Réunissez le sirop de citron, le sucre et la liqueur dans une vasque transparente.
Réservez au frais.
Versez le crémant froid et ajoutez les framboises. Servez à la louche dans les flûtes.

PROBLÈMES + – / de maths du certificat d'études

Sachant que pour un porcelet en sevrage, 1 kg d'aliments est composé de 35 % de son de maïs, de 45 % de drèche, de 10 % de tourteau de coton et de 10 % de farine de poisson ; que pour un porcelet de 30 à 60 kg, il faut diminuer la farine de poisson de moitié, et que pour un porcelet au-dessus de 60 kg il faut aussi diminuer le tourteau de coton de moitié et augmenter la drèche de 5 %, quelle quantité de chaque composant sera utilisée pendant la phase d'engraissement du porcelet du problème précédent, page 100. Référez-vous au tableau de ce problème pour la quantité d'aliments requise par jour et le taux de croissance par jour.

Solution : Un porcelet de 30 à 40 kg consomme 25 kg d'aliments : Son de maïs : 25 x 35 % = 8,75 kg ; Drèche : 25 x 45 % = 11,25 kg ; Tourteau de coton : 25 x 10 % = 2,5 kg ; Farine de poisson : 25 x 5 % = 1,25 kg
Un porcelet de 40 à 60 kg consomme 66,7 kg d'aliments : Son de maïs : 66,7 x 35 % = 23,3 kg ; Drèche : 66,7 x 45 % = 30 kg ; Tourteau de coton : 66,7 x 10 % = 6,7 kg ; Farine de poisson : 66,7 x 5 % = 3,3 kg
Un porcelet de 60 à 70 kg consomme 41,7 kg d'aliments : Son de maïs : 41,7 x 35 % = 14,6 kg ; Drèche : 41,7 x 50 % = 20,83 kg ; Tourteau de coton : 41,7 x 5 % = 2,1 kg ; Farine de poisson : 41,7 x 5 % = 2,1 kg
Un porcelet de 70 à 90 kg consomme 100 kg d'aliments : Son de maïs : 100 x 35 % = 35 kg ; Drèche : 100 x 50 % = 50 kg ; Tourteau de coton : 100 x 5 % = 5 kg ; Farine de poisson : 100 x 5 % = 5 kg
Un porcelet de 90 à 100 kg consomme 58,3 kg d'aliments : Son de maïs : 58,3 x 35 % = 20,41 kg ; Drèche : 58,3 x 50 % = 29,15 kg ; Tourteau de coton : 58,3 x 5 % = 2,92 kg ; Farine de poisson : 58,3 x 5 % = 2,92 kg
Consommation totale de son de maïs : 8,75 + 23,3 + 14,6 + 35 + 20,41 = 102,06 kg
Consommation totale de drèche : 11,25 + 30 + 20,83 + 50 + 29,15 = 141,23 kg
Consommation totale de tourteau de coton : 2,5 + 6,7 + 2,1 + 5 + 2,92 = 19,22 kg
Consommation totale de farine de poisson : 1,25 + 3,3 + 2,1 + 5 + 2,92 = 14,57 kg

24

Brèves régions

DORDOGNE – LES CABANES INDONÉSIENNES

En arrivant sur ce site de vacances, on pourrait se croire en Indonésie, pourtant c'est au cœur du Périgord vert que se trouve le Moulin de la Jarousse. Depuis 1999, ses propriétaires ont choisi de proposer aux estivants des hébergements insolites, au plus près de la nature. Ils ont poussé la volonté d'authenticité jusqu'au moindre détail et les trois cabanes construites selon les principes de l'architecture balinaise (la bonne taille, le bon emplacement, le bon alignement) sont immergées au milieu d'un jardin tropical créé sur mesure par un paysagiste de talent, où est également installé un temple traditionnel indonésien. Dépaysement garanti.

Lever du soleil
07h15

AVRIL
Dimanche 7

Coucher du soleil
20h31

Saint Jean-Baptiste de La Salle – On fête aussi les Hégésippe

« Être capable de trouver sa joie dans la joie de l'autre ; voilà le secret du bonheur. » *Georges Bernanos*

Etymologie
Les câlins, ça réchauffe

Rien n'est sûr, mais il semblerait que *câliner*, dont est issu *câlin*, ait été emprunté au normand *caliner*, « se reposer à l'ombre », lui-même dérivé du nom *caline*, « chaleur lourde, étouffante », dont l'origine remonte au verbe latin *calere*, « être chaud ». Il est vrai qu'il n'y a rien de tel que de doux câlins pour réchauffer le cœur ! Le verbe est attesté en français au XVIIe siècle sous la forme pronominale et avec le sens de « s'abandonner à l'indolence ». Ce n'est qu'au XIXe siècle que son sens actuel apparaît.

ÉNIGMES
M@ths en-vie

Éric et son fils Marc ont à eux deux 147 ans.

Sachant qu'Éric a 31 ans de plus que son fils, quel est l'âge de Marc ?

Réponse : Son fils Marc a 58 ans (et Éric a 89 ans).
En effet, si on appelle E l'âge d'Éric et M, l'âge de Marc, on a E + M = 137 et M + 31 = E. Donc M + 31 + M = 137, soit M = 58. On en déduit que E = 89.
CQFD !

L'OIE DE LA JUNGLE

ASTUCES 2 FAINÉANT
Dresser des listes pour gagner du temps

Tous les paresseux l'ont compris avec un peu d'expérience : mieux vaut organiser son travail pour en faire le moins possible. Les « to-do lists », ou listes des choses à faire, sont donc les meilleures amies des fainéants, contrairement à ce que l'on pourrait croire. Par exemple, préparer une liste de courses va éviter de passer trop de temps dans les rayons des magasins, de se disperser et surtout de revenir à la maison en ayant oublié la moitié des choses dont on avait besoin (ce qui nécessiterait de retourner faire les achats de complément). Il est même conseillé de dresser une « liste des listes » pour optimiser ses déplacements et organiser ses sorties en fonction de ses besoins, de manière à réduire le temps des corvées au profit du temps de loisirs.

LES AGRICULTEURS BIO NE PARVIENNENT PLUS À JOINDRE LES DEUX BOUTS.

CITATIONS HUMORISTIQUES : BLAGUES ET VANNES

« Je déteste les gens qui parlent d'eux quand j'ai envie de parler de moi. » *Oscar Wilde*

« Il ne faut jamais remettre au lendemain ce qu'on n'a pas fait le jour même, mais qu'on aurait pu faire la veille ou l'avant-veille du surlendemain. » *Pierre Dac*

« Pourquoi des mecs élus par nous pour faire ce qu'on veut, au lendemain des élections font ce qu'ils veulent ? » *Coluche*

« Je me lève aussi facilement du pied gauche que du pied droit : je ne fais pas de politique. » *Francis Blanche*

« L'argent ne fait pas le bonheur. C'est même à se demander pourquoi les riches y tiennent tant. » *Georges Feydeau*

Lever du soleil
07h13

Lundi 8

Coucher du soleil
20h33

Sainte Julie – On fête aussi les Constance, Devan

« En réalité, on sait seulement quand on sait peu. Avec le savoir augmente le doute. »
Johann Wolgang Goethe

Les rues mythiques du MONDE

Broadway (New York, États-Unis)

Mondialement connue depuis les années 1920 pour son secteur dédié aux comédies musicales et au théâtre, Broadway s'étend en réalité sur plus de 20 km. Tracée sur une ancienne piste indienne, c'est la seule avenue qui traverse Manhattan en diagonale et ne respecte donc pas le plan de quadrillage de l'île new-yorkaise. Outre ses quarante grands théâtres autour de Time Square, Broadway est également l'avenue des grandes parades de l'histoire des États-Unis. La première a eu lieu en 1886 pour l'inauguration de la statue de la Liberté. Ont suivi des défilés géants pour Charles Lindbergh, Charles de Gaulle, les astronautes Armstrong, Aldrin et Collins, Nelson Mandela ou plus récemment les footballeuses américaines, championnes du monde.

M. Zées
Météorologue
a le plaisir de vous annoncer la naissance de son fils

ALI

C'est sa ville !

BOURG-MADAME

L'histoire de Bourg-Madame remonte à 1815, lorsque Napoléon Ier, de retour pour les « Cent-Jours », exila en Espagne Louis-Antoine duc d'Angoulême, fils aîné du futur Charles X et neveu de Louis XVIII. Après la défaite de Waterloo, celui-ci décida que le premier hameau dans lequel il passerait pour revenir dans son pays serait érigé en commune. C'est ainsi que les Guinguettes d'Hix, un village situé à 1 200 mètres d'altitude dans les Pyrénées-Orientales, aux portes de la Catalogne, devint Bourg-Madame, en hommage à l'épouse du fameux duc d'Angoulême, Marie-Thérèse de France, fille aînée de Louis XVI, dite « Madame Royale ». Malgré ce changement de nom, les habitants s'appellent toujours les Guinguettois.

Présentatrices mythiques de TV

Laurence Ferrari

Digne descendante de Claire Chazal, Laurence Ferrari gagne sa notoriété en présentant le JT de 20 h de TF1 de 2008 à 2012. Née en Savoie en 1966, cette journaliste politique fait ses débuts à l'AFP et à Europe 2 Lyon. C'est à partir de 1997 qu'elle commence à présenter les journaux d'information sur LCI. En 2000, elle intègre TF1 et présente le magazine dominical *Sept à huit*, en duo avec son mari Thomas Hugues. Ferrari se fait également remarquer en présentant une émission de divertissement d'un genre nouveau, *Vis ma vie*. Lorsqu'elle accède au fauteuil de présentatrice du JT de 20 h sur TF1, elle devient la première femme, depuis Marie-France Cubadda, à présenter un JT quotidien en France. Après 2012, la journaliste s'investit dans un talk-show d'actualité, *Le Grand 8*, sur Direct 8, et anime plusieurs débats entre candidats à la présidentielle. Depuis 2022, elle est rédactrice en chef politique de *Paris Match*.

Lever du soleil
07h11

Mardi 9

Coucher du soleil
20h34

Saint Gauthier – On fête aussi les Vadim, Gaucher

« Ce n'est pas la violence, mais le bien qui supprime le mal. » *Léon Tolstoï*

WESTERNS

L'homme qui tua Liberty Valance, de John Ford (1962)

« On est dans l'Ouest, ici. Quand la légende dépasse la réalité, alors on publie la légende ! ». Cette phrase culte résume le penchant de l'Amérique pour ses histoires héroïques fondatrices. L'homme qui tua Liberty Valance, infâme bandit du grand Ouest, n'est pas celui qu'on croit, et n'est donc pas le véritable héros non plus. Avec ses deux personnages « bons », Ransom Stoddard (James Stewart), sénateur incarnant l'établissement de la loi aux États-Unis, et Tom Doniphon (John Wayne), cow-boy symbolisant l'ordre imposé par la force, Ford raconte le processus de civilisation de l'Amérique, où la loi remplace progressivement la violence. C'est le cow-boy Doniphon qui tue Valance, mais c'est le sénateur Stoddard qui reçoit les honneurs (et gagne le cœur de la belle jeune femme). Ford soutient ici que légende et vérité sont liées, pour donner naissance à l'histoire américaine. Il déconstruit aussi le genre du western, proposant une histoire moins manichéenne et plus complexe. Ce film est d'ailleurs son avant-dernier western. À sa sortie, il ne sera pas bien accueilli – la critique et le public n'étant pas prêts à voir leurs héros, John Wayne et James Stewart, tomber de leur piédestal.

Ça ne rime à rien...

Triomphe

Issu du latin *triumphare*, le mot français « triomphe » est longtemps resté sans rime. Car, même sans chercher un autre mot qui se serait terminé par les cinq lettres « omphe », la sonorité « onf » elle-même n'existait pas dans notre langue. Mais les temps ont changé avec l'usage de plus en plus répandu du verlan, qui a fait naître des rimes à « triomphe », comme « à donf ».

Ha! Ha! Ha!

CITATIONS HUMORISTIQUES : BLAGUES ET VANNES

« Il ne suffit pas d'être heureux : il faut encore que les autres ne le soient pas. » *Jules Renard*

« Le café est un breuvage qui fait dormir quand on n'en prend pas. » *Alphonse Allais*

« Ce qu'il y a de plus difficile avec le succès, c'est de trouver quelqu'un qui soit vraiment content de ce qui vous arrive. » *Bette Midler*

« Il se flattait d'être sans préjugés, et cette prétention était à elle seule un gros préjugé. » *Anatole France*

« On a les femmes dans les bras, puis un jour sur les bras, et bientôt sur le dos. » *Sacha Guitry*

Lever du soleil
07h09

Mercredi 10

Coucher du soleil
20h36

Saint Fulbert – On fête aussi les Térence

« Ne faites donc pas comme l'avare, qui perd beaucoup pour ne vouloir rien perdre. »
Michel de Montaigne

DES nuisibles PAS nuisibles

LE CORBEAU FREUX

Une bande de corbeaux freux s'abattant sur un champ de maïs au stade de la germination y fait de gros dégâts, ce n'est pas niable, et c'est pourquoi ce bel oiseau noir de près de 50 cm de long est classé ESOD (espèce susceptible d'occasionner des dégâts) et fait l'objet de destructions, sur décision du préfet. En outre, le freux colonise les parcs urbains et les habitants se plaignent de ses croassements et de ses déjections. Mais cet oiseau intelligent voit cependant sa réputation s'améliorer, parce qu'il régule les populations d'insectes et qu'il nettoie les déchets, bien qu'il ne soit pas charognard.

ÇA, C'EST FAIT DIVERS

*Certains ébats sexuels peuvent laisser des souvenirs mémorables, mais peuvent-ils nous faire tout oublier ? C'est la mésaventure arrivée à un Irlandais de 66 ans qui s'est plaint d'une perte de mémoire totale après un rapport intime avec son épouse. Cette histoire surprenante a récemment fait l'objet d'un rapport de cas paru dans l'*Irish Medical Journal*. Le patient s'est en effet présenté à l'hôpital de Limerick, au sud de l'Irlande, en expliquant qu'il avait oublié de fêter son anniversaire de mariage la veille, dix minutes après avoir fait l'amour avec son épouse. Pourtant, sa famille en était témoin, il était bien de la fête. La batterie d'examens menée par les médecins n'a révélé aucune anomalie neurologique importante ni aucun problème de santé particulier. Pourant le sexagénaire amnésique avait bel et bien complètement gommé les dernières 24 heures ! Les médecins privilégient l'hypothèse d'une amnésie globale transitoire, ou TGA. Cet épisode de « trou noir » dure moins d'une journée et peut être provoqué par un stress émotionnel ou psychologique, une immersion brutale dans de l'eau froide, de vives douleurs, des actes médicaux invasifs ou encore un effort physique intense… comme l'orgasme. Considérée comme une affection bénigne qui touche principalement les personnes âgées de 50 à 70 ans, cette pathologie ne laisse aucune séquelle et se résorbe au bout de 24-48 heures. D'ailleurs, l'homme avait lui-même déjà expérimenté ce phénomène en 2015, également à la suite d'un rapport sexuel. Et comme la fois précédente, il a retrouvé tous ses souvenirs le lendemain.*

Heureux Mariages

GILBERT AUFRÈRE épousa **ANNE ALASEUR** en 1652 à Noyant-d'Allier (Allier), **JEAN LAFILLE** convola en 1702 avec **MARIE LEGENDRE** à Marcelcave (Somme) et **JEAN AUFRÈRE** se maria avec **MARIE MÉLANIE SIDONIE AUGENDRE** le 25 septembre 1888 à Tranzault (Indre). Heureusement que tous les patronymes de ces conjoints d'hier n'étaient pas des liens de parenté, sinon, gare à la consanguinité !

Brèves régions

DRÔME – LES TRÉSORS DE CREST

La ville de Crest, labellisée « Ville et métiers d'art », est principalement connue pour sa tour, plus haut donjon de France avec ses 52 mètres, qui fut aussi une prison jusqu'au XIXe siècle. Tous les étés, des guides emmènent les promeneurs à la découverte de la vieille ville et de son passé : la chapelle et l'escalier des Cordeliers, la porte Montségur, les rues pittoresques… L'été est aussi la saison du festival de Jazz vocal, à la renommée internationale. Et après une baignade ou une balade en canoé sur la Drôme, une part de « couve », galette sans levure qui représente un nid de poule avec ses œufs, redonnera des forces aux gourmands.

JE RÂLE PAS ! JE M'EX PRI ME !

AVRIL
Jeudi 11

Lever du soleil
07h07

Coucher du soleil
20h37

Saint Stanislas – On fête aussi les Gemma, Stanley, Godeberte

« Que d'autres se vantent des pages qu'ils ont écrites ; moi je suis fier de celles que j'ai lues. »
Jorge Luis Borges

Les Bons Bonbons de nos régions

Les dragées de Verdun

La star incontestée des festivités a été inventée il y a 800 ans dans la Venise du Grand-Est. En 1220, un apothicaire de Verdun a l'idée d'enrober les amandes d'une fine couche de sucre et de miel pour faciliter leur conservation. La célèbre dragée est née ! Réputée pour ses vertus contre la stérilité, on la retrouve dès le XVIe siècle sur les tables des têtes couronnées à l'occasion des mariages. Pendant deux siècles, Verdun restera la capitale incontestée de la dragée, dont la maison Braquier, fondée en 1783, demeure l'illustre représentante. Les procédés industriels ont sonné le glas des autres artisans dragistes de la ville.

BINERO FUTOSHIKI

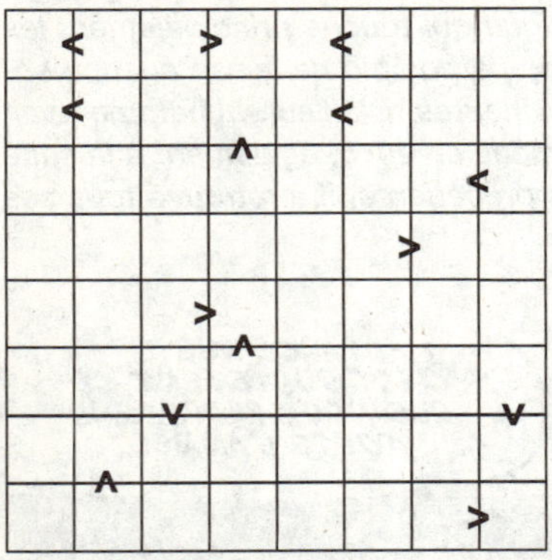

Solution page 122

La grille suivante est basée sur le Binero et le Futoshiki. Les règles sont identiques à celles du Binero, à la différence qu'aucun chiffre n'apparaît dans le casse-tête. Les chiffres (0 et 1) sont remplacés par les signes «plus grand que » ou « plus petit que » (comme au Futoshiki) entre les cases.

Déguisées en homme ♂

Kathrine Virginia Switzer

Étudiante à l'université de Syracuse, Kathrine Virginia pratiquait le cross-country et avait l'habitude de courir des distances importantes. Elle s'inscrivit donc au marathon de Boston, le plus ancien marathon annuel du monde, alors interdit aux femmes. Engagé comme « K.V. », le dossard n° 261 ne masque en rien sa féminité le jour J. Mais, six kilomètres après le départ, un commissaire de course tente de la chasser de l'épreuve. Il est aussitôt éjecté par d'autres coureurs qui escortent la jeune femme jusqu'à la ligne d'arrivée. Exclue de la fédération américaine d'athlétisme, Kathrine va dès lors militer pour ouvrir les marathons aux femmes. En 1972, Boston cède. Kathrine finit deuxième de l'épreuve. Elle remporte le marathon de New York deux ans plus tard. Il faudra attendre 1984 pour voir un marathon féminin aux J.O.

Chevaliers de l'Histoire

Guillaume le Maréchal

Conseiller auprès de quatre rois anglais, Guillaume le Maréchal était considéré comme « le meilleur chevalier du monde » par son ennemi de toujours, Philippe Auguste. Né en 1146 et fait chevalier en 1166, il passe ses jeunes années en tant que chevalier errant et compétiteur de tournoi. Guillaume excelle dans les joutes : en une décennie, il désarçonna plus de 500 combattants. Après avoir combattu en Terre sainte, il rejoint la cour du roi Henri II et part batailler dans le Berry contre Philippe Auguste. En 1189, il devient comte de Pembroke. Pendant que le nouveau roi Richard Cœur de lion part en croisade, il protège le trône contre les manœuvres de Jean sans Terre, frère du roi. Pourtant, après la mort de Richard, par loyauté absolue à la couronne, Guillaume soutient Jean contre les barons rebelles. En 1216, il est nommé protecteur d'Henri III, alors âgé de 9 ans et régent du royaume. L'année suivante, à 70 ans, il remporte la bataille de Lincoln qui chasse l'armée française d'Angleterre. Il meurt deux ans plus tard.

Lever du soleil
07h05

Vendredi 12

Coucher du soleil
20h39

Saint Jules – On fête aussi les Zénon

« La conscience des mots amène à la conscience de soi : à se connaître, à se reconnaître. » *Octavio Paz*

EURO 2024
FRÈRES ENNEMIS

Le 11 juin 2016, Lens accueille le deuxième match du Groupe A, le groupe de la France, opposant l'Albanie à la Suisse. Si pour l'Albanie ce match est historique – il est le premier de la sélection en phase finale d'un EURO –, cette rencontre est aussi marquée par le duel opposant deux frères, le premier et unique d'un EURO. Nés à Bâle de parents albanais originaires du Kosovo, Taulant et Granit portent le même nom, Xhaka, mais ne défendent donc pas les mêmes couleurs. Le premier, l'aîné, défend les couleurs albanaises, le second, le cadet, celles de la Suisse. Granit et la Suisse s'imposent, leur parcours s'arrête en huitièmes de finale, l'Albanie de Taulant étant éliminée dès la phase de groupes malgré une victoire face à la Roumanie.

UEFA - UEFA - UEFA- UEFA- UEFA

DEVINETTES

Havre de tranquillité,
Témoin d'atrocités,
Invite à prendre une décision,
À l'occasion d'une élection.

Qu'est-ce que c'est ?

La campagne

CURSINU

La présence de cette race de chien est attestée depuis le XVIe siècle en Corse, d'où son nom. Chien de garde des maisons, chien de berger pour conduire les vaches et les moutons, chien des chasseurs de lièvre, de renard ou de sanglier, il n'est pas très répandu malgré sa polyvalence et sa bonne réputation. Légende ou réalité, son tempérament refléterait parfaitement l'esprit de l'Île de Beauté, puisqu'il est très attaché à son maître mais méfiant vis-à-vis des étrangers. Le cursinu se distingue des autres chiens par sa robe « bringée », c'est-à-dire fauve avec des bandes noires irrégulières. Malgré son ancienneté, la race n'a officiellement été reconnue qu'à partir de 2003 grâce au travail des bénévoles de l'association de sauvegarde du chien corse, devenue aujourd'hui le *Club du Cursinu.*

Chiens voyageurs

SYSTÈME D

PROBLÈMES DE POMMEAU !

Les petits trous de la pomme de la douche sont obstrués par le tartre : une seule solution, la laisser tremper toute une nuit dans le vinaigre blanc, avant de bien la brosser. Et si vous n'arrivez pas à démonter le pommeau, remplissez de vinaigre un petit sac à congélation et attachez-le sur le pommeau pour que la pomme baigne complètement. Si le pommeau est cassé, il faut penser à en acheter un autre (et de préférence une « douchette économe », qui réduit de moitié la consommation d'eau) mais, en attendant, vous pouvez le remplacer par une bouteille en plastique dont vous avez percé le cul de nombreux petits trous. Enfilez la bouteille sur le flexible et fixez-la avec de l'adhésif étanche. C'est aussi une bonne solution pour la douche froide, en été, quand on ne dispose que d'un tuyau d'arrosage.

Lever du soleil
07h03

Samedi 13

Coucher du soleil
20h40

Sainte Ida – On fête aussi les Karadeg

« N'aie ni les mêmes opinions que celui qui t'outrage, ni celles qu'il veut t'imposer. Mais vois les choses elles-mêmes, telles qu'elles sont en réalité. » *Marc Aurèle*

ACTU

Illusion fatale

Dans la nuit du 14 au 15 avril 1912, le Titanic *sombre dans l'océan Atlantique, trois heures après avoir percuté un iceberg. Le paquebot qu'on disait « insubmersible » emporte avec lui 1 500 passagers. Pour expliquer la catastrophe, les experts ont notamment incriminé la négligence des vigies. Or, selon Météo France, ces guetteurs n'ont peut-être pas vu l'énorme bloc de glace qui leur faisait face à cause d'un mirage. Les marins ont peut-être été trompés par le « Fata Bromosa », un phénomène optique engendré par les différences de températures dans les couches de l'atmosphère. Ce « brouillard de fée » se manifeste par une bande de mirage brumeux qui masque les obstacles en approche. Ce phénomène courant dans les régions arctiques peut ainsi donner l'impression qu'un bateau flotte au-dessus de l'horizon. Pour certains spécialistes, cette hypothèse est toutefois peu probable et ils lui préfèrent celle de la « mer qui fume », une brume d'évaporation qui se forme lorsque de l'air qui a été refroidi par son passage sur les glaces (banquise, icebergs) arrive au-dessus de la mer. En clair, plus d'un siècle après le naufrage, on nage toujours en plein brouillard*

Apéro

Rinquinquin

À prononcer avec l'accent provençal ! Mélange de feuilles de pêchers macérées dans le sucre et le vin blanc, et vieilli en cuve, cet apéritif se boit frais, avec des glaçons, ou en cocktail. Il tire son nom du verbe requinquer, *requinquilhar* en provençal. Produit par les Distilleries et Domaines de Provence, cet alcool est tombé en désuétude à la fin du xxe siècle, avant de revenir en force depuis quelques années, notamment pour son côté très naturel.

FRAUDE SOCIALE : LE GOUVERNEMENT MET LE PAQUET !

Solution Binero Futoshiki p. 120

0	1	1	0	0	1	0	1
0	1	1	0	0	1	1	0
1	0	0	1	1	0	0	1
1	0	0	1	0	1	0	1
0	1	1	0	1	0	1	0
0	0	1	1	0	1	0	1
1	0	0	1	1	0	1	0
1	1	0	0	1	0	1	0

Groupes des 60s

Simon & Garfunkel

Ce célèbre duo aux influences pop et folk se forme sur les bancs d'une école primaire new-yorkaise. Paul Simon et Arthur Ira Garfunkel commencent très tôt à composer et chanter ensemble – ils publient leurs premiers titres dès le lycée, dont « Hey Schoolgirl ». En 1963, ils sortent un premier album, dans lequel apparaît « The Sound of Silence ». Le succès n'est pas immédiat et les deux artistes mènent en parallèle d'autres projets. Finalement, leur chanson phare gagne en popularité, ce qui leur permet d'enregistrer un nouvel album, intitulé *The Sound of Silence*, dans lequel figurent « I am a rock » et « Homeward Bound ». En 1968, c'est leur album composé pour le film *Le Lauréat*, de Mike Nichols, qui leur offrira une immense notoriété, avec notamment la chanson « Mrs Robinson ». S'il se sépare en 1970, le duo se reformera régulièrement au cours des décennies suivantes.

Lever du soleil
07h01

Dimanche 14

Coucher du soleil
20h42

Saint Maxime – On fête aussi les Ludivine, Donan, Tiburce

« Se rit des plaies celui qui n'a jamais reçu de blessures ! » *William Shakespeare*

CALEMBOURS ou RÉPARTIES cultes du cinéma

Dans quel film ?

« Tu vois, le monde se divise en deux catégories : ceux qui ont un pistolet chargé et ceux qui creusent. Toi, tu creuses. »

Réponse : Le Bon, la Brute et le Truand, *de Sergio Leone.*

Bibliophiles

L'Étonnement philosophique. Une histoire de la philosophie, Jeanne Hersch (Gallimard, 1993)

Pourquoi ne pas « se mettre à » la philosophie avec une vieille dame suisse, Jeanne Hersch (1910-2000) ? Elle nous rappelle que la philosophie, c'est l'art de s'étonner de tout ce qui paraît évident. Pourquoi y a-t-il quelque chose plutôt que rien ? Au fond, l'histoire de la pensée occidentale est celle de cette question, de son actualité renouvelée, de la façon dont, de Thalès à Jaspers (en passant par Platon, Spinoza, Kant, Hegel, Nietzsche et bien d'autres), elle a été formulée et déclinée. Ici, elle s'écrit en phrases simples, pédagogiques au sens noble du terme. Simple. Éclairant. Un régal !

MOTS MÊLÉS

Chansons d'Yves Montand

C	A	P	B	R	S	V	V	F	F	T	I	J	R
M	O	V	E	O	O	S	E	U	R	E	R	T	U
A	E	M	A	R	U	U	T	I	T	I	N	E	E
N	C	E	P	J	I	L	G	T	H	M	T	Y	G
E	R	K	G	L	O	O	E	E	T	T	N	S	I
B	U	S	L	U	A	L	C	V	E	P	E	C	G
O	O	E	L	B	C	I	O	N	A	L	E	Q	O
U	S	O	L	Y	P	I	N	R	A	R	S	T	L
L	U	I	C	A	S	O	T	T	I	L	D	G	E
A	B	I	N	I	S	I	S	S	E	Y	A	S	T
N	B	A	N	N	S	O	E	Z	Z	M	E	B	T
G	M	E	A	A	P	S	E	N	I	A	L	P	E
E	X	H	N	O	V	Y	T	N	A	P	O	L	C
R	C	S	E	H	C	R	A	M	A	N	E	G	E

Solution page 128

Cherchez les mots qui manquent dans les titres de chansons interprétées par Yves Montand. Ils sont cachés dans la grille ci-dessous. Vous les trouverez soit horizontalement, soit verticalement ou encore en diagonale ; ils peuvent se lire de gauche à droite ou de droite à gauche, de haut en bas comme de bas en haut. Notez que les mots sont dans l'ordre alphabétique dans la liste ci-dessous.

1. Une demoiselle sur une ________
2. À ________
3. La chanson de ________
4. La fille du ________
5. Les grands ________
6. Le temps des ________
7. La ________
8. Clopin ________
9. La ________ du mandarin
10. Les ________ mortes
11. Le ________ d' Paris
12. Ma ________
13. Le jazz et la ________
14. La fête à ________
15. Mon ________ à moi
16. Aux ________ du Palais
17. Rendez-vous de ________
18. Le chant des ________
19. Dans les ________ du Far West
20. Cartes ________
21. La butte ________
22. La chanson des ________
23. ________ bleue
24. Je cherche après ________
25. Le chat de la ________

Brèves régions

28

EURE-ET-LOIR – BONNEVAL, PETITE VENISE DE LA BEAUCE

Cité médiévale qui s'est développée autour de l'abbaye Saint-Florentin fondée au IXe siècle, Bonneval conserve aujourd'hui de nombreux éléments défensifs du passé comme la Porte Saint-Roch ou la Tour du Roi. Mais ce sont les fortifications de son centre historique qui lui valent le surnom de Petite Venise de la Beauce, car elles sont entourées de fossés où coule le Loir. Et pour profiter du charme des vieilles pierres et des jardins au fil d'une balade sur l'eau, des barques électriques sont à la disposition des touristes. La promenade longe aussi les lavoirs et emmène à la rencontre des pêcheurs, le tout dans un silence reposant.

Lever du soleil
06h59

Coucher du soleil
20h43

Saint Paterne – On fête aussi les Basilice, César

« Aucun homme n'a reçu de la nature le droit de commander les autres. » *Denis Diderot*

Alea jacta est – Citations latines

Deus ex machina

Le *deus ex machina*, c'est le « dieu (*deus*) sorti de (*ex*) la machine (*machina*) », celui qui vient dénouer soudainement, de façon heureuse, une situation dramatique. L'expression vient du vocabulaire théâtral, le dieu sauveur apparaissant sur scène à l'aide d'une machine le descendant des cintres. L'expression s'est répandue dans le langage courant au cours de la seconde moitié du XIXe siècle pour désigner toute personne ou événement intervenant de façon impromptue pour débloquer une situation compromise.

NOS ANCÊTRES

LD 350-1

Tel est le nom de la partie gauche d'une mandibule d'un individu adulte doté de deux prémolaires et trois molaires. Un fossile vieux de 2,8 millions d'années trouvé en Éthiopie, qui a certes côtoyé quelques australopithèques avec qui il possède des caractéristiques communes, mais qui est à ce jour la plus ancienne trace d'une nouvelle lignée : le genre *Homo* auquel nous appartenons.

ÇA S'EST PASSÉ Le 15 avril 1874

Ce jour de 1874, Nadar, le célèbre photographe, accueille dans son atelier du 35 boulevard des Capucines, la première exposition d'œuvres impressionnistes : Boudin, Caillebotte, Monet, Berthe Morisot, Pissarro, Renoir...

GRANDS SPORTIFS DES JO

LE ROI CARL

Actif entre 1979 et 1996, Carl Lewis est une légende de l'athlétisme américain et mondial. En 1984, il devient le premier athlète américain à décrocher l'or olympique aux 100 m, 200 m, saut en longueur et relais 4 x 100 m depuis Jesse Owens en 1936. Il ajoute deux médailles d'or et une d'argent à Séoul, deux médailles d'or à Barcelone et une dernière, pour sa quatrième olympiade, à Atlanta. Au total, Lewis a remporté dix médailles olympiques ; il est, avec Paavo Nurmi, l'athlète le plus titré aux JO.

CITIUS - ALTIUS - FORTIUS

– JE VOUS EN PRIE, ENTREZ DANS LE BUREAU DE CONCILIATION JUDICIAIRE !

ACTU

C'est pas humain...

En Chine, la science-fiction devient décidément une réalité : la société Net Dragon Websoft a embauché Tang Yu pour la diriger. Petite précision : Tang Yu est un robot féminin. Et cette entreprise fondée en 1999 n'est pas n'importe laquelle, c'est aujourd'hui l'un des plus grands concepteurs de jeux vidéo du pays. Si le conseil d'administration de Net Dragon Websoft a décidé de prendre un robot comme P-D.G., c'est pour des questions purement pratiques. Ce robot n'est jamais fatigué, peut travailler continuellement, s'améliore en permanence et, cerise sur le gâteau, il ne reçoit ni salaire ni prime. En outre, Tang Yu serait également capable de prendre les meilleures décisions pour l'entreprise puisqu'elle ne possède aucun sentiment et ne laisse donc jamais l'affectif prendre le dessus sur ses choix. Évidemment, un robot peut finir par débloquer, comme dans la plupart des films d'anticipation, mais ça, c'est pour plus tard...

Lever du soleil
06h57

Mardi 16

Coucher du soleil
20h45

Saint Benoît-Joseph – On fête aussi les Padern, Druon, Galina

« Il vaut mieux mourir de faim, exempt de peine et de crainte, que de vivre dans l'abondance avec le trouble dans l'âme. » *Épictète*

AHAHAHAHAH ! OH ! OH ! AH ! AH ! AH ! HI ! HI ! HI ! WHA HA ! HA !

LA BONNE BLAGUE

Dave n'arrête pas de se vanter auprès de son patron : « Vous savez, je connais tout le monde. Nommez n'importe qui, et je le connais. » Fatigué de ses vantardises, son patron décide de le prendre au mot :

– OK, Dave, tu connais Jean-Jacques Goldman ?

– Pas de problème, patron ! Jean-Jacques et moi sommes de vieux amis, et je vais vous le prouver.

Dave prend son téléphone portable, met son appareil sur haut-parleur et compose un numéro. Au bout de quelques secondes, Jean-Jacques Goldman décroche. Dave se présente et les deux hommes discutent effectivement quelques instants comme deux vieux amis. Le patron de Dave est impressionné mais encore sceptique. Il s'agit peut-être d'un imitateur. Pour en avoir le cœur net, il dit à Dave :

– Tu connais Macron ? On peut aller à l'Élysée ?

– Pas de problème ! fait l'autre

Arrivé devant le palais présidentiel, Dave se présente à la sécurité et, quelques minutes plus tard, il est reçu avec son patron par Macron. Le président et Dave discutent comme deux bons amis.

Cette fois, le patron est vraiment estomaqué, mais il réclame une dernière preuve

– Tu connais le pape François ?

– Bien sûr ! dit Dave. Je connais le pape depuis des années. On va aller le voir au Vatican.

Les deux hommes s'envolent pour Rome. Arrivé place Saint-Pierre, Dave dit à son patron :

– Attendez-moi là, je vais rentrer à l'intérieur et je sortirai sur le balcon avec le pape.

Effectivement, une demi-heure plus tard, Dave émerge avec le pape sur le balcon. Lorsqu'il redescend sur la place, il découvre que son patron a fait un malaise et qu'il est entouré par des secouristes. Dave lui demande ce qu'il s'est passé. Son patron lève les yeux et dit :

– La goutte d'eau qui a fait déborder le vase… Quand le pape et toi êtes sortis sur le balcon, le type à côté de moi m'a demandé : c'est qui sur le balcon avec Dave ?

ha ha, hi hi, ho ho FRANÇAIS
huhuhuh, hahaha, kukuku JAPONAIS
ax ax ax RUSSE
cha cha LITUANIEN
jajaja ESPAGNOL

Humour du monde

Comment appelle-t-on un Islandais qui a un parapluie ?

Un étranger.

Gangs – LES THUGS

En 1839, le best-seller de Philip Meadows Taylor, *Confessions d'un Thug*, fait frissonner toute l'Angleterre. Le public découvre avec effroi qu'en Inde, alors colonie de la Couronne, il existe une secte d'assassins professionnels qui tuent en l'honneur de Kâli, déesse de la destruction. Leur nom : les Thugs (« dissimuler », en sanskrit). Les « utilisateurs de nœud coulant » pratiquent le vol et le meurtre par strangulation à grande échelle ; leur arme : un foulard lesté de cailloux pour briser la nuque. Leur butin est exclusivement destiné aux prêtres de l'organisation qui existerait depuis au moins 600 ans. Le plus dévoué d'entre eux, Thug Behram, aurait tué 931 personnes ! Chargé d'éradiquer cette confrérie criminelle qui compterait près de 5 000 membres, le colonel William Sleeman, assisté d'une centaine d'hommes, en arrête rapidement plus de 1 500. 300 sont pendus, la majorité est déportée. Après la découverte de plusieurs charniers, Sleeman multiplie les opérations pour démasquer leurs chefs. En 1842, la plupart des Thugs ont été éliminés et la secte s'éteint en quelques années. En anglais, le mot *thug* s'utilise aujourd'hui au sens figuré pour désigner un voyou ou une personne violente.

Lever du soleil
06h55

Mercredi 17

Coucher du soleil
20h46

Saint Anicet – On fête aussi les Anicette, Marianne

« Croyez ceux qui cherchent la vérité, doutez de ceux qui la trouvent. » *André Gide*

Les rues mythiques du MONDE

Portobello Road (Londres, Royaume-Uni)

Cette rue est devenue célèbre grâce au film *Coup de foudre à Notting Hill*, avec Julia Roberts et Hugh Grant. La librairie, fictive, dans laquelle est censé travailler William Thacker (Hugh Grant) se trouve en effet au 142, Portobello Road. Ses maisons victoriennes aux façades colorées accueillent de très nombreuses petites boutiques pleines de charme : librairies, magasins d'antiquités, bazars de vêtements vintage, cafés, restaurants, etc. Le samedi, la rue abrite le Portobello Road Market, le plus grand marché aux puces d'Angleterre.

Humour du monde

ha ha, hi hi, ho ho FRANÇAIS
huhuhuh, hahaha, kukuku JAPONAIS
ax ax ax RUSSE
cha cha LITUANIEN
jajaja ESPAGNOL

Un rabbin et un chauffeur de bus d'Eged, la grande compagnie israélienne, meurent le même jour et arrivent tous les deux devant les juges du tribunal céleste. Le chauffeur est autorisé à entrer au paradis mais pas le rabbin. Étonné, celui-ci proteste :

– Ce chauffeur était totalement athée alors que moi, je n'ai cessé d'enseigner la Torah aux fidèles !

– C'est vrai, mais quand tu dispensais tes cours à la synagogue, tout le monde dormait, alors que quand le chauffeur conduisait son bus, tout le monde priait.

Il faut être philosophe

PASCAL*

« L'homme est un roseau pensant »

« L'homme n'est qu'un roseau, le plus faible de la nature ; mais c'est un roseau pensant. Il ne faut pas que l'univers entier s'arme pour l'écraser : une vapeur, une goutte d'eau suffit pour le tuer. Mais quand l'univers l'écraserait, l'homme serait encore plus noble que ce qui le tue, parce qu'il sait qu'il meurt, et l'avantage que l'univers a sur lui, l'univers n'en sait rien. » Dans ce paragraphe célèbre, Pascal médite sur le paradoxe de la condition humaine : celle-ci est à la fois misérable (par sa fragilité) et grandiose (pour avoir la conscience de cette fragilité). Penser rend l'homme supérieur à la nature, et c'est là toute sa dignité. Mais l'homme qui pense à sa condition mortelle avec lucidité et sincérité ressent aussi beaucoup d'inquiétude ; celui qui choisit l'indifférence cherche à se divertir, en menant une vie superficielle.

* Blaise Pascal (1623-1662), mathématicien, physicien et philosophe français

LES FRANÇAIS NE VEULENT PLUS DEVENIR FONCTIONNAIRES.

75

C'est l'âge d'une Indienne qui a battu le record de la grossesse la plus tardive au monde en donnant naissance à une petite fille. Prabha Devi et son mari de 80 ans, qui n'ont jamais réussi à avoir d'enfant de manière naturelle, ont décidé d'avoir recours à la procréation médicalement assistée. Après plusieurs échecs, Prabha est finalement tombée enceinte grâce à une fécondation in vitro. Les médecins ont préféré déclencher l'accouchement après 30 semaines de grossesse pour protéger la vie de la mère. La septuagénaire a donc accouché par césarienne à l'hôpital de Kinker de Kota, au Rajasthan. À sa naissance, la petite fille pesait moins de 700 grammes. Le nouveau-né a immédiatement été placé dans une couveuse et elle y est restée 6 semaines pour que son état se stabilise.

Lever du soleil
06h53

AVRIL
Jeudi 18

Coucher du soleil
20h48

Saint Parfait – On fête aussi les Panthéa, Ursmer

« Il faut se connaître soi-même : quand cela ne servirait pas à trouver le vrai, cela au moins sert à régler sa vie, et il n'y a rien de plus juste. » *Blaise Pascal*

LES PRÉCURSEURS DE L'ÉCOLOGIE

HANS JONAS

Ce philosophe allemand (1903-1993) met en avant la prévision de l'avenir comme souci des autres. Dans *Le Principe de responsabilité* (1979), il développe le concept d'« éthique de l'incertitude », arguant que notre civilisation technologique doit penser son développement en tenant compte de l'impact sur les générations futures. La pensée de Jonas est à l'origine du principe de précaution, de l'implication morale des évolutions technologiques, et notamment du génie génétique.

29 *Brèves régions*

FINISTÈRE – UN DÉPARTEMENT EXPERT DE LA MER

Le Finistère, premier département maritime de France avec ses 96 ports, est également le premier pôle européen d'observation et de recherche sur les océans. À l'heure où la planète prend conscience des bouleversements des équilibres naturels et de leurs impacts sur le climat et l'avenir de l'humanité, le Finistère concentre 60 % de la recherche au domaine des sciences et technologies de la mer, en accueillant notamment à Plouzané le Campus mondial de la mer, première communauté française dédiée à la connaissance et à la valorisation des ressources marines. Un département qui a le vent en poupe, et pas seulement à la pointe du Raz !

C'est qui celui-là ?

Faire pleurer Margot

Synonyme de « faire pleurer dans les chaumières », l'expression « faire pleurer Margot » dénonce les procédés excessifs employés par certains pour émouvoir et susciter la pitié. Depuis la nuit des temps, l'ancien français et l'argot désignent par le prénom Margot les jeunes filles légères. Peu enclines à la tristesse et aux pleurs, il en fallait beaucoup pour les faire pleurer.

MYTHOLOGIES CÉLESTES

Héros des dieux

Fils de Zeus et d'Alcmène, Hercule est le héros le plus connu de la mythologie grecque. Son histoire est celle d'un enfant adultérin condamné par la haine d'Héra, l'épouse légitime de Zeus, à affronter de multiples épreuves. Ses victoires sont célébrées par des constellations placées dans le ciel, par exemple celles du Lion ou du Crabe (constellation du Cancer), représenté, au pied du Lion, par de petites étoiles dispersées pour rappeler qu'il a été écrasé par Hercule. Le héros trouve sa place dans la voûte, positionné à l'envers et à genoux avec la tête du dragon vaincu à ses pieds. Une représentation qui pour certains évoque une prière envers les dieux, pour d'autres le moment où Hercule prit la place d'Atlas pour soutenir le ciel.

Lever du soleil
06h51

Vendredi 19

Coucher du soleil
20h49

Sainte Emma – On fête aussi les Garnier, Timon, Verny

« Le courage est le juste milieu entre la peur et l'audace. » *Aristote*

Les Bons Bonbons de nos régions

Les bergamotes de Nancy

Légèrement acidulée grâce à l'huile essentielle de bergamote, la bergamote est apparue à Nancy en 1850 grâce au confiseur Lillig. Sur la suggestion d'un ami parfumeur, il décide de marier l'essence de bergamote au sucre cuit. La gourmandise à forme carrée, d'une couleur ambrée, est rapidement adoptée par de nombreux confiseurs nancéiens, à l'instar des maisons Lefèvre et Lalonde, qui ont toujours pignon sur rue. Appréciées aux quatre coins du globe, les bergamotes de Nancy demeurent une tradition locale : les boîtes métalliques richement décorées ne se trouvent facilement que là-bas.

ÇA S'EST PASSÉ Le 19 avril 1824

Lord Byron, poète britannique (né le 22 janvier 1788), précurseur du romantisme, grand voyageur et un des plus grands dandys de son temps, meurt dans la ville grecque de Missolonghi.

SOLUTION MOTS MÊLÉS P. 123

1. BALANÇOIRE 2. BICYCLETTE
3. BILBAO 4. BOULANGER
5. BOULEVARDS 6. CERISES
7. CHANSONNETTE 8. CLOPANT
9. COMPLAINTE 10. FEUILLES
11. GAMIN 12. GIGOLETTE
13. JAVA 14. LOULOU 15. MANÈGE
16. MARCHES 17. PANAME
18. PARTISANS 19. PLAINES
20. POSTALES 21. ROUGE 22. RUES
23. SOURCE 24. TITINE
25. VOISINE

C	A	P	B	R	S	V	V	F	F	T	I	J	R
M	O	V	E	O	O	S	E	U	R	E	R	T	U
A	E	M	A	R	U	U	T	I	T	I	N	E	E
N	C	E	P	J	I	L	G	T	H	M	T	Y	G
E	R	K	G	L	O	O	E	E	T	T	N	S	I
B	U	S	L	U	A	L	C	V	E	P	E	C	G
O	O	E	L	B	C	I	O	N	A	L	E	Q	O
U	S	O	L	Y	P	I	N	R	A	R	S	T	L
L	U	I	C	A	S	O	T	T	I	L	D	G	E
A	B	I	N	I	S	I	S	S	E	Y	A	S	T
N	B	A	N	N	S	O	E	Z	Z	M	E	B	T
G	M	E	A	A	P	S	E	N	I	A	L	P	E
E	X	H	N	O	V	Y	T	N	A	P	O	L	C
R	C	S	E	H	C	R	A	M	A	N	E	G	E

Brèves régions

32

GERS – UNE START-UP CISTERCIENNE

Au XIIe siècle, les granges des abbayes cisterciennes ont permis de développer l'agriculture dans les campagnes françaises. Près d'un millénaire plus tard, les moniales cisterciennes de l'abbaye de Boulaur, dans le Gers, mènent le projet de bâtir leur propre grange pour développer l'agriculture biologique à travers une microferme avec une vingtaine de vaches et une douzaine de cochons. Pour cela, elles emploient les moyens de leur époque, en diffusant via les réseaux sociaux un appel aux dons sous forme d'une vidéo. « Un projet audacieux d'entreprenariat féminin, une start-up du XIIe siècle façon XXIe siècle », disent-elles de leur entreprise.

7 ERREURS

Solution : le panneau des horaires, le cintre, les taches du dalmatien, la poche du pardessus, la laisse, l'oreille du dalmatien, la boucle d'oreille

ACTU

Une pizza 834 fromages, SVP !

Pour les Italiens, la pizza à l'ananas est pire qu'un blasphème ! Eh bien, la création de trois Lyonnais s'apparente certainement pour nos voisins transalpins à un nouveau sacrilège : le chef Julien Serri, le youtubeur Morgan VS et le fromager François Robin ont créé une pizza garnie de 834 fromages français ! On parle là d'un exploit mondial, inscrit au Guinness World Records. *Confectionnée en 2021 à l'occasion du SIRHA, le rendez-vous des professionnels de l'alimentation et de la restauration, leur « hérésie » culinaire ne mesurait que 30,5 cm de diamètre, un minuscule bout de chaque fromage étant disposé de manière à ne pas en couvrir un autre. Il ne s'agit pas de la première expérience lyonnaise en matière de pizza au fromage. Quelques mois auparavant, un pizzaiolo lyonnais avait déjà fait parler de lui en réalisant une pizza aux 257 fromages, un record qui a donc été pulvérisé. Mais que font les Italiens ?*

Lever du soleil
06h49

Samedi 20

Coucher du soleil
20h51

Sainte Odette – On fête aussi les Odiane, Théotime

« Chacun de nous est responsable de tout devant tous. » *Fiodor Dostoïevski*

CALEMBOURS ou RÉPARTIES cultes du cinéma

Dans quel film ?

« On ne peut pas tromper une personne mille fois… si, si on peut tromper mille personnes une fois… euh mille fois… non, on ne peut tromper pas une fois mille personnes, Odile, mais on peut tromper une fois mille personnes, oui on ne peut pas tromper mille fois… »

Réponse : La Cité de la peur, d'Alain Berberian.

CRÊPAGE DE CHIGNONS Dustin Hoffman & Meryl Streep

Film aux cinq Oscars, dont celui du meilleur film, celui du meilleur acteur et celui de la meilleure actrice, *Kramer contre Kramer*, sorti en 1979, a bouleversé le public. L'histoire raconte l'affrontement douloureux d'un couple en plein divorce joué par Dustin Hoffman et Meryl Streep. Or l'atmosphère de violence psychologique, voire physique, qui pèse sur ce mélo n'est pas si éloignée de celle qui prévalait sur le tournage. Installé au sommet depuis une dizaine d'années, l'ex-Little Big Man, en pleine procédure de divorce lui-même, a véritablement tyrannisé l'actrice dont c'était le premier grand rôle. Dès la première prise, il l'a violemment giflée. Lors d'une scène de dispute, il a volontairement fracassé son verre de vin contre un mur sans l'avertir. Pire, Dustin Hoffman n'a cessé de provoquer Meryl Streep au sujet de John Cazale (Fredo, dans *Le Parrain*), son compagnon qui venait d'être emporté par un cancer. Les deux stars n'ont plus jamais tourné ensemble.

CITATIONS HUMORISTIQUES : BLAGUES ET VANNES

« Avant, il y avait beaucoup de boulot pour les ouvriers. Ils étaient pas beaucoup payés, mais il y avait beaucoup de boulot. Maintenant, ils sont mieux payés, les ouvriers, mais c'est fini, y a plus de boulot. »

Coluche

Une chanson dans la tête

La bohème, Charles Aznavour

Avec une voix que certains qualifient de lamentable, un physique impossible, ce fils de réfugiés arméniens n'a aucune chance de réussir sur scène ; et pourtant, il deviendra une vedette internationale de la chanson. Édith Piaf l'encourage, l'éditeur Raoul Breton le produit. Sa passion, sa sensibilité, un effet de surprise aussi font qu'il commence à rencontrer le succès au début des années 1960.

Dans « La bohème », en 1966, sur les paroles de Jacques Plante, il fait un parallèle entre la vie d'un artiste peintre dans le Montmartre idyllique de sa jeunesse et ses difficultés dans la chanson. L'image *d'un temps que les moins de vingt ans ne peuvent pas connaître* résume bien l'atmosphère qui régnait sur la butte à cette époque : *Bien que miséreux / Avec le ventre creux / Nous ne cessions d'y croire.*

Lever du soleil
06h47

Dimanche 21

Coucher du soleil
20h52

Saint Anselme – On fête aussi les Anceline, Lancelot

« Pardonner est une action plus noble et plus rare que celle de se venger. » *William Shakespeare*

TAUREAU Vermot'roscope

21 avril – 21 mai

Votre caractère

Observateur, terre à terre, concret, organisé, volontaire, déterminé voire buté, résistant, travailleur, sensible, sensuel, bon vivant, épicurien, fidèle, fiable, sincère, ambitieux.

Les événements célestes de 2024

Jusqu'à fin mai, **Jupiter** souffle un vent d'optimisme et de bien-être. Sachez surfer sur ces influences ultra-positives pour réenchanter votre quotidien et donner une nouvelle direction à votre vie.

En avril, **Jupiter** s'allie à **Uranus**, vous connaissez une période de félicité, d'évolution rapide ou de renouveau. Pour beaucoup, ce mois marque un tournant dans votre existence. La chance vous sourit ou une situation délicate se révèle bénéfique. Sachez voir le verre à moitié plein plutôt qu'à moitié vide.

PLEINS FEUX SUR 2024, DOMAINE PAR DOMAINE

Vie relationnelle : Au premier semestre, vous êtes sociable, ouvert d'esprit, curieux des autres et d'une grande générosité. Vous avez soif de contacts et d'échanges. Au second semestre, vos relations avec les autres vous nourrissent. La simplicité alliée à la bonne humeur vous comble de joie.

Amour : ***En couple*** : inspiré, cette année, vous ne manquez pas d'idées pour divertir votre moitié. À vos côtés, celle-ci a peu de chance de s'ennuyer. C'est une année parfaite pour voir renaître la passion, donner un nouvel élan à votre vie conjugale ou remettre les compteurs à zéro.

Célibataire : de belles configurations astrales viennent chambouler votre quotidien. Si vous êtes en quête d'un nouvel amour, le printemps est le meilleur moment pour vous ouvrir à un nouveau sentiment. À vous de jouer. Vous avez toutes les cartes en main afin de redéfinir votre vie affective.

Famille : D'un bout à l'autre de 2024, vous servez de liant et de ciment à vos relations. Ainsi savez-vous être là pour vos proches (parents, enfants, petits-enfants). C'est une année favorable aux rassemblements familiaux et aux événements joyeux.

Quotidien et vitalité : Très belle année qui vous permet de refaire le plein d'énergie et d'optimisme. Dès janvier, votre regard sur la vie évolue ou change. Conséquence : vous êtes plus facile à vivre et affable. Votre curiosité développée vous incite à vous ouvrir à d'autres horizons et d'autres loisirs.

Budget : Les astres vous font une fleur. Si vous avez parfois du mal à boucler vos fins de mois de janvier à mai, dès juin vos finances sont à la hausse. Petit à petit, vous vivez mieux. La stabilité est au rendez-vous. Vous terminez 2024 plus rassuré et serein.

DES nuisibles PAS nuisibles

LE MOINEAU

L'utilité est une notion relative et l'on n'est nullement obligé de la faire dépendre uniquement du rôle d'une espèce donnée vis-à-vis de l'agriculture. Le moineau vit près des humains, à la campagne comme en ville, et sa présence, ses chants et ses sautillements sont réconfortants dans un environnement qui tend à se durcir. Ce serait là une utilité suffisante. Il a été considéré comme nuisible, car amateur de graines de céréales, mais il mange surtout celles des plantes sauvages, outre quelques insectes. Les pesticides le mettent donc en danger. Aussi faudra-t-il peut-être un jour protéger les « piafs » !

Monarchies du monde

Espagne

Après la période franquiste, la famille de Bourbon a retrouvé le trône d'Espagne en 1975. Juan-Carlos Ier et son fils Felipe VI, roi depuis 2014, sont les descendants de Louis XIV par son petit-fils Philippe V, couronné en 1700. Pour conserver son titre de roi d'Espagne, celui-ci a dû renoncer à la couronne de France et au projet d'unification des pays souhaité par son grand-père.

Lever du soleil
06h45

Coucher du soleil
20h54

Saint Alexandre – On fête aussi les Sacha, Opportune

« La vraie faute est celle qu'on ne corrige pas. » *Confucius*

Le saviez-vous ?

Joyeux anniversaire !

Le jour de leur anniversaire, les Grecs anciens rendaient hommage à Artémis, déesse de la chasse, mais aussi de la Lune et des accouchements. Pour cela, ils déposaient sur son autel un gâteau de miel rond, rappelant la forme de la Lune, et disposaient tout autour des cierges, rappelant sa lueur. Après un temps de recueillement au cours duquel ils formulaient leur vœu, ils soufflaient sur les cierges pour les éteindre.

Ça ne rime à rien...

Fichtre

Les « mots-valises » ne sont pas un signe de notre époque. Autrefois, on n'hésitait pas non plus à concaténer plusieurs mots pour en créer un nouveau. C'est le cas de « fichtre », qui exprime l'étonnement ou la contrariété. Cette interjection est née au XIXe siècle d'un croisement entre les verbes « ficher » et « foutre ».
Résultat : ce néologisme ne rime aujourd'hui avec rien.

ÇA S'EST PASSÉ Le 22 avril 1724

Emmanuel Kant, philosophe allemand, auteur de la *Critique de la raison pure* (1781), naît à Königsberg, en Prusse orientale, dans une famille de onze enfants.

La dictée du mois — *La Camargue d'autrefois*

Ce pays [la Camargue] n'a pas toujours été abandonnée à cette sorte d'état sauvage dont le spectacle nous étonne en pleine civilisation. De belles et actives cités s'y élevèrent ; les Saintes-Maries, Aigues-Mortes, jouirent longtemps du mouvement et de la prospérité d'un véritable port de mer. Bientôt cependant les innondations et les atterrissements du Rhône vinrent changés les conditions de la contrée et ruiner à la foie son agriculture, son commerce et son industrie. Touchant au terme de son court, non moins bizarre et désordonné que celui du Nil, le grand fleuve venu des Alpes charrit des débris d origine diverses, qu'il abandonne sur le sol riverain avant de disparaître dans la mer. Ces débris […] viennent s'ammonceler près de la Méditerranée avec les détritus d'animaux et de végétaux en décomposition.

4/10

Juliette Figuier, « Le Gardian de la Camargue », in Revue des deux mondes, *tome 35, 1861.*

abandonné, inondations, changer, fois, cours, charrie, diverse, s'amonceler

LE CYCLISME AUX JO

AUX ORIGINES

Le cyclisme est présent aux Jeux dès la première édition de l'ère moderne, à Athènes en 1896. Six épreuves sont au programme, une sur route, cinq sur piste. La France décroche quatre des six médailles d'or, Paul Masson devenant le premier champion olympique de cyclisme et décrochant deux autres médailles d'or dans la même journée, une performance unique. À noter que l'ultime épreuve de l'olympiade est une course de 12 heures. Sur les sept partants – à 5 h du matin ! –, deux terminent après avoir parcouru 315 km.

AVRIL

Lever du soleil **06h43**

Mardi 23

Coucher du soleil **20h55**

Saint Georges – On fête aussi les Gorgia, Fortunata, Gordon, Jordi

« Aucun de nous ne sait ce que nous savons tous, ensemble. » *Euripide*

MOTS FLÉCHÉS

CHANGERA D'AVIS (SE) / RAMENER AU DÉPART
EFFET PRODUIT PAR L'HÉROÏNE / BRANCHE DES MATHS
VIENT D'AVOIR / ÉTIOLER
PEUT ÊTRE BŒUF / ALOUETTE
EN SUSPENS
NE GARDE PAS / CONDUITE
EST UN SUCCÈS
QUI SE TOUCHE / ORNE LA TÊTE
GUIDE / PRENIONS L'AIR
D'OCCASION DONC / SERVICE RAPIDE
JEU OU ORDRE / PAS UN AUTRE
SUCRE / VICTIME DE L'EMPLOI
SALSEPAREILLE
DÉPÔT ÉOLIEN / FÊTERAI
A SON POINT / PARIER
RELÈVE L'ÉPAULE / METTENT EN VALEUR
NOTE / NUANCE TRÈS FAIBLE
FÉTIDE / TEMPS PASSÉ
MARÉCAGEUX
PÂQUERETTE
ID EST / AURAI LA PEAU DE QUELQU'UN
CAP / LARDON
RAVI / SOUTIENT
DIVISION
ON EN FAIT DU PAPIER / PEUT AVOIR UN TROU
TRANSPORT ANGLAIS
LIVRÉES / PASSIONNÉ
VOITURE DE COURSE / ÉCUMES
BARDERAI / GRAVITÉ
ROUGET
SUIT FRIC / POILU PAR L'USURE
IRAI DE PIS EN PIS
IL EST BAS AU DÉBUT / ADMIRATEURS
FAIT DU BRUIT / PRÉSENT SUR LA SCÈNE
DAME DE CŒUR / ŒUFS
LIVRE / LIVRA
FIT LE MORT / ATTIRE L'ATTENTION
SOUS SOL / AU
NÉ
SUIT MARC / CONVOQUERAS
VILLE DE BAVIÈRE
MANGE

SOLUTION PAGE 137

Lever du soleil
06h42

Mercredi 24

Coucher du soleil
20h57

Saint Fidèle – On fête aussi les Fidélia, Mellitus

« Les conséquences d'un acte sont incluses dans l'acte lui-même. » *George Orwell*

INVENTIONS bleu, blanc, rouge

Le braille

Difficile de ne pas savoir que le braille est une invention française, puisque ce système d'écriture tactile porte le nom de son inventeur. Devenu aveugle enfant, Louis Braille avait appris à reconnaître avec ses doigts des lettres en relief, mais ne pouvait pas écrire. Grâce à sa ténacité, il mit au point un alphabet spécifique ne suivant pas la forme des lettres classiques.

La Véritable Histoire de… Norman Bates

Ce tueur psychopathe créé par l'auteur Robert Bloch dans son roman *Psychose* et porté au cinéma en 1960 par Alfred Hitchcock, avec un Anthony Perkins glaçant, n'est pas sans rappeler le serial killer Ed Gein. À l'instar de Bates, Gein a été élevé par une mère possessive et maltraitante qui l'a privé de tout contact avec les autres jeunes de son âge. Lui vouant, comme Bates, un véritable culte, il n'a pas supporté sa mort et a tout tenté pour la faire revivre. Ainsi, Gein déterrait des cadavres et découpait leur peau pour s'en faire un « habit » de femme. Dans *Psychose*, Bates se « contente » d'empailler sa mère. Peu après ce décès, l'un comme l'autre commencent à massacrer des femmes. Surnommé « le boucher de Plainfield », Ed Gein a toutefois un « palmarès » plus modeste que Norman Bates. Arrêté en 1957 après deux meurtres, il est déclaré mentalement irresponsable et envoyé dans un hôpital psychiatrique où il meurt en 1984. Envoyé à l'asile, Norman Bates ressort, lui, au bout de vingt-deux ans. Pas tout à fait guéri, comme on le découvre dans *Psychose 2*.

Apéro

Saucisson

Le saucisson, nommé d'après le latin *salsus* qui signifie *salé*, est l'une des plus anciennes spécialités charcutières du monde. Romains et Gaulois le dégustaient déjà avec une cervoise. À partir du XVIe siècle, la ville de Lyon popularise le mets en France et de nombreuses variantes sont développées progressivement dans toutes les régions : figatellu, chorizo, lukinke, rosette, salami, fumé, à l'ail… Traditionnellement fabriqué à partir de viande de porc, le saucisson peut aussi être au taureau, à l'âne ou au sanglier.

ACTU

Loup y est bien

Pourquoi certains chiens sont-ils minuscules, alors que d'autres sont énormes ? Il y a quinze ans, des chercheurs avaient déjà tenté de résoudre cette énigme, sans y parvenir. Grâce à une étude menée par un chercheur de l'université de Rennes, nous avons enfin la réponse ! Jocelyn Plassais, spécialiste de la génétique des chiens, a examiné les génomes de 1 431 canidés pour en tirer cette conclusion : la diversité de taille des chiens est surtout liée à une mutation qui existait bien avant leur domestication, il y a 10000 à 15000 ans. Autrement dit, il y avait déjà des petits loups et des grands loups. Bien sûr, par la suite, les éleveurs ont joué un rôle important dans la création des races modernes de chiens en sélectionnant les individus qui présentaient les caractéristiques souhaitées, mais la vérité est que la diversité de la taille des chiens est enracinée dans l'histoire génétique de l'espèce. La prochaine fois que vous croiserez un chihuahua et un dogue allemand, n'oubliez pas que l'un comme l'autre descendent de loups, plus ou moins grands c'est tout.

Lever du soleil
06h40

Jeudi 25

Coucher du soleil
20h58

Saint Marc – On fête aussi les Marcia, Clarence, Ermin, Héribald

« Celui qui a bon cœur n'est jamais sot. » *George Sand*

La saga de l'orthographe

Peu à peu, sous l'impulsion du pouvoir central, est née ce que l'on a appelé la « belle langue », littéraire, à l'origine de celle que l'on apprend à l'école, respectant scrupuleusement le français et ses règles, son équilibre, sa précision, son rythme et la rigueur de sa syntaxe, autant de qualités qualifiées de « naturelles ». La langue du XVIIIe en est l'illustration.

➠ *À suivre p. 143*

CHARADE répétitive

Mon premier est imprécis,
Mon deuxième est une masse de personnes,
Mon troisième se dit d'un vêtement qui a de l'ampleur,
Mon quatrième qualifie un terrain en friche,
Mon cinquième est le nerf pneumogastrique,
Mon sixième est indéterminé,
Mon septième est une situation atmosphérique durable et inhabituelle,
Mon huitième est une sorte de râteau dont se servent les brasseurs,
Mon neuvième est le soulèvement de l'eau dans une étendue liquide,
Mon dixième est une ondulation de la chevelure,
Mon tout exprime ce que fait une personne qui n'a plus sa tête.

DIVAGUE (Dix vagues)

SYSTÈME D

LA PEINTURE MAGNÉTIQUE

Un produit innovant encore mal connu ! Elle décore un mur ou une porte et permet de fixer toutes sortes d'objets sans percer, au moyen d'aimants. Elle est plus ou moins fortement aimantée en fonction du taux de magnétite qu'elle contient (par exemple, 55 % ou 75 %). On l'applique comme une peinture classique, en trois ou quatre couches, ou même davantage pour que l'aimantation soit plus puissante. L'aspect est le plus souvent gris ardoise, et on l'utilise fréquemment comme tableau noir, mais il est possible de la recouvrir d'une peinture d'une autre couleur. Pour fixer des objets, on a recours à des aimants adhésifs. Pour un cadre, on place au dos un aimant à chaque angle et on l'appuie fortement sur la peinture aimantée. Il tiendra solidement, sans risquer de vous tomber sur la tête.

CITATIONS HUMORISTIQUES : BLAGUES ET VANNES

« À force d'être déçu par les autres, je finirai bien par croire en moi. »
Frédéric Dard

ÉNIGMES

Plusieurs cartes de crédit n'ont jamais atteint leurs destinataires. Trois employés des postes, Romain, Maxime et Cécile, sont suspectés et ont été appréhendés. La police a réussi à établir les faits suivants :

1. Si Romain est innocent, ou si Maxime est coupable, Cécile est coupable.

2. Si Romain est innocent, Cécile est innocente.

La culpabilité de l'un d'eux peut-elle être établie ?

Solution
Si Romain est innocent, Cécile est à la fois coupable et innocente, ce qui n'est pas possible ; donc, Romain est coupable.

Lever du soleil
06h38

Vendredi 26

Coucher du soleil
21h00

Sainte Alida – On fête aussi les Alda, Aldona, Espérance

« Vivez, si m'en croyez, n'attendez à demain : / Cueillez dès aujourd'hui les roses de la vie. »
Pierre de Ronsard

Le saviez-vous ?

La faute aux Anglais

Si nos bouteilles de vin ont une contenance de 75 cl et non de 1 l, c'est parce que ce sont les Anglais qui nous ont imposé ce volume. Au XIXe siècle, nos voisins d'outre-Manche étaient les principaux importateurs des vins français. Les vignerons leur faisaient parvenir des barriques de 225 l. Le gallon (environ 4,5 l) étant leur unité de mesure, ils pouvaient ainsi obtenir un nombre rond de bouteilles, 300, un gallon équivalant à 6 bouteilles. Bien plus simple pour les comptes !

Plantes qui soignent

LA MARJOLAINE

« Un bouquet de marjolaine, S'il fleurit je serai reine… » On connaît la chanson, mais beaucoup moins la plante – qui ne fleurit pas en culture ! Avec son joli feuillage frais, la marjolaine à coquilles est délicieuse dans les salades et sur les pizzas. La tisane (de feuilles, de tiges et de fleurs) calme les douleurs musculaires et les règles douloureuses. En usage externe (gargarisme), on la conseille contre les aphtes. C'est une vivace, mais on la cultive en annuelle, en sol léger et au soleil.

Brèves régions

34

HÉRAULT – LE GOUFFRE DU DIABLE

À l'entrée des gorges de l'Hérault, creusées par la rivière dans la montagne il y a 7 millions d'années, se trouve le pont du Diable, un des plus vieux ponts médiévaux français, classé au patrimoine mondial de l'humanité par l'Unesco en 1998. Ses grandes arches enjambent le fleuve en son point le plus étroit depuis le XIe siècle et la légende raconte que, berné par les hommes, le Diable se serait suicidé ici en sautant du haut du pont juste après sa construction. Son plongeon dans l'eau creusa le « gouffre noir », que les adeptes du canoé n'ont plus peur de franchir aujourd'hui tellement ils sont subjugués par le paysage sublime qui les entoure.

Recette

Ceviche de cabillaud

Pour 2 pers. | **15 min de préparation** | **30 min de repos**

- 2 dos de cabillaud, sans la peau
- 2 citrons verts non traités
- 1 avocat
- 1 belle mangue
- Graines de sésame
- Huile d'olive
- Fleur de sel, poivre du moulin

Coupez le poisson en gros cubes.

Dans un saladier, mélangez les cubes de cabillaud avec le jus d'un citron vert, de l'huile d'olive, du sel et du poivre. Filmez et réservez 30 min au réfrigérateur.

Coupez l'avocat en deux. Ôtez le noyau. Récupérez la chair à l'aide d'une petite cuillère et émincez-la. Citronnez-la avec le jus du second citron.

Coupez la mangue en contournant le noyau. Quadrillez chaque demi-mangue, retournez la peau et récupérez les cubes de chair à l'aide d'une cuillère.

Répartissez l'avocat et la mangue sur des assiettes de service. Déposez les cubes de poisson marinés dessus et saupoudrez le tout de graines de sésame.

Conseils
Le ceviche est une entrée délicieuse. Le poisson doit être très frais, puisqu'il est consommé cru. Vous pouvez ajouter des tomates cerises.

Lever du soleil
06h36

Samedi 27

Coucher du soleil
20h01

Sainte Zita – On fête aussi les Anthime, Floribert, Konwen

« J'ai appris qu'une vie ne vaut rien, mais que rien ne vaut une vie. » *André Malraux*

Cocktails

Margarita

Pour 1 verre à cocktail – 5 min de préparation

- *40 ml de tequila*
- *20 ml de curaçao triple sec*
- *20 ml de jus de citron vert*
- *1 quartier de citron vert non traité*
- *3 glaçons*
- *Sel fin*

Humidifiez le bord du verre en glissant dessus le quartier de citron puis trempez-le dans du sel pour givrer le verre.
Versez le reste des ingrédients dans un shaker et agitez bien.
Versez dans le verre.
Décorez du quartier de citron.

Etymologie

Il ne peut plus faire office d'anti-moustiques

Qui aurait l'idée aujourd'hui d'utiliser un canapé pour se protéger des piqûres de moustiques ? Et pourtant, c'est bien ce que faisaient nos aïeux du Moyen Âge… Mais à cette époque le nom *canapé*, que l'on trouvait sous la forme *conopé* et que le XVIIe siècle a altéré en *canapé*, désignait une moustiquaire. En effet, *conopé* est issu, par l'intermédiaire du latin, du grec *conopeiom*, « moustiquaire », lui-même dérivé de *konops*, « moustique ». Il a désigné ensuite par analogie un rideau de lit, puis par métonymie un lit paré d'un tel rideau. Le rideau est tombé, le meuble est resté…

SCHŒLCHER

C'est sa ville !

Baptisée autrefois Case-Navire, Schœlcher est aujourd'hui la quatrième commune la plus peuplée de la Martinique, avec 150 000 habitants. Cette ville universitaire porte, depuis 1889, le nom de Victor Schœlcher, un homme politique français d'origine alsacienne, connu pour avoir agi en faveur de l'abolition définitive de l'esclavage. Car si l'esclavage avait déjà été aboli à la Révolution, il fut rétabli quelques années plus tard par Napoléon Ier et il faudra attendre le 27 avril 1848 pour que le décret d'abolition soit signé par le gouvernement provisoire de la Deuxième République. Victor Schœlcher était toujours vivant lorsque la ville antillaise prit son nom, un cas rarissime dans l'histoire.

-62,7

C'est en degré Celsius la température polaire relevée en décembre 2022 à Iakoutsk, capitale de la République de Sakha, en Sibérie. Déjà considérée comme la plus froide au monde, la ville enregistrait ainsi un nouveau record de température négative. Selon les météorologues, c'était la première fois depuis plus de vingt ans que le mercure descendait sous les -60 °C. Des températures similaires ont été enregistrées dans la ville de Tongulack, à 270 km de là. D'après les experts, ces températures records sont notamment dues au pergélisol sur lequel repose la ville. Mieux connu sous le nom de permafrost, il s'agit d'un sol perpétuellement gelé, un agglomérat de terre, de gravier et de sable lié par la glace sous la surface de la Terre. Située à environ 5 000 km de Moscou, Iakoutsk n'est pourtant pas épargnée par le réchauffement climatique. Les variations de température y sont impressionnantes : elles culminent par exemple à 30 °C en été, soit plus de 90 °C de différence avec la température record enregistrée en décembre dernier.

Lever du soleil
06h34

Dimanche 28

Coucher du soleil
21h02

Sainte Valérie – On fête aussi les Vital, Valéria, Chanel

« Ne demande jamais ton chemin à quelqu'un qui le connaît, car tu ne pourrais pas t'égarer. »
Rabbi Nahman de Breslev (mystique juif)

SOLUTION MOTS FLÉCHÉS P. 132

	D		T		O		E		I		R	
R	E	T	R	A	N	S	F	O	R	M	E	R
	J	O	I	N	T	I	F		R	E	N	E
H	U	P	P	E		R	E	V	E	N	D	U
	G	O		M	A	L	T	O	S	E		S
C	E	L	U	I	C	I		L	O	E	S	S
	R	O	S	E	E		A	I	L		M	I
G	A	G	E	R		C	R	O	U	P	I	
		I	E		H	O	R	N		P	L	U
F	E	E		M	I	T	O	S	E		A	L
	R		F	I	E	E	S		T	A	X	I
C	A	B		O	R	N	E	R	A	I		G
	F	R	A	C		T	R	A	I	R	A	I
P	L	U	C	H	E		A	G	E		O	N
	E	L	U	E		F	I	E		T	U	A
F	R	A	I		F	A		S	O	R	T	I
	A	N	T	O	I	N	E		H	A	A	R
C	I	T	E	R	A	S		B	E	C	T	E

ASTUCES 2 FAINÉANT

En finir avec le désherbage

Les jardiniers le savent bien : il y a tous les jours du travail au jardin, quelle que soit la taille de celui-ci. À partir du printemps, notamment, et jusqu'à l'automne, il faut sans cesse désherber ses cultures. Un travail qui ne finit jamais, tellement les plantes non souhaitées semblent pousser plus vite que celles qu'on veut cultiver ! Une astuce est à conseiller à ceux qui ne veulent pas passer leurs journées à genoux dans le jardin pour retirer une à une les mauvaises herbes : elle consiste à couvrir le sol dès l'hiver, après l'avoir retourné, d'une bâche spéciale qui laisse passer l'eau de pluie. Les plantations se feront alors simplement en incisant cette bâche aux endroits où placer les plants. Ailleurs, sans lumière, les mauvaises herbes ne se développeront pas.

PAROLES

Les mots des flics et des voyous

PAROLES

Explication des évangiles

• Cours de droit pénal et de procédure pénale dans les écoles de police. Le premier énumère les infractions et fixe les peines. Le second organise les étapes de la procédure judiciaire, depuis l'infraction jusqu'à l'exécution de la condamnation. Le code de procédure pénale est logiquement surnommé le « Nouveau Testament ». L'école de police est, au choix, la maternité, la maternelle ou la couveuse à poulets. • Recadrage vigoureux d'un subordonné par son chef de service.

FRAUDE AU VATICAN

Présentatrices mythiques de TV

Estelle Denis

Journaliste sportive, Estelle Denis est née en 1976 à Paris. Elle est notamment connue pour avoir animé, de 2005 à 2008, l'émission *100 % Foot* diffusée sur M6. Après sa formation au Celsa, la journaliste entre à France 2 afin de couvrir la Coupe du monde de foot de 1998 – en parallèle elle présente *Foot et prolongations* sur TPS Star. Premiers matchs en direct puis entrée à *Téléfoot* (TF1) en 2004, Estelle Denis poursuit son chemin, jusqu'à décrocher *100 % Foot*. Gagnant en notoriété, elle se diversifie et fait quelques apparitions dans des séries, puis présente des émissions aussi bien people que politiques (*100 % Mag*), jusqu'à *La Nouvelle Star*. La journaliste passe ensuite sur TF1 pour animer différentes émissions de divertissement, et s'essaie à la radio. Denis revient au journalisme sportif en 2017, sur la chaîne *L'Équipe*, puis file sur RMC en 2021 pour présenter *Estelle Midi*.

Lever du soleil
06h33

Lundi 29

Coucher du soleil
21h04

Sainte Catherine de Sienne – On fête aussi les Ava, Segondel

« On ne peut être libre contre les autres hommes. » *Albert Camus*

Heureux Mariages

Il y a fort longtemps, à Moulins (Allier), vivaient **GASPARD LE MORT** et **MARGUERITE LAVYE**, son épouse. Malheureusement, c'est elle qui partit en premier… C'est ainsi que Lavye s'éteignit le 29 juin 1677 pendant que Le Mort restait en vie. Lorsqu'il mourut à son tour, quelques années plus tard, certains pensent que son âme a rejoint celle de son épouse. Le Mort est revenu à Lavye.

AHAHAHAHAH ! OH ! OH ! AH ! AH ! AH ! HI ! HI ! HI ! WHA HA ! HA !

LA BONNE BLAGUE

Installés dans l'avion, des passagers attendent le départ de leur vol depuis un petit moment. Ils s'impatientent un peu, mais les hôtesses de l'air assurent que les pilotes ne vont pas tarder à arriver. Effectivement, deux hommes en uniformes de pilote apparaissent à l'arrière de l'appareil. Ils portent tous les deux des lunettes noires, le premier tient en laisse un chien-guide et le second avance avec une canne blanche. Les passagers pensent qu'il s'agit d'une blague, mais les deux hommes entrent dans le cockpit, ferment la porte. Les passagers commencent à se regarder avec un peu d'anxiété. Bientôt l'avion démarre, commence à avancer sur la piste, accélère, de plus en plus vite Les passagers assis près des hublots voient que l'appareil se dirige droit vers l'eau à la limite de la piste. Encore quelques dizaines de mètres et l'avion va plonger. Des cris de panique envahissent la cabine. À ce moment, l'avion s'élève doucement dans les airs. Les passagers se détendent. On commence à sortir les revues, livres et ordinateurs pour le voyage. Pendant ce temps, dans le cockpit, le pilote se tourne vers le copilote et lui dit :

– Tu sais, Bob, un de ces jours, ils vont crier trop tard et on va tous mourir.

Ha! Ha! Ha!

CITATIONS HUMORISTIQUES : BLAGUES ET VANNES

« Tout nous arrive un jour, tôt ou tard, ce n'est qu'une question de temps. »

Bernard Shaw

EURO 2024
SENSATION DANOISE

En 1992, l'équipe de France se présente en phase finale de l'EURO après avoir réussi une campagne de qualification parfaite (huit victoires en huit matchs). Dans son groupe, un changement fait tout basculer. Quelques jours avant le coup d'envoi de l'épreuve, une résolution de l'ONU entraîne l'exclusion de la Yougoslavie en raison de la guerre qui ravage le pays. Les Bleus ne retrouveront donc pas une formation affrontée en 1984, mais y croisent un appelé de dernière minute, aussi rencontré en 1984 : le Danemark. Arrivés sans préparation, les Danois retournent l'Europe. Ils neutralisent l'Angleterre avant de se qualifier pour les demi-finales en battant les Bleus. En demies, le Danemark écarte le champion sortant, les Pays-Bas, avant de s'offrir l'Allemagne, champion du monde en titre, en finale.

UEFA - UEFA - UEFA - UEFA - UEFA

AU JARDIN

Le fumier de cheval

C'est un fumier « chaud », qui dégage de la chaleur en se décomposant, ce pourquoi on l'utilise traditionnellement pour les couches chaudes. Disponible en grande quantité jadis, il est devenu rare aujourd'hui, mais on peut s'en procurer par exemple auprès de clubs équestres. Il est intéressant parce que c'est un bon fertilisant, en même temps qu'un amendement, recommandé pour alléger et aérer les terres lourdes et argileuses. Il contient une bonne proportion de paille et, pour le composter, mieux vaut y intégrer des déchets du jardin et de la cuisine. Il est préférable de l'utiliser bien « mûr », c'est-à-dire bien décomposé, ce qui garantit l'élimination des éléments pathogènes. Épandez-le en fin d'hiver, à raison de 3 kg/m^2, et griffez le sol superficiellement avant les plantations.

Lever du soleil
06h31

Mardi 30

Coucher du soleil
21h05

JOUR DES DÉPORTÉS

Saint Robert – On fête aussi les Robin, Aphrodise, Eutrope

« On sait bien que les contes de fées,
c'est la seule vérité de la vie. » *Antoine de Saint-Exupéry*

Bibliophiles

Le Sang noir, Louis Guilloux (Gallimard, 1935)

Louis Guilloux écrit après la Première Guerre, donc à coups de poing, en bourru, en révolté, en écorché vif. Anti-*Voyage au bout de la nuit* de Céline, ce roman raconte la journée d'une petite ville de l'arrière, en 1917, à travers les voix d'un professeur de philosophie, de ses élèves qui le moquent, des notables locaux. Entre Flaubert et Dostoïevski, ce très grand roman français de l'entre-deux-guerres ne cesse d'étonner : le grotesque et la bêtise ambiante y révèlent en creux la complexité de l'âme humaine. Et rappellent que « la vérité de ce monde, ce n'est pas qu'on meurt, c'est qu'on meurt volé ».

ÇA S'EST PASSÉ Le 30 avril 1524

Pierre Terrail de Bayard, le chevalier « sans peur et sans reproche », est mortellement blessé dans le combat contre les troupes de Charles Quint, après la défaite de Romagnano, en Italie.

CHIRURGIE : LA ROBOTIQUE SE DÉVELOPPE

ACTU

Le rêveur, ce penseur

L'homme, cet être étrange qui se plaît à laisser son esprit s'évader, emporté par le courant de ses pensées, perdu dans ses rêveries. Une étude récente publiée dans la revue scientifique Cell Reports *montre que cette tendance est propre à l'espèce humaine et contribue à notre développement cognitif. Contrairement aux grands singes, notre cerveau possède ce qu'on appelle un « mode par défaut » complexe et interconnecté, permettant de passer d'une idée à l'autre, sans véritable lien ni contrôle. Les scientifiques l'ont baptisé le « vagabondage de la pensée ». Cette errance mentale qui nous emporte de la contemplation de notre papier peint à l'analyse de notre dernier rêve en passant par des réflexions plus profondes est extrêmement bénéfique pour notre cerveau. Grâce à ces moments d'errance, nous devenons plus intelligents.*

OENOTOURISME

La route des Grands Crus, en Bourgogne

Terre de chardonnay, productrice de quelques-uns des plus grands vins blancs secs du monde, la Bourgogne et sa route des Grands Crus réserve une expérience savoureuse entre gastronomie et patrimoine architectural. Le circuit s'étire sur 60 km, entre Dijon et Santenay, traversant 38 villages viticoles pittoresques des Côte de Nuits et Côte de Beaune. Les caves médiévales, témoignages de l'activité viticole ancestrale du pays, comme les hôtels particuliers construits pour les marchands de vins au XIXe siècle, ponctuent des vallons généreux, qui ne dépassent pas 400 m d'altitude. De nouvelles voies cyclables viennent d'être aménagées pour faciliter la découverte de cette campagne splendide. À Beaune, le musée du Vin de Bourgogne et les Hospices de Beaune sont incontournables.

Mercredi 1er MAI

FÊTE DU TRAVAIL

Saint Jérémie – On fête aussi les Brieuc, Jean-Louis

Lever du soleil **06h29**

Coucher du soleil **21h037**

« Pour connaître un homme, il faut d'abord se connaître. » *William Shakespeare*

LA LETTRE MYSTÈRE

14 mai 1904

[...] C'est pourquoi les jeunes gens, qui sont en tout des débutants, ne sont pas encore capables de l'amour ; ils doivent l'apprendre. De tout leur être, de toutes leurs forces ramassées autour de leur cœur solitaire, inquiet, et dont montent les battements, ils doivent apprendre à aimer. Mais le temps de l'apprentissage est toujours long, et clos ; aimer est donc, pour longtemps, loin en entrant dans la vie : solitude ; c'est une plus intense et plus profonde manière d'être seul, pour qui aime. Aimer n'est rien d'abord qui signifie se fondre, se donner et s'unir à une seconde personne [...], c'est pour l'individu une sublime occasion de mûrir, de devenir en soi-même quelque chose, de devenir monde, pour l'amour d'un autre, monde pour soi-même ; aimer est une grande et immodeste exigence envers l'individu, c'est une chose qui le choisit et l'appelle vers le vaste. C'est dans ce sens seulement, celui d'une tâche, d'un travail sur soi [...] que des jeunes gens devraient se servir de l'amour qui leur est donné. Se fondre, se donner, toutes les manières d'être en commun, voilà qui n'est pas pour eux (il leur faut longtemps, longtemps encore, épargner et amasser), voilà l'ultime, ce à quoi, peut-être, des vies humaines ne peuvent encore suffire aujourd'hui.

Or c'est là que se trompent, si souvent et si lourdement, les jeunes gens (qui, essentiellement, n'ont pas de patience) : ils se jettent les uns aux autres, quand l'amour vient sur eux, ils se répandent tels qu'ils sont, avec tout leur déséquilibre, leur désordre, leur confusion... : mais que doit-il en advenir ? [...] Là chacun se perd pour l'amour de l'autre, et perd l'autre, et beaucoup d'autres qui voulaient encore venir. Et perd les vastes espaces, les possibilités, échangeant l'approche et la fuite de choses silencieuses, pleines de pressentiments, contre une perplexité stérile d'où plus rien ne peut venir ; rien qu'un peu de dégoût, de déception, de pauvreté, et l'on cherche son salut dans l'une des nombreuses conventions qui, pareilles à des refuges publics, bordent en grand nombre ce très dangereux chemin. [...]

Franz Kafka

Réponse Lettre d'avril

« Prague » + « Milena » = Kafka. Milena est journaliste et traductrice. Elle vit alors à Vienne où, mal mariée, elle n'est pas heureuse. Elle admire l'écriture de Kafka, lui écrit. Ils se voient en septembre 1919 dans un café de Prague. Sept mois plus tard, en avril 1920, il ne se souvient plus de son « visage » (il lui écrira aussi : « lorsque je veux lever les yeux jusqu'à votre visage, le feu flambe au fil de la lettre – quelle histoire ! et je ne vois plus que du feu »), mais d'une silhouette qui fend son regard. C'est que, pour cette femme exceptionnelle, curieuse, intelligente, qui incarne la vie, la passion est fulgurante (au double sens d'intense et de brève)... mais épistolaire (ils ne se rencontreront réellement que deux fois), toute de mots, de manque et d'attente. Dans cette lettre, c'est un jeune homme timide et gauche comme un adolescent, qui s'inquiète, quémande des nouvelles, cherche à la revoir...

Lever du soleil
06h28

Coucher du soleil
21h08

Saint Boris – On fête aussi les Antonin, Athanase, Flamine, Zoé

« Il faut tenir à une résolution parce qu'elle est bonne, et non parce qu'on l'a prise. »
François de La Rochefoucault

Le saviez-vous ?

La panthère noire n'existe pas

Les panthères ne constituent pas une espèce, mais forment une sous-famille qui comprend sept espèces, dont les léopards et les jaguars. Ces derniers ont un pelage généralement jaune tacheté. Mais certains individus sont atteints de mélanisme : ils produisent en excès de la mélanine, qui est un pigment noir de la peau. Leur pelage devient alors tout noir. La panthère noire est donc soit un léopard, soit un jaguar…

Moments *uniques*

LA BONNOTTE DE NOIRMOUTIER

Les experts en jardinage le savent, il faut 90 jours pour faire une bonne pomme de terre. La Bonnotte de Noirmoutier n'échappe pas à la règle. Cette célèbre variété primeur est traditionnellement plantée à la Chandeleur, c'est-à-dire cette année le 2 février. À cette date, il n'y a évidemment que sur l'île de Noirmoutier qu'elle peut être cultivée, car la Bonnotte est fragile et doit bénéficier du doux climat océanique pour se développer. Cette proximité de l'océan lui donne d'ailleurs un goût iodé qui fait sa particularité. C'est donc 90 jours après la Chandeleur qu'elle est récoltée. En cette année bissextile, le 2 mai marque donc le début de commercialisation de la Bonnotte de Noirmoutier. Sa qualité et les petites quantités produites en font quasiment un produit de luxe. Pour la petite histoire, elle est originaire de Barfleur et c'est entre les deux guerres qu'elle s'est implantée à Noirmoutier. Elle a bien failli disparaître dans les années 1960, en raison de la mécanisation. Notre bonnotte doit, en effet, être récoltée à la main.

Les Bons Bonbons de nos régions

Les niniches de Quiberon

Primée meilleur bonbon de France en 1946, cette petite sucette de forme cylindrique tout en longueur à base de caramel au beurre salé a été imaginée dix ans plus tôt par Raymond Audebert à… Royan ! Mais les restrictions liées à la guerre le contraignent à patienter pour commercialiser sa niniche. Entretemps, il a déménagé sa confiserie dans la presqu'île de Quiberon. Depuis, trois générations se sont succédé pour enrichir ce patrimoine gourmand : aujourd'hui, la niniche se décline en cinquante parfums différents. Sa cousine, la niniche bordelaise, un bonbon au caramel mou, existe depuis le début du XXe siècle.

MYTHOLOGIES CÉLESTES

Fil d'Ariane

Lors des nuits de printemps, il est impossible de ne pas remarquer cette petite constellation en forme de demi-cercle située dans le dos d'Hercule : la Couronne boréale. Son histoire est liée à Ariane. Une première version évoque l'union de cette princesse avec Dionysos, dieu des vendanges, la couronne étant le présent de noces offert par Aphrodite, placé dans le ciel par Dionysos à sa mort. Une deuxième version la relie à la légende de Thésée et du Minotaure. Selon ce récit, la constellation d'Hercule représente Thésée, la couronne donnée par Ariane lui ayant permis de sortir du labyrinthe et de revenir à la lumière après avoir tué le Minotaure, comme la constellation ramène tous les jours Hercule sur l'horizon.

Lever du soleil
06h26

Vendredi 3

Coucher du soleil
21h10

Saint Philippe et Saint Jacques le Mineur – On fête aussi les Ophélie, Philippine

« L'homme et sa sécurité doivent constituer la première préoccupation de toute aventure technologique. »
Albert Einstein

ha ha, hi hi, ho ho FRANÇAIS
huhuhuh, hahaha, kukuku JAPONAIS
ax ax ax RUSSE
cha cha LITUANIEN
jajaja ESPAGNOL

Humour du monde

Juif pratiquant, David s'interroge pour savoir si le judaïsme autorise le fidèle à avoir des relations sexuelles le jour du shabbat. Peut-être, se dit-il, s'agit-il plus d'un travail que d'un jeu. Dans ce cas, comme tout travail, il serait interdit le samedi.

Pour en avoir le cœur net, il décide de demander l'avis du rabbin :

– J'ai entendu dire que faire l'amour à sa femme est un devoir. Or dans la notion de devoir, il y a aussi celle de travail. C'est donc interdit le samedi ?

– Pas du tout, lui répond le rabbin. Et pour une raison très simple : si c'était un travail, ma femme dirait à la bonne de s'en charger !

ÇA S'EST PASSÉ Le 3 mai 1324

Chaque année, depuis 1324, l'Académie des Jeux floraux – la plus ancienne société savante d'Europe, fondée à Toulouse – récompense ses lauréats.

– Journée mondiale de la Liberté de la Presse !

Groupes des 60s

Creedence Clearwater Revival

Avec « Born on the Bayou » ou « Lookin' out my back door », ce groupe californien est emblématique des influences blues et country de la musique américaine des années 1960. Formé par John Fogerty, Douglas Clifford et Stewart Cook, encore adolescents, le groupe sort plusieurs enregistrements à partir de 1961, sans grand succès. Après la parenthèse d'un service militaire obligatoire, le groupe se reforme, change son nom pour le fameux Creedence Clearwater Revival, et signe l'album éponyme, dans lequel il reprend notamment « Susie Q ». Leur touche « rock du bayou » séduit enfin. En 1969, avec *Bayou Country*, CCR devient le groupe le plus populaire du pays, prenant le contrepied du psychédélisme ambiant. Le groupe se sépare en 1972, après 7 albums.

LE DÉMARCHAGE TÉLÉPHONIQUE N'EST PLUS AUTORISÉ LE WEEK-END.

SYSTÈME D

PERCER LE CARRELAGE

Le carrelage, c'est dur et c'est lisse. Deux caractéristiques qui compliquent les choses pour percer car il faut utiliser un outillage adapté, en prenant des précautions pour ne pas déraper. Un foret classique ne suffit pas : il faut acheter un foret spécial pour percer à sec le carrelage et le grès cérame, à monter sur une perceuse ordinaire. Pour éviter de déraper, deux techniques : on peut coller de l'adhésif à l'emplacement du trou à percer, avant de faire une croix au feutre à l'emplacement du trou, ou faire une croix d'abord, puis une petite encoche à l'aide d'un clou et d'un marteau. Commencez à percer à vitesse modérée en maintenant le foret rigoureusement perpendiculaire à la surface, et accélérez peu à peu. Une fois le carrelage percé, changez pour un foret pour maçonnerie.

Lever du soleil
06h24

Samedi 4

Coucher du soleil
21h11

Saint Sylvain – On fête aussi les Florian, Enéour

« Que nous importe les doctrines politiques qui prétendent épanouir les hommes, si nous ne connaissons d'abord quel type d'homme elles épanouiront ! » *Antoine de Saint-Exupéry*

GRANDS SPORTIFS DES JO

TRIPLÉ

Cinq sportifs français sont parvenus à décrocher trois médailles d'or lors de trois Jeux olympiques. Tony Estanguet remporte l'or en canoé monoplace slalom à Sydney, conserve son titre en 2004 et, après s'être incliné en demi-finale en 2008, retrouve l'or en 2012. Dans ses pas, Teddy Riner est sacré en individuel en judo en 2012 et 2016, par équipe en 2020. La même année, les trois handballeurs Nikola Karabatic, Michaël Guigou et Luc Abalo remportent leur troisième titre après ceux de 2008 et 2012.

CITIUS - ALTIUS - FORTIUS

La saga de l'orthographe

Le français est-il désormais immuable, parfait jusque dans sa complexité, témoin d'une histoire glorieuse et millénaire (c'est le sens de l'étymologie, l'apprentissage du latin était le gage d'une orthographe irréprochable), équilibré comme une façade versaillaise, ferment d'une nation une et centralisée, capable de transmettre au monde des principes universels ?
Pas tout à fait…

➠ *À suivre p. 154*

ÇA S'EST PASSÉ Le 4 mai 1924

Les Jeux de Paris sont lancés par un tournoi de rugby à 3 équipes : France, Roumanie, États-Unis. Le match France-Roumanie a lieu le 4 mai dans le stade olympique de Colombes.

La Véritable Histoire de… Le Professeur Tournesol

L'inventeur génial, aussi distrait que sourd de la feuille, apparaît pour la première fois dans les aventures de Tintin en 1944 avec la publication du *Trésor de Rackham le Rouge*. Pour imaginer ce personnage scientifique, Hergé s'est inspiré du physicien suisse Auguste Piccard, qui fut un temps son voisin. Comme son double de BD, le professeur Piccard était un scientifique brillant qui aimait quitter son laboratoire pour mener des expériences de terrain, quitte à mettre sa vie en danger. C'est ainsi qu'il détint de longues années le double titre de l'homme à avoir été le plus bas (en bathyscaphe, sous les mers) et le plus haut (dans une nacelle stratosphérique) du monde. Même crâne dégarni sur le devant et chevelu au-dessus des oreilles, redingote, petites lunettes rondes… la ressemblance entre lui et Tournesol est flagrante. Seule différence : Auguste Piccard était grand. « J'ai fait de Tournesol un mini-Piccard, sans quoi j'aurais dû agrandir les cases des dessins », expliquait Hergé.

ÇA, C'EST FAIT DIVERS

Une femme d'Eglisau, une commune du canton de Zurich, a été condamnée à une amende de 1 200 euros à cause du chat de sa voisine. La propriétaire du chat a en effet découvert que sa voisine lui donnait régulièrement à manger et prenait soin de lui. Elle a alors considéré que son animal avait été séquestré et a porté plainte. Malgré une tentative de médiation, les deux parties n'ont pas réussi à s'entendre et la propriétaire du chat a gagné son procès. Selon l'ordonnance pénale, la cour a estimé que la voisine cherchait à « établir une relation avec l'animal afin de se l'approprier ». L'accusée a décidé de faire appel, arguant que le chat était venu chez elle de son plein gré et qu'elle ne pouvait pas se résoudre à le chasser, car cela aurait été un acte de « cruauté envers un animal ». Ce n'est pas la première fois qu'une affaire similaire éclate en Suisse. Il y a trois ans, une autre Suissesse avait été condamnée en première instance pour avoir nourri le chat de sa voisine. Elle avait finalement été acquittée en appel. On attend de savoir comment la justice tranchera cette fois…

Lever du soleil
06h23

Dimanche 5

Coucher du soleil
21h13

Sainte Judith – On fête aussi les Ange, Jutta, Jodie

« Ce sont les plaisirs simples et non les vaines possessions qui mènent au bonheur. » *Michel de Montaigne*

Cocktails

Cuba libre

Ce cocktail date de l'indépendance de Cuba et fut popularisé par les Américains qui y ont ajouté leur fameux soda !

Pour 1 grand verre – 3 min de préparation

- *1 fond de rhum blanc*
- *Le cola de votre choix*
- *1 citron vert non traité*
- *3 glaçons*

Versez le rhum dans le verre et complétez de soda.
Ajoutez le citron vert coupé en rondelles.
Servez avec des glaçons.

PAROLES Les mots des flics et des voyous PAROLES

Farguer

De fargue, farder, fardeau. • Charger quelqu'un devant la police ou la justice. En clair, un malfrat est fargué par son complice lorsque celui-ci l'accuse. • Rougir (argot des voleurs) • Fargueur : témoin à charge. • Défargueur : témoin à décharge • Défarguer : innocenter. Exemple : « Appeler les condés pour nous défarguer du coup, venait tout de suite à l'esprit. » (Albert Simonin, *Le cave se rebiffe*, 1954).

CHAMPAGNE-VIGNY — C'est sa ville !

L'an dernier, en 2023, la commune charentaise de Champagne-Vigny a fêté le quarantenaire de son nouveau nom. En effet, jusqu'en 1983, elle s'appelait Champagne-de-Blanzac, avant de décider d'honorer la mémoire du poète Alfred de Vigny qui y possédait le château du Maine-Giraud. Grande figure du romantisme triomphant au XIXe siècle, Vigny adorait la campagne environnante, et son amour pour cette vieille bâtisse du XVe siècle l'amena à grandement la restaurer. Il s'y était installé en 1838, après sa rupture sentimentale avec Marie Dorval et la mort de sa mère. C'est dans la tour centrale qu'il se réfugiait pour écrire et on sait qu'il y produisit notamment son célèbre poème intitulé « La Mort du loup ».

– EN REMPLAÇANT LA SEMOULE PAR DE LA FARINE, LE SEL PAR DU SUCRE, LES ÉPICES PAR DES FRUITS SECS, LES SAUCISSES PAR DES OEUFS, LE VIN BLANC PAR DU LAIT, VOUS OBTENEZ AUSSI UN EXCELLENT DESSERT !

CRÊPAGE DE CHIGNONS — Jean Marais & Louis de Funès

La saga *Fantômas* n'aurait jamais dû s'arrêter après *Fantômas contre Scotland-Yard* (1967). Un quatrième film, qui devait s'intituler *Fantômas à Moscou*, était prévu. Il n'a jamais vu le jour à cause des mauvaises relations entre Louis de Funès et Jean Marais. Vedette du premier volet, ce dernier n'appréciait pas le personnage désagréable et obséquieux créé par de Funès. En outre, Jean Marais pensait retrouver Bourvil avec qui il avait tourné dans *Le Capitan* et *Le Bossu*. Mais à cause d'un emploi du temps trop chargé, celui-ci avait dû renoncer au rôle du commissaire Juve récupéré par de Funès. Pire, ce personnage ne devait pas revenir dans le second film, mais de Funès enchaînant les immenses succès (*Le Corniaud*, *Le Gendarme de Saint-Tropez*, *La Grande Vadrouille*), le réalisateur et le scénariste ont décidé de le réintégrer. Le génie comique lui faisant de l'ombre, Jean Marais l'a très mal pris.

Lever du soleil
06h21

Lundi 6

Coucher du soleil
21h14

Sainte Prudence – On fête aussi les Avoye, Eadbert, Marien

« Mon miroir est mon meilleur ami, car lorsque je pleure, il ne rit jamais. » *Charlie Chaplin*

DES nuisibles PAS nuisibles

LA GUÊPE

Beaucoup d'espèces d'hyménoptères sont couramment dénommées « guêpes ». Ce sont pratiquement toutes des prédatrices, contrairement aux abeilles qui sont floricoles. Elles s'alimentent pour une bonne part de chenilles et sont donc plutôt estimées des jardiniers. C'est le cas des guêpes polistes, des guêpes sociales largement représentées en Europe occidentale, qui construisent souvent leurs nids dans les bâtiments, près des humains. C'est d'ailleurs là que le bât blesse, car leur piqûre est douloureuse. Toutefois, elles n'attaquent que lorsque le nid est en danger. La cohabitation est donc possible.

La dictée du mois 5/10 *Le bon roi Dagobert*

Dagobert, a un an, était un enfant joufflu, déjà très vif, très impatient, qui courait à merveille, sans se soucier des chutes, et qui s'occupait beaucoup moins de sa nourice, de sa mère et de son père que des chiens qu'il rencontraient. Aussitôt qu'il en voyait un, si laid qu'il fut, il le prenait dans ses bras, le couvrait de carresses, et lui parlait un petit language que le chien comprenait très bien. Les gens habitués à tirer de tout des pronostiques, jugeaient par là qu'il aimerait avec passion l'exercice de la chasse. Mais il suffisait de voir le bambin trépigner, remuer les bras, pousser des cris lorsqu'on avait le malheur de lui refuser quelque chose qu'il convoitait, une grappe de raisin doré ou une galette de blé noir, pour conjecturer que son humeur ne serait pas toujours des plus accomodantes.

Paul Boiteau, Légendes pour les enfants, *1861.*

à un an, nourrice, rencontrait, fût, caresses, langage, pronostics, accommodantes

603

C'est, en mètres, la longueur du nouveau pont suspendu inauguré dans la Principauté d'Andorre, à proximité de la ville de Canillo. Il s'agit du deuxième pont suspendu le plus long au monde, après le « Sky Bridge » en République tchèque qui atteint, lui, les 721 mètres. En plus d'être très long, le nouveau pont suspendu est également haut perché puisqu'on peut le traverser à 158 mètres au-dessus du sol. Exclusivement réservé aux piétons, cet ouvrage d'art majestueux enjambe les montagnes, offrant une vue époustouflante sur les alentours. En le traversant, les visiteurs ont réellement l'impression de flotter dans les airs. Seul petit bémol : pour franchir le pont, il faut débourser la somme de 12 euros. Pour mémoire, en France, la plus longue passerelle suspendue est le Sentier suspendu du Mont-Blanc. Inaugurée en 2013, elle mesure 540 mètres de long et relie les deux versants du mont Blanc du Tacul.

Lever du soleil
06h20

Mardi 7

Coucher du soleil
21h15

Sainte Gisèle – On fête aussi les Domitille, Flavia, Marie-Louise

« Je ne cherche pas à connaître les réponses, je cherche à comprendre les questions. » *Confucius*

C'est qui celui-là ?

Faire sa Joséphine

L'origine de cette expression, qui qualifie quelqu'un affichant un air chaste, est « faire son Joseph », en référence, moqueuse, au charpentier qu'avait épousé la Vierge Marie. Afin de renforcer l'excès de candeur, la langue populaire a féminisé le prénom au XIXe siècle. Pour désigner une personne affectée, qui fait « sa chochotte », on a alors dit qu'elle faisait sa Joséphine.

ÇA S'EST PASSÉ Le 7 mai 1824

Ludwig van Beethoven achève sa 9e symphonie, dont le finale – *Ode à la joie* – est composé d'après le poème de Schiller. Le compositeur est alors totalement sourd…

35

Brèves régions

ILLE-ET-VILAINE – LA MICRO-FORÊT DE RENNES

À la mode depuis quelques années, les micro-forêts ont pour objectif de mettre en place des écosystèmes pour rendre le milieu urbain résilient. Elles sont créées par des planteurs volontaires sur des petites surfaces, à partir de 100 m². À Rennes, le quartier appelé « Le Blosne », composé de grands ensembles, est situé au sud de la ville. Depuis 2021, une micro-forêt urbaine y prend racine, grâce à 70 bénévoles. Les avantages en sont nombreux, outre celui de rendre l'environnement plus joli et de produire de l'ombre pour l'été dans cet univers bétonné, sans oublier l'effet redynamisant de la collaboration entre occupants des immeubles.

Recette — Salade de riz

Salade de riz ou quinoa, maïs, tomates, coriandre, échalote, thon et fromage frais

Pour 4 pers. — **10 min de préparation**

- 200 g de riz ou de quinoa cuit
- 200 g de maïs en conserve
- 200 g de thon au naturel
- 1 chèvre frais
- 4 belles tomates ou 1 barquette de tomates cerises
- 1 petit bouquet de coriandre
- 1 échalote

Pour la vinaigrette

- 3 cuil. à soupe d'huile d'olive
- 1 cuil. à soupe de vinaigre de cidre
- 1 cuil. à café de moutarde de Dijon
- Sel, poivre

Dans un saladier, versez les céréales cuites et le maïs égoutté. Émiettez le thon au naturel dessus.

Coupez le chèvre frais en petits morceaux sur le saladier.

Lavez les tomates et la coriandre. Coupez les tomates en dés (ou les tomates cerises en deux). Ciselez les feuilles de coriandre. Pelez et hachez l'échalote. Ajoutez le tout dans le saladier et mélangez. Placez au frais si vous ne servez pas immédiatement.

Dans un bol, mettez la moutarde, ajoutez le vinaigre, battez à la fourchette tout en versant l'huile. Salez, poivrez et versez la vinaigrette sur la salade. Mélangez bien et servez sans attendre.

Lever du soleil
06h18

Mercredi 8

Coucher du soleil
21h17

VICTOIRE 1945

Sainte Désirée – On fête aussi les Gibrien, Tunvezh

« Tout ce qui dégrade la culture raccourcit les chemins qui mènent à la servitude. » *Albert Camus*

Le saviez-vous ?

La stupidité a son prix

En 1993, l'Américaine Wendy Northcutt crée un nouveau prix, le Darwin Awards, qui est attribué à une personne sans descendance qui s'est tuée parce qu'elle s'est comportée de façon particulièrement stupide (par exemple, un caméraman qui veut filmer des parachutistes saute de l'avion sans parachute). Selon sa créatrice, ce prix récompense « toute personne ayant contribué à une amélioration du pool génétique », puisqu'elle ne transmettra pas ses gènes défavorables à l'espèce humaine.

Monarchies du monde

Eswatini

Dernière monarchie absolue d'Afrique, minuscule royaume situé à l'extrême sud du continent, l'Eswatini était connu jusqu'en 2018 sous le nom de Swaziland. Son souverain, Mswati III, est l'héritier depuis 1986 d'une dynastie remontant au XVIIIe siècle au moins, les Dlamini. Assis sur un trône de plus en plus instable, celui qui est devenu roi à 18 ans a 15 épouses et 35 enfants.

Déguisées en homme ♂

Catalina de Erauso

Cette Espagnole née en 1592 s'est travestie en homme à 16 ans pour s'enfuir du couvent dans lequel ses parents l'avaient placée depuis son plus jeune âge. Grâce a ce déguisement, Catalina parvient à embarquer sur un navire à destination des Amériques, où elle s'engage dans l'armée espagnole sous le nom d'Alonso Díaz Ramírez de Guzmán. Catalina acquiert en quelques années une réputation de soldat extrêmement valeureux, ce qui lui vaut d'être promue au grade de lieutenant. Aussi adroite que querelleuse, Catalina aurait occis une douzaine d'adversaires lors de duels. C'est justement à la suite d'un combat au cours duquel elle est blessée que, craignant sa fin proche, elle se confesse à un prêtre. Le scandale est énorme, mais la réputation d'excellent soldat de « la nonne lieutenant » la sauve. Rentrée en Espagne en 1624, sa célébrité lui permettra d'obtenir du pape une dispense spéciale l'autorisant à porter des vêtements masculins. Après son retour en Amérique, elle exercera comme conductrice de mules pour l'armée jusqu'à sa mort en 1650.

REMETTEZ DANS L'ORDRE LES 5 CASES DE CETTE PETITE HISTOIRE.

SOLUTION : 2, 1, 5, 3, 4

AHAHAHAHAH ! OH ! OH ! AH ! AH ! AH ! HI ! HI ! HI ! WHA HA ! HA !

LA BONNE BLAGUE

Deux amis, amoureux de la nature, effectuent une longue randonnée dans la forêt. Tout à coup, alors qu'ils marchent paisiblement, un ours brun surgit d'entre les arbres, à environ trente mètres devant eux. L'animal, qui les a repérés, commence à se diriger vers eux. Le premier randonneur, pris de panique, laisse tomber son sac à dos et en sort précipitamment une paire de baskets qu'il commence à enfiler avec frénésie.
Sidéré, son compagnon s'étonne :
– Qu'est-ce que tu fais ? Ces baskets ne t'aideront pas à distancer cet ours !
– Je n'ai pas besoin de distancer l'ours lui répond l'autre. Je dois seulement te distancer, toi.

Lever du soleil
06h16

Jeudi 9

Coucher du soleil
21h18

ASCENSION

Saint Pacôme – On fête aussi les Paciane

« Il ne faut jalouser personne ; car les hommes de bien ne méritent pas d'être jalousés, et les hommes mauvais, plus leur fortune est bonne, plus ils se corrompent eux-mêmes. » *Épicure*

Ça ne rime à rien…

Girofle

La fleur du giroflier, qui a la forme d'un clou et s'emploie comme épice, fait partie de ces raretés de la langue française : « girofle » ne rime avec aucun autre mot. Ce drôle de nom tire son origine du grec ancien *karuóphullon*, qui désignait une plante cultivée à Madagascar. Sa mutation phonétique est sans doute due aux nombreux intermédiaires nécessaires à son importation.

Humour du monde

ha ha, hi hi, ho ho – Français
huhuhuh, hahaha, kukuku – Japonais
ax ax ax – Russe
cha cha – Lituanien
jajaja – Espagnol

À Bruxelles, une manifestation oppose Wallons et Flamands. Le chef de la police intervient et dit :

- Je vous demande de vous séparer, les Wallons à gauche et les Flamands à droite.

Le vieux Salomon s'adresse alors au policier :

- Et nous les Belges, on se met où ?

ASTUCES 2 FAINÉANT

Fini le laçage des chaussures

Bonne nouvelle pour les partisans du moindre effort : le laçage des chaussures de sport appartient désormais au passé. Différents systèmes sont aujourd'hui proposés en alternative, par exemple le concept des lacets élastiques qui viennent se fixer, rangée par rangée, dans les trous des lacets. Mis en place une fois pour toutes, ces nouveaux lacets permettent ensuite d'enfiler et de retirer ses chaussures facilement, simplement en jouant un peu sur leur élasticité. On trouve aussi un autre système avec des lacets également élastiques, mais terminés par un système de fermeture magnétique qui assure une bonne tenue en remplaçant nœud et double nœud. Aucun système identique n'existe malheureusement à ce jour pour les chaussures de ville, à moins d'adopter des mocassins…

D'ailleurs, savez-vous que c'est au peuple algonquin, Indiens du Canada, que l'on doit ces chaussures ? Originellement en peau, elles sont devenues à la mode grâce à un certain George Henry Bass, chausseur américain, qui eut l'idée de les fabriquer en cuir, et bien sûr sans lacets...

CHARADE classique

Mon premier est à terre,
Mon deuxième est un pronom personnel,
Mon troisième est le poil doux des moutons,
Mon quatrième est un beau parleur,
Mon cinquième annonce une paire,
Mon sixième est l'élément d'un lustre,
Mon tout est une grande chef cuisinier française.

GHISLAINE ARABIAN (GIT – SE – LAINE – ARA – BI – AN)

Lever du soleil
06h15

Vendredi 10

Coucher du soleil
21h20

Sainte Solange – On fête aussi les Gordien, Philadelphie, Job

« Si nous sommes incapables de trouver la tranquillité en nous-mêmes, il ne sert à rien de la chercher ailleurs. » *François de La Rochefoucault*

Heureux Mariages

JEAN LALLEMENT choisit d'épouser **JEANNE LESPAGNOL** le 20 janvier 1624, en l'église de la Sainte-Trinité de Châlons-en-Champagne, autrefois Châlons-sur-Marne (Marne) et, beaucoup plus tard, le 27 juillet 1907, **ARTHUR LANGLET** se maria avec **SOPHIE MARIE LESPAGNOL** à Hordain (Nord). Espérons que, malgré leurs patronymes, ces couples purent se comprendre et bien s'entendre !

ACTU

Fourmis renifleuses

On savait déjà que de nombreuses espèces animales avaient un flair bien plus développé que l'humain. Des expérimentations récentes avaient ainsi révélé le potentiel de l'odorat canin pour repérer l'empreinte olfactive de certaines tumeurs cancéreuses. Mais que diriez-vous d'être reniflé par des fourmis ? Selon des chercheurs de l'Université Sorbonne Paris Nord, du CNRS, de l'Institut Curie et de l'Inserm, ces insectes peuvent aussi apprendre à flairer des cellules humaines cancéreuses, et bien plus rapidement que les chiens dont l'entraînement est long et coûteux. En laboratoire, les fourmis ont été soumises à des protocoles « d'apprentissage associatif » (une odeur est associée à une récompense, en l'occurrence une goutte d'eau sucrée). À l'issue de divers tests, elles ont non seulement pu distinguer les odeurs de cellules humaines saines de celles de cellules cancéreuses, mais aussi faire la différence entre deux sous-types de cancers. Trois entraînements de moins d'une heure ont suffi pour qu'elles apprennent à distinguer ces sous-types ! Reste à évaluer l'efficacité de cette méthode grâce à des tests cliniques sur un organisme humain complet. Des expériences préliminaires sont en cours avec de l'urine de souris atteintes de cancers.

Les rues mythiques du MONDE

Avenue McGill College (Montréal, Canada)

Entièrement bordée d'arbres qui sont habillés de lumières en hiver, c'est l'artère la plus emblématique de Montréal. Située au cœur du centre-ville, elle relie l'université McGill, au nord, à la place Ville Marie, au sud, en offrant de magnifiques vues sur le mont Royal. Tracée en 1857, la rue a été élargie dans les années 1980 pour être transformée en une avenue panoramique. L'été, le trottoir ouest est transformé en lieu d'exposition photo par le musée McCord situé à proximité.

LES TOURISTES ÉTRANGERS VISITENT LA FRANCE.

J'ai rien contre les autres

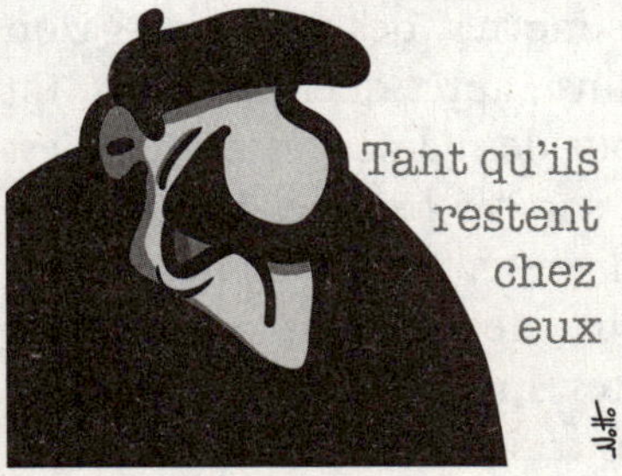

Bibliophiles

Thermæ Romæ, Mari Yamazaki (6 vol., Casterman, 2012-2013)

Vous non plus, vous ne comprenez pas le succès des mangas ? En voici un étonnant, propre à vous faire découvrir ce type de bande dessinée. C'est l'histoire d'un architecte qui ne cesse de passer de la Rome de l'empereur Hadrien, son raffinement et ses complots, au Japon contemporain, dont il s'inspire de retour dans son époque ! Sérieusement documenté, il permet de découvrir tant l'une que l'autre de ces civilisations, tout en respectant les archétypes du genre : truculence des personnages, érotisme léger, expressivité du dessin et de la typographie… et sens de lecture, de droite à gauche.

Lever du soleil
06h14

Samedi 11

Coucher du soleil
21h21

Sainte Estelle – On fête aussi les Stella, Ansfrid, Mamert

« C'est quand chacun de nous attend que l'autre commence qu'il ne se passe rien. » *Abbé Pierre*

Etymologie

Lorsque le caniche se fait canard

Qu'ont en commun un caniche et un canard ? Pas grand-chose, si ce n'est l'étymologie du nom qui les désigne. En effet, *caniche* n'est ni plus ni moins qu'un dérivé du nom *cane*, désignant la femelle du canard, avec le suffixe *-iche* (comme *pouliche*, *barbiche*…). Mais pourquoi diable utiliser le nom d'un oiseau palmipède pour désigner un mammifère canidé ? Tout simplement, parce que le caniche est un chien qui aime l'eau et qui était utilisé dans la chasse au gibier d'eau.

Citations humoristiques : Blagues et vannes

« Le genre humain, qui devrait avoir mille ans de sagesse, retombe en enfance à chaque nouvelle génération. »

Tristan Bernard

36 *Brèves* régions

INDRE – LE SAINT-SÉPULCRE

À Jérusalem, une rotonde a été édifiée autour de l'endroit où fut déposé le corps du Christ après sa mort sur la Croix, devenu son tombeau. L'ensemble constitue aujourd'hui le chœur de l'église du Saint-Sépulcre. À 4 000 kilomètres de là, dans le Berry, aux confins de l'Indre et de la Creuse, la commune de Neuvy s'est développée autour d'une église romane du xie siècle dont le chœur est une rotonde construite sur le strict plan du Saint-Sépulcre de Jérusalem. Les chapiteaux qui couronnent la colonnade sont magnifiquement sculptés et cette basilique est classée au patrimoine mondial de l'UNESCO au titre des chemins de Saint-Jacques-de-Compostelle.

AU JARDIN

Le fumier de poule

Les fientes de poules sont riches en nutriments, notamment en azote, et il suffit d'un petit poulailler pour en récupérer une bonne quantité. Mais ne les épandez pas fraîches, car il y a un risque de brûlure sur les racines et les jeunes feuilles. La bonne solution consiste à les composter, en tas ou dans un bac, avec de la paille, des feuilles mortes, des tontes de gazon et un peu de terre. On obtient ainsi, après quelques mois, un fertilisant plus équilibré, mais tout de même très azoté. C'est pourquoi on l'utilise en priorité sur des légumes-feuilles, qui sont précisément gourmands en azote. En revanche, sur les légumes-fruits, le fumier de poule ne convient que dans la période d'établissement des plantes. Ensuite, il favoriserait par trop le feuillage au détriment des fruits.

Lever du soleil
06h12

Dimanche 12

Coucher du soleil
21h22

Saint Achille – On fête aussi les Ismérie, Imelda, Pancrace

« Il faut beaucoup d'indisciplinés pour faire un peuple libre. » *Georges Bernanos*

NOS ANCÊTRES

LE FRÈRE PERDU

Du haut de leur 1,30 m, les paranthropes (terme qui signifie « autour de l'humain ») sont encore l'objet de bien des débats. Longtemps classées parmi les australopithèques, les trois espèces qui les composent sont désormais considérées comme membres d'un genre qui a évolué en parallèle du genre *Homo*, ayant côtoyé les premiers *Homo* avant de disparaître.

LE CYCLISME AUX JO

PLURIDISCIPLINAIRES

Christa Luding-Rothenburger, Clara Hughes et Rebecca Romero ont réussi des performances exceptionnelles. La première fut médaillée d'argent en cyclisme sur piste à Séoul sept mois après avoir décroché l'or olympique à Calgary en patinage de vitesse. La seconde en fit de même avec le bronze sur route à Atlanta et quatre médailles en patinage de vitesse sur trois olympiades d'hiver. Enfin, la dernière a décroché l'argent en aviron à Athènes avant, quatre ans plus tard, de décrocher l'or en cyclisme sur piste.

REMETTEZ DANS L'ORDRE LES 5 CASES DE CETTE PETITE HISTOIRE.

SOLUTION : 5, 1, 4, 3, 2

Présentatrices mythiques de TV

Jacqueline Joubert

C'est grâce à ses qualités d'élocution que Jacqueline Joubert entre à la télévision française en 1949. Après avoir parfaitement prononcé une suite de mots complexes, elle est engagée comme speakerine (une présentatrice de « transition » chargée d'annoncer les programmes à venir). Joubert se démarque par ses salutations incarnées comme « Et maintenant, faites de beaux rêves », qui remplacent le traditionnel « bonsoir ». Née en 1921 à Paris, la jeune femme se destine à l'art dramatique, mais c'est la télévision qui lui ouvre ses portes. À partir des années 1960, elle grimpe l'échelle médiatique et devient productrice et realisatrice d'émissions de variété. Elle prend la tête du service jeunesse d'Antenne 2 en 1977 et développe plusieurs programmes, dont le très populaire *Club Dorothée*. En parallèle, elle se marie avec le journaliste Georges de Caunes et donne naissance à un autre monstre de télévision, Antoine de Caunes.

CALEMBOURS ou RÉPARTIES cultes du cinéma

Dans quel film ?

« Peu importe ce qu'on pourra vous dire, les mots et les idées peuvent changer le monde. »

Réponse : Le Cercle des poètes disparus, *de Peter Weir.*

MAI

Lever du soleil
06h11

Lundi 13

Coucher du soleil
21h24

Sainte Rolande – On fête aussi les Servais, Fatima, Orlanda

« Un grand sacrifice est aisé ; ce sont les petits sacrifices continuels qui sont durs. »
Johann Wolgang Goethe

Le saviez-vous ?

Le Coca-Cola est né d'une boisson alcoolisée

C'est un pharmacien américain, John Pemberton, qui est à l'origine du Coca-Cola. Il invente en 1885 une première recette à partir de feuilles de coca, de noix de kola et de damiana et nomme la nouvelle boisson alcoolisée French Wine Coca. L'interdiction de consommer de l'alcool en vigueur à partir de 1886 le contraint à modifier sa recette pour en faire une boisson non alcoolisée : de là est né le Coca-Cola.

Apéro

Pineau des Charentes

Né de l'erreur – bienheureuse– d'un vigneron charentais qui aurait versé par inadvertance du moût de raisin dans une barrique remplie de cognac, ce vin de liqueur apparaît officiellement sur les tables françaises dans les années 1920. C'est un mélange de raisin fermenté et de produit distillé (le cognac), vieilli en fût de chêne entre 12 mois et 12 ans. Le pineau est décliné en rouge, rosé et blanc ; en apéritif, il est servi très frais et sans glace – il s'accorde parfaitement avec le melon, le foie gras ou le roquefort.

ÉNIGMES

À la suite du braquage historique d'une banque, la police interroge trois présumés gangsters : Éric, Christophe et Laurent. Le voleur a pris la fuite en voiture. Les faits suivants ont été établis :

1. Personne d'autre que ces trois énergumènes n'était impliqué.
2. Pour toutes ses opérations, Christophe fait toujours appel à Laurent.
3. Éric ne sait pas conduire.

Laurent est-il innocent ou coupable ?

Solution : Si Éric est innocent, Christophe ou/et Laurent est/sont coupable/s. Si Christophe est innocent, Laurent est coupable. Si Christophe est coupable, Laurent est aussi coupable puisque Christophe aurait fait appel à lui.
Si Éric est coupable, il devait avoir un complice puisqu'il n'aurait pas pu conduire pour prendre la fuite. Ce complice ne peut être que Christophe ou Laurent. Si Christophe est innocent, Laurent est coupable. Si Christophe est coupable, Laurent est aussi coupable puisque Christophe aurait fait appel à lui.
Laurent est donc coupable dans les deux cas.

ACTU

Trois T. Rex au lieu d'un !

Il y a quelques mois, la publication d'une étude dans la très sérieuse revue Evolutionary Biology *a créé un petit séisme dans le monde feutré de la paléontologie. Ses auteurs affirment en effet qu'il y aurait non pas un, mais trois tyrannosaures différents ! En plus du célèbre T. Rex, ils ont identifié le T. Regina et le T. Imperator. Pour arriver à cette conclusion, les paléontologues ont comparé les restes de 37 tyrannosaures découverts en Amérique du Nord. Et ils ont relevé suffisamment de différences physiques dans les os et les dents pour justifier une classification en trois groupes distincts. Ainsi, le T. Regina se caractériserait par un fémur beaucoup plus fin que le T. Imperator, et il n'aurait qu'une seule incisive, contre deux pour le T. Imperator. Quant au T. Rex, il aurait un fémur plus épais tout en n'ayant qu'une seule incisive, comme le T. Regina. Certains spécialistes se montrent sceptiques face à ces conclusions. D'après eux, les variations observées paraissent trop mineures pour démontrer une séparation biologique significative.*

Lever du soleil
06h09

Mardi 14

Coucher du soleil
21h25

Saint Matthias – On fête aussi les Érembert, Djamila, Aglaé

« L'école devrait toujours avoir pour but de donner à ses élèves une personnalité harmonieuse, et non de les former en spécialiste. » *Albert Einstein*

Monarchies du monde

France

Saviez-vous qu'il y avait encore trois rois régnant en France ? Leurs royaumes se situent au sein de la collectivité française des îles Wallis et Futuna. Patalione Kanimoa est roi d'Uvea depuis 2016, Eufenio Takala, roi de Sigave depuis la même année, et Tuiaga'ifo Lino Leleivai est roi d'Alo depuis 2018. Ces trois rois français sont officiellement reconnus par notre République.

CÉTACÉS

LE GRAND CACHALOT

Une grosse tête rectangulaire, représentant le tiers de sa longueur, distingue ce cétacé gris foncé, à la peau ridée, qui atteint 20 m de long. Sa bouche, garnie d'une cinquantaine de dents pesant chacune 1 kg, indique qu'il s'agit d'un superprédateur, grand dévoreur de calmars, qu'il va chercher jusqu'à 900 m de profondeur. Et ce cachalot se distingue par des « clics » de grande intensité, les sons les plus forts émis par un animal, qu'il produit en expirant de l'air. L'espèce est classée « vulnérable ».

CITATIONS HUMORISTIQUES : BLAGUES ET VANNES

« Il n'y a rien de plus ridicule qu'un médecin qui ne meurt pas de vieillesse. » *Voltaire*

« Ceux qui ont les dents longues manquent souvent d'estomac. » *Philippe Bouvard*

« La première partie de sa vie se passe à désirer la seconde ; la seconde à regretter la première. » *Alphonse Karr*

« Avoir le cœur sur la main, c'est moins coûteux que de mettre la main à la poche. » *Yvan Audouard*

« On a des appartements séparés, on prend nos vacances séparément, on ne mange jamais ensemble, bref on fait tout pour que notre mariage dure. » *George Carlin*

« Les Français ne veulent pas d'une société sans lois. Comment pourrait-on les contourner, si elles n'existaient pas ? » *André Frossard*

LA FAUSSE VIANDE A LE VENT EN POUPE ET LÈVE DES FONDS.

Brèves régions

38

ISÈRE – ISHERE

« Ishere » est un pari audacieux en matière de communication, fait par le département de l'Isère. Avec ce néologisme bâti à la fois sur le nom du territoire et sur « is here » en anglais, les acteurs économiques locaux veulent mettre en valeur les atouts de l'Isère et ses productions locales et raisonnées, une juste rémunération des agriculteurs, une valorisation des pratiques environnementales, etc. Une boutique « Ishere Original », conçue comme un lieu de découverte des produits et des saveurs du territoire, a été installée à Villefontaine, à 30 kilomètres de Lyon, où touristes et locaux peuvent acheter des produits agroalimentaires en circuit court.

Lever du soleil
06h08

Mercredi 15

Coucher du soleil
21h26

Sainte Denise – On fête aussi les Primel, Primaël, Privelin

« Inquiète est la tête qui porte une couronne ! » *William Shakespeare*

Humour du monde

ha ha, hi hi, ho ho — Français
huhuhuh, hahaha, kukuku — Japonais
ax ax ax — Russe
cha cha — Lituanien
jajaja — Espagnol

Deux hommes discutent à Pékin.

– C'est fou quand même le nombre de Français qui critiquent leur gouvernement alors que nous, en Chine, on n'a pas le droit.

– Mais qu'est-ce que tu racontes ?!? Nous aussi on a le droit de critiquer le gouvernement français !

La saga de l'orthographe

Notre langue a été façonnée comme instrument d'unification, donc de pouvoir (celui du roi, de la République, plus globalement des milieux économiques et intellectuels), et elle est depuis toujours l'objet de tiraillements, d'agressions ou d'actes de résistance (selon qui la parle). Son premier champ de bataille ? Le Saint des saints même : la littérature.

➟ *À suivre p. 176*

Les plus beaux bateaux de l'histoire

LA *CALYPSO*

L'histoire de ce bateau est triple : d'abord dragueur de mines pour la Royal Navy durant la Seconde Guerre mondiale, puis ferry servant à relier Malte et l'île de Gozo, et enfin navire d'expédition du célèbre commandant Cousteau. C'est Thomas Loel Guinness, milliardaire irlandais et propriétaire de la célèbre bière, qui rachète le bateau en 1950 et le loue pour un franc symbolique à l'explorateur au bonnet rouge. Équipé d'une chambre d'observation vitrée et adapté pour recevoir du matériel scientifique, dont deux mini-sous-marins et une soucoupe de plongée, *Calypso* voguera ainsi sur les mers pendant quarante ans, de l'océan Indien jusqu'à l'Antarctique, en passant par le fleuve Amazone. Mais c'est en 1956 que le navire océanographique devient célèbre, avec le film documentaire de Louis Malle, *Le monde du silence*, qui reçoit la Palme d'or à Cannes.

LE BON MOT DE L'HISTOIRE

« Paris sera soumis à la puissance de l'État comme un hameau de cent habitants. » Adolphe Thiers, 15 mai 1871

En février 1871, les élections législatives ont amené une majorité de députés monarchistes à l'Assemblée. Adolphe Thiers a été désigné chef du pouvoir exécutif. À Paris, l'opposition au gouvernement ne cesse de grandir. Le 17 mars 1871, Thiers envoie un bataillon s'emparer des canons détenus par la Garde nationale sur la butte Montmartre. Le lendemain, c'est l'insurrection et le début de la Commune. Déplacé à Versailles, le gouvernement de Thiers va déclarer la guerre totale aux Communards. Début mai, les troupes versaillaises encerclent la capitale. Le 15, convaincu d'une victoire imminente, Thiers fait cette déclaration fracassante. Une semaine plus tard, les combats font rage dans les rues de Paris. Le 28 mai 1871, la dernière barricade des insurgés tombe.

Lever du soleil
06h07

Jeudi 16

Coucher du soleil
21h28

Saint Honoré – On fête aussi les Germier, Brendan

« Seul l'inconnu épouvante les hommes. Mais, pour quiconque l'affronte, il n'est déjà plus l'inconnu. »
Antoine de Saint-Exupéry

MOTS FLÉCHÉS

INEXACT
MISE EN CONSERVE
PARLÉ EN INDE
FATIGUER
TRANSPORT ANGLAIS
DÉBITER
PIGEON OU POIRE
ÉCLAIRCIT
PLAT JAPONAIS
ARRIVÉES D'EAU
TROUBLÉS
ROULEREZ
ADORE UNE IDOLE
VALVE
AQUARIUM
ARRIVÉ EN TÊTE
ÉTUDIÉ
PEINTURE
CRUEL
COUPLE
MÉDICAMENT
TROMPE
SOUS DES ROUMAINS
HYMNE
A DE LA BARBE
BLESSERIEZ
TROISIÈMEMENT
SORTE DE PARCOURS
DISTRAITE
FAISAIT COMME UN SIOUX
BATTAI
POUSSER UN CRI BESTIAL
A SON DÉMON
PRIVÉE DE MORDANT
LOGIQUE
FAIT DE LA GRATTE
NE VA PAS LOIN
DOMINER
COLIN
TEMPS FORT
EST LE SUJET D'UN MANDAT
HUILE DU PÉTROLE
POÈME
RAT
LANCER DES PIQUES
MARQUES UN TEMPS D'ARRÊT
FAIT SON CIRQUE
IMPRÉGNÉ
PARTIE D'UNE CHAÎNE
RESSEMBLE À L'ANGUILLE
ON Y LÂCHE DE L'EAU
SE PAYER LA TÊTE
PRODUIT
BORDEAUX
TOUCHES
TITRE DÉPOSÉ
COQUE
VAUT BIEN L'ENDROIT
VIEUX FER
EN OUTRE
RÉAGIT AU SEL
PRIVATIF
EST AVANT EST
HEXAÈDRE
ASSEMBLÉE
JEU OU ORDRE
COLLE
ON PEUT Y CHERCHER UNE AIGUILLE
COURROIES
BASE SOLIDE
À DROITE SUR UNE CARTE

SOLUTION PAGE 160

Lever du soleil
06h06

Vendredi 17

Coucher du soleil
21h29

Saint Pascal – On fête aussi les Pamphalon, Restitute, Tudon

« Nulle pierre ne peut être polie sans friction, nul homme ne peut parfaire son expérience sans épreuve. »
Confucius

Cocktails

Planteur

Pour 1 verre à cocktail – 3 min de préparation

- *1 fruit de la Passion*
- *60 ml de rhum agricole blanc*
- *20 ml de sirop de sucre de canne*
- *60 ml de jus d'orange*
- *60 ml de nectar de goyave*
- *Glaçons (facultatif)*

Déposez les graines et le jus du fruit de la Passion dans le verre.
Versez le rhum, le sirop de sucre et les jus de fruits dessus.
Servez avec des glaçons, si vous aimez.

INVENTIONS bleu, blanc, rouge

La calculatrice

Contrairement à une idée reçue, la première calculatrice de l'histoire n'est pas née avec l'électronique. C'est le philosophe et mathématicien français Blaise Pascal qui l'inventa en 1642, alors qu'il n'était âgé que de 19 ans. Il avait créé cette machine capable de réaliser additions, soustractions, multiplications et divisions pour aider son père, collecteur des impôts.

ACTU

Le secret de la Licorne

Imaginez : un petit village paisible de la Charente, un rond-point sur lequel on installe un lampadaire, et soudain, lumière !, la découverte d'une grotte sépulcrale datant de 900 ans av. J.-C. ! C'est exactement ce qui s'est produit à Saint-Projet, lorsque les travaux d'aménagement d'un rond-point ont révélé l'existence d'un vaste réseau souterrain, long de près d'un kilomètre. Des spéléologues amateurs ont été les premiers à s'y aventurer, et ils ont vite compris qu'ils avaient sous les yeux quelque chose d'extraordinaire. Ossements humains, traces de pas et de doigts figés dans l'argile, sol jonché de céramiques : cette grotte, appelée « la Licorne », renferme une richesse archéologique incroyable. Cette découverte « fortuite » enthousiasme les spécialistes de la protohistoire. C'est en effet le seul site funéraire datant de l'Âge du bronze final resté totalement vierge. Scellée après le dépôt d'un défunt, la grotte n'a jamais été ouverte depuis près de 3 000 ans !

ASTUCES 2 FAINÉANT — Internet et le drive

Nous disposons tous aujourd'hui d'une connexion internet. Savez-vous qu'il est possible de détourner l'usage des sites marchands pour réduire nos efforts ? Voici l'astuce simple que tout le monde peut utiliser. Créez-vous un compte (c'est toujours gratuit) sur chacun des sites des enseignes où vous faites habituellement vos achats alimentaires et autres (grande distribution, bricolage, etc.). Lorsque vous avez besoin d'un produit, plutôt que de l'inscrire sur une liste que vous risquez de perdre, connectez-vous à votre compte en ligne, sélectionnez le produit et placez-le dans votre panier. Celui-ci sera sauvegardé automatiquement et votre liste de courses se constituera au fur et à mesure, jusqu'au moment où vous la validerez pour ensuite… récupérer vos paquets au drive !

Lever du soleil
06h04

Samedi 18

Coucher du soleil
21h30

Saint Éric – On fête aussi les Eris, Genséric, Gens, Potamon

« Être différent n'est ni une bonne ni une mauvaise chose. Cela signifie simplement que vous êtes suffisamment courageux pour être vous-même. » *Albert Camus*

SYSTÈME D
ROBINET FAIBLARD

Le robinet de la cuisine ou de la salle de bains ne donne plus qu'un mince filet d'eau ? Le plus souvent, le coupable n'est autre que le calcaire. Les robinets actuels sont en général (et heureusement) équipés d'un filtre, une grille très fine, qui retient diverses impuretés. Il faut donc dévisser le nez du robinet. S'il est bloqué, utilisez une pince multiprise en protégeant le métal par un tissu. Laissez tremper le filtre une nuit dans le vinaigre blanc avant de le rincer abondamment et de le remettre en place. Mais si vous voulez bénéficier d'une eau moins calcaire, mettez en place un filtre anticalcaire spécifique. Le plus simple est le filtre magnétique qui se visse sur l'embout du robinet : il ne supprime pas le calcaire, mais réduit nettement son impact.

CALEMBOURS ou RÉPARTIES cultes du cinéma

Dans quel film ?

« Mais tu ne comprends pas, […] je suis un homme !

— Et alors, personne n'est parfait. »

Réponse : Certains l'aiment chaud, *de Billy Wilder.*

GRIPPE AVIAIRE : BIENTÔT UN VACCIN POUR LES VOLAILLES ?

EURO 2024 LE ROI DE L'EURO

Deux joueurs seulement ont figuré dans une sélection lors de cinq phases finales, Iker Casillas pour l'Espagne et Cristiano Ronaldo pour le Portugal. Seul ce dernier a joué lors de ces cinq phases finales. Le meilleur buteur mondial de l'histoire en sélection accumule les records dans l'épreuve : meilleur buteur en phase finale (14 buts) et en prenant en compte les matchs de qualification (45), plus grand nombre de matchs joués, que ce soit en phase finale (25) ou en englobant les éliminatoires (60). Ronaldo a terminé meilleur buteur de l'épreuve à deux reprises, en 2012 et 2020. Le roi de l'EURO, qui a marqué au moins un but lors de chacune des phases finales disputées, a décroché sa première couronne, unique titre de la sélection majeure portugaise, en s'imposant en France face au pays hôte en 2016.

UEFA - UEFA - UEFA - UEFA - UEFA - UEFA - UEFA - UEFA

11 Brèves régions

AUDE – CHARLES TRENET

C'est à Narbonne, sous-préfecture de l'Aude, que Charles Trenet vit le jour le 18 mai 1913, dans une « famille musicienne », comme il le chantera plus tard. En effet, sa mère jouait du piano et son père, notaire de profession, s'adonnait au violon pendant son temps libre. La maison natale de l'artiste est devenue un musée et l'avenue Anatole-France, où elle se situe, s'appelle aujourd'hui avenue Charles-Trenet. Cette « vieille baraque pleine de souvenirs et de nostalgie », comme aimait à le dire le chanteur-poète, invite le visiteur à découvrir des documents d'archives, des souvenirs personnels et plonge le visiteur dans le jardin extraordinaire de Trenet.

Lever du soleil
06h03

Dimanche 19

Coucher du soleil
21h32

PANDECÔTE

Saint Yves – On fête aussi les Célestin, Dunstan

« Voici la perfection morale : vivre chaque jour comme si c'était le dernier, sans torpeur ni agitation ni hypocrisie. » *Marc Aurèle*

Les rues mythiques du MONDE

Avenue de Tervueren (Bruxelles, Belgique)

Conçue pour l'Exposition internationale de 1897, cette artère bordée d'arbres relie Bruxelles à Tervuren. Longue de 10 km, elle abrite de nombreux bâtiments et hôtels particuliers de styles Beaux-Arts, Art nouveau et Art déco. Plusieurs ambassades sont installées dans certaines de ces propriétés. Depuis la fin des années 2000, l'avenue de Tervueren fait chaque année l'objet d'une grande fête populaire au mois de mai. Interdite à la circulation automobile sur plus de 3 km, la rue accueille alors un marché aux puces, des commerçants ambulants, des forains, des concerts…

Les guitaristes de légende

Sister Rosetta Tharpe

Pionnière s'affranchissant de tout (à commencer par ses maris, qu'elle quitte pour une femme). Noire dans l'Amérique ségrégationniste, « programmée » pour le gospel, qu'elle « trahit », selon ses détracteurs, pour un rhythm'n'blues aux solos de guitare électrique enflammés inventant quasiment le rock. Fervente croyante (d'où « sister ») ne cessant de prêcher la bonne parole tout en dénonçant l'hypocrisie de l'institution religieuse (écoutez son « Strange Things Happening Every Day », enregistré en 1942). Musicienne surdouée qui ne craint pas de désaccorder sa guitare avant un concert pour obtenir un son particulier. Rosetta Tharpe (1915-1973), la dextérité de son « picking » (chaque doigt pinçant une corde particulière) et sa voix sont à célébrer absolument.

Disque conseil : *Gospel Train*, Mercury, 1956.

Heureux Mariages

JEANNE KULON était lasse des moqueries qu'elle subissait tous les jours depuis son enfance à cause du patronyme qu'elle avait hérité de ses ancêtres. Elle décida donc de se marier pour épouser non seulement son aimé, mais aussi son nouveau nom. Après bien des recherches pour trouver le bon, elle jeta son dévolu sur un garçon charmant qui s'appelait **FRANÇOIS SÈCHEPINE**…

C'est sa ville !

CARLA-BAYLE

Ancienne citadelle huguenote située dans l'Ariège, près de Pamiers, cette commune rurale s'appelait Carla-le-Comte jusqu'à la Révolution. Mais, comme on le sait, les noms évoquant la noblesse ou la religion ont été bannis à cette époque, et la commune est devenue Carla-Bayle, en hommage à l'écrivain et philosophe Pierre Bayle. Car c'est ici que naquit, en 1647, ce fils de pasteur protestant qui vécut quasiment toute sa vie en exil entre la Suisse et les Pays-Bas, où il publia de nombreux ouvrages philosophiques très en avance sur la pensée de son époque. Ce précurseur des Lumières ne revit malheureusement jamais les paysages escarpés de son pays cathare, car il mourut à Rotterdam en 1706.

Lever du soleil
06h02

Coucher du soleil
21h33

LUNDI DE PANTECÔTE

Saint Bernardin – On fête aussi les Outrille, Austrégésille, Therezien

« La vérité est comme Dieu : elle ne se montre pas à visage découvert. » *Johann Wolgang Goethe*

Les Bons Bonbons de nos régions

Le sucre d'orge de Tours

« Lorsque le sucre d'orge / Coule dans la gorge d'Annie / Elle est au paradis », chantait France Gall, avec le double sens gainsbourien. Un comble, pour des pastilles aromatisées créées par des bénédictines au début du XVIIe siècle ! Si autrefois on utilisait réellement de l'orge pour fabriquer ces bonbons, il a été remplacé depuis par du sirop de glucose. Inscrit au patrimoine culinaire de la région Centre-Val de Loire, le sucre d'orge de Tours, petite pastille ronde aromatisée à la pomme, la vanille, l'orange, la cerise, le citron ou encore aux baies de sureau, aurait pu disparaître si la confiserie Hallard n'avait pas relancé sa fabrication au début des années 1980.

930

C'est, en grammes, la quantité de magret de canard engloutie par Bernard Lasbats, un Gersois de 60 ans, en cinq minutes. Il remportait ainsi en 2022 son onzième titre de champion du monde de la discipline, lors du concours organisé à Saramon (Gers). La vainqueur dit pourtant ne pas s'entraîner et arriver là « en touriste ». Le « championnat du monde de mangeurs de magret » existe depuis 1982, et consiste à manger un kilo de magret grillé en cinq minutes, avec des couverts en plastique. Au cours de la compétition, 13 participants se sont affrontés. Le doyen du concours, un homme de 97 ans, a avalé 350 grammes de viande de canard. Gros bâfreur et grand seigneur, Bernard Lasbats lui a offert son trophée.

M. et Mme Fère
Vignerons
ont la joie de vous annoncer la naissance de leur fils

VINNIE

PROBLÈMES + – /
de maths du certificat d'études

Un verger de 7 hectares produit 40 tonnes de pommes par hectare.

Sachant que 35 % des pommes sont exportées à l'étranger, que le reste est utilisé pour produire du jus de fruits et que 5 kg de pommes produisent 1 litre de jus, combien de litres de jus de pommes seront-ils mis en vente ?

Si 2/3 du jus de fruits étaient utilisés pour faire du cidre, combien de bouteilles de cidre de 75 cl seraient-elles produites ?

Solution : Production totale de pommes : 7 x 40 = 280 tonnes
Quantité de pommes exportées : 280 x 35 % = 98 tonnes
Quantité de pommes utilisées pour le jus de fruits : 280 – 98 = 182 tonnes ou 182 000 kg.
Quantité de jus de fruits produit : 182 000 / 5 = 36 400 litres
Volume du cidre : (36 400) x 2 / 3 = 24 266 litres ; 24 266 / 0,75 = 32 355 bouteilles

Lever du soleil
06h01

Mardi 21

Coucher du soleil
21h34

Saint Constantin – On fête aussi les Second

« Celui qui pense librement pour lui-même honore toute liberté sur terre. » *Stefan Zweig*

Gangs – LE GANG DES TRACTION AVANT

Prisée par la Résistance pour sa tenue de route, la Traction Avant de Citroën est aussi tragiquement connue à cause de cette bande. À la Libération, Pierre Loutrel dit « Pierrot Le Fou », un petit malfrat alcoolique et violent, qui fut membre de la Gestapo française avant de rejoindre opportunément la Résistance en 1944, s'associe avec deux anciens collabos, un FFI, un vétéran de l'armée des Alpes et un rescapé de Mauthausen pour former une équipe spécialisée dans les braquages menés à bord de la célèbre voiture. Le 7 février 1946, l'attaque d'un fourgon du Crédit lyonnais, à Paris, constitue leur premier méfait. Trois jours plus tard, le groupe récidive gare de Lyon. Réfugiée sur la Côte d'Azur, la bande y multiplie les hold-up avant d'enchaîner cinq braquages entre juillet et août 1946 lors de son retour à Paris. Mais, en septembre, grâce à un tuyau, les policiers parviennent à loger les malfrats dans une auberge à Champigny-sur-Marne. Alors qu'ils sont encerclés par 350 policiers, Pierrot le fou et ses acolytes réussissent à s'échapper. Devenu l'ennemi public n° 1, Loutrel se tire accidentellement une balle dans l'abdomen lors d'un ultime braquage le 5 novembre 1946. Il décède de ses blessures cinq jours après. Son corps, enterré par ses complices, ne sera retrouvé que trois ans plus tard.

CHARADE à tiroirs

Mon premier réside dans un lieu,
Mon deuxième fait l'important,
Mon troisième fait des détours,
Mon quatrième est en colère,
Mon tout est un personnage de Victor Hugo.

QUASIMODO. Mon premier est CA car CA niche (Caniche). Mon second est ZI car ZI trône (Zitrone). Mon troisième est MO car MO erre (Mohair). Mon quatrième est DO car DO rage (Dorage).

SOLUTION MOTS FLÉCHÉS P. 155

SOLUTION MOTS FLÉCHÉS P. 155

	I		H		C		D		D		S	
E	N	S	I	L	A	G	E		E	M	U	S
	F	A	N		B	O	C	A	L		S	U
D	I	O	D	E		G	O	U	A	C	H	E
	D	U	O		F	O	U	R	V	O	I	E
G	E	L	U	L	E		P	E	A	N		S
	L	E	S	E	R	I	E	Z		C	V	
T	E	R	T	I	O		R		R	E	E	R
			A		C	M		M	E	R	L	U
E	D	E	N	T	E	E		I	C	T	U	S
	E	M	I	R		L	A	D	R	E		A
O	D	E		O	T	A	R	I	E		H	I
	U	R	I	N	O	I	R		E	M	E	T
E	C	I	M	E	R		E	M	E	U	S	
	T		B	R	E	T	T	E		R	I	T
L	I	E	U		E	S		D	I	E	T	E
	V	A		D	R	A	G	O	N	N	E	S
M	E	U	L	E		R	O	C		E	S	T

OENOTOURISME

La route des vins en Corbières et en Pays cathare, en Languedoc-Roussillon

Avec ses vins puissants et tanniques, le Languedoc-Roussillon est une région viticole à fort caractère. Parmi les différents circuits qui le sillonnent, celui de la route des vins en Corbières offre un riche aperçu de la région. Le Pays cathare se situe entre Perpignan et Montpellier, dans la partie occidentale du Languedoc. Cette région très terrassée, étendue au pied des Pyrénées, rassemble les appellations Minervois, Corbières, Fitou et Blanquette-de-limoux. Des remparts de la ville fortifiée de Carcassonne, on rejoint les coteaux de Limoux, qui produisent un vin effervescent, puis la route grimpe sur les reliefs des Corbières, où le cépage dominant grenache produit un vin rouge réputé – l'appellation Corbières est la première du Languedoc.

Lever du soleil
06h00

Mercredi 22

Coucher du soleil
21h35

Saint Émile – On fête aussi les Rita, Quitterie

« Je crois au point d'interrogation. » *Umberto Eco*

GÉMEAUX

Vermot'roscope

22 mai – 21 juin

Votre caractère

Communicatif, curieux, ouvert d'esprit, observateur, inventif, intelligent, opportuniste, adaptable, vif, rapide, bon vivant, pétri d'humour, intuitif, cérébral, changeant, caméléon, surprenant, insaisissable, aérien, désinvolte, ambigu, infantile, nerveux voire angoissé.

Les événements célestes de 2024

Cette année, **Saturne** (le temps) vient contrarier vos plans. Les retards, les reports, les obstacles et les oppositions pourraient bien vous obliger à vous dépasser et à revoir certains de vos projets. Plus que jamais, vous devrez être adaptable.

Heureusement, vous pouvez compter sur le soutien de **Jupiter** dès le milieu du printemps. Si vous n'échappez pas à des ralentissements et des remises en question, vous parvenez à venir à bout de toutes vos obligations. Attention à la confrontation de **Jupiter** et de **Saturne** en août qui apporte de nombreux désagréments.

PLEINS FEUX SUR 2024, DOMAINE PAR DOMAINE

Vie relationnelle : Si sur la première moitié de l'année vous êtes en quête de calme et de solitude, le second semestre vous trouve plus communicatif, plus sociable et plus extraverti. Quelle que soit la période, efforcez-vous de rester vous-même.

Amour : ***En couple*** : jusqu'en mai, essayez d'être moins cérébral et dans l'analyse. Faites preuve d'un plus grand romantisme. De juin à décembre, donnez-vous les moyens d'offrir une nouvelle dynamique ou direction à votre vie conjugale. Montrez-vous plus créatif et inventif.

Célibataire : si rien d'extraordinaire ne se passe durant les cinq premiers mois, la seconde moitié de 2024 est plus propice à votre épanouissement sentimental. Débordant de charme, vous ne laissez personne insensible. Une belle histoire d'amour pourrait bien voir le jour. Accueillez-la.

Famille : De janvier à fin mai, vous entretenez des relations à la carte avec vos proches. C'est vous qui décidez où et quand vous les verrez. De juin à décembre, vous saisirez tous les occasions de passer du temps avec vos parents, vos enfants ou vos petits-enfants.

Quotidien et vitalité : Si vous connaissez une nette amélioration de la gestion de votre énergie, vous devrez attendre septembre pour sentir un véritable mieux-être. Toutefois, 2024 vous permet de venir à bout d'un problème chronique qui vous empêchait d'être au meilleur de votre forme.

Budget : Tout vous incite à une extrême prudence. Pas question de jeter l'argent par les fenêtres et de vous laisser aller à des dépenses inconsidérées. Sans vous priver, vous restez raisonnable.

GRANDS SPORTIFS DES JO

LA REINE

Aveugle de naissance, Trischa Zorn participe pour la première fois aux épreuves de natation des Jeux paralympiques d'Anvers en 1980 et décroche sept médailles d'or. Une incroyable moisson de titres commence. Six titres en 1984, douze en 1988, dix en 1992 et deux en 1996, au total, la nageuse américaine a remporté 41 médailles d'or. Avec également 9 médailles d'argent et 5 de bronze, Zorn a décroché 55 médailles sur vingt-quatre ans. Elle est la sportive olympique la plus médaillée, Jeux paralympiques et olympiques confondus.

CITIUS - ALTIUS - FORTIUS

Alea jacta est Citations latines

Dura lex sed lex

Dans un contexte juridique, cette maxime, que l'on traduit par « La loi (*lex*) est dure (*dura*), mais (*sed*) c'est la loi (*lex*) », rappelle l'obligation et la nécessité de respecter et d'appliquer une loi, quoi qu'il arrive, même si elle paraît particulièrement sévère. Dans un sens plus large, elle s'emploie, souvent de façon ironique, dans une situation où une personne se voit contrainte de se soumettre à quelque chose qui ne lui convient pas. Pour la petite histoire, c'est cette maxime qui a inspiré le nom de la marque Duralex®.

Lever du soleil
05h59

Jeudi 23

Coucher du soleil
21h37

Saint Didier – On fête aussi les Guibert, Bili

« Tu apprendras à tes dépens que, le long de ton chemin, tu rencontreras des millions de masques et très peu de visages. » *Luigi Pirandello*

Le saviez-vous ?

Le pont qui voyage

Le pont de Londres (London Bridge) a été remplacé plusieurs fois au cours de son histoire. Celui de 1831, en granite, s'enfonçait dans la Tamise de plusieurs centimètres par décennie, en raison de son poids. En 1969, la ville décide de le démonter et de le remplacer par un pont plus léger. Quant au pont victorien, après son démontage, il a été vendu à un entrepreneur américain qui l'a utilisé pour relier la ville de Lake Havasu, en Arizona, à la rive du lac.

DES nuisibles PAS nuisibles

LA PIE

Bavarde, voleuse… la pie s'est vue attribuer bien des défauts. Mais si elle a été et continue à être largement piégée, c'est surtout à cause de son goût pour les fruits des vergers et, dans une certaine mesure, parce qu'elle s'attaque aux œufs et aux poussins des passereaux. Toutefois, elle consomme surtout des insectes. C'est peut-être l'oiseau dont le caractère « nuisible » ou « utile » est le plus controversé. Le fait est que ses effectifs sont en net déclin dans les campagnes (surtout à cause des pesticides) et en nette augmentation dans les villes, où elle a appris à percer les sacs-poubelles !

PAROLES

Les mots des flics et des voyous

PAROLES

Fourchette

• Voleur expérimenté qui extrait les objets des poches de ses victimes avec deux doigts. Synonymes : voleur à la tire, pickpocket. • Coup qui consiste à mettre deux doigts dans les yeux de l'adversaire. Synonyme : faire les yeux de harengs. • Travailler à la fourchette : se battre à l'arme blanche. Synonyme : jouer de la lame. En argot militaire, la fourchette désignait la baïonnette. • Compter avec une fourchette : commerçant qui majore ses notes, vole un client, fait payer trop cher. • Avaler sa fourchette : mourir.

Recette Cake salé léger

Pour 4 à 6 pers. | **10 min de préparation** | **30 min de cuisson**

- 150 g de gésiers de canard confits émincés (au rayon jambon)
- 1 bloc de feta ou de fromage de brebis frais
- 4 œufs
- 300 g de fromage blanc
- 100 g de farine
- 100 g de fécule de maïs, type Maïzena®
- 1 sachet de levure
- Ail semoule
- Herbes de Provence
- Sel, poivre

Préchauffez le four à 180 °C (th. 6). Réunissez dans un récipient les gésiers émincés et la feta émiettée ou coupée en tout petits cubes.

Battez les œufs et le fromage blanc dans un cul-de-poule.

Tamisez la farine, ajoutez la fécule et la levure et incorporez ce mélange sec aux ingrédients humides. Salez, poivrez, ajoutez de l'ail semoule et des herbes de Provence, selon votre goût.

Ajoutez le fromage et le canard à la pâte et mélangez bien.

Versez dans un moule à cake tapissé de papier sulfurisé et enfournez pour 30 min de cuisson.

Conseils

Servez avec une belle salade verte assaisonnée d'une vinaigrette moutardée. Si vous choisissez des moules à mini-cakes, ne faites cuire que 15 à 20 min selon leur taille.

Lever du soleil
05h58

Vendredi 24

Coucher du soleil
21h38

Saint Donatien – On fête aussi les Rogatien, Zoël, Maël, Servilio

« Dès que quelqu'un comprend qu'il est contraire à sa dignité d'homme d'obéir à des lois injustes, aucune tyrannie ne peut l'asservir. » *Mahatma Gandhi*

LES PRÉCURSEURS DE L'ÉCOLOGIE

ARNE NÆSS

Dans son ouvrage *Écologie, communauté et style de vie* (2008 pour l'édition en français), ce philosophe environnemental norvégien (1912-2009) milite pour une forme de vie respectueuse de l'environnement, sobre et soutenable, qui va bien au-delà d'actions pragmatiques comme la gestion des déchets. C'est le principe de *deep ecology*, qui pousse à penser la relation au vivant de manière globale. Pilier de la réflexion écologiste, ce penseur dénonce une société techno-industrielle qui détériore l'humain et son environnement.

165

C'est, en millions de pesos, la somme reçue par un employé chilien en guise de salaire, soit l'équivalent de 175 000 euros. Il s'agissait évidemment d'une erreur, sa rémunération mensuelle s'élevant normalement à 500 000 pesos (520 euros). Après avoir découvert sa boulette, l'entreprise de surgelés qui l'emploie l'a immédiatement contacté pour lui conseiller de rendre l'argent. L'employé a répondu à son supérieur par SMS en lui expliquant qu'il viendrait rendre l'argent en liquide après être passé à sa banque. Mais le comptable a eu beau l'attendre pendant plusieurs jours, l'homme ne s'est jamais présenté. L'entreprise n'a plus entendu parler de lui jusqu'au moment où elle a reçu sa démission, notifiée par l'intermédiaire d'un avocat.

CITATIONS HUMORISTIQUES : BLAGUES ET VANNES

« S'il fallait tolérer aux autres tout ce qu'on se permet à soi-même, la vie ne serait plus tenable. »
Georges Courteline

« Mourir en bonne santé, c'est le vœu de tout bon vivant bien portant. »
Pierre Dac

Chevaliers de l'Histoire

William Wallace

Les exploits de ce chevalier écossais ont inspiré le célèbre film *Braveheart* de et avec Mel Gibson. Né vers 1270, Wallace devient un hors-la-loi en 1297 après avoir tué le shérif anglais de Lanark pour venger le meurtre de son épouse. De là commence son combat pour l'indépendance écossaise. Le 11 septembre 1297, il remporte sa première grande victoire lors de la bataille du pont de Stirling. Les Anglais perdent plus de 3 000 hommes et 100 chevaliers. Ce succès lui apporte le soutien de nombreux nobles écossais. En moins d'un an, la rébellion soumet pratiquement toutes les places fortes tenues par les Anglais et Wallace est proclamé « gardien du royaume d'Écosse ». Finalement trahi par un seigneur écossais en 1305, il est exécuté à Londres dans des conditions particulièrement atroces. Loin de saper l'esprit de liberté chez les Écossais, sa mise à mort va exacerber leur sentiment national. En 1328, l'Écosse devient un pays indépendant. Elle le restera jusqu'en 1707.

Lever du soleil
05h57

Samedi 25

Coucher du soleil
21h39

Sainte Sophie – On fête aussi les Bède, Sonia

« Il faut voyager pour frotter et limer sa cervelle contre celle d'autrui. » *Michel de Montaigne*

Etymologie

On fera avec !

Formé sur l'argot *turne*, « chambre », et le préfixe *co-*, du latin *cum*, « avec, ensemble », et par jeu de mots avec *cothurne* (les cothurnes vont toujours par deux, puisqu'il s'agit de chaussures que portaient les comédiens du théâtre antique), le nom *coturne* désigne la compagne ou le compagnon de chambre d'un étudiant ou d'une étudiante en résidence universitaire… le plus souvent désigné(e) par le sort, sans garantie d'entente !

Cocktails

Cocktail ACE (carotte, orange et citron) (sans alcool)

Pour 1 grand verre – 5 min de préparation

Matériel : centrifugeuse ou extracteur de jus

- *2 carottes bios*
- *3 oranges*
- *1 citron*
- *Quelques glaçons*

Lavez les carottes, pelez les agrumes.
Passez le tout à la centrifugeuse.
Servez avec des glaçons.

À savoir

Le nom du cocktail résume parfaitement ses bienfaits : les vitamines A, C, E dont il regorge !

MOTS MÊLÉS

Les passereaux

E	T	T	E	N	N	O	R	E	G	R	E	B	R
Y	T	E	T	I	R	U	E	U	Q	O	M	O	U
K	F	T	A	L	A	R	H	T	I	P	I	P	M
C	E	E	E	E	E	E	E	E	A	T	A	D	Q
P	G	G	B	U	L	T	L	I	E	N	J	E	F
S	I	R	R	R	O	L	O	L	D	T	I	V	B
A	O	N	E	O	I	L	E	U	E	R	A	A	E
C	R	M	S	E	G	T	A	D	R	T	E	T	M
U	H	S	N	O	T	E	L	N	N	N	T	V	N
O	C	R	X	E	N	O	G	A	I	O	E	I	P
H	O	N	V	I	R	R	U	U	N	D	R	A	S
C	O	U	O	I	I	R	B	I	O	Y	R	I	U
G	A	M	O	V	B	C	L	B	I	R	N	A	H
F	P	T	E	R	E	N	N	O	D	R	A	H	C

Solution page 168

Cherchez les passereaux cachés dans la grille ci-dessous. Vous les trouverez soit horizontalement, soit verticalement ou encore en diagonale ; ils peuvent se lire de gauche à droite ou de droite à gauche, de haut en bas comme de bas en haut.

ALOUETTE
BERGERONNETTE
BRUANT
CARDINAL
CHARDONNERET
CHOUCAS
CORBEAU
CORNEILLE
ÉTOURNEAU
FAUVETTE
GEAI
GRIVE
HIRONDELLE
LINOTTE
LORIOT
MAINATE
MERLE
MOINEAU
MOQUEUR
PIE
PINSON
PIPIT
ROITELET
ROUGE-GORGE
SITTELLE
VERDIER

Présentatrices mythiques de TV

Denise Fabre

Née à Nice en 1942, Denise Fabre débute comme speakerine à la télévision à l'âge de 19 ans, tout en tournant quelques publicités. Rapidement, elle anime *Télé Dimanche*, qui lui permet de gagner en notoriété. En 1971, elle joue le personnage principal de la série *Madame êtes-vous libre ?* Jusqu'en 1992, elle sera speakerine sur TF1. En parallèle, elle est chroniqueuse pour *France-Soir*, puis France Inter, et enfin Europe 1 en 1976. Dans les années 1990, elle présente le télé-achat sur TF1, mais décroche aussi plusieurs récompenses télévisuelles célébrant son charisme et sa popularité. À partir de 2000, la présentatrice anime plusieurs tournées *Âge tendre et têtes de bois*, dédiées aux artistes de variétés des années 1960-1970. 2008 marque également son entrée en politique, en tant qu'adjointe du maire de Nice.

Lever du soleil
05h56

Dimanche 26

Coucher du soleil
21h40

FÊTE DES MÈRES

Saint Béranger – On fête aussi les Bérangère, Éleuthère, Godon

« Ne t'occupe pas d'être moderne. C'est l'unique chose que malheureusement, quoi que tu fasses, tu ne pourras pas éviter d'être. » *Salvador Dali*

NOS ANCÊTRES

RUDOLFENSIS, LE PREMIER

Ses traces mènent en Afrique de l'Est et remontent entre 2 et 1,8 millions d'années. Tirant son nom du lac Rudolf au Kenya, *Homo rudolfensis* est la plus ancienne espèce du genre *Homo*. Son crâne avait un volume de 750 cm³ (environ la moitié du nôtre) et il possédait quelques caractéristiques des paranthropes. Il fut contemporain d'*Homo habilis* avec qui il fut un temps confondu.

39

Brèves régions

JURA – LA FÉE VERTE

À la frontière franco-suisse, les forêts d'altitude du Val-de-Travers abritent l'absinthe, plante vivace herbacée que l'on distille pour produire la « fée verte ». Accusée de provoquer de graves dégâts cérébraux, cette liqueur est née ici avant d'être interdite de 1910 à 2005. Sa production a repris selon la méthode traditionnelle dans certaines distilleries, en laissant sécher des bouquets d'absinthe et en les broyant avec une douzaine d'autres plantes comme du fenouil ou de l'anis. La teneur en thuyone, molécule en cause dans son interdiction, est aujourd'hui contrôlée et sa consommation, comme celle de tout alcool, doit se faire avec modération.

AHAHAHAHAH ! OH ! OH ! AH ! AH ! AH ! HI ! HI ! HI ! WHA HA ! HA !

LA BONNE BLAGUE

Dieu créa le chien et lui dit : « Assieds-toi sur le perron de ta maison et aboie sur tous ceux qui entrent ou passent devant. En échange de cette tâche, tu vivras vingt ans. » Le chien réfléchit à cette proposition et répond : « Cela fait beaucoup d'années à aboyer. Que diriez-vous de dix ans seulement. Je vous rends les dix autres. » Dieu accepte la proposition.

Dieu créa ensuite le singe et lui dit : « Amuse les gens et fais le pitre pour les faire rire. En échange, tu vivras vingt ans. » Le singe réfléchit et répond : « Faire le pitre pendant vingt ans ? C'est beaucoup. Et si je vous rendais dix ans de ma vie comme le chien l'a fait ? » Dieu accepte également.

Dieu créa ensuite la vache et lui dit : « Va dans les champs, souffre sous le soleil et donne du lait au fermier. En échange, tu vivras soixante ans. » Après avoir réfléchi, la vache répond : « C'est une vie ingrate que vous me proposez pendant soixante ans. Que diriez-vous de vingt ans seulement et je vous rends les quarante autres années ? ». Cette fois encore, Dieu accepte.

Enfin Dieu créa l'homme et lui dit : « Mange, dors, joue et profite de ta vie. En échange, tu vivras vingt ans. » L'homme réfléchit et répond : « Seulement vingt ans ? Pourriez-vous me donner ces vingt ans, plus les quarante ans que la vache vous a rendus, les dix que le singe vous a rendus et les dix autres que le chien vous a également rendus ? Cela fait quatre-vingts ans ». Dieu dit « Ok, tu l'as voulu ! »

Résultat : nous passons les vingt premières années de notre existence à manger, dormir, jouer et profiter de la vie ; puis quarante années à trimer pour se faire traire comme une vache ; puis dix années à faire le pitre comme un singe pour amuser nos petits-enfants, et enfin nos dix dernières années à aboyer sur tous ceux qui passent devant nous.

Lever du soleil
05h55

Lundi 27

Coucher du soleil
21h41

Saint Augustin de C. – On fête aussi les Brunon, Bed

« Je crois ce que je dis, je fais ce que je crois. » *Victor Hugo*

Monarchies du monde

Japon

La dynastie Yamato est considérée comme la plus ancienne du monde, puisque ses membres règnent sur le Japon depuis la fin du IIIe siècle. Certains mythes prétendent même que la famille descendrait de Jinmu, fondateur du pays et empereur de -660 à -585. Paradoxalement, c'est sans doute le pays où l'empereur a le moins de pouvoirs réels. Naruhito en porte le titre depuis 2019.

Déguisées en homme ♂

Aurore Dupin

C'est probablement la romancière la plus célèbre à avoir choisi un pseudonyme masculin tout en portant des vêtements d'homme pour s'imposer à une époque particulièrement misogyne. Née en 1804 et éduquée dans un couvent, Aurore épouse à 18 ans le baron Casimir Dudevant. Mais après deux enfants et neuf ans de mariage, la jeune femme s'enfuit avec le romancier Jules Sandeau. Sous le pseudonyme de Jules Sand, ils écrivent ensemble pour le *Figaro* puis publient le roman *Rose et Blanche* en 1831. Aurore Dupin gardera le nom de Sand et lui ajoutera le prénom George écrit à l'anglaise, devenant ainsi en littérature George Sand. Après avoir quitté son partenaire d'écriture, Aurore/George se lie avec une comédienne aimée de Vigny puis rencontre Musset qu'elle quitte au bout de deux ans. Porte-voix des revendications féministes puis socialistes, Sand s'est imposée en quelques années comme une écrivaine majeure, admirée par ses pairs. À sa mort en 1876, Victor Hugo fait parvenir ce message : « Je pleure une morte et je salue une immortelle. »

CALEMBOURS ou RÉPARTIES cultes du cinéma

Dans quel film ?

« Si vous n'aimez pas la mer, si vous n'aimez pas la montagne, si vous n'aimez pas la ville… Allez vous faire foutre ! »

Réponse : *À bout de souffle*, de Jean-Luc Godard.

Humour du monde

ha ha, hi hi, ho ho — FRANÇAIS
huhuhuh, hahaha, kukuku — JAPONAIS
ax ax ax — RUSSE
cha cha — LITUANIEN
jajaja — ESPAGNOL

Comment appelle-t-on un Italien avec les mains dans ses poches ?

Un muet.

DALMATIEN

Originaire de Dalmatie, une région littorale des Balkans, aujourd'hui située en Croatie, le dalmatien est un chien à la silhouette et au pelage caractéristiques. Il appartient à la catégorie des « chiens courant » et a d'ailleurs toujours été utilisé ainsi, soit pour ouvrir la voie aux diligences, soit pour accompagner les pompiers d'autrefois en aboyant devant les véhicules de secours. En 1961, la sortie du film de Disney, *Les 101 Dalmatiens,* a eu un double effet sur la race. Le premier positif, car le chien était peu connu et le dessin animé l'a popularisé avec une belle image. Le second effet était négatif et continue d'entraîner des conséquences aujourd'hui, car la demande devint si forte qu'il fallut faire naître des quantités de petits dalmatiens, au prix d'une consanguinité très augmentée.

Chiens voyageurs

MAI

Lever du soleil
05h54

Mardi 28

Coucher du soleil
21h42

Saint Germain – On fête aussi les Lanfranc, Guillemette

« Du dire au faire, la distance est grande. » *Miguel de Cervantes*

Apéro

Tapenade

Inventée en 1880, par le chef Meynier du restaurant La Maison Dorée à Marseille, la tapenade est un incontournable de la cuisine provençale. Elle est confectionnée à base d'olives noires ou vertes, pilonnées avec de l'huile d'olive, des câpres, de l'ail et des anchois. Sur le pourtour méditerranéen, il existe différentes variantes de sauces à base d'olives, notamment l'*olivada* espagnole. La tapenade se déguste en tartines ou canapés, en apéritif, et sert également de farce pour la volaille.

SUDOKU

		6					9	
		4			8			1
		2				5		
			7	3				
			5	4				9
	1				9	7		
							8	
	7	1	4					6
4		5		7				2

Solution page 169

Moments *uniques*

MANHATTANHENGE

Le mot « Manhattanhenge » est un mot-valise construit à partir du nom du quartier new-yorkais appelé Manhattan, et de celui du site mégalithique anglais nommé Stonehenge. En effet, une théorie sur ce dernier explique que les pierres y sont alignées au regard du lever et du coucher du soleil, aux solstices. Sachant que les rues de l'île de Manhattan sont géométriques et orientées soit nord-sud, soit est-ouest, le Manhattanhenge est un phénomène qui ne se produit que deux fois dans l'année, fin mai et à la mi-juillet, quand le soleil se couche dans l'alignement des rues orientées est-ouest. Spectaculaire, ce moment exceptionnel est impatiemment attendu des habitants de la ville mais aussi des touristes, dont certains programment leur voyage à New York spécialement à cette date pour y assister.

Bibliophiles

Espagne, premier amour, Vladimir Pozner (Julliard, 2022)

1939, Argelès. Sur la plage, des barbelés délimitent un camp où s'entassent des Espagnols qui ont fui le régime franquiste. Le narrateur, chargé d'en faire libérer des intellectuels et artistes, y découvre un peintre français qui s'y est laissé enfermer sous une fausse identité pour y demeurer près de la femme qu'il aime… Ce bref et saisissant roman de l'amour fou, nourri de documents, notes et témoignages d'époque réunis par l'auteur sur les lieux mêmes, ressuscite l'épopée de la Retirada, ses drames et ses misères, et chante les vertus et beautés toujours essentielles de la résistance.

Lever du soleil
05h53

Mercredi 29

Coucher du soleil
21h43

Saint Aymar – On fête aussi les Bona, Ursule, Géraldine

« Se donner du mal pour les petites choses, c'est parvenir aux grandes, avec le temps. » *Samuel Beckett*

C'est qui celui-là ?

Faire sa Marie-Chantal

« Faire sa Marie-Chantal » est une périphrase pour dire d'une personne qu'elle est snob. Relativement récente, l'expression est due à un livre du danseur étoile Jacques Chazot, intitulé *Les Carnets de Marie-Chantal* et paru en 1956. Le mondain y décrit les milieux parisiens de l'époque et y fait évoluer Marie-Chantal, un personnage acerbe devenu l'archétype du snobisme.

SOLUTION MOTS MÊLÉS P. 164

E	T	T	E	N	N	O	R	E	G	R	E	B	R
Y	T	E	T	I	R	U	E	U	Q	O	M	O	U
K	F	T	A	L	A	R	H	T	I	P	I	P	M
C	E	E	E	E	E	E	E	E	A	T	A	D	Q
P	G	G	B	U	L	T	L	I	E	N	J	E	F
S	I	R	R	R	O	L	O	L	D	T	I	V	B
A	O	N	E	O	I	L	E	U	E	R	A	A	E
C	R	M	S	E	G	T	A	D	R	T	E	T	M
U	H	S	N	O	T	E	L	N	N	N	T	V	N
O	C	R	X	E	N	O	G	A	I	O	E	I	P
H	O	N	V	I	R	R	U	U	N	D	R	A	S
C	O	U	O	I	I	R	B	I	O	Y	R	I	U
G	A	M	O	V	B	C	L	B	I	R	N	A	H
F	P	T	E	R	E	N	N	O	D	R	A	H	C

Une chanson dans la tête

Et maintenant, Gilbert Bécaud

Gilbert Bécaud, compositeur de près d'un millier de chansons, est quasiment tombé dans l'oubli. Pourtant, il demeure le recordman des passages à l'Olympia ; il s'y produisit à 31 reprises, la salle était « sa » maison. « Et maintenant », créé en 1961 sur des paroles de Pierre Delanoë, demeure l'un de ses plus grands succès. La chanson a été enregistrée par plus de 150 interprètes. Sous le titre de « What now my love », elle deviendra un succès international.

« Bécaud a le courage d'être excessif, ce que peu de gens osent, et de se montrer tel qu'il est jusqu'au bout », affirmera Jean Cocteau. Monsieur 100 000 volts débordait de vitalité et se produisait sans limite. Son public, qui l'aimait pour ses chansons, ses interprétations, fut aussi excessif, cassant les sièges de l'Olympia bien avant les « yé-yé ».

40 *Brèves* régions

LANDES – LES LAVOIRS LANDAIS

Parce qu'il n'y a pas que les châteaux et les abbayes qui intéressent les curieux, le département des Landes a développé une thématique autour des lavoirs. Hauts lieux de l'histoire – et des histoires – de nos villages, les murs de ces espaces partagés raconteraient la vie de tous nos ancêtres s'ils pouvaient parler. De l'inventaire départemental est sorti un ouvrage de 286 pages, disponible sous forme numérique, qui recense tous les lavoirs, canton par canton, raconte leur construction et précise les détails de leur architecture. Une « Histoire des lavoirs de France » ponctue le livre, pour le plus grand bonheur des amoureux des traditions populaires.

Lever du soleil
05h53

Jeudi 30

Coucher du soleil
21h44

Saint Ferdinand – On fête aussi les Yanna Lorraine

« J'ai choisi les mots comme seule arme, j'ai une confiance tout à fait illimitée en leur pouvoir. »
Michel Houellebecq

Heureux Mariages

Le 6 juin 1881, à Haveluy (Nord), **AUGUSTE PLACARD** s'unit à **LUDIVINE LEGRAND**. On imagine aisément l'annonce qu'ils firent peut-être paraître après ce mariage, afin de trouver à se loger : « *La famille Legrand-Placard cherche appartement spacieux ou grande maison avec de nombreux espaces de rangement et plusieurs chambres pour accueillir une ribambelle de petits Placard.* »

Il faut être philosophe — AVERROÈS*, MAÏMONIDE** et THOMAS D'AQUIN***

L'esprit de conciliation de la philosophie médiévale

Entre les XIIe et XIIIe siècles, dans un espace culturel réduit (en Espagne et en Italie), l'Europe méditerranéenne s'éveillait à travers trois regards différents sur le monde, et pourtant remplis de tolérance les uns pour les autres : ceux d'Ibn Rushd, Moshé Ben Maïmon et Thomas de Roccasecca, plus connus comme Averroès, Maïmonide et Thomas d'Aquin. Le premier était musulman, le deuxième juif, le troisième chrétien. Leurs références à tous les trois ? La Bible et Aristote. Leurs questions ? Celles qui bouleversent depuis toujours l'être humain (le bien et le mal, l'immortalité de l'âme, la liberté humaine…), mais aussi une volonté sincère de concilier la religion et la science, envisagées comme les deux faces de la parole de Dieu. « Le vrai ne peut contredire le vrai », affirmait Averroès, qui avait passé sa vie entière à commenter l'œuvre d'Aristote.

* Averroès (1126-1198), philosophe islamique
** Maïmonide, (1138-1204), philosophe, théologien et médecin juif
*** Saint Thomas d'Aquin (1225-1274), penseur, théologien et docteur de l'Église

Ça ne rime à rien…

Goinfre

Personne ne connaît l'origine exacte du mot « goinfre », mais certaines hypothèses s'orientent vers un mot-valise qui aurait été formé à partir de « gourmand » et de « gouffre ». Toujours est-il que si « gourmand » peut rimer avec « tourment », « gouffre » avec « souffre » et bien d'autres choses encore pour chacun des deux mots d'origine, « goinfre » est un orphelin de la rime.

Solution Sudoku p. 167

7	8	6	1	5	4	2	9	3
3	5	4	9	2	8	6	7	1
1	9	2	3	6	7	5	4	8
9	4	8	7	3	6	1	2	5
6	2	7	5	4	1	8	3	9
5	1	3	2	8	9	7	6	4
2	3	9	6	1	5	4	8	7
8	7	1	4	9	2	3	5	6
4	6	5	8	7	3	9	1	2

CITATIONS HUMORISTIQUES : BLAGUES ET VANNES

« Les diplomates ne sont utiles que par beau temps fixe. Dès qu'il pleut, ils se noient dans chaque goutte. » *Charles de Gaulle*

« Ce qu'il y a d'agréable dans les mauvaises nouvelles, c'est que neuf fois sur dix elles concernent les autres. » *Antoine de Rivarol*

« Les honneurs tantôt consacrent la gloire, tantôt en tiennent lieu. » *Alfred Capus*

« Qu'est-ce qu'il faut faire quand on se retrouve devant un animal d'une espèce protégée en train de manger une plante d'une espèce protégée ? » *Jim Carrey*

« Rien n'est plus susceptible qu'une tante à héritage. Je le sais, j'en ai une qui jouit d'une santé qui me rend malade. » *Philippe Meyer*

Lever du soleil
05h52

Vendredi 31

Coucher du soleil
21h45

Sainte Pétronille – On fête aussi les Pierrette, Perrine

« Pour se conduire avec sagesse, l'intelligence seule ne suffit pas. » *Fiodor Dostoïevski*

Le saviez-vous ?

Le soldat Wojtek

En 1942, une compagnie de l'armée polonaise basée en Iran recueille un ourson qui devient vite sa mascotte. Habitué à la compagnie des soldats, le jeune animal mange et joue avec eux sans jamais les blesser. Il boit même de la bière. L'ourson grandissant, il acquiert le grade de caporal. Il embarque avec sa compagnie pour l'Italie et participe à la bataille du mont Cassin où il transporte de lourdes caisses de munitions.

Plantes qui soignent

LA SARRIETTE

Conseillée dans le capitulaire du preux Charlemagne, c'est une belle méditerranéenne, agréablement odorante dans les pots d'une terrasse. Les tiges sont ligneuses, les feuilles persistantes et les fleurs printanières, blanches. En tisane, les feuilles et les fleurs sont réputées digestives et stimulantes, et peut-être aussi antiseptiques et vermifuges. On les conseille contre les flatulences. Décorative, à associer au thym, la sarriette des montagnes est un bon aromate pour les grillades et les salades.

EURO 2024

L'AUDACE

« Le football se joue à onze contre onze et à la fin, c'est l'Allemagne qui gagne. » Cet adage est souvent une vérité, en particulier lors d'une séance de tirs au but. Une seule fois dans l'histoire, la sélection allemande s'est inclinée lors de cet exercice, en 1976. En finale, elle affronte la Tchécoslovaquie, qui a surpris et fait figure d'immense outsider. À l'issue du temps réglementaire, le score est nul ; pour la première fois de l'histoire, le titre se joue aux tirs au but. Personne ne cède jusqu'à ce que Uli Hoeness envoie sa tentative sur la barre. Antonin Panenka s'avance, s'il marque, il offre le premier titre de l'histoire aux siens. Au bout de sa course, un geste audacieux unique : une balle piquée qui termine au fond des filets. La « panenka » venait de naître.

UEFA - UEFA - UEFA - UEFA - UEFA - UEFA - UEFA - UEFA - UEFA

ACTU

Le bon sens parisien

Paris, son charme romantique, sa vie artistique foisonnante et son réseau de rues, avenues et boulevards labyrinthique ! Avec ses 6 000 artères qui s'entrecroisent et s'enlacent, la Ville Lumière présente en effet une densité urbaine bien plus importante que Berlin, Londres ou New York. Or, selon une étude récemment publiée dans la prestigieuse revue Nature*, grandir dans une ville aux rues complexes pourrait renforcer notre capacité à ne pas nous perdre une fois adulte. Cette étude montre également que les individus qui vivent dans une ville comme Paris ont tendance à développer un bien meilleur sens de l'orientation que ceux qui habitent dans un village ou une ville plus petite comme Tours ou Dijon. La prochaine fois que vous serez perdu dans le dédale des rues de la capitale, rappelez-vous que grâce à elles, vous deviendrez peut-être comme les Parisiens une véritable boussole humaine.*

Samedi 1er JUIN

Saint Justin – On fête aussi les Justinien, Renan, Pamphile

Lever du soleil **05h51**

Coucher du soleil **21h46**

« Il faut du temps pour vivre. Comme toute œuvre d'art, la vie exige qu'on y pense. » *Albert Camus*

LA LETTRE MYSTÈRE

Aux Rochers, mercredi ... juin ...

Je vous écris avec un serrement de cœur ce qui me tue. Je suis incapable d'écrire à d'autres qu'à vous, parce qu'il n'y a que vous qui ayez la bonté d'entrer dans mes extrêmes tendresses. Enfin, voilà le second ordinaire que je ne reçoy point de nouvelles de ma fille. Je tremble depuis la teste jusqu'aux pieds, je n'ay pas l'usage de raison, je ne dors point et si je dors je me réveille avec des sursauts qui sont pires que de ne pas dormir. Je ne puis comprendre ce qui empesche que je n'aye des lettres comme j'ay accoutumé. Dubois me parle de mes lettres qu'il envoye très fidellement mais il ne m'envoye rien et ne donne point de raison de celles de Provence. Mais mon cher Monsieur, d'où cela vient-il. Ma fille ne m'écrit-elle plus, est-elle malade, me prend-on mes lettres car pour les retardements de la poste, cela ne pourroit pas faire un tel désordre. Ah mon Dieu, que je suis malheureuse de n'avoir personne avec qui pleurer.

J'auroy cette consolation avec vous et toute votre sagesse ne m'empescheroit pas de vous faire voir toute ma folie. Mais, n'ay-je pas raison d'estre en peine, soulagez donc mon inquiétude, et courez dans les lieux où ma fille écrit affin que je sache au moins comme elle se porte. Je m'accommoderay mieux de voir qu'elle écrit à d'autres que de l'inquiétude où je suis de sa santé. Enfin, je n'ai pas reçu de ses lettres depuis le 5e de ce mois, elles estaient du 23 et 28e may, voilà donc douze jours et deux ordonnances de poste. Mon cher monsieur, faites-moy promptement réponse, l'estat où je suis vous feroit pitié, écrivez un peu mieux, j'ay peine à lire vos lettres et j'en meurs d'envie.

Je ne réponds point à toutes vos nouvelles, je suis incapable de tout. Mon fils est revenu de Rennes, il y a dépensé quatre cents francs en trois jours. La pluie est continuelle, mais tous ces chagrins seroient légers sy j'avoy des lettres de Provence. Ayez pitié de moy, courez à la poste, aprenez ce qui m'empesche d'en avoir comme à l'ordinaire.

Je n'écris à personne et serois honteuse de vous faire voir tant de faiblesses si je ne connaissois vos extrêmes bontés.

Rainer Maria Rilke

Réponse Lettre de mai

C'est un extrait d'une des *Lettres à un jeune poète* de Rainer Maria Rilke. Elles sont envoyées à un jeune admirateur, Franz Kappus. Avec maturité et autorité, celui qui est un « jeune poète » lui-même (il a moins de trente ans) livre moins son expérience que ce que devrait être la vie d'un poète, et pour tout dire d'un homme. L'expérience de la vie doit se concentrer dans un effort : créer une solitude belle et puissante, qui paradoxalement nourrisse le rapport à l'autre et éveille au monde, dont on pourra vaincre l'hostilité parce qu'on aura trouvé le vrai de soi. De ces lettres, d'une richesse sans égale, on a retenu ici des considérations ou conseils sur l'amour à mettre entre les mains de tous les adolescents. Patience, exigence, prudence et passion ne sont pas antinomiques, ce sont les repères sur un chemin qui peut être de perdition, mais aussi de création, pour faire de sa vie un poème.

Lever du soleil
05h51

Dimanche 2

Coucher du soleil
21h47

Sainte Blandine – On fête aussi les Alcide, Erasme, Nicéphore

« Plus tard, il sera trop tard. Notre vie, c'est maintenant. » *Jacques Prévert*

Les Bons Bonbons de nos régions

Les Pastilles Vichy

Comme d'autres, ce célèbre petit bonbon mentholé de forme octogonale était à l'origine un médicament. Fabriquée avec des sels minéraux de la ville de Vichy, la pastille était destinée à faciliter le transit intestinal ! Son « inventeur », le chimiste Jean-Pierre-Joseph d'Arcet, était d'ailleurs membre de l'Académie de médecine et, jusqu'en 1914, sa fabrication sera réservée aux pharmaciens. Aujourd'hui, outre l'appellation « Pastille Vichy », propriété de l'entreprise française Carambar & Co depuis 2017, on peut également trouver les pastilles du bassin de Vichy fabriquées par la famille Moinet, confiseur depuis sept générations.

DEVINETTES

Ensemble d'institutions,
On le préfère stable,
Peut apporter des restrictions,
Et ses fruits peuvent orner notre table.

Qu'est-ce que c'est ?

Le régime

ASTUCES 2 FAINÉANT

Un four qui reste propre

Pendant la cuisson tombent parfois des morceaux des préparations culinaires dans le bas du four, notamment avec les gâteaux lorsqu'ils lèvent et dépassent le bord du moule. Une fois qu'ils sont cuits et recuits, il est utopique de penser décoller ces petits débordements pour retrouver un four impeccable. Et pour peu que se trouve dans le bas du four une résistance inamovible, la mission nettoyage devient une mission impossible. La solution consiste à tapisser le bas du four avec une feuille de papier aluminium. Mais attention ! Il faut s'appliquer à l'adapter exactement à la taille du four et même la plier pour créer un rebord d'un centimètre tout autour. Le temps que vous passerez à ajuster cette protection sera infiniment moins long que celui que vous auriez consacré au nettoyage…

LE CASQUE DE RÉALITÉ MIXTE D'APPLE

ALARME DE CROCODILE

ACTU

Vieux débris

La police suisse a récemment annoncé la découverte de l'épave d'un Piper Cherokee, sur le glacier d'Aletsch, dans le massif des Alpes bernoises. Les débris ont été repérés par un guide de haute montagne sur une zone enneigée très difficile d'accès. Des analyses ont révélé que l'avion s'était écrasé à cet endroit en juin 1968, causant la mort des trois passagers à bord. Cette découverte très tardive en rappelle d'autres : en 1998, lors d'une ascension dans les Andes, deux alpinistes ont retrouvé par hasard la carlingue et les restes des vingt occupants d'un petit avion de ligne qui avait disparu en 1947. Plus près de nous, dans les Alpes françaises, des randonneurs ont découvert il y a quelques années les débris d'un appareil de la compagnie Swissair qui s'était volatilisé en 1946.

Lever du soleil
05h50

Lundi 3

Coucher du soleil
21h48

Saint Kévin – On fête aussi les Morand

« Mieux vaut vivre un seul jour comme un lion que cent années comme un mouton. » *Ernest Hemingway*

Les guitaristes de légende

Kaori Muraji

Guitariste classique, elle est la première artiste japonaise à signer un contrat exclusif avec Decca Records, qui, cette fois, n'a pas commis d'erreur (la maison de disques a refusé de signer les Beatles après une première audition) : Kaori Muraji (née en 1978) est dès l'âge de 3 ans une enfant prodige de la guitare acoustique. Son jeu d'une dextérité époustouflante est tout entier au service de la précision et de la clarté, jamais de l'esbroufe. Sous ses doigts, chaque corde vibre, comme autant de traits de pinceau dans un paysage peint. La technique s'efface derrière le sensible, l'interprétation respire le calme, ce qui lui permet d'aborder tous les registres, d'adapter à son instrument des partitions pour piano, voire le répertoire pop.

Disque conseil : *Transformation*, Decca, 2004.

NOS ANCÊTRES

L'HABILE

D'une taille comprise entre 1,30 m et 1,50 m et d'un poids d'une trentaine de kilos, bipède permanent et doté d'une boîte crânienne d'un volume de 550 à 700 cm³, *Homo habilis*, l'homme habile, doit son nom aux outils en pierre taillée qu'il fabriquait et qui lui permettaient d'être omnivore. Ayant vécu entre 2,5 et 1,5 millions d'années, il est ainsi considéré comme le premier homme véritable.

ÇA S'EST PASSÉ

Le 3 juin 1924

Mort de Franz Kafka (né en 1883), écrivain tchèque de langue allemande, auteur entre autres d'un *Journal*, et des romans tels *Le Procès*, dont l'univers est angoissant, à la fois étrange et absurde.

GRANDS SPORTIFS DES JO

SUR LE TARD

Lucien Gaudin est un athlète doté d'une grande patience. Le meilleur escrimeur français du début du XXe siècle doit attendre 1920 pour découvrir les Jeux olympiques. Blessé au pied, il doit se contenter de deux médailles d'argent par équipe. Il en est de même quatre ans plus tard, une blessure à la main le laissant avec « seulement » deux médailles d'or par équipe. C'est donc en 1928, à 42 ans, qu'il s'offre deux médailles d'or en individuel et devient le premier Français quadruple champion olympique.

CITIUS - ALTIUS - FORTIUS

Etymologie

Est-elle dupe, la huppe ?

Le nom d'oiseau *huppe*, apparu au XIIe siècle, est issu du latin *upupa*, de même sens. Des parlers régionaux de l'ouest de la France l'ont altéré en *duppe* en agglutinant la préposition élidée *d'* au nom (tout comme *l'endemain* est devenu *lendemain*). Étant jugé particulièrement niais et de peu d'intelligence (sur quels critères ? nous l'ignorons), l'oiseau donna son nom à toute personne se laissant facilement attraper… un pigeon, en quelque sorte ! Aujourd'hui, *dupe* ne désigne plus l'oiseau.

Lever du soleil
05h49

Mardi 4

Coucher du soleil
21h49

Sainte Clotilde – On fête aussi les Klotilda, Bréaca, Quirin

« Le problème aujourd'hui n'est pas l'énergie atomique, mais le cœur des hommes. » *Albert Einstein*

Monarchies du monde

Jordanie

Descendant d'Hachim ibn Abd Manaf, arrière-grand-père du prophète Mahomet, la dynastie des Hachémites a longtemps été la gardienne de la ville sainte de La Mecque. Elle a régné sur l'Irak jusqu'à ce que ce pays devienne une république en 1958 et est aujourd'hui la famille souveraine de Jordanie. Depuis 1999, elle est représentée par le roi Abdallah II, fils du roi Hussein.

AHAHAHAHAH ! OH ! OH ! AH ! AH ! AH ! HI ! HI ! HI ! WHA HA ! HA !

La bonne blague

Un homme doit rencontrer la famille de sa fiancée lors d'un dîner. Pour cette occasion, sont réunis sa fiancée, ses parents et la sœur très attirante de sa fiancée. Après le dîner, la fiancée s'absente dans sa chambre, la mère file à la cuisine et le père descend à la cave chercher un digestif. L'homme se retrouve alors seul avec la sœur de sa petite amie. Après quelques instants, celle-ci lui dit : « Écoute ! Je devine ce que tu désires car je suis beaucoup plus sexy que ma sœur. Si tu veux, on va s'enfermer dans le placard pendant cinq minutes. À toi de choisir ! » L'homme se lève de son siège d'un bond et sprinte vers la porte d'entrée. Lorsqu'il l'ouvre, il tombe nez à nez avec sa fiancée et ses parents qui arborent tous les trois un large sourire. Le père lui dit :

– Mon garçon, c'était un test pour nous prouver que tu serais un mari fidèle. Tu as eu l'occasion de montrer que tu préférais partir plutôt que de tromper ta fiancée. Je serai fier que tu deviennes mon gendre.

Moralité : Il faut toujours garder ses préservatifs dans la boîte à gants.

Oenotourisme

La route des vins de Bandol, en Provence

Au sein de la région viticole de Provence, réputée pour ses vins rosés, on retrouve huit appellations d'origine contrôlée : Baux-de-provence, Côtes-de-provence, Coteaux-d'aix-en-provence, Coteaux-varois-en-provence, Palette, Cassis, Bandol et Bellet. Bandol est peut-être la plus célèbre. Niché entre Toulon et Marseille, ce terroir cultive principalement le mourvèdre, un cépage utilisé pour l'élaboration des vins rouges et rosés de l'appellation. Du petit port de Bandol au village de La Cadière-d'Azur, situé sur les hauteurs provençales, cette route délivre des paysages splendides et permet d'entrer dans les magnifiques domaines viticoles, aux toits de tuiles et aux murs de pierre ocre, bordés d'oliviers. À découvrir principalement à vélo.

Lever du soleil
05h49

Mercredi 5

Coucher du soleil
21h50

Saint Igor – On fête aussi les Boniface, Sanz, Sancho

« Quand je serai grand, je penserai à quand j'étais petit. » *Amélie Nothomb*

Le saviez-vous ?

Ne l'appelez plus jamais « Dinde »

Le 2 juin 2022, Recep Tayyip Erdogan, président de la Turquie, obtient de l'Organisation des nations unies que son pays change de nom. L'ONU avait reçu la veille un courrier officiel d'Ankara demandant que le pays se fasse appeler dans toutes les langues par son nom turc Türkiye et non plus Turkey. Pourquoi vouloir changer de nom ? Tout simplement parce que, en anglais, *turkey* signifie « dinde » !

ÇA S'EST PASSÉ Le 5 juin 1224

L'Université de Naples, la plus ancienne université publique d'Italie et du monde, est fondée par l'empereur Frédéric II, surnommé *Stupor mundi* (« la merveille du monde »).

ACTU

Waterloo, double peine

Malgré de nombreuses fouilles, on a retrouvé très peu de restes humains de l'ultime bataille livrée par l'armée napoléonienne. Pourtant, entre 10 000 et 50 000 soldats auraient trouvé la mort sur la plaine de Waterloo, en juin 1815. Il y a quelques mois, une découverte macabre à proximité de la ferme de Mont-Saint-Jean, haut lieu des combats, a ouvert la voie à une hypothèse tout aussi lugubre pour expliquer le mystère des milliers de corps disparus. Outre un stock de munitions, les archéologues ont mis au jour des dizaines d'os découpés à la scie. D'après eux, il est probable que ces ossements, comme des milliers d'autres, aient été déterrés quelques années après la terrible bataille. Une fois découpés, ils ont été transformés en engrais. Pour étayer cette explication sordide, les chercheurs soulignent que s'il est avéré par de nombreux documents d'époque que de nombreuses fosses communes ont été creusées aux abords du champ de bataille, elles sont introuvables aujourd'hui. En outre, ils ont mis la main sur des coupures de journaux datant de la première moitié du XIX*e siècle qui évoquent le pillage d'ossements humains pour faire de la farine d'os, un engrais prisé à l'époque. Un article du* London Observer *datant de 1822, soit sept ans après Waterloo, mentionne ainsi « plus d'un million de boisseaux d'os humains et inhumains importés du continent européen ». Les dépouilles des grognards vendues aux Anglais pour leur servir d'engrais : Waterloo, morne plaine, plus que jamais.*

MYTHOLOGIES CÉLESTES

Le lait de l'immortalité

Le nom de notre Galaxie, qui forme une bande blanchâtre dans notre ciel nocturne, est lié à Hercule. Dès sa naissance, le fils de Zeus est doué d'une force surhumaine mais, fils d'une humaine, n'est qu'un simple mortel. Pour remédier à cela, Zeus décide de profiter de son épouse, Héra. Un soir, alors que celle-ci dormait, Zeus fit chercher Hercule et le déposa aux côtés de son épouse. Ce dernier ne mit pas bien longtemps à trouver le sein et put alors téter le lait le rendant immortel. La douleur provoquée par la tétée d'Hercule réveilla Héra qui tenta d'arracher l'enfant de son sein. Lorsqu'elle y parvint, une giclée de lait se répandit dans le ciel, formant ainsi la Voie lactée.

Lever du soleil
05h48

Jeudi 6

Coucher du soleil
21h51

Saint Norbert – On fête aussi les Agobart, Bessarion, Goal

« Il faut être enthousiaste de son métier pour y exceller. » *Denis Diderot*

Gangs – Les Peaky Blinders

La série *Peaky Blinders*, diffusée sur Netflix, a été inspirée par un authentique gang de rue ayant sévi à Birmingham (Angleterre) entre 1890 et 1910. Leur nom, qu'on pourrait traduire par « casquettes aveuglantes », viendrait du fait que les membres de cette bande cachaient des lames de rasoir sur la visière de leur casquette, se servant d'elles comme arme d'attaque. Outre cette casquette, les Peaky Blinders arboraient une tenue distinctive : pardessus à revers, écharpe en soie, gilet boutonné, pantalon à pattes d'éléphant, bottes en cuir. Les activités du gang allaient du simple trouble à l'ordre public au vol avec violence, en passant par le racket ou la contrebande. Grands adeptes du combat de rue contre d'autres gangs, les Peaky Blinders n'hésitaient pas à mener des opérations contre des policiers. Leur volonté d'étendre leur mainmise sur les courses hippiques leur fut fatale. Entrés en concurrence avec les Birmingham Boys, un gang plus important, les Peaky Blinders furent éliminés. En 1920, ils avaient totalement disparu.

La saga de l'orthographe

Eh oui ! les écrivains malmènent la langue pour trouver leur style. Nous ne prendrons que deux exemples illustres. Le génial Flaubert lance les hostilités. Il affirme que « l'écrivain est libre, selon les exigences de son style, d'accepter ou de rejeter les prescriptions grammaticales qui régissent la langue française » (Maxime Du Camp, *Souvenirs littéraires*, 1892).

➠ *À suivre p. 191*

PROBLÈMES + – / de maths du certificat d'études

Pour tapisser sa salle à manger d'une longueur de 4 mètres, d'une largeur de 3 mètres et d'une hauteur de 2,5 mètres, Véronique a acheté 9 rouleaux de papier peint à 130 francs le rouleau. Elle a fait appel à un poseur de papier peint professionnel. Son prix pour la préparation du mur est 33 francs par m² et, pour la pose, 50 francs par m². À ceci il faut ajouter le taux de TVA à 10 %. Sachant que son mari gagne 23 000 francs par mois et qu'il travaille 40 heures par semaine, à combien d'heures de son travail correspond la dépense ?

Solution : Coût du papier peint : 130 x 9 = 1 170 francs
Surface à tapisser : ((4 + 3) x 2) x 2,5 = 35 m²
Coût de la préparation et de la pose : ((33 x 35) + (50 x 35)) = 2 905 francs
Coût total : 1 170 + 2 905 + ((2 905/100) x 10) = 4 365,50 francs
Rémunération horaire du mari : ((23 000 x 12) / 52 [semaines dans l'année]) / 40 = 132,69 francs
Nombre d'heures requises : 4 365,5 / 132,69 = 32,90 heures ou 32 heures 54 minutes.

L'OURS MAL FLÉCHÉ

Les rues mythiques du MONDE

Cinquième Avenue (New York, États-Unis)

Située en plein centre de Manhattan, c'est l'une des rues les plus célèbres – et les plus chères ! - du monde. Paradis des fashionistas, la Cinquième Avenue abrite quelques-uns des immeubles les plus emblématiques de New York comme le Flatiron, l'Empire State Building, la New York Public Library, le Rockefeller Center, la cathédrale Saint-Patrick ou encore la Trump Tower. La partie bordée par Central Park regroupe de nombreux musées tels que le Metropolitan Museum of Art et le Guggenheim, mais aussi le fameux « Millionaires' Row », une zone où toutes les grandes fortunes du monde possèdent un « modeste » manoir. Les cinéphiles feront un arrêt chez Tiffany & Co pour prendre un café, comme Audrey Hepburn dans *Diamants sur canapé* de Blake Edwards.

Lever du soleil
05h48

Vendredi 7

Coucher du soleil
21h1

Saint Gilbert – On fête aussi les Marie-Thérèse, Maïté

« L'homme se découvre quand il se mesure avec l'obstacle. » *Antoine de Saint-Exupéry*

Apéro

Liqueur de myrte

Boisson traditionnelle corse (et sarde), la liqueur de myrte est préparée à partir de baies et de feuilles de myrte, une plante aromatique sauvage méditerranéenne, macérées dans de l'alcool à 95° ou de l'eau-de-vie. On y ajoute ensuite, à froid, du sucre et du miel. Le liquide obtenu est noir violacé ou rouge sombre, selon son temps de maturation en bouteille. Si elle est plutôt conçue comme un digestif, la liqueur de myrte se déguste assez facilement en apéritif, tant qu'elle est servie glacée.

388

C'est le nombre de personnes déguisées en sirène qui se sont rassemblées dans une grande piscine en plein air à Plymouth (Angleterre) pour battre le record du monde du plus grand rassemblement de sirènes jamais organisé. Le Guinness *– comme les images de la* Petite Sirène *– définit une sirène comme une « créature mythologique dont la moitié supérieure du corps est celle d'un humain et la moitié inférieure une queue de poisson », ce qui signifie qu'il y a des critères à respecter pour les costumes. Si les participants pouvaient être torse nu, porter un maillot de bain, un haut de bikini, un haut de maillot de bain ou un soutien-gorge à coques, la partie inférieure de leur corps devait, elle, ressembler évidemment à la queue d'un poisson, ajustée de la taille aux chevilles, avec une palme en tissu recouvrant les pieds.*

CALEMBOURS ou RÉPARTIES cultes du cinéma

Dans quel film ?

« Monsieur Hénault, si la connerie n'est pas remboursée par les assurances sociales, vous finirez sur la paille. »

Réponse : Un singe en hiver, d'Henri Verneuil.

95 *Brèves* régions

VAL-D'OISE – L'AGROGLYPHE DE BAILLET-EN-FRANCE

En ce début juin 2019, les pilotes de l'aéroclub « Les Ailerons » ont eu la surprise de découvrir depuis le ciel un immense motif géométrique ésotérique apparu dans un champ de Baillet-en-France, commune rurale du Val-d'Oise. Dès que les photos de cet agroglyphe ont été présentées sur les réseaux sociaux et dans la presse, une foule de curieux et de mystiques s'est rendue sur place, les uns avec des pendules, les autres à la recherche de traces extraterrestres. Mais le mystère ne resta pas longtemps insondable car, quelques jours plus tard, un Youtubeur expliquait comment il avait réalisé ces figures avec l'accord du propriétaire du champ.

Lever du soleil
05h48

Samedi 8

Coucher du soleil
21h52

Saint Médard – On fête aussi les Godard

« Former les hommes, ce n'est pas remplir un vase, c'est allumer un feu. » *Aristophane*

Bibliophiles

La Traversée des sangliers, Zhang Guixing (Philippe Picquier, 2022)

Fin 1941. La jungle luxuriante de Bornéo est d'une beauté qui fait violence au regard comme aux hommes. Plus que les crocodiles et les varans, ce sont les hordes de sangliers qu'il faut massacrer pour préserver le village, avant que lui-même ne soit livré à la sanglante occupation de l'armée japonaise… Bêtes et hommes, vaincus et vainqueurs, tout sombre dans un maelström féroce qui semble ressusciter les légendes anciennes, des créatures d'épouvante. Pourtant, on retient l'humanité de certains personnages, voire des éclats de tendresse, de ce roman-fleuve du pire porté par une langue bouleversante.

Le bon mot de l'histoire

« Quel artiste périt avec moi ! » Néron, 8 juin 68

Le règne despotique du dernier des empereurs julio-claudiens nous est connu grâce aux écrits de Suétone et Tacite. Empoisonnement de son « frère » Britannicus, assassinat de sa mère Agrippine, exil de sa femme Octavie, persécution des chrétiens, incendie de Rome… Néron représente l'archétype du tyran sanguinaire. Mais c'était aussi un amoureux des arts. Passionné de peinture et de sculpture, il adorait surtout jouer la comédie, chanter et manier la lyre. Évidemment convaincu de son génie artistique, il interdisait à la foule de sortir des théâtres où il se produisait. Mais après quatorze années de pouvoir tyrannique, le Sénat déclare Néron ennemi public. Averti, il choisit de se poignarder après avoir déclamé un ultime hommage à son propre génie.

C'est qui celui-là ?

Fesse-Mathieu

Autrefois le « fesse-Mathieu » désignait quelqu'un d'avare. L'expression, un peu tombée en désuétude, rappelle que Mathieu, un des quatre évangélistes, était à l'origine un homme d'argent, un changeur. « Fesser Mathieu » devint vite synonyme de « prêter de l'argent » et tous les usuriers qui osaient réclamer ce qui leur était dû furent qualifiés d'avares, de « fesse-Mathieu ».

ENTREPRISES : VERS LA PARITÉ ENTRE COLLÈGUES.

LE PANIER DE LA MÉNAGÈRE : UNE INSTITUTION !

CRÊPAGE DE CHIGNONS Marylin Monroe & Tony Curtis

« Embrasser Marylin, c'est comme embrasser Hitler ! » : la phrase résume bien les rapports houleux entre Tony Curtis et Marylin Monroe sur le tournage du cultissime *Certains l'aiment chaud* (1959) de Billy Wilder. Dans son autobiographie, Curtis raconte que la star blond platine arrivait sur le plateau avec des heures de retard et qu'elle multipliait les caprices. Certaines séquences ont dû être retournées plus de soixante fois car elle ne connaissait pas ses répliques ou n'était pas contente de sa prestation. Souvent maquillé et grimpé sur talons hauts, Tony Curtis est au bord de la crise de nerfs. Certains jours, il se retient de l'étrangler. Et pourtant, huit ans plus tôt, les deux acteurs avaient été amants le temps d'un été. Plus surprenant encore, malgré les tensions et alors qu'ils sont tous les deux mariés, ils redeviendront amants pendant le tournage. Mais pour une nuit seulement.

Lever du soleil
05h47

Dimanche 9

Coucher du soleil
21h53

Sainte Diane – On fête aussi les Félicien, Éphrem, José, Josette, Malcolm

« Rappelle-toi que ton fils n'est pas ton fils, mais le fils de "son temps". » *Confucius*

DES nuisibles PAS nuisibles

LE CAFARD

Horreur, des cafards ! Si elles sont douées de bien des qualités, qui leur ont permis de franchir les millénaires, ces blattes (*alias* cancrelats) ont aussi le don de susciter chez les humains un dégoût radical et irrationnel. Les quelques espèces (sur des milliers) qui fréquentent les habitations le font parce qu'elles y trouvent de la chaleur et des aliments – des déchets de toutes sortes. On pourrait donc dire que les blattes nettoient lorsque le ménage a été mal fait ! Mais c'est évidemment exagéré. Toutefois, il faudrait parler « d'indésirables », plutôt que de réels « nuisibles ».

ÇA S'EST PASSÉ En juin 1524

À partir de juin 1524, et pour une année entière, le Saint Empire romain germanique a été secoué par des révoltes paysannes : la « guerre des Rustauds ».

CITATIONS HUMORISTIQUES : BLAGUES ET VANNES

« Si on ne dit pas ce qu'on pense au moment où on le pense, on ne pensera plus ce qu'on dit au moment où on le dira. »
Frédéric Dard

« Je suis plus intéressé par le vin d'ici que par l'eau de là. »
Francis Blanche

« Ne remets pas à demain ce que tu peux faire après-demain. »
Alphonse Allais

« Docteur quand je m'ennuie je fume. Quand je fume je tousse. Quand je tousse je crache. Quand je crache j'ai soif. Docteur quand j'ai soif je bois. Mais j'ai peur que ça devienne une coutume. Alors je fume. »
Pierre Perret

« Un producteur ne doit pas avoir d'ulcères, il doit en provoquer… »
Sam Goldwyn

« Travailler, d'accord, encore faut-il avoir le temps… »
Jacques Dutronc

Moments uniques

COURIR À PIED SUR UN CIRCUIT AUTOMOBILE

Courir à pied là où en principe ne passent que des voitures à vive allure, c'est possible une seule fois par an, sur le circuit d'essais automobiles de Michelin à Clermont-Ferrand. Sur ces pistes dites « de Ladoux », le fabricant de pneus teste toutes ses innovations dans les conditions les plus extrêmes, avant de décider de les produire à grande échelle et les commercialiser. Jusqu'en 2017, à part quelques rares employés accrédités, bien peu de piétons pouvaient se vanter d'avoir mis les pieds sur ce macadam de compétition. Depuis cette date, chaque année, une compétition accueille environ un millier de coureurs pour des parcours de 5 ou 10 kilomètres. Cette année, c'est le 9 juin que l'asphalte des pistes Michelin est parcouru à petites foulées.

Saint Landry – On fête aussi les Foulques

« Qui ne donne rien n'a rien. Le plus grand malheur n'est pas de ne pas être aimé mais de ne pas aimer. »
Albert Camus

MOTS FLÉCHÉS

LES MOTS DÉCLENCHEURS SONT DES ANAGRAMMES.

QUESTION / SERPENT-OISEAU
REPOSÉE
SÉTACÉ / NÉ
ACÉRER / ENTRER
NIES
DÎNE / NOUERAIT
SETS

REIN
CERNE / SUE
ÉDEN

SÉRÉNITÉ

TRUQUÉE / SOUE
LARDON
ÉQUIN
STALINE

NÉARQUE / MUTILÉ
ESTE

SPI
US / RI
ESSAI
LOUER

AL / TOMES
PILAIT / ASSISTERA

ON
TRIOS / BROUTERAI
SAINE

ENSIMAI
SA / ARISE

SEMBLE / TU
VISA
NA / CELER
NE

STASE / CARNET
TRIE / NI

NUS / RÉA
RUE
VIRÉE
TÉLÉS

RAIE
ÉCRINS
ERSE

ÉCRASÂT / TROIE
SÈTE / RÉA

ES
LA / TA
RÉ / CA

ARA / BRIMÉE
ARTS
LÉA

CRÊTES

SOLUTION PAGE 184

Lever du soleil
05h47

Mardi 11

Coucher du soleil
21h54

Saint Barnabé – On fête aussi les Barney, Yolande

« Celui qui vit au milieu de biens impérissables ne ressemble en rien à un être mortel. » *Épicure*

32 340

C'est la quantité de Big Mac avalée par l'Américain Donald Gorske pendant cinquante ans. Cet habitant du Wisconsin a avalé son premier burger de chez McDonald's en 1972 et, depuis, il a décidé d'en manger un tous les jours. Il n'a jamais dérogé à cette règle. Véritable passionné de burgers, Donald Gorske a même été présenté dans Super Size Me *(2004), un documentaire sur la malbouffe aux États-Unis. Il faut dire que sa routine en matière de consommation de hamburgers est ahurissante. Donald commande toujours un Coca-Cola avec son Big Mac et ne touche presque jamais aux frites. Il n'a manqué que huit jours de cette routine au cours des cinquante dernières années et il lui arrive même de manger deux Big Mac par jour. Il garde chaque ticket de caisse pour prouver son exploit et possède une vitrine dans laquelle il expose fièrement les cartons de burgers McDonald's de plusieurs époques. Inscrit au* Guinness World Records, *Donald Gorske affirme qu'il continuera à ingurgiter des Big Mac tous les jours jusqu'à la fin de sa vie. Il est ce qu'on appelle un "Big Mac Enthusiast"... Doit-on lui rappeler l'importance de manger 5 fruits et légumes par jour, et d'éviter les aliments gras, salés, sucrés ?*

Le saviez-vous ?

Les 33 dents du Christ

Le touriste qui admirera la Pietà de Michel-Ange dans la basilique Saint-Pierre à Rome ne le verra pas, mais le Christ, allongé sur les genoux de la Vierge Marie, ouvre légèrement la bouche qui laisse apparaître une mésiodens, c'est-à-dire une dent supplémentaire entre les deux incisives centrales du haut. Erreur du sculpteur ? Non, Michel-Ange connaissait parfaitement l'anatomie. Cette « dent du péché » serait une façon de montrer que le Christ, à sa mort, prend sur lui tous les péchés du monde.

CHARADE classique

Mon premier est un mentor,
Mon deuxième fait souffrir,
On peut déjeuner sur **mon troisième**,
Mon tout est un peintre figuratif et dessinateur français.

(GUIDE – MAL – HERBE)
GUY DE MALHERBE

42 Brèves régions

LOIRE – BOUTHÉON, CHÂTEAU AVEC VUE

Les châteaux de la Loire sont bien connus mais souvent réduits à la région autour de Blois. Le château de Bouthéon est plus au sud, c'est l'un des premiers sur la Loire, dans le département éponyme. Place forte médiévale devenue résidence à la Renaissance, il a appartenu à la famille du Marquis de La Fayette et est aujourd'hui propriété communale. Il a été transformé en site touristique avec musée, aquarium, parc animalier et, depuis son belvédère, la vue porte sur les monts du Forez, ceux du Pilat et du Lyonnais ainsi que sur la réserve naturelle régionale des gorges de la Loire. Dans ce panorama, l'œil avisé compte jusqu'à 27 clochers.

Lever du soleil
05h47

Mercredi 12

Coucher du soleil
21h55

Saint Guy – On fête aussi les Onuphre

« Il est plus aisé de connaître l'homme en général, que de connaître un homme en particulier. »
François de La Rochefoucault

Solution page 186

LES TOURS

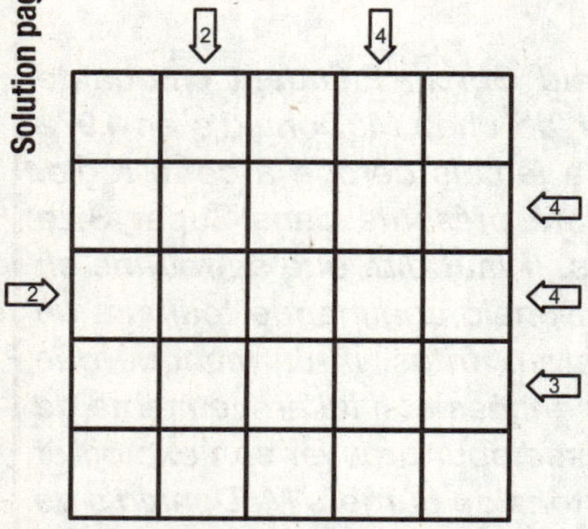

Trouvez la hauteur des tours pour toutes les cases. Dans la grille ci-dessous, de 5 par 5, la hauteur des tours varie de un à cinq étages. Sur chaque rangée et chaque colonne, aucune hauteur n'est répétée.

Les chiffres en dehors de la grille indiquent le nombre de tours qui peuvent être vues de cette position. Notez que les tours plus hautes peuvent cacher des tours plus petites.

EURO 2024

PROPHÈTE EN SON PAYS

En 1964, l'Espagne accueille le tour final de la deuxième édition de la Coupe d'Europe des nations à laquelle le Petit Poucet Luxembourg est passé à un but de participer. Qualifiée après avoir éliminé la République d'Irlande, l'Espagne écarte la Hongrie après prolongation en demi-finale et parvient à renverser le tenant du titre, l'Union soviétique de la légende Lev Yashin. Elle devient alors la première nation qui remporte un championnat d'Europe qu'elle organise. Une performance qui n'est pas si fréquente. Au cours des quatorze éditions qui ont suivi, deux pays seulement sont parvenus à en faire de même : l'Italie en 1968 et la France en 1984. Autrement dit, alors que l'Allemagne se prépare à accueillir l'EURO 2024, cela fait quarante ans que plus personne n'a été prophète en son pays.

UEFA - UEFA - UEFA- UEFA- UEFA

SYSTÈME D

WC BOUCHÉS

Si vous habitez un immeuble, il faut s'assurer que les WC des voisins fonctionnent – si ce n'est pas le cas, c'est la canalisation générale de descente qui est bouchée, et l'appel au spécialiste est inévitable. Si vous seul êtes concerné, il s'agit le plus souvent d'un bouchon de papier toilette : pour le dégager, n'utilisez pas les déboucheurs chimiques, dangereux à manipuler et très polluants pour l'environnement, mais versez dans la cuvette deux tasses de vinaigre blanc et la même dose de bicarbonate de soude. Laissez agir au moins une heure avant de verser 2 litres d'eau très chaude. Si c'est inefficace, essayez la ventouse à déboucher ou, mieux, utilisez un furet de plombier (que l'on peut louer) : c'est un câble que l'on introduit dans la canalisation et que l'on tourne à l'aide d'une manivelle.

Chevaliers de l'Histoire

Geoffroi de Charny

Conseiller des rois Philippe VI de France et Jean II le Bon, ce chevalier était considéré par ses contemporains comme l'un des meilleurs de son temps. Engagé dans plusieurs épisodes de la guerre de Cent Ans, il est aussi resté dans l'histoire pour ses écrits. Une bonne partie de ce que nous savons de la chevalerie médiévale découle en effet des traités rédigés par Geoffroi de Charny. Membre fondateur de l'ordre de l'Étoile, un club de chevaliers d'élite créé en 1351, il a précisément décrit les exigences pratiques et spirituelles de la chevalerie, mais aussi l'art de la guerre et l'organisation des joutes et des tournois. Très pieux, de Charny aborde en particulier le sacrifice de soi et l'honneur, des valeurs morales qu'il considère comme fondamentales y compris pour vaincre dans les batailles. Il est mort en 1356 lors de la célèbre bataille de Poitiers, au cours de laquelle l'armée française fut écrasée par les archers anglais.

Lever du soleil
05h47

Jeudi 13

Coucher du soleil
21h55

Saint Antoine de Padoue – On fête aussi les Antonia, Anton, Anthony, Rambert

« Rien de grand ne s'est accompli dans le monde sans passion. » *Friedrich Hegel*

CÉTACÉS

LE NARVAL

On l'appelle la licorne des mers pour sa corne effilée et torsadée, en réalité une canine, qui atteint 3 m de long et qui est l'apanage des mâles. On a longtemps cru qu'il s'agissait d'une arme de défense, mais c'est un organe sensoriel qui perçoit la température de l'eau et les différences de pression et permet au narval de détecter ses proies. Long de 3 à 4 m pour 1 500 kg, il vit dans les zones arctiques et se nourrit surtout de crevettes. Ses populations sont en déclin (espèce « quasi menacée »).

Ça ne rime à rien…

Huître

Si l'huître avait conservé son « s » central plutôt que de le voir remplacé par un accent circonflexe sur le « i », elle aurait pu inspirer les poètes pour rimer avec « cuistre » ou même « ministre », « sinistre » ou « registre ». Mais avec cette élision, elle est devenue un cas unique dans la langue française et ne peut pas terminer un vers si son auteur veut une rime riche.

COLLEVILLE-MONTGOMERY

C'est sa ville !

La notoriété de cette bourgade du Calvados nommée à l'époque Colleville-sur-Orne n'a commencé qu'en 1944. Elle fait en effet partie de celles sur le territoire desquelles se situent les plages du Débarquement. Le nom de code de ces huit kilomètres de littoral était *Sword Beach*, la seule plage où débarquèrent des commandos français. Le 13 juin 1946, Colleville-sur-Orne devint Colleville-Montgomery, rendant hommage au général britannique Montgomery qui dirigeait les troupes britanniques sur Colleville lors du débarquement du 6 juin 1944. Une sorte de retour au bercail pour le nom Montgomery, issu d'une famille du Calvados qui était partie en Angleterre aux côtés de Guillaume le Conquérant.

Recette

Tarte aux fraises express

Pour 6 pers.	15 min de préparation	25 min de cuisson

- 1 pâte sablée prête à dérouler
- 500 g de fraises gariguette
- 250 g de mascarpone
- 200 g de fromage blanc à 0 % de M.G.
- 1 sachet de sucre vanillé

Préchauffez le four à 180 °C (th. 6). Déroulez la pâte avec le papier sulfurisé dans un moule à tarte, piquez-la et déposez des billes de cuisson (ou des légumes secs) dessus. Enfournez la pâte pour une cuisson à blanc de 25 min.

Laissez refroidir la pâte à sa sortie du four.

Pendant ce temps, battez à l'aide d'un fouet électrique le mascarpone et le fromage blanc. Sucrez et mélangez encore.

Lavez les fraises et coupez-les en deux ou tranchez-les en fines lamelles si vous avez le temps.

Déposez la crème battue sur le fond de tarte, disposez joliment les fraises dessus et placez au frais jusqu'au moment du service.

Conseils

Ajustez la quantité de sucre en fonction de vos fraises. Vous pouvez mélanger les fruits rouges de votre choix. La framboise sera parfaite aussi pour cette recette.

Saint Élisée – On fête aussi les Rufin, Ludivine, Méthode

« Un monde gagné par la technique est perdu pour la liberté. » *Georges Bernanos*

PAROLES Les mots des flics et des voyous PAROLES

Hibou

• Voleur solitaire qui ne travaille que la nuit • Policier de la brigade anticriminalité de nuit. Leur spécialité : le flagrant délit. Synonymes : fantôme, nuitard, nuiteux. • Radar mobile. Eh oui, comme un rapace perché sur le bord de la route, le hibou vous scrute de ses deux grands yeux et transmet vos excès de vitesse à une voiture-base. • Plan Hibou : nom du « plan Épervier » (ou Milan) quand l'opération se déroule de nuit. Ce plan est déclenché par les gendarmes en cas d'enlèvement, d'évasion, lorsqu'il faut rechercher et appréhender un suspect en fuite ou un évadé.

SOLUTION MOTS FLÉCHÉS P. 180

	T		O		A		C		S		I	
S	O	U	P	E	S	E	R	A	I	E	N	T
	N		E	N	C	R	E		E	N	D	E
N	I	E	R		E	R	E	I	N	T	E	S
	Q	U	E	U	T	E	R			O		S
O	U	S	E		E	N	A	R	Q	U	E	
	E		S	U		T		O	U	R	L	E
P	S	I		L	A		P	L	I	A	I	T
		R	O	T	I	S		A	N	I	S	E
N	O		M	I	S	A	I	N	E		A	S
	B	L	E	M	E	S		D		A	N	
U	T		T	E	S	S	A		R	I	T	E
	U	N	S			E	V	I	E	R		N
A	R	E		U		R	I	N	C	E	S	
	E	C	A	R	T	A	S		E	S	T	E
O	R	T	I	E		I		A	L		E	R
	A	A	R		S	T	A	R		A	L	E
B	I	R	E	M	E		T	E	R	C	E	S

Les Bons Bonbons de nos régions

La babelutte de Lille

Son nom proviendrait de « parler beaucoup » (*babbelen*) et « terminé » (*uit*) en flamand, car celui qui en mange ne peut plus parler. Soit parce qu'il la savoure, soit parce qu'il ne peut plus desserrer les mâchoires ! D'après une autre version, la babelutte tirerait son nom du mot « babiole », car les chiffonniers les distribuaient aux enfants en échange de petits objets qu'ils pouvaient revendre. Quoi qu'il en soit, ces délicieux caramels au beurre sont fabriqués depuis plus d'un siècle à partir d'un ingrédient typique du Nord-Pas de Calais, la vergeoise, un sucre non raffiné tiré de la betterave.

ACTU

Médecine prédictive

Des chercheurs de l'université de Columbia (New York) ont établi un lien entre le mois de naissance d'une personne et le risque de développer des maladies de longue durée. Ces scientifiques ont réussi à mettre au point un algorithme qui leur a permis d'identifier des relations significatives entre la période de l'année à laquelle on naît et 55 pathologies différentes. Grâce aux croisements de données concernant plus de 1 600 maladies et plus de 1,5 million de patients pris en charge entre 1985 et 2013, les chercheurs sont arrivés à la conclusion que les personnes qui devraient le plus s'inquiéter pour leur santé sont nées en octobre. À l'inverse, ceux qui ont vu le jour en mai sont moins concernés par les affections de longue durée que la moyenne. Dans le détail, les bébés nés en mars auraient plus de risques de connaître des problèmes cardiaques alors que ceux nés pendant les mois d'hiver développent plus souvent des troubles neurologiques. L'asthme toucherait davantage les natifs de juillet, alors que ceux qui célèbrent leur anniversaire en novembre seraient plus fréquemment confrontés aux troubles de l'attention. Vous avez dit prévisions scientifiques ou prédictions astrologiques ?

Lever du soleil
05h46

Samedi 15

Coucher du soleil
21h56

Sainte Germaine – On fête aussi les Germina, Lothaire, Landelin

« On ne sait jamais à quel point on est fort, jusqu'au jour où être fort devient la seule option. »
Bob Marley

Heureux Mariages

Le mariage de **MAXIMIEN LAGUERRE**, en date du 22 février 1862, fut célébré à Terrasson-Lavilledieu (Dordogne). L'acte précise que le futur époux avait satisfait aux obligations militaires avant de convoler. S'il avait participé à des campagnes voire des guerres, il avait peut-être vu les pires atrocités, mais cela ne l'a pas empêché de choisir pour épouse… **FRANÇOISE LABARBARIE**.

AU JARDIN

L'or jaune

L'urine humaine est l'un des meilleurs activateurs de compost, auquel on peut en apporter régulièrement. Mais c'est aussi un excellent fertilisant qui a été largement utilisé jadis et qui suscite un intérêt nouveau parce qu'il est écologique et, bien entendu, gratuit. L'urine est parfaitement stérile, inodore, et ne fait courir aucun risque aux plantes potagères. C'est un fertilisant équilibré qui apporte de l'azote (surtout), mais aussi du phosphore et du potassium. On l'applique diluée, à raison d'un litre d'urine pour dix litres d'eau, et il est possible de la stocker quelques semaines dans un récipient désinfecté, opaque et bien fermé. Arrosez avec l'urine diluée quelques jours avant un semis ou une plantation et, ensuite, régulièrement, pour accompagner la croissance des plantes.

INVENTIONS bleu, blanc, rouge

La carte à puce

En 1974, c'est le Français Roland Moreno qui crée la carte à puce, une invention géniale qui va révolutionner le monde bancaire, puis bien d'autres, en remplaçant la bande magnétique des cartes. Cet autodidacte qui a commencé sa carrière comme coursier dans un journal avait auparavant inventé des objets totalement inutiles, comme la machine à faire rebondir les allumettes.

Brèves régions

44

LOIRE-ATLANTIQUE – LES FOLIES SIFFAIT

Propriété du département, le domaine des Folies Siffait est une œuvre originale constituée d'un enchevêtrement d'une trentaine de terrasses soutenues par des murs de pierres sèches, agrémentées de nombreuses niches, balcons, tourelles, belvédères et escaliers romantiques. On doit cette pépite à Maximilien Siffait et à son fils, passionné d'arboriculture ornementale et de plantes exotiques, qui en fait un véritable jardin arboré au XIXe siècle. Abandonné à la mort des propriétaires, le domaine est peu à peu recolonisé par la végétation spontanée qui reconquiert le jardin et abîme les terrasses. Aujourd'hui restauré et réaménagé, il se visite l'été.

Lever du soleil
05h46

Dimanche 16

Coucher du soleil
21h57

Saint Jean-François Régis – On fête aussi les Aurélien, Cyr, Ferréol

FÊTE DES PÈRES

« La vraie connaissance ne peut venir que de l'intérieur de chacun. Personne ne peut vous l'asséner. » *Jostein Gaarder*

LES PRÉCURSEURS DE L'ÉCOLOGIE

ERNST HAECKEL

C'est à Ernst Haeckel (1834-1919), biologiste et philosophe allemand, que l'on doit le terme « écologie ». Construit à partir du grec *oikos*, qui signifie « habitat », et *logos*, qui signifie « connaissance », le mot désigne d'abord l'étude des habitats naturels et de leurs écosystèmes. Haeckel propose ce terme dans le cadre de sa réflexion autour du darwinisme et de la théorie de l'évolution, qu'il contribuera grandement à diffuser.

Groupes des 60s

The Beach Boys

Dès leur premier 45 tours, *Surfin'*, sorti en 1961, les Beach Boys sont repérés par Capitol Records. Formé par les frères Wilson, et managé par le père, le groupe se caractérise par des influences de *surf music*, des harmonies de voix et une image plutôt lisse. On dira des Beach Boys qu'ils ont créé le mythe californien, avec ses palmiers, sa jeunesse dorée et ses surfeurs évidemment. Très productifs, ils sortent régulièrement des albums, concurrençant ouvertement les ritournelles des Beatles. Brian Wilson écrit *Pet Sounds* en 1966, qui est à ce jour considéré comme leur meilleur album. Le single *Good Vibrations* connaît également un grand succès. Les années 1970 seront moins prolixes, mais le groupe continuera de tourner.

Solution des Tours p. 182

3	4	2	1	5
5	1	4	3	2
4	5	3	2	1
1	2	5	4	3
2	3	1	5	4

AHAHAHAHAH ! OH ! OH ! AH ! AH ! AH ! HI ! HI ! HI ! WHA HA ! HA !

LA BONNE BLAGUE

Alors qu'il gambade tranquillement dans son champ, un lapin est capturé par une équipe de scientifiques. Il se retrouve bientôt enfermé dans un laboratoire de recherche. Effrayé, il fait la connaissance de son voisin de cage, un lapin qui est né et a grandi dans le laboratoire. Les deux lapins deviennent les meilleurs amis du monde. Un jour, le lapin sauvage s'aperçoit que les chercheurs ont oublié de verrouiller sa cage. Il en profite pour s'évader avec son pote le lapin de laboratoire. Une fois à l'extérieur, il lui dit : « Viens, je vais te montrer ce qu'est la vraie vie d'un lapin ! ».
Ils se dirigent vers un champ de laitue où ils se régalent, puis vers un champ de carottes où ils se goinfrent. Le lapin sauvage dit alors à l'autre : « Maintenant, viens voir le meilleur de tous les champs ! » Et il entraîne le lapin de laboratoire dans un champ rempli de lapines. Ils passent toute la nuit à s'éclater et à faire des petits lapins. Au lever du soleil, le lapin de laboratoire dit : « Bon, maintenant, je retourne au labo ». Le lapin sauvage, étonné, lui demande : « Mais pourquoi ? Je t'ai montré les champs de laitue, les champs de carottes et même le champ où tu peux faire l'amour à volonté ! ». Le lapin de laboratoire lui répond : « Ouais, c'était génial, mais j'ai vraiment envie d'une cigarette… ».

Lever du soleil
05h46

Lundi 17

Coucher du soleil
21h57

Saint Hervé – On fête aussi les Harvey, Rainier

« Penser ne fait pas seulement appel à l'intelligence et à la profondeur, mais avant tout au courage. »
Hannah Arendt

Cocktails

Sex on the beach

Pour 1 verre à long drink – 3 min de préparation

- *3 cl de vodka*
- *3 cl de liqueur de pêche*
- *8 cl de jus d'ananas*
- *8 cl de jus de cranberry*
- *2 glaçons (facultatif)*

Dans un shaker ou une bouteille, réunissez tous les ingrédients. Mélangez et servez, avec des glaçons si vous aimez.

La dictée du mois Les trois piliers de la médecine

Pendant la période empyrique de la médecine, qui sans doute devra se prolonger encore longtemps, la physiologie, la pathologie et la thérapeuthique ont pu marcher séparémment, parce que, n'étant constitué ni les unes ni les autres, elles n'avaient pas à se donner un mutuel appui dans la pratique médicale. Mais dans la conception de la médecine scientifique, il ne saurait en être ainsi ; sa base doit être la physiologie. La science ne s'établissant que par voie de comparaison, la connaissance de l'état pathologique ou anormal ne saurait être obtenu sans la connaissance de l'état normal, de même que l'action thérapeuthique sur l'organisme des agents anormeaux ou médicaments ne saurait être comprise scientifiquement sans l'étude préalable de l'action physiologique des agents normeaux qui entretiennent les phénomènes de la vie.

6/10

Claude Bernard, Introduction à l'étude de la médecine expérimentale, *1865.*

empirique, thérapeutique (2 fois), séparément, constitués, obtenue, anormaux, normaux

Ha! Ha! Ha!

CITATIONS HUMORISTIQUES : BLAGUES ET VANNES

« Peu de choses distinguent la société des hommes d'une cour de ferme, si ce n'est que les enfants sont beaucoup plus embêtants et coûteux à élever que les poulets. » *Bernard Shaw*

LE BONUS RÉPARATION SÉDUIT LES FRANÇAIS.

Rébus Fable de La Fontaine

ÉPONGES, ÉPONGES, ÉPONGES,
ÂNE
SEL, SEL SEL
ÂNE

L'Âne chargé d'éponges et l'Âne chargé de sel

Déguisées en homme ♂

S. Petchiammal

L'histoire de cette femme vivant au Tamil Nadu a fait la une de la presse indienne en 2022. Petchiammal s'était mariée à l'âge de 20 ans mais son époux était décédé deux mois seulement après la cérémonie. Pour élever sa fille née de cette union, Petchiammal décida de changer d'identité et de se déguiser en homme, la situation d'une mère célibataire de condition modeste étant particulièrement difficile. Petchiammal devint Muthu Kumar et, pendant trente ans, travailla dans des hôtels, des restaurants ou des épiceries habillée en homme. Petchiammal a même réussi à faire inscrire le nom de Muthu Kumar sur des documents officiels et à ouvrir un compte en banque à ce nom ! Seule une poignée de proches et sa fille connaissaient la vérité. À 58 ans, l'Indienne a finalement choisi de révéler son histoire. Son identité alternative lui ayant permis de vivre dignement en assurant un avenir à son enfant, Petchiammal a déclaré vouloir rester « Muthu » jusqu'à sa mort.

Lever du soleil
05h47

Mardi 18

Coucher du soleil
21h57

Saint Léonce – On fête aussi les Osanna, Marselan

« La véritable science enseigne, par-dessus tout, à douter et à être ignorant. » *Miguel de Unamuno*

Le saviez-vous ?

Les épinards riches en fer ?

Chacun le sait : Popeye tire sa force exceptionnelle des épinards en boîte qu'il consomme. Ainsi, dans les années 1930, s'est popularisée l'idée que les épinards étaient riches en fer. Pourtant, de nombreuses études scientifiques ont démontré que les épinards contenaient moins de fer que les haricots ou les lentilles, par exemple. Une virgule omise dans le résultat d'une mesure (27 mg au lieu de 2,7 mg) serait à l'origine de cette croyance, mais rien n'est moins sûr…

CALEMBOURS ou RÉPARTIES cultes du cinéma

Dans quel film ?

« Et mes fesses, tu les aimes mes fesses ? »

Réponse : Le Mépris, de Jean-Luc Godard.

46 *Brèves* *régions*

LOT – CROISIÈRES FLUVIALES

Les barges à fond plat qui naviguaient autrefois sur le Lot pour transporter les marchandises jusqu'à Bordeaux en passant par la Garonne ont cédé la place à des bateaux de tourisme. Entre la presqu'île de Luzech et Saint-Cirq-Lapopie, un des plus beaux villages de France, il est aujourd'hui possible de suivre les méandres de la rivière pour une croisière de plusieurs jours. Tout au long du parcours, vous pouvez contempler des sites naturels et des monuments historiques, sans oublier les 17 écluses à franchir, toutes manuelles et sans éclusier ! Dépaysement garanti, notamment lors de la traversée de Cahors en passant sous le mythique pont Valentré.

ACTU

Médecine par l'insecte

Il y a quelques mois, des zoologistes, étudiant le comportement des primates dans le parc national de Loango (Gabon), ont été les témoins d'un phénomène troublant : les chimpanzés se soignent les uns les autres à l'aide d'insectes. En observant un groupe de 45 primates, les chercheurs ont remarqué que lorsqu'un individu se blessait, un autre membre du groupe capturait un insecte volant, le mâchouillait un bref instant puis le récupérait avec ses doigts avant de l'appliquer sur la plaie de son congénère. Ce rituel s'est répété à plusieurs reprises, et chaque fois, les primates blessés se laissaient faire, comme s'ils comprenaient que ce geste allait les aider à guérir. Ces insectes contiendraient en effet des substances ayant des propriétés anti-inflammatoires ou apaisantes. Si d'autres animaux tels que les ours, les éléphants, les étourneaux ou même les papillons de nuit ont déjà été observés se soignant eux-mêmes en ingérant des plantes, c'est la première fois qu'un animal est vu appliquant un insecte sur une plaie pour prendre soin d'un congénère. Publiée dans la revue Current Biology, cette découverte ouvre de nouvelles perspectives pour comprendre les capacités émotionnelles et cognitives des primates.

Lever du soleil
05h47

Mercredi 19

Coucher du soleil
21h57

Saint Romuald – On fête aussi les Die, Dieudonné, Déodat, Gervais

« Qu'il est ridicule et novice celui qui s'étonne de tout ce qui arrive dans la vie ! » *Marc Aurèle*

Alea jacta est Citations latines

Fluctuat nec mergitur

La devise de Paris, adoptée en 1853 par le baron Haussmann, alors préfet de la Seine, fait référence à la puissante confrérie des marins commerçants qui, pendant des siècles, ont géré les affaires le long de la Seine et développé les échanges entre Paris et le reste du monde. La devise, que l'on traduit par « Il est battu par les flots, mais ne sombre pas », s'applique de façon concrète au bateau figurant au centre du blason de la ville, mais reflète également l'histoire de Paris : malgré les épreuves, la ville n'a jamais sombré.

Plantes qui soignent

LE SOUCI

La plante du jardin de curé dans les campagnes de jadis ! Lumineux dans les massifs et en bouquet, le souci officinal fleurit longtemps. La médecine traditionnelle recommande l'infusion de fleurs fraîches pour ses vertus anti-inflammatoires, antioxydantes et anti-œdémateuses. En usage externe, il est efficace dans le traitement des petites inflammations de la peau et de la bouche, et des plaies superficielles. Ses fleurs embellissent les massifs. Il est très facile à cultiver – pas de soucis !

LE CYCLISME AUX JO
À DEUX, C'EST MIEUX

Dans l'imaginaire, le tandem évoque les promenades en amoureux du temps de l'instauration des congés payés. Pourtant, il fut une discipline olympique entre 1908 et 1972. Ses premiers champions olympiques sont français, André Auffray et Maurice Schilles devançant les Britanniques sur leurs terres. L'épreuve s'est ensuite tenue lors de treize olympiades, quatre duos français ont décroché l'or, deux autres le bronze. Le tandem n'a cependant pas disparu, on le retrouve désormais lors des Jeux paralympiques.

MOTS MÊLÉS

Animateurs/présentateurs de télévision

S	T	Y	T	N	A	V	A	D	V	O	S	L	P
R	E	K	C	U	R	D	K	Z	I	E	S	E	X
E	B	A	B	S	T	C	B	I	M	E	E	T	X
P	R	B	G	O	R	E	H	Y	B	S	H	I	B
E	U	G	D	T	C	O	C	A	S	O	P	E	A
L	O	J	R	C	Q	C	S	U	Z	A	K	N	R
M	C	K	A	E	F	T	O	E	L	A	D	N	T
L	R	R	J	D	I	H	P	L	L	R	L	E	H
A	O	Y	X	E	A	C	P	D	I	M	D	P	E
G	I	P	N	L	M	S	H	E	V	N	A	T	S
A	Y	N	E	D	B	O	U	M	L	I	I	C	S
F	I	D	X	Z	P	E	R	N	A	U	T	U	K
M	R	E	I	U	Q	U	R	T	C	N	O	M	R
T	P	I	W	A	N	U	O	N	A	H	N	P	O

Solution page 194

Cherchez les noms des animateurs/présentateurs de télévision cachés dans la grille ci-dessous. Vous les trouverez soit horizontalement, soit verticalement ou encore en diagonale ; ils peuvent se lire de gauche à droite ou de droite à gauche, de haut en bas comme de bas en haut.

ANDRIEU (Julie)
BARTHÈS (Yann)
BECCARO (Thierry)
BERN (Stéphane)
BOCCOLINI (Laurence)
CALVI (Yves)
CHAZAL (Claire)
COURBET (Julien)
CYMES (Michel)
DAVANT (Sophie)
DELAHOUSSE (Laurent)
DRUCKER (Marie)
ÉTIENNE (Samuel)
HANOUNA (Cyril)
LAGAF (Vincent)
LAPIX (Anne-Sophie)
LEPERS (Julien)
LOPEZ (Frédéric)
LUCET (Élise)
MINNE (Olivier)
PERNAUT (Jean-Pierre)
PLAZA (Stéphane)
PUJADAS (David)
REICHMANN (Jean-Luc)
ROMEJKO (Laurent)
ROSELMACK (Harry)
RUQUIER (Laurent)
SÉBASTIEN (Patrick)

Lever du soleil **05h47**

Jeudi 20

Coucher du soleil **21h58**

Saint Silvère – On fête aussi les Gobain, Marcan

« Toute autre science est dommageable à celui qui n'a pas la science de la bonté. » *Michel de Montaigne*

WESTERNS

Le Bon, la Brute et le Truand, de Sergio Leone (1966)

Ce film, sorti en 1966, est le troisième volet de la Trilogie du dollar (*Pour une poignée de dollars*, 1964, *Et pour quelques dollars de plus*, 1965), réalisée par Sergio Leone et incarnée par Clint Eastwood, alias « l'Homme sans nom ». Il est considéré comme « la quintessence du western spaghetti », vision nuancée du western classique, dans laquelle l'Amérique n'est plus manichéenne et où les personnages sont des anti-héros, perclus de défauts. Dans le film, qui a pour toile de fond la guerre de Sécession, trois protagonistes, le Bon (Clint Eastwood), la Brute (Lee Van Cleef) et le Truand (Eli Wallach), sont à la recherche d'un trésor. Au cours de cette quête, chacun révèle tour à tour une part cruelle et une part humaine. C'est le sujet de Leone, rien n'est absolu, le Bien et le Mal s'entremêlent. Tourné en Espagne, dans le désert andalou, ce film est peut-être le plus célèbre de la trilogie. Doté d'un budget conséquent, Leone put donner libre cours à ses ambitions de réalisation – et le succès des deux précédents opus fit de ce troisième long-métrage un événement international. L'ensemble étant sublimé par la musique d'Ennio Morricone et son fameux sifflement, qui ajoutent encore au caractère culte de l'œuvre.

ha ha, hi hi, ho ho FRANÇAIS
huhuhuh, hahaha, kukuku JAPONAIS
ax ax ax RUSSE
cha cha LITUANIEN
jajaja ESPAGNOL

Humour du monde

Humour belge :

Comment appelle-t-on quelqu'un qui parle trois langues ?
Un trilingue

Comment appelle-t-on quelqu'un qui parle deux langues ?
Un bilingue

Comment appelle-t-on quelqu'un qui ne parle qu'une langue ?
Un Français !

Les plus beaux bateaux de l'histoire

LA VICTORIA

La *Victoria* est un des cinq navires composant la flotte de l'expédition commandée par le navigateur portugais Fernand de Magellan pour découvrir la route vers les îles aux épices. Le bateau est une caraque (un des premiers types de navire à pouvoir s'aventurer en haute mer, caractérisé par une coque arrondie et deux hauts châteaux avant et arrière). Partis le 10 août 1519 de Séville, 240 hommes participent au voyage. Seule la *Victoria* reviendra en Europe, trois ans après son départ, avec 18 hommes à bord. Magellan, lui, est tué aux Philippines en 1521.
En 1547, le vaisseau disparaît lors d'une traversée entre Saint-Domingue et l'Espagne. Cependant, il existe une reconstitution, la *Nao Victoria*, construite dans les années 2000, qui sillonne le monde pour faire découvrir l'embarcation dont la vue fait immédiatement penser aux histoires de pirates.

Lever du soleil
05h47

Vendredi 21

Coucher du soleil
21h58

ÉTÉ

Saint Rodolphe – On fête aussi les Rudolf, Gino, Meven

« Notre œil a perdu sa fonction d'enregistrement de la réalité. Et pas seulement en art. On passe par l'écran pour accréditer la réalité de ce que l'on voit. » *Umberto Eco*

La saga de l'orthographe

En 1857, *Madame Bovary* fait scandale. Affaire de mœurs ? La *Revue des Deux Mondes* insère, dès sa parution, un catalogue des fautes de Flaubert… « La grosse pierre de scandale, c'est d'abord le poids matériel des fautes contre la langue », écrit en 1935 le critique Albert Thibaudet. C'est que, dans un souci de « réalisme », Flaubert a introduit du langage parlé, l'oralité.

➠ *À suivre p. 203*

ÇA, C'EST FAIT DIVERS

Il y a quelques mois, la police métropolitaine de Londres a répondu à un appel concernant une personne en détresse dans une galerie d'art londonienne. Arrivés sur place, les agents ont aperçu à travers la vitrine une jeune femme vêtue d'un sweat à capuche jaune, allongée sur une table, le visage plongé dans un bol de soupe. La porte de la galerie étant verrouillée, les policiers l'ont enfoncée pour découvrir que la personne en question était en réalité une installation artistique intitulée « Kristina ». La statue en latex est l'œuvre de l'artiste américain Mark Jenkins. Ce n'est pas la première fois que l'une de ses créations hyper réalistes sème la confusion. En 2019, sa sculpture intitulée « Sleeping Homeless » (Sans-abri endormi) et installée dans les rues de Washington D.C. avait été confondue avec une personne réelle par de nombreux passants. Plusieurs d'entre eux ayant contacté les autorités, un petit panneau avait finalement été ajouté à proximité de l'installation. En 2017 à Florence, une sculpture de l'artiste italien Mauro Staccioli qui représentait un homme assis sur un banc a dû être enlevée au bout de 15 jours, car la police recevait trop d'appels téléphoniques de citoyens inquiets.

Monarchies du monde

Koweït

Bien qu'il porte le nom d'émirat, le Koweït est l'équivalent d'une monarchie. Une quinzaine de générations de la famille Al Sabah se succèdent à sa tête depuis 1752, même si la transmission ne se fait pas systématiquement de père en fils mais souvent en ligne collatérale. Cela produit des dirigeants souvent âgés, comme l'actuel émir Nawaf, qui a accédé au pouvoir à 83 ans.

47

Brèves régions

LOT-ET-GARONNE – UNE IGP POUR LE PRUNEAU

Depuis 2002, le pruneau d'Agen est protégé par une IGP, Indication géographique protégée. Cela signifie qu'une étape de leur élaboration doit avoir lieu dans une aire géographique délimitée, comme la production des prunes ou leur séchage pour les transformer en pruneaux. La dénomination Pruneaux d'Agen est ainsi protégée dans toute l'Union européenne mais également en Chine, au Royaume-Uni, au Canada ou encore au Japon. Malgré l'utilisation du nom de la préfecture du Lot-et-Garonne, cette aire géographique s'étend à 1 112 communes de 6 départements de la zone, faisant de la France le 3e producteur mondial de pruneaux derrière les États-Unis et le Chili.

Lever du soleil
05h47

Samedi 22

Coucher du soleil
21h58

Saint Alban – On fête aussi les Albane

« Les jours sont peut-être égaux pour une horloge, mais pas pour un homme. »
Marcel Proust

CANCER Vermot'roscope

22 juin – 22 juillet

Votre caractère

Calme, réservé, sensible, sentimental, émotif, aimable, doux, aimant, protecteur, attaché à ses racines et à la famille, serviable, imaginatif, attachant, têtu, attentiste, lunatique, compliqué, mélancolique, rêveur, infantile.

Les événements célestes de 2024

Si d'un bout à l'autre de l'année **Saturne** (le soutien et la sagesse) vous donne un sacré coup de main, **Jupiter**, elle, est à vos côtés tout au long du premier semestre. Grâce à ces deux astres, vous serez plus sérieux, plus responsable et plus apte à faire face à vos différentes obligations.

D'une grande curiosité, vous avez de multiples occasions de vous ouvrir à de nouveaux domaines ou loisirs. Vous profitez de cette période pour consolider vos connaissances ou votre situation.

La planète **Pluton** vous pousse à aborder des questions majeures (héritage…).

PLEINS FEUX SUR 2024, DOMAINE PAR DOMAINE

Vie relationnelle

Vous cherchez à vous rapprocher de vos amis. Ainsi, cette année, vous êtes plus disponible et plus à l'écoute de vos proches. Jusqu'à juin, vous passez de merveilleux moments en agréable compagnie. Vos échanges sont harmonieux et chaleureux.

Amour

En couple : de janvier à juin, parlez de vos aspirations et multipliez les projets avec votre moitié. Trouvez les moyens de bousculer vos habitudes et pimentez votre quotidien. De juillet à décembre, misez sur le romantisme et la douceur. Passez plus de temps avec votre partenaire.

Célibataire : au premier semestre, votre vie sociale est à l'honneur. De beaux moments sont à prévoir et vos échanges avec les autres sont des plus satisfaisants. Côté cœur, prenez patience, tout se jouera sur 2025.

Famille

Plus distant et indépendant, vous gérez votre relation familiale en fonction de vos envies et de vos besoins. Pas question de vous laisser imposer un rythme quelconque. Certains natifs se verront vivre leur vie sans se soucier réellement de leurs proches.

Quotidien et vitalité

C'est une excellente période pour explorer et expérimenter de nouvelles activités ou de nouveaux loisirs. Bénéficiant d'une belle énergie, l'ennui n'a pas cours. Votre désir de découverte vous invite à passer d'une occupation à une autre. Pour certains natifs, c'est une phase parfaite pour mieux vivre et faire plus attention à leur hygiène de vie.

Budget

Dès la fin janvier, les astres vous incitent à modifier votre relation à l'argent. Tout vous contraint à changer votre manière de gérer vos finances ou votre perception du matériel.

GRANDS SPORTIFS DES JO

LA TORPILLE FRANÇAISE

Béatrice Hess est probablement l'une des plus grandes nageuses françaises. Entre 1984 et 2004, elle participe à cinq olympiades au cours desquelles elle enchaîne les records : quatre médailles d'or en 1984, une en 1988, six en 1996, sept en 2000 en faisant tomber neuf records du monde, et elle conclut sa collection de médailles dorées par un doublé en 2004. Ajoutez à cela cinq médailles d'argent et vous obtenez la troisième sportive paralympique de l'histoire des Jeux, de loin la meilleure Française.

CITIUS - ALTIUS - FORTIUS

Le saviez-vous ?

Les gants chirurgicaux, une histoire d'amour

À la fin du XIXe siècle, le chirurgien américain William Halsted travaille à l'hôpital. Sa future épouse l'assiste en tant qu'infirmière. Mais celle-ci souffre d'un eczéma aux mains provoqué par la manipulation des antiseptiques, utilisés pour limiter les infections. Elle souhaite démissionner. Halsted, qui ne veut pas la perdre, s'adresse alors à un fabricant de caoutchouc. La première paire de gants jetables était née.

Lever du soleil
05h48

Dimanche 23

Coucher du soleil
21h58

Sainte Audrey – On fête aussi les Ethelcrede, Ethel

« Mes amis, retenez ceci, il n'y a ni mauvaises herbes ni mauvais hommes. Il n'y a que de mauvais cultivateurs. » *Victor Hugo*

PAROLES
Les mots des flics et des voyous
PAROLES

Joncaille

De jonc, et -aille • Or. Objet ou ensemble d'objets en or. Bijoux, pierres précieuses. Par extension : signe extérieur de richesse. Exemple : « Elle scintille, elle néone, elle embrase, elle irradie, elle étincelle, elle flambe, elle postillonne des reflets, dans sa carapace de joncaille, de diams et de perlouzes. » (Frédéric Dard, *Le Standinge selon Bérurier*, 1965).

NOS ANCÊTRES

L'ARTISAN VOYAGEUR

Entre 2,2 et 1 million d'années avant notre ère, *Homo ergaster* vivait en Afrique. Avec un cerveau plus développé qu'*Homo habilis* (entre 750 et 1 050 cm³), une taille et un poids supérieurs (entre 1,55 m et 1,70 m pour 50 à 65 kg), *Homo ergaster* doit son nom au fait qu'il a développé l'artisanat. Ce grand marcheur a créé des outils de pierre taillée plus élaborés qu'il a exportés jusqu'en Europe.

CHARLEVILLE-MÉZIÈRES

C'est sa ville !

Charleville-Mézières, préfecture des Ardennes, est le résultat de la fusion, en 1966, de deux communes appelées respectivement Charleville et Mézières. La première doit directement son nom au prince Charles Iᵉʳ de Mantoue. En 1589, celui-ci fut nommé gouverneur de Champagne alors qu'il n'avait pas encore 9 ans et, quelques années plus tard, pour son 26ᵉ anniversaire exactement, il fit commencer les travaux de ce qui devait devenir Charles-Ville. Implantée dans une boucle de la Meuse, juste en face de la citadelle de Mézières, il a fallu trente-cinq ans pour que la cité se développe et devienne capitale de la principauté d'Arches. Charleville est aujourd'hui jumelée avec Mantoue, où mourut son fondateur.

Rébus Fable de La Fontaine

CHAT MOINEAU MOINEAU

Le Chat et les deux Moineaux

Présentatrices mythiques de TV

Catherine Langeais

Née Marie-Louise Terrasse en 1923 dans la Drôme, Catherine Langeais est l'une des speakerines les plus populaires de la télévision française. Elle officie à partir de 1949 sur le nouveau réseau national, à l'instar de ses contemporaines Jacqueline Joubert et Arlette Accart. Rapidement adoptée par les Français, elle restera speakerine jusqu'en 1975 – date de la disparition de l'ORTF. En 1952, elle est choisie pour annoncer la première émission internationale de télévision en direct, avec la BBC. En parallèle, elle accède à la présentation d'émissions jeunesse, comme *36 chandelles* ou *La Séquence du spectateur*. Langeais se retire progressivement de la télévision dans les années 1980, avant d'être nommée chevalier de la Légion d'honneur en 1987.

Lever du soleil
05h48

Lundi 24

Coucher du soleil
21h58

Saint Jean-Baptiste – On fête aussi les Rombaut, Théodulphe, Yann

« La bonté est le chemin le plus court vers la bonne réputation. » *Héraclite d'Éphèse*

DES nuisibles PAS nuisibles

L'ÉTOURNEAU

Chacun voit midi à sa porte. L'étourneau sansonnet est voué aux gémonies par les agriculteurs car ses nuées causent de gros dégâts dans les champs. C'est pourquoi il est actuellement classé ESOD (espèce susceptible d'occasionner des dégâts) et qu'il est largement chassé et piégé. Et il est aussi détesté en ville, car il souille les monuments et fait du vacarme : les municipalités font appel à des rapaces pour le dissuader de s'installer. En revanche, les jardiniers l'apprécient parce qu'il régule efficacement les populations d'insectes parasites : ils lui fournissent même parfois des nids artificiels.

48 Brèves régions

LOZÈRE – UTOPIX

Utopix est une habitation-sculpture, située sur la commune de Sainte-Énimie, en Lozère, imaginée par Jo Pillet et sa famille. En 1974, Jo et sa femme Dominique achètent un domaine de 11 hectares dans ce département qu'ils choisissent pour sa réputation de « désert français ». Tous deux y construisent progressivement un habitat en courbes, ressemblant à des igloos de pierre. Aujourd'hui leur lieu de vie est ouvert à la visite une partie de l'année, ainsi que l'espace environnant où Jo a créé un parc de jeux qui accueille le crocotuiles, la coccibulle, et surtout le célèbre dinosaure, lourd de 8 tonnes de pierres, dans lequel les enfants peuvent jouer.

SOLUTION MOTS MÊLÉS P. 189

S	T	Y	T	N	A	V	A	D	V	O	S	L	P
R	E	K	C	U	R	D	K	Z	L	E	S	E	X
E	B	A	B	S	T	C	B	I	M	E	E	T	X
P	R	B	G	O	R	E	H	Y	B	S	H	I	B
E	U	G	D	T	C	O	C	A	S	O	P	E	A
L	O	J	R	C	Q	C	S	U	Z	A	K	N	R
M	C	K	A	E	F	T	O	E	L	A	D	N	T
L	R	R	J	D	I	H	P	L	L	R	L	E	H
A	O	Y	X	E	A	C	P	D	I	M	D	P	E
G	I	P	N	L	M	S	H	E	V	N	A	T	S
A	Y	N	E	D	B	O	U	M	L	I	I	C	S
F	I	D	X	Z	P	E	R	N	A	U	T	U	K
M	R	E	I	U	Q	U	R	T	C	N	O	M	R
T	P	I	W	A	N	U	O	N	A	H	N	P	O

Recette

Quiche tomates, courgettes, oignon et lardons

Pour 4 pers.	10 min de préparation	45 min de cuisson

- 1 pâte brisée prête à dérouler
- 2 cuil. à soupe de moutarde
- 2 belles tomates
- 2 courgettes
- 1 oignon
- 150 g de lardons
- 3 œufs
- 15 cl de crème fleurette
- 1 belle poignée d'emmental râpé
- Huile d'olive (facultatif)
- Herbes de Provence
- Sel, poivre

Préchauffez le four à 180 °C (th. 6). Chemisez le moule à tarte de la pâte déroulée. Enduisez-la de moutarde.

Lavez les tomates, coupez-les en rondelles et disposez-les sur la pâte. Pelez les courgettes et coupez-les en petits dés. Pelez et émincez l'oignon.

Dans une poêle, faites dorer les lardons à sec. Ajoutez l'oignon, puis les courgettes, avec un peu d'huile d'olive si les lardons n'ont pas rendu assez de gras. Salez, poivrez et saupoudrez d'herbes. Faites revenir 10 à 15 min sur feu moyen.

Dans un bol, battez les œufs à la fourchette en versant la crème.

Répartissez le contenu de la poêle sur les tomates, versez l'appareil à quiche et parsemez l'emmental râpé. Enfournez pour 25 à 30 min, selon votre four.

Variantes

Ajoutez des tomates cerises coupées en deux et troquez l'emmental contre du comté ou de la bûche de chèvre.

Lever du soleil
05h48

Mardi 25

Coucher du soleil
21h58

Saint Prosper – On fête aussi les Éléonore, Aliénor, Léonora

« L'homme n'est rien d'autre que la série de ses actes. » *Friedrich Hegel*

Heureux Mariages

Le patronyme Cucheval, originaire du Pas-de-Calais, fait sourire à lui tout seul. Mais certains couples ont amplifié l'effet humoristique comme le mariage **CUCHEVAL-RENARD** en 1922 à Arques, l'union **CUCHEVAL-COUPEZ** en 1914 à Guesnain, le couple **CUCHEVAL-ERRANT** formé en 1912 à Berck, la célébration en 1907 du mariage **LEGRAND-CUCHEVAL** ou encore **LELIÈVRE-CUCHEVAL** en 1883 à Alquines.

30

C'est le pourcentage de femmes françaises en âge de procréer qui ne souhaitent pas avoir d'enfant, selon un récent sondage IFOP. Les raisons invoquées sont diverses, mais deux principales émergent : les préoccupations féministes et les inquiétudes liées aux crises environnementales et sociétales. Ainsi, 39 % des femmes interrogées indiquent que leur non-désir d'enfant est lié à l'incertitude de l'avenir, causée par le changement climatique ; 37 % des femmes mettent en avant les troubles politiques et sociaux, et 35 % souhaitent limiter la surpopulation. De plus, 50 % des femmes estiment qu'avoir un enfant n'est pas nécessaire à leur épanouissement personnel, et 48 % ne souhaitent pas assumer les responsabilités parentales. Ce non-désir d'enfant est plus fréquent chez les femmes les plus jeunes. Il concerne 43 % des femmes âgées entre 15 et 24 ans, contre 35 % des femmes de 25 à 34 ans. Autre enseignement de ce sondage : le regret d'avoir des enfants, un sujet souvent tabou. Eh bien, 12 % des mères d'enfants de moins de 3 ans regrettent d'avoir eu un enfant et 51 % d'entre elles regrettent parfois leur vie d'avant.

Les rues mythiques du MONDE

Avenue de Los Insurgentes (Mexico, Mexique)

Souvent simplement nommée Insurgentes, c'est la plus longue avenue de la capitale du Mexique, avec une longueur de 28,8 km. Son nom rend hommage à l'armée insurgée qui a combattu pour l'indépendance du pays entre 1810 et 1821. Officiellement inaugurée en 1953, cette avenue très commerçante qui traverse cinq des seize arrondissements de Mexico passe par de nombreux lieux historiques : le village typique de San Angel, le site archéologique de Cuicuilco, la statue de Cuauhtémoc dédiée au dernier des empereurs aztèques ou encore… le World Trade Center de Mexico.

ÇA S'EST PASSÉ Le 25 juin 524

Clodomir, roi d'Orléans, fils de Clovis Ier et de Clothilde, est tué dans la bataille de Vézeronce, en Isère, contre Gondemar, roi des Burgondes.

CITATIONS HUMORISTIQUES : BLAGUES ET VANNES

« Dieu a enlevé une côte à Adam pour créer Ève et Ève a fait manger de la pomme à Adam, c'est fou ça, on ne donne pas à manger à quelqu'un qui vient d'être opéré ! » *Jean Yanne*

« La discrétion est ma devise. Je ne dis jamais rien. Même sur ma carte de visite, il n'y a rien d'écrit. » *Groucho Marx*

« C'était le genre de beauté classée, monument historique, sauf qu'on ne peut pas déduire les frais de ravalement de sa feuille d'impôts. » *Bertrand Blier*

Lever du soleil
05h49

Mercredi 26

Coucher du soleil
21h58

Saint Anthelme – On fête aussi les Saulve, Telma, Pélage, Maxence

« L'homme naît barbare, il ne se rachète de la condition des bêtes que par la culture ; plus il est cultivé, plus il devient homme. » *Baltasar Gracian*

Apéro

Patxaran

Cette spécialité navarraise tire son nom du basque *basarana*, qui signifie prune sauvage. Ces fruits, précisément les prunelles sauvages, sont ramassés puis laissés à macérer dans de l'eau-de-vie pendant plusieurs mois. On y ajoute ensuite un sirop d'eau et de sucre. Une feuille de laurier, des fleurs de camomille, de la cannelle ou des grains de café peuvent être ajoutés. Outre sa qualité d'apéritif, on prête à la prunelle des vertus astringentes et fortifiantes – au Moyen-Âge, le patxaran était d'ailleurs fabriqué dans cette optique.

Il faut être philosophe

DESCARTES*

Cogito, ergo sum

Notre vie est un apprentissage permanent : depuis l'enfance, nous apprenons des choses qui, par la suite, peuvent se révéler fausses. Nos sens nous trompent souvent. De quoi pouvons-nous être certains ? Comment bien mener notre pensée afin d'arriver à une connaissance sûre, que le doute ne peut remettre en question ? Autrement dit, le savoir est-il possible ?

Descartes a essayé de mettre au point une méthode rationnelle pour nous éviter toute erreur de jugement. Pour atteindre la vérité, il préconise d'appliquer le doute méthodique à toute connaissance issue de l'expérience. Douter n'est toutefois qu'une étape pour arriver à une première certitude, le célèbre « je pense, donc je suis ». En effet, il ne serait pas logique de douter que je suis en train de douter : la réalité de ma propre pensée est ainsi une évidence absolue.

* René Descartes (1596-1650), philosophe, mathématicien et physicien français

C'est qui celui-là ?

Il y a plus d'un âne qui s'appelle Martin

Saint Martin, le plus populaire des saints au Moyen Âge en France, a donné son nom à beaucoup de familles. Martin est d'ailleurs encore le patronyme le plus répandu de nos jours. C'est pourquoi, quand on évoque des individus sans préciser de signes distinctifs qui permettent de les distinguer, on dit qu'il y a plus d'un âne qui s'appelle Martin, car tous paraissent semblables.

La Véritable Histoire de… Robinson Crusoé

Pour écrire les aventures de son célèbre personnage échoué sur une île déserte, le romancier Daniel Defoe s'est amplement inspiré d'une histoire vraie : celle d'Alexandre Selkirk. Ce marin écossais rejoint une expédition corsaire dans l'océan Pacifique lors de la guerre de Succession d'Espagne en 1704. Mais, jugeant que le navire dont il est le pilote est hors d'usage, Selkirk demande à faire escale pour des réparations. Le capitaine refuse. Fou de colère, l'Écossais exige qu'on le débarque sur l'île de Más a Tierra, à 600 km des côtes chiliennes. Pendant quatre ans, il devra survivre seul, en se fabriquant une hutte, des outils et divers ustensiles, en chassant les chèvres sauvages pour leur viande et leur peau, en se cachant à deux reprises pour échapper à des marins espagnols qui faisaient escale sur l'île. Lorsque des corsaires anglais abordent l'île en février 1709, ils découvrent un personnage hirsute et sauvage qui a perdu l'usage de la parole. Lorsqu'il est de retour en Angleterre, son histoire est largement racontée par les journaux. Defoe s'en empare, la transpose dans les Caraïbes, ajoute Vendredi et des cannibales et fait durer l'épreuve de son Robinson… vingt-huit ans. Selkirk est mort, à moitié fou, deux ans après la publication du best-seller.

LES ABSTENTIONNISTES ONT LA PAROLE

Lever du soleil
05h49

Jeudi 27

Coucher du soleil
21h58

Saint Fernand – On fête aussi les Ariald, Crescent

« La joie de l'âme est dans l'action. » *William Shakespeare*

Le saviez-vous ?

Noble animal

Si, chez les vertébrés, le sang qui circule dans les artères (sang oxygéné) n'est pas tout à fait de la même couleur que celui qui circule dans les veines (sang désoxygéné), il n'en reste pas moins rouge. Il en va tout autrement pour le poulpe dont le sang oxygéné est bleu. Cela est dû à la présence de cuivre dans la protéine assurant le transport de l'oxygène, l'équivalent de notre hémoglobine. Cette particularité s'observe chez un grand nombre d'arthropodes et de mollusques.

Humour du monde

ha ha, hi hi, ho ho — Français
huhuhuh, hahaha, kukuku — Japonais
ax ax ax — Russe
cha cha — Lituanien
jajaja — Espagnol

L'histoire de l'humanité a été marquée à jamais par cinq Juifs. D'abord Moïse qui a dit : « Tout est dans le cerveau ! ». Puis Jésus a dit : « Tout est dans le cœur ! ». Ensuite, Marx a dit : « Tout est dans l'argent ! ». Et après lui, Freud a dit : « Tout est dans le sexe ! » Enfin, Einstein a dit : « Tout est relatif ! »

ASTUCES 2 FAINÉANT

La cuisine des fainéants est la plus saine

La méthode de cuisson à la vapeur est la plus rapide de toutes, elle fait donc le ravissement de celles et ceux qui ne veulent pas passer trop de temps en cuisine. Qu'il s'agisse de légumes, de poisson ou même de viande, il suffit de les jeter dans le panier du cuiseur vapeur pour qu'ils soient prêts à déguster en quelques minutes seulement. En fonction du goût de chacun, on peut ajouter aux aliments, après la cuisson, un filet d'huile d'olive, du sel et des épices pour qu'ils deviennent délicieux. Voilà pourquoi la cuisine à la vapeur, plébiscitée par les fainéants car simple et rapide, est aussi une des plus saines, car la transformation des aliments est minimale et les assaisonnements, légers. Sans parler du lavage express du cuiseur vapeur !

EURO 2024

HÉROS DÉCHU

Si Panenka a laissé son nom à un geste positif, Luis Arconada a laissé le sien pour une raison bien plus négative. Le 27 juin 1984, au lendemain de son anniversaire, le portier espagnol, héros des tours précédents, résiste avec les siens face à la France. Jusqu'à la 57e minute. Michel Platini s'élance pour tirer un coup franc obtenu par les Bleus, sa frappe du droit file sur le portier espagnol qui la contrôle en se couchant sur sa gauche. Aucun danger, pense-t-on, jusqu'à ce qu'il laisse filer le ballon sous son ventre. La « Arconada » vient de naître, elle devient synonyme d'erreur d'un gardien. Le héros de l'Espagne, son capitaine qui lui avait permis de se hisser en finale, devient le symbole de l'Espagne qui ne sait pas gagner. Il faut attendre 2008 pour que la malédiction prenne fin.

UEFA - UEFA - UEFA - UEFA - UEFA - UEFA - UEFA - UEFA - UEFA

Lever du soleil
05h50

Vendredi 28

Coucher du soleil
21h58

Sainte Irénée – On fête aussi les Eigil, Irina

« La sagesse suprême est d'avoir des rêves assez grands pour ne pas les perdre du regard tandis qu'on les poursuit. » *William Faulkner*

Monarchies du monde

Lesotho

Enclavé dans l'Afrique du Sud, le Lesotho est dirigé depuis 1996 par Letsie III, descendant de Moshoeshoe (1800-1879), premier souverain qui unifia les clans Sothos avant la colonisation britannique. Depuis l'indépendance en 1966, les relations avec les Anglais sont bonnes, le roi Letsie III était d'ailleurs le seul souverain africain présent aux funérailles d'Elizabeth II.

Cocktails

Blue lagon

Pour 1 verre – 5 min de préparation

- *3 cl de curaçao bleu*
- *4 cl de vodka*
- *2 cl de jus de citron*
- *Quelques glaçons*

Placez les glaçons dans un shaker.
Versez le curaçao, la vodka et le jus de citron.
Remuez jusqu'à disparition quasi totale des glaçons.
Servez bien frais.

Conseil
Vous pouvez utiliser un verre à mélange.

49

Brèves régions

MAINE-ET-LOIRE – LA MINE BLEUE

On connaît les mines de charbon du Nord, d'où les hommes remontaient le visage noirci, les mines jaunes d'où est extrait le soufre, mais plus surprenant est le site des ardoisières de Segré-en-Anjou : la « Mine bleue ». Son histoire débute en 1916, à l'époque où l'exploitation de l'ardoise est à son apogée. Chaque jour, les mineurs descendaient les 813 marches de l'escalier de bois pour se rendre dans les 26 « chambres d'extraction » d'où ils remontaient les précieuses ardoises. Aujourd'hui, le site n'est plus exploité et c'est un lieu où les visites vous emmènent à 126 m sous terre, là où la température de 13° est constante, en hiver comme en été.

QUI A UN PLAN POUR RELANCER L'EMPLOI SAISONNIER ?

Une chanson dans la tête

Je chante, Charles Trenet

En 1937, le jeune Charles Trenet, fraîchement incorporé en cette période sombre d'avant-guerre, s'ennuie profondément. Il en profite pour écrire de nombreuses chansons gaies et sautillantes, sur des rythmes de jazz qui lui vaudront le surnom de « fou chantant ». « Je chante » fait partie de cette veine. Un vagabond survit grâce à la chanson : *Je chante pour du pain / Je chante pour de l'eau*. Affamé, il croise les gendarmes. *Ah mon ami / C'est vous le chanteur, le vagabond ? / On va vous enfermer, oui votre compte est bon*. Pour échapper à la prison et continuer sa vie libre, le chanteur se pend : *Ficelle / Tu m'as sauvé de la vie / Ficelle / sois donc bénie*. Devenu fantôme, insouciant il chante à nouveau. *Je chante soir et matin / Je chante sur les chemins / je hante fermes et châteaux.*

Saint Pierre et Saint Paul

« Peu de gens demandent aux livres ce que les livres peuvent nous donner. » *Virginia Woolf*

Etymologie

Dommage pour les écoliers !

Les écoliers ne le croiront pas, mais le nom école n'est pas sans rapport avec la notion de loisir, voire de paresse ! En effet, école, attesté dès la fin du XIe siècle, est issu du latin *schola* (qui nous a donné *scolaire*), lui-même emprunté au grec *skholê*. Ce nom grec signifie au sens propre « arrêt ». Et de là ont découlé différents sens, dont « repos, loisir », « relâche, trêve » et même « paresse ». Mais en l'empruntant, les Latins n'ont retenu que le sens spécialisé de « loisir consacré à l'étude ».

Luc Hanne
Entomologiste

vous invite à visiter l'exposition de coléoptères au musée des Confluences.

LABRADOR

C'est sur l'île de Terre-Neuve, dans la province du Labrador, à l'est du Québec, que les premiers « retrievers » ont été sélectionnés. Aussi à l'aise dans le milieu aquatique que sur la terre ferme, ce « chien de Saint-John » a d'abord été élevé pour accompagner les chasseurs et récupérer les gibiers d'eau. Une légende raconte même qu'il serait né d'un croisement entre un chien et une loutre… En le ramenant en Angleterre au XIXe siècle, le comte de Malmesbury donne le nom de labrador à ce chien et le fait reconnaître comme race à part entière. Les premiers labradors arrivent en France en 1896 et deviennent vite populaires, la race est d'ailleurs aujourd'hui la plus demandée comme chien de compagnie, mais aussi comme chien guide d'aveugle ou encore chien détecteur de drogues ou d'explosifs.

Chiens voyageurs

COMPLÉTEZ LA GRILLE EN SACHANT QUE CHAQUE ICÔNE REPRÉSENTE TOUJOURS LA MÊME LETTRE

ACTU

Drôle d'endroit pour une rencontre

Dans la vallée du Rhône, il existe une grotte où se sont croisés deux cousins lointains, l'un grand et costaud, l'autre plus petit et plus frêle. Grâce à l'analyse d'une minuscule dent découverte dans une grotte de la Drôme et celles d'objets trouvés sur place, des archéologues ont en effet découvert que les Néandertaliens qui avaient quitté l'endroit y sont retournés des années plus tard alors même que des Sapiens s'y étaient installés. Pour les chercheurs, les deux espèces ont coexisté de manière temporaire et il est possible qu'elles aient eu des interactions sociales et culturelles. Cette découverte remet en question les idées reçues sur l'histoire de l'humanité, les paléoanthropologues ayant longtemps pensé que les Sapiens avaient systématiquement remplacé les Néandertaliens. La preuve de leur cohabitation ouvre de nouvelles perspectives pour la compréhension de notre propre histoire. Peut-être y a-t-il eu de nombreuses rencontres et des échanges réguliers entre les deux espèces. Peut-être partageaient-elles les mêmes outils, les mêmes repas, parfois la même couche ?

SOLUTION : VOUS LES VENDEZ PAR DEUX PARCE QUE C'EST UNE ANNÉE BITEXTILE ?

Saint Martial – On fête aussi les Sloane, Adolphe, Othon

« Faire ce qui est utile, dire ce qui est courageux, regarder ce qui est beau : voilà qui suffit à remplir la vie d'un homme. » *T. S. Eliot*

CALEMBOURS ou RÉPARTIES cultes du cinéma

Dans quel film ?

« C'est un poème ?

– Presque ! C'est la recette originale des spaghetti al frutti del mare… »

Réponse : Le Grand Bleu, de Luc Besson.

Bibliophiles

Le cœur ne cède pas, Grégoire Bouillier (Flammarion, 2022)

Grégoire Bouillier livre d'épais romans, où se mêlent, en vrac, digressions, journal intime, réflexions caustiques et drôles sur notre temps, aux « dossiers » sur lesquels il enquête. Au propre ici, puisque deux détectives foutraques tentent de percer l'énigme d'un fait divers réel : le long suicide par la faim d'une ancienne mannequin d'une grande maison de couture, qui a laissé un journal de son agonie… Tout est bon pour reconstituer la vie de cette femme : éléments biographiques, photos, hypothèses plus ou moins fictives, recours à l'histoire, aux sciences occultes… Irrésumable mais à découvrir !

VIRELANGUES

Pour parfaire votre diction, rien de tel que ces phrases à faire fourcher la langue…

Donnez-lui à minuit huit fruits cuits et si ces huit fruits cuits lui nuisent, donnez-lui huit fruits crus.

Je dis que tu l'as dit à Didi ce que j'ai dit jeudi.

ÉNIGMES

On frappe à la porte de sa chambre d'hôtel. La jeune femme ouvre la porte et l'homme sur le seuil s'excuse : « Je suis désolé de vous avoir dérangée, je croyais que c'était ma chambre. » Dès la porte refermée, elle appelle la réception de l'hôtel et leur demande d'intercepter l'homme et de prévenir la police. Pourquoi ?

Solution
S'il croyait que c'était sa chambre, pourquoi a-t-il frappé à la porte plutôt que d'essayer ses clefs ?

SYSTÈME D

FIXER SANS PERCER

Vous ne pouvez pas toucher aux murs de votre logement ou vous ne voulez pas acheter une perceuse ? Il y a malgré tout mille et un moyens de fixer des choses aux parois. Pour le léger (torchon, essuie-mains, clés), les crochets adhésifs sont vite posés et discrets. La pâte de fixation (que l'on malaxe comme de la pâte à modeler) est idéale pour les posters, et il y a les languettes adhésives, pour des tableaux jusqu'à 15 kg pour les plus fortes. Pour les poids plus lourds, optez pour un rouleau d'adhésif surpuissant, qui convient pour pratiquement tous les supports, à l'intérieur comme à l'extérieur, et qui fixe des petites étagères, des porte-serviettes ou des patères. Mais il y a mieux : des colles ultra-fortes pour fixation murale, capables de supporter plusieurs dizaines de kilos.

ÉNIGMES M@ths en-vie

J'ai ouvert un livre. Si j'ajoute les numéros des deux pages que je vois, je trouve 273.
Quel est le numéro de la page de droite ?

Réponse : Le numéro de la page de droite est le 137.
En effet, la somme de deux pages consécutives est égale à deux fois la plus petite page plus 1. On calcule alors la moitié de 273 qui est 136,5. On a donc ouvert le livre aux pages 136 et 137, car 136 + 137 = 273. Le numéro de la page de droite est supérieur au numéro de celle de gauche. Il s'agit donc de la page 137. CQFD !

Lundi 1er

JUILLET

Saint Thierry – On fête aussi les Servan, Esther, Aaron, Goulven

Lever du soleil
05h52

Coucher du soleil
21h57

« On ne souffre pas seul, on souffre toujours avec ceux qui souffrent à cause de votre souffrance. » *Elie Wiesel*

LA LETTRE MYSTÈRE

Autre type de courrier, très populaire : la carte postale.

Une lettre des Sables-d'Olonne.

Il fait beau. On va à la plage.

J'ai pris un coup de soleil.

On revient le 28.

Réponse Lettre de juin

Le manuscrit de cette lettre datée du 17 juin 1671 présente une écriture resserrée, comme affolée et sous l'empire de l'angoisse, qui, pourtant, respire l'équilibre. Elle condense l'esprit et la forme de la correspondance de la marquise de Sévigné. Une écriture spontanée, vive et précise, sans repentir, sans brouillon, sans rature ; l'épanchement du cœur, le « désordre » exprimé dans un style maîtrisé, élégant, poli (au double sens du terme) ; la clarté et l'épure du baroque français ; la langue ici s'incarne dans un premier modèle du classicisme qui cependant échappe à la généralité, est toute entière porteuse d'une voix unique et inimitable.

D'un mariage malheureux avec un aristocrate de Bretagne (où sont les « Rochers », ce domaine où elle vit une partie de l'année isolée, loin de la capitale et de sa brillante société), elle eut deux enfants : un fils dépensier à l'excès (l'argent est une source d'angoisse constante) et une fille, Françoise. Pour cette dernière, à une époque où l'amour maternel est rare, madame de Sévigné développe une véritable passion, exclusive, dévorante. Quand début 1671, Françoise part vivre avec son époux, monsieur de Grignan, en Provence (soit à l'autre bout du monde !), c'est le drame… et le début d'une œuvre épistolaire qui va marquer les lettres françaises, donner naissance à un genre (la correspondance) et inspirer les romans par lettres à venir. Belle, intelligente et danseuse remarquable, celle qui fut baptisée « la plus jolie fille de France » et célébrée jusqu'à la Cour a ouvert à sa mère les portes de Versailles : sa perte les lui ferme ; ce n'est pas faire preuve de cynisme que de le noter, il y a dans l'amour inconditionnel de la mère à la fille une part de jalousie, car la seconde vit désormais sur un plus grand pied que la première. Les liens familiaux sont complexes, vous le savez sûrement… Madame de Sévigné écrit ailleurs : « Comment ? j'aime à vous écrire ! c'est donc le signe que j'aime votre absence, ma fille : voilà qui est épouvantable. » Elle ne semble plus vivre et souffrir que par le manque de sa fille. D'où ses lettres où elle s'inquiète des manquements de la poste, ses « retardements », qui la rendent quasi folle, où elle presse ses connaissances de lui donner des nouvelles que peut-être ils ont reçues. Et pas elle, que l'on néglige ! Ah, il ne devait pas être facile de l'avoir pour belle-maman.

a marquise de Sévigné

Lever du soleil
05h52

Mardi 2

Coucher du soleil
21h57

VISITATION

Saint Martinien – On fête aussi les Monégonde, Rustique, Ouzog

« Tout ce qui est vraiment grand et inspiré n'a été réalisé que par des individus travaillant librement. » *Albert Einstein*

PAROLES Les mots des flics et des voyous PAROLES

Julot casse-croûte

• Petit souteneur sans envergure, gagne-petit qui attend l'argent de la première passe pour se payer son repas. Synonymes : julot-café-crème, julot à la mie de pain, barbeau. Exemple : « Pour l'instant voici le Gros Rouquin, un julot casse-croûte, lâche, veule… gros porc viceloque. Ce qu'il bouffait en une journée, phénoménal ! » (Alphonse Boudard, *La Métamorphose des cloportes*, 1962). • Proxénète qui vit aux dépens de sa femme et la prostitue occasionnellement pour gagner un peu plus d'argent. • Celui qui sans être un véritable souteneur est condamné pour avoir cohabité avec une prostituée.

CHARADE répétitive

Mon premier est un département de la Normandie,
Mon deuxième est un choc,
Mon troisième est une commune française de la Drôme,
Mon quatrième est un affluent direct de la Seine,
Mon cinquième est le code qui désigne l'euro,
Mon sixième comprend soixante minutes,
Mon septième vaut trois mille six cent secondes,
Mon tout désigne plusieurs races de chiens de chasse.

SETTER (EURE – HEURT – EURRE – EURE – EUR – HEURE – HEURE)

Humour du monde

ax ax ax
RUSSE

huhuhuh, hahaha, kukuku
JAPONAIS

cha cha
LITUANIEN

jajaja
ESPAGNOL

« Il n'y a pas de mauvais temps, juste des mauvais vêtements. »

Proverbe écossais

Présentatrices mythiques de TV

Mireille Dumas

Originaire de Chartres, Mireille Dumas commence sa carrière journalistique en 1975, en tant que pigiste de presse écrite. Mais c'est en passant à la télévision, dans les années 1980, qu'elle dévoile son talent d'intervieweuse, notamment dans les documentaires qu'elle réalise pour les différentes chaînes du PAF. Rapidement, Dumas crée sa société de production et maîtrise les programmes qu'elle présente. Ainsi, à partir de 1992, elle anime l'émission *Bas les masques*, fondée sur un principe d'interview intimiste, abordant des sujets parfois tabous, avec des célébrités comme des anonymes. C'est un succès populaire. Dans les années 2000, elle présente *Vie privée, vie publique*, qui rencontre son public pendant plus de dix ans. Avec sa société de production, MD Productions, la journaliste s'essaie également à la fiction avec *Une preuve d'amour*, qui sera plébiscité par la critique et le grand public.

ADMINISTRATIONS : ON N'EST PAS ENCORE À L'ÈRE DU TOUT NUMÉRIQUE.

Déguisées en homme ♂

Ulrika Stålhammar

En 1711, après la mort de leur père, cette jeune Suédoise et ses cinq sœurs se retrouvent sans argent. Pour ne pas subir le sort de ses aînées qui acceptent des mariages arrangés, Ulrika s'enfuit de chez elle. Pour brouiller les pistes, elle se travestit en homme, prend le nom de Vilhelm Edstedt et s'enrôle dans l'armée comme artilleur. Promue caporal en 1715, elle se marie l'année suivante avec une femme de chambre nommée Maria Lönnman. Pendant plusieurs mois, celle-ci pense que son « mari » est impuissant. Jusqu'au jour au Ulrika lui révèle son secret. Les deux femmes choisissent de continuer à vivre ensemble dans une union d'amour spirituel. Mais, en 1726, démasquée par l'une de ses sœurs, Ulrika doit quitter l'armée puis, poussée par sa famille, elle envoie une lettre de confession au gouvernement suédois. Ulrika et Maria sont jugées en 1729. Leur comportement est passible de la peine de mort. Pourtant, de multiples témoignages assurant de la grande vertu du couple, le tribunal ne retient pas l'homosexualité. Elrika est condamnée à un mois de prison pour s'être fait passer pour un homme, et Maria à quatorze jours pour ne pas l'avoir dénoncée. Après avoir purgé sa peine, le couple a vécu une vie tranquille jusqu'au décès d'Ulrika en 1733.

Lever du soleil
05h53

Mercredi 3

Coucher du soleil
21h57

Saint Thomas – On fête aussi les Thomasine, Anatole

« Si vous voulez que votre futur soit différent de votre présent, étudiez le passé. » *Baruch Spinoza*

Le saviez-vous ?

Plus d'un mois pour résoudre son casse-tête

Pour faire travailler ses élèves sur la géométrie en 3D, le Hongrois Erno Rubik conçoit un cube composé de 27 petits cubes pouvant tourner suivant trois axes tout en restant solidaires. En 1974, un de ses amis lui conseille de colorer les faces de chacun des mini-cubes et d'en faire un casse-tête. Sachant qu'il existe plus de 43 milliards de milliards de combinaisons possibles, il lui fallut plus d'un mois et demi pour que les neuf carrés de chaque face soient de la même couleur.

La saga de l'orthographe

En 1936, Céline publie *Mort à crédit*. Une bombe ! « J'avais beau être habillé extrêmement correct avec le col parfait carcan, tatanes toutes luisantes au chiffon, ma mère en réfléchissant comme ça dans l'arrière-boutique, ma mère elle a découvert que c'était pas encore le rêve… » La langue est, comme nous, vivante. Elle parle comme tout un chacun, avec ses écarts de langage.

➡ *À suivre p. 213*

Brèves régions

NIÈVRE – L'ANDOUILLETTE DE CLAMECY

La tradition rapporte que la Mère Chapuis tenait une auberge à Clamecy, dans la Nièvre, au début du XIXe siècle. Sa cuisine était réputée et les voyageurs, nombreux à y faire une halte. La cuisinière eut l'idée de découper de la fraise de veau et des boyaux de porc en petits morceaux, et de les assaisonner avant d'en fourrer un boyau entier. L'andouillette était née et, de nos jours, au début du mois de juillet, Clamecy est fière de fêter ce plat local. Les connaisseurs apprécient cette charcuterie grillée à la poêle, au gril, au barbecue ou même au four, en papillote avec de la moutarde. Elle s'accompagne de pommes de terre ou de chou.

45	–	15	+	21
–	22	+	2	–
3	–	10	+	6

Rejoignez l'arrivée en parcourant en ligne continue toutes les cases de la grille (chiffres et lettres). Déplacez-vous horizontalement ou verticalement (diagonale interdite) sans repasser 2 fois par la même case. Chrono à réaliser : 32 s

Solution : 45-3-22-15+10+2+21-6= 32 s

12

C'était l'âge de Laurent Simons, un jeune Belge lorsqu'il a décroché un master en physique quantique à l'université d'Anvers. Doté d'un Q.I. de 145 et d'une capacité de mémorisation extraordinaire, Laurent Simons a obtenu son baccalauréat à l'âge de 8 ans avant de rejoindre les bancs de l'université. Après avoir été reçu à son master, en un an au lieu de deux, avec la mention très bien, ce petit génie a décidé d'entreprendre des études de médecine, un parcours qui dure en moyenne entre 9 et 12 ans. Son but : pouvoir un jour fabriquer des organes artificiels. C'est en pensant à ses grands-parents qui souffrent de problèmes cardiaques que ce dessein généreux s'est formé en lui.

Lever du soleil
05h54

Jeudi 4

Coucher du soleil
21h56

Saint Florent – On fête aussi les Berthe, Déotille

« La grandeur d'un métier est peut-être, avant tout, d'unir les hommes : il n'est qu'un luxe véritable, et c'est celui des relations humaines. » *Antoine de Saint-Exupéry*

Cocktails

Cosmopolitan

Pour 1 verre à cocktail
5 min de préparation

- *1/10e de curaçao bleu*
- *3/10e de jus de citron*
- *6/10e de vodka*

Mettez les ingrédients dans un shaker avec de la glace. Agitez vigoureusement pendant quelques instants et servez la boisson.

Conseil

À défaut de shaker, utilisez une bouteille en verre ou, encore mieux, une gourde en métal.

Heureux Mariages

Les violences conjugales sont tristement d'actualité depuis quelque temps. Espérons que ce ne fut pas le cas à la suite du mariage de **JEAN MICHEL LECOUP** avec **MARIE L'ENCLUME**, célébré en l'église Saint-Sulpice, dans le 6e arrondissement de Paris, le 1er décembre 1779. Malgré son nom, souhaitons que L'Enclume ne fût jamais frappée, ni par Lecoup, ni par personne d'autre.

AU JARDIN

Un hôtel à insectes

C'est un véritable hôtel, avec des chambres et tout le confort pour les occupants, les insectes, dont les populations diminuent de manière alarmante et qui sont pourtant indispensables, notamment pour la pollinisation. Il est facile (et préférable !) de le construire soi-même : un châssis en bois durable de 1 m x 1,5 m et d'une largeur de 30 ou 40 cm, monté sur deux pieux solides. Avec des divisions pour les chambres, garnies de rameaux à moelle, de bûchettes percées de trous, de brindilles de bois sec, de fibres d'emballage, de pots de fleurs retournés et remplis de foin… Installez l'hôtel au soleil et à l'abri du vent. Toutefois, un tel hôtel est inutile si les insectes n'ont pas de quoi se nourrir : le plus important est donc de cultiver assez de plantes produisant du pollen et du nectar.

ASTUCES 2 FAINÉANT

La télécommande toujours propre

Que ceux dont la télécommande de télévision ou de box est nickel lèvent la main ! Vous avez remarqué : impossible de garder ces indispensables outils propres plus de quelques jours. Sans forcément faire des soirées plateau-repas devant l'écran tous les jours, il y a sans cesse de la crasse qui s'accumule autour des boutons. Et c'est l'enfer à nettoyer car on n'ose jamais trop humidifier cette télécommande, de peur qu'elle ne fonctionne plus ensuite. L'astuce de fainéants consiste, pour éviter cela, à emballer la télécommande dans du film plastique transparent, mais ça n'est pas tout ! Une fois le film bien appliqué, il faut souffler de l'air chaud sur toute la surface avec un sèche-cheveux, par exemple, pour que le film épouse exactement le contour des touches.

Lever du soleil
05h54

Vendredi 5

Coucher du soleil
21h56

Saint Antoine – On fête aussi les Sédophe, Zoé

« Il n'y a qu'une seule façon d'éviter les critiques. Ne rien faire, ne rien dire, et n'être rien. » *Aristote*

Les Bons Bonbons de nos régions

Le bonbon coco de la Réunion

« Bonbon coco mounwar ! Sa lé dou, sa lé bon ! Bonbon coco vi voi ! Sa i fond dan la bouche… » Sur l'île de la Réunion, tous les gamins connaissent cette comptine qui célèbre cette friandise traditionnelle fabriquée à partir de noix de coco râpée et de sucre de canne. Moulés à la cuillère après avoir durci, les bonbons coco se présentent sous forme de petites galettes enflées de couleurs vives qui varient selon les parfums utilisés. Incontournables, ces douceurs réunionnaises sont vendues sur les marchés et par les vendeurs ambulants. En Guadeloupe, une confiserie similaire se nomme « suc a coco ».

ÇA S'EST PASSÉ Le 5 juillet 1324

Jeanne d'Évreux, princesse de sang royal, épouse Charles IV le Bel, roi de France, dont elle est la troisième femme. Elle régnera quatre années et n'aura pas de descendance mâle.

Les plus beaux bateaux de l'histoire

L'AMERIGO VESPUCCI

Construit aux chantiers navals de Castellammare di Stabia, près de Naples en Italie, et mis à l'eau le 22 février 1931, ce voilier est le plus ancien navire-école de la marine italienne et un des plus grands du monde avec sa coque de 86 mètres de long et ses 26 voiles. Toujours en service, le trois-mâts écume les mers de la planète pour former environ 220 élèves à bord, selon les traditions les plus anciennes. En effet, les voiles sont encore en toile de jute et toutes les manœuvres sont exécutées manuellement par un équipage formé de 16 officiers, 72 officiers mariniers et 190 quartiers-maîtres et matelots.
Le bateau a été nommé en hommage au célèbre navigateur italien ayant découvert le Venezuela en 1497, puis accosté au Brésil en 1501, et dont le nom a servi à baptiser ce nouveau continent, l'Amérique.

SNCF : PAS DE GRÈVE CET ÉTÉ.

Une chanson dans la tête

L'eau vive, Guy Béart

« L'eau vive » permet à Guy Béart de connaître une belle ascension en 1957. La musique est composée pour le film éponyme de François Villiers, adapté du roman de Jean Giono. Une mélodie simple, des rimes répétitives en *o*, *é* et *ive*, voilà les ingrédients pour que la chanson entre aisément dans les têtes des Français. En 1958, elle occupe la première place du hit-parade.

Ce que l'on sait moins, c'est que la chanson du film dont les vedettes principales sont la rivière Durance et le barrage de Serre-Ponçon en construction a été primée par EDF. Le développement de la fée électricité était symbolisé par l'aménagement hydroélectrique des rivières, et ce barrage impressionnant. *Vinrent les gars du hameau pour l'amener captive / Fermez, fermez votre cage à double clé / Entre vos doigts, l'eau vive s'envolera.*

Lever du soleil
05h55

Samedi 6

Coucher du soleil
21h55

Sainte Mariette – On fête aussi les Goar, Godiva, Dodelièvе, Isaïe, Nolwenn

« Une vie ne vaut rien, mais rien ne vaut une vie. » *André Malraux*

CÉTACÉS

LE MARSOUIN

C'est le plus répandu des cétacés et l'on connaît surtout les marsouins communs, présents dans l'hémisphère nord. Leur corps dodu, de 2 m de long, leur vaut d'être dénommés « cochons de mer », et c'est d'ailleurs le sens du mot « marsouin » dans les langues scandinaves. Ce sont des virtuoses de l'écholocation, qu'ils utilisent notamment pour chasser, en émettant des cliquetis. Leurs ultrasons ont une fréquence élevée et l'oreille des orques, leurs principaux prédateurs, ne peut les percevoir.

CALEMBOURS ou RÉPARTIES cultes du cinéma

Dans quel film ?

« Il faut que je sois rentré le soir avant onze heures, et mettre les patins. Ça, là-dessus, elle est terrible. »

Réponse : Mais où est donc passée la Septième Compagnie, de Robert Lamoureux.

54

Brèves régions

MEURTHE-ET-MOSELLE – LA NOSTALGIE DES EMBOUTEILLAGES

Le « Club Vignette Gratuite » est une association de Meurthe-et-Moselle qui réunit les passionnés de véhicules anciens. Ses membres organisent toute l'année des manifestations et l'une d'entre elles célèbre l'ouverture de la saison estivale : le premier week-end de juillet, un immense cortège démarre de Colombey-les-Belles pour emprunter la Nationale 74. Baptisé « La route des vacances », cet événement est ouvert à tous, à la seule condition d'utiliser un véhicule d'avant 1969 (peu importe le nombre de roues, de 2 à 8), de porter une tenue de la même époque et d'avoir la nostalgie… des embouteillages sur les petites routes de campagne.

ÇA, C'EST FAIT DIVERS

Une carte récemment déclassifiée des archives néerlandaises fait état d'un trésor nazi caché près de la ville d'Ommeren, aux Pays-Bas. Selon les documents, ce trésor serait composé de bijoux, pierres précieuses et montres de luxe provenant des coffres-forts de la Rotterdamsche Bank d'Arnhem, qui aurait été bombardée en 1944. La carte en question appartenait à un soldat allemand nommé Helmut et fait partie des 1 300 pages de documents récemment rendus publics par les Pays-Bas. Selon Helmut, qui était présent à l'époque, une bombe lancée par les Alliés aurait fait exploser les murs des coffres de la banque, projetant les objets de valeur dans les rues. Trois soldats allemands auraient alors décidé de les ramasser et de les mettre dans des caisses de munitions, avant de les enterrer à Ommeren dans l'espoir de les récupérer après la fin de la guerre. Mais deux de ces trois hommes sont morts avant 1945 et le dernier n'a jamais été identifié. À ce jour, trois sessions de recherche ont été organisées avec l'aide d'Helmut, mais sans succès. Dubitatifs, plusieurs historiens néerlandais spécialistes de la Seconde Guerre mondiale soulignent qu'aucune banque n'ayant été bombardée avant l'arrivée des Alliés à Arnhem, toute cette histoire pourrait être une invention. À moins que le mystérieux trésor ait déjà été récupéré après-guerre par le soldat non identifié…

Lever du soleil
05h56

Dimanche 7

Coucher du soleil
21h55

Saint Raoul – On fête aussi les Panthène, Edelburge, Willibald, Teï

« Il y a trois sortes d'hommes avec lequel il est utile de se lier d'amitié : les hommes droits, les hommes sincères, et les hommes qui ont beaucoup appris. » *Confucius*

Ça ne rime à rien...

Humble

Quelqu'un qui est « humble » fait preuve d'humilité. C'est dans ce second mot qu'on trouve l'étymologie latine, avec *humilis* qui veut dire « bas, près du sol », et qui a aussi donné au français le mot « humus ». Mais, malmené par le bas latin et le français, le mot « humble » s'est retrouvé affublé d'un curieux « b » qui en fait un cas à part, ne rimant avec aucun autre mot.

Les rues mythiques du MONDE

Perspective Nevski (Saint-Pétersbourg, Russie)

Nicolas Gogol en a fait le cadre de l'une de ses nouvelles au titre éponyme. Longue de 4,5 km, la *Nevsky Prospekt* est l'une des plus vieilles avenues de la ville. Construite au milieu des forêts épaisses et des marais à partir de 1712, elle était déjà bordée par de nombreux bâtiments somptueux et plusieurs édifices religieux une cinquantaine d'années plus tard. Entre le XIXe et le XXe siècle, de multiples aménagements et (re)constructions vont lui conférer un éclectisme architectural étonnant qui mêle baroque, classicisme, modernisme et constructivisme. Centre de la vie culturelle des Pétersbourgeois, la perspective Nevski accueille aussi la majorité des boutiques de prestige et des bars de la ville.

ÇA S'EST PASSÉ Le 7 juillet 1124

Réputée imprenable, la ville de Tyr capitule devant les croisés qui l'assiégeaient depuis cinq mois. Les conditions de la paix sont respectées, la population est libre de quitter la ville ou d'y rester.

La Véritable Histoire de... Dracula

Derrière l'illustre vampire imaginé en 1897 par l'écrivain Bram Stoker vit un personnage historique non moins fascinant : Vlad III, prince de Valachie, région du sud de l'actuelle Roumanie. Né en Transylvanie en 1431, il est le fils de Vlad II Dracul – le « dragon », car décoré de l'ordre du Dragon, un titre honorifique du Saint Empire romain germanique. Vlad III portera donc le titre de Drăculea, « le fils du dragon ». Un temps otage chez les Turcs, ce valeureux guerrier va s'échapper et prendre le trône de Valachie. Son combat contre ses ennemis sera marqué par de nombreux massacres et tortures, avec une prédilection pour l'empalement. Assassiné et décapité en 1476, Vlad III a été représenté dans les chroniques attablé devant une forêt de pals, se repaissant de chair humaine et buvant du sang. La vérité historique est plus nuancée ; pour les Roumains, Vlad – qu'ils surnomment « l'Empaleur » – garde un côté héroïque en tant que défenseur de la chrétienté contre les Ottomans. Mais les récits sanguinaires ont inspiré Bram Stoker, et donné naissance au mythe.

SYSTÈME D

RÉPARER UNE CHAISE BANCALE

Un pied plus court que les autres ? Regardez de plus près. Bien souvent, un caillou s'y est fiché, ou il a perdu son patin adhésif. Si vraiment il est plus court, vous pouvez coller et même clouer une petite cale de bois, après avoir mesuré précisément l'épaisseur nécessaire. Toutefois, il est en général plus simple de compenser avec un ou plusieurs patins adhésifs, ou encore un patin à visser ou à clouer. Mais évitez les cales improvisées en bouchon, car le liège a tendance à s'écraser. Toutefois, l'origine de l'instabilité peut être des joints devenus branlants. Dans ce cas, si vous ne voulez pas démonter la chaise, il faut essayer d'éliminer la vieille colle avec une lame fine, avant d'introduire de la colle à bois avec un pistolet et de bien serrer les pieds à l'aide de serre-joints.

Lever du soleil
05h57

Lundi 8

Coucher du soleil
21h54

Saint Thibaut – On fête aussi les Edgar, Aquila, Kilian, Landrade

« Chaque fois qu'une faute d'autrui te choque, fais un prompt retour sur toi-même et pense aux fautes à peu près identiques que tu commets, par exemple quand tu juges que l'argent est un bien, ou le plaisir, ou la gloriole, ou les choses de ce genre. » *Marc Aurèle*

GRANDS SPORTIFS DES JO

DU BALLET À L'OLYMPE

Larissa Latynina s'est mise à la gymnastique après avoir abandonné le ballet à la suite du départ de son chorégraphe. Bien lui en a pris. Entre les Jeux de Melbourne en 1956 et ceux de Tokyo en 1964, elle remporte neuf médailles d'or, cinq médailles d'argent et quatre médailles de bronze. Son total de 18 médailles olympiques fait d'elle la sportive la plus médaillée de l'histoire des Jeux pendant quarante-huit ans. Elle ne sera en effet dépassée que par Michael Phelps en 2012, mais occupe encore à ce jour la deuxième place.

CITIUS - ALTIUS - FORTIUS

Moments uniques

LE JOUR OÙ 99 % DES TERRIENS PEUVENT VOIR LE SOLEIL

Pour nous qui vivons dans des contrées « ordinaires », il paraît évident que nous voyons la lumière du soleil tous les jours. Mais il n'en est pas de même pour les habitants des zones extrêmes du globe, celles les plus au nord et les plus au sud. Du fait de l'inclinaison de l'axe de la Terre sur le plan de son orbite, toutes les régions ne sont pas éclairées de la même façon par le soleil au cours de sa révolution annuelle. Il existe donc des zones qui, quelques jours par an, ne voient pas du tout la lumière du soleil. Les scientifiques ont donc cherché à savoir à quelle date le maximum de population terrestre voyait le soleil au moins quelques minutes. Et ils ont trouvé qu'il s'agissait du 8 juillet, où 99 % d'entre nous bénéficient de ses rayons.

UN FRANÇAIS SUR DEUX NE PART PAS EN VACANCES.

Etymologie

Sans plomb, rien n'y fait

D'un point de vue étymologique, *plonger* veut dire « tomber dans l'eau avec du plomb ». En effet, le verbe, attesté dès 1120, vient du latin populaire *plumbicare* qui signifiait « lester de plomb pour faire descendre au fond de l'eau, en particulier en parlant d'un filet de pêcheur ». Et *plumbicare* est lui-même un dérivé du latin classique *plumbum*, « plomb ». Cela donnera-t-il l'idée aux plongeurs olympiques de se lester de plomb pour augmenter leur chance de remporter une médaille lors des prochains Jeux ?

Le saviez-vous ?

Plus que de simples traits

Les lignes que vous remplissez sur un chèque sont un texte écrit en caractères si minuscules qu'il est illisible à l'œil nu. Apparu sur les premiers chéquiers en euros, ce « microtexte » est une norme de sécurité pour empêcher la falsification. Il reprend un extrait du discours fondateur de l'Europe de Robert Schuman : « L'Europe ne se fera pas d'un coup, ni dans une construction d'ensemble. Elle se fera par des réalisations concrètes, créant d'abord une solidarité de fait. »

Lever du soleil
05h58

Mardi 9

Coucher du soleil
21h54

Sainte Amandine – On fête aussi les Hermine, Andrée, Iphigénie

« Mal nommer une chose, c'est ajouter aux malheurs du monde. » *Albert Camus*

NOS ANCÊTRES

UN EUROPÉEN DE 2 MILLIONS D'ANNÉES

Découvert en 1999 en Géorgie, il a d'abord été considéré comme un *Homo ergaster*. Mais avec un crâne similaire à celui d'*Homo habilis*, une bipédie complète – il était capable de courir –, un régime omnivore et un développement social, il serait le lien entre *Homo habilis* et *Homo erectus*. Nommé *Homo georgicus*, il est aujourd'hui vu comme le premier hominidé à s'être installé en Europe.

MOTS MÊLÉS

Ragoûts du monde A-H

F	E	S	E	N	D	J	A	N	J	S	R	E	C
M	F	N	I	F	C	T	H	D	O	B	S	A	A
M	G	M	R	U	F	C	I	G	O	S	W	R	R
N	A	H	R	A	S	O	I	U	I	M	E	Y	B
H	A	R	O	A	C	B	E	A	C	F	O	L	O
E	Y	C	L	R	E	N	B	K	F	I	A	D	N
V	D	U	I	L	M	A	O	E	C	N	L	O	A
L	O	A	O	U	L	E	F	C	Q	E	T	A	D
G	H	T	F	L	Q	P	H	U	I	O	A	T	E
E	T	S	I	U	N	R	E	S	B	L	E	B	T
E	B	U	O	E	O	T	A	R	A	V	I	C	G
J	O	U	S	O	T	R	A	H	I	B	I	H	T
B	B	A	A	E	H	B	B	C	C	A	Z	T	C
U	H	I	A	D	A	H	N	I	L	A	G	I	W

Solution page 213

Cherchez les noms de ragoûts cachés dans la grille ci-dessous. Vous les trouverez soit horizontalement, soit verticalement ou encore en diagonale ; ils peuvent se lire de gauche à droite ou de droite à gauche, de haut en bas comme de bas en haut.

ALICUIT
BAECKEOFFE
BARBOTON
BIGOS
BLANQUETTE
BOUILLABAISSE
BROUFADE
CARBONADE
CHARQUICÁN
CHILI CON CARNE
CIVET
CURRY
DAUBE
DOMODA
FESENDJAN
GALINHADA
GHORMEHSABZI
GIBELOTTE
GOULASCH
HAMIN
HASENPFEFFER
HOOSH

C'est qui celui-là ?

Jésus, Marie, Joseph !

Marquant la surprise, l'expression « Jésus, Marie, Joseph ! » fait évidemment référence aux prénoms des trois personnages de l'histoire religieuse et redonne à Joseph sa place dans une trilogie familiale. Cette expression répond également en écho à deux autres, « Bonté divine ! » et « Doux Jésus ! », qui portent le même sens et arborent également une connotation biblique.

C'est sa ville !

CHAVANIAC-LAFAYETTE

C'est une longue histoire que celle de Chavaniac-Lafayette. Depuis la nuit des temps, et jusqu'en 1880, elle n'était qu'un hameau de Saint-Georges-d'Aurac dont elle fut dissociée pour devenir une commune de la Haute-Loire à part entière, sous le simple nom de Chavaniac. Mais quatre ans plus tard, les édiles locaux voulurent rendre hommage au « héros des deux mondes », le marquis de La Fayette, qui y était né en 1757. Cet acteur majeur de la guerre d'indépendance américaine eut un parcours exceptionnel et, sur le nouveau continent, où il fut fait citoyen d'honneur américain, son nom a été donné à une trentaine de villes et comtés, ainsi qu'au square faisant face à la Maison-Blanche à Washington.

Lever du soleil
05h59

Mercredi 10

Coucher du soleil
21h53

Saint Ulrich – On fête aussi les Canut, Rufine

« Quand on lit trop vite ou trop doucement, on n'entend rien. » *Blaise Pascal*

ha ha, hi hi, ho ho FRANÇAIS
huhuhuh, hahaha, kukuku JAPONAIS
ax ax ax RUSSE
cha cha LITUANIEN
jajaja ESPAGNOL

Humour du monde

Dans un kibboutz, on propose à l'un des membres de peindre les murs du réfectoire :

– Je ne peins, certes pas comme Delacroix, mais je vais faire de mon mieux pour peindre ces murs.

– Écoute, comme on voudrait être sûr que le travail sera bien fait, va plutôt chercher ce Delacroix pour peindre ces murs.

50

Brèves régions

MANCHE – TATIHOU

Située dans le Cotentin, partie nord du département de la Manche, l'île Tatihou est un espace naturel de 28 hectares qui devient presqu'île à marée basse. Son nom vient des Vikings présents sur les côtes de Normandie au IX*e siècle. En norois,* hou *signifie terre entourée d'eau et* tat *était sans doute un nom propre ; c'était donc à l'origine l'île d'un certain Tat. Depuis 1992, Tatihou offre à ses visiteurs un musée maritime, un fort avec sa tour Vauban inscrite au patrimoine mondial en 2008, ainsi que des jardins. Les toits en schiste et les murs en granit font toute la beauté des bâtiments de cette île qui accueille plus de 70 000 visiteurs par an.*

Monarchies du monde

Liechtenstein

C'est un château blanc du XIIe siècle, situé au sud de Vienne, en Autriche, qui donna son nom signifiant la « pierre brillante » à la famille « Liechtenstein ». Mais c'est beaucoup plus tard, en 1719, que certains héritiers fondèrent une principauté à leur nom située à plus de 500 kilomètres de leur lieu d'origine. Hans-Adam II, leur descendant, en est le souverain depuis 1989.

Recette — Tagliatelles de concombres, saumon fumé et aneth

Pour 4 pers. — **15 min de préparation** — **15 min de repos**

- 3 concombres
- 4 tranches de saumon fumé (ou de la truite)
- 1 petit bouquet d'aneth

Pour l'assaisonnement

- 70 g de fromage blanc
- 1 beau citron
- Sel, poivre

Pelez les concombres, taillez-les à l'aide d'un économe, en contournant le centre avec les pépins. Placez les tagliatelles de concombre dans une passoire, salez-les et laissez-les dégorger 15 min minimum.

Taillez le saumon fumé en lanières.

Passez l'aneth sous l'eau claire et laissez-la sécher sur un papier absorbant.

Déposez les tagliatelles de concombre dans un saladier et ajoutez les lanières de saumon fumé.

Dans un bol, versez le fromage blanc. Pressez le citron, versez le jus dessus. Salez, poivrez et mélangez bien.

Versez l'assaisonnement sur la salade. Ciselez grossièrement l'aneth sur le dessus à l'aide de ciseaux de cuisine. Mélangez et servez sans attendre.

Variante

Remplacez le fromage blanc par de la crème fraîche, ajoutez de la moutarde et troquez l'aneth contre de la ciboulette.

Lever du soleil
06h00

Jeudi 11

Coucher du soleil
21h52

Saint Benoît – On fête aussi les Helga, Olga, Pie

« Chose étrange, ce que nous aurons donné, c'est là ce qui nous restera. » *Victor Hugo*

Cocktails

Kir royal

Pour 2 flûtes
5 min de préparation

- *9/10e de vin type champagne ou crémant*
- *1/10e de crème de cassis*

Versez la crème dans les flûtes et ajoutez le vin.

Variantes
Le kir simple se prépare avec du vin blanc. Servez avec des fruits rouges, ou variez les crèmes (ou les sirops). Champagne, crémant d'Alsace, de Bourgogne ou vin pétillant de votre choix, tout est permis !

Déguisées en homme ♂

Hatchepsout

Au cours de la longue histoire de l'ancienne Égypte, il est arrivé en l'absence d'héritier mâle qu'une femme devienne temporairement pharaon, à l'instar de Nitocris, Néférou-Sobek ou encore Taousert. Le cas d'Hatchepsout est exceptionnel. Vers 1470 avant notre ère, à la mort de son mari Thoutmôsis II, elle devient tutrice de son beau-fils Thoutmôsis III, successeur en titre qui n'est encore qu'un enfant. Après quelques années de régence, Hatchepsout prend officiellement le titre de pharaon. Elle le conservera pendant vingt ans. À partir de son couronnement, elle troque robe fourreau et couronne de reine contre pagne court, fausse barbe et *nemès*, la coiffe emblématique des pharaons. De très nombreuses statues la représentent ainsi travestie. Au cours de son règne, elle mène plusieurs expéditions en Phénicie, dans le Sinaï et sur les côtes africaines de la mer Rouge. Hatchepsout est également l'un des pharaons bâtisseurs les plus prolifiques. Après sa mort, ses successeurs vont tout faire pour effacer les traces de son règne, faisant disparaître jusqu'à son nom des textes et archives. Champollion, le décodeur français des hiéroglyphes, est l'un des premiers à lui avoir redonné toute sa place dans l'Histoire.

INVENTIONS bleu, blanc, rouge

Le cinéma

Bien qu'aujourd'hui les plus grosses productions cinématographiques ne soient plus issues de l'Hexagone, le septième art a pourtant bien été inventé en France. Ce sont les frères Louis et Auguste Lumière, deux Lyonnais, qui furent les premiers à imaginer un appareil qui serve en même temps de caméra et de projecteur. Leur premier film fut projeté le 28 décembre 1895.

ACTU

La loi du sourire

À Mulaney, une petite commune des Philippines, le maire, Aristotle Aguirre, vient de mettre en place « la politique du sourire » pour les agents municipaux. Les employés de la ville sont désormais tenus de sourire en toutes circonstances, sous peine d'être sanctionnés par une amende équivalant à six mois de salaire, voire d'être licenciés. Cette mesure a été prise à la suite des nombreuses plaintes des habitants de la région qui se sentaient maltraités et méprisés par les agents municipaux. Avec cette « politique du sourire », le maire a déclaré vouloir offrir à ses administrés « un sentiment de calme et une atmosphère amicale » dans leur rapport avec les fonctionnaires municipaux. Louable, cette obligation des « bonnes ondes » pourrait cependant entraîner les employés dans des situations embarrassantes. Pas certain en effet que les habitants apprécient longtemps que les employés de la ville leur annoncent systématiquement les mauvaises nouvelles avec la banane.

Lever du soleil
06h01

Vendredi 12

Coucher du soleil
21h51

Saint Olivier – On fête aussi les Jason

« Mon corps est un jardin, ma volonté est son jardinier. » *William Shakespeare*

Le saviez-vous ?

Pourquoi les pages jaunes sont-elles jaunes ?

Sept ans après l'invention du téléphone, la Compagnie téléphonique du Wyoming (aux États-Unis) installée à Cheyenne veut éditer un annuaire recensant les entreprises et services publics de son État. Elle s'adresse à un imprimeur local, mais ce dernier est à court de papier blanc neuf. Il ne dispose que de rouleaux de papier jaune. Qu'à cela ne tienne, la Compagnie accepte. Le succès est immédiat et l'annuaire s'exporte peu à peu à travers le monde.

ÇA S'EST PASSÉ Le 12 juillet 1824

Naissance d'Eugène Boudin, († 8 août 1898), peintre de paysages et de marines, premier maître de Monet. Corot le surnommait le « roi des ciels ».

Chevaliers de l'Histoire

Édouard de Woodstock

Connu sous le nom de « Prince noir » en raison de la couleur sombre de son armure et de son bouclier, c'est l'un des plus célèbres chefs de la guerre de Cent Ans. Fils et héritier du roi d'Angleterre, Édouard atteint la célébrité très jeune en combattant avec aplomb lors de la bataille de Crécy (1346). Membre fondateur de l'ordre de la Jarretière, ordre le plus élevé de la chevalerie anglaise qui existe encore aujourd'hui, le Prince noir accumule les succès contre les armées françaises. En 1356, lors de la bataille de Poitiers, il fait même prisonnier le roi Jean II de France et, en 1367, il capture et rançonne son grand rival Bertrand Du Guesclin. Respecté et admiré pour son style de vie chevaleresque, Édouard de Woodstock meurt prématurément en 1376, peu avant ses 46 ans. On peut encore voir son gisant dans la cathédrale de Canterbury (Angleterre).

PROBLÈMES + - / de maths du certificat d'études

Un ouvrier a été en congé de maladie pendant 3 semaines, pendant lesquelles il a été dans l'impossibilité de travailler ; il n'a donc reçu aucune rémunération. Il a reçu deux visites à domicile du médecin à 150 francs chacune. Les quatre médicaments prescrits lui ont coûté 144 francs. Le montant des forfaits est de 5 francs pour chaque consultation et de 2,50 francs par boîte de médicaments. Les assurances sociales lui ont remboursé 70 % de ses frais médicaux et 65 % des médicaments prescrits. Elles lui ont aussi payé 50 % de son salaire perdu. Quelle somme les assurances lui ont-elles donné ? Combien a-t-il perdu, sachant qu'habituellement il travaille 8 heures par jour et 5 jours par semaine, et qu'il est payé 40 francs l'heure ?

Solution : Total des frais médicaux et médicaments : (150 x 2) + 144 = 444 francs
Salaire habituel : ((40 x 8) x 5) x 3 = 4 800 francs
Paiement des assurances sociales : ((300 – (5 x 2)) x 70 %) + ((144 – (2,50 x 4) x 65 %) + (4 800 x 50 %) = 2 690,10 francs
Il a perdu : (4 800 + 444) – 2 690,10) = 2 553,90 francs.

Lever du soleil
06h02

Samedi 13

Coucher du soleil
21h51

Saint Henri et Saint Joël – On fête aussi les Enrique, Clélia, Mildred

« Toutes vos craintes sont des craintes de mortels, mais tous vos désirs sont des désirs d'immortels. »
Sénèque

La saga de l'orthographe

Ainsi, le français ne cesse d'évoluer, de s'adapter. Quand on parle aujourd'hui de réforme de l'orthographe, on fait référence à un texte du Conseil supérieur de la langue française, publié au *Journal officiel* le 6 décembre 1990, portant sur des « rectifications » de l'orthographe. Pour autant, quel en est l'esprit ? En quoi consistent-elles ? Doivent-elles s'appliquer ?

➠ *À suivre p. 240*

DES nuisibles PAS nuisibles

LE GEAI

La beauté ne sauve ni des chasseurs ni des piégeurs. Dommage pour le geai, avec son superbe plumage coloré et sa stature élégante. On l'appelle « geai des chênes » parce qu'il fait des réserves de nourriture, notamment de glands, pour l'hiver, semant du même coup des arbres, d'abord des chênes, mais aussi d'autres espèces. Ses défenseurs le tiennent donc pour indispensable aux forêts. Mais il apprécie aussi le maïs – bien que ses prélèvements soient limités –, ce qui ne plaît guère aux agriculteurs. C'est pourquoi il est toujours susceptible d'être détruit, en tant que « nuisible ».

SOLUTION MOTS MÊLÉS P. 209

F	E	S	E	N	D	J	A	N	J	S	R	E	C
M	F	N	I	F	C	T	H	D	O	B	S	A	A
M	G	M	R	U	F	C	I	G	O	S	W	R	R
N	A	H	R	A	S	O	I	U	I	M	E	Y	B
H	A	R	O	A	C	B	E	A	C	F	O	L	O
E	Y	C	L	R	E	N	B	K	F	I	A	D	N
V	D	U	I	L	M	A	O	E	C	N	L	O	A
L	O	A	O	U	L	E	F	C	Q	E	T	A	D
G	H	T	F	L	Q	P	H	U	I	O	A	T	E
E	T	S	I	U	N	R	E	S	B	L	E	B	T
E	B	U	O	E	O	T	A	R	A	V	I	C	G
J	O	U	S	O	T	R	A	H	I	B	I	H	T
B	B	A	A	E	H	B	B	C	C	A	Z	T	C
U	H	I	A	D	A	H	N	I	L	A	G	I	W

Bibliophiles

Les Tribulations d'un Chinois en Chine, Jules Verne (1879)

Imaginez retrouver au détour d'un rayon une marque de biscuits que vous goûtiez, enfant. Un goût, une texture peut-être un peu passés de mode, mais un réel plaisir : voilà pour la langue. Avec, en bonus, des gravures en noir, bien plus fascinantes que les images en couleur du film de Philippe de Broca. Qui par ailleurs, en termes de péripéties, de cocasserie, de suspens, d'exotisme, d'extravagance des personnages secondaires, fut loin de rendre justice aux « aventures extraordinaires » de Kin-Fo, celui qui voulut quitter la vie, ne le voulut plus, et regretta son inconséquence sur plus de 200 pages.

ACTU

Des poulets stupéfiants

Dans le nord de la Thaïlande, une ferme a décidé de cultiver de la marijuana à des fins médicales pour nourrir ses poulets. Cette méthode naturelle leur permet de ne pas utiliser d'antibiotiques ou de médicaments, contrairement à l'immense majorité des élevages industriels. D'après les chercheurs de l'université de Chiang Mai qui suivent l'expérience, moins de 10 % des 1 000 poulets de la ferme de Lampang sont morts depuis qu'on a introduit de la marijuana dans leur alimentation. Il est probable que le cannabis contient des substances qui renforcent le système immunitaire des volatiles. Outre la bonne santé de ses poulets, l'expérience permet à la ferme de les vendre à des prix plus élevés aux consommateurs qui recherchent des volailles biologiques. Surnommés les « GanjaChicken », ces poulets auraient également meilleur goût que les poulets ordinaires. Quant à savoir si les gens peuvent être défoncés en mangeant ces poulets nourris au cannabis, les chercheurs sont formels : il n'y a aucune chance. Le THC, la substance psychoactive du cannabis, est entièrement métabolisé dans l'organisme du poulet avant son abattage. Il n'en reste pas une trace quand il arrive sur la table.

Lever du soleil
06h03

Dimanche 14

Coucher du soleil
21h50

Sainte Camille – On fête aussi les Camille de Lellis, Cameron

FÊTE NATIONALE

« Plus un individu vit avec son temps, plus il meurt avec lui. Plus un individu garde en lui de sa véritable essence, plus il reste de lui à la postérité. »
Stefan Zweig

Le saviez-vous ?

Que fête-t-on le 14 juillet ?

Ce n'est qu'en 1880, soit un siècle après la prise de la Bastille, que les députés votent une loi instaurant la fête nationale au 14 juillet. D'autres dates importantes depuis 1789 avaient été proposées, mais elles ne faisaient pas l'unanimité, notamment parce qu'elles rappelaient des événements sanglants. Le 14 juillet, c'est aussi l'anniversaire de la fête de la Fédération de 1790, fête considérée comme la journée où l'unité nationale a pu s'accomplir.

CHARADE de position

Je suis un mot de neuf lettres :

Avec mes première, sixième, septième et neuvième lettres, je suis un poisson plat.

Avec mes quatrième, septième et neuvième lettres, je suis une demoiselle ou un mouton,

Avec mes première, deuxième et huitième lettres, je suis un conifère,

Avec mes troisième, cinquième, huitième et neuvième lettres, je suis le fruit de mon troisième,

Avec toutes mes lettres je suis une variété d'olive française.

PICHOLINE (PLIE – HIE – PIN – CÔNE)

CITATIONS HUMORISTIQUES : BLAGUES ET VANNES

« Sous prétexte qu'ils ont l'avenir devant eux, les hommes vivent au jour le jour. » *Tristan Bernard*

« La mère faisait des ménages, la fille les défaisait. » *Georges Feydeau*

« Le devoir, c'est ce qu'on exige des autres. » *Louis Verneuil*

« Les Français sont si fiers de leurs vins qu'ils ont donné à certaines de leurs villes le nom d'un grand cru. » *Oscar Wilde*

« Se foutre de sa propre gueule est une satisfaction extraordinaire. Je m'étonne qu'il y ait tant de gens qui s'en privent. » *Claude Chabrol*

CRÊPAGE DE CHIGNONS Anthony Daniels & Kenny Baker

Les noms de ces deux acteurs britanniques ne vous sont peut-être pas familiers. Ils forment pourtant l'un des duos les plus iconiques de l'histoire du cinéma. Le premier incarne en effet C-3PO et le second R2-D2, les deux seuls personnages qui apparaissent dans tous les films de la saga *Star Wars*. Si à l'écran les deux droïdes sont comme cul et chemise, les deux acteurs, eux, ne s'appréciaient pas du tout et ne se parlaient jamais hors caméra. À dire vrai, ces deux hommes n'avaient pas grand-chose en commun. Comédien de théâtre classique, Daniels avait des manières un brin aristocratiques. Artiste de cirque, Baker souffrait d'avoir été choisi pour le rôle à cause de sa petite taille et non pour ses talents d'acteur. Or, lors des tournages, Daniels ne se priva pas de lui rappeler que son personnage de R2-D2 n'avait aucun texte. Franchement méprisant, il refusait même de s'afficher avec lui devant les fans lors des événements Star Wars.

Lever du soleil
06h04

Lundi 15

Coucher du soleil
21h49

Saint Donald – On fête aussi les Vladimir

« Il y a des yeux qui reçoivent la lumière et il y a des yeux qui la donnent. » *Paul Claudel*

Apéro

Pissaladière

Pissaladière vient de pissalat ou *peis salat*, qui signifie « poisson salé » en occitan. Cette spécialité issue de la cuisine italienne, précisément génoise, fut importée à Nice au cours du XVIe siècle. C'est une sorte de pizza, avec une base de pâte à pain, recouverte d'oignons, mêlés au pissalat, une sauce préparée avec des anchois, et décorée d'olives noires. Elle se déguste en apéritif, mais aussi en plat principal, dans toute la région de Nice.

DEVINETTES

Livre des formules sacrées,
Ou des paroles peut débiter,
De la poudre on obtient,
Des grains qu'il contient.

Qu'est-ce que c'est ?

Le moulin

Rébus Fable de La Fontaine

RENARD
RENARD
RENAR ←

Le Renard ayant la queue coupée

Brèves régions

MAYENNE – MUSÉE ROBERT TATIN

Robert Tatin, né en 1902, était un artiste dans l'âme. Au cours d'une vie faite de multiples métiers, il voyage à travers le monde et se passionne pour les cultures qu'il rencontre, notamment en Amérique du Sud. En 1962, il s'installe dans la Mayenne, au lieu-dit « La Frénouse », à Cossé-le-Vivien. Dans cette vieille maison rurale, il crée, par ses sculptures et ses céramiques, un « environnement d'art », univers personnel qui devient un musée dès 1969, inauguré par André Malraux. Aujourd'hui, le terrain s'étend sur près de cinq hectares, sur lesquels on peut contempler de nombreuses œuvres et se perdre dans les allées comme dans un labyrinthe.

17

C'est le nombre d'années pendant lesquelles une famille anglaise s'est recueillie sur la mauvaise tombe en pensant qu'elle appartenait à l'un des siens. Le Northern Echo*, un quotidien régional, a révélé comment au décès de leur mère Hilda en 2022, dans le comté de Durham, au nord-est de l'Angleterre, la famille Bell a découvert qu'elle se se trompait de tombe pour rendre hommage à leur père. Les dernières volontés de la défunte étaient en effet d'être enterrée aux côtés de son mari Thomas, mort en 2005. À l'époque, une pierre tombale devait être placée sur la sépulture après l'inhumation. Mais aucune marque n'avait été inscrite pour indiquer la bonne tombe et aucun membre de la paroisse n'avait assisté à la mise en place de la pierre. Résultat : celle-ci avait été placée… sur la tombe d'un autre. Ce sont les pompes funèbres qui ont alerté la famille au moment prévu pour l'inhumation d'Hilda. Et les registres de la paroisse étaient si mal tenus qu'il a fallu ouvrir onze tombes avant que le cercueil de Thomas Bell ne soit finalement identifié ! Deux mois après son décès, la défunte mère a finalement pu être inhumée aux côtés de son mari et leurs proches peuvent désormais se recueillir au bon endroit. L'enquête du* Northern Echo *a permis de découvrir qu'au moins sept autres familles du nord-est de l'Angleterre avaient été victimes de la même erreur.*

Lever du soleil
06h05

Mardi 16

Coucher du soleil
21h48

Notre-Dame du Mont-Carmel – On fête aussi les Carmen

« Plus je vieillis et plus je trouve que l'on ne peut vivre qu'avec les êtres qui vous libèrent, et qui vous aiment d'une affection aussi légère à porter que forte à éprouver. » *Albert Camus*

Alea jacta est – Citations latines

In vino veritas

Cette citation, qui signifie littéralement « Dans le vin, la vérité », se trouve chez Pline l'Ancien (Ier siècle apr. J.-C.), mais son origine remonte au poète grec Alcée (VIIe siècle av. J.-C.) : « *En oino aletheia* ». Ainsi, pour les Grecs, le vin possède la vertu de délier les langues, de rendre plus éloquentes les personnes en ayant consommé. C'est ce qu'ils mettaient en pratique lors de leurs « symposions » : un groupe restreint de convives buvait, sans toutefois s'enivrer, et discourait sur un sujet.

Il faut être philosophe – LEIBNIZ*

Tout est bien, vraiment ?

Génie universel (mathématicien, philologue, historien, en plus d'être philosophe), Leibniz est célèbre par son optimisme démesuré, que lui reprochait d'ailleurs Voltaire dans son non moins célèbre *Candide*. Sommes-nous vraiment dans le meilleur monde possible ? La thèse leibnizienne part de la prémisse que le monde a été créé par un Dieu tout-puissant, omniscient et bénévolent (qui veut le bien). Ce n'est pas que le mal n'existe pas, mais nous ne percevons qu'une infime partie de notre monde, ce qui restreint fortement notre jugement et nous empêche d'en trouver le sens. Si nous ne voyons qu'un minuscule détail d'un magnifique tableau, comment comprendre la signification de l'ensemble et apprécier le talent de l'artiste qui l'a créé ? Dans un autre ordre d'idée, une musique composée uniquement d'accords parfaits est loin d'être une belle musique.

*Gottfried Wilhelm Leibniz (1646-1716), philosophe allemand, appartenant au siècle des Lumières.

Heureux Mariages

Lorsque **PÉLAGIE LATOUR** prit **LEROY MARCELLIN** comme époux, le 17 octobre 1843 à Monceau-Saint-Waast (Nord), quand **JEAN LEROY** convola avec **LADAME LOUISE** le 13 février 1753 à Liart (Ardennes), ou encore lorsque **PIERRE JEAN PION** épousa **MAGDELAINE MARIE CAVALIER** le 22 août 1818 à Marseille (Bouches-du-Rhône), l'histoire ne nous dit pas si ces mariages furent ou non des échecs…

EURO 2024

RENVERSANT

2 juillet 2000. Championne du monde en titre, l'équipe de France est menée au score en finale par l'Italie. Sur les quatre minutes de temps additionnel, trois ont déjà été consommées. Sur les bancs de touche, Dino Zoff, capitaine en 1982, date du dernier titre de l'Italie, et ses joueurs commencent à envisager la victoire au terme d'un match maîtrisé. Et puis un dernier ballon joué dans le camp italien, une déviation de David Trezeguet, Sylvain Wiltord s'avance et trompe Francesco Toldo. L'Italie se rassoit, la France arrache une prolongation et a retourné le match. Car à la 103e minute, David Trezeguet, qui évolue en Italie, est servi par Robert Pires. Au bout de sa reprise, le titre est décroché par la France qui égale une performance jusqu'alors unique, réaliser un doublé Coupe du Monde – EURO.

UEFA - UEFA - UEFA - UEFA - UEFA - UEFA - UEFA - UEFA - UEFA

SOMMES-NOUS SEULS DANS L'UNIVERS ?

Lever du soleil
06h06

Mercredi 17

Coucher du soleil
21h47

Sainte Charlotte – On fête aussi les Carla, Caroline, Marceline

« Choisis un travail que tu aimes, et tu n'auras pas à travailler un seul jour de ta vie. » *Confucius*

PAROLES Les mots des flics et des voyous PAROLES

Kettling

Technique employée par la police pour réguler les manifestations. L'idée est d'isoler tout ou partie d'un cortège, afin éventuellement de l'immobiliser, d'arrêter certains de ses membres ou de provoquer sa dispersion au compte-goutte. Expérimentée en Angleterre au milieu des années 1980, cette technique a été importée en France à partir de 2010. Elle implique la formation de larges cordons de policiers qui se déplacent pour contenir une foule dans une nasse.

DES nuisibles PAS nuisibles

LA CORNEILLE

Chaque année en France, près de 400 000 corneilles noires sont tuées par la chasse ou le piégeage, mais les effectifs de cet oiseau, abondant dans toute l'Europe et souvent considéré comme « nuisible », ne diminuent pourtant pas. On l'accuse de s'attaquer au maïs fraîchement semé, mais des études montrent que son impact est faible. La corneille est parfaitement omnivore (insectes, vers, araignées, petits rongeurs, batraciens, fruits) et elle contribue à la dissémination des graines. Elle s'intéresse aussi aux charognes et a donc une fonction sanitaire, notamment dans les zones urbaines.

LE BON MOT DE L'HISTOIRE

« Voici une cocarde qui fera le tour du monde. » Gilbert du Motier de La Fayette, 17 juillet 1789

Selon la légende, La Fayette, alors commandant de la milice bourgeoise – la future garde nationale –, aurait eu ces mots en tendant une cocarde tricolore au roi Louis XVI, reçu à l'Hôtel de ville par la municipalité insurrectionnelle. Le héros de la guerre d'Indépendance américaine aurait ainsi créé la cocarde tricolore à partir des couleurs de Paris (le bleu et le rouge) auxquelles il ajouta le blanc, couleur du roi. Dans les faits, c'est Bailly, maire de Paris, qui a demandé à Louis XVI de porter la cocarde de Paris. Le souverain a accepté et il l'a placée sur son chapeau, à côté de sa cocarde blanche. Le 31 juillet, La Fayette fera adopter « sa » cocarde tricolore par les représentants parisiens, bientôt suivis par tous les révolutionnaires.

ACTU

Dragon préhistorique

Il est mort à l'âge d'environ 45 ans, pesait à peu près quatre tonnes et vivait il y a 90 à 100 millions d'années dans ce qui est aujourd'hui l'Argentine. Meraxes gigas, *dont le nom fait référence à un dragon de la série à succès* Game of Thrones, *appartient à une nouvelle espèce de dinosaure découverte par des paléontologues dans le nord de la Patagonie. Comme le célèbre* Tyrannosaurus Rex, *cette bestiole de la famille des carcharodontosauridés avait une tête énorme, des grands pieds et des bras minuscules. D'après les chercheurs, cette nouvelle espèce apporte un témoignage supplémentaire qui montre qu'il y a eu une augmentation de la diversité des dinosaures théropodes carnivores, juste avant leur extinction. Selon les paléontologues, ces prédateurs géants s'appuyaient principalement sur leur crâne pour attaquer leurs proies. Leurs avant-bras très courts étaient, eux, principalement utilisés lors de l'accouplement.*

Lever du soleil **06h07**

Jeudi 18

Coucher du soleil **21h46**

Saint Frédéric – On fête aussi les Fred, Arnoul

« Personne n'est plus détesté que celui qui dit la vérité. » *Platon*

MOTS FLÉCHÉS

RECHIGNER / CHANGEA DE TON		PETIT LAIT / SAFRAN DES INDES		ANGLAIS DANS LES BOIS		FAUX / ÉTABLI		PETITE EMBARCATION		A FAIT LA VAISSELLE AUTREFOIS		TROUENT LES FILETS
								PREND PARTI / GRATTE				
PAS UNE PERSONNE / SUIT LE LOUP				RENDU / VICTIMES DE L'EMPLOI						CŒUR QUI BAT / TIRE UN CARREAU		
					APPORTAIS DES RENFORTS / PRÊT À TIRER							
COPIE CONFORME / PANACHE			PLANTE DES CÔTES / LA PLUS BASSE									
						GOURDIN					NŒUD	
FRAGMENTÉE / ÉTAT SECOND									L'UN CHASSE L'AUTRE / AGENT DE LIAISON			DESCENDANT DE MAHOMET
						TOMBERA DU CRACHIN		CHUTE D'EAU / MARQUE UN EFFORT INTENSE				
RENDRE FAIBLE	NE S'APPLIQUAI PAS	DÉRIDE		LIVRE ANGLAISE / MENU SUR LA CARTE			A D'AILLEURS					
							PRESSÉE / RÉPARER					
PAREIL / TÊTE DE TURCS					OXYDE D'URANIUM / FILE						PINCÉ	
			PEUT ÊTRE EXTRÊME / UNE GUERRE PEUT L'ÊTRE							CONTRE CONTRE / PRODUCTION D'HUILES		
PORTE À LA PEAU / TEL ARTABAN								SERT À REPRISER / NE PAS COUPER AU COURT				
				QUI DURE LONGTEMPS / AIME LE PLEIN AIR								EST PRIS À LA GORGE
BEIJING		TRAVAILLER EN BLOC / APÉRITIF							PORTÉ EN TRESSE / DONNE L'ORDRE			
					SE MET AU COURANT / SUIT SUIS					À CET ENDROIT / NUANCE MUSICALE		
SOUTENUE / FAIT LES CARTES						OCCUPÉ						
							RELÂCHE					

SOLUTION PAGE 222

Lever du soleil
06h08

Vendredi 19

Coucher du soleil
21h45

Saint Arsène – On fête aussi les Epaphras, Symmaque

« L'estime vaut mieux que la célébrité, la considération vaut mieux que la renommée, et l'honneur vaut mieux que la gloire. » *Nicolas de Chamfort*

Les rues mythiques du MONDE

Hollywood Boulevard (Los Angeles, États-Unis)

Bienvenue dans l'univers du cinéma ! Les célébrités les plus connues d'Hollywood ont leurs étoiles sur le fameux Walk of Fame, « la promenade des célébrités », sur laquelle dix millions de touristes se pressent chaque année. La légende veut que Joanne Woodward ait reçu la première étoile en février 1960. Hollywood Boulevard abrite aussi plusieurs institutions du 7e art telles que le Chinese Theatre, cinéma inauguré en 1922 qui présente en avant-première la plupart des superproductions hollywoodiennes, l'El Capitan Theatre réservé aux avant-premières de Disney, ou encore le Hollywood and Highland Center où sont remis chaque année les Oscars du cinéma.

Chiens voyageurs

LEONBERG

Issu d'un croisement entre un terre-neuve et un saint-bernard, le leonberg est un chien imposant. Il a été créé au XIXe siècle par Heinrich Essig, un éleveur de la ville de Leonberg, située en Allemagne près de Stuttgart. Le lieu était connu depuis longtemps pour ses élevages de chiens réputés excellents gardiens de troupeaux. Essig, qui était non seulement éleveur mais aussi conseiller municipal de Leonberg, souhaitait inventer une race de chien à l'apparence massive d'un lion, qui représenterait symboliquement la renommée de la ville. Il croisa pendant quatre générations les descendants d'un premier couple composé d'un grand saint-bernard à poils longs et d'une femelle terre-neuve noir et blanc. Son travail fut couronné de succès en 1846, lorsque la race leonberg fut reconnue officiellement.

CALEMBOURS ou RÉPARTIES cultes du cinéma

Dans quel film ?

« Il est complètement fou ce mec. Mais moi, les dingues, je les soigne. J'vais lui faire une ordonnance et une sévère… J'vais lui montrer qui c'est Raoul. Aux quat'coins d'Paris qu'on va l'retrouver éparpillé par petits bouts, façon puzzle. »

Réponse : Les Tontons flingueurs, *de Georges Lautner.*

SYSTÈME D

UN TIROIR QUI COINCE

Difficile à ouvrir et à fermer ! S'il s'agit du tiroir en bois d'un vieux meuble, c'est peut-être à cause de l'humidité. Si vous la réduisez, en chauffant la pièce, tout peut rentrer dans l'ordre. Autre possibilité : une charge trop importante, qui déforme les pièces. Videz le tiroir et jugez du résultat. Si le bois a légèrement travaillé, on facilite le glissement en passant de la paraffine en pain (ou de la bougie) sur les glissières. Si c'est insuffisant, repérez les endroits où ça coince en passant de la craie sur les glissières avant de faire coulisser le tiroir. Là où la craie est enlevée, poncez avec du papier de verre à grain moyen, puis nettoyez. S'il s'agit d'un tiroir à glissières en métal ou en plastique, utilisez un lubrifiant au silicone (en aérosol), avant d'essuyer.

JUILLET

Lever du soleil
06h09

Samedi 20

Coucher du soleil
21h44

Sainte Marina – On fête aussi les Élie, Marine, Léon-Ignace, Vulmer

« Le silence a un sens. Ce qui ne peut pas être dit est ce qui nous touche le plus. » *Octavio Paz*

SUDOKU

						1		
	7	3		8	2			9
		4				8		
						5		
		9	2		7			
	5		4				7	
		1			8			
	4				9			2
	6		1	3		7		

Solution page 225

NOS ANCÊTRES

L'HOMME DEBOUT

Découvert pour la première fois à la fin du XIXe siècle, *Homo erectus*, pour « homme dressé », apparaît il y a 1,9 million d'années. Du haut de son mètre 60, avec un crâne dont le volume approche les 1 000 cm^3, il conquiert le monde, domestique le feu et serait l'un des premiers à faire cuire ses aliments, étape essentielle dans l'évolution vers *Homo sapiens*.

ÇA S'EST PASSÉ

Le 20 juillet 1524

Affaiblie par ses grossesses successives, Claude de France, fille aînée de Louis XII et d'Anne de Bretagne, reine de France par son mariage avec François Ier, s'éteint à Blois.

Les guitaristes de légende

Manu Codjia

À contre-courant du star-system, Manu Codjia, né en 1975, semble cultiver autant l'art de la discrétion que des nappes sonores picturales. Il est d'ailleurs moins connu du public que des musiciens de jazz. C'est un compagnon de route idéal, qui aime mettre son talent au service de ses pairs : Henri Texier, Daniel Humair, Erik Truffaz, l'Orchestre national de jazz, Michel Portal… Pourtant, en plus d'être un surdoué, c'est un compositeur (ce qui est en soi assez rare chez les guitaristes pour être salué) et arrangeur, qui invite contrebasse, batterie, cuivres et instruments électro, pour façonner un univers tout en couleurs et timbres, entre jazz épuré et énergie rock. Sa discographie est rare, elle sera d'autant plus précieuse dans votre discothèque.

Disque conseil : *Manu Codjia*, Bee Jazz, 2009.

L'ARABIE SAOUDITE S'OFFRE LES MEILLEURS FOOTBALLEURS.

Brèves régions

55

MEUSE – VERY FRÈRES

C'est à Beauclair, dans le département de la Meuse, que sont nés Jean Baptiste et Jean François Very. À la fin du XVIIIe siècle, les deux frères achètent trois arcades de la Galerie de Beaujolais, au Palais-Royal, à Paris, pour y ouvrir un restaurant. C'est le premier à prix fixes et, en quelques années à peine, sa réputation est telle que tout le monde se presse pour venir manger à « la meilleure table de Paris » des huîtres d'Ostende, du poulet normand, du fromage de Neufchâtel et bien d'autres mets encore. Après la mort des frères Very, leur établissement est racheté par son voisin, le Grand Véfour, qui jalousait depuis longtemps sa fréquentation.

Lever du soleil
06h11

Dimanche 21

Coucher du soleil
21h43

Saint Victor – On fête aussi les Trifin, Hector, Néot

« Ce qui m'effraie, ce n'est pas l'oppression des méchants ; c'est l'indifférence des bons. »
Martin Luther King

LES PRÉCURSEURS DE L'ÉCOLOGIE

ISABELLE STENGERS

Cette philosophe et écoféministe belge (1949) questionne la pensée scientifique et défend une écologie des pratiques, ou écosophie, descendante de la *deep ecology* de Næss. Stengers avance que l'homme n'est pas au centre de l'univers, mais qu'il appartient à un écosystème dans lequel toutes les espèces sont interdépendantes. De ce postulat, développé notamment dans *Résister au désastre* (2019), découle une nécessité de penser les interconnexions entre les pratiques.

La dictée du mois 7/10 — Une trouvaille

Le voyez-vous, l'homme heureux ? Il a découvert, sous un amat de papiers jaunis, un exemplaire poussiéreux d'une édition depuis longtemp épuisée. Il a fait des merveilles de dissimulation pour ne pas laisser deviner au marchant la valeur exceptionnelle du précieux volume. Il l'a obtenu à un prix modique ; il emporte son trésor ; il se hâte ; on croirait, à le voir marché si vite, qu'il vient de cometre un larcin. Le voilà chez lui. Alors sa phisyonomie change. Plus d'indifférence affectée, plus de précipitation fébrile. Le bouquin est posé sur une table avec un respect presque solannel. Le vieux savant ôte ses gants, son chapeau ; il couvre sa tête d'une callotte de velours, s'installe commodément dans son fauteuil, […] puis, d'une main tremblante de joie et de convoitise, il saisit de nouveau sa trouvaille.

Marie Guerrier de Haupt, *« Un heureux ? »,* Les Soirées littéraires, *numéro 26, 1880.*

amas, longtemps, marchand, marcher, commettre, physionomie, solennel, calotte

Humour du monde

ha ha, hi hi, ho ho — Français · huhuhuh, hahaha, kukuku — Japonais · ax ax ax — Russe · cha cha — Lituanien · jajaja — Espagnol

Deux femmes discutent dans un village du sud d'Israël :
– Il s'habille vraiment très bien notre nouveau rabbin, dit l'une
– Oui. Et très vite ! fait l'autre.

Chlomo envoie une lettre à son fils :
Mon cher enfant, voici les cent euros que tu m'as demandés dans ton courrier. Mais fais attention aux fautes d'orthographe : cent ne s'écrit qu'avec deux zéros.

Moments *uniques*

LE JOUR DE LA REPRODUCTION DES MÉROUS

Déjà atypique par son apparence, le mérou l'est aussi par son mode de reproduction. Une seule fois par an, guidés par un mystère encore inexpliqué, près de 20 000 mérous se rassemblent près de Moorea, en Polynésie française. Nombre d'entre eux ont fait un long voyage et, une fois arrivés, les poissons se battent pour convoiter les femelles. Les heureux élus se reproduisent ensuite tous en même temps, à un moment unique de l'année, le jour de la pleine lune du mois de juillet, cette année le 21 juillet. La sérénade auprès des femelles se fait au milieu des requins gris qui ne pensent qu'à les dévorer. Aucune étude scientifique n'a réussi à expliquer pourquoi les mérous attendent ce jour précis pour se rassembler, ni pourquoi ils prennent autant de risques.

Lever du soleil
06h12

Lundi 22

Coucher du soleil
21h42

Sainte Marie-Madeleine – On fête aussi les Magda, Madelon

« La vraie valeur d'un homme réside non dans ce qu'il a, mais dans ce qu'il est. » *Oscar Wilde*

Humour du monde

ha ha, hi hi, ho ho FRANÇAIS
huhuhuh, hahaha, kukuku JAPONAIS
ax ax ax RUSSE
cha cha LITUANIEN
jajaja ESPAGNOL

« À New York, les pères ne souhaitent qu'une chose : que leur fils épouse une juive. À San Francisco, ils ne souhaitent qu'une chose : qu'il épouse une femme. » Folklore des juifs américains

GRANDS SPORTIFS DES JO

PERFECTION

Les Jeux de Montréal de 1976 sont synonymes de révolution. Du haut de ses 14 ans, la jeune Roumaine Nadia Comăneci décroche le premier 10/10 de l'histoire de la gymnastique aux barres parallèles, rendant obsolètes des panneaux d'affichage qui n'étaient alors pas prévus pour aller au-delà de 9.99. Comăneci enregistre six autres 10/10 et remporte trois médailles d'or. Mais elle n'est pas seule à réussir cet exploit. Sa rivale soviétique Nelli Kim enregistre deux 10/10 au saut de cheval et au sol.

CITIUS - ALTIUS - FORTIUS

SOLUTION MOTS FLÉCHÉS P. 218

	R		L		C		F		Y		E	
D	E	C	O	L	O	R	A		O	P	T	E
	N	U	L		R	E	C	R	U		A	S
G	A	R	O	U		E	T	A	Y	A	I	S
	C	C		S	A	L	I	C	O	R	N	E
P	L	U	M	E	T		C	L	U	B		S
	E	M	I	E	T	T	E	E		A	N	
T	R	A	N	S	E		S		P	L	O	C
			I		L	B		A	L	E	P	H
A	N	E	M	I	E	R		H	A	T	E	E
	E	G	A	L		U	R	A	N	E		R
A	G	A		O	R	I	E	N	T		C	I
	L	I	F	T	I	N	G		O	E	U	F
F	I	E	R		P	E	R	E	N	N	E	
	G		O	P	E	R	E	R		A	I	L
P	E	K	I	N		A	E	R	E		L	A
	A	I	D	E	E		R	E	M	P	L	I
T	I	R	E	U	S	E		R	E	P	I	T

Recette

Pizza poulet, courgettes au cumin et chèvre

Une pizza saine et délicieuse qui ravira grands et petits !

Pour 4 pers. | **10 min de préparation** | **40 min de cuisson**

- 1 pâte à pizza prête à dérouler
- 25 cl de coulis de tomates
- 200 g d'émincés de poulet (ou un reste de poulet rôti)
- 1 bûche de chèvre

Pour les courgettes

- 5 courgettes
- 1 gousse d'ail
- Cumin en poudre
- Huile d'olive
- Sel, poivre

Préparez les courgettes : éboutez-les et lavez-les. Si elles sont bios, gardez la peau ; sinon, pelez-les. Coupez-les en rondelles. Épluchez et hachez l'ail. Préchauffez le four à 170 °C (th. 5-6).

Faites chauffer une poêle avec un peu d'huile et faites rissoler les courgettes avec l'ail. Quand l'eau s'est évaporée, ajoutez le cumin, du sel et du poivre. Laissez revenir encore quelques minutes.

Déroulez la pâte sur la grille du four en conservant son papier sulfurisé. Versez le coulis et étalez-le à la cuillère. Répartissez les courgettes au cumin.

Coupez le chèvre en tranches fines et régulières. Déposez-les sur la pizza et ajoutez le poulet avant d'enfourner pour 25 min de cuisson.

Lever du soleil
06h13

Mardi 23

Coucher du soleil
21h40

Sainte Brigitte – On fête aussi les Ézéchiel, Sev

« Ne jamais consentir à être tout à fait à l'aise avec ses propres évidences. » *Maurice Merleau-Ponty*

LION Vermot'roscope

23 juillet – 22 août

Votre caractère

Enflammé, flamboyant, passionné, charismatique, généreux, sociable, mondain, séducteur, déterminé, volontaire, observateur, créatif, affairiste, ambitieux, dynamique, autoritaire, susceptible, égocentrique, colérique.

Les événements célestes de 2024

Si **Jupiter** vous bouscule et vous titille jusqu'à fin mai, entraînant de nombreux excès ou amplifiant votre perception des événements, passé juin, l'astre joue en votre faveur. Ainsi, c'est une année mi-figue mi-raisin qui vous attend. Si dans un premier temps, vous avez l'impression de perdre le contrôle de votre vie et que tout vous échappe, ne paniquez pas, car vous aurez tout le loisir de reprendre en main votre existence ou une situation. C'est une étape obligatoire pour de nombreuses prises de conscience.

PLEINS FEUX SUR 2024, DOMAINE PAR DOMAINE

Vie relationnelle : Dès janvier, votre vie sociale connaît de profondes modifications. Votre cercle amical est en mutation et change mois après mois. Certains de vos amis vous quittent alors que de nouveaux entrent dans votre existence.

Amour : ***En couple*** : dans l'ensemble, c'est une bonne année qui vous attend. Si vous aviez envie de changer de rythme ou si vous aspiriez à vivre autrement votre relation, 2024 vous offre les moyens de trouver un nouvel équilibre ou de donner une direction autre à votre vie conjugale.
Célibataire : dès le début de 2024, les astres vous poussent à tourner une page afin d'entamer un autre chapitre. Jusqu'à la fin août, tout vous invite à panser vos plaies et à vous retrouver. Dès septembre, vous êtes prêt pour vous ouvrir à un nouveau sentiment.

Famille : Dès le début de l'année, vous cherchez à passer plus de temps avec vos enfants ou petits-enfants. Chaque occasion est bonne à saisir pour vous rapprocher d'eux et mieux communiquer. Quoi que vous viviez, votre sens de la famille est très développé et vous avez un besoin viscéral de les voir régulièrement.

Quotidien et vitalité : Vous avez des projets à revendre et vous ne voyez pas le temps filer. Énergique et résistant, vous venez à bout de toutes vos obligations et vous parvenez à dépasser les obstacles qui se présentent sur votre chemin. Toutefois, au premier semestre, malgré une excellente forme, faites attention à ne pas présumer de vos forces.

Budget : Pas question de dépenser votre argent sans réfléchir. Cette année, vous faites vos comptes avec une grande régularité et vous ne laissez pas de place au hasard. Ainsi, rigoureux, vous gérez mieux vos finances.

Le saviez-vous ?

Pourquoi les Schtroumpfs se schtroumpfent Schtroumpfs

Lors d'un repas réunissant Peyo et Franquin, ce dernier voulut demander à son ami de lui passer quelque chose, mais buta sur le nom et finit par lui demander le schtroumpf, comme il aurait pu demander le truc, le bidule… Peyo lui répondit : « Tiens, voilà le schtroumpf, et quand tu auras fini de le schtroumpfer, tu me le reschtroumpferas ! » Peyo travaillait alors à une histoire de Johan et Pirlouit dans laquelle il avait introduit des lutins… qu'il nomma tout naturellement Schtroumpfs !

Plantes qui soignent

LE MILLEPERTUIS

C'est l'herbe de la Saint-Jean, qui fait fuir le diable et les mauvais esprits ! Le millepertuis est une vivace robuste, à fleurs jaunes à cinq pétales et bouquet d'étamines. Il était autrefois réputé contre la « mélancolie » et il est utilisé aujourd'hui dans la préparation de médicaments contre la dépression. En usage externe, on le conseille pour apaiser les affections cutanées, et les fleurs, macérées dans l'huile, sont efficaces pour traiter les rougeurs superficielles, notamment les coups de soleil.

Lever du soleil
06h14

Mercredi 24

Coucher du soleil
21h39

Sainte Christine – On fête aussi les Ségolen, Gwengalon

« Les plus belles vies sont, à mon gré, celles qui se rangent au modèle commun et humain, avec ordre, mais sans miracle et sans extravagance. » *Michel de Montaigne*

Monarchies du monde

Luxembourg

L'actuel Grand-Duché de Luxembourg est né de la fusion de nombreux petits États allemands qui existaient autrefois. Définitivement indépendant en 1890 seulement, son premier souverain fut Adolphe de Nassau-Weilbourg, dont le descendant à la sixième génération, Henri, gouverne depuis l'an 2000. Bien que « Grand-Duc », il porte le titre d'Altesse royale ainsi que toute sa famille.

AHAHAHAHAH ! OH ! OH ! AH ! AH ! AH ! HI ! HI ! HI ! WHA HA ! HA !

LA BONNE BLAGUE

Un cambrioleur pénètre dans une demeure où il prend en otage le couple qui l'occupe. Il les force à s'asseoir sur des chaises et les ligote fermement. Il dévalise ensuite méthodiquement la maison, saisissant tout ce qui a de la valeur. Alors qu'il s'apprête à prendre la fuite, laissant le couple attaché à leurs chaises, l'homme l'implore :
– Je vous en prie, détachez-la et laissez-la partir !
Le voleur répond froidement :
– Non, je dois être certain que la police ne sera pas prévenue avant que je ne sois loin.
Désespéré, l'homme tente encore une fois :
– S'il vous plaît, je ferai tout ce que vous voulez, mais laissez-la partir !
Un peu troublé par l'insistance de sa victime, le cambrioleur lui dit :
– Je suis désolé, mais je ne peux prendre aucun risque si je veux m'en sortir.
L'homme l'implore encore :
– Je vous en supplie, je vous promets qu'elle ne préviendra pas la police. Laissez-la partir.
Touché par cette détermination, le cambrioleur s'exclame :
– Eh bien, tu dois vraiment aimer ta femme pour me supplier de la détacher avec autant d'insistance.
– Non, lui répond l'homme. Mais ma femme, elle sera à la maison dans 15 minutes.

FRANCE TRAVAIL : LA SUITE DE PÔLE EMPLOI !

C'est qui celui-là ?

La danse de Saint-Guy

La chorée de Sydenham est une maladie du système nerveux, caractérisée par des mouvements involontaires. Saint Guy, quant à lui, est connu pour être le patron des épileptiques. Bien que les deux affections n'aient rien à voir l'une avec l'autre sur le plan médical, elles se traduisent par des effets proches et on parle de « danse de Saint-Guy » pour toutes les personnes agitées.

OENOTOURISME

La route des vins de Patrimonio, en Corse

Avec 9 AOC réparties sur 7 000 hectares, la Corse est une région viticole réputée, notamment dans le bassin méditerranéen. La route des vins de Patrimonio permet de découvrir l'une de ces appellations, la Patrimonio, bien souvent comparée au Bordelais. Situées en Haute-Corse, sur les collines calcaires de la Nebbio, ses vignes étirées sur 500 hectares produisent des vins rouges très puissants, et des vins blancs secs, composés à partir de quatre cépages : le niellucciu, le grenache, le sciaccarellu et le vermentinu. Les domaines viticoles s'étendent au pied de reliefs montagneux désertiques, sur des plaines et collines boisées, tournées vers la mer. En passant par les villages de Saint-Florent, Farinole et Patrimonio, cette route permet de découvrir plusieurs domaines et caves.

Lever du soleil
06h15

Jeudi 25

Coucher du soleil
21h38

Saint Jacques – On fête aussi les Va entine

« Nous ne vivons pas seulement à notre époque. Nous portons toute notre histoire avec nous. »
Jostein Gaarder

Les Bons Bonbons de nos régions

Le coquelicot de Nemours

En 1870, François Étienne Desserey, un confiseur de Nemours, a l'idée de fabriquer des bonbons en utilisant le coquelicot, présent en quantité dans les environs. D'abord vendu pour ses propriétés thérapeutiques, le petit rectangle rouge translucide marqué d'une fleur devient une confiserie quelques décennies plus tard. Mais, peu connu, le bonbon disparaît dans l'entre-deux-guerres. En 1996, la chocolaterie Des Lis relance sa fabrication, en utilisant de l'arôme naturel de coquelicots récoltés à la main sur les terres en jachère des environs de Nemours. Vendus dans une boîte en métal, ces bonbons sont aujourd'hui appréciés jusqu'en Chine.

LE CYCLISME AUX JO

OUBLIÉE

Tokyo, le 25 juillet 2021. Après 131 km de course, la Néerlandaise Annemiek van Vleuten franchit la ligne d'arrivée les bras levés. Sa joie est de courte durée. Car plus d'une minute auparavant, Anna Kiesenhofer avait déjà coupé la ligne. Oubliée par le peloton, l'Autrichienne s'était échappée à une quarantaine de kilomètres de la fin avant de s'imposer en solitaire. Docteure en mathématiques, venant du monde amateur, elle décroche la deuxième médaille d'or pour l'Autriche en cyclisme depuis Adolf Schmal en 1896 !

– ON AURAIT PU LUI LAISSER SON OS EN PLASTIQUE !
– OH BEN NON, ON POURRAIT EN AVOIR BESOIN POUR UN PROCHAIN CHIOT !

ÇA S'EST PASSÉ En juillet 1424

Jemshid al Kashi, mathématicien et astronome perse, calcule le rapport de la circonférence à son rayon (π – Pi) avec une précision jamais atteinte.

Solution Sudoku p. 220

2	8	6	9	4	5	1	3	7
1	7	3	6	8	2	4	5	9
5	9	4	3	7	1	8	2	6
4	2	7	8	1	6	5	9	3
3	1	9	2	5	7	6	4	8
6	5	8	4	9	3	2	7	1
7	3	1	5	2	8	9	6	4
8	4	5	7	6	9	3	1	2
9	6	2	1	3	4	7	8	5

ACTU

1,5 fois par semaine (douche comprise)

Est-il possible de définir la fréquence idéale des rapports sexuels pour renforcer la solidité de son couple ? La question et plus encore sa réponse intéressent forcément la plupart d'entre nous. Les chercheurs de l'Institut Kinsey ont eu la bonne idée de se pencher sur le sujet. D'après leur étude, il s'avère que la fréquence idéale pour faire l'amour dépend en grande partie de l'âge des partenaires. Les couples âgés de 18 à 29 ans ont en moyenne 112 rapports sexuels par an, soit un peu plus de 2 fois par semaine. Pour les couples âgés de 30 à 39 ans, la fréquence est de 86 rapports sexuels par an, soit un peu plus de 1,5 fois par semaine. Enfin, pour les couples âgés de 40 à 49 ans, la fréquence est de 69 rapports sexuels par an, soit un peu moins de 1,5 fois par semaine. Et au-delà ? Pour une raison inconnue, les chercheurs n'ont récolté aucune donnée sur les personnes âgées de plus de 49 ans. Petite précision : ces chiffres sont des moyennes et ne doivent pas vous mettre la pression pour augmenter votre cadence ou pour vous comparer aux autres ! En matière de sexualité, le plus important est que cela vous convienne ainsi qu'à votre partenaire.

Lever du soleil
06h17

Vendredi 26

Coucher du soleil
21h37

Sainte Anne et Saint Joaquim – On fête aussi les Annie, Éraste, Joris

« Si un homme a beaucoup plus qu'il ne faut, c'est que d'autres manquent du nécessaire. »
Léon Tolstoï

Ça ne rime à rien…

Jungle

Il faut s'appeler Serge Gainsbourg pour faire rimer « jungle » avec « ongles » dans sa chanson « Élisa », en prononçant le mot « jongle » ! Sinon, la « jungle », dont Rudyard Kipling a fait un remarquable livre, ne rime avec rien en français. Le mot est apparu en 1777, tiré de l'hindi *jaṅgal* qui signifie « forêt ». Cette provenance d'une langue lointaine explique sa particularité.

Bibliophiles

Les Amants de Montreuil, Alex Capus (Actes Sud, 2022)

Un couple se retrouve bloqué dans sa voiture sous la neige, une nuit, entre précipice et reliefs menaçants… En attendant les secours, l'homme raconte à son épouse les amours passées et contrariées de deux amants : au souffle de la tempête se substitue celui de l'Histoire ; la première montgolfière s'envole et, la même année 1783, l'éruption d'un volcan islandais provoque brouillards et pluies toxiques en Europe, avant que ne gronde l'orage de la Révolution… Intrigue savoureuse, dialogues brillants, surprises réservées aux lecteurs… Voici un grand roman d'amour et d'aventures à lire d'une traite.

Groupes des 60s

The Who

Groupe britannique emblématique des années 1960, The Who est composé de Pete Townshend, Roger Daltrey, John Entwistle et Keith Moon. Avec *My Generation* ou *Behind Blue Eyes*, les Who couvrent vingt ans de musique rock, alternant rythmes psychédéliques, accents punks et sonorités explosives. Entre 1965 et 1968, le groupe connaît un succès fulgurant et cultive une réputation sulfureuse, brisant des guitares, prenant des drogues et saccageant les chambres d'hôtel sur son passage. C'est l'époque des festivals de Monterey et Woodstock. Ce style de vie les mènera à leur perte. Après la sortie de l'opéra-rock rêvé de Pete Townshend, les Who entament deux décennies d'errance – avant de revenir dans les années 2000.

CITATIONS HUMORISTIQUES : BLAGUES ET VANNES

« Si vous êtes un jour traité de parvenu, tenez pour bien certain que vous serez arrivé. »
Sacha Guitry

« Si je ne suis pas au lit à onze heures du soir, en général je rentre chez moi. »
Dean Martin

« Devant la cuisine anglaise, il n'y a qu'un seul mot : Soit ! »
Paul Claudel

« Il n'y a rien de plus mystérieux que les gens qui n'ont rien à dire. »
Jean Anouilh

Lever du soleil
06h18

Samedi 27

Coucher du soleil
21h35

Sainte Nathalie – On fête aussi les Natacha, Natalia, Liliane

« Nous aimons toujours ceux qui nous admirent ; et nous n'aimons pas toujours ceux que nous admirons. »
François de La Rochefoucault

Gangs – LA BANDE À BONNOT

Cette célèbre bande n'a sévi que six mois, entre décembre 1911 et mai 1912. Surnommé les « bandits tragiques » par la presse de l'époque, le groupe compte une dizaine de membres réunis autour de Jules Bonnot, un anarchiste de 36 ans. Ils se font connaître le 14 décembre 1911 en s'attaquant à la Société générale, rue Ordener, à Paris. Le butin n'est pas bien gros, mais un employé de la banque est gravement blessé. Et c'est la première fois qu'une voiture est utilisée lors d'un braquage. Le groupe enchaîne ensuite les vols et les agressions meurtrières en France et en Belgique, laissant une police démunie devant la rapidité de leurs automobiles. Les photos des membres de la bande s'étalent dans les journaux. Leurs têtes sont mises à prix. Le 24 avril 1912, Bonnot tue le numéro 2 de la Sûreté nationale. Blessé, il trouve refuge chez un anarchiste à Choisy-le-Roi. Quatre jours plus tard, le pavillon est cerné par cinq cents hommes armés. Trente mille curieux, venus en train, en fiacre, en auto ou à pied, assistent au spectacle. La fusillade dure des heures. Quand les policiers pénètrent dans le pavillon éventré à la dynamite, Bonnot a encore la force de tirer trois coups avant de recevoir une ultime salve de balles. Réfugiés à Nogent-sur-Marne, les deux derniers complices seront tués après un siège encore plus dantesque auquel assistent près de cent mille spectateurs !

ÇA S'EST PASSÉ Le 27 juillet 1824

Alexandre Dumas fils, romancier et auteur dramatique à succès, auteur notamment de *La Dame aux camélias*, voit le jour à Paris.

Humour du monde

ha ha, hi hi, ho ho – FRANÇAIS
huhuhuh, hahaha, kukuku – JAPONAIS
ax ax ax – RUSSE
cha cha – LITUANIEN
jajaja – ESPAGNOL

Andrew parle avec sa copine au téléphone. Il lui dit :

– Pour toi, je grimperai la plus haute montagne, je nagerai dans l'océan le plus profond, je marcherai sur des charbons ardents juste pour te prouver à quel point je t'aime…

Sa copine, attendrie, s'exclame :

– Oh, c'est adorable, si gentil, si gentleman. Tu veux venir me rejoindre ce soir ?

– Oh non, pas ce soir… Il pleut.

ASTUCES 2 FAINÉANT

La vaisselle plus rapide

Laver la vaisselle à la main est une corvée que chacun voudrait écourter. Il y a un moyen simple pour cela, en achetant simplement un gant en plastique et une éponge à dos grattant. Avec un cutter, commencez par séparer l'éponge de sa partie grattante. Puis découpez cette dernière en 4 lanières avec des ciseaux, en les adaptant à la taille des doigts du gant (sauf le pouce). Collez ces lanières sur les doigts et l'éponge dans la paume. Nous vous conseillons d'utiliser de préférence un pistolet de bricolage à colle chaude plutôt que de la colle ordinaire qui risquerait de ne pas tenir lors de la vaisselle. Laissez sécher avant d'utiliser ce nouvel outil grâce auquel la vaisselle devient un jeu d'enfant, puisqu'il suffit de passer sa main sur les assiettes pour les nettoyer.

Lever du soleil
06h19

Dimanche 28

Coucher du soleil
21h34

Saint Samson – On fête aussi les Heneg, Nazaire

« Écouter la forêt qui pousse plutôt que l'arbre qui tombe. » *Friedrich Hegel*

Etymologie

Croisement dangereux

Un auteur ingénieux a eu l'idée de croiser les deux verbes *écraser* et *esboiller* pour créer *écrabouiller*. Le premier verbe, que nous connaissons toujours aujourd'hui, est un emprunt au moyen anglais *to crasen* qui signifiait « briser, mettre en morceaux » ; le second verbe a, lui, disparu. Dérivé de *boille*, nom signifiant « entrailles » qui nous a donné *boyau*, le verbe avait pour synonymes *éventrer*, *étriper*. Par ailleurs, le nom *bouillie* (dérivé de *bouillir*) a probablement influencé la forme du verbe, puisqu'écrabouiller, c'est en quelque sorte mettre en bouillie !

ÉNIGMES

Un groupe d'hommes est parti sans payer d'un restaurant. Quatre suspects ont été convoqués à la gendarmerie où ils sont interrogés.

Dylan : Anthony est coupable.
Anthony : Simon est coupable.
Jordan : Je suis innocent.
Simon : Anthony ment quand il dit que je suis coupable.

Une seule de ces assertions est fausse, celle du coupable. Qui est le coupable ?

Solution

La combinaison qui convient est celle-ci :

	Assertion	Vrai/Faux	Résultat
Dylan	Anthony est coupable.	V	Il est possible qu'Anthony soit coupable, assumons que c'est vrai.
Jordan	Je suis innocent.	V	Puisqu'Anthony est coupable, Jordan est innocent, donc l'assertion de Jordan est vraie.
Anthony	Simon est coupable.	F	Simon est innocent.
Simon	Anthony ment quand il dit que je suis coupable.	V	C'est vrai puisque Simon est innocent.

… et Anthony est coupable.

LE FISC À LA RECHERCHE DES PISCINES NON DÉCLARÉES.

205 238

C'est, en tonnes, la quantité d'or qui a été extraite dans le monde depuis la nuit des temps. Si l'on fondait tout ce précieux métal, il ne formerait qu'un cube de 22 m de côté, soit un quart seulement de l'Arc de triomphe de Paris. Un peu moins de la moitié de cet or a été utilisé dans la joaillerie, 22 % moulé en lingots et en pièces de monnaie, 17 % est détenu par les banques centrales et 15 % se retrouve dans des secteurs aussi divers que la dentisterie, l'électronique ou l'enluminage. Sur Terre, 99 % de l'or se nicherait au cœur du noyau, soit 2 millions de milliards de tonnes, mais il reste inaccessible. Les réserves exploitables connues à ce jour, permettant une extraction rentable, ne contiendraient, elles, plus que 53 000 tonnes. Aujourd'hui, la Chine, l'Afrique du Sud et l'Australie sont les plus importants producteurs. Mais on trouve également des régions aurifères en France. Le Massif armoricain (Bretagne, Normandie, Pays de la Loire et Nouvelle-Aquitaine) est le plus riche de la métropole, mais ses pépites se nichent dans les roches, alors qu'en Ardèche, dans l'Hérault, le Gard et les Pyrénées, on peut encore trouver des paillettes dans les rivières. Par ailleurs, si toutes les mines d'or ont été fermées dans l'Hexagone, ce n'est pas le cas en Guyane, où l'orpaillage – légal et illégal – se pratique toujours intensément.

Lever du soleil
06h21

Lundi 29

Coucher du soleil
21h33

Sainte Marthe – On fête aussi les Leu, Loup, Olave

« L'idée de commander et d'être obéi est le propre d'une mentalité infantile. Cela explique que les dictateurs soient des gens immatures. » *Jorge Luis Borges*

EURO 2024
MACHINES À BUTS

Dans toute l'histoire des phases finales, ils ne sont que sept joueurs à avoir réussi l'exploit d'inscrire trois buts dans une seule rencontre. Chronologiquement parlant, le premier fut Dieter Müller lors de la demi-finale de l'édition 1976 remportée par l'Allemagne face à la Yougoslavie, alors que le dernier reste David Villa avec l'Espagne lors d'une victoire 4-1 face à la Russie. Parmi ces sept, un seul l'a fait à deux reprises : Michel Platini. En 1984, la légende française s'offre le triplé le plus rapide de l'histoire et surtout en signe deux dits « parfaits », à savoir un but du pied gauche, un but du pied droit et un but de la tête. Une performance jamais rééditée qui offre à Platini le titre de meilleur buteur de l'EURO 1984, mais lui permet aussi de décrocher son deuxième ballon d'or.

UEFA - UEFA - UEFA- UEFA- UEFA

Cocktails
Cocktail du soleil levant

Pour 1 flûte
3 min de préparation

- *2/10ᵉ d'alcool de litchi (type Soho®)*
- *2/10ᵉ de sirop de grenadine*
- *6/10ᵉ de jus d'orange*
- *1 glaçon*

Versez le sirop de grenadine au fond
du verre.
Ajoutez l'alcool de litchi dessus et complétez avec du jus d'orange. Mélangez et servez avec un glaçon.

Conseil
Adaptez les quantités selon vos goûts.

CHILLY-MAZARIN

C'est sa ville !

Qui ne connaît pas le cardinal Mazarin, ministre d'État durant la régence d'Anne d'Autriche et conseiller influent des rois de France Louis XIII et Louis XIV ? Né au royaume de Naples en 1602 et mort à Vincennes en 1661, il n'a jamais habité à Chilly et il est même probable qu'il n'y a jamais mis les pieds. Mais alors, pourquoi cette ville de l'Essonne s'appelle-t-elle Chilly-Mazarin ? Le cardinal avait accumulé une fortune considérable pendant sa vie mais, à l'automne de celle-ci, il légua tout au roi. Bien qu'il ait accepté ce don, celui-ci rendit aux héritiers de Mazarin ce qui leur revenait. Ils firent construire plusieurs châteaux à Chilly et imposèrent en 1822 le changement de nom à la commune.

MYTHOLOGIES CÉLESTES
L'oiseau de Zeus

Au cœur de l'été, si vous levez les yeux au-dessus de vos têtes, vous remarquerez trois étoiles très brillantes qui appartiennent à trois constellations différentes. Elles forment ce que l'on appelle le triangle d'été. Parmi elles, Altaïr est l'étoile principale de la constellation de l'Aigle. On raconte que l'aigle est l'oiseau choisi par Zeus lorsque les dieux se partagèrent les oiseaux, celui-ci étant le seul à diriger son vol face au Soleil. Il est aussi celui qui fut envoyé pour dévorer Prométhée après que celui-ci avait volé le feu pour le donner aux hommes. Prométhée fut sauvé par Hercule qui tua l'aigle en envoyant une flèche. D'où la présence de celle-ci à proximité de la constellation de l'oiseau divin dans le ciel.

Lever du soleil
06h23

Mardi 30

Coucher du soleil
21h31

Sainte Juliette – On fête aussi les Abdallah, Abdoulaye, Giulietta

« Une profession est l'épine dorsale de la vie. » *Friedrich Nietzsche*

Apéro

Muscat

Le mot « Muscat » vient du terme « muscaté », qui signifie très parfumé, et désigne plusieurs choses : la vigne bien sûr, mais aussi le vin doux naturel, issu du cépage muscat. Fabriqué principalement autour de la Méditerranée, le muscat est un vin de liqueur, obtenu en ajoutant de l'alcool à 95° au moût du raisin. On dit qu'il est « muté ». Les appellations les plus célèbres sont le Beaumes de Venise, le Frontignan ou le corse. Ce vin moelleux se déguste en apéritif, comme en dessert.

CALEMBOURS ou RÉPARTIES cultes du cinéma

Dans quel film ?

« Monseigneur, c'est l'or… Il est l'or, l'or de se réveiller… Monseignor, il est huit or ! »

Réponse : La Folie des grandeurs, de Gérard Oury.

56

Brèves régions

MORBIHAN – LA NOUVELLE VIE DE L'HÔTEL DE LIMUR

Limur, magnifique hôtel particulier édifié au XVIIe siècle, est situé dans l'hypercentre de Vannes. Classé au titre des Monuments historiques en 1993, il connaît une nouvelle vie depuis quelques mois en accueillant le Centre d'interprétation de l'architecture et du patrimoine. Cet établissement public n'est pas un musée, c'est un lieu culturel proposant des parcours de découverte grâce à des cartes interactives, des projections, des plans, des maquettes volume, des projets urbains, etc. À Vannes, il emmène le visiteur dans un voyage à travers le temps pour découvrir l'histoire patrimoniale de la ville, qui remonte à l'Antiquité.

ACTU

Pas d'ébats là !

« Invités amoureux, veuillez comprendre que la plupart des objets exposés dans notre musée sont des objets qui ont vu le jour il y a de nombreuses années et sont soumis à des normes morales complètement différentes… Ne les mettons pas mal à l'aise ! » Le musée Fort Gerhard en Pologne a récemment publié ce communiqué un brin humoristique pour demander à ses visiteurs de ne plus avoir de rapports sexuels au milieu des collections. L'atmosphère sombre et les nombreux coins et recoins des lieux stimulant manifestement certains couples, la direction a jugé utile de rappeler qu'un musée est un lieu consacré à l'histoire et à la culture, et non un espace dédié à l'érotisme et au libertinage. Des caméras installées depuis peu auraient en effet enregistré à plusieurs reprises les ébats amoureux de visiteurs. Pour le musée, ces activités intimes sont d'autant plus inappropriées que le fort Gerhard est une ancienne forteresse qui abrite une exposition permanente d'uniformes, d'armes et autres attirails de combat. Faites l'amour, mais pas au musée de la guerre !

Lever du soleil
06h23

Mercredi 31

Coucher du soleil
21h30

Saint Ignace de Loyola – On fête aussi les Ignacio, Inigo

« Il est plus facile de faire la guerre que la paix. » *Georges Clemenceau*

Le saviez-vous ?

Quand les as de l'aviation se sentent humiliés

Lors des préparations du défilé du 14 juillet 1919, célébrant la victoire de la Première Guerre mondiale, les aviateurs sont sommés de parader à pied, ce qu'ils vivent comme une insulte. Un petit groupe de pilotes décide de laver leur honneur et choisit l'un d'entre eux pour voler sous l'Arc de triomphe lors du défilé. Mais l'aviateur meurt quelques jours plus tôt. C'est Charles Godefroy qui réalisera l'exploit le 7 août 1919 en présence de nombreux journalistes avertis.

ENGAGEMENT : LES FOOTBALLEURS AUSSI FONT PASSER DES MESSAGES.

Moments uniques

LE COUCHER DE SOLEIL DANS L'AXE DE L'ARC DE TRIOMPHE

Comme à New York où, deux fois par an, le soleil se couche exactement dans l'axe des rues de Manhattan orientées est-ouest, un phénomène exceptionnel se produit à Paris : le soleil se couche au milieu de l'Arc de triomphe. Pour profiter de ce moment unique, il faut s'installer vers le 31 juillet au bout des Champs-Élysées, sur la ligne médiane qui sépare les voies de circulation (donc de préférence au niveau d'un passage piétons, pour des raisons de sécurité !), et attendre le coucher du soleil. Quelques vidéos, sur internet, montrent cet incroyable déplacement lent de l'astre de feu qui sort du pilier sud de l'Arc de triomphe, pour rester quelques secondes à peine dans l'alignement parfait de la plus belle avenue du monde avant de se coucher.

Heureux Mariages

Nous ne saurons jamais si **HENRI THÉOPHILE DÉMON**, un livreur originaire de l'Yonne, a longtemps cherché avec qui se marier ou si la première rencontre avec **CÉLESTINE LUCIENNE DIEU**, une couturière d'Eure-et-Loir, était une évidence… Toujours est-il qu'ils se marièrent le 19 mars 1910 à Aubervilliers (Seine-Saint-Denis) et donnèrent le jour sans aucun doute à plein de petits diables…

Ha ! Ha ! Ha !

CITATIONS HUMORISTIQUES : BLAGUES ET VANNES

« Si la fortune vient en dormant, ça n'empêche pas les emmerdements de venir au réveil. »
Pierre Dac

« Je n'ai jamais eu confiance dans les gens qui veulent qu'on leur fasse confiance. »
Georges Wolinski

« L'Angleterre est tellement peuplée qu'il n'y a pas assez de beau temps pour tous ses habitants. »
Oscar Wilde

« L'honneur c'est comme les allumettes, ça ne sert qu'une fois. »
Marcel Pagnol

Saint Alphonse – On fête aussi les Alma, Éléazard

Lever du soleil **06h25** — Coucher du soleil **21h28**

« Le silence est un ami qui ne trahit jamais. » *Confucius*

LA LETTRE MYSTÈRE

Une correspondance est faite aussi de billets doux, de poèmes envoyés, d'acrostiches (poèmes dont les initiales ou les premiers mots d'un vers sont à lire verticalement), ou de textes à lire entre les lignes, voire une ligne sur deux, qui doivent à tout prix préserver des regards indiscrets des sentiments clandestins. L'été, les fortes chaleurs, les corps dénudés sur la plage invitent peut-être à ce type d'échange…

[Envoi]

Cher ami,

Je suis toute émue de vous dire que j'ai
bien compris l'autre jour que vous aviez
toujours une envie folle de me faire
danser. Je garde le souvenir de votre
baiser et je voudrais bien que ce soit
une preuve que je puisse être aimée
par vous. Je suis prête à montrer mon
affection toute désintéressée et sans cal-
cul, et si vous voulez me voir ainsi
vous dévoiler, sans artifice, mon âme
toute nue, daignez me faire visite,
nous causerons et en amis franchement
je vous prouverai que je suis la femme
sincère, capable de vous offrir l'affection
la plus profonde, comme la plus étroite
amitié, en un mot : la meilleure épouse
dont vous puissiez rêver. Puisque votre
âme est libre, pensez que l'abandon ou je
vis est bien long, bien dur et souvent bien
insupportable. Mon chagrin est trop
gros. Accourez bien vite et venez me le
faire oublier. A vous je veux me sou-
mettre entièrement.

Votre poupée

[Réponse]

Quand je mets à vos pieds un éternel hommage,
Voulez-vous qu'un instant je change de visage ?
Vous avez capturé les sentiments d'un cœur
Que pour vous adorer forma le créateur.
Je vous chéris, amour, et ma plume en délire
Couche sur le papier ce que je n'ose dire.
Avec soin de mes vers lisez les premiers mots,
Vous saurez quel remède apporter à mes maux.

[Réponse à la réponse]

Cette insigne faveur que votre cœur réclame
Nuit à ma renommée et répugne à mon âme.

Réponse Lettre de juillet

Vous êtes très fort si vous avez reconnu l'auteur de la carte postale de juillet ! Le texte est court, limité par le support. C'est que l'information importante d'une carte est, au verso, l'illustration (dessin, photo) en couleurs représentant un paysage forcément beau, ensoleillé, pittoresque, qui doit faire envie (voire rendre envieux…). Le texte, lui, se compose d'éléments (lieu de villégiature, activité…) qui sont autant de pièces d'un jeu de construction remplaçables à l'infini. C'est ce à quoi les *243 Cartes Postales en couleurs véritables* de Georges Perec (1936-1982) s'amusent, écrites sur le principe d'une de ces combinaisons savantes qui font le prix et le piment des œuvres de l'Oulipo. Perec les a d'ailleurs adressées fictivement à un confrère oulipien qu'il admirait énormément, l'Italien Italo Calvino (1923-1985). Leur lecture rend éclatants le genre stéréotypé, mais aussi le kitsch et l'humour ! A lire : Georges Perec, *L'Infra-ordinaire* (Seuil, 1989).

Georges Perec

Lever du soleil
06h26

Vendredi 2

Coucher du soleil
21h27

Saint Julien Eymard – On fête aussi les Julianne, Friard, Secondel

« Le courage, c'est de ne jamais laisser ses actions être influencées par ses peurs. » *Arthur Koestler*

Monarchies du monde

Maison royale afro-bolivienne

Avec ses 35 000 sujets représentant les Boliviens issus d'une minorité ethnique originaire d'Afrique subsaharienne, le roi Julio Pinedo est aujourd'hui le dernier roi d'Amérique. Couronné en 1992, son royaume est une « monarchie cérémonielle » qui a acquis en 2007 une reconnaissance officielle de l'État bolivien, ce qui accorde une certaine autonomie à cette communauté.

Les Bons Bonbons de nos régions

La Pastille du Mineur

Ce bonbon noiraud, comme un mineur couvert de charbon, ne contient pas de réglisse, mais uniquement des extraits naturels d'eucalyptus, de menthe et d'anis étoilé. Cette pastille a été imaginée par le confiseur Georges Verquin en 1957 pour compenser l'envie des ouvriers des mines d'allumer une cigarette et prévenir ainsi les risques d'explosion dus au tristement célèbre grisou. Et pour convaincre les mineurs d'en consommer, la confiserie prend la forme ovoïde d'un boulet de charbon. Depuis près de 70 ans, la communication des Pastilles du Mineur n'a pas changé : « Les plantes, mieux vaut les sucer ! »

PROBLÈMES + - / de maths du certificat d'études

Valérie a acheté trois bacs à plantes en bois pour son jardin. Deux de ceux-ci ont une longueur et une hauteur de 60 cm ; l'autre a une longueur de 100 cm et une hauteur de 43 cm. Tous ont une largeur de 60 cm. L'épaisseur du bois est de 4 cm. Calculez la quantité nécessaire de terreau pour les remplir à ras bord.

Sachant qu'au magasin de jardinage, pour chaque sac de terreau de 50 l, un sac gratuit est offert, et que le sac de terreau de 50 l coûte 51,83 francs, quel prix va payer Valérie pour remplir ses bacs ?

Solution : Volume intérieur des 2 bacs de 60 cm x 60 cm x 60 cm : (52 cm x 52 cm x 56 cm) x 2 = 302 848 cm³ = 0,30 m³
Volume intérieur du bac de 100 cm x 60 cm x 43 cm : 92 cm x 52 cm x 39 cm = 186 576 cm³ = 0,19 m³
Quantité de terreau requise : 0,30 + 0,19 = 0,49 m³ = 490 litres
Nombre de sacs de terreau de 50 l reçus : 490 / 50 = 9,8 donc 10.
Prix du terreau : 5 x 51,83 = 259,15 francs

ACTU

Échange de microbes

Récemment publiée dans la revue Nature, *une étude permet d'en savoir davantage sur les mécanismes de transmission des microbes intestinaux et buccaux d'une personne à une autre. Les scientifiques se sont concentrés sur la transmission du microbiote maternel à l'enfant, considérant ce don comme un « kit de démarrage ». Les analyses ont montré que la moitié des souches microbiennes dans les intestins d'un nouveau-né proviennent de sa mère. Cette similitude diminue avec le temps, mais elle ne disparaît pas complètement chez les personnes âgées. À partir de 4 ans, les enfants ont autant de souches microbiennes paternelles que maternelles. De même, les chercheurs ont pu établir que les jumeaux voient leur microbiote commun s'amenuiser à mesure qu'ils passent du temps éloignés l'un de l'autre. et que les habitants d'une même commune ont plus de souches microbiennes en commun qu'avec les habitants de villages voisins. Selon l'étude, la transmission de ces souches se fait principalement par contact direct, en particulier pour le microbiote oral. Les personnes qui vivent ensemble, quelle que soit leur relation, tendent à avoir les mêmes souches microbiennes dans leur bouche, et plus elles vivent ensemble, plus elles sont susceptibles d'en partager. Logiquement, les couples sont les individus qui en partagent le plus.*

Lever du soleil
06h27

Samedi 3

Coucher du soleil
21h25

Sainte Lydie – On fête aussi les Nicodème, Euphrone, Lydéric

« Nous ne serons jamais chez nous, nous sommes toujours au-delà ; la crainte, le désir, l'espérance nous élancent vers l'avenir et nous dérobent le sentiment de ce qui est. » *Michel de Montaigne*

Le saviez-vous ?

Quand la technologie du xxe siècle s'inspire de l'histoire du xe

C'est la traduction en anglais du surnom du roi danois Harald Blåtand (« à la dent bleue ») qui est à l'origine du nom de la norme Bluetooth. Les ingénieurs travaillant sur cette nouvelle norme, qui devait permettre des échanges sans fil entre des appareils quelle que soit leur marque, se sont inspirés de ce roi du xe siècle qui était parvenu à unifier son royaume composé de plusieurs tribus ennemies. Et ses initiales écrites en alphabet runique sont à l'origine du logo.

Humour du monde

ha ha, hi hi, ho ho — Français
huhuhuh, hahaha, kukuku — Japonais
ax ax ax — Russe
cha cha — Lituanien
jajaja — Espagnol

Dans un restaurant kasher à Londres

– Je suis étonné, dit Rosenzweig au patron du restaurant. Votre serveur chinois parle très bien yiddish. Ou avez-vous trouvé quelqu'un d'aussi rare ?

– Ne parlez pas trop fort. Il est chez nous depuis un an et il croit qu'il apprend l'anglais.

« Un Finlandais introverti regarde ses chaussures quand il vous parle ; un Finlandais extraverti regarde vos chaussures »

Proverbe finlandais

Il faut être philosophe — KANT*

« Le ciel étoilé au-dessus de moi et la loi morale en moi »

La magnifique phrase de Kant, tirée de la *Critique de la raison pratique,* associe le ciel étoilé et la loi morale (la conscience), donc l'extériorité et l'intériorité, le déterminisme et la liberté. Lorsque nous contemplons le ciel, notre regard va au-delà de nous, mais aussi en nous-mêmes. En tant qu'être vivant, l'homme est soumis aux lois du monde physique, à la nécessité qui régit ce dernier, mais en tant que sujet pensant, il est à la fois libre dans ses actions et responsable d'elles, et échappe ainsi à ce déterminisme naturel. Que contiendrait la loi morale ? Les principes moraux par lesquels nous guidons notre existence (le respect de la vie, de la vérité, etc.). C'est la conscience humaine en action, notre possibilité d'agir librement. Toutefois, seul l'acte désintéressé, pur, accompli « par devoir », a une valeur morale.

* Emmanuel Kant (1724-1804), philosophe allemand

QUAND ON ANNONCE UNE AUGMENTATION DU SMIC.

Chevaliers de l'Histoire

Bertrand Du Guesclin

Surnommé « l'Aigle de la Bretagne » ou « le Chien noir de Brocéliande », Du Guesclin incarne le chevalier par excellence. Aîné d'une famille de la petite noblesse, il commence par faire ses armes en tournoi puis comme mercenaire. Après avoir enlevé Rennes aux Anglais, il est armé chevalier en 1357. Sa devise : « Le courage donne ce que la beauté refuse. » Nommé capitaine général pour les pays entre Seine et Loire en 1364, il met en déroute Charles II de Navarre. Parti guerroyer en Espagne, Du Guesclin est capturé par le Prince noir lors de la bataille de Najera en 1367, ce qui ne l'empêche pas, une fois libéré contre une rançon, d'être fait connétable de France par Charles V. Dès lors, le chevalier va tout faire pour bouter les Anglais hors du royaume en les assiégeant château après château. Bertrand Du Guesclin meurt de dysenterie lors du siège de Châteauneuf-de-Randon en 1380. Il reçoit l'honneur d'un tombeau à la basilique de Saint-Denis aux côtés des rois français.

Lever du soleil
06h29

Dimanche 4

Coucher du soleil
21h24

Saint Jean-Marie Vianney – On fête aussi les Uniac

« Chaque époque découvre un aspect de la condition humaine, à chaque époque l'homme se choisit en face d'autrui, de l'amour, de la mort, du monde. » *Albert Camus*

CÉTACÉS

LE RORQUAL

Long de 20 m pour 45 t, c'est le deuxième plus grand mammifère de la planète. Il s'alimente de krill, c'est-à-dire de petits crustacés, qu'il absorbe en filtrant l'eau de mer grâce à ses fanons. Mais pour apporter assez d'énergie à son grand corps, il doit passer trois à quatre heures par jour à cet exercice. Gris à ventre blanc, et plus foncé du côté gauche, il est élégant, allongé et effilé. Après avoir été classé en danger d'extinction, il est maintenant considéré comme vulnérable.

CALEMBOURS ou RÉPARTIES cultes du cinéma

Dans quel film ?

« C'est pas compliqué de parler ch'timi. Par exemple, nous autres, on ne dit pas "pardonnez-moi, je n'ai pas bien saisi le sens de votre question", on dit "Heiiiin ?" »

Réponse : Bienvenue chez les Ch'tis, *de Dany Boon.*

57

Brèves régions

MOSELLE – LE CAMION QUI PRESSE

La famille Barranco est bien connue à Hayange, en Moselle, pour sa distillerie. Mais c'est une innovation récente qui accroît encore plus sa notoriété : le Camion qui presse. On doit cette idée de génie à Antoine et à son fils Nicolas qui ont décidé il y a quelques années de ne pas attendre que les fruits viennent à eux pour les presser, mais plutôt d'aller à leur rencontre. Depuis, ils organisent des tournées chaque automne dans toute la France et jusqu'au Luxembourg, pour transformer les pommes, poires, coings et même légumes en délicieux jus filtrés, pasteurisés puis conditionnés en Bag-in-Box®, qui restent ainsi consommables pendant plus de deux ans.

SOLUTION : HAIE, POU'R, LAIT, CAR, HOTTE, RAT, P, SA, M'ARCHE, EAU, SCIE (ET POUR LES CAROTTES RÂPÉES, ÇA MARCHE AUSSI ?)

1 000 000

C'est le nombre de kilomètres qu'a déjà parcourus une Peugeot 307 (HDI). Et pour célébrer l'événement, Fabrice Gommé, son heureux propriétaire, a fait le voyage depuis sa Picardie jusqu'à l'usine d'assemblage de la marque, à Sochaux (Doubs). Fabrice a fait l'acquisition de cette voiture éternelle en 2007, alors qu'elle n'avait que 6 000 kilomètres au compteur. Et depuis, il n'a jamais cessé de rouler avec. Dans le détail, sa Peugeot à fait l'équivalent de 25 fois le tour de la Terre, elle a passé 5 510 nuits à la belle étoile, sans garage, elle a survécu à une quarantaine de révisions auxquelles s'ajoutent 11 contrôles techniques. Seul petit bémol, le compteur est resté bloqué à 999 999 kilomètres. Manifestement, le constructeur n'avait pas prévu que la barre du million serait franchie un jour.

Lever du soleil
06h30

Lundi 5

Coucher du soleil
21h22

Saint Abel – On fête aussi les Oswald, Ahès

« Celui qui n'a jamais appris à obéir ne peut être un bon chef. » *Aristote*

Cocktails

Cocktail rose et orange (sans alcool)

Pour 1 grand verre
1 min de préparation

- *2/10e de sirop de fraise*
- *8/10e de jus d'orange (frais ou du commerce)*
- *Quelques glaçons*

Dans un verre, versez d'abord le sirop.
Ajoutez le jus d'orange.
Servez avec des glaçons.

Conseils
Si vous ne le mélangez pas, ce cocktail est bicolore et enchantera les petits comme les grands ! Vous pouvez y ajouter de la limonade.

Etymologie

Du rez-de-chaussée ?

Le nom étage, apparu à la fin du XIe siècle sous la forme *estage*, est un dérivé de l'ancien verbe *ester* qui signifiait « se tenir debout, rester ». Ce nom a eu plusieurs sens avant de revêtir son sens moderne, « espace d'un bâtiment entre deux planchers situé au-dessus du rez-de-chaussée ». Il a entre autres signifié « état, condition ». C'est ce dernier sens que l'on retrouve dans l'expression *de bas étage,* qui signifie « de condition médiocre, de mauvais goût » et n'a donc rien à voir avec le rez-de-chaussée !

PETITE ANNONCE

« Cactus cherche partenaire pour relation stable »

AHAHAHAHAH ! OH ! OH ! AH ! AH ! AH ! HI ! HI ! HI ! WHA HA ! HA !

LA BONNE BLAGUE

Désirant entretenir son apparence, un prêtre se rend chez un coiffeur. Lorsque sa coupe de cheveux est terminée, il s'enquiert du prix, mais le coiffeur lui répond : « Il n'y a rien à payer, mon ami. Je considère cela comme un service rendu à Dieu. » Le lendemain matin, lorsque le barbier ouvre sa boutique, il découvre un bouquet de fleurs et une bible sur le pas de la porte, accompagnés d'une carte de remerciement de la part du prêtre.
Plus tard dans la journée, un policier entre dans le salon pour une coupe. Lorsque le coiffeur a terminé son travail, le policier lui demande combien il lui doit et le barbier lui répond : « Il n'y a rien à payer, mon ami. Je considère cela comme une faveur rendue à un serviteur de la Nation. » Le lendemain matin, le barbier découvre une boîte de chocolats et une carte de remerciement sur le pas de la porte de sa boutique.
Plus tard, un sénateur vient se faire couper les cheveux. Le coiffeur effectue son travail avec soin, et lorsque le sénateur veut régler, le coiffeur lui répond : « Il n'y a rien à payer, mon ami. Je considère cela comme un service rendu à un représentant du peuple. » Le lendemain, lorsque le coiffeur ouvre sa boutique, il découvre une longue file de sénateurs qui attendent pour se faire couper les cheveux.

DECAZEVILLE

C'est sa ville !

Lorsqu'on observe les cartes anciennes de l'Aveyron, on peut suivre le lit d'un ruisseau appelé le Riou Mort sans croiser la moindre trace de Decazeville. Tout au plus, un minuscule hameau du nom de La Salle existait ici autrefois. Des mines y étaient exploitées de manière artisanale jusqu'à ce que le duc Decazes en hérite en 1826. Celui-ci, favori du roi Louis XVIII, avait été nommé ministre de la Police puis président du Conseil des ministres en 1819. Mais cela ne suffisait pas à Élie Decazes, qui se lança ensuite dans l'industrie en fondant les *Houillères et Fonderies de l'Aveyron*. Son succès fit du village de La Salle un grand centre sidérurgique connu dès 1835 sous le nom de… Decazeville.

Lever du soleil
06h31

Coucher du soleil
21h21

Transfiguration – On fête aussi les Octavien, Dahud

« Dans la vie y'a pas de grand, y'a pas de petit ; la bonne longueur pour les jambes, c'est quand les pieds touchent bien par terre. » *Coluche*

MOTS FLÉCHÉS

BOURRAGE / CONSERVERAS		PÊCHEUSE EN EAU TROUBLE / CONTENAIT		PAS CHER / POT DE COLLE		RATE / TROPHÉE		REMÊLES		ENTRÉE / RELÈVERAS		VILLE DE L'ORNE
SPECTATEURS / FRÔLE LA JOUE								FAIT LA BÊTE / AMAIGRIES				
					ÉCRASE							
DEUX SUIVENT LA QUEUE / PASSER				MIT EN GARDE / TÂCHE							PROPOSER	
					RAPIDE DANS L'AIR / COLLE AU PAS							VIT À L'ÉTROIT
SUR LES ÉPAULES / ES DE GARDE						SUR LA BRESLE / FIT FONDRE			VIDE-BOUTEILLES			
							SE DÉPLACE SUR LES ONDES / COUPER LE SOUFFLE					
ANNONCE L'ARRIVÉE AU SOL	COMPAGNON DE CLUB / GÂTERONS				FAIT DU RÂPÉ / ARTICLE CONTRACTÉ				TIRE LES TRAITS / PIÈCE DE CHARRUE			
		MORDANT		RÉCOMPENSE / VIEUX CUISINIER								
FRANÇAISE DU SUD-OUEST / RELATIF AUX POILS										DISQUE CÉLÈBRE / ONT LEUR LIVRE		
						RESTE EN L'AIR		NUANCE MUSICALE / METTRAI EN PLACE			POUSSÉE DE FIÈVRE	
DÉPLACÉ / PÉRIODIQUE			FANATIQUE		TENTER D'EXPRIMER / EXPOSE							
							TANTALE		ON CHÉRIT SA SŒUR			
EXCÉDENT		HORS DE LUI / POSSESSIF										ROMPT LA GLACE
				CONTRE TOUTES RÈGLES / DONC SEUL					PROPULSÉS / NID DE MARTINAIS			
CONCRÉTION / PAYE UNE TOURNÉE							EN TOUT LIEU					
						CARBURANT						

SOLUTION PAGE 242

Lever du soleil
06h33

Mercredi 7

Coucher du soleil
21h19

Saint Gaëtan – On fête aussi les Gaétane, Levan

« L'amitié, ce n'est pas d'être avec ses amis quand ils ont raison, c'est d'être avec eux même quand ils ont tort. » *André Malraux*

GRANDS SPORTIFS DES JO

LA GUÊPE

Six fois championne du monde, quinze fois de France, Laura Flessel est l'escrimeuse française la plus titrée de l'histoire. Avec ses cinq médailles olympiques, dont les deux premières médailles d'or de l'histoire de l'épée féminine aux Jeux, elle est également la sportive française la plus décorée de l'histoire, toutes compétitions confondues. Surnommée « la Guêpe » pour sa capacité à toucher ses adversaires aux pieds, la Guadeloupéenne fut porte-drapeau de la délégation tricolore à Londres en 2012.

CITIUS - ALTIUS - FORTIUS

60 Brèves régions

OISE – LE CHAPELIER PAS FOU

Un peu dandy, Pierre Huvet a toujours aimé porter des chapeaux qui évoquent un univers. Tous ceux qu'il trouvait dans le commerce ne correspondaient qu'approximativement à ses attentes, il décida donc de fabriquer lui-même le couvre-chef à son goût. Le jeune homme se plongea dans les savoir-faire traditionnels et acheta des outils d'un autre temps pour travailler « à l'ancienne ». Aujourd'hui, installé comme chapelier à Plailly, dans l'Oise, il fabrique entièrement à la main des chapeaux avec des matériaux authentiques. Chaque commande lui demande une vingtaine d'heures de travail, mais la satisfaction de ses clients est sa plus belle récompense.

C'est qui celui-là ?

Lâcher une Louise

Personnes délicates, passez votre chemin ! « Lâcher une Louise », c'est émettre un pet… L'expression fait référence à l'impératrice Marie-Louise, seconde épouse de Napoléon Ier. Bien que fille de l'empereur d'Autriche, elle avait été élevée avec les enfants des domestiques et avait des plaisirs simples qui laissent penser qu'elle ne se privait pas d'émettre des vents.

Recette

Clafoutis tomate cerise, feta, basilic

Pour 4 à 6 pers. **20 min de préparation** **35 min de cuisson**

- 500 g de tomates cerises
- 200 g de feta ou de fromage de brebis frais
- 1 bouquet de basilic
- 5 œufs
- 20 cl de lait
- 10 cl de crème fleurette
- Ail semoule ou 1 gousse d'ail
- Beurre
- Sel, poivre du moulin

Préchauffez le four à 180 °C (th. 6). Équeutez les tomates cerises, lavez-les, séchez-les puis coupez-les en deux. Taillez le fromage de brebis en petits cubes. Lavez et ciselez le basilic en conservant quelques feuilles entières pour la finition.

Beurrez un grand plat à gratin et saupoudrez-le d'ail semoule ou frottez-le avec la gousse d'ail préalablement coupée en deux. Déposez les cubes de fromage et les moitiés de tomates cerises au fond du plat.

Cassez les œufs dans un cul-de-poule et battez-les avec le lait et la crème. Ajoutez du sel, du poivre. Versez sur le plat et enfournez pour 35 min de cuisson. Déposez les feuilles de basilic entières sur le clafoutis avant de servir.

Conseil
Servez avec une salade verte.

Lever du soleil
06h34

Jeudi 8

Coucher du soleil
21h17

Saint Dominique – On fête aussi les Liébaut, Cyriaque, Cyrus

« Celui qui diffère de moi, loin de me léser, m'enrichit. » *Antoine de Saint-Exupéry*

DES nuisibles PAS nuisibles

LE BLAIREAU

Le déterrage est une méthode de chasse particulièrement cruelle qui consiste à bloquer le blaireau au fond de son terrier à l'aide de chiens dressés et à l'en extirper avec une pince avant de le tuer. Il reste toutefois autorisé en France, alors que le blaireau est protégé dans une bonne partie de l'Europe, notamment en Belgique. Il n'y a en effet aucune raison de le considérer comme nuisible, car son impact sur les cultures est anecdotique et son alimentation, très diversifiée. Il faut en conclure qu'il est surtout chassé pour le plaisir, d'autant que sa viande n'est pas consommée.

CHARADE classique

Il est parfois conseillé de mettre **mon premier** dans son vin,

Mon deuxième donne des coups de baguette,

Il vaut mieux ne pas boire **mon troisième**,

Mon quatrième n'est pas court,

Mon cinquième est une surveillance nocturne,

Mon tout est une danseuse, chorégraphe et professeur de danse classique française.

(EAU – FÉE – LIE – LONG – GUET)
OPHÉLIE LONGUET

Bibliophiles

Le Dernier Été en ville, Gianfranco Calligarich (Gallimard, 2021)

Osons l'emphase. C'est un roman culte (paru en Italie en 1973), un plaisir de lecture délicieux, qui vous laissera longtemps en bouche le goût de la Méditerranée ; dans les yeux la Rome des années 60, dorée, fanée mais vibrante, mélancolique et joyeuse à la fois comme dans un film de Fellini ; en mémoire un jeune homme goûtant la *dolce vita*, dans ses excès, ses errances, ses trouées de spleen ; une femme aimée, désirée, inaccessible, mi-Anouk Aimée mi-Monica Vitti… On quitte le livre comme on sort d'un rêve : à regret, mais aussi les sens éveillés, étonné et heureux d'avoir vécu dans ces images.

ACTU

Home sweet home

Cent six ans après sa naissance, Elsie Allock vit toujours dans la même maison à Huthwaite (Angleterre). En 1918, son père louait la maison pour 7 shillings et 6 pence par mois, soit environ 17 euros aujourd'hui. Après le décès de sa mère, Elsie, qui était encore jeune, est restée seule avec son père. En 1941, Elsie a rencontré Bill. Ils se sont rapidement mariés. La jeune femme souhaitant s'occuper de son père, le couple s'est installé dans la maison. En 1960, Elsie et Bill ont pu l'acquérir pour 250 £ (soit l'équivalent de 750 euros actuels). Les deux enfants du couple y sont nés et Elsie n'a jamais déménagé au cours des décennies suivantes. Si autour, la ville a beaucoup changé, cette maison n'a connu que de très modestes aménagements. Elle est estimée aujourd'hui à près de 100 000 euros. Mais la plus que centenaire n'a évidemment aucune intention de quitter les lieux. Elle souhaite passer les derniers jours de sa vie dans cette maison, entourée des nombreux souvenirs de sa vie et de ceux qu'elle a aimés.

Lever du soleil
06h36

Vendredi 9

Coucher du soleil
21h16

Saint Amour – On fête aussi les Herlé, Ruben

« Nul ne peut voir *par-dessus soi.* Je veux dire par là qu'on ne peut voir en autrui plus que ce qu'on est soi-même, car chacun ne peut saisir et comprendre un autre que dans la mesure de sa propre intelligence. » *Arthur Schopenhauer*

La saga de l'orthographe

Les rectifications proposées par la « réforme de l'orthographe » visent à rendre plus facile son apprentissage en éliminant des anomalies, des incohérences, les exceptions inutiles à une règle simple, en consacrant un usage, ou en facilitant la création de mots nouveaux (domaines scientifiques, techniques…). Elles ne concernent que 2 000 mots environ (soit 3 à 4 % du lexique français).

➠ *À suivre p. 250*

SYSTÈME D

CONTRÔLER LA PRESSION DE L'EAU

Il y a des sifflements et des coups de bélier dans vos canalisations d'eau et vous éclaboussez en ouvrant les robinets ? Il y a sans doute trop de pression. Le réseau public délivre en général une pression de 3 bars, mais au-dessus de 5 bars, elle représente un danger pour vos appareils, notamment pour votre chauffe-eau. Pour prévenir une catastrophe, il faut vérifier la pression. Munissez-vous d'un manomètre à pression d'eau (le prix est inférieur à 10 €). Dévissez le bec du robinet, pressez l'embout en caoutchouc du manomètre sur la sortie d'eau, ouvrez en grand et vérifiez qu'il n'y a pas de fuite. Lisez alors la pression. Si elle est supérieure à 5 bars, il faut poser un réducteur de pression. Vous pouvez le faire vous-même si vous êtes un bricoleur expérimenté. Sinon, appelez un plombier.

CALEMBOURS ou RÉPARTIES cultes du cinéma

Dans quel film ?

« En Sicile, les femmes sont plus dangereuses que les coups de fusil. »

Réponse : Le Parrain, de Francis Ford Coppola.

LE BON MOT DE L'HISTOIRE

« Mon cousin de Bourgogne a donné asile à un renard qui, un jour, lui dévorera ses poules. »
Charles VII, août 1456

En 1456, après l'échec d'une nouvelle fronde pour destituer son père, le dauphin Louis (le futur Louis XI) demande protection au duc de Bourgogne Philippe le Bon. Celui-ci lui accorde asile. En outre, il lui alloue le petit château de Genappe, à 20 km de Bruxelles, ainsi qu'une pension annuelle. Rapporté par Eude de Mezeray, l'inventeur de la première gazette littéraire et scientifique, le trait d'esprit cinglant de Charles VII est prémonitoire : rentré d'exil pour être couronné roi en 1461, Louis XI se trouve rapidement en conflit avec l'héritier de Philippe le Bon, Charles le Téméraire.

Lever du soleil
06h37

Samedi 10

Coucher du soleil
21h14

Saint Laurent – On fête aussi les Lorenzo, Laura, Philomène

« Il faut tendre vers l'impossible : les grands exploits à travers l'histoire ont été la conquête de ce qui semblait impossible. » *Charlie Chaplin*

Le saviez-vous ?

Ce n'est pas dans son intérêt de vous piquer

Une abeille ne pique que si elle se sent menacée. Elle enfonce alors son dard dans la peau de sa victime et libère ainsi le venin responsable de la douleur ressentie (ce n'est pas la piqûre qui provoque la douleur). Mais son dard, en forme de harpon, reste planté dans la peau. Ainsi, lorsque l'abeille se dégage, l'aiguillon s'arrache, entraînant avec lui la poche à venin et une partie de l'abdomen. L'abeille mourra quelques heures plus tard.

Humour du monde

ha ha, hi hi, ho ho — Français
huhuhuh, hahaha, kukuku — Japonais
ax ax ax — Russe
chá cha — Lituanien
jajaja — Espagnol

À Tel-Aviv, chez une voyante

– Je lis dans les lignes de votre main que votre mari va mourir bientôt.

– Ça, je le sais ! La question est de savoir si on va m'arrêter.

Citations humoristiques : Blagues et vannes

Ha! Ha! Ha!

« Dieu a sagement agi en plaçant la naissance avant la mort, sans cela, que saurait-on de la vie ? » *Alphonse Allais*

« En fait de livres, il y en a beaucoup d'épelés et peu de lus. » *Alphonse Karr*

« Les technocrates, si on leur donnait le Sahara, dans cinq ans il faudrait qu'ils achètent du sable ailleurs. » Coluche

« Un bon traitement contre l'insomnie est de beaucoup dormir. » W. C. Fields

« Quelle malédiction que d'avoir été jeune et de ne pas l'avoir oublié, de vouloir répéter indéfiniment la jeunesse ! » Jean Dutourd

ACTU

Les pavés du Nord

La Norvège a révélé avoir mis au jour la plus ancienne pierre runique jamais découverte, datant d'environ 2 000 ans. Il s'agit d'un bloc de grès marron, mesurant 30 cm de côté, trouvé dans un champ funéraire près du lac Tyrifjorden, au nord-ouest d'Oslo, à l'occasion de la construction d'une ligne ferroviaire. Selon le musée d'Histoire culturelle d'Oslo, la pierre a été gravée entre 1 et 250 apr. J.-C.. Une fois transcrite en alphabet latin, l'inscription sur la pierre forme le mot « idiberug », peut-être en hommage à la personne enterrée dans la tombe. Souvent dressées sur les tombes pendant l'ère viking (ixe-xe siècles), les pierres runiques sont gravées d'inscriptions formées par des lettres runiques, le plus ancien alphabet connu en Scandinavie. Jusqu'à présent, on pensait que les premières pierres runiques étaient apparues entre les années 300 et 400.

Lever du soleil
06h38

Dimanche 11

Coucher du soleil
21h12

Sainte Claire – On fête aussi les Clara, Suzanne, Gilberte, Géry

« Appliquez-vous à garder en toute chose le juste milieu. » *Confucius*

Heureux Mariages

PAUL LELOUP épousa **JOSÉPHINE LOUISE CHEVREUIL** le 2 août 1894 à Boulogne-Billancourt (Hauts-de-Seine) et, non loin de là, à Buc (Yvelines), le 10 janvier 1874, c'est **MARIE LAGNEAU** qui dit oui à **VIRGILE LELEU**, dont le patronyme évoque également l'animal aux grandes dents. Tout aussi curieux, le couple formé en 1864 à Villecien (Yonne) entre **LOUIS LELOUP** et **SIMONE RENARD**.

OENOTOURISME

La route des vins septentrionale, dans la vallée du Rhône

La vallée du Rhône est l'une des régions viticoles les plus célèbres de France, avec 77 000 hectares de vignes, 28 appellations et plus de 6 000 exploitations. Sur les 100 km qui séparent Vienne de Valence, en suivant le cours du Rhône, on découvre la partie septentrionale de la région, ponctuée de parcs naturels. Plusieurs appellations célèbres sont produites dans ces coteaux, le Côte-rôtie, le Condrieu, le Château-grillet, le Saint-joseph et l'Hermitage. Ici poussent les vignobles les plus anciens de France, datant de la Gaule. Autour du village d'Ampuis, c'est le côte-rôtie, l'un des crus les plus prestigieux de la vallée, que l'on déguste. À Condrieu et Château-Grillet, les vignerons s'attachent à sublimer un cépage unique, le viognier.

Ha! Ha! Ha!

CITATIONS HUMORISTIQUES : BLAGUES ET VANNES

« On n'achète pas les tableaux parce qu'on les aime. On aime les tableaux parce qu'on les achète. »

Georges Feydeau

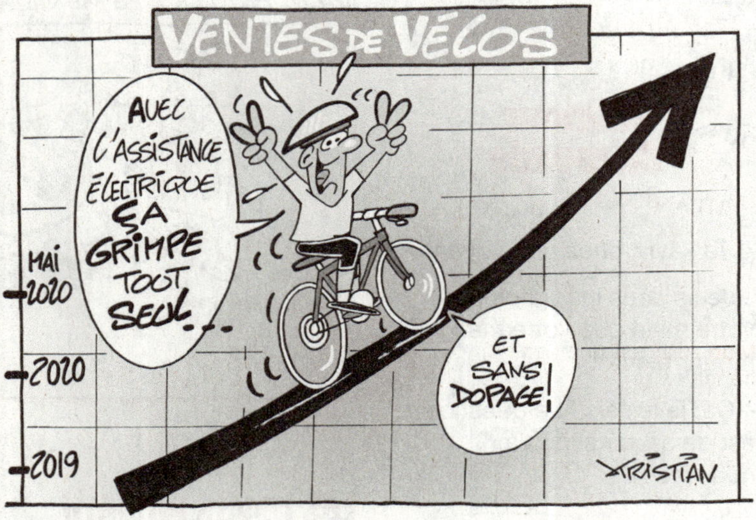

LE CYCLISME AUX JO
À JAMAIS LA PREMIÈRE

Il faut attendre 1984 et les Jeux de Los Angeles pour que le cyclisme féminin se trouve une place aux Jeux olympiques. La première et unique course alors organisée se passe sur route et sacre l'Américaine Connie Carpenter. Elle n'avait pas 15 ans quand elle a participé à ses premiers JO, ceux d'hiver de Sapporo, en 1972, en patinage de vitesse. Après une blessure, elle se mit au cyclisme à 19 ans, décrochant ses premiers titres nationaux avant, donc, de remporter le premier titre olympique féminin en cyclisme.

SOLUTION MOTS FLÉCHÉS P. 237

	E		R		H		V		R		H	
E	M	M	A	G	A	S	I	N	E	R	A	S
	P	U	B	L	I	C	S		B	E	L	E
B	I	S	O	U		A	C	C	A	B	L	E
	L	E	U		A	L	E	R	T	A		S
P	A	L	I	R		P	R	E	S	T	O	
	G	A	L	O	N		E	U		I	F	S
V	E	I	L	L	E	S		S	U	R	F	E
		T	E	E		U	S	E		A	R	C
F	A		U		A	C	C	E	S	S	I	T
	B	A	S	Q	U	A	I	S	E		R	A
P	I	L	E	U	X		E		P	P		I
	M	U		E		P	R	E	S	S	E	R
M	E	N	S	U	E	L		L		A	M	E
	R		E	X	T	A	T	I	Q	U	E	
B	O	N	I		A	N	A	R		M	U	S
	N	O	D	U	L	E		A	R	E	T	E
A	S	S	E	N	E		D	I	E	S	E	L

Lever du soleil
06h40

Lundi 12

Coucher du soleil
21h10

Sainte Clarisse – On fête aussi les Gianna, Jannick, Clarisse

« Les machines, un jour, pourront résoudre tous les problèmes,
mais jamais aucune d'entre elles ne pourra en poser un ! » *Albert Einstein*

PAROLES
Les mots des flics et des voyous
PAROLES

Lapin blanc

Technicien en identité criminelle (T.I.C.) vêtu d'une combinaison blanche, d'un masque, d'une charlotte, de gants et de surchaussures pour opérer sur les lieux d'un crime en évitant de le « polluer » par l'apport d'éléments extérieurs. Synonymes : lunaire, martien, vénusien. Remarque : dans le jargon policier, le lièvre, lui, qualifie traditionnellement le porteur de la rançon dans une affaire d'enlèvement.

CHARADE classique

Mon premier est fréquenté par les canards,

Mon deuxième est une baie japonaise,

Mon troisième est la voix masculine la plus grave,

Mon quatrième est une base de lancement,

Doublé, **mon cinquième** est un courant musical des années 1960,

Mon tout est une aviatrice française.

MARYSE BASTIÉ (MARE – ISE – BASSE – TEE – YÉ)

ATLANTES

Les guitaristes de légende

Chuck Berry

1958 : le monde trépigne, « *Go! Johnny go!* », au son de « Johnny B. Goode ». La 7e plus grande chanson de tous les temps pour *Rolling Stone* raconte l'histoire d'un jeune Noir, quasi analphabète, génie inné de la guitare propulsé vers la gloire dans une Amérique blanche. Voilà qui résume la vie de ce pionnier et poète du rock (1926-2017), qui innove avec son rhythm'n'blues énervé, son jeu de jambes (le « duckwalk », mouvement qui s'effectue genoux pliés, une jambe parfois en l'air), des chansons initiant la mythologie américaine de l'adolescence rebelle, éprise de musique et de voitures, et influence, entre autres, aussi bien Keith Richards que John Lennon, qui a dit un jour que Chuck Berry pourrait bien être l'autre nom du rock and roll.

Disque conseil : *Chuck Berry Is on Top*, Chess Records, 1959.

NIKE CRÉE DES BASKETS ET DES VÊTEMENTS VIRTUELS

MALINOIS

Si le berger belge s'appelle malinois, c'est tout simplement parce que la race a été créée dans la région de Malines, une ville située entre Bruxelles et Anvers, dans le nord de la Belgique. C'est vers la fin du XIXe siècle que des éleveurs ont commencé à entraîner les chiens qu'ils utilisaient comme bergers pour leurs troupeaux. Ils ont créé des parcours avec des obstacles à franchir et des épreuves à surmonter pour sélectionner les chiens et ne garder que les plus puissants. Et c'est ainsi qu'en 1891, la race des bergers belges a été divisée en huit catégories, celle à poil court devenant le malinois. Aujourd'hui, seulement quatre catégories subsistent des huit initiales (groenendael, laekenois, malinois et tervueren), elles sont enregistrées depuis 1901 au très officiel *Livre des Origines*.

Chiens voyageurs

Lever du soleil
06h41

Mardi 13

Coucher du soleil
21h09

Saint Hippolyte – On fête aussi les Athanasie, Kolbe

« Tout compte fait, la vie est une chose extraordinaire. » *Émile Cioran*

BINERO ADDITION

Solution page 248

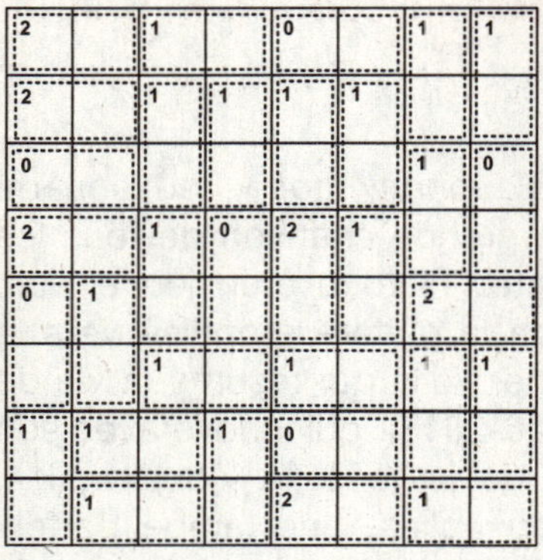

– Cette grille ne contient que des 0 et des 1 ;
– Il y a autant de 0 et de 1 sur chaque ligne et sur chaque colonne ;
– Il n'y a pas plus de 2 chiffres identiques côte à côte ;
– 2 lignes ou colonnes ne peuvent être identiques.
– Le chiffre dans chaque zone pointillée est égal à la somme des chiffres de la zone correspondante.

ÇA S'EST PASSÉ Le 13 août 1624

Armand Jean du Plessis, duc de Richelieu, devient le chef du Conseil du roi. Visionnaire, soucieux de l'intérêt national, il commence alors son action politique d'envergure.

Apéro

Gougère

Ce chou au fromage est une tradition auxerroise, et plus largement partagée dans toute la Bourgogne. Si l'on date la création de la pâte à choux autour du XVIe siècle, on ne sait pas exactement où et comment la gougère est née – mais c'est bien à Auxerre qu'elle a pris son envol. Sous forme de tarte, de tranche ou en petit chou, la gougère se déguste en apéritif, nature, accompagnée d'un bon vin.

La dictée du mois 8/10

Soirée marine

Un soir gris descend sur la mer ; les nuages lourds, que poussent une brise très âpre, s'écroulent vers l'horizon, faisants craindre une nouvelle averse ; la pluie qui vient de tombée rend glissante la cale de Saint-Servan, dont la pente s'enfonçe sous l'eau houleuse ; elle assombrit les pierres grises de la haute tour Solidor, qui semble avoir pris racine dans les rochers qui lui servent d'assises et ont fournit les matériaux de ses murailles. […] Des matelots, des femmes chargées de paniers descendent la pente mouillée et interpellent d'une voie dolente les barques qui acostent le quai ; un teinturier, les bras bleus jusqu'au-dessus du coude, trempe diverses loques dans l'eau qui roule sur la chaussée de pierres, et, pour un instant, teinte les premières lames de nuances invraissemblables.

Judith Gautier, Isoline et la Fleur Serpent, *1882.*

pousse, faisant, tomber, s'enfonce, fourni, voix, accostent, invraisemblables

Lever du soleil
06h43

Mercredi 14

Coucher du soleil
21h07

Saint Évrard – On fête aussi les Alfred, Assunta

« Quand on est fait pour transporter des montagnes, on peut transporter aussi des vallées et des bas-fonds. » *Friedrich Nietzsche*

NOS ANCÊTRES

LE PIONNIER

Découvert en 2008, *Homo antecessor* aurait occupé l'Europe entre 1,2 et 0,8 million d'années. Il se caractérisait par un crâne d'un volume d'environ 1 100 cm^3, une taille comprise entre 1,60 et 1,80 m et un poids d'environ 90 kg. Son âge lui a donné son nom. On a en effet pensé qu'il était l'ancêtre commun entre Néandertal et l'*Homo sapiens* avant, plus récemment, d'en faire un cousin.

Ha! Ha! Ha!

CITATIONS HUMORISTIQUES : BLAGUES ET VANNES

« Pour le week-end, nous avons voulu faire les châteaux de la Loire. Malheureusement, ils étaient déjà faits. » *Francis Blanche*

« Le Parlement : on y parle, on y ment ! » *Tomi Ungerer*

« Elle tient sa beauté de son père. Il est chirurgien esthétique. » *Groucho Marx*

« Il n'y a qu'une chose au monde qui soit pire que d'être l'objet de toutes les conversations, c'est de n'être l'objet d'aucune. » *Oscar Wilde*

« Il est évidemment bien dur de ne plus être aimé quand on aime, mais cela n'est pas comparable à l'être encore quand on n'aime plus. » *Georges Courteline*

Le saviez-vous ?

Rebaptisées pour vingt ans ou plus

Les révolutionnaires voulant effacer toute référence à l'Ancien Régime, à la féodalité et à la religion, environ 3 000 communes françaises changent de nom en 1794. Ainsi, Château-Thierry devient Égalité-sur-Marne, Saint-Jean-de-Luz est renommée Chauvin-le-Dragon… Quelques mois après son accession au trône, Louis XVIII annule ces changements de noms. Cependant, 86 communes conservent encore leur nom révolutionnaire, comme Fort-de-France en Martinique.

LA COUR DES COMPTES EUROPÉENNE VEUT INTÉGRER LA SOUFFRANCE ANIMALE DANS LE PRIX DE LA VIANDE.

68 Brèves régions

HAUT-RHIN – LA COLLINE DU BOLLENBERG

À Westhalten, dans le Haut-Rhin, au sommet de la colline du Bollenberg, se dresse une chapelle aux murs blanchis à la chaux. Surmontée d'une immense croix, elle porte le nom officiel de « chapelle Sainte-Croix » mais ici, tout le monde l'appelle la « chapelle des sorcières ». Les légendes racontent en effet que c'est sur la colline du Bollenberg que se réunissent guérisseurs et sorcières pour cueillir des plantes magiques. Ce qui est sûr, c'est que le site bénéficie d'un exceptionnel microclimat méditerranéen sec propice à la pousse de nombreuses espèces endémiques. Chaque année, le 14 août, le « feu des sorcières » rend hommage à ces hôtes mystiques.

Lever du soleil
06h44

Jeudi 15

Coucher du soleil
21h05

ASSOMPTION

Sainte Marie – On fête aussi les Macha, Marielle, Myriam

« Il n'y a pas de vieillesse, on n'est vieux qu'à partir du moment où on prend son parti d'être vieux. » *George Clemenceau*

CALEMBOURS ou RÉPARTIES cultes du cinéma

Dans quel film ?

« Ce n'est pas tellement triste, un enterrement. Il suffit qu'il y ait un peu de soleil dessus et tout le monde est content. »

Réponse : Les Enfants du paradis, de Marcel Carné.

ACTU

Coucou le revoilà !

Fin 2022, des scientifiques ont identifié un faisan-pigeon à nuque bronzée. Et alors ? direz-vous peut-être. Mais imaginez qu'on n'en avait plus vu depuis 1882 ! C'est après avoir reçu plusieurs témoignages qu'une équipe composée de chercheurs du musée national de Papouasie-Nouvelle-Guinée, du Cornell Lab of Ornithology et du Conservatoire américain des oiseaux avait entrepris une première expédition sur l'île de Ferguson pour tenter de localiser l'espèce. En vain. Après un mois d'investigations, leur deuxième tentative a donc été la bonne. Les ornithologues ont installé 20 pièges photographiques au cœur de la forêt tropicale de cette île montagneuse. C'est l'un d'entre eux qui a finalement permis de retrouver la trace de l'oiseau. Les images montrent un pigeon de grande taille, avec une queue épaisse, une tête et un corps noirs et des ailes rouge-orange. Il est probable que cette espèce soit endémique de cette île de Papouasie-Nouvelle-Guinée. Pour les chercheurs, la prochaine étape consiste à tenter de déterminer combien d'individus il reste de cette espèce exceptionnelle et, maintenant qu'ils l'ont retrouvée, à la protéger.

EURO 2024

ATTENTE MOINS LONGUE

S'il a fallu attendre 61 ans pour que les équipes féminines puissent disputer une Coupe du monde, l'attente fut moins longue pour que les Européennes s'affrontent sur le continent. Après la création de la Coupe d'Europe des nations masculine et sa première édition en 1960, l'idée d'une version féminine émerge rapidement. Deux premières éditions, non reconnues comme officielles par l'UEFA, sont disputées en 1969, remportée par l'Italie qui avait éliminé la France en demi-finale, et en 1979, remportée par le Danemark vainqueur des Bleues en phase de groupes. Il ne faut alors attendre que quelques années pour que ces tournois deviennent officiels. La première édition d'un EURO féminin se dispute en 1984, il se dispute ensuite tous les deux ans entre 1987 et 1997 avant de prendre un rythme quadriennal.

UEFA - UEFA - UEFA - UEFA - UEFA

LES PRÉCURSEURS DE L'ÉCOLOGIE

VAL PLUMWOOD

Ardente défenseuse de l'écosophie, cette philosophe australienne (1939-2008) développe à partir des années 1970 une pensée visant à rapprocher l'homme de la Nature. Elle dénonce une « hyper séparation » nocive, anthropocentrée, qui engendre une subordination des non-humains, mais aussi des peuples autochtones et des femmes. Dans *Feminism and the Mastery of Nature* (1993), elle explique comment les féministes ont un rôle majeur à jouer dans l'écologie, et comment la domination masculine s'impose à la nature également.

Saint Armel – On fête aussi les Roch, Arzhel, Aël

Dans les moments difficiles, montre-toi courageux et fort : mais tu auras aussi la sagesse de réduire tes voiles trop gonflées par un vent favorable. *Horace*

Ça ne rime à rien...

Larve

Enveloppée dans une gangue de couleur blanche, d'aspect repoussant, la « larve » tire son nom du latin *larva* qui signifie « fantôme ». Cela peut paraître curieux quand on sait que la « larve » est le premier stade de développement après l'éclosion de l'œuf et non pas un être mort. Aucun autre mot français n'étant formé sur la même racine, « larve » est un orphelin de la rime.

Monarchies du monde

Malaisie

Cas rare au niveau mondial, la monarchie de Malaisie est élective et fonctionne par rotation. Dans cette fédération de treize États, le roi est élu par la Conférence des dirigeants parmi neuf souverains de la Fédération, pour une durée de cinq ans et selon un cycle prédéterminé. Depuis 2019 c'est Abdullah Shah, sultan de Pahang, qui porte la couronne. Cette année, le sultan de Johor lui succède.

Moments *uniques*

LA DANSE DES ÉPÉES EN CHAÎNE DU PONT DE CERVIÈRES

Seule danse d'épées en chaîne connue en France, le « Bacchu-Ber » est originaire du Pont de Cervières, un hameau de Briançon, dans les Hautes-Alpes. Elle se pratique depuis la nuit des temps, un seul jour dans l'année, le 16 août, jour de la Saint-Roch, patron des pestiférés. Autrement dit, en 500 ans, elle n'a pas été dansée plus de 500 fois ! Neuf hommes vêtus d'une chemise blanche, d'un pantalon blanc et portant une large ceinture rouge exécutent des figures géométriques complexes en tenant chacun une épée dans la main droite et, dans la gauche, l'extrémité de celle d'un autre danseur. On ne connaît pas l'origine de cette danse des épées, mais elle a néanmoins été inscrite à l'inventaire du patrimoine culturel immatériel de notre pays.

ASTUCES 2 FAINÉANT

Le « batch cooking », sauveur des fainéants

Savez-vous combien de temps il vous faut pour préparer à manger et combien il en faudrait pour préparer la même chose, mais avec des quantités multipliées par 3 ou 4 ? Réponse : le même temps. C'est pourquoi le « batch cooking » est de plus en plus à la mode. Cette technique consiste à cuisiner en grande quantité puis à diviser ses préparations en portions individuelles avant de les congeler. Ainsi, vous vous mettez une seule fois aux fourneaux et vous en profitez ensuite plusieurs jours sans vous fatiguer, simplement en réchauffant vos plats. Certaines personnes préparent même plusieurs plats différents dans la même journée, la seule consacrée à la cuisine pour tout le mois, et disposent chaque jour d'une nourriture variée sans effort supplémentaire.

Lever du soleil
06h47

Samedi 17

Coucher du soleil
21h01

Saint Hyacinthe – On fête aussi les Carloman, Gulian, Alypius

« La violence est le dernier refuge de l'incompétence. » *Isaac Asimov*

Les rues mythiques du MONDE

Promenade des Anglais (Nice, France)

Dans la seconde moitié du XVIIIe siècle, Nice devient prisée, l'hiver, par l'aristocratie anglaise. En 1820, le révérend Lewis Way et des membres de l'église anglicane Holy Trinit proposent de financer la construction d'un chemin de promenade le long de la baie des Anges. Depuis, la « Prom » a été largement réaménagée et les palaces, casinos et immeubles résidentiels ont remplacé la plupart des villas et leurs jardins. Inscrite au patrimoine mondial de l'Unesco depuis 2021, cette balade incontournable est aussi un lieu de rendez-vous prisé par les amateurs de rollers et de skate.

Groupes des 60s

The Beatles

Les quatre garçons dans le vent, John, Paul, George et Ringo, ont marqué l'histoire du rock et ont inspiré un grand nombre d'artistes. Avec près de 12 albums et plus de 200 chansons écrites, ils remportent un succès populaire jamais égalé. Véritable révolution culturelle, leur musique, mais aussi leur personnalité, témoignent de la libération des mœurs des années 1960. L'histoire commence dans les clubs de Liverpool, en 1957, jusqu'à ce que Brian Epstein devienne leur manager et qu'ils lancent leur premier titre, « Love me do », en 1962. S'ensuit la Beatlemania que l'on connaît. Après leur séparation en 1970, chaque membre poursuivra une carrière solo.

ÇA S'EST PASSÉ Le 17 août 1424

La bataille de Verneuil, l'une des plus meurtrières de la guerre de Cent Ans, est gagnée par les Anglais. Coup dur pour Charles VII, à qui Jeanne d'Arc apportera bientôt une aide inespérée.

AU JARDIN

Le paillage en couches

Cette pratique est une amélioration du paillage simple et elle a bien des avantages : elle évite tout type de travail du sol, elle bonifie la terre en profondeur en l'allégeant et en l'aérant, elle favorise la vie du sous-sol, elle retient l'humidité et empêche la croissance des mauvaises herbes. Il s'agit de couvrir le sol d'un bon sandwich multifonction. Étalez une couche de tonte de gazon avec un peu de fumier de ferme ou de poule, ou d'engrais organique. Ensuite, une couche de carton et de papier journal, bien couvrante, puis une autre (10 cm) de matière organique décomposée (compost de jardin) ; terminez par 15 cm d'un mélange d'aiguilles de pin, de copeaux, de sciure et de feuilles mortes. Arrosez bien et attendez quelques mois avant de planter à travers la couche de carton.

Solution Binero addition p. 244

1	1	0	1	0	0	1	0
1	1	0	0	1	0	0	1
0	0	1	1	0	1	1	0
1	1	0	0	1	1	0	0
0	0	1	0	1	0	1	1
0	1	0	1	0	1	0	1
1	0	1	1	0	0	1	0
0	0	1	0	1	1	0	1

Lever du soleil
06h48

Dimanche 18

Coucher du soleil
20h59

Sainte Hélène – On fête aussi les Helena, Hellen, Lana

« L'homme qui a l'âme en paix n'est importun ni à lui-même ni aux autres. » *Épicure*

Alea jacta est – Citations latines

Mens sana in corpore sano

La citation, traduite par « Un esprit sain dans un corps sain », est interprétée aujourd'hui comme une invitation à exercer physiquement son corps pour accéder au bien-être mental et psychologique. Elle tire son origine de la satire X du poète latin Juvénal (55-128) : « *Orandum est, ut sit mens sana in corpore sano* », qui signifie : « Que vos prières [aux dieux] sollicitent un esprit sain dans un corps sain », autrement dit : « Cessez d'implorer vainement les dieux, qui n'écoutent pas les hommes. Demandez-leur seulement la santé physique et mentale. »

Cocktails

Caïpirinha

Pour 1 verre à cocktail
5 min de préparation

- *4 cl de cachaça*
- *1 citron vert non traité*
- *2 cuil. à café de sucre cassonade*
- *Quelques glaçons*

Lavez et coupez le citron en dés.
Écrasez grossièrement le citron et la cassonade dans le verre.
Versez l'alcool.
Ajoutez la glace, pilée si possible (au blender par exemple).

20 Brèves régions

CORSE-DU-SUD – RECORD DE VENT

C'est un record dont l'Île de Beauté aurait préféré se passer… celui des vents les plus forts jamais enregistrés en France. Le jeudi 18 août 2022, pendant un violent épisode orageux qui causa de nombreux dégâts, à la station météo de Marignana, sur la côte ouest de la Corse-du-Sud, une rafale a été mesurée à 224 km/h ! Un chiffre exceptionnel quand on sait qu'auparavant, c'est à Granville, dans la Manche, et à la pointe du Raz, dans le Finistère, que les vents les plus forts pour notre territoire avaient été enregistrés, à 216 km/h. Selon les spécialistes, le dérèglement climatique pourrait accentuer ces épisodes dévastateurs dans les années à venir.

ÇA, C'EST FAIT DIVERS

Depuis plus d'un an, les habitants de Surfdale, une petite localité sur l'île de Waiheke en Nouvelle-Zélande, sont les témoins d'un étrange phénomène : régulièrement, ils trouvent dans leurs boîtes aux lettres un colis contenant une saucisse grillée, posée sur une tranche de pain de mie et accompagnée d'un peu de sauce. Personne ne sait qui est à l'origine de ces dépôts, mais tous les paquets sont préparés exactement de la même manière. Les événements ont pris une telle ampleur que la presse néo-zélandaise s'en est emparée et a surnommé l'auteur de ces actes « The Surfdale Sausager », autrement dit « l'andouille de Surfdale ». Intrigués, les habitants se posent des questions sur l'identité de cet inconnu, qui utilise toujours le même mode opératoire, mais agit de manière aléatoire. La fréquence des dépôts est imprévisible, il peut s'écouler des jours, des semaines ou même des mois sans aucune apparition de saucisse. Si certains considèrent qu'il s'agit seulement d'une plaisanterie bizarre, d'autres estiment qu'il pourrait bien y avoir une raison très sérieuse derrière ces actes. Quoi qu'il en soit, l'enquête se poursuit et les autorités comptent faire toute la lumière sur cette affaire étrange.

Lever du soleil
06h50

Lundi 19

Coucher du soleil
20h58

Saint Jean-Eudes – On fête aussi les Eudora, Guerric

« Rien n'a d'empire sur l'amour, L'amour en a sur toutes choses. » *Jean de La Fontaine*

Gangs – La Banda della Magliana

Cette organisation criminelle est la plus puissante et la plus violente à avoir jamais opéré à Rome. Attribué par les médias, son nom fait référence au quartier de Magliana, dans lequel résidaient certains de ses fondateurs et la plupart des membres. Tout commence fin 1976, lorsque Franco Giuseppucci, Enrico De Pedis et Maurizio Abbatino décident d'unir leurs forces pour structurer et contrôler l'ensemble des activités criminelles de la capitale italienne. Les trois hommes convainquent rapidement plusieurs groupes de se joindre à eux pour former une structure pyramidale sur le modèle de la mafia. L'enlèvement du duc Massimiliano Grazioli, le 7 novembre 1977, constitue leur première véritable opération. Malgré le paiement de la rançon par la famille, l'otage est tué. Son corps ne sera jamais retrouvé. Véritable holding du crime, la bande étend son contrôle sur les paris et les casinos, le blanchiment d'argent, le trafic de drogue, et entretient des liens avec des mouvements d'extrême droite et des membres des services secrets. La Banda della Magliana serait également impliquée dans certains événements sanglants des « années de plomb », comme l'assassinat d'Aldo Moro, l'attentat de la gare de Bologne ou le « suicide » de Roberto Calvi, le banquier du Vatican. Démantelée en 1992, cette organisation tentaculaire n'a pas encore livré tous ses secrets.

INVENTIONS bleu, blanc, rouge

La photographie

Louis Daguerre, un décorateur de théâtre parisien né peu de temps avant la Révolution, divulgua pour la première fois son procédé photographique lors d'une séance officielle à l'Institut de France, le 19 août 1839. Cette invention, certes 100 % française, ne lui revient pas exclusivement, car Daguerre avait tiré parti des travaux de son associé, un certain… Nicéphore Niépce.

TROUVEZ LES PAROLES D'UN SUCCÈS DE 1977

SOLUTION : DENTS, LA, FAUX, RAIE, 2, L', AUTO, NOEUD, C', OEUFS, MÂT, T', AIN, HAIE, A, RIVET, UNE, CHAUX, ZE, QUEUE, PER SONNE, NORD, HAIE, PUITS, MAGE, I, NEZ.
(DANS LA FORÊT DE L'AUTOMNE, CE MATIN EST ARRIVÉE UNE CHOSE QUE PERSONNE N'AURAIT PU IMAGINER)
LE LAPIN : PAROLES DE R. DUMAS, MUSIQUE DE J.-J. DEBOUT, INTERPRÉTATION DE CHANTAL GOYA

La saga de l'orthographe

Seuls les nombres inférieurs à cent s'écrivaient avec un trait d'union : dix-huit, mais cent un ; désormais, il serait généralisé dans l'écriture des nombres et il faudrait écrire cent-un, deux-cent-vingt-quatre… Certains mots composés possédaient un trait d'union, d'autres noms. La soudure des mots l'emporterait : portemanteau, sagefemme, chauvesouris, tirebouchon…

➠ *À suivre p. 272*

AHAHAHAHAH ! OH ! OH ! AH ! AH ! AH ! HI ! HI ! HI ! WHA HA ! HA !

LA BONNE BLAGUE

LA BLAGUE DU LECTEUR

Passionné d'automobiles, Jacques, 8 ans, accompagne exceptionnellement son père, vétérinaire, à une réunion d'éleveurs de bovins.
Au cours de cette réunion, Jacques entend régulièrement cette remarque : les éleveurs de bovins ont intérêt à avoir des limousines pour valoriser leur exploitation.
Le lendemain, Jacques est à l'école et le professeur questionne ses élèves sur le métier qu'ils envisagent de faire plus tard.
Lorsqu'arrive son tour, Jacques répond au professeur : je veux être éleveur de bovins !
Alors le professeur lui demande ce qui motive son choix et Jacques lui répond : « Parce que lorsqu'on est éleveur de bovins, on peut rouler avec plusieurs limousines… ! »

Cette blague nous a été envoyée par Robert Berthomé

Lever du soleil
06h51

Mardi 20

Coucher du soleil
20h56

Saint Bernard – On fête aussi les Amadour, Samuel, Philibert

« Ce qui est nécessaire n'est jamais ridicule. » *Jean-François Paul de Gondi, cardinal de Retz*

GRANDS SPORTIFS DES JO

FINLANDAIS VOLANT

C'est au lendemain de la Première Guerre que le monde découvre Paavo Nurmi. Le Finlandais participe à ses premiers JO en 1920 et s'incline sur le fil face au Français Joseph Guillemot lors du 5 000 m. Ce sera sa seule défaite aux Jeux face à un adversaire étranger. Durant quatorze ans, il écrase les épreuves de fond avec neuf médailles d'or et deux d'argent en trois olympiades, ses méthodes révolutionnaires d'entraînement et son régime végétarien lui permettant également de battre 22 records du monde.

CITIUS - ALTIUS - FORTIUS

ÇA S'EST PASSÉ Le 20 août 1824

Le savant André Marie Ampère (1775-1836), fondateur de l'électrodynamique, est nommé professeur de physique expérimentale au Collège de France.

61

Brèves régions

ORNE – LA ROCHE D'OËTRE

C'est dans la région appelée la « Suisse normande », aux confins de l'Orne et du Calvados, que vous découvrirez l'impressionnante Roche d'Oëtre. Ce belvédère naturel, situé au sommet d'une montagne coupée en précipice abrupt haut de 118 mètres, domine les gorges boisées de la Rouvre, un torrent que l'on peut rejoindre par un sentier escarpé garni de marches inégales. Le panorama depuis ce site naturel classé est à couper le souffle et c'est le point de départ de randonnées pédestres, équestres ou à VTT. Les aventuriers du virtuel pourront aussi y percer les « Mystères à la Roche d'Oëtre », grâce à une application gratuite à télécharger sur mobile.

L'APPELLATION « STEAK » POUR LES PRODUITS VÉGÉTAUX.

CRÊPAGE DE CHIGNONS Steve McQueen & Yul Brynner

Récemment oscarisé pour *Le Roi et moi*, Yul Brynner est déjà une grande star quand commence le tournage des *Sept mercenaires* (1961). À l'origine du projet, il a obtenu le rôle vedette. À l'époque, les autres acteurs sont, eux, des inconnus ou presque. Le western réalisé par John Sturges leur offre une belle occasion de se faire remarquer. Et le jeune Steve McQueen ne va pas s'en priver. Déplacement fugace, brève grimace, retrait nonchalant de chapeau dès qu'il est à l'arrière-plan, McQueen multiplie les petits gestes pour attirer l'attention sur lui. En dehors du tournage, il ose se moquer des caprices de star de Brynner, qui finit par prendre la mouche. Les altercations entre les deux hommes sont si fréquentes que la presse s'en fait l'écho. Brynner « dément » via un communiqué de presse : « Je suis une star : je ne me dispute jamais avec les seconds rôles. » Pas la meilleure formule pour enterrer la hache de guerre ! Lorsque, cinq ans plus tard, il propose à Steve McQueen de tourner la suite de ce beau western, ce dernier refuse catégoriquement.

Lever du soleil
06h52

AOÛT

Mercredi 21

Coucher du soleil
20h54

Saint Christophe – On fête aussi les Gracia, Ahmed, Pie, Noémie

« Nous sommes les lieux où nous avons été, ils font partie de nous. » *Jim Harrison*

CHARADE classique

Je suis un mot de neuf lettres :
Mon premier est un pain rond,
Mon deuxième appèle un taxi,
Mon troisième est un poisson présent en Méditerranée,
Mon quatrième qualifie un vin sucré,
Mon tout est un chanteur français.

MICHEL SARDOU
(MICHE – HÈLE – SAR – DOUX)

Ha! Ha! Ha! CITATIONS HUMORISTIQUES : BLAGUES ET VANNES

« La démocratie est le nom que nous donnons au peuple toutes les fois que nous avons besoin de lui. »
Robert de Flers

« Je suis insomniaque. Le lit, c'est ce qu'il y a de plus dangereux. Plus dangereux que la voiture. Il suffit de penser au nombre de gens qui y meurent. »
Jacques Dutronc

« Les Français préfèrent le baiser avec la langue. Cela dit, ils mangent aussi des grenouilles. »
Dave Barry

ÉNIGMES

Plusieurs cambriolages ont été commis dans un hôtel de luxe. C'est la sixième fois que l'inspecteur Alain Dix est appelé à enquêter. Il a gardé ses notes des vols précédents ; mais voilà, elles ont été mélangées et, quoique toutes les données se trouvent dans la bonne colonne, une seule de celles-ci se trouve à la bonne place. Grâce aux assertions suivantes, trouvez les prénom, nom, l'article volé et dans quelle chambre, pour chaque vol de 1 à 5.

	Prénom	Nom	Article	Chambre
1	Valérie	Grosjeu	Montre	143
2	Bruno	Larapine	Appareil photo	17
3	Didier	Ratiboise	Portefeuille	215
4	Marie	Riflette	Bijoux	8
5	Jean	Lartiste	Ordinateur Portable	65

1. La chambre 17 se trouvait entre Ratiboise et les bijoux, Ratiboise étant immédiatement au-dessus et les bijoux immédiatement en dessous.
2. Le portefeuille se situait quelque part en dessous de Marie.
3. Valérie se trouvait deux places au-dessus de Riflette.
4. L'ordinateur portable était à une position supérieure à Grosjeu.
5. La chambre 215 était entre le portefeuille et Jean, le portefeuille étant situé immédiatement au-dessus et Jean immédiatement en dessous.
6. Marie a dévalisé la chambre 8.

Solution

Coup de pouce : D'après 5 et 2 le portefeuille ne peut se trouver qu'en position 2 ou 3. S'il se trouve en troisième position (chambre 215 en 4e position et Jean en 5e position), alors les bijoux se trouveraient en 4e position, mais alors le portefeuille et les bijoux se trouveraient dans la même colonne, ce qui n'est pas possible.
Il s'ensuit que le portefeuille se trouve en deuxième position, et bien entendu, la chambre 215 est donc en 3e position et Jean en 4e position. La chambre 215 étant en 3e position, la chambre 17 ne peut se trouver qu'en 4e position… Le reste est facile.

1. Marie, Larapine, **montre**, chambre 8.
2. **Bruno**, Lartiste, portefeuille, chambre 65.
3. Valérie, **Ratiboise**, ordinateur portable, **215**.
4. Jean, Grosjeu, appareil photo, 17.
5. Didier, Riflette, bijoux, 143.

L'arbre cinq G

Lever du soleil
06h54

Jeudi 22

Coucher du soleil
20h52

Saint Fabrice – On fête aussi les Symphorien

« Si vous avez confiance en vous-mêmes, vous inspirerez confiance aux autres. » *Johann Wolfgang Goethe*

Les rues mythiques du MONDE

Orchard Road (Singapour)

Orchard Road tire son nom des vergers et des champs de noix de muscade et poivrier auxquels la route menait au milieu du XIXe siècle. Jusqu'au milieu des années 1950, la rue bordée de jolies villas de style anglais et de bungalows conserve cet aspect bucolique. L'installation de Tangs, premier grand magasin d'Orchard Road, va bouleverser le lieu. Désormais symbole du consumérisme singapourien, l'avenue abrite l'une des plus grandes concentrations de centres commerciaux au monde. Restent néanmoins quelques belles demeures de style colonial comme le palais présidentiel, l'ambassade de Thaïlande ou encore l'hôtel Goodwood Park.

C'est qui celui-là ?

Le coup du père François

Faire à quelqu'un le coup du père François, c'est le trahir, l'agresser par-derrière sans qu'il puisse voir venir les coups ni se défendre. L'expression apparaît vers 1868, époque à laquelle Joseph Arpin, surnommé le père François, était un célèbre lutteur aimant vaincre ses adversaires en se plaçant derrière eux pour les étrangler par une clé de bras afin de gagner le combat.

Présentatrices mythiques de TV

Christine Ockrent

Surnommée « la Reine Christine », cette journaliste politique est connue pour ses interviews rigoureuses et sans détour. Née en Belgique dans une famille de diplomates, Christine Ockrent fait ses armes à Londres, en tant que journaliste européenne pour NBC News et CBS, dans les années 1960. Lorsqu'elle rejoint FR3, elle entre dans la légende en interviewant en prison l'ancien Premier ministre du Shah d'Iran. Par la suite, elle assure la rédaction de plusieurs émissions d'information, d'abord à Europe 1, puis à Antenne 2, où elle partage la présentation du 20 h – origine de son surnom. À partir de 1992, Ockrent est investie dans plusieurs programmes politiques et d'information sur France 3, dont *Soir 3*. En parallèle, elle assure la direction de la rédaction de *L'Express*. Dans les années 2000, cette femme de médias enchaîne les postes de direction à France 24, puis à l'Audiovisuel extérieur de la France (AEF) et joue de son influence dans différents cercles politiques, économiques et culturels.

ECO-ANXIÉTÉ : LE NOUVEAU MAL DU SIÈCLE

23

C'est le nombre de personnes qui sont sorties d'une petite Seat Alhambra, interceptée par la police au poste-frontière de Weil am Rhein, entre l'Allemagne et la Suisse. La famille très nombreuse composée de neuf adultes et quatorze enfants avait décidé de s'entasser – on se demande bien comment – dans un véhicule de sept places pour se rendre en vacances. Parti de Pologne, tout ce petit monde voulait rejoindre les Alpes ! Ce record en détrône un autre établi à la même frontière par une famille qui voyageait à 17 dans un van Volkswagen normalement limité à 8 personnes. En France, personne n'a oublié cette famille de 12 personnes entassée dans une petite Twingo interpellée sur l'autoroute par les forces de l'ordre il y a quelques années.

Lever du soleil
06h55

Vendredi 23

Coucher du soleil
20h50

Sainte Rose de Lima – On fête aussi les Rosa, Rosy, Rosemonde

« Généralement, les gens qui savent peu parlent beaucoup, et les gens qui savent beaucoup parlent peu. »
Jean-Jacques Rousseau

VIERGE

Vermot'roscope

23 août – 22 septembre

Votre caractère

Posé, réfléchi, ancré, logique, méticuleux, précis, perfectionniste, discipliné, volontaire, serviable, disponible, travailleur, dévoué, idéaliste, fiable, prudent, cérébral, critique, entier, calculateur, réservé, timide, distant, maniaque, nerveux, angoissé.

Les événements célestes de 2024

Vous pouvez compter sur les influences positives de **Jupiter** jusqu'à la fin mai. Sous son impulsion, vous élargissez vos horizons, vous vivez des expériences d'une grande richesse et vous vous épanouissez pleinement. De juin à décembre, l'astre vous pousse à sortir des sentiers battus et à vous faire violence. Attention, toutefois, à ne pas agir avec impulsivité.

Saturne vous permet d'enraciner une relation dans le temps, de mieux définir votre vie amicale ou d'apprivoiser la solitude afin d'en faire votre force.

PLEINS FEUX SUR 2024, DOMAINE PAR DOMAINE

Vie relationnelle : D'un bout à l'autre de l'année, vous pouvez compter sur le soutien de vos amis proches. Leur présence est indispensable à votre bien-être et à votre équilibre. Plus que jamais, vous avez besoin de vous sentir protégé et compris.

Amour : ***En couple*** : deux salles, deux ambiances. Avec les configurations planétaires de l'année, soit vous avez la possibilité de consolider votre relation et donc de vous rapprocher de votre moitié, soit votre réalité sentimentale s'effondre et vous devez faire face à des moments compliqués.

Célibataire : l'amour n'est pas au programme de 2024. Si votre vie sociale ou amicale vous donne entière satisfaction, votre vie affective est à l'image d'un « *no man's land* ». Accrochez-vous et ne perdez pas espoir. Votre tour viendra, encore un peu de patience.

Famille : Quelles que soient vos relations avec vos proches (parents, enfants, petits-enfants), vous êtes plus attentif à ces derniers et vous vous efforcez d'être plus présent. Ainsi, d'un bout à l'autre de 2024, votre sens de la famille est décuplé.

Quotidien et vitalité : 2024 correspond à une période de transition. Au fil des mois, vos activités, vos loisirs et vos préoccupations changent ou évoluent. Vous avez l'occasion de vous ouvrir à d'autres horizons et cela vous permet de renouveler votre quotidien. D'un autre côté, cette année vous voit vous refaire une santé ou vous débarrasser de certains maux chroniques.

Budget : Du début à la fin 2024, vous gardez un œil sur vos comptes. Rien ne peut vous échapper et vous gardez la totale maîtrise de vos finances. Vos dépenses sont ciblées, réfléchies et priorisées.

Le saviez-vous ?

Rien n'est laissé au hasard dans le petit-beurre

En 1886, Louis Lefèvre-Utile, rentré récemment d'Angleterre, crée un nouveau biscuit en s'inspirant de la forme des napperons utilisés à l'heure du thé. Et pour montrer que son petit-beurre pouvait se manger à toute heure, il l'a pourvu de 4 oreilles (les coins) pour les saisons, de 48 dents sur le pourtour (plus les 4 coins) pour les 52 semaines de l'année, et de 24 petits points au centre pour les 24 heures de la journée.

DES nuisibles PAS nuisibles

LE CHAT

Utile ou nuisible, le chat ? Ceux qui en ont un ne se posent en général pas la question. Leur chat, c'est un compagnon, un ami, une présence rassurante et douce… Ils l'aiment ! En revanche, l'impact du petit félin sur la biodiversité est énorme. Il tue chaque année des millions d'oiseaux, infiniment plus que les éoliennes, et décime aussi bien d'autres espèces, batraciens, orvets, lézards… Si l'on a un tant soit peu de conscience écologique, il convient donc de réfléchir au problème. Et au moins d'équiper les chats domestiques d'une collerette colorée spécifiquement conçue pour faire fuir les oiseaux.

Lever du soleil
06h57

Samedi 24

Coucher du soleil
20h48

Saint Barthélémy – On fête aussi les Argan, Nathanaël

« Le talent est la faculté de concentrer son attention sur tel ou tel objet et d'y voir quelque chose de nouveau, quelque chose que les autres ne voient pas. » *Léon Tolstoï*

C'est sa ville !

CHÂTILLON-COLIGNY

Magnifique commune médiévale du Loiret où l'eau est reine, Châtillon-Coligny s'appelait Châtillon-sur-Loing jusqu'en 1896. Cette année-là, le conseil municipal décida de rendre hommage à la famille de Coligny qui avait pris possession de la seigneurie en 1437. Plusieurs Coligny furent célèbres, à commencer par Gaspard Ier, nommé maréchal de France en 1516 son fils Odet, qui devint cardinal à l'âge de 16 ans, et son autre fils, Gaspard II, proche conseiller du roi Charles IX, qui trouva la mort durant la triste nuit de la Saint-Barthélemy, le 24 août 1572, défenestré du Louvre. La maison de Coligny tirait elle-même son nom d'une petite ville située aux confins de la Bourgogne et de la Bresse.

Heureux Mariages

Peut-être préféraient-ils qu'on les appelle par leurs prénoms plutôt que par leurs patronymes accolés, car la combinaison des deux prêtait à sourire… Oui, le mariage du 17 novembre 1900, à Belleville-en-Beaujolais (Rhône), a formé le couple **TOUTANT-CROTTE**. **FRANÇOIS JOSEPH** et **MARIE CLAUDINE** eurent quatre enfants dont deux garçons, Pierre et André, qui perpétuèrent la lignée des Crotte.

Recette — Gâteau 5-4-3-2-1

Un gâteau qui tient son nom du dosage des ingrédients. 5, 4, 3, 2, 1, c'est parti !

Pour 6 pers. | **15 min de préparation** | **25 min de cuisson**

- 3 pommes
- Vanille ou cannelle en poudre

Pour la pâte 5-4-3-2-1

- 5 cuil. à soupe de farine
- 4 cuil. à soupe de sucre en poudre
- 3 cuil. à soupe de crème fleurette
- 2 cuil. à soupe d'huile (neutre, de tournesol, d'olive, de coco…)
- 1 gros œuf

Préchauffez le four à 180 °C (th. 6). Chemisez de papier sulfurisé le moule à gâteau de votre choix.

Préparez la pâte : dans un saladier, mélangez la farine, le sucre, la crème fleurette, l'huile de votre choix. Cassez l'œuf et mélangez jusqu'à ce qu'il soit bien incorporé.

Préparez les pommes : pelez-les, épépinez-les, coupez-les en petits dés ou en lamelles fines, selon vos préférences, mais assez finement pour qu'elles cuisent correctement. Parfumez-les de cannelle ou de vanille, selon vos envies, et déposez-les dans la pâte.

Versez dans le moule avant d'enfourner pour 25 min de cuisson.

Laissez tiédir ou refroidir avant de déguster

Lever du soleil
06h58

Dimanche 25

Coucher du soleil
20h46

Saint Louis – On fête aussi les Ebba, Genès, Lewis

« Va prendre tes leçons dans la nature. » *Léonard de Vinci*

Monarchies du monde

Maroc

La dynastie alaouite est la huitième à régner sur le Maroc, elle a été installée à la tête du pays par Rachid ben Chérif, aussi connu sous le nom de Moulay Rachid, qui se proclama sultan du Maroc après avoir pris la ville de Fès le 27 mai 1667. Trois siècles et demi plus tard, c'est, depuis 1999, le roi Mohamed VI qui en est l'héritier.

RECORDS DE CHALEUR

Mélanges d'épices

R	A	S	E	L	H	A	N	U	O	T	Y	G	C
M	M	T	F	W	V	C	G	M	Q	X	A	H	J
N	I	A	U	L	X	I	Q	G	U	R	I	O	C
C	X	K	R	C	I	N	Q	B	A	I	E	S	T
Z	E	U	I	A	P	Q	J	M	T	R	Q	F	K
V	D	M	K	O	T	P	M	R	R	Q	G	U	M
B	S	B	S	E	L	A	U	C	E	L	E	R	I
E	P	I	C	E	S	R	A	B	E	L	A	I	S
I	I	P	O	A	I	F	D	Z	P	E	A	K	N
L	C	L	L	K	C	U	H	E	I	V	D	A	U
I	E	A	A	K	E	M	I	L	C	X	H	K	W
C	I	K	Q	B	A	S	I	K	E	M	E	E	F
C	T	U	O	N	A	H	L	E	S	A	R	O	R
F	M	H	O	C	C	O	L	O	M	B	O	K	H

Solution page 261

Cherchez les mélanges d'épices cachés dans la grille ci-dessous. Vous les trouverez soit horizontalement, soit verticalement ou encore en diagonale ; ils peuvent se lire de gauche à droite ou de droite à gauche, de haut en bas comme de bas en haut.

ADVIEH	COLOMBO	MIXED SPICE	ZAATAR
CHILI	ÉPICES RABELAIS	QUATRE-ÉPICES	
CINQ BAIES	FURIKAKE	RAS EL HANOUT	
CINQ PARFUMS	GARAM MASALA	SEL AU CÉLERI	

63 *Brèves régions*

PUY-DE-DÔME – LA CLÉ DU PASSÉ

Parmi les artisans d'art qui redonnent vie aux objets du passé, nous avons tous un coup de cœur particulier pour les horlogers qui font revivre des mouvements marquant le temps depuis des siècles. D'autres spécialistes aux doigts d'or peuvent être mis en lumière, comme les serruriers. André Montrobert, installé à Manzat dans le Puy-de-Dôme, est un de ces artistes. C'est aujourd'hui un des rares artisans français dans sa spécialité, car il connaît les pièges qui sécurisaient les serrures de nos ancêtres. Non content de réparer des mécanismes qui parfois protégeaient des trésors, il forge lui-même des serrures « neuves » en suivant des plans anciens.

SYSTÈME D

LA CHASSE AUX FUITES D'EAU

Vous trouvez que vos factures d'eau sont trop élevées ? Êtes-vous sûr qu'il n'y a pas de fuites sur votre installation ? Pour le savoir, relevez le chiffre de votre compteur le soir, puis le matin. S'il y a une différence, il y a sans doute une fuite – et même si elle est petite, elle coûte cher au bout du compte. Placez du papier-toilette en partie haute de la cuvette des WC et vérifiez qu'il reste sec. Examinez aussi la soupape de sécurité du ballon d'eau chaude. Contrôlez les joints et les raccords des canalisations et de tous les appareils (il y a souvent de petites flaques sur le sol). Si vous ne trouvez rien, il y a peut-être une fuite sur une canalisation encastrée dans un mur ou enterrée. Seul un plombier, à l'aide d'un système de détection électromagnétique, pourra la repérer.

Lever du soleil
07h00

Lundi 26

Coucher du soleil
20h44

Sainte Natacha – On fête aussi les Eulade, Césaire, Herluin

« Il n'est point de secrets que le temps ne révèle. » *Jean Racine*

Etymologie

Un garnement qui ne l'a pas toujours été

Cela peut paraître étrange, mais *garnement*, également *garniment* en ancien français, n'est autre qu'un dérivé de *garnir*. En effet, lorsqu'il apparaît au XIe siècle, *garnement* s'emploie dans son sens dérivé et désigne « ce qui garnit ». Puis son sens se spécialise et il désigne l'équipement d'un homme d'arme (*garnir* avait le sens de « défendre, équiper »). Par métonymie, il s'est employé pour parler du soldat en personne. Étant le plus souvent utilisé avec les épithètes *mauvais, fieffé* ou *sale*, il a fini par désigner un individu qui ne vaut pas plus que son équipement, soit un vaurien.

Déguisées en homme ♂

Hannah Snell

Née en Angleterre en 1723, Hannah Snell a passé la majeure partie de sa vie déguisée en homme en portant le nom de James Gray. En 1744, alors qu'elle n'est mariée que depuis quelques mois, son époux disparaît. Pour partir à sa recherche sans être importunée, elle emprunte un costume à son beau-frère, James Gray, et prend son nom. Elle découvre bientôt que son mari a été exécuté pour meurtre. Hannah décide alors de mener la vie qui lui plaît, en conservant son identité d'emprunt pour rejoindre les Royal Marines. Elle embarque en 1747, voyage au Portugal puis aux Indes où elle participe aux combats contre les Français à Pondichéry. De retour en Angleterre en 1750, Hannah révèle à ses compagnons de bord qu'elle est une femme. Elle publie son histoire, *The Female Soldier*, et se produit sur scène en uniforme pour présenter des exercices militaires. L'armée finit par lui accorder une pension pour service rendu. Grâce aux ventes de son livre, Hannah ouvrira une taverne pendant quelque temps. Remariée à deux reprises par la suite, elle est morte en 1792.

CALEMBOURS ou RÉPARTIES cultes du cinéma

Dans quel film ?

« Vous faites peine à voir, on dirait un cheval qu'a raté une haie, on vous abattrait sur un champ de course. »

Réponse : Le Dîner de cons, de *Francis Veber.*

1

C'est, en euros, la somme réglée par une famille pour faire l'acquisition d'une maison à Saint-Amand-Montrond, dans le Cher. La mairie avait mis en vente cette maison de 90 m², qui était inoccupée depuis seize ans, dans le but de repeupler cette petite ville située au sud de Bourges. Parmi les 70 candidats intéressés, cette famille originaire de Saint-Martin, dans les Antilles, a été choisie pour devenir l'heureuse propriétaire du lieu. Cependant, le couple et ses deux enfants devront être patients, car des travaux, estimés entre 70 000 et 90 000 euros, sont nécessaires avant de pouvoir emménager. En attendant, la famille aux revenus modestes habitera dans un logement social. Pour financer la rénovation indispensable, une aide de 50 000 euros lui sera également allouée.

Lever du soleil
07h01

Mardi 27

Coucher du soleil
20h42

Sainte Monique – On fête aussi les Mona, Guérin

« Le véritable lieu de naissance est celui où l'on a porté pour la première fois un coup d'œil intelligent sur soi-même : mes premières patries ont été les livres. » *Marguerite Yourcenar*

Apéro

Limoncellu

C'est la boisson corse estivale par excellence, inspirée du *limoncello* sicilien, et préparée à partir du fleuron agricole de l'île, le citron jaune. Les écorces de citrons non traités, et épluchés à la main, sont macérées dans l'alcool à 96°, pour créer une texture de crème sucrée et parfumée. À déguster en apéritif, avec des glaçons, sous forme de kir, avec du champagne ou de la limonade, ou bien givré, en accompagnement d'un dessert.

Les Bons Bonbons de nos régions

Le Négus de Nevers

Ce caramel mou parfumé au chocolat et enfermé dans un caramel dur est né en 1902 lors de la visite en France de Mekonnen, *ras* (équivalent de duc) éthiopien. La plupart des journaux de l'époque lui attribuèrent erronément le titre de négus. La Maison Grelier de Nevers, qui créa la friandise pour l'occasion, commit la même erreur. Le succès de sa création poussera la confiserie à changer de nom pour s'appeler « Au Négus », nom qu'elle porte toujours aujourd'hui. Le confiseur a créé quelques années plus tard un caramel mou parfumé au café qui s'appelle, lui, l'Abyssin.

AHAHAHAHAH ! OH ! OH ! AH ! AH ! AH ! HI ! HI ! HI ! WHA HA ! HA !

LA BONNE BLAGUE

Un pirate à la mine patibulaire entre dans un bar. Il a une jambe de bois, un crochet en guise de main gauche, et porte un bandeau sur l'œil gauche. Le barman, intrigué, ne peut s'empêcher de l'interroger : « Comment as-tu eu cette jambe de bois ? »

Le pirate avale une gorgée de bière et répond : « Lors d'une bataille navale épique, je me suis dressé face à 12 canons qui crachaient le feu. Tout ce qu'ils ont réussi à toucher, c'est ma jambe. »

Le barman, curieux, enchaîne : « Et comment as-tu perdu ta main ? »

Le pirate prend une autre gorgée avant de répondre : « C'est quand la marine britannique m'a capturé. On m'a attaché au mât de mon propre navire et j'ai dû me ronger la main pour m'échapper. »

Sceptique, le barman lui demande : « Et comment as-tu perdu ton œil ? »

Le pirate, après avoir fini sa bière d'un trait, grimace avant de répondre : « C'est à la suite d'une mutinerie. Mon équipage m'a laissé sur une île déserte. Je n'étais pas spécialement inquiet, et puis j'ai reçu une fiente d'oiseau dans l'œil. »

Le barman, incrédule, lui lance : « Ton histoire est ridicule ! Personne ne perd un œil à cause d'une fiente d'oiseau »

Le pirate lui réplique d'un air mauvais : « C'était le premier jour avec mon crochet. »

MYTHOLOGIES CÉLESTES

Musique céleste

En plein été, la constellation de la Lyre trône au plus haut au-dessus de nos têtes, à proximité du Cygne avec sa forme de croix. La Lyre est reliée à Orphée, Apollon lui ayant offert l'instrument. En jouant de celui-ci, Orphée charmait rochers et arbres, attendrissait les bêtes les plus féroces, les monstres et les hommes les plus durs. Il s'en servit pour aller chercher son épouse Eurydice aux Enfers, avant de la perdre définitivement et de se retirer au mont Rhodope où il ne cessa de chanter son amour. Assassiné par les Ménades envoyées par Dionysos, il fut enterré par les muses éplorées au pied du mont Olympe, Zeus plaçant sa lyre dans le ciel. On raconte que la constellation du Cygne, située à ses côtés dans le ciel, est une représentation d'Orphée.

Lever du soleil
07h02

Mercredi 28

Coucher du soleil
20h40

Saint Augustin – On fête aussi les Linda, Hermès, Elouan

« Une injustice, où qu'elle se produise, est une menace pour la justice partout ailleurs car nous sommes tous pris dans un tissu de relations mutuelles » *Martin Luther King*

Le saviez-vous ?

Sauvée par Rintintin

En 1923, la toute jeune société Warner Bros emprunte une grosse somme d'argent pour se lancer dans la production de films. Elle sort en juillet un premier film, *Où le Nord commence*, dont Rintintin est le héros : grand succès ! Les frères Warner sont alors prêts à payer le maître du chien 1 000 $ par semaine pour tourner d'autres films qui remporteront tout autant de succès. Cela valut au chien le surnom de « leveur d'hypothèque ».

Ça ne rime à rien…

Meurtre

À l'origine du « meurtre » on trouve au XIIe siècle le mot « murdre », signifiant « homicide », qui a également donné *murder* en anglais et *mord* en allemand. Dans un poème, on peut toujours faire rimer « meurtre » avec de nombreux mots qui se terminent par « tre », mais cela restera toujours des rimes pauvres car il n'existe rien qui puisse former une rime riche avec lui.

La Véritable Histoire de… D'Artagnan

Le fameux héros des *Trois mousquetaires* créé par Alexandre Dumas en 1844 a bel et bien existé. Né vers 1615, il s'appelait Charles de Batz et avait pris le nom de sa mère, d'Artagnan, en entrant dans la compagnie des mousquetaires. Il y a peut-être croisé Armand de Sillègue Athos d'Autevielle, Isaac de Portau et Henri d'Aramitz, trois Béarnais, trois mousquetaires bien réels eux aussi, devenus les fameux Athos, Portos et Aramis sous la plume de Dumas. Si, comme le héros de l'écrivain, le vrai mousquetaire d'Artagnan a servi son souverain avec fidélité et effectué certaines missions délicates, il n'a jamais ferraillé contre les gardes en rouge du Cardinal. En effet, Dumas campe d'Artagnan en serviteur de Louis XIII et ennemi de Richelieu. Or, plus jeune de quinze ans, Charles de Batz n'est entré chez les mousquetaires qu'en 1644, soit un an après la mort du premier et deux après celle du second. Fidèle à Mazarin et Louis XIV, il est devenu célèbre en 1661 en procédant, à la demande du roi, à l'arrestation du surintendant des Finances Nicolas Fouquet. Le vrai d'Artagnan est mort au siège de Maastricht en 1673.

LES PARIS SPORTIFS EN LIGNE.

ASTUCES 2 FAINÉANT

Des tongs comme neuves

Pas de chance : pendant vos vacances vous avez cassé une de vos tongs préférées. La petite tige en caoutchouc qui passe entre les orteils a lâché car le trou de la semelle dans lequel elle coulisse s'est agrandi. Pas de panique ! Inutile de perdre du temps à choisir une nouvelle paire, allez plutôt acheter un sachet de pain de mie. Vous connaissez ces produits vendus dans un emballage qui est refermable grâce à une petite languette fendue avec un trou au milieu… Cette languette sera l'outil de réparation de votre tong. Repassez la tige dans le trou de la semelle et, pour éviter qu'elle sorte à nouveau, bloquez-la avec cette languette comme vous le feriez en roulant le plastique du sachet de pain de mie. Ni vu, ni connu, vos tongs sont reparties pour une saison.

Lever du soleil
07h04

Jeudi 29

Coucher du soleil
20h38

Sainte Sabine – On fête aussi les Médéric, Crispin

« Les phrases que les hommes entendent continuellement finissent par devenir des convictions, mais dessèchent les organes de l'intelligence. » *Johann Wolfgang Goethe*

NOS ANCÊTRES

LE PÈRE DE NÉANDERTAL ?

Ses premiers fossiles furent découverts à Heidelberg, lui donnant son nom. *Homo heidelbergensis* serait arrivé en Europe 700 000 ans avant notre ère. Il est le descendant d'une forme africaine encore non identifiée. Haut de 1,65 m, avec un crâne au volume supérieur à 1 000 cm^3, il chassait de gros gibiers, fabriquait des outils en silex. L'homme de Tautavel est l'un de ses représentants.

Heureux Mariages

PIERRE LOUIS BARON avait-il espéré prendre du galon en épousant **LE PRINCE JEANNE** le 29 janvier 1805 à La Perrière (Orne) ? Mais comme le veut l'usage, il n'est pas devenu Le Prince puisque c'est elle qui est devenue Baron. En revanche **MARIE CLARA IRÉNÉE BARON** a fait le bon choix en épousant **MARTIAL ANTOINE PRINCE** le 9 mai 1901 à Sombrun (Hautes-Pyrénées). De nobles mariages !

LA CONNERIE HUMAINE

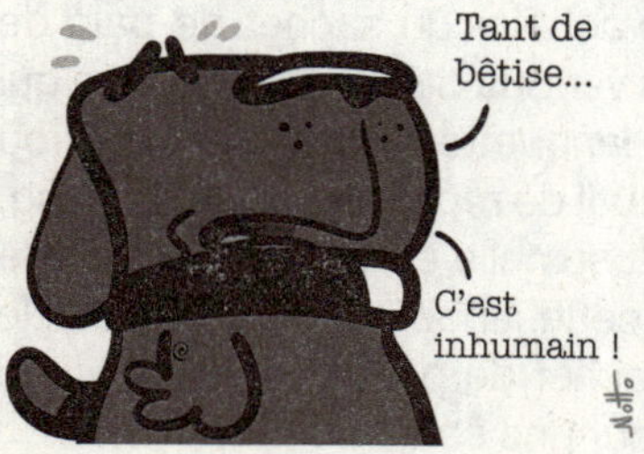

Bibliophiles

Un singe à ma fenêtre, Olivia Rosenthal (Verticales, 2022)

Entre l'introspection, l'autofiction, l'enquête sociologique, l'œuvre d'Olivia Rosenthal égrène une série de questions, adressées aussi bien au lecteur qu'à elle-même. Cette fois, elle se rend au Japon pour enquêter sur l'attentat au gaz sarin de la secte Aum, dans le métro de Tokyo, en 1995. Bien sûr le dépaysement total fait naître d'étranges images ou sensations, mais c'est l'enquête elle-même qui vous bousculera et, à travers les témoignages recueillis, vous rendra intime et proche cet événement lointain, libérera en vous, à coup sûr, un doux mélange de tristesse et d'apaisement.

ACTU

Immortels, ou presque

Jonathan est, à 190 ans, le plus vieil animal terrestre du monde. Que ce titre revienne à une tortue n'étonnera personne. D'une manière générale, les reptiles ont une longévité incroyable. Les salamandres tachetées, les tortues d'Hermann et les tuataras, ces cousins épineux des lézards, vivent même très, très longtemps. Selon une étude récente, leur risque de mourir ne change pas avec l'âge. C'est comme si une personne avait 1 % de chance de mourir à 10 ans et toujours 1 % à 100 ans ! Ces animaux ont en commun d'être des ectothermes, c'est-à-dire des animaux à sang froid. Leur métabolisme est faible, et c'est pourquoi ils vieillissent plus lentement que les endothermes, qui régulent leur température interne. En outre, les chercheurs ont constaté que les animaux qui possèdent une protection, comme des épines, une carapace ou du venin, ont en moyenne une plus grande longévité. Cela s'explique notamment par le fait que ces animaux ne finissent généralement pas dans l'estomac d'un prédateur. Cependant, cela ne veut pas dire qu'ils sont immortels, car ils peuvent toujours être victimes d'accidents, de maladies et surtout de leur élimination par l'homme. Les résultats de cette étude contredisent certaines théories de l'évolution qui prétendent que le vieillissement du corps est inévitable après la maturité sexuelle. Les individus investiraient alors plus d'énergie dans la reproduction au détriment de la réparation de leurs cellules, et verraient leurs fonctions se détériorer progressivement.

Lever du soleil
07h05

Vendredi 30

Coucher du soleil
20h36

Saint Fiacre – On fête aussi les Fantine, Ecern, Juvénal

« La vraie science est une ignorance qui se sait. » *Michel de Montaigne*

PAROLES Les mots des flics et des voyous PAROLES

Mexicaine

- Action de police faite sans s'occuper du cadre légal et que l'on cherche à justifier légalement a posteriori. Au prix de quelques mensonges.
- Perquisition mexicaine : perquisition illégale faite en dehors des heures légales avec PV antidaté ; visite domiciliaire sans commission rogatoire signée par un magistrat ; perquisition de policiers corrompus qui volent les voyous. Exemple : « Tout commence par une "perquisition à la mexicaine", c'est-à-dire en dehors de tout cadre légal, au domicile d'un jeune homme, qui "touchait du stup", selon une source judiciaire. » (*Le Figaro*, 1er février 2022)

SOLUTION MOTS MÊLÉS P. 256

R	A	S	E	L	H	A	N	U	O	T	Y	G	C
M	M	T	F	W	V	C	G	M	Q	X	A	H	J
N	I	A	U	L	X	I	Q	G	U	R	I	O	C
C	X	K	R	C	I	N	Q	B	A	I	E	S	T
Z	E	U	I	A	P	Q	J	M	T	R	Q	F	K
V	D	M	K	O	T	P	M	R	R	Q	G	U	M
B	S	B	S	E	L	A	U	C	E	L	E	R	I
E	P	I	C	E	S	R	A	B	E	L	A	I	S
I	I	P	O	A	I	F	D	Z	P	E	A	K	N
L	C	L	L	K	C	U	H	E	I	V	D	A	U
I	E	A	A	K	E	M	I	L	C	X	H	K	W
C	I	K	Q	B	A	S	I	K	E	M	E	E	F
C	T	U	O	N	A	H	L	E	S	A	R	O	R
F	M	H	O	C	C	O	L	O	M	B	O	K	H

Les plus beaux bateaux de l'histoire

L'ENDURANCE

L'histoire de l'*Endurance* est incroyable de rebondissements. Construit spécialement pour naviguer dans les eaux polaires, le bateau sert à l'expédition d'Ernest Shackleton, dont le but est de devenir le premier explorateur à traverser l'Antarctique à pied. Seulement voilà, malgré sa robustesse, le navire se retrouve piégé par les glaces en janvier 1915. Pendant plusieurs mois, les marins attendent que la fonte de la banquise libère l'embarcation, mais celle-ci finit par sombrer. L'équipage parvient pourtant à reprendre la mer à bord des canots de survie et tous seront secourus malgré des conditions ahurissantes. Cette histoire folle ne s'arrête pas là, car l'épave a été retrouvée par un brise-glace sud-africain et son équipe de recherche le 9 mars 2022. Gisant à 3 000 mètres de fond, l'état de conservation a permis d'admirer le nom du bateau, intact, à la poupe.

Brèves régions

PYRÉNÉES-ATLANTIQUES – COULEUR SANG DE BŒUF

La couleur rouge est caractéristique du Pays basque. On la retrouve sur son drapeau, sur les foulards arborés pendant les fêtes de Bayonne, ou encore sur les colombages et les volets des maisons. À l'origine, pour obtenir cette couleur, les anciens n'utilisaient pas de piment, pourtant synonyme d'Espelette et de ses environs. Non, c'était avec du sang de bœuf qu'on enduisait les pièces de bois des habitations afin de préserver les colombages de l'humidité et des insectes. Aujourd'hui, à Arcangues et ailleurs, la couleur « sang de bœuf » est toujours omniprésente, mais ce sont d'autres pigments qui permettent de la fixer sur les maisons.

Lever du soleil
07h07

Samedi 31

Coucher du soleil
20h34

Saint Aristide – On fête aussi les Aidan, Aricie, Zaïdane

« Combien pauvres sont ceux qui n'ont point de patience. » *William Shakespeare*

Plantes qui soignent

LA CAMOMILLE

Annuelle, la camomille vraie forme une jolie touffe de feuillage découpé et donne tout l'été ses charmantes petites marguerites, aussi bien en pleine terre que dans un bac. Pour préparer une infusion, on utilise uniquement les fleurs épanouies (une petite poignée par tasse). La camomille stimule l'appétit et favorise la digestion. En usage externe, elle est conseillée pour traiter les petites irritations, les gerçures et soulager les démangeaisons, notamment dans le cas de piqûres d'insectes.

Cocktails

B52

Pour 1 verre à shooter – 1 min de préparationn

- *2 cl de Kahlúa® (liqueur de café)*
- *2 cl de Baileys® (liqueur à base de whisky irlandais et de crème)*
- *2 cl de Cointreau® ou de Grand Marnier®*

Versez une par une, en suivant strictement l'ordre, les 3 liqueurs dans le verre : vous obtenez 3 phases distinctes.

À savoir

Ces 3 phases résultent de la non-miscibilité de l'eau et de l'éthanol des liqueurs de café et d'orange avec la crème au centre.

ÇA S'EST PASSÉ

Le 31 août 1324

Mort d'Henri II de Lusignan, roi de Chypre et de Jérusalem. Il avait échoué à reconquérir Jérusalem, mais Chypre avait connu, sous son règne, un grand essor économique.

Une chanson dans la tête

L'hymne à l'amour, Édith Piaf

Il est des chansons définitivement liées à leur interprète, « L'hymne à l'amour » fait partie de celles-là. Édith Piaf, petit bout de femme à la voix exceptionnelle, crée le 14 septembre 1949, sur la scène du cabaret le Versailles, à New York, où elle est en tournée, cette chanson qu'elle a écrite sur une musique de Marguerite Monnot. Elle vit alors une histoire d'amour avec Marcel Cerdan. Le boxeur doit la rejoindre pour affronter Jack LaMotta, pour le titre de champion du monde.

L'affrontement n'aura pas lieu. Dans la nuit du 28 au 29 octobre, l'avion transportant le champion français s'écrase. Marcel n'est plus. Le soir même, ivre de chagrin, Édith interprète « L'hymne à l'amour » sur la scène du Madison Square Garden puis s'évanouit. Bien peu de chanteuses osèrent après elle interpréter cet hymne.

EURO 2024

SANS PARTAGE

Si l'Allemagne et l'Espagne figurent ensemble au sommet du palmarès européen chez les hommes, l'EURO féminin est l'objet d'une domination sans partage. Depuis sa première participation en 1989 et son premier titre, l'Allemagne n'a cessé d'écraser la concurrence. Si l'on excepte les éditions de 1993 (quatrième) et de 2017 (quart de finaliste), l'Allemagne a disputé les neuf autres finales. Elle en a remporté huit, ne perdant que la dernière, celle de l'EURO 2022, face au pays hôte anglais. La domination germanique se traduit également au niveau de différents records individuels établis lors de différents EUROs : Inka Grings et Birgit Prinz sont toutes deux meilleures buteuses de l'histoire de l'épreuve (10 buts), la dernière partageant avec Nadine Angerer le record du nombre de titres décrochés.

UEFA - UEFA - UEFA - UEFA - UEFA - UEFA - UEFA - UEFA - UEFA

Saint Gilles – On fête aussi les Douceline, Josué

Lever du soleil
07h08

Coucher du soleil
20h32

« Celui qui ouvre une porte d'école, ferme une prison. » *Victor Hugo*

LA LETTRE MYSTÈRE

25 septembre ...

J'ai eu du spectacle, aujourd'hui. Il y avait un certain nombre d'Indiens cheyennes à quelque distance de la diligence. J'ai mis pied à terre et j'ai trouvé les « démons » qui coupaient les langues des bêtes en liberté. J'ai fait la seule chose possible : je leur ai foncé dessus. « Langues de vache bonnes », c'est tout ce qu'ils savaient dire. Les malheureux animaux saignaient à mort. Je me suis mise dans une telle fureur que j'ai tiré mon pistolet et les ai enfermés dans la diligence et les ai emmenés à Deadwood. J'ai aussi emporté les langues comme pièces à conviction.

C'est ton anniversaire. Tu as 18 ans aujourd'hui et une lettre est arrivée de ton papa Jim, cher vieux capitaine. Je l'aime tant, Janey. Il a été un père si merveilleux pour toi. Cela me fait mal au cœur de penser à toutes les années où il a poursuivi sa route sans sa femme. Pourquoi Dieu laisse-t-il pareilles choses arriver ?

J'ai fait quelque chose de fou. Il y a quelque temps, j'ai épousé Charley Burke. Il m'a eue dans un moment de faiblesse et nous nous sommes mariés. C'est un brave homme, honnête et carré, mais je ne l'aime pas, Chérie. J'aime toujours ton père, Bill Hickock. Mais Charley a presque mon âge, les cheveux noirs, les yeux bleus. Le mariage n'est pas vraiment un roman. Nous nous sommes mariés au bord de la rivière, sous un massif de peupliers des marais. Janey, les rayons du soleil perçaient doucement entre les branches des arbres et semblaient répandre la splendeur d'une lumière radieuse sur notre groupe d'amis. La clarté du soleil était comme une bénédiction. Naturellement, j'ai pleuré. Je braille tout le temps. Je sais que tu prends plaisir à ton voyage. Je t'envie.

Bonne nuit, Chérie.

Réponse Lettre d'août

Alfred de Musset

Avez-vous bien rougi ? Sous le soleil, bien sûr. En août, nous vous avons offert un drôle de mélange de canular (au fond assez proche de l'esprit de l'Oulipo du mois précédent) et d'érotisme… Dans le dernier quart du XIXe siècle, des esprits malins et grivois firent circuler cet échange poétique, en l'attribuant aux amants terribles, romantiques et scandaleux que furent George Sand et Alfred de Musset. Le premier texte est à lire une ligne sur deux ; dans la réponse, seuls les premiers mots importent. Ce faux s'inspire de véritables mots écrits par ces deux artistes à la passion tumultueuse. Musset : « Quand je jure à vos pieds un éternel hommage / Voulez-vous qu'inconscient je change de langage / Vous avez su captiver les sentiments d'un cœur / Que pour adorer forma le Créateur. / Je vous aime et ma plume en délire / Couche sur le papier ce que je n'ose dire / Avec soin, de mes lignes, lisez les premiers mots / Vous saurez quel remède apporter à mes maux. » Et Sand de lui répondre : « Cette indigne faveur que votre esprit réclame / Nuit à mes sentiments et répugne à mon âme. » Voilà qui est joliment dissimulé, n'est-ce pas ?

George Sand

SEPTEMBRE

Lever du soleil
07h09

Lundi 2

Coucher du soleil
20h30

Sainte Ingrid – On fête aussi les Ingeborg

« Ne désire pas un raisin trop vert ; bientôt viendra l'automne, avec la variété de ses teintes, qui t'apportera des grappes noires et pourprées. » *Horace*

CITATIONS HUMORISTIQUES : BLAGUES ET VANNES

« Mon âge ? Entre 29 et 41. Je ne suis pas fixé. D'ailleurs, ça change tous les ans. »

Francis Blanche

« En politique, il est plus rentable de se contredire que de se répéter. »

Philippe Bouvard

« Mettre de l'argent de côté pour l'avoir devant soi est, pour paradoxale qu'elle soit, une façon comme une autre d'assurer ses arrières, effet de ne pas l'avoir dans le dos. »

Pierre Dac

« Le cercle n'est qu'une ligne droite revenue à son point de départ. »

Frédéric Dard

« L'homme passe sa vie à raisonner sur le passé, à se plaindre du présent, à trembler pour l'avenir. »

Antoine de Rivarol

C'est qui celui-là ?

Le fil d'Ariane

Sur internet, le fil d'Ariane désigne le chemin qui mène jusqu'à une page depuis l'accueil du site. Dans la vie courante, c'est ce qui guide quelqu'un. L'expression trouve son origine dans la mythologie grecque, lorsque le roi de Crète Minos avait jeté Thésée en pâture au Minotaure dans le labyrinthe de Dédale. Ariane lui rendit la liberté grâce à un fil tendu depuis l'entrée.

Le saviez-vous ?

Savent-ils compter jusqu'à 1 000 ?

Les mille-pattes constituent un sous-embranchement de l'embranchement *Arthropoda* (ce ne sont donc pas des insectes) et comptent de multiples espèces. Ces espèces ont en commun d'avoir un corps composé de plusieurs anneaux portant chacun une ou deux paires de pattes. Le nombre d'anneaux variant d'une espèce à l'autre, le nombre de pattes est lui aussi variable, mais atteint rarement mille !

QUAND LA SNCF COMMANDE DES TGV À SES FOURNISSEURS.

Recette

Moelleux aux noisettes

Pour 4 pers.	5 min de préparation	20 min de cuisson

- 150 g de pâte à tartiner
- 75 cl de lait
- 60 g de farine
- 1 sachet de levure chimique
- ½ cuil. à café de sel
- 30 à 40 g de noisettes entières

Préchauffez le four à 180 °C (th. 6). Chemisez de papier sulfurisé le moule à gâteau de votre choix.

Préparez la pâte : dans un saladier, mélangez la pâte à tartiner avec le lait. Ajoutez la farine tamisée, la levure et le sel. Mélangez jusqu'à obtenir une préparation homogène. Ajoutez alors les noisettes entières ou concassées, selon votre préférence.

Versez la pâte dans le moule et enfournez pour 20 min.

Sortez le moelleux du four et de son moule. Laissez-le tiédir avant de le déguster.

Variantes

Vous pouvez utiliser des amandes. Pour un goût encore plus prononcé de noisette, vous pouvez remplacer une partie de la farine par des noisettes en poudre.

Lever du soleil
07h11

Mardi 3

Coucher du soleil
20h28

Saint Grégoire – On fête aussi les Grégory, Auxane, Euxane

« Le contraire de la misère, ce n'est pas la richesse. Le contraire de la misère, c'est le partage. » *Abbé Pierre*

DES nuisibles PAS nuisibles

LE HANNETON

Sa larve a causé des dégâts considérables dans les potagers. Le cycle de vie de ce beau scarabée au vol maladroit et qui vient le soir se cogner aux vitres se déroule sur trois ans et sa larve, appelée communément « ver blanc », s'attaque aux racines de nombreuses plantes. Jadis, le ramassage des hannetons, ou hannetonnage, mobilisait les campagnes. Aujourd'hui, sous l'effet des pesticides, les populations se sont effondrées. En France et en Belgique, le hanneton a été protégé, mais il ne l'est plus car il reprend un peu de vigueur. Son impact reste très limité.

222,4

C'est en kilomètres/heure la vitesse atteinte par un char à voile en Australie, ce qui établit un nouveau record. L'engin aérodynamique, appelé « Horonuku », ce qui signifie « glisser rapidement sur la terre » en maori, était piloté par Glenn Ashby, membre de l'équipe néo-zélandaise de la Coupe de l'America. C'est dans le cadre de ses préparatifs pour défendre son titre cette année à Barcelone que son équipe a réussi à atteindre cette vitesse dans un désert de sel en Australie-Méridionale. Établi par l'ingénieur britannique Richard Jenkins en 2009, le précédent record de 202,9 km/h a donc été pulvérisé. L'exploit a été validé par la Fédération internationale du char à voile.

Monarchies du monde

Monaco

Le Rocher, à l'origine de Monaco, fut offert à la République de Gênes par l'empereur romain germanique Henri VI en 1191. Les Grimaldi étaient une puissante famille génoise et, après avoir trouvé refuge en ce lieu, s'en proclamèrent les seigneurs avant de devenir princes de Monaco en 1612. Par des voies généalogiques complexes, leur héritier Albert II détient le titre depuis 2005.

Groupes des 60s

Led Zeppelin

L'histoire commence en 1968, alors que Jimmy Page cherche des musiciens pour son nouveau groupe, formé à Londres. Avec 9 albums, réalisés entre 1969 et 1982, Led Zeppelin a marqué l'histoire du rock et influencé les débuts du *heavy metal*. « Whole lotta love », « Dazed and Confused », « Stairway to heaven » sont autant de titres qui ont atteint les sommets des charts. Mais c'est aussi par son jeu de scène que Led Zep' marque les esprits, notamment avec ses solos et ses improvisations débridées. Son batteur, John Bonham, est considéré comme l'un des meilleurs batteurs de tous les temps, et ses acolytes, Robert Plant, Jimmy Page et John Paul Jones, ont tous mené une carrière solo après leur séparation.

Lever du soleil
07h12

Mercredi 4

Coucher du soleil
20h26

Sainte Rosalie – On fête aussi les Iris, Hermione, Moïse

« Un peuple de moutons finit par engendrer un gouvernement de loups. » *Agatha Christie*

INVENTIONS bleu, blanc, rouge

Le soutien-gorge

Née Eugénie Sardon mais plus connue sous le nom d'Herminie Cadolle, cette Française avait pris part avec Louise Michel aux événements révolutionnaires de la Commune de Paris et émigra en Argentine. De retour en France, elle dépose en 1898 le brevet du « Bien-Être », un accessoire féminin destiné à remplacer le contraignant corset et qui deviendra… le soutien-gorge.

Cocktails

Tequila sunrise

Pour 1 grand verre
3 min de préparation

- *5 cl de tequila*
- *15 cl de jus d'orange*
- *1 à 2 cuil. à soupe de sirop de grenadine*
- *Quelques glaçons*
- *1 rondelle d'orange non traitée*

Mélangez la tequila et le jus d'orange (au shaker si vous voulez).
Versez sur les glaçons.
Ajoutez très doucement la grenadine, sans remuer.
Décorez de la rondelle d'orange et admirez le lever de soleil dans votre verre !

LES PRÉCURSEURS DE L'ÉCOLOGIE

RACHEL CARSON

Biologiste et militante américaine (1907-1964), Rachel Carson étudie les écosystèmes marins et terrestres. Elle publie plusieurs ouvrages, dont *Cette mer qui nous entoure* (1951), puis *Silent Spring* (1962) qui dénonce l'utilisation de pesticides et leur dangerosité sur l'environnement. La portée de cet ouvrage fut immense aux États-Unis et contribua à y lancer le mouvement écologiste. Le travail de Carson a exercé également une grande influence sur les prémices de l'écoféminisme.

SÈCHERESSE DANS LES PÂTURAGES

Chiens voyageurs

PÉKINOIS

C'est évidemment en Chine que se trouvent les origines du pékinois, aussi appelé épagneul pékinois. La race n'est pas récente, elle est connue depuis au moins le XVIIe siècle, et ce petit chien à crinière, surnommé « chien-lion », était sacré dans les temps anciens. Il était même réservé à la cour impériale chinoise et ce n'est qu'après la chute de l'Empire, en 1912, qu'il fut exporté dans le monde. Habitué depuis des générations et des générations à vivre en grande proximité avec les humains, le pékinois n'a pas besoin de grands espaces pour courir, il préfère le confort de nos maisons. Curiosité génétique, malgré son apparence, le pékinois est très proche du loup, contrairement au berger allemand et autres chiens de berger dont l'aspect les fait pourtant plus ressembler à leur ancêtre commun.

Lever du soleil
07h14

Jeudi 5

Coucher du soleil
20h23

Sainte Raïssa – On fête aussi les Iraïs, Bertin, Raïa

« Nul ne pense par lui-même sans un détour par les autres, et notamment par ce qui a été pensé avant lui. »
Alain Finkielkraut

NOS ANCÊTRES

DERNIER MAILLON ?

Homo rhodensiensis était présent en Afrique entre 700 000 et 300 000 ans avant notre ère. Doté d'un crâne d'un volume de 1 230 cm³, proche de l'*Homo sapiens*, mesurant 1,75 m pour 60-70 kg, son visage était semblable à celui de Néandertal. Si certains le décrivent désormais comme une version africaine d'*Homo heidelbergensis*, pour d'autres il serait l'ancêtre le plus direct de l'*Homo sapiens*.

GRANDS SPORTIFS DES JO

LA GAZELLE

Marie-José Pérec est l'unique athlète française à être triple championne olympique, ayant décroché l'or du 400 m à Barcelone avant de conserver son titre en 1996 et de l'assortir d'une médaille d'or au 200 m. Cet exploit lui permet d'être la deuxième athlète de l'histoire à réussir le doublé 200 m/400 m, douze ans après Valerie Brisco-Hooks, et la première, hommes et femmes confondus, à avoir conservé un titre olympique du 400 m. Le temps réalisé en finale en 1996 est encore à ce jour le record olympique.

CITIUS - ALTIUS - FORTIUS

Brèves régions

65

HAUTES-PYRÉNÉES – LA RÉSERVE DE NÉOUVIELLE

Créée en 1936, la réserve du Néouvielle est l'une des premières réserves naturelles de France. Cette « montagne au cœur des Pyrénées » est une barrière granitique imposante entre la vallée des Gaves et celle des Nestes, dans les Hautes-Pyrénées. Entre 1 800 et 3 091 mètres d'altitude, elle abrite 70 lacs ainsi que des landes à rhododendrons, des pelouses alpines, des tourbières et des zones humides. Ici, la flore ne compte pas moins de 1 250 plantes et la faune, 180 espèces. L'homme y est le bienvenu pour des promenades et randonnées où chacun de ses sens sera stimulé, entre paysages grandioses, senteurs incroyables et sifflement des marmottes.

AHAHAHAHAH ! OH ! OH ! AH ! AH ! AH ! HI ! HI ! HI ! WHA HA ! HA !

LA BONNE BLAGUE

Un gars est emprisonné pour la première fois. Le premier soir, quelques minutes après l'extinction des feux, son compagnon de cellule se rapproche des barreaux. Bientôt, depuis une autre cellule, quelqu'un crie « Numéro 13 ! ». Son compagnon de cellule et tout le bloc éclatent de rire. Le nouveau prisonnier est surpris. Quelques instants plus tard, un autre détenu crie « 33 ! », et à nouveau, tous les autres s'esclaffent. « 27 ! » hurle encore un autre détenu, et les rires redoublent. Intrigué, le nouveau prisonnier demande à son compagnon de cellule :
– Que se passe-t-il ? Pourquoi tout le monde rit à ces numéros ?
L'autre lui explique :
– C'est simple : on est ici depuis si longtemps qu'à force de se raconter les mêmes blagues, on les connaît par cœur. Alors on a décidé de leur donner des numéros. Comme ça, au lieu de se raconter toute la blague, il suffit de dire un numéro et on sait laquelle c'est !
Surpris par cette explication, le nouveau prisonnier décide de vérifier. Il se dirige vers les barreaux de la cellule et crie « Numéro 75 ! » Tous les détenus explosent de rire et son compagnon de cellule se roule au sol, en se bidonnant. Abasourdi, le nouveau détenu lui demande :
– C'est quoi, la 75 ?
Entre deux rires, son compagnon lui répond :
– Celle-là, on ne l'avait encore jamais entendue.

Lever du soleil
07h15

Vendredi 6

Coucher du soleil
20h21

Saint Bertrand – On fête aussi les Ève, Évelyne, Bee, Onésiphore

« Recherche ce qui est beau, lis ce que tu aimes. » *Albert Camus*

Etymologie

Du malchanceux au malintentionné

L'adjectif et nom *méchant*, attesté sous la forme *mescheant* au XIIe siècle, est le participe présent adjectivé du verbe de l'ancien français *mescheoir*, formé du préfixe *mes-*, « mal », et *cheoir*, « advenir ». Ce verbe signifiait en tournure impersonnelle « arriver malheur ». L'adjectif a donc d'abord signifié « malchanceux », sens disparu aujourd'hui. De là vient le sens de « ne valant rien », lorsqu'il qualifie un objet (*une méchante terre*), signification qui tend à disparaître aujourd'hui. Mais c'est ainsi que l'on en est arrivé au sens moderne « enclin à faire du mal ».

DESCARTES

C'est sa ville !

Souvent, le nom d'une célébrité est accolé à celui de la commune qui l'a vue naître, vivre ou mourir. Parfois aussi, la ville prend le nom de celui qui l'a créé. Le cas de Descartes est quasiment unique : le patronyme du philosophe est venu remplacer aujourd'hui le nom de sa commune de naissance. Plusieurs étapes progressives ont mené à cette appellation. À l'origine, le lieu s'appelait simplement La Haye. Puis la commune d'Indre-et-Loire devint La Haye-en-Touraine avant d'être rebaptisée La Haye-Descartes à la Révolution. Et en 1967, les élus décidèrent d'abandonner purement et simplement le nom d'origine pour devenir Descartes et rendre un hommage plein et entier à celui qui y vit le jour en 1596.

CALEMBOURS ou RÉPARTIES cultes du cinéma

Dans quel film ?

« Le fil rouge sur le bouton rouge, le fil vert sur le bouton vert. »

Réponse : La Cinquième Compagnie, *de Robert Lamoureux.*

ACTU

Tais-toi et coupe !

Les coiffeurs sont réputés pour être très bavards pendant qu'ils officient. Si certaines personnes apprécient de se faire couper les cheveux en discutant, d'autres peuvent très vite se sentir mal à l'aise, voire franchement agacées par une conversation imposée. Pour satisfaire ces clients, des salons de coiffure se sont lancés dans une nouvelle tendance : la « prestation silencieuse ». Si vous choisissez cette option, les coiffeurs ne vous parleront pas pendant tout le rendez-vous. Vous pourrez ainsi vous faire chouchouter sans être dérangé. Depuis qu'elle est proposée, cette option connaît semble-t-il un grand succès, notamment auprès des personnes qui souhaitent répondre à leurs messages, consulter leurs mails, travailler sur leur ordinateur ou tout simplement profiter d'un moment de détente en silence. Petit détail : pour profiter de « la prestation silencieuse », il faudra aller vous faire couper les cheveux en Australie, nos capilliculteurs ne l'ayant pas encore adoptée.

Lever du soleil
07h17

Samedi 7

Coucher du soleil
20h19

Sainte Reine – On fête aussi les Cloud, Régine, Gina

« Les grands rêves poussent les hommes aux grandes actions. » *André Malraux*

Heureux Mariages

Pour aller Demoncul à la Selle, il suffisait d'un mariage et ils l'ont fait ! **GUSTAVE DEMONCUL** épousa **ROSINE SELLE** le 9 février 1889 à Chatou (Yvelines). Il était charpentier et né en Charente, il avait migré en région parisienne pour raisons professionnelles et y rencontra l'amour avec une blanchisseuse de Chatou. Leurs enfants changèrent de nom pour devenir Demonque.

LE BON MOT DE L'HISTOIRE

« Voilà mon cou, voilà ma tête ; je mourrai, mais je mourrai pape. »
Boniface VIII, 7 septembre 1303

Telle aurait été la réponse opposée par le pape Boniface VIII à Guillaume de Nogaret, l'envoyé du roi Philippe le Bel, qui lui demandait d'abdiquer. Élu en 1294, le souverain pontife réaffirme la suprématie du pouvoir spirituel, le sien, sur le pouvoir temporel, celui des rois et empereurs. Il multiplie les bulles pour confirmer ce pouvoir, interdisant par exemple la mise en place d'impôts extraordinaires sur le clergé. Philippe le Bel envoie en Italie 600 cavaliers et 1 000 fantassins dirigés par Guillaume de Nogaret pour pousser le pontife à abdiquer. Finalement délivré par des cavaliers romains et ramené à Rome, Boniface VIII sombre dans la folie et meurt un mois plus tard. En 1309, le siège de la papauté est transféré à Avignon.

Les rues mythiques du MONDE

Place Venceslas (Prague, République tchèque)

Considéré comme l'équivalent des Champs-Élysées parisiens, l'ancien marché aux chevaux ressemble plus à une avenue qu'à une véritable place. Dominée par le Musée national et la statue équestre de Venceslas Ier de Bohème, saint patron du pays, cette « place » bordée par nombre de palais et bâtiments de grande valeur architecturale s'étend sur plus de 700 m de long pour 60 m de large. Aménagée à la fin du XIXe siècle, la place Venceslas a été au centre de plusieurs événements marquants de l'histoire du pays : déclaration de la Première République tchécoslovaque en 1918, confrontation avec les chars soviétiques en 1968, manifestations de la « Révolution de velours » en 1989.

SYSTÈME D

ALLÉGER LA FACTURE D'EAU

Dans une maison, c'est le bain ou la douche qui consomme le plus d'eau (près de 40 %). Et le bain est beaucoup plus gourmand que la douche. Pour réaliser de vraies économies (y compris d'électricité ou de gaz), privilégiez des douches courtes – en coupant l'eau pendant que vous vous savonnez. Et optez pour une douchette économique : elle consomme deux fois moins, sans diminuer la sensation de pression. La chasse d'eau représente 20 % de la facture : investissez dans une chasse à deux vitesses ou réduisez le volume du réservoir (les toilettes sèches étant aussi une option à envisager). Et choisissez des appareils (lave-linge, lave-vaisselle) classés A, qui consomment moins d'eau que ceux classés D ou G – notez que la vaisselle au lave-vaisselle consomme nettement moins que la vaisselle à la main.

Lever du soleil
07h18

Dimanche 8

Coucher du soleil
20h17

Nativité Notre-Dame – On fête aussi les Hadrien, Belinda

« Toutes les tempêtes ne viennent pas gâcher votre vie. Certaines viennent nettoyer votre chemin. » *Aristote*

Le saviez-vous ?

Si c'est plat, ce n'est pas stable

À l'époque où les premières bouteilles de vin en verre épais étaient soufflées, au début du XVIIe siècle, il était techniquement difficile d'obtenir un fond parfaitement plat. De plus, le plateau des tables sur lesquelles elles étaient posées n'était pas non plus forcément très plat… Et les bouteilles se renversaient souvent. Au cours des années 1630, l'Anglais Kenelm Digby invente la « piqûre », c'est-à-dire le fond creux, qui assure une plus grande stabilité.

ÉNIGMES M@ths en-vie

Max lance un défi à son grand-père ! Il lui indique qu'à la pâtisserie, trois tartelettes et deux éclairs coûtent 13,20 € et qu'une tartelette et trois éclairs coûtent 10 €.

Combien coûte alors une tartelette ? Un éclair ?

Réponse : une tartelette coûte 2,80 € et un éclair coûte 2,40 €
En effet : 3 tartelettes et 2 éclairs coûtent 13,20 € ; 1 tartelette et 3 éclairs coûtent 10 €, donc 3 tartelettes et 9 éclairs, coûtent 30 €.
Si 3 tartelettes et 2 éclairs coûtent 13,20 € et 3 tartelettes et 9 éclairs coûtent 30 €, 7 éclairs (9-2) coûtent 30-13,20, soit 16,80 €. On trouve alors le prix d'un éclair (16,8/7), puis, par déduction, le prix d'une tartelette. CQFD !

Les Bons Bonbons de nos régions

Les Grisettes de Montpellier

Fabriqués à partir de miel et de réglisse, deux produits emblématiques du Languedoc, ces bonbons de la taille d'un petit pois sont parmi les plus anciens de France. D'après la légende, au XIIe siècle, les commerçants montpelliérains utilisaient les grisettes comme monnaie d'échange pour faire l'appoint lors des transactions avec les pèlerins en route vers Saint-Jacques-de-Compostelle. Leur recette a pourtant fini par se perdre et à la fin du XIXe siècle, elles avaient disparu. En 1967, on retrouve par hasard un manuscrit détaillant toutes les étapes de leur fabrication. La production est relancée et la marque « Grisette de Montpellier », déposée à l'INPI.

Présentatrices mythiques de TV

Christine Bravo

La turbulente Christine Bravo n'a pas toujours été journaliste. Née en 1956 dans une famille de réfugiés espagnols qui ont fui la dictature franquiste, elle commence à travailler comme institutrice, avant de partir vivre au Mexique – et d'écrire un premier roman. *Libération* lui propose alors une première chronique quotidienne, en tant que « Maîtresse à Belleville ». Progressivement, Bravo devient éditorialiste dans plusieurs médias, notamment *Elle*, *Paris Match* ou France Culture, avant de débuter à la télévision en 1988. À partir de 1990, FR3 lui confie plusieurs émissions qui rencontrent le succès, jusqu'au très populaire *Frou-Frou*, version télé de la presse féminine. La présentatrice s'éloigne ensuite un temps du petit écran, puis revient en 1998 avec *Union libre* sur France 2. Plutôt dilettante, elle consacre la suite de sa carrière à différents sujets et formats d'émission, passant d'une chronique à l'autre sans véritablement se poser.

Lever du soleil
07h19

Lundi 9

Coucher du soleil
20h15

Saint Alain – On fête aussi les Omer, Alana, Alan, Gorgon

« Beaucoup vivent trop dans le présent (les inconscients), d'autres trop dans le futur (les inquiets et les soucieux) ; il est rare qu'il y en ait un qui garde exactement la mesure. » *Arthur Schopenhauer*

Humour du monde

ha ha, hi hi, ho ho – Français
huhuhuh, hahaha, kukuku – Japonais
ax ax ax – Russe
cha cha – Lituanien
jajaja – Espagnol

Un curé interroge un rabbin :

– Pourquoi vous, juifs, vous hâtez-vous de marier vos filles, même quand elles sont très jeunes ?

– Parce qu'il y a bien longtemps une de nos jeunes filles, Marie, qu'on avait tardé à marier, nous a causé bien des soucis…

OENOTOURISME

La route des vins du Beaujolais

Cette petite région, située dans le prolongement de la Bourgogne, est lovée entre la rivière Saône et les monts du Beaujolais. Sur ce sol volcanique et argileux, ce sont les appellations Beaujolais-villages et Beaujolais qui sont cultivées. Avec environ 20 000 hectares de vignes, ces appellations sont connues pour leur tradition du Beaujolais nouveau, un vin de fête léger qui rassemble les amateurs tous les ans, le 3e jeudi du mois de novembre, depuis 1951. Ce beaujolais est produit à partir du cépage gamay noir – la plus grande concentration de gamay dans le monde se situe d'ailleurs dans le Beaujolais – et de chardonnay. Les vignes plantées sur des coteaux et collines situées à 500 m d'altitude réservent une découverte facile, accessible à vélo et en voiture.

CHARADE classique

Mon premier est connu sous le nom de la « Ville éternelle »,

Mon deuxième peut être considéré comme un pardon,

Mon troisième alerte d'un danger,

Mon quatrième est une sorte de mouton,

Mon tout est un écrivain français de la seconde moitié du XXe siècle qui a signé plusieurs romans sous le nom d'emprunt d'Émile Ajar.

ROMAIN GARY
(ROME – HEIN – GARE – HIE)

PLAN SOCIAL DANS UN CABINET CONSEIL.

ACTU

Belle tuile pour belle toile

Le musée Kunstsammlung de Düsseldorf a fait une découverte surprenante au cours d'une récente rétrospective consacrée à Mondrian. Réalisé par le peintre néerlandais en 1941, le tableau intitulé New York 1 *est accroché dans le mauvais sens depuis 79 ans ! La commissaire de l'exposition, Susanne Meyer-Büser, a expliqué dans une interview qu'elle avait remarqué cette erreur en regardant une photo de 1944 de l'œuvre. Elle a également expliqué que la peinture avait été exposée dans le mauvais sens au Moma de New York en 1945 et qu'elle avait été disposée de la même façon lorsqu'elle avait été transmise au musée de Düsseldorf en 1980. L'absence de signature au dos de la peinture pourrait expliquer cette erreur, le nom ayant été inscrit seulement par l'administrateur de la succession après la mort de Piet Mondrian en 1944. Malgré cette découverte, le tableau continuera à être exposé à l'envers pour éviter de l'endommager. Connu pour ses lignes horizontales et verticales et ses couleurs primaires, Mondrian, dont la toile* Victory Boogie Woogie *est considérée comme l'une des œuvres les plus importantes du XXe siècle, est une figure majeure du mouvement artistique néerlandais « De Stijl ».*

Lever du soleil
07h21

Mardi 10

Coucher du soleil
20h13

Sainte Inès – On fête aussi les Aubert, Pulchérie

« Tu ne trouveras jamais d'arc-en-ciel si tu regardes toujours en bas. » *Charlie Chaplin*

La saga de l'orthographe

Au pluriel, certains mots composés sont invariables, d'autres prennent la marque du pluriel sur le second élément. Ils suivraient à présent tous la même règle que celle des mots simples, en prenant un s final (des aide-mémoire deviendraient des aides-mémoires), sauf si le second mot prend une majuscule ou s'il est précédé d'un article singulier (des prie-Dieu, des haut-le-cœur).

➠ *À suivre p. 292*

Les guitaristes de légende

Thibault Cauvin

Du « Petit Prince de la six-cordes » (il est né en 1984), le *Los Angeles Times* a sobrement écrit : « *Just incredible !* » À 20 ans, il est déjà le guitariste le plus primé au monde. Initié par son père, lui-même guitariste et compositeur, il étudie au conservatoire un répertoire classique qu'il s'attache depuis à étendre et à populariser. Il retranscrit ainsi pour son instrument fétiche vingt sonates baroques pour clavecin de Scarlatti dans un disque magnifique. Il demande à un luthier de lui créer tout spécialement une guitare « révolutionnaire » (avec un système amplificateur de son), avec laquelle il mélange les genres et arpente les scènes du globe (du Queen Elizabeth Hall de Londres à la Cité interdite de Pékin)… En plus, c'est un surfeur émérite.

Disque conseil : *Danse avec Scarlatti*, Sony Music, 2013.

Bibliophiles

Si maintenant j'oublie mon île. Vies et mort de Mike Brant, Serge Airoldi (L'Antilope, 2021)

Le s de « vies » fait à la biographie ce qu'une pierre fait à la surface de l'eau : des ondes circulaires, la diffraction du reflet. Ici, c'est celui d'un chanteur de notre jeunesse, au destin tragique (il s'est suicidé en 1975), qui s'étoile dans un mouvement kaléidoscopique. Derrière lui se dessinent un enfant muet jusqu'à 5 ans, un père résistant, une mère survivante des camps, l'histoire de paysages et des victimes de la haine de toujours. Moins un récit de vie qu'une enquête plurielle et poétique qui déplie les noms de l'histoire, à commencer par ce Brant qui signifie « feu » en yiddish.

Déguisées en homme ♂

Elisa Sánchez Loriga

En 1901, pour pouvoir épouser sa compagne Marcela Gracia Ibeas, cette Espagnole a créé Mario, un personnage masculin. Après avoir adopté l'apparence d'un homme, Elisa s'est fabriqué un passé à partir de celui de l'un de ses cousins mort dans un naufrage. Puis elle a expliqué que ses parents étaient des protestants anglais et qu'elle souhaitait se convertir au catholicisme, afin de pouvoir se marier à l'église. Quinze jours après l'avoir baptisée, le père Cortiella, curé de la paroisse de San Jorge à la Corogne (Galice), a marié le couple devant témoins et sans se douter de rien. Mais, rapidement dénoncées par des voisins, les deux femmes perdent leur emploi et sont excommuniées. Alors que la presse s'empare du scandale et que la garde civile s'apprête à les arrêter, Elisa et Marcela s'enfuient en Argentine où on perd leur trace. Leur acte de mariage n'ayant jamais été annulé, leur union est le premier mariage homosexuel célébré en Espagne, plus de cent ans avant que la loi ne les autorise officiellement.

Lever du soleil
07h22

Mercredi 11

Coucher du soleil
20h11

Saint Adelphe – On fête aussi les Bodon, Patient

« Exige beaucoup de toi-même et attends peu des autres. Ainsi, beaucoup d'ennuis te seront épargnés. »
Confucius

PAROLES
Les mots des flics et des voyous
PAROLES

Nib

Apocope de nibergue, avec influence probable de l'argot italien *nisba*. Synonymes : rien, peau de balle, des clopinettes, keud, macache bono, que couic, que dalle… • Affaire délictueuse. Exemple : « Tu sais, moi, je n'y entends rien pour monter un nib ; alors j'suis venu te trouver, toi. » (Oscar Méténier, *La Chair,* 1885). • Voleur de petite envergure. • Pour la police, les nibs sont des pièces de justice (mandat, notification, etc.) dont l'exécution n'entraîne aucune gratification. • Coup de nib : ordonnance de non-lieu, relaxe. • Se gourer de nib : ne pas se rendre compte ce qui arrive.

ÇA S'EST PASSÉ
Le 11 septembre 1524

Naissance de Pierre de Ronsard, poète de la Pléiade de la Renaissance française. Ce groupe de poètes a eu un rôle capital dans la constitution d'une littérature nationale.

CRÊPAGE DE CHIGNONS
Natacha Amal & Ingrid Chauvin

La série *Femmes de loi* a fait les beaux jours de TF1 de 2000 à 2009. À l'origine, elle pouvait compter sur le duo formé par Natacha Amal et Ingrid Chauvin. Mais cette dernière a fini par quitter la série en 2007, à cause de tensions en coulisses avec sa partenaire. Natacha Amal aurait en effet très mal supporté le succès de sa partenaire dans la mini-série *Dolmen* diffusée en 2005 sur la même chaîne. « À chaque fois que les audiences de *Dolmen* tombaient le lundi, elle se fermait, donc je suis partie. On ne s'est pas reparlé », a expliqué quelques années plus tard Ingrid Chauvin. Natacha Amal a, elle, fermement démenti ces accusations de jalousie. D'après elle, sa partenaire était dans un « calcul de carrière » dans lequel il était impossible de briller à deux ! Ambiance

Brèves régions

RHÔNE – NOMS DE LYON

La ville de Lyon, aujourd'hui 3e ville de France en nombre d'habitants, est surnommée « capitale des Gaules ». Ce nom remonte à l'Antiquité, lorsqu'en 43 avant Jésus-Christ, un certain Munatius Plancus fonda une colonie romaine à 300 mètres d'altitude, sur la colline de Fourvière. D'abord capitale régionale, elle serait devenue la plus grande ville de Gaule, d'où son surnom. Son nom officiel, Lyon, trouve quant à lui son origine dans Lugdunum, issu du gaulois dunon *signifiant « colline ». Le préfixe* lugo *est plus obscur, certains y voient le corbeau, d'autres la lumière. Alors, Lyon est-elle la colline du corbeau ou la colline lumineuse ?*

Lever du soleil **07h24**

Jeudi 12

Coucher du soleil **20h09**

Saint Apollinaire – On fête aussi les Ailbe, Elvis

« On ne bâtit rien sur l'esclavage, sinon des révoltes d'esclaves. » *Antoine de Saint-Exupéry*

MOTS FLÉCHÉS

LES MOTS DÉCLENCHEURS SONT DES ANAGRAMMES.

STAUROLITE / CONFÉRAI		CRAIES / INVERSA		ROSE / SE		CATI / NACRERAS		LADITE		ROUF / ÉMIONS		REIS
								MOIE				
TEINTAS / AVEC								TROU / AILE				
				RACIALES / URATE								
RAIL / HUÎTRES					TATARE		NIA				INSÉRER	
							ÉLIS / IS					ÎLE
ES / ASTÉRIDE			RESTA / VÉNÉRÉES						LES / EN			
								ACCROUPIES		IR / ENGRENAGES		
AMER		SÉNÉ / ALARMISTE					ÉRIGE					
				MER		BI	AS		NA			INSÉRÉES
VOTRE	RAISONNERAS / ASO											
					CAB				ERG / VA			
METS / ÉMIA					RATS	ERR	ARC				UR	
				ROUVERTE								
BLÉ	SA / TEE			ES / NOM			SIL		UNI			
			ARMAI / ON						IS		ER	
NOTER / NOMES						SÉRIEL						
					ASSISSE							

SOLUTION PAGE 279

Lever du soleil
07h25

Vendredi 13

Coucher du soleil
20h07

Saint Aimé – On fête aussi les Farid, Darrell, Lidoire

« On ne peut pas être sans crainte quand on inspire la crainte. » *Épicure*

Gangs – LES APACHES DE LA BELLE ÉPOQUE

Les Gars de Charonne, les Marlous de Belleville, les Loups de la Butte, les Mohicans de Montpar', les Costauds de la Villette, les saute-aux-pattes de la Glacière… Impossible de ne nommer qu'une seule bande, l'appellation « Apaches », attribuée par des journalistes en 1900, s'applique en effet à de nombreux gangs qui sévissaient à Paris entre la fin du XIXe siècle et les débuts du XXe. Arnaqueurs, cambrioleurs, petits proxénètes mais surtout bagarreurs, les Apaches se distinguaient par leur code de l'honneur et leur look incluant notamment le foulard noué autour du cou, le pantalon « patte d'eph », le veston cintré, la casquette à pont et des tatouages provocateurs. Adeptes de l'argot, pratiquant parfois la boxe, fréquentant les bals populaires et les cafés, ces « loubards » se déplaçaient la plupart du temps en bande, accompagnés à l'occasion de leur « officielle », une femme intouchable, souvent une prostituée. La plus célèbre d'entre elles, Amélie Élie, dite « Casque d'or », a été immortalisée par Simone Signoret dans le film éponyme de Jacques Becker. Considérés comme une menace pour la société, les Apaches, dont les méfaits ont été largement amplifiés par la presse de l'époque, disparaissent après la Première Guerre mondiale, décimés surtout par les nombreuses pertes engendrées par le conflit.

Alea jacta est – Citations latines

Persona non grata

Cette expression, qui signifie littéralement « personne non bienvenue », tire son origine de la diplomatie, et plus exactement de l'article 9 de la convention de Vienne sur les relations diplomatiques, adoptée en 1961. L'article prévoit qu'un État dans lequel il devait être envoyé peut refuser l'agrément d'un agent étranger ou retirer cet agrément à un agent déjà en place, qui doit alors quitter le pays. Dans l'usage courant, l'expression désigne une personne qui n'est pas ou plus la bienvenue dans un groupe.

Le saviez-vous ?

Un crocodile bien inoffensif

En 1925, lors de la Coupe Davis, son capitaine promet à René Lacoste de lui offrir une mallette en peau de crocodile qu'il admirait s'il remportait son match. Match perdu, mais la presse américaine, au courant de ce pari surprenant et en hommage à sa ténacité sur le court, le surnomme « le Crocodile ». Lacoste adopte ce surnom et demande à un ami styliste de lui dessiner un crocodile qu'il fera broder sur sa veste. Et cela deviendra son logo lorsqu'il fondera son entreprise en 1933.

EURO 2024

MIEUX QUE LES HOMMES

Le 9 août 2012, la finale du tournoi féminin des Jeux olympiques se dispute à Wembley et voit les États-Unis s'imposer face au Japon devant 80 203 spectateurs. Cette marque constitue pendant près de dix ans le record d'affluence pour une rencontre internationale féminine disputée sur le sol européen. C'est dans le même stade que ce record tombe en juillet 2022 lors de la victoire de l'Angleterre sur l'Allemagne. Au-delà d'établir une nouvelle référence chez les filles, le chiffre de 87 192 spectateurs représente aussi et surtout la plus forte affluence de toute l'histoire des championnats d'Europe masculins et féminins compris. Cette performance efface la précédente marque, 79 115 spectateurs, qui avait été établie en Espagne lorsque le pays hôte avait remporté l'EURO masculin. C'était en 1964.

UEFA - UEFA - UEFA - UEFA - UEFA - UEFA - UEFA - UEFA - UEFA

Lever du soleil
07h26

Samedi 14

Coucher du soleil
20h04

La Sainte Croix – On fête aussi les Corneille, Cornaline, Materne

« Plutôt que de penser à ce que tu n'as pas, pense à ce que tu peux faire avec ce que tu as. »
Ernest Hemingway

ÇA, C'EST FAIT DIVERS

Cette histoire incroyable a été racontée il y a quelques mois par le quotidien La Voix du Nord. *Tout a commencé pendant le confinement de 2020, lorsque Dineshradja Urs, un jeune homme né à Roubaix en 1988, a décidé de changer de carrière. Banquier, il souhaite se lancer dans la communication. Sa famille étant originaire d'Inde, il choisit de se rapprocher d'entreprises indiennes pour leur proposer ses services. Après quelques mois de prospection, une société de textile, implantée dans l'État du Kerala, au sud-ouest de l'Inde, lui propose une collaboration. Dineshradja doit lui faire un site Web, un plan de com et une publicité. Le budget étant serré, le jeune homme joue lui-même dans le spot qui doit être diffusé dans les cinémas de la région. Ce tournage va bouleverser sa vie. Après la diffusion de la publicité, le patron de la société reçoit de nombreux courriers de spectateurs. Tous relèvent la troublante ressemblance de Dineshradja avec le Maharaja de Mysore. Alerté, Dineshradja effectue des recherches et découvre avec stupéfaction un acte de naissance à son nom, enregistré en Inde, alors qu'il est pourtant né en France. En comparant celui-ci avec l'acte français, il s'aperçoit que le nom et la date de naissance sont bien identiques, mais que l'identité du père et de la mère est différente. L'acte indien stipule ainsi qu'il a les mêmes parents que le Maharaja de Mysore. Dans la foulée, l'administration fiscale indienne convoque Dineshradja pour l'informer que de nombreux biens (terres agricoles, propriétés, usines, etc.) sont enregistrés à son nom en Inde et en Europe. Incrédule, Dineshradja découvre le fin mot de l'histoire en réalisant son arbre généalogique. Le Roubaisien et l'actuel roi de Mysore partagent effectivement une hérédité commune, car leurs grands-mères paternelles sont sœurs. Héritier d'une riche famille royale indienne, le Roubaisien attend aujourd'hui que la justice indienne se prononce dans cet improbable dossier.*

Apéro

Armagnac

Cette eau-de-vie de vin est caractéristique du Sud-Ouest. Boisson ancestrale, ses origines remontent au Moyen-Âge, mais sa production industrielle commence au XVIIe siècle, dans le Gers. L'armagnac se fabrique à partir de la distillation de vins blancs secs, appelés « vins de chaudière », vieillis en barrique de chêne. Avec près de 900 producteurs français, l'armagnac est un apéritif prisé – il s'exporte également beaucoup en Europe, en Russie et en Chine. S'il est conçu comme un digestif, l'armagnac se déguste également en apéritif avec un trait d'eau gazeuse ou en cocktail.

MYTHOLOGIES CÉLESTES

La jalousie des Nymphes

Elle est l'une des constellations les plus faciles à repérer dans le ciel avec sa forme en W. Cassiopée est la reine d'Éthiopie, l'épouse de Céphée et la mère d'Andromède. Elle affirma un jour que sa fille était plus belle que les Nymphes, provoquant leur courroux. Ces dernières demandèrent alors à Poséidon d'envoyer un monstre marin pour se venger, Cetus (la Baleine). Céphée fut alors convaincu par les oracles que la colère des Nymphes serait calmée par le sacrifice de sa fille. Elle sera sauvée par l'intervention de Persée, arrivant sur son cheval ailé, Pégase. Tous furent ensuite placés côte à côte dans le ciel. En guise de sanction, Cassiopée fut condamnée à tourner autour du pôle la tête en bas.

Lever du soleil
07h28

Dimanche 15

Coucher du soleil
20h02

Saint Roland – On fête aussi les Achard, Orlando

« Le mal qui est dans le monde vient presque toujours de l'ignorance, et la bonne volonté peut faire autant de dégâts que la méchanceté, si elle n'est pas éclairée. » *Albert Camus*

Monarchies du monde

Norvège

Le roi Harald V de Norvège porte le patronyme de « Schleswig-Holstein-Sonderbourg-Glücksbourg » car il est descendant, du côté paternel, des rois du Danemark, eux-mêmes issus d'un duc prussien. Il règne depuis 1991 sur un peu plus de 5 millions de sujets dans le cadre d'une monarchie constitutionnelle ayant un régime parlementaire. C'est son fils Haakon qui lui succèdera.

CALEMBOURS ou RÉPARTIES cultes du cinéma

Dans quel film ?

« Ma mère avait pour nom Gwendoline, elle est morte dévorée par les loups… parce que notre père qu'était parti pour boire à la taverne de Duchenot a crevé gelé dans l'étang à cause de son pied bot. C'est diiiiingue nan ? »

Réponse : Les Visiteurs, de Jean-Marie Poiré.

Une chanson dans la tête

Ma plus belle histoire d'amour, Barbara

Les femmes auteurs-compositeurs et interprètes sont rares, Barbara, « la longue dame brune », comme l'a surnommée Georges Moustaki, fait partie de ce groupe réduit.

Le 15 septembre 1965, Barbara est l'invitée de France Inter. Les échanges nourris avec les auditeurs bouleversent totalement la chanteuse. Le soir, sur la scène de Bobino, où elle débute une série de récitals, au piano ou debout devant le micro, elle crie son amour au public.

À la suite de ces échanges, elle écrira : *Ce fut un soir en septembre / Vous étiez venus m'attendre / Ici même vous en souvenez-vous ? / Ma plus belle histoire d'amour c'est vous !* La chanson sublime l'exceptionnel amour et sa complicité, qui ne se démentiront jamais, entre la chanteuse et son public. Elle programmera cette plus belle histoire d'amour à chaque récital.

70

Brèves régions

HAUTE-SAÔNE – LE PLATEAU DES 1 000 ÉTANGS

De Lure à Faucogney, en passant le col des Croix (qui marque la limite avec les Vosges) et le ballon de Servance, le plateau des 1 000 étangs s'étend sur une zone de 220 km², dans le département de la Haute-Saône. Les retenues d'eau qui font sa réputation proviennent du retrait des glaciers qui recouvraient la région à la fin de l'ère glaciaire, il y a 12 000 ans. Ce paysage extraordinaire a valu au plateau d'être surnommé « la Petite Finlande », en raison de la similitude de ses paysages avec les milieux scandinaves. C'est aujourd'hui un lieu unique, riche d'un écosystème particulier qui abrite des espèces protégées et parfois menacées.

Lever du soleil
07h29

Lundi 16

Coucher du soleil
20h00

Sainte Édith – On fête aussi les Cyprien, Ludmilla, Régnault

« La perfection de l'humanité ne sera pas l'extinction, mais l'harmonie des nationalités : les nationalités vont bien plutôt se fortifiant qu'en s'affaiblissant ; détruire une nationalité, c'est détruire un son dans l'humanité. »
Ernest Renan

Plantes qui soignent

LA LAVANDE

Décorative par son feuillage grisâtre et par ses épis bleu-mauve très parfumés, la lavande est précieuse au jardin. L'huile essentielle est utilisée en médecine et en aromathérapie, mais on prépare aussi une excellente tisane (50 g de fleurs séchées pour un litre d'eau). La plante a des vertus antispasmodiques et on la conseille pour soulager les douleurs musculaires et la migraine. L'infusion a aussi un effet sédatif et calmant : elle est parfaite avant d'aller dormir, d'autant qu'elle est délicieuse.

ASTUCES 2 FAINÉANT

Le micro-ondes purifié

Comme les fours ordinaires, les fours à micro-ondes se salissent régulièrement avec des projections de cuisson. Pour ce qui est du nettoyage, en revanche, celui du micro-ondes est beaucoup plus facile que celui d'un four traditionnel à chaleur tournante ou autre. Il suffit en effet de préparer une tasse d'eau dans laquelle vous versez une cuillère à soupe de vinaigre blanc. Placez la tasse dans le four et faites chauffer pendant deux minutes environ à pleine puissance, de manière que l'eau fasse de la vapeur qui tapissera toutes les parois du four. Grâce à l'action du vinaigre blanc, votre four retrouvera ainsi une réelle pureté après un simple coup d'éponge pour retirer cette vapeur nettoyante. Une solution simple et économique car le vinaigre blanc est très bon marché.

ÇA S'EST PASSÉ

Le 16 septembre 1824

Mort de Louis XVIII. « Roi-fauteuil », comme il se surnommait lui-même, souffrait de goutte. Son frère lui succède et régnera sous le nom de Charles X.

– VU LE TAS DE LINGE QUE J'AI À LAVER CHAQUE SEMAINE, JE ME DEMANDE SI NOUS N'AVONS PAS DES SQUATTERS DANS LA MAISON !

Le révérend Ytte Pasteur
vous annonce la naissance de sa fille

MAUDE

CITATIONS HUMORISTIQUES : BLAGUES ET VANNES

« À l'égard de celui qui vous prend votre femme, il n'est de pire vengeance que de la lui laisser. »
Sacha Guitry

LE CYCLISME AUX JO

LONGUE PAUSE

Pour remporter une épreuve de vitesse sur piste, la deuxième place est importante. Elle permet de surveiller l'adversaire puis d'utiliser son aspiration au moment du sprint. Cette bataille peut conduire à des séances de surplace impressionnantes : les deux coureurs s'immobilisent en travers de la piste, le premier qui cède devant prendre la première position. En 1964, le duel opposant l'Italien Giovanni Pettenella et le Français Pierre Trentin a établi un record : il a duré 21 minutes et 57 secondes. L'Italien s'est finalement imposé.

Lever du soleil
07h31

Mardi 17

Coucher du soleil
19h58

Saint Renaud – On fête aussi les Hildegarde, Ronald, Réginald

« La modestie est au mérite ce que les ombres sont aux figures dans un tableau : elle lui donne de la force et du relief. » *François de La Rochefoucauld*

Ça ne rime à rien...

Monstre

Le verbe « démontrer » a perdu le « s » qui subsiste dans le substantif « démonstration ». Pourtant, ces mots sont tirés de la même racine qui a donné « monstre ». Le latin *monstrum*, qui en est à l'origine, a d'ailleurs un sens assez proche de notre « monstre », puisqu'il évoque un « avertissement céleste ». Et ce « monstre » est tellement unique qu'il ne rime avec rien.

Chevaliers de l'Histoire

Jean II le Meingre

Surnommé Boucicaut, c'est l'un des derniers grands chevaliers de l'histoire. Anobli à 18 ans, en 1382, il participe quelques mois plus tard à la bataille de Roosebeke (Flandres), au cours de laquelle les Français remportent une importante victoire. Au cours des vingt années suivantes, Jean II le Meingre multiplie les expéditions hors du royaume. En 1384, on le retrouve aux côtés de l'ordre Teutonique contre les Lituaniens dans la Baltique ; puis, en Espagne, contre les Maures ; dans les Balkans, contre les Turcs, etc. Les succès militaires s'enchaînant, Boucicaut est investi maréchal de France. En 1399, inspiré par les idéaux de la chevalerie et de l'amour courtois, il crée l'ordre de la Dame blanche à l'écu vert pour défendre l'honneur et les intérêts de toutes les femmes de « noble lignée ». Comme toute la chevalerie française, il est vaincu lors de la bataille d'Azincourt en 1415. Capturé, Boucicaut est emmené en Angleterre où il meurt en 1421, à 57 ans.

Ha! Ha! Ha!

CITATIONS HUMORISTIQUES : BLAGUES ET VANNES

« L'ivresse du travail ? C'est vrai que ça soûle très vite. »
Jean Yanne

« L'être humain est le seul animal qui peut faire l'amour par politesse. »
Pierre Sauvil

SOLUTION MOTS FLÉCHÉS P. 274

	T		A		O		C		D		F	
F	O	N	C	E	R	A	I		E	M	O	I
	T	A	I	S	E	N	T		T	O	U	R
C	A	V	E		S	C	A	L	A	I	R	E
	L	I	R	A		R		A	I	N		S
H	I	R	S	U	T	E		I	L	E	S	
	S	E		T	A	R	S	E		S	E	L
D	E	S	E	R	T	A	I		N		R	I
	U		N	E	E	S		R	E	G	I	E
A	R	M	E		R			E		A	N	
		A	R	R	A	I	S	O	N	N	E	S
T	O	R	V	E		B	A	C		G	R	E
	S	T	E	M				C	A	R		R
M	A	I	E		T	R	O	U	V	E	R	E
		A	S		S	E		P		N	U	I
B	E	L		M	A	R	I	A		E		N
	T	E	N	O	R		L	I	S	E	R	E
M	E	S	O	N		A	S	S	I	S	E	S

102

C'était l'âge d'un certain Duli Chand quand il s'est marié à Rohtak, au nord de l'Inde, en 2022. Cette cérémonie fastueuse avec costumes, fanfare et calèche cachait en réalité un stratagème. Le centenaire a mis en scène ses noces pour prouver à l'administration... qu'il était toujours vivant ! À la suite d'une erreur administrative, Duli a en effet été déclaré décédé et a donc perdu sa pension de retraite. Après avoir essayé en vain de faire corriger la bévue auprès de différents bureaux gouvernementaux, il a donc décidé, avec l'aide de travailleurs sociaux, d'organiser une cérémonie de mariage. Relayée par de nombreux médias locaux, l'initiative du centenaire a finalement fait plier l'administration qui lui a rétabli sa retraite. L'histoire ne dit pas quel était l'âge de sa promise.

Lever du soleil
07h32

Mercredi 18

Coucher du soleil
19h56

Sainte Nadège – On fête aussi les Ariana, Ariane, Nadine

« Dès l'instant où vous aurez foi en vous-mêmes, vous saurez comment vivre. » *Johann Wolgang Goethe*

NOS ANCÊTRES

LE PLUS GROS CERVEAU

Vivant en Europe, au Moyen-Orient et en Asie vers 400 000 ans avant notre ère, l'Homme de Néandertal disparaît vers -30 000 ans. Massif et robuste, 1,65 m pour 90 kg, Néandertal avait un crâne au volume supérieur de 15 à 20 % au nôtre. Chasseur et omnivore, il cuisait sa nourriture, était un artisan de la pierre et respectait des rites funéraires. Les humains non africains possèdent encore près de 2 % de son ADN.

ÇA S'EST PASSÉ 324

Le 18 septembre

Battu d'abord à Andrinople, l'empereur romain Licinius est définitivement vaincu par Constantin le 18 septembre, à Chrysopolis. Il sera exécuté par la suite sur les ordres de celui-ci.

AHAHAHAHAH ! OH ! OH ! AH ! AH ! AH ! HI ! HI ! HI ! WHA HA ! HA !

LA BONNE BLAGUE

Un homme est confronté à un dilemme : il est amoureux de trois femmes plus charmantes l'une que l'autre, et il ne sait pas laquelle choisir comme épouse. Il décide donc de les mettre à l'épreuve en leur donnant à chacune une somme de 10 000 euros, afin de voir comment elles vont les dépenser.

La première se rend chez les meilleurs esthéticiens et médecins pour se faire offrir une cure de jouvence complète. Lorsqu'elle revoit l'homme, elle lui déclare avec émotion : « J'ai dépensé tout cet argent pour être la plus belle possible pour toi, car je t'aime plus que tout. »

La deuxième utilise les 10 000 euros pour acheter une superbe montre, le dernier iPhone et un écran plat haut de gamme. Puis elle se présente à l'homme avec un sourire radieux et lui dit : « Je t'ai acheté tous ces cadeaux pour te montrer à quel point je t'aime. »

La troisième, quant à elle, décide d'investir les 10 000 euros en bourse. Elle parvient à doubler cette somme, rend les 10 000 euros à l'homme et réinvestit le reste. Elle lui explique : « J'ai investi cet argent pour notre avenir car je t'aime plus que tout. »

Après avoir longuement réfléchi à la manière dont chacune d'entre elles a dépensé cet argent, l'homme fait son choix : il décide d'épouser celle qui a les plus gros seins.

LA VENTE D'ARMES, UN BUSINESS AVANT TOUT.

Les plus beaux bateaux de l'histoire

LE *PATRON FRANÇOIS MORIN*

Symbole du sauvetage en mer, ce canot, reconnaissable à sa coque verte, était en service sur l'île d'Ouessant de 1960 à 1995. Construit aux chantiers Lemaîstre à Fécamp, ce bateau est un chef-d'œuvre d'architecture navale classé aux Monuments historiques en 2003 et labellisé bateau d'intérêt patrimonial en 2008. Autovidant, double coque, auto-retournable, insubmersible, pouvant sortir par n'importe quelles conditions de mer et de vent, il a effectué près de 200 sauvetages et environ 250 transports sanitaires. Il était notamment parmi les premiers sur les lieux du naufrage de l'*Amoco Cadiz*, au large de Portsall, au printemps 1978. Ce bateau est aujourd'hui propriété de la mairie d'Ouessant, géré par l'association Patron François Morin qui organise des promenades autour de l'île.

Lever du soleil
07h34

Jeudi 19

Coucher du soleil
19h54

Sainte Émilie – On fête aussi les Emilia, Javier, Janvier

« Ne parlez jamais de vous, ni en bien, car on ne vous croirait pas, ni en mal car on ne vous croirait que trop. » *Confucius*

Heureux Mariages

Quand **FRANÇOIS DAUVERGNE** se maria avec **FRANÇOISE BRETON**, le 15 juillet 1875 à Savigny-sur-Braye (Loir-et-Cher), l'officier d'état civil demanda évidemment à chacun où il était né. Surprise : ni à Clermont-Ferrand pour l'époux ni à Quimper pour l'épouse, tous les deux étaient originaires… d'un petit village de la Sarthe. Comme quoi un patronyme ne signe pas toujours une origine.

Les rues mythiques du MONDE

The Strip (Las Vegas, États-Unis)

Cette avenue qui traverse « la ville du péché » (*Sin City*) est également connue sous le nom de Las Vegas Boulevard. Aussi célèbre que Broadway en matière de divertissement, The Strip accueille la plupart des hôtels-casinos emblématiques de Las Vegas : le Bellagio, le Luxor, le Caesar's Palace ou encore… le Paris (et sa réplique de la tour Eiffel de 160 m !). Architectures extravagantes, décorations kitsch, attractions insolites… ici, le spectacle est partout ! Depuis dix ans, pour permettre aux curieux d'embrasser toute cette démesure, l'avenue abrite le High Roller, la plus grande roue panoramique du monde !

PROBLÈMES + – /
de maths du certificat d'études

Vous désirez repeindre votre chambre, d'une longueur de 4,06 m et d'une largeur de 3,12 m, qui a deux fenêtres mesurant 160 x 120 cm chacune et une porte dont l'encadrure mesure 86 x 210 cm. Le rendement de la peinture que vous avez achetée est égal à 11 m² et vous pensez que deux couches vont suffire.

Malheureusement, trois couches sont nécessaires. Sachant que sur le marché, vous trouvez des pots de 0,5 ; 2 ; 5 voire 10 litres et que vous aviez acheté un pot de 5 litres et un pot de 2 litres, combien de pots de peinture supplémentaires devez-vous acheter ? La pièce fait 2,5 m de hauteur.

Solution : Surface des murs : ((4,06 + 3,12) x 2) x 2,5 = 35,9 m²
Surface des deux fenêtres : (160 x 120) x 2 = 38 400 cm² = 3,84 m²
Surface de la porte : 86 x 210 = 18 060 cm² = 1,81 m²
Surface totale des murs : 35,9 – 3,34 – 1,81 = 30,25 m²
Nombre de litres de peinture requis pour 2 couches : (30,25 / 11) x 2 = 5,5 litres
Quantité de peinture qui vous reste : (5 + 2) – 5,5 = 1,5 l
Nombre de litres de peinture requis pour 1 couche : 5,5 / 2 = 2,75 l
Nombre de litres supplémentaires requis : 2,75 – 1,5 = 1,25 l
Il vous faudra donc ou bien 3 pots ce 0,5 litre ou un pot de 2 litres, selon le prix demandé.

SYSTÈME D

RÉNOVER UN VIEUX MEUBLE

Comment refaire une beauté à une vieille commode qui a subi l'outrage des ans ? Si le vernis présente seulement des usures superficielles, une application (à la mèche de coton) d'un régénérateur pour meubles cirés et vernis suffit à redonner de l'éclat. Mais s'il est très abîmé, il faut mettre le bois à nu avant d'appliquer une finition. Utilisez une petite ponceuse orbitale et des cales à poncer pour les endroits difficiles, avec un abrasif fin. Ensuite, dépoussiérez soigneusement avec de la mèche de coton à peine imbibée d'alcool à brûler. Vous pouvez ensuite appliquer une teinture, également à la mèche, avant de passer au vernis. Utilisez un pinceau à vernir, en couche mince, d'abord dans le sens du fil, puis perpendiculairement. Laissez sécher à l'abri de la poussière.

Lever du soleil
07h35

Vendredi 20

Coucher du soleil
19h52

Saint Davy – On fête aussi les Eustache, Egat, Gwenlaouen

« Qu'est-ce qu'un livre si nous ne l'ouvrons pas ? Un simple cube de papier et de cuir avec des feuilles ; mais si nous le lisons, il se passe quelque chose d'étrange, je crois qu'il change à chaque fois. » *Jorge Luis Borges*

Le saviez-vous ?

Un dentiste à l'origine de la barbe à papa !

Dans les années 1890, le dentiste américain William James Morrisson et son ami, l'artisan confiseur John C. Wharton, s'inspirent de la technique du sucre filé pratiquée par les Italiens dès le XVe siècle et inventent une centrifugeuse chauffant le sucre et permettant son filage. Ils déposent leur brevet en 1897 et présentent leur invention au grand public en 1904 lors de la Foire internationale de Saint-Louis : succès immédiat !

C'est qui celui-là ?

Marie-couche-toi-là

De nos jours, quand on traite quelqu'un de « Marie-couche-toi-là », on pointe une personne facile, qui accepte de faire tout ce qu'on lui demande. Cela peut s'appliquer indifféremment à une femme comme à un homme, et pas uniquement dans un domaine « léger ». L'origine de l'expression remonte à Marie-Madeleine, car certaines lectures de la Bible font d'elle une prostituée.

Brèves régions

71

SAÔNE-ET-LOIRE – LE VIGNOBLE DE MERCUREY

Si les Romains ont envahi la Gaule au grand dam d'Astérix, ils ont amené avec eux des trésors dont nous bénéficions encore aujourd'hui. Ce sont eux, par exemple, qui ont planté les premières vignes à Mercurey, dans l'actuelle Saône-et-Loire, dont le nom évoque le dieu romain du commerce. Depuis cette époque, le vignoble n'a jamais démenti une qualité parfaite qui a séduit à travers le temps les ducs de Bourgogne, les papes, Gabrielle d'Estrées et même Napoléon. Décimées par le phylloxéra en 1878, puis par le mildiou, les vignes sont replantées à partir de 1902 et le vin qu'elles produisent bénéficie depuis 1923 d'une Appellation d'origine contrôlée.

Recette

Tajine d'agneau aux deux raisins

Pour 4 à 6 pers. — **10 min de préparation** — **1 h 15 de cuisson**

- 800 g à 1 kg de sauté d'agneau
- 1 grosse cuillerée à soupe d'épices pour tajine
- 2 oignons
- 1 cube de bouillon de légumes
- 1 belle grappe de raisin noir
- 200 g de raisins secs
- 1 petit bouquet de coriandre ou de persil
- Huile d'olive
- Sel, poivre

Dans une cocotte en fonte, faites chauffer de l'huile et faites revenir les morceaux de viande. Remuez bien pour qu'ils soient dorés sur toutes les faces. Ajoutez les épices, du sel et du poivre.

Épluchez et émincez les oignons et ajoutez-les dans la cocotte. Laissez rissoler quelques minutes puis baissez le feu. Dans un récipient, versez 75 cl d'eau bouillante sur le cube de bouillon et versez le tout dans la cocotte. Laissez mijoter pendant 1 h environ à couvert, en surveillant bien la cuisson. Dégraissez si besoin. Ajoutez les raisins secs à mi-cuisson.

Ajoutez enfin les raisins frais, laissez-les réchauffer quelques minutes.

Décorez d'herbes ciselées avant de servir.

Conseil

Servez ce tajine avec de la semoule (préparez-la en suivant les instructions du paquet).

Lever du soleil
07h36

Samedi 21

Coucher du soleil
19h49

Saint Matthieu – On fête aussi les Mathé, Déborah

« Tous les hommes font la même erreur, celle de s'imaginer que bonheur veut dire que tous les vœux se réalisent. » *Léon Tolstoï*

Etymologie

Pour une fois, qui peut le moins peut le plus

Si, aujourd'hui, les ministres occupent des fonctions de premier rang dans un gouvernement, il n'en a pas toujours été ainsi. En effet, le nom *ministre* vient du latin *minister*, qui signifie « serviteur », lui-même formé sur *minus*, « moins », d'après le modèle de *magister*, « maître », formé sur *magis*, « plus ». Et quand il apparaît en français, au milieu du XIIe siècle, c'est bien dans le sens de « serviteur » que *ministre* est employé. Nos ministres ne sont-ils pas les serviteurs de l'État ?

DES nuisibles PAS nuisibles

LA FOURMI

Quand ils en repèrent une, certains jardiniers voient rouge, même si c'est une fourmi noire. Dans nos potagers, il existe des dizaines d'espèces de ces hyménoptères, et très rares sont celles qui piquent. Leurs qualités ? Elles aèrent le sol par leurs galeries et recyclent les déchets végétaux et animaux. En outre, elles dispersent les graines de certaines plantes. Leur défaut ? Elles « élèvent » des pucerons qui sucent la sève des végétaux, pour se nourrir de leur miellat. Mais l'expérience montre que ce n'est pas en détruisant les fourmilières que l'on évite l'invasion de ces parasites.

CITATIONS HUMORISTIQUES : BLAGUES ET VANNES

Ha! Ha! Ha!

« Quand on s'en va des poumons, on devient poitrinaire ; quand on s'en va de la cervelle, on devient doctrinaire. »
Jacques Sternberg

CHARADE syllabique

Mon premier produit la fermentation dans un corps _ _ VAIN

Mon deuxième est une division administrative _ _ _ TON

Mon troisième est une monnaie d'or _ _ CAT

Mon quatrième fut terrassé par saint Michel _ _ _ GON

Mon cinquième est une chambre commune _ _ _ TOIR

Mon tout est une rencontre diplomatique entre François Ier et Henri VIII d'Angleterre

LE CAMP DU DRAP D'OR (LE – CAN – DU – DRA – DOR)

ACTU

Un (petit) bond pour la science

Le mystère des sautillements aléatoires des pois sauteurs vient enfin d'être percé ! Pour mémoire, rappelons que ces pois, rendus célèbres en France au début des années 1970 grâce au magazine Pif Gadget, *proviennent d'un arbuste appelé* Sebastiania pavoniana, *qui pousse dans le nord du Mexique. Chaque printemps, un papillon de nuit –* le Laspeyresia saltitans *– pond ses œufs sur la jeune graine. La larve la ronge, entre dans la graine, et ferme l'orifice avec un bouchon de soie pour la durée de sa croissance. Si les larves secouent les graines dans lesquelles elles se trouvent, c'est pour échapper aux températures élevées de l'été qui, dans cette région du Mexique, peuvent être mortelles pour ces petits insectes. En effet, bien que leurs mouvements soient aléatoires, les pois sauteurs finissent toujours par atteindre une zone ombragée, ce qui garantit la survie de la larve. Ce n'est certes pas aussi rapide qu'un mouvement en ligne droite, mais c'est une stratégie qui apparemment lui assure de trouver de l'ombre pour prospérer.*

Lever du soleil
07h38

Dimanche 22

Coucher du soleil
19h47

AUTOMNE

Saint Maurice – On fête aussi les Gaïane, Laud, Emeran

« Le monde est dangereux à vivre ! Non pas tant à cause de ceux qui font le mal, mais à cause de ceux qui regardent et laissent faire. » *Albert Einstein*

Cocktails

Negroni

Pour 1 verre à whisky
2 min de préparation

- *2 cl de Campari®*
- *2 cl de vermouth rouge (Martini®)*
- *2 cl de gin*
- *Quelques glaçons*
- *1 rondelle d'orange non traitée*

Déposez les glaçons au fond du verre.
Versez les alcools dessus et touillez légèrement.
Décorez de la rondelle d'orange.

À savoir
Cet americano avec du gin porte le nom de son inventeur : le comte Negroni l'élabora à Florence en 1919.

Moments *uniques*

L'ÉQUINOXE À ANGKOR

Chaque année, aux équinoxes, le soleil se lève précisément au-dessus de la tour centrale du temple d'Angkor, au Cambodge, le plus grand monument religieux du monde. Ce phénomène, qui n'est pas le fruit du hasard mais le résultat de calculs des bâtisseurs du xiie siècle, attire chaque année plusieurs milliers de visiteurs qui doivent se lever de bonne heure pour être sur place dès 6 heures. Et il leur faut faire preuve d'attention, car ce moment unique dure moins d'une minute. Angkor Vat, inscrit au patrimoine mondial de l'Unesco, est un site magique à tout moment de la journée avec ses tours inspirées de fleurs de lotus, mais il l'est encore plus au lever de soleil d'équinoxe. Cette année, il s'est produit au printemps, le 20 mars, et ce 22 septembre, jour de l'automne.

CITATIONS HUMORISTIQUES : BLAGUES ET VANNES

« Les enterrements, c'est comme les mauvais films : toujours trop longs, souvent surjoués, et on sait d'avance comment ça va finir. » George Burns

MOTS MÊLÉS

Insectes ravageurs

Q	Y	N	E	E	V	H	C	J	E	N	F	G	M
C	E	I	O	N	T	E	L	A	R	Y	P	O	A
E	H	L	G	C	D	S	E	O	P	A	T	R	E
G	T	A	I	I	T	R	U	B	S	U	E	E	P
B	A	I	R	R	B	U	R	C	K	X	C	S	L
B	P	E	H	A	G	C	E	P	O	T	Y	I	A
U	I	R	Z	C	N	A	A	L	F	L	R	T	N
P	O	O	E	E	N	C	L	D	L	G	Y	L	T
E	N	B	U	T	N	Y	O	E	E	E	X	A	H
S	Z	E	Z	A	H	G	H	N	R	L	U	E	O
T	J	L	E	P	H	C	I	R	G	U	L	F	N
R	Z	Y	R	A	U	U	S	E	I	R	Q	E	O
E	O	X	E	R	I	A	M	O	T	A	F	U	M
N	Q	K	B	M	D	O	R	Y	P	H	O	R	E

Solution page 289

Cherchez les noms d'insectes cachés dans la grille ci-dessous. Vous les trouverez soit horizontalement, soit verticalement ou encore en diagonale ; ils peuvent se lire de gauche à droite ou de droite à gauche, de haut en bas comme de bas en haut.

AGRILE
ALTISE
ANTHONOME
APATE
APION
ATOMAIRE
BRUCHE
BUPESTRE
CADELLE
CAPUCIN
CHARANÇON
DORYPHORE
GALÉRUQUE
LOCUSTE
NÉGRIL
NOCTUELLE
OPÂTRE
PHYLLOXÉRA
PIÉRIDE
PSYLLE
PYRALE
RHYNCHITE
TEIGNE
TIGRE
XYLÉBORE
ZABRE
ZEUZÈRE

Lever du soleil
07h39

Lundi 23

Coucher du soleil
19h45

Saint Constant – On fête aussi les Line, Constance

« La vraie vie, la vie enfin découverte et éclaircie, la seule vie par conséquent réellement vécue, c'est la littérature. Cette vie qui, en un sens, habite à chaque instant chez tous les hommes aussi bien que chez l'artiste. » *Marcel Proust*

BALANCE

Vermot'roscope

23 septembre – 22 octobre

Votre caractère

Pondéré, calme, émotif, sensible, esthète, artiste, séducteur, charmant, sentimental, doux, diplomate, curieux, communicatif, sociable, compréhensif, de bonne écoute, juste, droit, adaptable, sincère, honnête, aspirant à l'équilibre, mélancolique, influençable.

Les événements célestes de 2024

L'année devrait être très intéressante pour vous. Avec les bons influx de **Pluton** (le changement, l'approfondissement, le dépassement) et, durant le second semestre, le coup de pouce de **Jupiter**, vous devriez vous souvenir de cette période.

C'est le moment parfait pour tirer au clair une situation, voir aboutir une entreprise commencée en 2023, récolter le fruit de vos efforts, obtenir un retour sur investissement. Pour d'autres, la chance vous sourit et tout ce que vous touchez se transforme en or, ou presque.

PLEINS FEUX SUR 2024, DOMAINE PAR DOMAINE

Vie relationnelle : Vous cherchez à créer de nouvelles amitiés. Du printemps à la fin de l'année, vous dites oui aux invitations et aux sorties. Votre vie amicale est féconde et l'épanouissement au rendez-vous.

Amour : ***En couple*** : cette année, vous franchissez un cap important et entrez dans un nouveau cycle conjugal. Quelle que soit votre situation, la manière dont vous vivez votre relation se modifiera, de même que votre quotidien.

Célibataire : vous êtes à un carrefour de l'existence. Il est temps pour vous de guérir de vos blessures et de vos déceptions passées. En 2024, les astres vous offrent l'occasion rêvée de changer de vie. Le second semestre est propice à une rencontre. À vous de parvenir à lui donner corps.

Famille : Cette année, vous accordez une importance particulière à votre foyer et à vos proches. Ainsi essayez-vous d'être plus présent et plus à l'écoute. De juin à décembre, vous saisissez toutes les occasions de passer du temps avec ceux que vous aimez, ce qui contribue à l'amélioration de vos relations.

Quotidien et vitalité : Si votre rythme de vie ralentit, vous vous montrez toujours aussi créatif et inventif. Ainsi, en 2024, vous avez besoin de vous lancer dans de nouvelles entreprises. Tout vous incite à vous dépasser et à relever les défis qui se présentent à vous. C'est une année d'évolution et de concrétisation où vous serez optimiste et plein d'énergie.

Budget : En 2024, votre rapport à l'argent se modifie. Plus attentif à vos dépenses, vous vous efforcez de faire des économies et vous veillez à augmenter votre épargne. C'est une bonne période pour toutes les transactions financières.

Le saviez-vous ?

Un hymne sans paroles

L'hymne espagnol, la Marcha Real (« Marche royale ») ou la Marcha Granadera (« Marche des grenadiers »), est l'un des rares hymnes nationaux à ne pas avoir de paroles. Depuis qu'il est officiel (1770), plusieurs tentatives ont été faites de lui adjoindre des paroles, mais toutes ont échoué, entre autres parce que les Basques, Catalans et Galiciens refusent un texte en castillan. Pas simple pour les supporters espagnols lors d'événements sportifs !

Rébus Fable de La Fontaine

CHIEN CHIEN ÂNE

Les deux Chiens et l'Âne mort

59

Brèves régions

NORD – JEAN PIAT

C'est à Lannoy, près de Lille, que naquit Jean Piat, le 23 septembre 1924. Après de premières expériences dans un club de théâtre en 1936, il ne quittera plus jamais les planches jusqu'à sa mort. Sociétaire de la Comédie-Française de 1953 à 1972, il poursuivit ensuite sa carrière dans le théâtre privé où il alterna pièces classiques, vaudevilles et pièces contemporaines. Mais c'est la télévision qui le fera connaître au grand public, notamment par son incarnation de Robert d'Artois dans le célèbre feuilleton Les Rois maudits. *Jean Piat disparut le 18 septembre 2018, cinq jours avant son 94e anniversaire. Il est inhumé au cimetière du Montparnasse.*

Lever du soleil **07h41**

Mardi 24

Coucher du soleil **19h43**

Saint Thècle – On fête aussi les Andoche

« Il reste toujours quelque chose de l'enfance, toujours. » *Marguerite Duras*

CÉTACÉS

L'ORQUE

Avec sa livrée noir et blanc, l'orque se distingue de tous les autres cétacés. Le mâle mesure en général 6 à 9 m de long et la femelle un peu moins. Ce superprédateur se nourrit de toutes sortes de proies, du poisson au baleineau, au phoque et à l'otarie. Avec une solide organisation sociale, les orques se transmettent leur savoir : elles enseignent à leurs petits la technique de l'échouage, qui consiste à faire mine d'être mort pour surprendre les phoques. L'espèce pourrait être menacée par la pollution des PCB.

PAROLES

Les mots des flics et des voyous

PAROLES

Noir

• Cave (désuet). • Mettre au noir : enfermer à la cave les gens qu'on vient de cambrioler. • Être dans le noir : ne pas voir clair dans une affaire criminelle. • Être noir comme le cul du diable : avoir un casier judiciaire particulièrement chargé, être très défavorablement connu des services de police. Synonymes : être chargé comme un mulet, être connu comme le loup blanc, avoir un lourd passé. • Travail au noir, ou au black : emploi dissimulé. • Porter le noir : être poursuivi par la malchance, pour un joueur. • Opium. Suc extrait du pavot. Synonyme : confiture.

COMMENT

FAIRE FACILEMENT DES ÉCONOMIES D'ÉNERGIE ?

GRANDS SPORTIFS DES JO

MUSIQUE OLYMPIQUE

Le 30 juillet 1948, Micheline Ostermeyer se présente sur la pelouse du stade avec ses lunettes noires sur le nez et décroche l'or en lancer de disque, une discipline qu'elle n'avait découvert que quelques semaines auparavant. Cinq jours plus tard, elle remporte l'or au lancer de poids avec un record olympique en prime. Le 7 août, elle boucle sa moisson par une médaille de bronze au saut en hauteur. Une performance unique pour une athlète qui pratiquait le sport pour se divertir de ses cours de piano.

CITIUS - ALTIUS - FORTIUS

Présentatrices mythiques de TV

Claire Chazal

C'est peut-être la présentatrice du JT la plus connue en France. Née en 1956 dans le Puy-de-Dôme, Claire Chazal commence sa carrière en 1980 en tant que reporter pigiste pour Europe 1, puis pour *Les Échos*. C'est en passant sur Antenne 2 qu'elle prend son envol et devient grand reporter, spécialisée en économie. En 1991, Chazal est recrutée par TF1 pour présenter le JT du week-end ; elle devient par la suite directrice de la rédaction de l'information, et ce jusqu'en 2015. Intervieweuse politique hors pair, elle anime également plusieurs soirées électorales, ainsi que le magazine d'information de la rédaction de TF1, *Grands Reportages*. Après 2015, la journaliste devient chroniqueuse ponctuelle sur différents médias, avant de reprendre sa propre émission, *Passage des arts*, sur France 2 depuis 2019. Figure populaire, elle est apparue dans son propre rôle à plusieurs reprises au cinéma.

Lever du soleil
07h42

Mercredi 25

Coucher du soleil
19h41

Saint Hermann – On fête aussi les Solenne, Cléophas

« Ce sont les questions, plus que les réponses, qui montrent l'étendue de l'esprit. » *Michel de Montaigne*

La Véritable Histoire de… Laura Ingalls

L'héroïne à tresses de la célèbre série *La Petite Maison dans la prairie*, interprétée par Melissa Gilbert, a bel et bien gambadé dans les grandes prairies de l'Ouest américain ! C'est même à elle que l'on doit les romans adaptés à la télévision par Michael Landon. La véritable Laura est donc née dans une maison en rondins, à Pepin, dans le Wisconsin, le 7 février 1867. Ses parents s'appelaient vraiment Charles et Caroline, et ses sœurs, Mary (qui deviendra effectivement aveugle), Carrie et Grace. Ses frères se prénommaient Charles (mort à l'âge de 9 mois) et Freddy. La famille Ingalls a bien vécu plusieurs années à Walnut Grove, dans le Minessota. C'est également à l'école du village que Laura a rencontré une authentique peste nommée… Nelly Oleson. Son poste d'institutrice, son mariage avec Almanzo (partiellement paralysé à cause de la diphtérie), leur fille, Rose, l'école pour aveugles fréquentée par sa sœur Mary, les multiples déboires des pionniers américains à la fin du XIXᵉ, etc : la vie réelle de Laura et de sa famille se confond à bien des égards avec celle des Ingalls du petit écran qui a fait couler des kilomètres cubes de larmes dans les chaumières au cours des années 1970-1980.

Les Bons Bonbons de nos régions

Le marron glacé d'Ardèche

L'origine de cette confiserie composée d'une châtaigne confite dans un sirop de sucre et glacée au sucre glace est incertaine. Pour les uns, le marron glacé serait apparu en Italie au XVᵉ siècle, pour les autres, un siècle plus tard à Lyon ; pour les derniers, il aurait été servi pour la première fois à la table de Louis XIV. Une chose est avérée : en France, la première fabrique de marrons glacés a été créée en Ardèche par Clément Faugier, en 1882, afin d'exploiter les fruits des nombreux châtaigniers de la région. Trois ans plus tard, le même a l'idée de récupérer les fruits brisés lors des manipulations pour en faire la célèbre crème de marrons de l'Ardèche.

ACTU

Le zizi qui pique

Les mâles guêpes, dépourvus de dard, ont trouvé une astuce pour se protéger des prédateurs : ils piquent avec leur pénis. Shinji Sugiura, spécialiste des stratégies anti-prédatrices chez les animaux, a eu la puce à l'oreille quand l'une de ses étudiantes s'est fait piquer par une guêpe maçonne mâle. Il a essayé de se faire piquer à son tour, et comme il pensait que les mâles étaient inoffensifs, il a été surpris de ressentir la douleur d'une piqûre. D'après ce chercheur, les deux épines larges situées de part et d'autre du pénis sont responsables de la douleur infligée aux prédateurs. Lors d'une expérience en laboratoire, les mâles guêpes piquant avec leur pénis les grenouilles arboricoles qui les avaient avalés ont vu plus d'un tiers des batraciens les recracher. Les parties génitales des insectes sont encore peu explorées, mais certaines recherches récentes ont montré que les papillons sphinx peuvent utiliser leurs organes génitaux pour émettre des ultrasons contre les chauves-souris. Shinji Sugiura s'était lui intéressé il y a quelques années à la manière dont certains coléoptères arrivent à s'échapper une fois avalés, en sortant par l'anus de leurs prédateurs.

Lever du soleil
07h44

Jeudi 26

Coucher du soleil
19h39

Saint Côme et Saint Damien – On fête aussi les Damia, Cosima

« Le plus riche des hommes, c'est l'économe, le plus pauvre, c'est l'avare. » *Nicolas de Chamfort*

Il faut être philosophe

HEGEL*

Les trois temps de la dialectique

Dans la philosophie de Hegel, la dialectique renvoie à l'évolution du réel, à son fonctionnement. Selon l'auteur de la *Phénoménologie de l'esprit*, tout ce qui existe – le monde matériel comme celui spirituel (la pensée, la conscience) – est gouverné par un processus perpétuel. Ainsi, rien n'est jamais figé, le mouvement est énergique et ininterrompu. C'est pourquoi, chez Hegel, l'erreur fait partie du schéma dialectique : pour acquérir une connaissance, nous passons nécessairement par plusieurs phases qui, la plupart du temps, se contredisent les unes les autres et qu'il faut surmonter les unes après les autres. À chaque fois, ce devenir se fonde sur une contradiction qui est, certes, négation de l'état antérieur, mais aussi conservation, la fameuse triade thèse-antithèse-synthèse constituant une totalité cohérente.

*Georg Wilhelm Friedrich Hegel (1770-1831), philosophe allemand.
Son concept de dialectique sera repris par Marx, Sartre, Husserl, Heidegger, etc.

Monarchies du monde

Oman

Le sultanat d'Oman est une monarchie absolue dirigée actuellement par le sultan Haïtham ben Tariq. Celui-ci appartient à la famille Al Saïd, connue des généalogistes depuis 1744 et dont plusieurs membres ont également régné sur les sultanats de Zanzibar et Mascate. Haïtham ben Tariq, fils d'un ancien Premier ministre d'Oman, est devenu sultan en 2020 à la mort de son cousin.

SUDOKU

						5		
		5		8	3			9
2	8	6					1	
			5			1	3	
			7		4			
	3	7			9			
	2					8	6	1
6			8	4		7		
		9						

Solution page 292

La dictée du mois — De l'abbaye à la prison

C'était à l'époque où l'on construisait la maison centrale. L'administration des prisons ayant résolut de dédoubler le personnel de celle de Cl…, en transportant les femmes qui y étaient détenu dans une autre localitée, un inspecteur général avait déclaré que les bâtiments de l'ancienne abbaye d'Auberive répondraient merveilleusement aux vus du ministre. En conséquence, l'État avait acquit le vieux domaine des Cisterciens, et on était entrain de l'approprier à sa nouvelle destination […]. Le directeur de Cl…, impatient d'être débarassé de ses détenues, pressait les travaux avec une activité fiévreuse ; et, comme son établissement n'était séparé d'Auberive que par une huitaine de lieux, il passait la moitié de son temps sur le chantier des constructions commencées, examinant les gros murs, harcelant l'architecte.

9/10

André THEURIET, Bigarreau, *1886.*

résolu, étaient détenues, localité, aux vues, acquis, en train, débarrassé, lieues

Lever du soleil
07h45

Vendredi 27

Coucher du soleil
19h37

Saint Vincent de Paul – On fête aussi les Vincente, Hiltrude

« Le diable est l'arrogance de l'esprit ; la vérité qui n'est jamais effleurée par le doute. » *Umberto Eco*

CHARADE classique

Mon premier marche sans but,
On entend **mon deuxième** quand on a le hoquet,
La météo nous donne **mon troisième**,
On s'embrasse sous **mon quatrième**,
Mon tout est un compositeur français.

(ERRE – HIC – TEMPS – GUI)
ÉRIC TANGUY

CITATIONS HUMORISTIQUES : BLAGUES ET VANNES

« Il faut qu'une femme choisisse. Avec un homme qu'aiment les femmes, elle n'est pas tranquille. Avec un homme que les femmes n'aiment pas, elle n'est pas heureuse. »
Anatole France

« La cuisine du Périgord est sans beurre et sans reproche. »
Curnonsky

« On ne se confesse plus aujourd'hui à son curé, mais on se confesse de plus en plus volontiers à la télévision. »
André Frossard

SOLUTION MOTS MÊLÉS P. 284

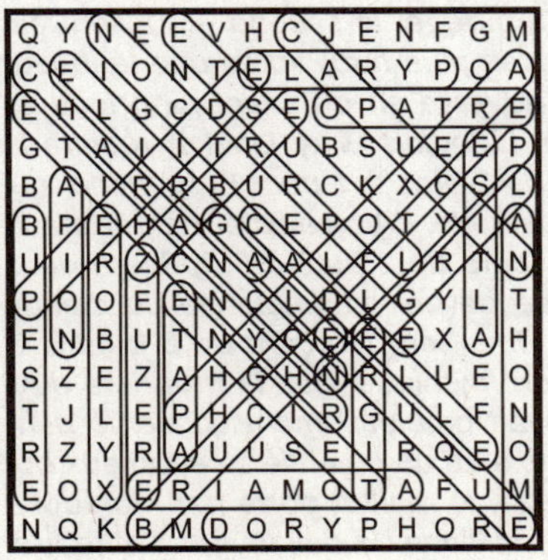

AU JARDIN

Peaux de banane

Riches en azote, en potassium et en phosphore, les peaux de banane sont un bon engrais complet. On conseille classiquement de les enterrer au pied des rosiers pour favoriser la formation des boutons floraux, mais on peut aussi, tout simplement, les intégrer au compost de jardin. Toutefois, pour exploiter au mieux leurs capacités, coupez-les en petits morceaux et laissez-les macérer dans l'eau quelques jours, avant de filtrer. Vous obtenez ainsi un bon engrais liquide, parfait pour les plantes d'intérieur et de balcon, susceptible d'être conservé quelques semaines dans une bouteille opaque. Autre option, pour les gros mangeurs de ce fruit tropical, le paillage : tapissez le sol de peaux de banane au pied des tomates, elles les fertiliseront tout en prévenant les attaques de pucerons.

EURO 2024
LE BIEN NOMMÉ

Le 10 juillet 1960, la première finale d'un championnat d'Europe oppose l'Union soviétique à la Yougoslavie au Parc des Princes de Paris. Il est 22 heures à Moscou lorsque le coup d'envoi est donné. Le match est indécis, Milan Galić ouvre le score pour les Yougoslaves peu avant la mi-temps, mais Slava Metreveli égalise d'entrée de second acte. Plus aucun but n'est marqué, une prolongation est nécessaire pour départager les deux équipes. C'est au cours de celle-ci que la victoire choisit son camp. On joue la 113e minute lorsque Viktor Ponedelnik offre le titre à l'Union soviétique. Minuit est passé à Moscou, l'URSS remporte la première Coupe d'Europe des nations de l'histoire aux premières heures du lundi. Lundi qui en russe se dit… *ponedelnik*. Viktor « Lundi » termine meilleur buteur et meilleur joueur du tournoi.

UEFA - UEFA - UEFA - UEFA - UEFA - UEFA - UEFA - UEFA

Lever du soleil
07h47

Samedi 28

Coucher du soleil
19h35

Saint Venceslas – On fête aussi les Exupère, Eustochium, Konan

« Sache que les hommes sont ce qu'est leur époque. » *William Shakespeare*

CALEMBOURS ou RÉPARTIES cultes du cinéma

Dans quel film ?

« L'humanité. Quel merveilleux spectacle de marionnettes ! Comment pourrais-je m'ennuyer ? »

Réponse : Fantômas, d'André Hunebelle.

Bibliophiles

Maître-Minuit, Makenzy Orcel (Zulma, 2018)

Makenzy Orcel est né à Haïti en 1983. Si le roman commence dans un hôpital, c'est peut-être que son pays, dont il raconte ici l'histoire avec une langue en flots bouillonnants, est atteint d'une maladie chronique : le chaos, la violence, la dictature des « Papa-à-vie ». Poto, le héros, est un Maître-Minuit, ce géant légendaire qui « reste debout, avance toujours, quoi qu'il arrive ». Il traverse le siècle et son île, au milieu de personnages hallucinants, rocambolesques et tragiques, et nous laisse comme sonnés, l'oreille bourdonnante de voix pleines d'accents et de trouvailles poétiques.

ÇA S'EST PASSÉ Le 28 septembre 1824

Le marquis de La Fayette prononce un discours à la State House de Philadelphie. Entre juillet 1824 et septembre 1825, il a visité les 24 États des États-Unis.

ASTUCES 2 FAINÉANT

Le sourire, outil indispensable des paresseux

« Le meilleur moyen d'en faire le moins possible, c'est de le faire faire à d'autres » pourrait devenir la devise des fainéants. Parce que les gens adorent rendre service, il ne faut pas hésiter à les solliciter, sans pour autant abuser d'eux. Certaines personnes se sentent utiles, voire valorisées, quand on leur demande de l'aide, alors pourquoi ignorer leurs talents ? L'outil que le paresseux doit impérativement savoir manier, c'est le sourire. En vous adressant gentiment aux personnes qui peuvent faire les choses à votre place, en leur faisant un grand sourire, en leur expliquant que personne ne pourrait réaliser cette tâche mieux qu'elles, vous obtiendrez tout ce que vous voulez. Et si vos proches ne savent pas dire « non », ça n'est pas votre faute !

2,3

C'est, en millions d'euros, la somme atteinte lors d'une vente aux enchères pour un ballon de foot. Évidemment, on ne parle pas de n'importe quel ballon ! Il s'agit de celui avec lequel Diego Maradona a inscrit son doublé lors du quart de final historique entre l'Argentine et l'Angleterre pendant le Mondial 1986. Pendant cette rencontre disputée quatre ans après la guerre des Malouines entre les deux pays, Maradona a inscrit deux des plus célèbres buts de l'histoire de la Coupe du monde de football. Le premier – connu comme la « Main de Dieu » – est marqué de sa main gauche et validé à tort par l'arbitre, et le second – qui sera élu but du siècle – est inscrit quatre minutes plus tard, après que le joueur a traversé toute la moitié de terrain adverse en dribblant cinq joueurs anglais, dont le gardien Peter Shilton. L'Anglais Gary Lineker réduira la marque de la tête et le score restera de 2 buts à 1 pour l'Argentine, qui se qualifie pour les demi-finales. Par la suite, l'Albiceleste remportera la demi-finale contre la Belgique sur le score de 2 buts à 0, grâce à deux nouveaux buts de Maradona, avant de devenir championne du monde en battant l'équipe d'Allemagne de l'Ouest sur le score de 3 buts à 2. Avant sa vente aux enchères, ce ballon mythique était la propriété d'Ali Bennaceur, l'arbitre du match, qui l'avait précieusement conservé pendant 37 ans. Ce n'est pas la première fois qu'un objet lié à ce fameux but est mis en vente aux enchères. En 2021, le maillot porté par Maradona lors de ce match a été vendu pour 9,3 millions de dollars par Sotheby's.

Lever du soleil
07h48

Dimanche 29

Coucher du soleil
19h32

Saint Michel – On fête aussi les Michèle, Michaëla

« Ne te figure pas ce que tu n'as pas comme plus agréable ; mais, dans ce que tu as, choisis le meilleur, et à ce propos rappelle-toi comment tu l'aurais poursuivi, si tu ne l'avais pas. » *Marc Aurèle*

WESTERNS

Impitoyable, de Clint Eastwood (1992)

On retrouve Clint Eastwood, trente ans après ses débuts dans les westerns spaghettis de Leone, cette fois-ci en tueur repenti, devenu justicier. Il incarne William Munny, un veuf élevant seul ses deux enfants, qui s'engage dans une vengeance meurtrière face au véritable « méchant » de l'histoire, Little Bill Dagget, alias Gene Hackman, shérif corrompu, brutal et cruel. Aux côtés d'un esclave affranchi (Morgan Freeman) et d'un jeune hors-la-loi (Jaimz Woolvett), il poursuit sans relâche deux infâmes bandits ayant défiguré une prostituée dans un saloon. Défenseur des opprimés, Clint Eastwood incarne toujours l'anti-héros américain, violent mais humain, que les réalisateurs italiens des années 1960 avaient commencé à esquisser. Avec ce film, l'acteur revient derrière la caméra et reprend tous les codes du western, près de quarante ans après la fin de l'âge d'or de ce genre à Hollywood. Ce film lui vaudra notamment deux Oscars, celui du meilleur film et celui du meilleur réalisateur. *Impitoyable*, au-delà de son histoire, questionne un Grand Ouest mythique forgé par la violence des hommes, bien plus sombre que les westerns glamours des années 1950 ne le présentaient.

Apéro

Bastelles

Ces petits chaussons farcis aux blettes sont une tradition culinaire corse méconnue des touristes, et pourtant très appréciée des locaux – chaque grand-mère se targue d'avoir sa propre recette… Confectionnés en pâte feuilletée, ils sont fourrés de vert de blette et de *brocciu*, un fromage de chèvre corse. On en goûte parfois également à l'oignon ou à la courge.

72

Brèves régions

SARTHE – LA VALISE À CHEVAL

Garrett et Kate, deux passionnés du Far West, accueillent les touristes à Mézières-sur-Ponthouin, dans la Sarthe. Le couple n'a pas misé sur le confort luxueux pour attirer le client, mais sur l'originalité et l'authenticité. Deux cabanes sobres, en bois, peuvent accueillir jusqu'à quatre personnes, avec une salle de bains commune. Une autre chambre recrée l'ambiance d'un bureau de shérif. C'est dans ce cadre rustique que les hôtes proposent un mode de vie simple et sain où la « détox digitale » est garantie puisqu'il n'y a ni télévision, ni Wifi dans les chambres. En revanche, repos, lecture et jeux de société sont encouragés.

Lever du soleil
07h49

Lundi 30

Coucher du soleil
19h30

Saint Jérôme – On fête aussi les Géronima

« Il n'y a qu'une chose qui puisse rendre un rêve impossible, c'est la peur d'échouer. » *Paulo Coelho*

ha ha, hi hi, ho ho FRANÇAIS
huhuhuh, hahaha, kukuku JAPONAIS
ax ax ax RUSSE
cha cha LITUANIEN
jajaja ESPAGNOL

Humour du monde

Un vieux juif est opéré à l'hôpital par son fils.

– Ne sois pas nerveux, mon fils. Fais très attention et surtout n'oublie pas que si tu ne réussis pas et que je meurs, ta mère viendra vivre chez toi, avec ta femme.

La saga de l'orthographe

Le tréma indique qu'une lettre se prononce : on écrira logiquement aigüe (plutôt qu'aiguë) et on en ajoutera un à gageüre, par exemple. L'accent circonflexe disparaîtrait sur les lettres i et u (il *disparaitrait*), sauf dans les noms propres ou lorsqu'il distingue des sens différents (*mûr*, *mur*) ou qu'il marque une terminaison dans la conjugaison (nous *abandonnâmes* cet accent).

➠ *À suivre p. 306*

Solution Sudoku p. 288

3	9	1	4	2	6	5	7	8
4	7	5	1	8	3	6	2	9
2	8	6	9	5	7	3	1	4
9	4	2	5	6	8	1	3	7
1	6	8	7	3	4	9	5	2
5	3	7	2	1	9	4	8	6
7	2	4	3	9	5	8	6	1
6	1	3	8	4	2	7	9	5
8	5	9	6	7	1	2	4	3

EUGÉNIE-LES-BAINS

C'est sa ville !

Si la commune d'Eugénie-les-Bains, dans les Landes, a été créée en 1861, les sources thermales qu'on y trouve étaient utilisées depuis fort longtemps, puisqu'elles étaient connues des Romains et appréciées de Montaigne et d'Henri IV. Quelques siècles plus tard, l'impératrice Eugénie de Montijo adorait venir y prendre les eaux lorsqu'elle séjournait dans la proche cité de Biarritz. La notoriété allant croissant, ce qui n'était qu'un quartier de Saint-Loubouer devint une commune à part entière, baptisée Eugénie-les-Bains en hommage à l'épouse de Napoléon III. Malgré la chute du régime impérial quelques années plus tard, la ville ne changea pas de nom après la guerre franco-prussienne de 1870-1871.

ACTU

La momie qui venait d'ailleurs

« Golden Boy », une momie vieille de 2 300 ans découverte au sud de l'Égypte en 1916, vient enfin de livrer ses secrets. L'analyse tomographique menée par une équipe de radiologues de l'université du Caire a pu déterminer que l'adolescent momifié appartenait à une famille riche et de haut rang social. Pas moins de 49 amulettes en or, pierres précieuses ou faïence, parmi lesquelles un œil d'Horus et un nœud d'Isis, ont été découvertes près du corps, sous les bandelettes. De même, un scarabée doré était placé dans sa gorge et une langue en or dans sa bouche. Plus surprenant encore, les chercheurs ont remarqué que l'adolescent d'une quinzaine d'années n'était pas circoncis. Selon les experts, cela pourrait suggérer que l'individu n'était peut-être pas égyptien, car la circoncision était courante chez les jeunes Égyptiens avant l'âge de 13 ans. Salima Ikram, directrice du département d'égyptologie à l'Université américaine du Caire, a déclaré que cette absence de circoncision était intéressante, car elle fournissait des informations sur l'origine ethnique du garçon. Inhumé dans un cimetière actif entre 332 et 30 avant notre ère, « Golden Boy » pourrait donc venir de Nubie, de Grèce, d'Anatolie voire de Perse, autant de régions où la circoncision n'était pas pratiquée.

Sainte Thérèse de l'Enfant Jésus – On fête aussi les Arielle

Lever du soleil
07h51

Coucher du soleil
19h28

« D'où vient qu'un boiteux ne nous irrite pas, et un esprit boiteux nous irrite ? »
Blaise Pascal

LA LETTRE MYSTÈRE

Ma petite maman chérie
mon tout petit frère adoré
mon petit papa aimé

Je vais mourir ! Ce que je vous demande à toi en particulier petite maman, c'est d'être très courageuse. Je le suis et veux l'être autant que ceux qui sont passés avant moi. Certes j'aurais voulu vivre, mais ce que je souhaite de tout mon cœur, c'est que ma mort serve à quelque chose. Je n'ai pas eu le temps d'embrasser Jean. J'ai embrassé mes deux frères Roger et Rino. Quant à mon véritable je ne peux le faire, hélas ! J'espère que toutes mes affaires te seront renvoyées, elles pourront servir à Serge qui, je l'escompte sera fier de les porter un jour.

À toi petit Papa, si je t'ai fait ainsi qu'à ma petite maman bien des peines, je te salue pour la dernière fois. Sâche que j'ai fait de mon mieux pour suivre la voie que tu m'as tracée.

Un dernier adieu à tous mes amis, à mon frère que j'aime beaucoup. Qu'il étudie, qu'il étudie bien pour être plus tard un homme.

17 ans et demie, ma vie a été courte, je n'ai aucun regret si ce n'est de vous quitter tous. Je vais mourir avec Tintin, Michels. Maman, ce que je te demande, ce que je veux que tu me promettes, c'est d'être courageuse et de surmonter ta peine.

Je ne peux pas en mettre davantage. Je vous quitte tous, toutes, Toi maman, Séserge, Papa, en vous embrassant de tout mon cœur d'enfant. Courage !

Réponse Lettre de septembre

Calamity Jane

Nombre d'indices orientent vers le Far West. Si vous êtes amateur de séries américaines, vous avez relevé « Deadwood », petite ville américaine qui connut son heure de gloire avec la ruée vers l'or, l'épopée des *outlaws* et de shérifs comme James Wild « Bill Hicock ». C'est une femme qui écrit, à sa fille, dont elle est séparée. Vous avez reconnu la légendaire Calamity Jane (1852-1903). On sait peu de chose de cette femme « scandaleuse », qui s'habillait, jurait, fumait, travaillait comme un homme (conductrice de diligence, éclaireuse pour l'armée…).

Ses 25 lettres, écrites sur 25 ans (de 1877 à 1902), en dessinent un portrait nuancé et touchant. Compagne de Hicock, elle en a une fille, à 21 ans, qu'elle confie à des parents adoptifs car elle se sent incapable de l'élever dans de bonnes conditions. Elle lui écrit cependant toute sa vie… sans envoyer ses lettres. Elle les aurait conservées sous la selle de son cheval. Leur histoire est un roman en soi. Remises après sa mort à sa fille, celle-ci les rend publiques en 1941. Sont-elles authentiques ? Le débat n'est pas clos. Tenants de la supercherie et fervents adulateurs se chamaillent encore. Jane Mc Cormic (sa fille) connaît aussi la célébrité avant de se voir soupçonner d'imposture et de mourir solitaire. Au fond, peu importe, le mystère est beau. « Ma Chérie […] il se peut même que ça ne te parvienne jamais, mais j'aime penser à toi en train de le lire, page après page […] J'aimerais t'entendre rire en regardant ces photos de moi », écrit-elle. N'est-ce pas une belle illustration de ce qu'est une correspondance ?

Ces lettres sont publiées en français aux éditions Rivage, traduites par Grégory Nabhan-Monro.

Lever du soleil
07h52

Mercredi 2

Coucher du soleil
19h26

Saint Léger – On fête aussi les Bérégise, Ruth

« Oublier ou excommunier notre passé, ce n'est pas nous ouvrir à la dimension de l'avenir : c'est nous soumettre, sans résistance, à la force des choses. » *Alain Finkielkraut*

Le saviez-vous ?

Versailles dépouillé

Dès le début de la Seconde Guerre mondiale, le château de Versailles prépare en secret l'évacuation des trésors qu'il possède : près de 500 tableaux et quelque 200 autres œuvres (tapisseries, tapis, objets d'art, rideaux ou tentures, mobilier) quittent le château au début du mois d'octobre 1939 pour différents lieux de dépôt. Ce n'est qu'après la Libération et jusqu'en 1946 que l'ensemble des œuvres sera rapatrié.

Etymologie

Et personne n'a moufté !

Le verbe familier *moufter*, qui signifie « réagir pour s'opposer, protester », s'emploie le plus souvent avec la négation (*Il n'a pas moufté*). Écrit également *moufeter*, il résulte de la déformation de l'ancien verbe *mouveter* (« bouger, remuer »), dérivé de *mouvoir*. Les formes où *e* se prononçait [è] devant *tt* (*il mouvette*) ont été « contaminées » par celles où le *e* ne se prononçait pas (comme on ne le prononce pas dans *mouvement*), et le *v* au contact direct du *t* s'est « durci » en *f*…

SYSTÈME D

DÉCAPER LES RADIATEURS

Sur les radiateurs à eau métalliques, il arrive que la peinture s'écaille. Pour que la rénovation soit parfaite, il faut décaper – c'est difficile, mais le jeu en vaut la chandelle. Première étape : démonter le radiateur. Il faut parfois couper et vidanger tout le circuit, avant de dévisser les joints. Si vous travaillez en extérieur, l'idéal, c'est l'aérogommeuse, une machine qui projette un abrasif par air comprimé et à basse pression. Elle est moins agressive que la sableuse pour le métal et moins dangereuse pour votre santé, et elle fait un travail très fin. Sa location coûte assez cher et elle n'est rentable que si vous avez au moins cinq ou six radiateurs. Sinon, décapez au décapeur thermique – avec spatule et brosse métallique. Mais mieux vaut éviter les décapants chimiques, dangereux et polluants.

PROBLÈMES + – / de maths du certificat d'études

Quatre pastèques ont une masse moyenne égale à 3,5 kg. Si on enlève la plus grosse des pastèques, la masse moyenne des pastèques restantes est égale à 3 kg.

1. Quelle est la masse de la plus grosse pastèque ?

2. Au départ la grosse pastèque contenait 92 % d'eau, mais laissée au soleil pendant une semaine elle n'en contient plus que 91 %. Quelle est sa masse maintenant ?

Solution : 1. Masse de toutes les pastèques : 3,5 x 4 = 14 kg
Masses des pastèques restantes : 3 x 3 = 9 kg
Masse de la plus grosse pastèque : 14 – 9 = 5 kg
2. Matière sèche de la pastèque de 5 kg : 100 – 92 = 8 % de la masse totale ou (5 / 100) x 8 = 0,4 kg ou 400 g.
Une semaine plus tard, la masse de la matière sèche de la pastèque n'a pas changé et est toujours égale à 400 g, mais maintenant elle représente 100 – 91 = 9 % de la masse totale. Il s'ensuit que la masse totale de la pastèque est égale à : (400 / 9) x 100 = 4 444 g ou 4,4 kg.

Lever du soleil
07h54

Jeudi 3

Coucher du soleil
19h24

Saint Gérard – On fête aussi les Ewald, Bianca, Blanca, Candide

« Nous sommes ce que nous faisons de manière répétée. L'excellence n'est donc pas un acte mais une habitude. » *Aristote*

PAROLES
Les mots des flics et des voyous
PAROLES

Nourrice

• Receleur qui prélève sa part sur le vol (désuet) • Aujourd'hui, dans le trafic de drogue (au niveau local), personne voire entreprise au-dessus de tout soupçon qui, de manière involontaire ou moyennant rétribution, dissimule les produits stupéfiants voire des armes ou de l'argent. • Dans *Les Liaisons dangereuses* de Pierre Choderlos de Laclos, la Marquise de Merteuil et le Vicomte de Valmont utilisent Mme de Volanges comme une « nourrice » pour leur correspondance secrète. • Sans compter les mois de nourrice : se dit avec ironie d'une personne qui se rajeunit en trichant sur sa date de naissance.

ÇA, C'EST FAIT DIVERS

En octobre 2022, un crabe a été enlevé dans un supermarché de Vandœuvre-lès-Nancy, en Meurthe-et-Moselle ! Après un voyage en stop de 1 000 km, le crustacé a été remis à la mer à Brest. Nom de code de l'opération : « Fais dodo Michelle mon p'tit crabe, fais dodo jusqu'à Landerneau ». L'enlèvement du crabe a été réalisé par un groupe de militants écologistes appelé « les perturbationistes ». Leur objectif : dénoncer « l'aberration morale, écologique et économique » de la vente de crabes en captivité dans les supermarchés. Selon les militants, ces crabes sont soumis à des conditions de surpopulation et de mortalité élevée sous les néons, et leur présence en tête de gondole vise à donner une illusion de fraîcheur qui, en réalité, est incompatible avec leur bien-être. Cette action rappelle d'autres cas similaires un peu partout dans le monde depuis deux ans, comme l'enlèvement de « Juan », un homard, d'un supermarché en Espagne par des militants écologistes, la libération de cochons d'élevages industriels et de poulets de fermes industrielles par des groupes de défense des animaux aux États-Unis, ou encore celles de moutons en Australie, de visons en cage aux Pays-Bas et de saumons d'élevage au Canada.

DEVINETTES

Peut rester sur place,
Ou s'épandre dans l'espace,
Sans avoir à se déplacer,
Elle nous permet d'avancer,

Qu'est-ce que c'est ?

L'essence

MYTHOLOGIES CÉLESTES

La fuite

Dans les pas de Pégase, il est possible de distinguer dans le ciel une large constellation en forme de V : les Poissons. Rien ne laisse penser dans un premier temps à une forme de poisson. Et pourtant. Fils de Gaïa qui voulait se venger de la défaite des Titans, Typhon fit régner la terreur dans l'Olympe, menaçant l'ensemble des dieux. Ceux-ci changèrent alors de forme pour lui échapper. Parmi eux, Aphrodite et son fils Éros ont pris l'apparence de poissons et se seraient enfuis en plongeant dans les eaux de l'Euphrate. Afin de ne pas se perdre, ils seraient restés reliés entre eux par une corde attachée à leur queue, expliquant ainsi la représentation en V.

Lever du soleil
07h55

Vendredi 4

Coucher du soleil
19h22

Saint François d'Assise – On fête aussi les Francis, Paco, Oriane, Auriane

« Une activité, faire quelque chose ou simplement apprendre, est nécessaire au bonheur de l'homme. »
Arthur Schopenhauer

Gangs – Le gang des Lyonnais

Sous la direction d'Edmond Vidal, dit « Monmon », cette bande, également surnommée le « gang des Blouses bleues » ou le « gang des Estafettes », a commis l'un des braquages les plus mémorables de l'histoire : le casse de l'hôtel des Postes de Strasbourg le 30 juin 1971. En quatre minutes à peine, la bande a raflé 11 millions de francs, soit 11,8 millions d'euros aujourd'hui. Déguisés en électriciens, cinq hommes attendaient dans la cour du bâtiment le fourgon qui transportait le salaire des employés de la Poste. Après avoir braqué les convoyeurs grâce à des fusils cachés sous leur blouse, les malfrats sont sortis par une porte condamnée depuis longtemps, dont deux membres de l'équipe étaient venus changer la serrure une semaine auparavant. Le gang des Lyonnais récidivera à Chambéry, Vénissieux, Chazelles-sur-Lyon, Feurs Chalon-sur-Saône… Finalement arrêtés en décembre 1974 lors d'un braquage dans le Nord, plusieurs de ses membres seront jugés aux assises pour huit hold-up, mais pas pour celui de l'hôtel des Postes, faute de preuves. L'argent de cette opération n'a jamais été retrouvé. Impliqué dans une trentaine de vols à main armée, ce gang est également soupçonné d'avoir pris part à l'assassinat du juge François Renaud à Lyon en 1975.

CALEMBOURS ou RÉPARTIES cultes du cinéma

Dans quel film ?

« Qu'est-ce que c'est que ce bazar, là ? Dire qu'ils nous emmerdent toute la journée avec leurs pubs à la télé ! [...] C'est de la merde, le matériel… Je colle, ça pendouille, je décolle, scratch la couche est foutue ! »

Réponse : Trois hommes et un couffin, *de Coline Serreau.*

C'est sa ville !

BRIE-COMTE-ROBERT

Capitale de la région francilienne nommée la Brie, cette ville de Seine-et-Marne doit son nom à Robert Ier de Dreux, né vers 1125 et fils du roi Louis VI le Gros, qui en fut le fondateur et premier seigneur. De cette longue histoire, la commune a su préserver plusieurs monuments historiques, dont le vieux château construit par le comte Robert sur un plan carré, flanqué de huit tours et ceinturé par des douves. On y visite aussi l'église Saint-Étienne édifiée dès la fin du XIIe siècle, et l'Hôtel-Dieu datant du XIIIe siècle. La ville organise également chaque année, début octobre, une fête médiévale qui rappelle sa fondation et son passé glorieux, représentant près d'un millénaire d'histoire.

GRANDS SPORTIFS DES JO

LE COUP DE FOUDRE

En 1956 à Melbourne, Olga Fikotová décroche l'or au lancer du disque pendant qu'au marteau masculin, Harold Connolly en fait de même. Entre la Tchécoslovaque et l'Américain, une autre histoire s'écrit : celle d'un coup de foudre en temps de guerre froide. Se rencontrant durant l'épreuve, ils se marient un an plus tard. Une histoire qui se termine sur un symbole lorsqu'Olga, devenue Connolly, défend ensuite les couleurs américaines aux Jeux. En 1972, elle est même porte-drapeau de la délégation des États-Unis.

CITIUS - ALTIUS - FORTIUS

Lever du soleil
07h57

Samedi 5

Coucher du soleil
19h20

Sainte Fleur – On fête aussi les Azalée, Cerise, Clémentine, Placide

« Le point de vue le plus simple est toujours le meilleur. » *Charlie Chaplin*

Bibliophiles

Méharées et autres textes, Théodore Monod (Actes Sud, 2017)

« Il faut le regarder, ce Sahara, de plus près, au ras du sol, au triple point de vue du chamelier, du chercheur et de l'homme. Et tout d'abord parler du vrai désert. » En parcourant ces 1 400 pages de textes très littéraires, c'est un homme que l'on redécouvre : Théodore Monod (1902-2000), l'explorateur, l'érudit, le scientifique, la figure de sage. Et surtout un monde, du Nil à l'Atlantique, dans sa complexité, son histoire et sa beauté, qui nous est aujourd'hui de plus en plus fermé, voire interdit, par les soubresauts d'une géopolitique insensée et de dérèglements climatiques affolants.

MOTS MÊLÉS

À pic

R	H	H	E	L	L	A	U	S		E	S	D	W
O	X	S	U	S		I	O	N	O		L	A	S
D	E	O	E		U	O	J	I	A	S	E	G	X
A	P	I	L		O	E	O	Q	E	U	N	E	M
	P	E	R	O	T	T	L	P		R	L	T	A
A	F	J	R	E	C	U	E	O	E	A	A	A	F
R	K	K	A	S			R	M		T		R	V
D	E	P	R	A		E	M	A	E	U	O		U
I	E	M	M	E	R	A	N	K	L	N	R	P	M
E		I	C	É	R	P	C	T	T	V	T	M	J
L	S	R	O	G	Y	O	U	I	R	F	U	K	M
N	O	I	O	A	P	R	S	G	T	E	A	G	A
P	H	T	A	K	E		O	R	P	E	W	X	L
I		J		H	E	T	C	X	Y	U	W	S	M

Solution page 302

Trouvez les mots contenant les lettres PIC cachés dans la grille ci-dessous ; le groupe de lettres PIC a été remplacé par l'image du pic-vert. Vous les trouverez soit horizontalement, soit verticalement ou encore en diagonale ; ils peuvent se lire de gauche à droite ou de droite à gauche, de haut en bas comme de bas en haut.

APICULTURE
ARUSPICE
ASPIC
AUSPICES
ÉPICARPE
ÉPICÉA
ÉPICENTRE
ÉPICERIE
FRONTISPICE
HOSPICE
PERSPICACITÉ
PICADOR
PICARDIE
PICCOLO
PICHET
PICKPOCKET
PICOLEUSE
PICORER
PICOTEMENT
PICKPOCKET
PICPOUL
PICRATE
PICTOGRAMME
PICTURAL
PORC-ÉPIC
PRÉCIPICE
PROPICE
RUPICOLE
SALPICON
SUSPICION
TROPICAL

Recette

Crumble aux pommes et aux deux amandes (effilées et en poudre)

Pour 6 pers. **15 min de préparation** **30 min de cuisson**

- 5 à 6 pommes selon leur taille
- 125 g de beurre, à température ambiante
- 100 g de farine
- 100 g d'amandes en poudre
- 100 g de sucre
- 100 g d'amandes effilées

Préchauffez le four à 180 °C (th. 6). Épluchez les pommes, ôtez le trognon et coupez la chair en lamelles ou en petits cubes. Disposez les pommes dans un plat à four préalablement beurré.

Dans un récipient, préparez la pâte en mélangeant la farine et la poudre d'amandes avec le sucre et le beurre pommade. Vous devez obtenir un mélange sableux.

Parsemez cette pâte sableuse sur les pommes.

Répartissez les amandes effilées sur le crumble et enfournez pour 30 min de cuisson.

Conseils

Servez ce crumble de pommes aux deux amandes tiède, accompagné d'une boule de glace à la vanille. En mettant les amandes effilées dessus, elles seront croquantes et dorées. Vous pouvez aussi les mettre directement sur les pommes, elles seront ainsi plus fondantes.

Lever du soleil
07h58

Dimanche 6

Coucher du soleil
19h18

FÊTE DES GRANDS-PÈRES

Saint Bruno – On fête aussi les Arthaud, Brunehaut, Foy

« Les amères leçons du passé doivent être réapprises sans cesse. » *Albert Einstein*

DES nuisibles PAS nuisibles

LE PUCERON

Nuisible ! La quintessence du nuisible ! Les jardiniers sont presque tous d'accord : ce minuscule insecte suceur cause des dégâts à bien des plantes cultivées et l'arsenal mobilisé contre lui est impressionnant. Cela dit, le puceron est l'aliment privilégié de beaucoup d'insectes réputés « utiles », dont les coccinelles, mais aussi les syrphes, ces diptères qui ont l'aspect de petites abeilles et qui jouent un rôle important dans la pollinisation, notamment des arbres fruitiers. Or, l'élimination de tous les pucerons implique celle, dommageable, des syrphes. Pas si nuisibles en fin de compte !

C'est qui celui-là ?

Ni d'Eve ni d'Adam

Quand on ne connaît quelqu'un « ni d'Ève ni d'Adam », cela signifie qu'on est remonté le plus loin possible dans notre mémoire et qu'on n'a pas trouvé le moindre souvenir en commun. Adam et Ève étant considérés comme les parents de l'humanité, c'est comme si deux personnes remontaient leur généalogie jusqu'aux origines sans trouver de lien de parenté entre elles.

Brèves régions

HAUTE-SAVOIE – AVORIAZ, ÇA VAUT RIEN ?

Lorsque la France était essentiellement agricole, la valeur des choses était indexée sur la fertilité des terres. Or en montagne, que ce soit à cause du climat ou à cause de leur situation escarpée, les terrains les plus hauts n'avaient pas un grand rendement. En langue savoyarde, les paysans d'autrefois regardaient, dépités, leurs champs d'altitude et répétaient à qui voulait l'entendre « A vaut rien », autrement dit, « Ça n'a aucune valeur ». Et c'est ainsi que se forgea le nom Avoriaz pour désigner ce village situé à 1 800 mètres d'altitude… Quand on sait ce que rapporte « l'or blanc » de nos jours, on comprend que le monde a changé.

60

C'est le nombre d'années pendant lesquelles Amoo Hadji, un homme originaire du sud de l'Iran, ne se serait pas lavé. Surnommé « l'homme le plus sale du monde », notre homme avait fait le choix de ne plus se laver du tout. Une mauvaise habitude qu'il ne pouvait et ne voulait d'ailleurs pas cacher : Amoo Hadji, sa barbe crasseuse et sa peau marron étaient devenus une sorte d'attraction locale. D'autant qu'il avait adopté un mode de vie un brin singulier. Lorsqu'il ne se promenait pas seul dans la nature, il appréciait de pouvoir fumer la pipe, qu'il remplissait d'excréments d'animaux séchés. De même, l'homme buvait principalement de l'eau de pluie et se nourrissait régulièrement de porcs-épics en décomposition. Contrairement à ce que l'on pourrait croire, Amoo n'avait pas de problèmes de santé liés à son manque d'hygiène. Vivre ainsi lui a permis de développer un système immunitaire très fort qui l'a protégé des virus et maladies. Il a d'ailleurs atteint l'âge très respectable de 94 ans avant de mourir de vieillesse.

Lever du soleil
08h00

Lundi 7

Coucher du soleil
19h16

Saint Serge – On fête aussi les Gustave, Bacchus, Ke

« Faire le bien sans chercher de récompense ; fuir le mal sans craindre le châtiment : homme rare sous le ciel. » *Confucius*

Cocktails

Daiquiri

Pour 1 verre à cocktail
5 min de préparation

- *4 cl de rhum blanc*
- *2 cl de jus de citron vert*
- *1 cl de sirop de sucre de canne*

Passez les ingrédients au shaker.

À savoir

Créé par un ingénieur américain basé à Cuba au moment de la guerre hispano-américaine, ce cocktail porte le nom d'un petit village situé près de Santiago. Ernest Hemingway, diabétique, le consommait avec une dose de rhum supplémentaire pour remplacer le sucre.

Heureux Mariages

Quand on s'appelle **BITTEBIERRE** et qu'on est une jeune fille de bonne famille, on a hâte de trouver le galant qui vous passera la bague au doigt et vous donnera un nouveau patronyme plus facile à porter. Mais **MARGUERITE MARIE BITTEBIERRE** choisit pour conjoint, le 21 janvier 1936 à Mouvaux (Nord), un certain **JACQUES LÉON LOUIS PISSAVY**… Une suite logique de sa jeunesse ?

Déguisées en homme ♂

Margaret Bulkley

Comme chirurgien militaire, elle a exercé de Waterloo au Cap en Afrique du Sud, en passant par l'Inde, le Canada, Trinidad et Tobago, la Grèce ou encore la Crimée. Devenue inspecteur général des hôpitaux britanniques, c'est sous son influence que les conditions de vie des patients se sont considérablement améliorées et que des soins médicaux ont été dispensés aux prisonniers ou aux lépreux. On lui doit également l'une des premières césariennes, avec survie de la mère et de l'enfant. Pour mener cette carrière exceptionnelle entre 1815 et 1865, Margaret a dû se travestir en homme pendant plus de cinquante ans. Et personne n'a jamais rien soupçonné. Ce n'est qu'à son décès, quelques mois après sa retraite, que le médecin chargé de préparer son corps a découvert la vérité. L'armée britannique a alors décidé de bloquer l'accès à tous ses papiers pendant des décennies. Il faudra attendre la fin des années 1950 pour que des historiens dévoilent enfin le secret de Margaret Bulkley alias James Barry.

AHAHAHAHAH ! OH ! OH ! AH ! AH ! AH ! HI ! HI ! HI ! WHA HA ! HA !

LA BONNE BLAGUE

Paul a décidé de se marier avec sa petite amie de longue date. Un soir, après la lune de miel, il range son équipement de golf, souriant intérieurement à l'idée des prochains parcours. Sa femme, qui se tient à proximité, l'observe d'un air perplexe. Au bout d'un moment, elle finit par briser le silence :

– Paul, maintenant que nous sommes mariés, je pense qu'il est peut-être temps que tu arrêtes de jouer au golf. Tu passes tellement de temps sur des parcours. Tu pourrais probablement revendre tes clubs pour un bon prix.

Paul fixe sa femme avec un regard horrifié.

– Chéri, qu'est-ce qui ne va pas ? lui demande-t-elle.

– Pendant une seconde, tu as commencé à ressembler à mon ex-femme ! répond Paul.

– Ex-femme ! hurle-t-elle. Tu ne m'as jamais dit que tu avais été marié avant !

– Parce que je ne l'ai jamais été, lui réplique Paul.

Lever du soleil
08h01

Mardi 8

Coucher du soleil
19h14

Sainte Pélagie – On fête aussi les Thaïs, Morgan

« En travaillant pour les seuls biens matériels, nous bâtissons nous-mêmes notre prison. Nous nous enfermons solitaires, avec notre monnaie de cendre qui ne procure rien qui vaille de vivre. » *Antoine de Saint-Exupéry*

Alea jacta est Citations latines

Terra incognita

L'expression, qui signifie littéralement « terre inconnue », désigne une contrée terrestre qui n'a pas encore fait l'objet d'une exploration humaine à un moment donné. Elle apparaît sur les cartes du géographe latin Claudius Ptolémée (Ier siècle apr. J.-C.), notamment pour désigner les terres au-delà de l'Éthiopie. L'expansion coloniale et l'activité des explorateurs, au XIXe siècle, font disparaître la mention sur les globes dès la fin du même siècle. Et aujourd'hui, une *terra incognita* est un domaine inexploré.

Les rues mythiques du MONDE

Carrefour de Shibuya (Tokyo, Japon)

Lieu emblématique de Tokyo, réputé pour son ambiance animée, ses nombreux magasins, bars et restaurants et ses panneaux publicitaires géants qui illuminent toute la zone, ce carrefour est l'un des plus fréquentés au monde. Situé à l'intersection de cinq rues principales, Shibuya est traversé par plus de 2 millions de personnes chaque jour ! À lui seul le va-et-vient incessant des passants est un spectacle fascinant. Pour se retrouver, les Tokyoïtes ont pris l'habitude depuis des décennies de se donner rendez-vous près de la statue en bronze de Hachikō, un chien de berger japonais devenu célèbre dans les années 1930 pour sa fidélité envers son maître décédé.

Présentatrices mythiques de TV

Ruth Elkrief

Née à Meknès, au Maroc, en 1960, Ruth Elkrief arrive en France en 1974 pour suivre des études politiques. Ses premières expériences se déroulent en presse écrite. C'est Michèle Cotta qui la recrute à TF1 en 1987. Elkrief exerce alors comme correspondante aux États-Unis, puis devient chef de service et présentatrice du JT de 23 h. En 1994, cette femme de médias s'engage dans la création de LCI, première chaîne française d'info en continu. À cette période, elle assure une interview quotidienne et une émission d'information par semaine. Une dizaine d'années plus tard, Elkrief reproduit l'expérience et participe au lancement de BFM TV. Elle enchaîne ainsi les émissions politiques, avec notamment le journal télévisé renommé pour l'occasion *19 h Ruth Elkrief*. Après 2017, la présentatrice s'illustre ponctuellement à la télévision pour animer notamment des débats électoraux – en 2022, elle sera au cœur des émissions politiques de LCI.

LE MODÈLE ÉCONOMIQUE DES COMPAGNIES LOW COST

75

Brèves régions

PARIS – PLUS DE STOP

Savez-vous combien il y a de panneaux « Stop » à Paris ? Le compte est vite fait : plus aucun. Le dernier a été démonté il y a une dizaine d'années, car non seulement il n'était pas indispensable, mais en plus, connu pour être le dernier stop parisien, il disparaissait régulièrement ! On le trouvait à l'époque près de la porte de Saint-Cloud, dans le 16e arrondissement, quai Saint-Exupéry, où il était planté à la sortie d'une entreprise de matériaux de construction pour sécuriser les convois de camions. Pourtant, il se pourrait bien que de tels panneaux réapparaissent dans Paris, car une étude montre qu'ils causent moins de pollution qu'un feu tricolore.

Lever du soleil
08h03

Mercredi 9

Coucher du soleil
19h12

Saint Denis – On fête aussi les Sybille, Gunther, Sara

« Si l'homme échoue à concilier la justice et la liberté, alors il échoue à tout. » *Albert Camus*

EURO 2024
LE BON CONSEIL

En 1972, Berti Vogts remporte le championnat d'Europe avec l'Allemagne. Quelques années plus tard, reconverti entraîneur, il prend les commandes de la sélection nationale. Battu en finale de l'EURO 1992, il est ensuite éliminé en quarts de finale de la Coupe du monde. Lorsqu'il arrive à l'EURO'96, il joue sa place. Sous pression, alors qu'il est en vacances à Venise avec son épouse Monika, il ne parvient pas à oublier l'épreuve qui approche, se demandant en permanence quel attaquant sélectionner. Son épouse craque et lui dit d'appeler Oliver Bierhoff. Vogts suit ce conseil. Bien lui en prend. Quelques semaines plus tard, l'Allemagne s'impose en finale sur un doublé de Bierhoff. Berti Vogts devient alors le premier vainqueur de l'épreuve en tant que joueur puis entraîneur. Personne n'y est parvenu depuis.

UEFA - UEFA - UEFA- UEFA- UEFA

M. et Mme HOTAGE
Horticulteurs
ont la joie de vous annoncer la naissance de leur fils

MARC

ACTU

Des pompes de bon thon

La Maison Pantuna, une entreprise familiale basée à Béziers, vient de créer des baskets à partir de cuir de thon. Les frères Hervé et Benoît Barba, à la tête de cette entreprise d'import-export de produits de la mer, étaient peinés de devoir jeter des montagnes de peaux de poissons. Ils ont donc eu l'idée de les valoriser d'une manière originale après avoir rencontré François Roques, de la mégisserie La Molière, une tannerie du Tarn réputée pour la transformation de petites peaux en cuir. Pendant deux ans, le tanneur a travaillé pour parvenir à faire de cette peau un cuir de qualité. La peau de thon est traitée de la même manière qu'une peau de mouton, avec en plus, les écailles qui doivent être enlevées. L'entreprise héraultaise envisage d'utiliser les peaux d'autres poissons pour lancer de nouvelles collections. Vendues entre 150 et 200 €, ces baskets écoresponsables ne sentent pas le poisson.

Groupes des 60s

Pink Floyd

Psychédélique, progressif, *space*, expérimental, le rock des Pink Floyd connaît toutes les appellations et son influence traverse les époques. Formé par Syd Barrett, Roger Waters et David Gilmour en 1962 dans les rues de Cambridge, le groupe expérimente différentes formations musicales. Autour de Syd Barrett, les débuts sont prometteurs, mais le chanteur est imprévisible et il est remplacé par David Gilmour, en 1968. Le groupe signe la BO de plusieurs films, dont *Zabriskie Point* d'Antonioni. Avec *Dark Side of the Moon* en 1973, Pink Floyd atteint son apogée (c'est le troisième album le plus vendu de tous les temps). *The Wall*, en 1978, marque également les esprits, mais fragilise l'unité du groupe, qui se sépare quelques années plus tard.

Lever du soleil
08h04

Jeudi 10

Coucher du soleil
19h10

Saint Ghislain – On fête aussi les Virgile, Loth, Clair

« Nous devons toujours prendre parti. La neutralité aide l'oppresseur, jamais la victime. Le silence encourage le persécuteur, jamais le persécuté. » *Elie Wiesel*

SOLUTION MOTS MÊLÉS P. 297

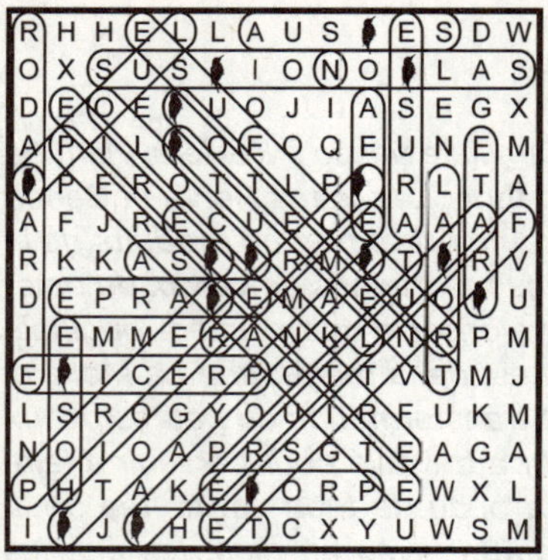

Monarchies du monde

Pays-Bas

Depuis le Congrès de Vienne en 1815, les Pays-Bas sont une monarchie constitutionnelle sur laquelle règne sans discontinuer la dynastie d'Orange-Nassau, originaire en partie du Vaucluse. En 2013 a été couronné Guillaume-Alexandre, succédant à Beatrix, elle-même fille de Juliana et petite-fille de Wilhelmine. Il fut alors le premier homme à monter sur le trône depuis cent vingt-trois ans.

AU JARDIN

Pommes de terre en bac

C'est le bon moyen pour déguster ses propres pommes de terre quand on ne dispose que d'un balcon, mais c'est aussi une bonne idée pour le jardin. La culture en bac, en pot ou en sac permet de choisir le bon substrat – un mélange de compost décomposé et de terre légère. En outre, elle est idéale pour une récolte précoce, avec un bac placé dans un endroit protégé et ensoleillé : la plantation se fait un mois avant celle de pleine terre. Achetez du plant dès qu'il est disponible et faites-le germer. Le meilleur contenant est sans doute le sac de culture biodégradable – il en existe avec fenêtre latérale permettant de récolter. Pour un rendement maximal, remplissez de 15 cm de substrat, plantez les tubercules juste sous la surface et ajoutez de la terre au fur et à mesure de la croissance des tiges.

Les Bons Bonbons de nos régions

La patate de Saint-Malo

Créée par un confiseur anonyme vers 1920, cette friandise fait aujourd'hui le bonheur des touristes qui déferlent chaque année sur la cité corsaire. Petite boule irrégulière, de couleur beige-marron, imitant les pommes de terre nouvelles cultivées dans la région, la patate de Saint-Malo est confectionnée à partir d'une pâte contenant des amandes pilées et du sucre cristallisé, à laquelle on incorpore du kirsch. Après un séchage, les mini-boulettes sont candies, puis roulées dans du cacao, afin d'avoir une apparence « terreuse ». La recette n'étant pas protégée, de nombreux confiseurs de la ville les fabriquent.

Lever du soleil
08h06

Vendredi 11

Coucher du soleil
19h08

Saint Firmin – On fête aussi les Agilbert, Firmiane, Firminie

« Il ne faut pas tant regarder ce que l'on mange que celui avec lequel on mange. » *Épicure*

NOS ANCÊTRES

LE HOBBIT

Découvert sur l'île de Florès, d'où son nom, l'*Homo florensis* est un être à part. Mesurant 1 m à 1,10 m, parfaitement bipède, avec un cerveau de la taille d'une orange, il représenterait finalement une espèce à part entière capable de fabriquer des outils et qui aurait maîtrisé le feu. Si sa position phylogénétique n'est pas encore parfaitement définie, il est le dernier à avoir côtoyé *Homo sapiens*.

La dictée du mois 10/10 — Report d'amour

J'ai pour voisine une brave femme qui n'a jamais eue d'enfant. Ce n'est assurément pas faute de désirs, de prières et de pèlerinages, si le ciel s'est refusé à lui accordé cette bénédiction dont tant d'autres déplorent les matutinales harmonies. Tout l'amour exhalté, fermenté que son âme aimante n'a pu donner à ceux qu'elle appellait et qui ne sont pas venus, elle le reporte sur un petit serain jaune, beau chanteur, qui paie en roulades et en vocalises de tous genres le loyer de sa jolie cage dorée. Les instints maternels de la bonne vieille ne savent quelle gaterie inventer pour mettre l'oiseau en belle humeur. […] Sa main parcheminée se fait douce pour ne pas effaroucher l'oiseau, lorsque tirant la planchette de la cage, elle remplit de mile l'auge en porcelaine et change l'eau de la baignoire.

Éva Circé-Côté, Bleu, blanc, rouge, *1903.*

eu, accorder, exalté, appelait, serin, instincts, gâterie, mil

Humour du monde

ha ha, hi hi, ho ho — Français
huhuhuh, hahaha, kukuku — Japonais
ax ax ax — Russe
cha cha — Lituanien
jajaja — Espagnol

Quelle est la différence entre un goy, un juif ashkénaze et un juif sépharade ? Le goy a une épouse et une maîtresse, et il aime sa maîtresse. Le juif ashkénaze a une épouse et une maîtresse, et il aime son épouse. Le juif sépharade a une épouse et une maîtresse, et il aime sa mère.

-urgences!

ASTUCES 2 FAINÉANT

Ne pas se laisser distraire

La concentration sur ce que l'on fait est un moyen de réduire ses efforts. Autrement dit, plus on a envie de ne rien faire, plus il faut se concentrer. Quand on n'a pas envie de travailler, il arrive qu'on se laisse distraire toutes les cinq minutes. Chaque prétexte est bon pour aller vérifier ses courriels, regarder par la fenêtre… Résultat : votre travail n'avance pas et vous allez devoir consacrer des heures à le terminer. Parallèlement, vous n'avez pas vraiment profité de vos moments de distraction car ils étaient trop courts. Le temps cumulé des deux est donc énorme pour finalement ne générer que de l'insatisfaction. Les vrais paresseux l'ont donc bien compris : pour profiter du repos qui suit, un effort unique mais intense vaut mieux que mille efforts décousus.

Lever du soleil
08h07

Samedi 12

Coucher du soleil
19h06

Saint Wilfried – On fête aussi les Edwin, Edwina, Eddy

« Tous les bons livres sont pareils. Ils sont plus vrais qu'aurait pu l'être la réalité. » *Ernest Hemingway*

Cocktails

Shirley Temple (sans alcool)

Pour 1 grand verre
5 min de préparation

- *2/10e de sirop de grenadine*
- *8/10e de soda type 7up® ou Canada Dry®*
- *Quelques glaçons*

Dans un verre, versez d'abord le sirop.
Ajoutez le soda.
Servez avec des glaçons.

À savoir
Ce cocktail a pris le nom de Shirley Temple, l'enfant star américaine des années 1930. C'est un cocktail idéal pour les enfants, à déguster à la paille bien sûr !

ÇA S'EST PASSÉ Le 12 octobre 1924

Mort d'Anatole France, pseudonyme de François Anatole Thibault (né en 1844), prix Nobel en 1921 et auteur, entre autres, de *La Rôtisserie de la reine Pédauque* (1893) et *Les dieux ont soif* (1912).

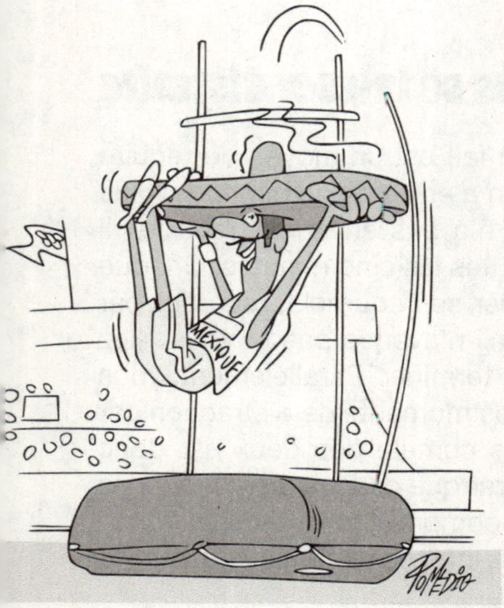

Brèves régions

77

SEINE-ET-MARNE – LE CHÂTEAU DU DUC D'ÉPERNON

Le château du duc d'Épernon, situé à Fontenay-Trésigny en Seine-et-Marne, est un édifice construit au XIVe siècle. Bien qu'il ait été classé au titre des Monuments historiques en 1963, il a d'abord été converti en local agricole puis laissé à l'abandon, et a bien failli disparaître. Depuis deux ans, un vaste projet de restauration a été lancé pour redonner au château une esthétique conforme à son architecture originelle avec des matériaux traditionnels (grès, enduits à la chaux, ardoises). Il ne deviendra pas un musée pour autant, puisque quinze logements vont y être aménagés, là où ont séjourné Catherine de Médicis et son fils Charles IX.

Les guitaristes de légende

Eric Clapton

Né en 1945, c'est le seul musicien à avoir été intronisé 3 fois au Rock and Roll Hall of Fame (pour sa carrière solo, et pour ses deux groupes, Yardbirds et Cream). Certains le considèrent comme le meilleur de tous les temps. Dans les années 1960, on a pu lire sur les murs de Londres : « *Clapton is God*. » Son œuvre est tellement éclectique, du blues authentique à la musique de film, qu'il serait vain de la décrire ici. Sa vie est à cette image : secret de famille, adolescence chaotique, gloire, alcoolisme, drogue, amours désespérées, expérimentations techniques, passage au chant, dérapages dans la presse, drames et morts tragiques en nombre autour de lui… Et un statut indéfectible d'idole, géniale, controversée, incontournable.

Disque conseil : *Layla and Other Assorted Love Songs*, Polydor, 1970.

Lever du soleil
08h09

Dimanche 13

Coucher du soleil
19h04

Saint Géraud – On fête aussi les Fauste Guérande

« Le bonheur n'est pas un événement, c'est une aptitude. » *François de La Rochefoucault*

Le saviez-vous ?

Un président sans palais

José Mujica, président de la république d'Uruguay de mars 2010 à mars 2015, n'a jamais habité le palais présidentiel durant son mandat. Prônant la décroissance et la sobriété, il a toujours refusé le faste habituel de la fonction présidentielle. Il a ainsi continué à vivre avec sa femme dans leur petite ferme située à la périphérie de Montevideo. Il a même fait du palais un refuge pour les sans-abri durant l'hiver 2012.

BINERO CHIFFRÉ

	2	0	2	2	0	1	1	0	
1									0
1									1
1									1
0									2
2									0
1									1
1									1
1									2
	0	2	0	1	2	0	2	1	

Solution page 306

Remplir les cases vides avec les chiffres 0 et 1, en respectant les règles suivantes :
– Il y a autant de 0 et de 1 sur chaque ligne et sur chaque colonne.
– Il n'y a pas plus de 2 chiffres identiques côte à côte,
– 2 lignes ou colonnes ne peuvent être identiques.
Notez que les chiffres en dehors de la grille indiquent la somme des deux premiers chiffres directement à leur gauche ou à leur droite, en dessous, au-dessus d'eux.

GRANDS SPORTIFS DES JO

L'ARAIGNÉE DE L'ESPACE

Lors des sélections olympiques américaines pour les JO de 1968, Bob Beamon s'envole à 8,39 m et efface le record du monde de saut en longueur, avant que celui-ci ne soit pas homologué en raison du vent. Partie remise. Aux Jeux de Mexico, son premier saut en finale entre dans la légende. Le bond est parfait, il contraint les juges à le mesurer manuellement. Le chiffre s'affiche : 8,90 m, record du monde battu de 55 cm ! L'Araignée de l'espace remporte l'or, son record tient jusqu'en 1991, il est toujours le record olympique.

CITIUS - ALTIUS - FORTIUS

13 560

C'est le nombre de kilomètres parcourus sans se poser par un oiseau. Ce vol ininterrompu de 11 jours entre l'Alaska et la Tasmanie lui vaut d'entrer au Guinness World Records. *Âgé de 5 mois, le volatile appartient à l'espèce des barges rousses (*Limosa lapponica*). Déjà connu des scientifiques, le matricule « 234684 » était équipé d'une balise GPS lorsqu'il a décollé le 13 octobre 2022. Pendant son long périple migratoire, sans escale, ce jeune oiseau ne s'est ni nourri ni reposé un seul instant ! La distance parcourue équivaut à deux trajets et demi entre Londres et New York, soit environ un tiers de la circonférence totale de la planète. Normalement, cette espèce migre jusqu'en Nouvelle-Zélande, mais ce spécimen a effectué un virage à 90 degrés et atterri dans la baie d'Ansons, à l'est de la Tasmanie. Il a probablement perdu au moins la moitié de son poids pendant ce vol continu de jour et de nuit. Ce n'est pas la première fois que les barges rousses se font remarquer dans ce domaine. Un adulte de la même espèce avait déjà établi le précédent record avec 13 000 km parcourus d'une seule traite.*

OCTOBRE

Lever du soleil
08h10

Lundi 14

Coucher du soleil
19h02

Saint Juste – On fête aussi les Céleste, Gwenda, Calixte

« Ne craignez jamais de vous faire des ennemis ; si vous n'en avez pas, c'est que vous n'avez rien fait. »
Georges Clemenceau

La saga de l'orthographe

L'accent aigu devient grave pour respecter la prononciation de certains mots (*réglementaire* n'est plus règlementaire), ou dans le futur et le conditionnel des verbes de type céder (il *cèderait*). L'emploi du e accent grave est étendu à tous les verbes en -eler et -eter (la consonne n'est plus redoublée). Sauf exceptions pour appeler, rappeler et jeter : je *harcèle* mais j'*appelle*.

➟ *À suivre p. 322*

FERNEY-VOLTAIRE

C'est sa ville !

Cette commune de l'Ain s'appelait autrefois simplement Fernex. Mais la prononciation était bien la même qu'aujourd'hui, d'ailleurs c'est dans un courrier de Voltaire daté de 1774 qu'on voit apparaître pour la première fois l'orthographe Ferney. Le philosophe avait déjà eu quelques problèmes avec le pouvoir royal français et avait donc choisi de s'installer ici, en bordure de frontière suisse, pour fuir rapidement au cas où d'autres soucis surviendraient. Deux ans à peine après sa mort, un annuaire des routes postales de 1780 fait déjà apparaître le nom de Ferney-Voltaire qui sera adopté dès 1793 par le conseil municipal de la ville, mais officiellement utilisé seulement à partir de 1878.

Ha! Ha! Ha!

CITATIONS HUMORISTIQUES : BLAGUES ET VANNES

« Un bon mari ne se souvient jamais de l'âge de sa femme, mais de son anniversaire toujours. »
Jacques Audiberti

Les plus beaux bateaux de l'histoire

LE *PLANET SOLAR*

Tandis que certains paquebots de croisière surconsomment pour alimenter plusieurs piscines sur l'eau, une embarcation va naviguer avec un autre but : sensibiliser à la transition écologique en réalisant le premier tour du monde à l'énergie solaire. Nous sommes au début des années 2000, et l'homme qui souhaite démontrer ainsi les capacités des énergies renouvelables s'appelle Raphael Domjan et se présente comme un éco-explorateur. Il fait construire un catamaran alimenté uniquement par quelque 500 m² de panneaux solaires. Conçu par l'architecte naval néo-zélandais Craig Loomes et financé par un entrepreneur allemand, le *Planet Solar* réalise son premier tour du monde entre 2010 et 2012, parcourant 60 000 kilomètres avec 5 membres d'équipage internationaux et accomplissant ainsi l'exploit du plus long trajet réalisé à l'énergie solaire.

Solution Binero chiffré p. 305

1	0	1	1	0	1	0	0
1	0	1	1	0	0	1	0
0	1	0	0	1	1	0	1
0	0	1	0	1	0	1	1
1	1	0	1	0	1	0	0
1	0	1	0	0	1	0	1
0	1	0	1	1	0	1	0
0	1	0	0	1	0	1	1

Lever du soleil
08h12

Mardi 15

Coucher du soleil
19h00

Sainte Thérèse d'Avila – On fête aussi les Cannat, Conogan

« Oublie les injures, n'oublie jamais les bienfaits. » *Confucius*

Apéro

Absinthe

La fameuse « fée verte » est une boisson mythique, prisée des artistes et poètes du XIXe siècle. Puissante et envoûtante, elle existait déjà dans l'Antiquité, mais sa version « moderne », distillée dans de l'anis vert et du fenouil, remonte au XVIIIe siècle. C'est la société Pernod fils, en Franche-Comté, qui la commercialise en premier. Très populaire – c'est même pendant un temps l'apéritif le plus consommé en France –, l'absinthe possède toutefois une réputation sulfureuse : on la soupçonne d'alimenter la folie. Elle sera interdite de 1914 à 1988, avant de revenir sur le marché avec une recette ajustée.

CALEMBOURS ou RÉPARTIES cultes du cinéma

Dans quel film ?

« C'est pas un malheureux, c'est un abruti, y'a pas de mal à se moquer des abrutis, ils sont là pour ça, non ? »

Réponse : Le Dîner de cons, de *Francis Veber*

ÇA S'EST PASSÉ Le 15 octobre 1924

André Breton publie le 1er *Manifeste du surréalisme*, qui devient l'acte de naissance d'un mouvement littéraire, artistique et politique promouvant la liberté et l'amour.

SYSTÈME D

PEINDRE UN RADIATEUR

Pour bien peindre un radiateur à eau et à éléments, il faut le démonter, après avoir coupé l'eau et vidangé. Lessivez-le et laissez-le sécher. Passez alors un abrasif à grain fin sur l'ancienne peinture ou, si vous avez décapé, sur le métal. Dépoussiérez, passez une éponge puis dégraissez à l'acétone. Sur un radiateur classique en fonte ou en acier décapé, utilisez une peinture glycéro spéciale radiateur qui résiste à la chaleur sans jaunir. Pour peindre, utilisez deux brosses coudées, sur plat et sur champ, en commençant par les parties les moins accessibles. Ne chargez pas trop la brosse et lissez soigneusement, en peignant élément par élément. Il faut obligatoirement une deuxième couche, passée de la même manière. Remontez le radiateur et attendez 48 heures avant de mettre le chauffage en route.

LES NOUVEAUX iPHONE, DE PLUS EN PLUS CHERS.

Brèves régions

78

YVELINES – DES WALLABIES EN LIBERTÉ

Dans les années 1970, le château de Sauvage, à Émancé dans les Yvelines, a commencé à accueillir des wallabies dans sa réserve zoologique. À la faveur de la tempête de 1999 qui détruisit les clôtures du parc, certains d'entre eux se sont évadés pour se réfugier dans la forêt de Rambouillet, où ils se sont parfaitement acclimatés. Une centaine de leurs descendants continuent aujourd'hui d'y vivre en totale liberté. Ces kangourous miniatures, qui ne mesurent pas plus d'un mètre, sont très discrets et fort peu de promeneurs ont eu la chance d'en croiser. Ils ne sont pas nuisibles et ne sont donc ni protégés, ni domestiqués, ni chassés.

Lever du soleil
08h13

Mercredi 16

Coucher du soleil
18h58

Sainte Edwige – On fête aussi les Gall, Gaudry, Junien

« Heureuse du présent, l'âme aura horreur / De se préoccuper de ce qui n'est encor. » *Horace*

LES PRÉCURSEURS DE L'ÉCOLOGIE

PIERRE FOURNIER

Journaliste-dessinateur pamphlétaire, Pierre Fournier (1937-1973) est l'un des premiers militants antinucléaires français. Rédacteur pour *Hara-Kiri*, puis *Charlie Hebdo*, il marque les esprits de sa plume virulente engagée en faveur de l'environnement et de l'égalité sociale, et contre un comportement colonialiste envers les peuples et la planète. En 1972, il fonde *La Gueule ouverte*, un journal écologiste et pacifiste « annonçant la fin du monde », dans lequel il invite ses anciens collègues de *Charlie* à ses côtés.

LE BON MOT DE L'HISTOIRE

« Pardonnez-moi, Monsieur le bourreau, je ne l'ai pas fait exprès. »
Marie-Antoinette, 16 octobre 1793

Le 16 octobre 1793, Marie-Antoinette descend d'un bond de la charrette qui s'arrête devant l'échafaud dressé place de la Révolution. Peut-être pressée d'en finir, celle qui fut reine de France entre 1774 et 1792 gravit si vite le petit escalier qui mène à la guillotine qu'elle perd un de ses souliers et marche sur le pied du bourreau Sanson. Elle s'en excuse puis se laisse attacher avant d'avoir la tête tranchée. Relaté par plusieurs témoins, l'incident fut l'objet de nombreuses gravures à l'époque. Les ultimes paroles de Marie-Antoinette sont nettement plus catholiques : « Oh Dieu, pardonne à mes ennemis. Adieu mes enfants bien aimés, je vais rejoindre votre père ! ».

APRÈS LEURS PÈRES ET LEURS GRANDS-PÈRES LES BOOMERS ENFIN MOBILISÉS.

Rébus Fable de La Fontaine

ÂGE MAÎTRESSE
HOMME
ÂGE MAÎTRESSE

L'Homme entre deux âges et ses deux maîtresses

Ça ne rime à rien…

Muscle

Le mot latin *musculus* a donné, en français, « muscle » et aussi « musculature ». Si le « u » a bien été conservé dans le second mot, il s'est perdu pour former le premier. Cette disparition est atypique et c'est pourquoi le « muscle » est un grand solitaire : aucun autre mot ne rime avec lui, même si certains poètes peu scrupuleux l'associent à « mollusque », voire « arbuste ».

CRÊPAGE DE CHIGNONS
Tom Cruise & Brad Pitt

Depuis trente ans, les deux acteurs sont en froid. Leur animosité est née lors du tournage d'*Entretien avec un vampire* (1994), dans lequel ils jouent d'ailleurs deux vampires rivaux. À l'époque, Tom Cruise était déjà une star internationale qui avait enchaîné les succès avec *Top Gun*, *Rain Man* ou encore *Né un 4 juillet*. Brad Pitt a, lui, surtout tourné dans des films d'auteur. *Entretien avec un vampire* représente une formidable opportunité pour faire décoller sa renommée. Entre les deux acteurs, la tension est palpable dès le début du tournage. « Il était le pôle nord, j'étais le pôle sud. Il y avait toujours une sorte de compétition entre nous », dira Brad Pitt plus tard. Déprimé par les conditions du tournage, principalement de nuit en plein hiver, et déçu par son personnage qu'il trouve trop lisse par rapport à celui joué par Cruise, Pitt sera même tenté de quitter l'aventure. Malgré l'immense succès du film à sa sortie en salle, les deux acteurs ne tourneront plus jamais ensemble.

Lever du soleil
08h15

Jeudi 17

Coucher du soleil
18h56

Saint Baudouin – On fête aussi les Austrude, Osée

« Si la connaissance crée parfois des problèmes, ce n'est pas l'ignorance qui permet de les résoudre. »
Isaac Asimov

Plantes qui soignent

LA REINE-DES-PRÉS

Dressée en haute touffe, avec ses grandes inflorescences blanches, elle a beaucoup d'allure – une vraie reine de la prairie ! Elle contient de l'acide salicylique et on l'appelle « aspirine végétale » : l'infusion de sommités fleuries a la réputation de calmer les douleurs, notamment dentaires et articulaires, mais aussi les maux de tête, les tendinites et les rhumatismes, et elle contribue aussi à conserver leur souplesse aux articulations. Elle a en outre une action diurétique et drainante.

Chevaliers de l'Histoire

Jean Hunyadi

En dehors de l'Europe orientale et centrale, peu de gens connaissent ce chevalier qui fut pourtant l'un des plus grands esprits militaires du XVe siècle. Surnommé « le Chevalier blanc », ce noble de Transylvanie accompagne très jeune l'empereur romain germanique Sigismond II dans plusieurs actions militaires. Formé au nouvel art militaire en Italie, Hunyadi est bientôt considéré comme le meilleur guerrier du sud de la Hongrie. Entre 1440 et 1444, il tente avec l'aide de chevaliers et le soutien du roi de Pologne Ladislas III de mener une croisade contre les Ottomans pour délivrer les Balkans. Désigné régent du royaume de Hongrie au cours de la minorité du jeune roi Ladislas V, Jean Hunyadi renforce les défenses du pays. Puis, le chevalier reprend son combat contre les Turcs, qu'il chasse de Belgrade et repousse jusqu'en Bulgarie. Il meurt de la peste en 1456. Deux ans plus tard, son fils Matthias Corvin sera élu roi de Hongrie.

Les rues mythiques du MONDE

Unter den Linden (Berlin, Allemagne)

Située dans le quartier de Mitte, le centre-ville de Berlin, cette avenue s'étend du Schlossbrücke (le pont du Château) à la porte de Brandebourg. Simple chemin de terre au XVIe siècle, Unter den Linden a été aménagé au siècle suivant et bordé de tilleuls, d'où son nom (« sous les tilleuls »). Ornée de statues de grands officiers après les guerres napoléoniennes, l'avenue a subi de nombreuses destructions pendant la Seconde Guerre mondiale. Reconstruite dans la période communiste puis réaménagée et embellie dans les années 1990, c'est aujourd'hui l'une des artères préférées des Berlinois. Outre ses monuments importants, l'Académie des arts, l'université Humboldt ou l'Opéra, Unter den Linden regorge en effet de magasins, cafés et restaurants.

ACTU

Psychologie du c...

L'expression « connard » est très courante, mais qui se cache réellement derrière cette insulte ? Pour répondre à cette question et déterminer les caractéristiques de cet individu pour le moins controversé, des chercheurs de l'université de Géorgie (États-Unis) ont mené une enquête auprès de 400 personnes. Les participants ont été invités à décrire « le plus gros connard » (asshole, en anglais) qu'ils ont rencontré. Après analyse, il semblerait que la plupart des connards aient plusieurs points communs. Ils sont en général d'âge moyen, colériques et sectaires. Manipulateurs, agressifs et irresponsables, leurs profils psychologiques les rapprocheraient de celui des personnes souffrant de troubles de la personnalité antisociale, de narcissisme et de psychopathie. En outre, les « connards » seraient conscients que leur comportement dérange les autres, mais n'en tiennent pas compte, car ils ont la conviction que tout leur tout permis. Enfin, il est intéressant de noter que les participants à l'étude ne se considéraient en général pas très proches des individus en question. Bizarrement, parmi « les connards » mentionnés, il y avait certes principalement des collègues, des patrons, des membres de la famille, mais aussi des amis et des amoureux !

Lever du soleil
08h16

Vendredi 18

Coucher du soleil
18h54

Saint Luc – On fête aussi les Lucas, Aimable, Gwen, Mabelle

« Les déceptions ne tuent pas et les espérances font vivre. » *George Sand*

CHARADE piège

Mon premier se met au pied,
Mon second a une âme de rebelle,
Mon troisième aime patauger dans la mare,
Mon tout est un animateur et producteur de télévision français.

(PIED – REBELLE – MARE)
PIERRE BELLEMARE

CITATIONS HUMORISTIQUES : BLAGUES ET VANNES

« Le rire est à l'homme ce que la bière est à la pression. » *Alphonse Allais*

Une chanson dans la tête

Ne me quitte pas, Jacques Brel

Dans les années 1950, guitare sous le bras, Jacques Brel hante les cabarets parisiens. Un de ses premiers succès, « Ne me quitte pas », sort en 1959, sur une musique de son pianiste Gérard Jouannest. Chanson triste sur la rupture – Suzanne Gabriello, sa maîtresse l'a congédié. *Il faut oublier Tout peut s'oublier* –, que personne n'a oubliée puisque la chanson figure depuis soixante ans parmi les titres préférés des Français. Le public considéra « Ne me quitte pas » comme une vraie chanson d'amour. L'auteur s'insurgera violemment : il s'agit du cri d'un pauvre type, d'un lâche, d'un c..., le texte n'a rien à voir avec l'amour d'une femme ! Édith Piaf confirmera : « un homme ne devrait pas chanter des trucs comme ça ! »
Hymne à l'amour ou chant désespéré ? À chacun de choisir !

SOLUTION : K'AILE, POIDS, S'OEUFS, MONT, PÈRE, MIE, 2, PÊCHE, HAIE, R'EST, HAIE SUR L'OEUFS, BAS, TAUX
(QUELLE POISSE, MON PERMIS DE PÊCHE EST RESTÉ SUR LE BATEAU)

C'est qui celui-là ?

Pleurer comme une Madeleine

Marie-Madeleine, figure du Nouveau Testament, a déjà donné l'expression « Marie-couche-toi-là » en raison de sa frivolité. Mais une fois repentie, elle s'est jetée aux pieds du Christ, rongée par le remords de ses actions passées. Ses pleurs furent si abondants qu'ils permirent de laver les pieds de Jésus. À l'origine, l'expression était simplement « faire la Madeleine ».

PAROLES

Les mots des flics et des voyous

PAROLES

Outil(s)

• Instrument du cambrioleur. Exemple : « L'homme escaladait de nouveau la grille, ses "outils" sous la veste, les poches gonflées, des "fafiot" noués dans un pan de sa chemise. » (Francis Carco, *Jésus-la-Caille*, 1920). • Arme quelconque (couteau, pistolet...). • Individu encombrant voire pénible. Exemple : « Encore c't'outil-là ? Mais elle va le rendre dingue ! » (*Le rouge est mis,* de Gilles Grangier, dialogues de Michel Audiard & Auguste Le Breton, 1957) • Sexe masculin, pénis. • Outil de besoin : 1) prostituée. Synonyme : tapineuse. 2) mauvais souteneur.

OCTOBRE

Lever du soleil
08h18

Samedi 19

Coucher du soleil
18h52

Saint René – On fête aussi les Laure, Laura, Cléopâtre, Yaël

« L'oubli n'est autre chose qu'un palimpseste. » *Victor Hugo*

Le saviez-vous ?

Un triomphe qui n'a pas triomphé

L'Arc de triomphe, voulu par Napoléon Ier en 1806, fut inauguré trente ans plus tard, la construction ayant été abandonnée sous la Restauration. À l'origine, il devait être surmonté d'une sculpture monumentale, mais ce n'est qu'en 1882 que fut installée la maquette grandeur nature du Triomphe de la Révolution, en attendant son remplacement par un bronze définitif qui n'a jamais vu le jour… La maquette, qui se détériorait, fut démontée quatre ans plus tard.

OENOTOURISME

La route des vins du Jura

Les 80 km des coteaux du Revermont rassemblent 140 vignerons, attachés à conserver les traditions de l'un des plus petits vignobles français – mais pas des moindres. Les 2 000 hectares de vignes se partagent entre cinq cépages, savagnin, poulsard et trousseau (spécifiques au terroir), et chardonnay et pinot noir. Quatre AOC sont à découvrir, l'Arbois (première AOC créée en France, en 1936), le Côtes-du-jura, l'Étoile et le Château-chalon. Cette dernière est le fief du fameux vin jaune, célébré à plusieurs reprises dans l'année, à l'occasion de fêtes populaires dans la région. Au-delà des dégustations auprès des vignerons, la route des vins du Jura permet de visiter un chapelet de villages et bourgs charmants, et d'arpenter une nature montagneuse, trouée de grottes et de cascades.

BLOCAGES ET PÉNURIES DE CARBURANT.

Heureux Mariages

Quand on s'appelle **COCU**, comment choisir le prénom de son enfant ? Certains couples ont opté pour la radicalité, comme celui qui appela son fils « Parfait Fidèle Amand » Cocu, né le 11 août 1846 à Cambrai (Nord), ou encore celui qui nomma son rejeton « Fidel Constant » Cocu dans l'Ain en 1773. On trouve aussi « Amand Fidel Joseph » Cocu en 1802 près de Tournai, en Belgique.

ACTU

Stars à la rue

Depuis la loi 3DS de 2021, toutes les communes, même les petits villages, doivent nommer leurs rues, places et impasses. Saint-Jean-d'Heurs, village de 664 habitants, a pris une initiative originale en donnant le nom de stars de la musique à ses rues, après avoir sollicité ses citoyens. Trois cents habitants ont donc proposé trois idées de stars chacun pour nommer leurs rues. Au total, 48 noms ont été retenus. Sur le podium, sans surprise, Johnny Hallyday précède Georges Brassens. Mais des artistes vivants ont aussi eu droit à leur plaque : Lenny Kravitz, Phil Collins, Tracy Chapman, Renaud, Céline Dion, Zazie ou encore David Guetta. « On a essayé d'écouter les avis et d'appliquer les volontés de chacun », a expliqué à La Montagne *Boris Luciany, l'adjoint à la Culture. Si l'objectif était « que tous les habitants se sentent concernés, peu importe les générations », la municipalité a néanmoins recalé certaines propositions. JuL, par exemple, n'aura pas sa place, à cause de ses textes. Mais que les amateurs de rap se rassurent : il y a désormais une rue MC Solaar à Saint-Jean-d'Heurs.*

CITATIONS HUMORISTIQUES : BLAGUES ET VANNES

« Il ne faut jamais dire ce que l'on pense vraiment. On court le risque d'être compris. »

Oscar Wilde

Lever du soleil **08h20**

Dimanche 20

Coucher du soleil **18h50**

Sainte Adeline – On fête aussi les Aline, Adelin

« Rien n'est bon ni mauvais en soi, tout dépend de ce que l'on en pense. » *William Shakespeare*

MOTS FLÉCHÉS

LES VANNES EN FONT PARTIE / PETIT PEUPLE		PRODUITS D'UNE VIGNE / BROIERAIT		FORME DE CROIX / PEUT ÊTRE GROS		DONNAI / JUGE MUSULMAN		NID DE SOIE		TYPE D'INFLORESCENCE / RICHARD		XÉNON
								MATIÈRE À CAMÉE				
AIRE DE REPOS / PIÈCE AU COMPLET								LANCE LE MOUVEMENT / JOURS QUI PASSENT				
					SOUSTRAIT / BONDIR							NATIONALISE
EXPULSÉE / DONNER UN TROISIÈME LABOUR				CAPITALE D'ALBANIE / DÉPASSE D'UNE TÊTE							FIN D'INFINITIF	
						NON PLUS / ÉMÉCHÉ			VAUT ZÉRO OU UN / NÉCESSAIRE			
POSSESSIF / EMPLOYAI			SOURCE DE SOURCE / SORT D'UN CÔNE							NOTE / FAUTE D'IMPRESSION		
								POUR TIRER UN TRAIT / CÉDÉ			LUXE	
SUIT LE DELTA / CHROME AU LABO				AU CAS OÙ / COUVER			MIJOTÉ / REMPLACE					
		VOIE ROMAINE / ENDURCIES				HOMMES DE MAIN / PRONOM RELATIF						
ŒCUMÉNIQUE / SOUS BOIS									LA MORT PEUT Y RÉSIDER / POSSESSIF			
			CORDELIER / SERPENTS DE VERRE									BÊTE DE JEU
HUTTE	SAUCE / QUALIFIE UNE VOIE							OBJET DE SALON / D'AUTRES SUIVRONT				
						OMIS / COURT MÉTRAGE			ERBIUM		LIMER	
VOISINE DE LIT / MANQUER										UNION EUROPÉENNE / GARDÉ EN RÉSERVE		
					SIÈGE DANS LE BASSIN / ARTÈRE							RESTE AU BORD
SERVICE À REFAIRE / ÉPUISÉE				POT D'ÉCHAPPEMENT					PAREIL			
								LUTTE CONTRE L'OPPRESSION				

SOLUTION PAGE 317

OCTOBRE

Lever du soleil
08h21

Lundi 21

Coucher du soleil
18h48

Sainte Céline – On fête aussi les Ursula, Celina, Viateur, Walfroy

« L'avenir est quelque chose qui se surmonte. On ne suit pas l'avenir, on le fait. » *Georges Bernanos*

CÉTACÉS

LE BÉLUGA

Totalement blanc, après être passé par divers stades de gris dans son enfance, le béluga, avec sa tête au bec court et sa large bouche, s'est acquis une popularité pour ses mimiques faciales. Long de 5 m pour plus d'une tonne (pour le mâle), il vit plus de soixante-dix ans, mais il est menacé par la pollution. Il est doté d'un sonar perfectionné lui permettant de se diriger sous les glaces arctiques, et il s'exprime vocalement par des sons très divers, ce qui lui vaut le surnom de « canari des mers ».

Les Bons Bonbons de nos régions

L'Anis de Flavigny

C'est l'une des plus anciennes friandises de France. Les moines bénédictins de l'abbaye de Flavigny-sur-Ozerain (Bourgogne) auraient en effet commencé à la fabriquer dès le… VIIIe siècle ! Chaque bonbon est fait d'une graine d'anis vert enrobée de sirop de sucre aromatisé : anis, menthe, oranger, réglisse, rose, violette… Il faut quinze jours au dragéiste pour faire d'une petite graine de deux milligrammes un bonbon d'un gramme. Aujourd'hui, une seule fabrique perpétue leur fabrication artisanale au sein de l'abbaye : la maison Troubat, fondée en 1923.

CHARADE syllabique

Mon premier permet de se connecter à Internet. _ _ DEM

Mon deuxième est une pièce d'assemblage. _ _ VET

Mon troisième est une farine granulée. _ MOULE

Mon quatrième est la sortie d'un organe de son emplacement naturel. _ _ _ NIE

Mon cinquième est un mustélidé, voisin des mouffettes. _ _ RILLE

Mon sixième est la femelle du singe. _ _ _ NON

Mon tout fut un alpiniste et un homme politique français.

MAURICE HERZOG (MO – RI – SE – HER – ZO – GUE)

Déguisées en homme ♂

Norah Vincent

Pendant un an et demi, Norah Vincent s'est fait passer pour un homme pour « percer les mystères de l'identité masculine ». Pour devenir Ned, cette journaliste américaine a entrepris une transformation radicale. Allure, gestuelle, placement de la voix, coupe de cheveux, fausse barbe de quelques jours, poitrine bandée, exercices de musculation… Norah Vincent a travaillé son camouflage pendant des mois avant de se lancer. Une fois prête, elle a rejoint un club de bowling entièrement masculin, s'est inscrite à un groupe de thérapie pour hommes, a fréquenté des clubs de strip-tease… et même fait un séjour dans un monastère avec des moines. Elle raconte cette plongée au cœur de lieux traditionnellement réservés aux hommes dans l'ouvrage *Dans la peau d'un homme*, publié en 2007. Contrairement à ce que l'on pourrait attendre, son livre pose un regard plein de bienveillance et de tendresse sur les hommes, Norah Vincent déclarant même avoir acquis plus de sympathie pour la condition masculine grâce à cette expérience.

Lever du soleil
08h23

Mardi 22

Coucher du soleil
18h47

Sainte Élodie – On fête aussi les Salomé, Alodie, Zulma

« Chacun conduit sa vie à toute allure et souffre de tout attendre du futur et d'être insatisfait du présent. »
Sénèque

Le saviez-vous ?

Un vol de bicyclette à l'origine d'une passion

Le jeune Cassius Clay (futur Mohamed Ali) a 12 ans lorsqu'il se fait voler sa bicyclette à Louisville dans le Kentucky. Fou de rage, il explique au policier auquel il signale le vol qu'il compte rouer de coups l'auteur de ce vol. Le policier, qui est entraîneur de boxe, lui conseille de commencer par apprendre à se battre. Le lendemain, le jeune adolescent prend ses premiers cours de boxe auprès du policier. Quelques semaines plus tard, il dispute son premier match.

ha ha, hi hi, ho ho FRANÇAIS
huhuhuh, hahaha, kukuku JAPONAIS
ax ax ax RUSSE
Humour du monde
cha cha LITUANIEN
jajaja ESPAGNOL

Une histoire que se racontent les juifs du Maroc.

– Pourquoi es-tu triste ? demande une femme à son mari.

– Parce que je ne me conduis pas correctement avec notre voisin.

– Pourquoi dis-tu cela ?

– Eh bien, c'est la troisième fois qu'il m'invite aux obsèques de son épouse, et moi je ne l'ai jamais invité.

Moments uniques

LE SOLEIL LEVANT ÉCLAIRANT LA STATUE DE RAMSÈS II

Il a fallu vingt ans aux anciens Égyptiens pour édifier le temple d'Abu Simbel, creusé dans la roche. Érigé par le pharaon Ramsès II, il est orné de quatre statues de celui-ci sur sa façade. À l'intérieur, dans la salle la plus profonde du temple, Ramsès II est également représenté, entouré de trois divinités : Ptah, dieu des architectes, Rê-Horakhty, dieu du soleil, et Amon-Rê, dieu des dieux. La science des bâtisseurs antiques était telle qu'ils ont réussi à orienter le temple pour que les rayons du soleil n'illuminent que deux fois dans l'année la statue de Ramsès II située dans le saint des saints : le 22 février et le 22 octobre. Deux jours qui correspondraient, selon les historiens, à l'anniversaire du pharaon et à sa date de couronnement.

Ha! Ha! Ha!

CITATIONS HUMORISTIQUES : BLAGUES ET VANNES

« La jeunesse à laquelle tout est pardonné, ne se pardonne rien ; au grand âge qui se pardonne tout, rien n'est pardonné. »
Bernard Shaw

LE CYCLISME AUX JO
LA COURSE LA PLUS SERRÉE

L'écart qui sépare la gloire de la défaite est souvent minime. En 1964, il fut infime. Le 22 octobre, sous une pluie battante, 139 athlètes de 37 pays parcourent les 195 km du tracé de la course en ligne. Plusieurs coureurs tentent de s'échapper, personne n'y parvient. C'est donc un sprint massif qui décide du vainqueur. L'Italien Mario Zanin s'impose devant le Danois Kjell Rodian pour deux centièmes de seconde. Le 99e, l'Iranien Sayed Esmail Hosseini, arrive seulement deux dixièmes de seconde plus tard. Un record.

Lever du soleil
08h24

Mercredi 23

Coucher du soleil
18h45

Saint Jean de Capistran – On fête aussi les Domice

« C'est seulement quand on sait qu'on n'est pas inutile aux autres que l'existence prend un sens. » *Stefan Zweig*

SCORPION

Vermot'roscope

23 octobre – 22 novembre

Votre caractère

Combatif, volontaire, mystérieux, intuitif, réceptif, intelligent, observateur, curieux, profond, adaptable, passionné, impliqué, émotif, hypersensible, piquant, ironique, possessif, endurant, angoissé, nerveux, colérique, jaloux, autoritaire, autodestructeur.

Les événements célestes de 2024

Comptez sur **Saturne** pour garder les pieds sur terre, préserver votre équilibre ou une situation, renforcer votre lien amoureux ou assumer pleinement votre rôle de parent ou de grand-parent.

Au premier semestre, **Jupiter** et **Uranus** vous invitent à vous pencher sur votre vie amicale ou sociale. C'est l'heure de faire le point.

Pour finir, **Pluton** vient bousculer les bases de votre vie ou de votre famille. Attendez-vous également à ce que vos valeurs et vos aspirations soient en plein renouvellement.

PLEINS FEUX SUR 2024, DOMAINE PAR DOMAINE

Vie relationnelle : Si vous avez envie de nouer de nouvelles connaissances, le premier semestre vous donne l'occasion de faire des rencontres hautes en couleur. Au fil des mois, au contact de ces dernières, c'est tout votre univers amical qui évolue.

Amour : ***En couple*** : de janvier à fin mai, les astres vous font profiter de leur influence positive. Mois après mois, vous vous épanouissez aux côtés de votre moitié et votre quotidien s'en trouve grandement amélioré. De juin à fin décembre, tout vous incite à approfondir votre relation.

Célibataire : belle période en perspective qui va vous permettre de multiplier les invitations et de faire de magnifiques rencontres. Auprès de ces nouveaux contacts, vous pouvez croiser le chemin d'une personne qui ne vous laissera pas indifférent. Aurez-vous le courage de l'aborder et de lui laisser une chance ?

Famille : Ce n'est pas votre meilleure période pour préserver la cohésion familiale. Des événements indépendants de votre volonté et extérieurs à votre vie percutent de plein fouet la vie de votre foyer. C'est un cycle de grandes transformations qui s'amorce.

Quotidien et vitalité : Malgré quelques moments de fatigue ou de lassitude, vous disposez de toutes les ressources pour faire face à vos obligations. Au premier semestre, les autres tiennent une place capitale et contribuent au maintien de votre équilibre général. Poussé par l'élan de vos proches, vous multipliez les activités et les loisirs.

Budget : Vous devez attendre les premières semaines du printemps pour voir vos revenus se stabiliser et s'améliorer. Avant, faites preuve de prudence et évitez les achats inutiles.

INVENTIONS bleu, blanc, rouge

Le crayon

Le crayon à papier ou « crayon de bois » est une invention que l'on doit à Nicolas-Jacques Conté, un chimiste français né en 1755. Il imagina en 1794 de mélanger du graphite avec de l'argile avant de cuire l'ensemble pour en faire une mine insérée dans un corps en bois de cèdre. Près de deux siècles et demi plus tard, son invention est toujours utile à chacun d'entre nous.

Brèves régions

DEUX-SÈVRES – LA NÉCROPOLE DE ROM

Rauranum était une cité romaine devenue Rom, aujourd'hui située en limite des Deux-Sèvres et de la Vienne. La richesse des vestiges qui y ont été découverts a déjà donné naissance, il y a plusieurs années, à un musée dédié. Mais c'est en voulant moderniser le réseau d'eau potable et de tout-à-l'égout que la municipalité a récemment mis au jour une nécropole mérovingienne avec au moins 169 tombes identifiées. La densité, très élevée, de ces sépultures prouve que le site n'a jamais cessé d'attirer des populations. Selon les archéologues, Rom aurait également pu être le lieu d'une aumônerie qui assurait autrefois les derniers soins aux malades pauvres.

Lever du soleil
08h26

Jeudi 24

Coucher du soleil
18h43

Saint Florentin – On fête aussi les Magloire, Gloria, Florestan

« La valeur d'une idée n'a rien à voir avec la conviction de celui qui l'exprime. » *Oscar Wilde*

EURO 2024
L'INCROYABLE VICTOIRE

Si les victoires surprises sont l'apanage du sport, celle de la Grèce lors de l'EURO 2004 est sans doute l'une des plus inattendues. Pour leur deuxième phase finale de l'histoire de la sélection, les hommes d'Otto Rehhagel surprennent tout le monde lors du match d'ouverture lorsqu'ils s'imposent face au pays hôte, le Portugal. Après un nul face à l'Espagne et une défaite face à la Russie, ils commencent à écrire leur grande histoire en misant sur une défense infranchissable. La France tombe en quarts, la République tchèque en demi-finale. C'est ensuite au tour du Portugal de se casser une nouvelle fois les dents sur le bloc compact et terriblement efficace des Grecs. Trois matchs couperet, trois victoires 1-0, la Grèce renverse l'Europe et décroche son premier et unique titre international.

UEFA - UEFA - UEFA- UEFA- UEFA

Ha ! Ha ! Ha !

CITATIONS HUMORISTIQUES : BLAGUES ET VANNES

« Les hommes naissent libres et égaux en droits. Ensuite, ils se mettent à boire. »

François Cavanna

ACTU

Le monstre de Wight

Une découverte récente a révélé l'existence d'un dinosaure carnivore gigantesque, plus grand que tout ce qui a été trouvé en Europe jusqu'à présent. Les fossiles de cette créature vieille de 125 millions d'années ont été exhumés sur l'île de Wight, au sud de l'Angleterre, grâce à un collectionneur local passionné de paléontologie. Les chercheurs de l'université de Southampton ont pu identifier la bête comme étant un spinosaure bipède, un superprédateur qui vivait au Crétacé inférieur. Selon Chris Barker, directeur de l'étude, cet animal colossal dépassait les dix mètres de long. Les spinosaures, dont le fameux Baryonyx, l'un des protagonistes des films Jurassic Park, *sont reconnaissables à leur tête allongée, comme celle des crocodiles. Les paléontologues pensent que la morphologie de ces animaux retrouvés sur tous les continents et qui ont vécu durant pratiquement toute l'ère des dinosaures était liée à leur mode de chasse, à la fois sur terre et dans l'eau. Sur l'île de Wight, véritable « île aux trésors », deux autres espèces de spinosauridés avaient déjà été identifiées ces dernières années. Leurs surnoms : le Héron de l'enfer et le Chasseur des berges.*

Chiens voyageurs

POITEVIN

Comme beaucoup de chiens, la race des poitevins a été créée pour et par les chasseurs. Ses origines restent néanmoins obscures car tous les auteurs évoquent un « marquis François de Larry » ou « de Larrye » qui en serait à l'origine vers l'année 1692, mais à part les ouvrages relatifs à l'histoire des chiens, ce personnage n'apparaît nulle part dans les archives. Quoi qu'il en soit, la race se serait quasiment éteinte peu de temps après la Révolution, avant de renaître quelques décennies plus tard grâce à des chasseurs de loup du Poitou qui auraient assemblé deux races aujourd'hui disparues : le ceris et le montembœuf. Le poitevin est aujourd'hui toujours apprécié des chasseurs, mais aussi des familles car il est très affectueux, notamment avec les enfants qu'il a tendance à protéger.

Lever du soleil
08h27

Vendredi 25

Coucher du soleil
18h41

Saint Enguerran – On fête aussi les Crépin, Daria

« L'homme n'est ni ange ni bête, et le malheur veut que qui veut faire l'ange fait la bête. » *Pascal*

SOLUTION MOTS FLÉCHÉS P. 312

	R		C		T		D		C		C	
P	O	P	U	L	A	C	E		O	N	Y	X
	B	I	V	O	U	A	C		C	A	M	E
G	I	L	E	T		D	E	R	O	B	E	
	N	E	E		T	I	R	A	N	A		E
T	E	R	S	E	R		N	I		B	I	T
	T	A		P	E	G	A	S	E		F	A
U	T	I	L	I	S	A	I		T	E		T
	E	T	A		S	I		O	U	R	D	I
C	R		V	I	A		S	B	I	R	E	S
	I	R	E	N	I	Q	U	E		A	M	E
T	E	E		C	L	U	B	I	S	T	E	
		C	O	U	L	I	S		A	U	T	O
G	O	U	R	B	I		T	U		M		I
	R	I	V	E	R	A	I	N	E		U	E
R	A	T	E	R		U	T	E	R	U	S	
	L	E	T		A	N	U	S		T	E	L
L	E	S	S	I	V	E	E		A	E	R	E

Bibliophiles

***Dans leur nuit,* Perrine Lamy-Quique (Seuil, 2021)**

16 avril 1970 : un glissement de terrain balaie le sanatorium du Roc des Fiz (Haute-Savoie). Bilan : 71 morts, dont 56 enfants. Ce livre documentaire réunit des témoignages, lettres, procès-verbaux de l'enquête qui suivit. S'il remet en mémoire le scandale d'une affaire vite étouffée, il rappelle surtout comment, dans les années soixante, beaucoup étaient encore sans voix face au pouvoir (l'État – « Paris » –, les notables locaux), aux sachants (médecins, architectes), aux institutions comme ces sanatoriums où les jeunes tuberculeux étaient isolés et soumis à un personnel parfois mal formé… Percutant.

Monarchies du monde

Qatar

Depuis 1868, la dynastie Al Thani est à la tête du Qatar, par l'installation de son fondateur, originaire d'Arabie saoudite, dans la région de Doha. Les membres de la famille sont très nombreux et la succession des émirs ne s'est pas toujours déroulée dans la tranquillité. C'est une monarchie absolue dont le chef est aujourd'hui l'émir Tamim, au pouvoir depuis 2013.

CITATIONS HUMORISTIQUES : BLAGUES ET VANNES

« La jeunesse est le plus grand des biens ; la vieillesse la pire des disgrâces. Elle n'est profitable qu'à l'alcool. »

Georges Courteline

Recette

Un tian qui se tient !

Pour 4 pers. **20 min de préparation** **1 h à 1 h 30 de cuisson**

- 400 g de pommes de terre
- 500 g de tomates
- 300 g de courgettes
- 5 gousses d'ail
- 1 oignon
- Herbes de Provence
- 1 branche de romarin
- Huile d'olive
- Sel, poivre

Préchauffez le four à 180 °C (th. 6). Pelez les gousses d'ail et l'oignon. Émincez l'oignon et pressez l'ail. Faites dorer quelques minutes à la poêle dans un peu d'huile d'olive. Disposez-les au fond du plat.

Lavez soigneusement les légumes puis coupez-les en tranches de taille régulière, en veillant à ce que les tranches de pommes de terre soient assez fines. Intercalez-les dans le plat en rangées successives ou de manière concentrique.

Arrosez le tian d'huile d'olive et saupoudrez d'herbes de Provence. Décorez le tian d'une branche de romarin et enfournez de 1 h à 1 h 30 en fonction de la taille des rondelles de légumes : plus elles sont épaisses, plus la cuisson doit être longue. Ôtez le romarin avant de servir.

Conseil

Servez ce plat seul, le soir, ou en accompagnement d'une viande grillée. Une recette idéale et réconfortante pour l'automne !

OCTOBRE

Lever du soleil
08h29

Samedi 26

Coucher du soleil
18h39

Saint Dimitri – On fête aussi les Rustique, Démétrius

« Il faut trouver moyen de faire quelque chose pour les autres quand on vit dans le luxe. » *Paul Claudel*

Etymologie

Du pâté au petit jaune

Contrairement à Ricard, *pastis* n'est pas le nom d'une marque déposée, sauf dans la marque *Pastis 51*. Il s'agit d'un emprunt au provençal *pastis*, lui-même issu du latin populaire *pasticium*, dérivé du latin classique *pasta*, « pâte [de farine] ». Le nom provençal désigne à l'origine un pâté, puis, par extension, un mélange, et au sens figuré une situation confuse. C'est par analogie avec l'apparence trouble de la boisson obtenue lorsque l'on verse de l'eau sur l'apéritif que l'on a donné ce nom à l'alcool.

CHARADE classique

Mon premier est entre trois et quatre,

Mon deuxième est une période historique,

Mon troisième est un conflit,

Mon quatrième est une fibre textile,

Mon tout est un parfumeur français.

(PI – ÈRE – GUERRE – LIN)
PIERRE GUERLAIN

JOB DATING POUR RECRUTER DES ENSEIGNANTS…

AHAHAHAHAH ! OH ! OH ! AH ! AH ! AH ! HI ! HI ! HI ! WHA HA ! HA !

LA BONNE BLAGUE

Un matin, un couple se dispute avec véhémence. Le mari, excédé, déclare à sa femme qu'il ne veut plus lui parler et que dorénavant ils ne communiqueront plus que par écrit. Le soir venu, le mari rédige un message qu'il dépose sur la table de nuit de sa femme. Il est écrit : « Demain matin, je pars à la chasse avec des amis, réveille-moi à cinq heures. »
Le lendemain matin, le mari se réveille avec une sensation de malaise. Quand il regarde le réveil, il constate qu'il est déjà huit heures. En colère, il se lève d'un bond. C'est alors qu'il aperçoit sur sa table de nuit un mot écrit par sa femme, qui dit : « Réveille-toi, il est déjà cinq heures. »

L'HUILE USAGÉE AUTORISÉE COMME CARBURANT…

La Véritable Histoire de… Arsène Lupin

Maurice Leblanc a toujours nié s'être inspiré de Marius Jacob. Et pourtant, les similitudes entre son gentleman-cambrioleur et ce bandit anarchiste sont flagrantes. Mousse puis apprenti typographe, Marius Jacob commet son premier cambriolage en 1899 en détroussant un prêteur sur gage. Rapidement arrêté, il simule la folie pour échapper à la prison. Interné à Aix-en-Provence, il s'évade et se réfugie à Sète où il crée la bande des « Travailleurs de la nuit ». Jacob impose certains principes au groupe : les cambriolages doivent se faire sans violence, les cibles ne doivent jamais être des professions utiles (médecins, enseignants, artisans, artistes, etc.) et une partie du butin doit être reversée aux plus démunis. Comme Lupin, Jacob est un as du déguisement et opère sous de multiples pseudonymes. Enfin, Marius comme Arsène n'hésite pas à laisser une carte de visite ironique sur les lieux de ses forfaits ! En 1903, après plus de 150 cambriolages, Jacob est finalement arrêté. En mars 1905, il est condamné au bagne à perpétuité. Quatre mois plus tard, la première aventure d'Arsène Lupin est publiée dans le magazine *Je sais tout*. Les chemins de Jacob et de son frère de fiction se séparent. Tandis que le bandit anarchiste croupit à Cayenne pendant vingt-deux ans, le gentleman-cambrioleur devient un immense héros de la littérature.

Lever du soleil
07h30

CHANGEMENT D'HEURE

Dimanche 27

Coucher du soleil
17h38

Sainte Émeline – On fête aussi les Odran, Frumence, Évariste

« Savoir par cœur n'est pas savoir :
c'est tenir ce qu'on a donné en garde à sa mémoire. » *Michel de Montaigne*

Cocktails

Lait de poule sans alcool

Pour 1 mug
5 min de préparation
5 min de cuisson

- *15 cl de lait*
- *1 pincée de cannelle en poudre ou de noix muscade ou 1 cuil. à soupe d'eau de fleur d'oranger*
- *1 jaune d'œuf extra-frais*
- *25 g de sucre (ou de sirop de sucre de canne)*

Faites chauffer le lait à feu doux dans une casserole.
Ajoutez le parfum de votre choix. Dans un cul-de-poule, fouettez le jaune avec le sucre. Versez le lait chaud dessus.
Replacez sur feu doux 1 à 2 min avant de servir.

Ha! Ha! Ha!

CITATIONS HUMORISTIQUES :
BLAGUES ET VANNES

« La Révolution russe, c'est la Révolution française qui arrive en retard, à cause du froid. » *Salvador Dali*

80

Brèves régions

SOMME – LA TRANSHUMANCE DES HENSON

Les chevaux Henson ont été reconnus officiellement en 2003 comme 44e race équine française, la dernière créée à ce jour. C'est dans les années 1970 que certains éleveurs ont imaginé des croisements pour développer un cheval dédié au tourisme équestre dans la baie de Somme. Et depuis plus de trente ans, les animaux transhument à l'automne, après avoir passé l'été dans les polders du parc ornithologique du Marquenterre. Cette « Trans'Henson » est devenue l'événement du dernier week-end d'octobre, pendant lequel les cavaliers conduisent plus de 250 poulains de l'année, poulinières et jeunes chevaux vers les zones d'herbage hivernales.

Nathalie Jomard

24

C'est le nombre de jours pendant lesquels un homme a survécu dans un bateau à la dérive dans les Caraïbes, malgré la pénurie de vivres à bord. Originaire de la République dominicaine, il a réussi à survivre en utilisant une combinaison de ketchup, d'ail en poudre et de cubes de bouillon Maggi qu'il a mélangés avec de l'eau. Pour lui, le cauchemar a commencé alors qu'il réparait un voilier sur l'île de Saint-Martin. Surpris par de mauvaises conditions météorologiques, il n'a pas eu le temps de rejoindre la rive alors que le bateau commençait à dériver. Bientôt emporté au large, il n'a pas pu appeler à l'aide. Il a donc passé 24 jours seul, sans savoir où il se trouvait ni quoi faire, et avec la peur de ne pas s'en sortir. Il a finalement attiré l'attention d'un petit avion en écrivant « Help » avec de la peinture sur la coque du bateau et grâce à des signaux réalisés à l'aide d'un miroir. Un navire de la marine colombienne qui se trouvait à proximité a pu le secourir. Dans la série « les naufragés de l'année », Romualdo Macedo Rodrigues, un pêcheur brésilien, a survécu pendant 11 jours dans un congélateur au milieu de l'Atlantique. Parti pour une excursion de pêche de trois jours, il a été contraint de se réfugier dans un congélateur quand son bateau a commencé à couler. Romualdo a dérivé, écopant à la main l'eau qui entrait dans le congélateur, avant d'être repéré et secouru par des pêcheurs surinamais. Un sauvetage qui n'a pas mis fin à ses problèmes : débarqué au Suriname, il a été arrêté par la police locale car il n'avait aucun papier d'identité. Romulado a donc passé 16 jours en prison avant de pouvoir rentrer chez lui au Brésil.

OCTOBRE

Lever du soleil
07h32

Lundi 28

Coucher du soleil
17h36

Saint Simon et Saint Jude – On fête aussi les Simone, Faron

« Je rends hommage à ceux qui parlent au vent, les fous d'amour, les visionnaires, à ceux qui donneraient vie à un rêve. […]. Aux hommes de cœur, à ceux qui persistent à croire aux sentiments purs. » *Miguel de Cervantes*

NOS ANCÊTRES

TÊTE D'ORANGE

Homo naledi était un bipède encore capable de grimper aux arbres, d'environ 1,50 m, qui vivait il y a près de 300 000 ans avant notre ère et fut découvert en Afrique du Sud. Doté d'un petit cerveau, capable d'enterrer ses morts, il peut être décrit comme mi-australopithèque, mi-*Homo*, par ses caractéristiques empruntées aux deux genres. Il pourrait avoir côtoyé l'homme moderne.

Ha! Ha! Ha! CITATIONS HUMORISTIQUES : BLAGUES ET VANNES

« Un ami ressemble à un habit. Il faut le quitter avant qu'il ne soit usé. Sans cela, c'est lui qui nous quitte. » *Jules Renard*

« Si la natation est bonne pour la ligne, pourquoi les baleines sont-elles si grosses ? » *Robert Mitchum*

« La pêche à la mouche est un sport, mais c'est aussi un dessert qu'on renvoie en cuisine. » *Philippe Geluck*

« Quand on dit d'une femme qu'elle est encore jeune, c'est qu'elle ne l'est plus tellement. » *Françoise Dorin*

ÇA S'EST PASSÉ Le 28 octobre 1924

Début de la « croisière noire », ou « Expédition Citroën Centre Afrique », une expédition automobile lancée par André Citroën, dans un but principalement publicitaire, à travers le continent africain du nord au sud.

ACTU

Tout petit nom

À l'instar de Saint-Jean-d'Heurs et ses rues avec des noms de stars de la musique, la charmante commune de Petite-Rosselle, en Moselle, possède une spécificité peut-être plus surprenante encore : les plaques de plusieurs rues de cette commune de 6 000 habitants ne comportent qu'une seule lettre. C'est le cas de la rue A, la rue B, la rue C ou encore la rue F. Cette particularité remonte à 1869, lorsque la famille de Wendel, une puissante dynastie industrielle de maîtres de forges, a commencé la construction de la cité minière d'Urselsbach. À l'époque, la Direction des houillères a temporairement attribué ces dénominations. La guerre de 1870 puis l'annexion de l'Alsace-Moselle en 1871 après la défaite française face à la Prusse ont figé ces noms de rue. Lorsqu'en 1918, la région est redevenue française, Wendel a choisi de ne rien changer. Si les habitants de Petite-Rosselle, autrefois surnommés « les fanfarons rossellois », s'amusent de leur petite originalité, il semblerait que ces rues aux noms particulièrement courts embrouillent parfois les GPS des visiteurs qui ont un peu de mal à s'y retrouver.

Lever du soleil
07h34

Mardi 29

Coucher du soleil
17h34

Saint Narcisse – On fête aussi les Emelinde

« Les livres nous obligent à perdre notre temps de manière intelligente. » *Mircea Eliade*

Apéro

Torsades au maroilles

Le maroilles est le fromage incontournable du Nord, notamment de la région de la Thiérache. S'il peut être consommé sous toutes les formes, tarte, quiche et autre cht'iflette, c'est en torsades qu'il est dégusté à l'apéritif, déposé en copeaux sur une pâte feuilletée, et accompagné d'une bière.

Heureux Mariages

Que cherchait à prouver **ÉMILE DIEU** en épousant **ADRIENNE MALFAISAN** le 15 mai 1903 à Hazebrouck (Nord) ? Voulait-il soulager son épouse de son patronyme difficile à porter ou voulait-il prouver que le concept de Dieu-Malfaisan pouvait fonctionner ? Sans doute ni l'un ni l'autre, mais ce qui est sûr, c'est que les mariés eurent un fils, Paul Jules Alfred, qui fut un véritable Dieu.

Présentatrices mythiques de TV

Élise Lucet

Cette journaliste d'investigation est connue pour avoir présenté un grand nombre de JT sur France Télévisions, mais aussi pour être à la tête de plusieurs magazines d'investigation. Née en 1963 à Rouen, elle fait ses premières armes à Radio France Caen, puis rejoint FR3 Caen en 1983. Cinq ans plus tard, elle accède à la rédaction nationale. Après avoir présenté le 19/20 pendant plusieurs années, Lucet prend la casquette de rédactrice en chef de l'édition. À partir des années 2000, elle produit et présente le magazine d'enquête *Pièces à conviction*. En 2005, elle rejoint aussi le JT de 13 h de France 2. Avec *Cash Investigation* et *Envoyé spécial*, Élise Lucet s'affirme encore plus comme une journaliste engagée et tenace – elle est considérée en 2019 par un sondage IFOP comme « la journaliste la plus influente de France ». Son éthique remarquable a été plusieurs fois récompensée au cours de sa carrière.

Astuces 2 Fainéant

Réparer la vaisselle avec du lait

Une des composantes du lait est la caséine. Cette protéine se sépare du lait et se coagule quand celui-ci est porté à ébullition. C'est une propriété qui peut être utilisée pour réparer de la vaisselle cassée sans avoir à acheter de la colle spéciale. Imaginons que vous ayez cassé le couvercle de la théière en porcelaine de votre grand-mère. Assemblez les morceaux avec du ruban adhésif ou un élastique et plongez-les dans une grande casserole de lait. Faites chauffer en laissant frémir pendant une heure. La magie de la chimie va se réaliser et la caséine coller ensemble les morceaux. Si vous les aviez bien positionnés avant de les faire « cuire » dans le lait, la réparation sera impeccable et solide au point de pouvoir même ensuite passer au lave-vaisselle.

Lever du soleil
07h35

Mercredi 30

Coucher du soleil
17h32

Saint Bienvenue – On fête aussi les Maéva

« Tous les vices à la mode passent pour vertus. » *Molière*

DES nuisibles PAS nuisibles

LA PIÉRIDE

La blanche piéride du chou, le papillon le plus commun de nos campagnes, est un gros problème pour les jardiniers, qui la considèrent comme un nuisible majeur. Ses chenilles sont en effet d'une voracité spectaculaire. Toutefois, elles-mêmes nourrissent les chrysopes, les syrphes, les guêpes et bien des oiseaux, et il faut donc relativiser cette nuisance. Notons qu'attaqué, le chou émet une substance qui attire une petite guêpe qui parasite la piéride, ce qui tend à réguler naturellement ses populations. Toutefois, au potager, pour défendre nos chers choux, rien ne vaut le voile anti-insectes.

La saga de l'orthographe

Bizarrement, la réforme laisse de côté un des points les plus compliqués de notre orthographe : le participe passé des verbes pronominaux. Vous vous êtes *jeté* des fleurs après vous être *jetés* dans la bataille de l'orthographe, n'est-ce pas ? Par contre, le participe passé de *laisser* suivi d'un infinitif serait désormais toujours invariable : vous vous êtes laissé convaincre.

➟ *À suivre p. 326*

81

Brèves régions

TARN – LES POTERIES D'ALBI

Depuis six générations, les ancêtres de Lore Camillo travaillent la terre du Tarn. Des briques qui ont fait leur réputation au XIXe siècle, elle a gardé le savoir-faire pour diversifier sa production. Aujourd'hui, 99 % des pièces sont encore fabriquées à la main au tour et au colombage. L'ensemble des anses, guirlandes, frises et motifs qui ornent les pots sont posés par les mains expertes du garnisseur avant la cuisson. Chaque pièce est donc unique et originale, d'autant plus que ce sont les derniers potiers en France à émailler leurs réalisations par trempage dans des bains d'émaux, ce qui donne des couleurs lumineuses et profondes.

2 390

C'est le nombre de Schtroumpfs que possède Alain Pouchol-Blanchon, un habitant de Rougnat (Creuse). Et dans la région, son impressionnante collection ne peut pas passer inaperçue ! Les petits bonshommes bleus créés par le dessinateur belge Peyo sont en effet partout : le long de la clôture, sur les rebords des fenêtres, sur les gouttières, ou à la porte d'entrée de la maison du jeune retraité. En revanche, aucune figurine à l'intérieur ! Impossible pour l'heureux collectionneur de dire comment lui est venue cette passion pour les Schtroumpfs qu'il a commencé à accumuler un peu par hasard il y a sept ans. Désormais, il parcourt les vide-greniers, les brocantes et se rend quotidiennement sur les sites internet de revente. Résultat : Alain Pouchol-Blanchon possède plusieurs pièces rares et de grande valeur. Mais il assure que cela n'a aucune importance à ses yeux. Pour lui, l'essentiel c'est que le Grand Schtroumpf, la Schtroumpfette et leur immense tribu soient toujours plus nombreux ! Et qu'ils en mettent plein les yeux aux curieux qui viennent les admirer.

Lever du soleil
07h37

Jeudi 31

Coucher du soleil
17h31

Saint Quentin – On fête aussi les Quincy

« Gardez toujours un petit feu allumé, aussi petit ou caché soit-il. » *Cormac McCarthy*

Le saviez-vous ?

Une tradition américaine d'origine celtique

Les Celtes fêtaient la fin de l'année de récolte et l'entrée dans l'hiver la nuit du 31 octobre : c'était le Samain. Au cours de cette nuit, les druides allumaient de grands feux et le monde des vivants communiquait avec celui des morts. Les fêtes druidiques ont disparu d'Irlande au ve siècle avec l'arrivée du christianisme, mais les Irlandais ont maintenu cette tradition et l'ont emmenée avec eux lorsqu'ils ont émigré massivement aux États-Unis, où elle s'est répandue.

Il faut être philosophe

NIETZSCHE*

Que signifie le nihilisme ?

Ce n'est pas exactement le sens que donne le dictionnaire au mot *nihilisme* qui nous éclairera sur cette notion chez Nietzsche. D'ailleurs, il y a, selon le philosophe allemand, deux formes de nihilisme : celui passif, ou nihilisme des faibles, qui consiste à nier la volonté de puissance de la vie. Nietzsche le combat. L'autre nihilisme, celui actif, ou nihilisme des forts (comprendre : des esprits libres), revient à nier les valeurs instituées, et notamment les valeurs morales que le philosophe juge artificielles et intéressées (nous condamnons ce que nous subissons), et dont le rôle est de cacher l'absurdité de l'existence. La volonté de puissance, le concept majeur de la pensée nietzschéenne, est la force qui anime l'humanité. Nietzsche critique son rejet, en prônant la « *transvaluation* de toutes les *valeurs* ».

*Friedrich Wilhelm Nietzsche, philosophe et philologue allemand (1844-1900).

CALEMBOURS ou RÉPARTIES cultes du cinéma

Dans quel film ?

« Faites comme Jésus, lui il n'a jamais baissé les bras !

— Ben, en même temps, il pouvait pas… »

Réponse : La Guerre des boutons, *d'Yves Robert.*

ÉNIGMES M@ths en-vie

À la fin de la journée, les serveuses et serveurs d'un bar comptent leurs pourboires. Annie a eu 35 €. Rémi compte 23 €. Adeline a gagné 28 €. Stéphane, lui, a 32 €.

Le patron du bar, pour les récompenser de leur journée, leur donne 100 €. Comment vont-ils se répartir cet argent afin que chacun ait la même somme à la fin ?

Réponse : Ils vont se partager la somme comme suit : Annie : 19,50 €, Rémi : 31,50 €, Adeline : 26,50 € et Stéphane : 22,50 €.
En effet, pour savoir combien chacun aura à la fin, il faut d'abord connaître l'argent total gagné par l'ensemble des serveurs et serveuses au final : 35 + 23 + 28 + 32 + 100, soit 218 €. Cela représente 218/4, soit 54,50 € chacun. Il suffit alors de calculer le complément à 54,50 € des pourboires de chacun. CQFD !

CITATIONS HUMORISTIQUES : BLAGUES ET VANNES

« Quand on n'a pas ce que l'on aime, il faut aimer ce que les autres n'ont pas voulu. »

Pierre Perret

Vendredi 1er

NOVEMBRE

TOUSSAINT

Saint Harold – On fête aussi les Bénigne

Lever du soleil
07h38

Coucher du soleil
17h29

« Toute forme de mépris, si elle intervient en politique, prépare ou instaure le fascisme. » *Albert Camus*

LA LETTRE MYSTÈRE

Vienne, ce 24 nov[embre] 1949.

Cher, cher Paul

On est maintenant en novembre. La lettre que j'ai écrite en août est encore posée là : tout est si triste. Tu l'as peut-être attendue. L'acceptes-tu encore aujourd'hui ? Je sens que j'en dis trop peu, que je ne peux pas t'aider. Je devrais venir, te regarder, te sortir de là, t'embrasser et te tenir pour que tu ne sois pas emporté au loin. Il faut que tu y croies, un jour je viendrai et je te ramènerai. Je vois avec effroi comme tu es entraîné vers le large sur une mer immense, mais je vais me construire un bateau pour t'arracher à la perte et te ramener à bon port. Tu dois simplement y contribuer aussi toi-même et ne pas me rendre la tâche trop difficile. Le temps, comme beaucoup de choses, est contre nous, mais il faut l'empêcher de détruire ce que nous voulons en sauver. Écris-moi vite, je te prie, et écris-moi si tu veux bien encore un mot de moi, si tu peux encore accepter ma tendresse et mon amour, s'il y a encore quelque chose qui puisse t'aider, s'il t'arrive encore de tendre la main vers moi et de me recouvrir de l'obscurité de ce mauvais rêve où j'aimerais être lumineuse.

Essaie de le faire, écris-moi, pose-moi des questions, débarrasse-toi de tout ce qui pèse sur toi en l'écrivant !

Je suis tout près de toi

À toi

Réponse Lettre d'octobre

Vous avez reconnu la dernière lettre du jeune résistant communiste Guy Môquet, fusillé par les nazis le 22 octobre 1941. Il est né à Paris en 1924. C'est un bon garçon, brillant. En octobre 1939, son père est arrêté, puis condamné et déporté en Algérie. Au sein des Jeunesses communistes, Guy suit dès l'été 1940 la « voie tracée » : il milite et entre en résistance en participant à l'impression et à la distribution de tracts et de « papillons » collés sur les lampadaires et les murs. Le 13 octobre de la même année, dénoncé, il est arrêté par la police française, incarcéré à la Santé puis à Fresnes. Après cent jours de prison, il est acquitté faute de preuves. Pourtant, il n'est pas libéré. En mai 1941, il est transféré au camp de Choisel (Châteaubriant). Désigné comme otage le 22 octobre au matin, à la suite de l'assassinat à Nantes, deux jours auparavant, d'un haut gradé allemand, il est fusillé le jour même avec vingt-six de ses compagnons. Il a 17 ans.

Ce qui est très beau ici, c'est ce que ces quelques lignes révèlent de sensibilité, d'amour filial, d'enfance encore toute proche, de générosité, de droiture morale, de sens du devoir et de dignité chez ce tout jeune homme. Il est à ce titre devenu une figure éminente de la lutte contre l'occupation nazie, du martyre des résistants.

Et puis, manifestement écrite à la hâte, sans plan, passant des adieux à des préoccupations très pragmatiques (il faut que les vêtements servent), avant de revenir aux adieux et d'égrener des noms dans le souci de n'oublier personne (de saluer, de remercier tout le monde), cette lettre fait vivre, dans la chair du lecteur, les derniers instants bousculés de ce petit garçon héroïque. Après le point final, s'ouvre pour lui l'abîme, pour nous l'avenir.

Guy Môquet

NOVEMBRE

Lever du soleil
07h40

Samedi 2

Coucher du soleil
17h28

Défunts – On fête aussi les Malachie, Marcien

« Quand un homme a faim, mieux vaut lui apprendre à pêcher que de lui donner un poisson. » *Confucius*

NOS ANCÊTRES

MORCEAU D'ADN

L'Homme de Denisova a été identifié à partir d'une analyse ADN en 2010. Cette espèce aurait un ancêtre commun avec Néandertal et *Homo sapiens*. Elle peuplait l'Eurasie entre -200 000 et -50 000 ans, côtoyant ses cousins avec qui elle s'est même mélangée. On retrouve ainsi des traces de son ADN dans 4 à 6 % des Mélanésiens actuels, et les Tibétains lui doivent leur adaptation à l'altitude.

GRANDS SPORTIFS DES JO

LA TÊTE À L'ENVERS

Lorsqu'il était jeune, Richard Douglas Fosbury était frustré par ses performances en saut en hauteur, voyant qu'il plafonnait à 1,80 m malgré sa grande taille. Les techniques conventionnelles ne le convainquant pas, il crée la sienne, un rouleau dorsal. En passant la barre à l'envers des autres, Fosbury écrit l'histoire. En 1968, il remporte la médaille d'or et établit un nouveau record olympique à 2,24 m. Sa technique devient référence, depuis 1988 elle est la seule technique utilisée par les sauteurs.

CITIUS - ALTIUS - FORTIUS

PROBLÈMES + - /

de maths du certificat d'études

Un tonneau plein de bière a pour masse 291,24 kg. Ce même tonneau à moitié rempli de bière a pour masse 168,12 kg. On sait que le litre de bière a pour masse 108 dag. Quelle est la masse du tonneau quand il est vide et quelle est sa contenance ?

Sachant que la masse d'un litre d'huile est égale à 9,2 hg, donnez la masse du tonneau rempli d'huile, en kg.

Solution : Différence entre masse du tonneau plein et à moitié plein : 291,24 – 168,12 = 123,12 kg. Ce nombre (123,12) représente la moitié de la bière, donc masse de la bière : 123,12 x 2 = 246,24 kg
Masse du tonneau : 291,24 – 246,24 = 45 kg
Contenance du tonneau : 246,24 / 1,08 = 228 l
Masse du tonneau rempli d'huile : (228 x 0,92) + 45 = 254,76 kg

ACTU

Où sont les femmes ?

Depuis sept ans, la physicienne britannique Jess Wade milite pour promouvoir les minorités sur l'encyclopédie en ligne Wikipédia. Elle a expliqué sa démarche dans une interview au Washington Post. *Son initiative est née en 2017 de sa rencontre avec Kim Cobb, une climatologue américaine, dont elle découvre qu'aucune page ne lui est consacrée sur Wikipédia. Rapidement, elle remarque que ce n'est pas un cas isolé : les femmes scientifiques sont bien rares sur l'encyclopédie en ligne. Déterminée à la rendre plus égalitaire, Jess Wade commence à rédiger elle-même des fiches. Elle s'aperçoit alors que les fiches écrites par des volontaires doivent être validées par des administrateurs, qui déterminent si une page mérite d'être publiée ou non en fonction de la notoriété de son rédacteur. Il faut alors être doublement exceptionnel, quand on est une femme, pour voir ses articles publiés sur le site. Malgré tout, la Britannique a déjà réussi à faire intégrer les fiches de 1 750 femmes scientifiques qu'elle a rédigées. Selon le WikiProject Woman in Red, un groupe de rédacteurs qui milite pour réduire les inégalités de genre sur la plateforme, seulement 19 % des fiches anglaises concernent des femmes. Ce qui signifie que sur un total de 1 907 982 biographies présentes sur le site en 2022, seules 369 172 concernent des femmes.*

Lever du soleil
07h42

Dimanche 3

Coucher du soleil
17h26

Saint Hubert – On fête aussi les Gwenaël, Gwenaëla, Papoul, Pirmin

« La plus belle chose que nous puissions éprouver, c'est le côté mystérieux de la vie. » *Albert Einstein*

Cocktails

Gimlet

Pour 1 verre à cocktail
5 min de préparation

- *8 cl de gin*
- *1 citron vert non traité*

Pressez le citron pour obtenir 2 cl de jus.
Dans un shaker, mélangez le gin et le jus de citron.
Versez dans le verre.

Conseil
Décorez de zeste de citron vert.

Etymologie

Sans avoir l'esprit mal tourné

Le pinceau serait-il une « petite pince » (on voit mal le rapport), comme le cordeau est une « petite corde » (là, on voit mieux le rapport) ? Que nenni ! Attesté sous la forme *pincel* au XIIe siècle, *pinceau* est issu du latin populaire *penicellus*, lui-même issu du latin classique *penicillus*, de même sens, qui n'est autre que le diminutif de *penis*… Et en latin, le *penis*, c'est ce qui « pend » (de *pendere*), donc aussi bien la queue des quadrupèdes, à laquelle le pinceau a été comparé, que le membre viril…

La saga de l'orthographe

Le français emprunte beaucoup de mots aux langues étrangères sans être toujours très sûr de leur orthographe au pluriel. Par exemple, il était chic d'écrire des *scenarii*, mais on risquait de passer pour un rustre en laissant derrière soi des *graffiti*. Désormais, les noms et adjectifs d'origine étrangère seraient massivement naturalisés et porteraient le *s* du pluriel.

➟ *À suivre p. 353*

Présentatrices mythiques de TV

Anne-Sophie Lapix

Native de Saint-Jean-de-Luz, cette journaliste infatigable suit un cursus de sciences politiques entre Paris et Bordeaux, tout en travaillant déjà pour le quotidien régional *Sud-Ouest*. Lapix intègre LCI en 1999, pour y présenter le journal ainsi que plusieurs émissions dédiées au cinéma. En 2005, elle passe sur M6 et assure la rédaction en chef du magazine d'enquête *Zone interdite.* La journaliste arrive ensuite sur TF1, pour devenir le joker de Claire Chazal à la présentation du JT du week-end. En parallèle, Lapix présente en duo *Sept à huit* avec Harry Roselmack. Après avoir dirigé un magazine politique sur Canal +, *Dimanche +*, pendant cinq ans, elle pose finalement ses valises à France Télévisions et prend les commandes de *C à vous*. Depuis 2017, elle est à la tête du journal de 20 h de France 2.

ASTUCES 2 FAINÉANT

Réfrigérateur : voyez grand !

Quand faire les courses devient une corvée, il y a un moyen facile d'éviter de la répéter trop souvent, en investissant dans un grand réfrigérateur. Cela peut passer pour une lapalissade, mais c'est pourtant une solution à laquelle tout le monde ne pense pas. Nul besoin d'une grande cuisine, le réfrigérateur grand format n'est pas forcément plus large mais simplement plus haut. En le remplissant au maximum, vous économiserez vos pas en faisant moins souvent les courses, et vous économiserez également de l'argent car il consommera proportionnellement moins d'énergie en raison de la masse importante de son contenu. N'oubliez pas non plus que les dates inscrites sur les produits frais sont souvent indicatives et peuvent être plus ou moins dépassées en fonction des articles.

Lever du soleil
07h43

Lundi 4

Coucher du soleil
17h24

Saint Charles – On fête aussi les Charlène, Émeric, Jessica, Flour

« N'espère rien de l'homme s'il travaille pour sa propre vie et non pour son éternité. »
Antoine de Saint-Exupéry

MOTS FLÉCHÉS

CLINIQUEMENT / DÉSAVOUER
DÉFAUT / DÉPRÉCIAIS
FAIRE SAILLIE / UNE ÎLE À NOTRE PORTÉE
BERCEAU
MILLE MÈTRES / FAIT TACHE D'ENCRE
PARDON / EST DANS LE COUP
DÉLIT
OS / COBRA
DÉCADE / POMME DE PIN
FILS DE LAMECH / PAS DISSIPÉ
POINT D'EAU / AVANT UNE EXPLICATION
TIENT LA CHANDELLE / RIVAUX
RÉALISE DES COQUILLES / RUDOYA
INSUFFLE / SÉVERIN ET MARCEAU
MAL EXPRIMÉ
INSPIRAI / CACHE
À ELLE / REMET EN MARCHE
ÉMETTEUR DE BRUITS
ÉPAISSI / ACCORDERA
JAVA
COMME UN CERTAIN PÉPIN
À MOI / COIN DE LÉGUMES
BRUNIE / A DE GRANDS YEUX DOUX
RÉMUNÉRATION
ENFANT DU COIN / MAISON DE BABA YAGA
FAIRE DU RÂPÉ / HÉRITAGES DU PASSÉ
PROUVÉES
GITAN
PORTÉ SUR LES NERFS / COURS D'EUROPE
À L'ÉTUDE / EXPRIME L'INDIFFÉRENCE
CRÉMIER / TRANSPLANTA
HÉLICES
ESSUYER / POSAI SUR UN PLATEAU
SAINT OU SATANÉ
VOLUME D'OUTRE-MANCHE
FOUINE
BASE DE PLANTEURS / POÈME CHANTÉ
SUIT ALTER / RÉUNION D'ÉTOILE
QUALIFIE UNE VOIE / LOUIS
POSSESSIF / PORTE UNE CHARGE
RENDRE OBSCUR / SOUTIENT LA MINE
REFUGE / LIVRÉES
RESTAURENT
SUFFISANTE

SOLUTION PAGE 332

Lever du soleil
07h45

Mardi 5

Coucher du soleil
17h23

Sainte Sylvie – On fête aussi les Silvina, Zacharie, Géric

« Une seule chose est nécessaire à avoir : ou bien un esprit léger de nature ou bien un *esprit rendu léger* par l'art et la science. » *Friedrich Nietzsche*

C'est qui celui-là ?

Rendre à César ce qui est à César

Chacun sait que le César dont il est question ici est l'empereur romain. L'expression est née d'une parole de Jésus à qui les Pharisiens demandaient s'il fallait payer l'impôt aux occupants romains. Voulant enseigner la différence entre les valeurs terrestres et les valeurs divines, le Christ leur a répondu : « Rendez à César ce qui est à César, et à Dieu ce qui est à Dieu. »

ACTU

Retour à l'envoyeur

Dans le quartier branché de Soho, à Londres, les fêtards qui se soulagent dans la rue en sortant d'un pub ou d'une boîte de nuit risquent d'avoir une mauvaise surprise. Depuis un an, le conseil municipal a en effet fait poser sur certains trottoirs et murs du secteur une substance très spéciale : la peinture « retour d'éclaboussure ». Celle-ci crée une couche hydrofuge sur laquelle l'urine rebondit, une manière de punir immédiatement les coupables. Le conseil municipal a lancé le projet après avoir reçu de nombreuses plaintes de résidents et de salariés d'entreprises implantées là. Il faut dire que le minuscule quartier situé au cœur de la capitale britannique compte plus de 400 enseignes autorisées à vendre de l'alcool, dont environ un quart tard dans la nuit, affirme Tim Lord, un résident local à la tête d'une association défendant les habitants. Résultat : du jeudi au dimanche, des milliers de gens s'y retrouvent pour prendre un voire plusieurs verres, et comme il y a très peu de toilettes publiques dans ce quartier historique, un certain nombre d'hommes urinent dans la rue. Pas sûr néanmoins que la peinture anti-pipi les dissuade : en 2018, une substance similaire a été testée à Caen, dans le centre historique. L'expérience, peu concluante, a été abandonnée au bout de six mois. Pire : plutôt que de protéger les bâtiments, le produit les abîmait

Les rues mythiques du MONDE

Khao San Road (Bangkok, Thaïlande)

Parfois surnommée « la rue des voyageurs », cette rue située dans le quartier de Banglampoo, près du Grand Palais et du temple Wat Po, est très connue des touristes. On y trouve en effet de nombreuses auberges de jeunesse, guesthouses, restaurants de rue et autres échoppes pratiquant des tarifs très abordables. Elle est également réputée pour ses multiples agences de voyages qui proposent billets d'avion, visites organisées, réservations de séjour en Thaïlande ou périple en Asie du Sud-Est à petits prix. Animée de jour comme de nuit, Khao San Road reflète parfaitement l'effervescence de Bangkok.

MYTHOLOGIES CÉLESTES

Taureau divin

La constellation du Taureau est l'une des plus anciennes du ciel nocturne. Elle est liée à Zeus par quatre histoires. La première raconte qu'elle représente l'apparence prise par Zeus pour aller ravir Europa et l'emmener en Crète par la mer ; de leur union naîtra Minos. La deuxième évoque Io, Nymphe qui a été séduite par Zeus puis transformée en génisse pour échapper à la jalousie d'Héra. Une troisième rappelle le bœuf sacrifié par Hyriée sur recommandation de Zeus, Hermès et Poséidon et duquel naquit Orion quelques mois plus tard. Enfin, une dernière décrit la forme prise par Zeus pour protéger les Pléiades d'Orion, ce qui explique que la constellation du Taureau soit face à celle du Chasseur.

Lever du soleil
07h46

Mercredi 6

Coucher du soleil
17h21

Saint Léonard – On fête aussi les Bertille

« Ce qui constitue une nation, ce n'est pas de parler la même langue, ou d'appartenir à un groupe ethnographique commun, c'est d'avoir fait ensemble de grandes choses dans le passé et de vouloir en faire encore dans l'avenir. » *Ernest Renan*

Le saviez-vous ?

Du rond à l'octogone

À l'origine, le panneau de signalisation stop était rond, comme tous les panneaux indiquant une obligation. En 1971, la France ratifie la convention sur la signalisation routière conclue à Vienne le 8 novembre 1968, qui prévoit d'adopter la forme américaine du panneau. Seul panneau octogonal, il reste ainsi reconnaissable même lorsqu'il est recouvert de neige, ce qui arrive fréquemment aux États-Unis.

CHARADE classique

Mon premier est une ville du Japon,

Mon deuxième est un ecclésiastique,

Mon troisième est la part d'un ensemble ou un ensemble,

Mon quatrième relève la balle,

Mon cinquième va donc bien,

Mon tout est une navigatrice française.

(ISE – ABBÉ – LOT – TEE – SIED)
ISABELLE AUTISSIER

Déguisées en homme ♂

Dorothy Tipton

Née en 1914, Dorothy Tipton a grandi à Oklahoma City dans une famille de musiciens et maîtrisait très jeune plusieurs instruments. Passionnée de jazz, elle désirait devenir pianiste et saxophoniste professionnelle, mais dans les années 1930, les femmes ne pouvaient intégrer un groupe qu'en étant chanteuse. Pour contourner cette discrimination, Dorothy devient Billy. Habillée en homme et la poitrine bandée, elle s'impose dans plusieurs groupes, participe à des tournées aux États-Unis et au Canada et acquiert une vraie notoriété. À cette époque, Dorothy vit pleinement son identité masculine, y compris dans sa vie privée. Et personne, pas même ses compagnes, ne se doute de rien. Au début des années cinquante, avec son Billy Tipton Trio, il/elle enregistre plusieurs albums. Obligée d'arrêter la musique dans les années 1970 pour cause d'arthrite aggravée, Dorothy meurt en 1989. Son anatomie féminine est alors découverte par le médecin légiste. Un de ses fils adoptifs révèle alors l'incroyable secret de son « père ».

LES CONTRÔLEURS DES IMPÔTS N'ÉCRIRONT PLUS «MONSIEUR» OU «MADAME».

AHAHAHAHAH ! OH ! OH ! AH ! AH ! AH ! HI ! HI ! HI ! WHA HA ! HA !

LA BONNE BLAGUE

Un avocat, représentant un riche collectionneur d'art, appelle son client au téléphone. Après quelques sonneries, une voix familière lui répond :

– Mon cher, j'ai une bonne et une mauvaise nouvelle pour vous, déclare l'avocat.

Le collectionneur pousse un soupir.

– J'ai eu une journée éprouvante, commencez par la bonne nouvelle

– Eh bien, aujourd'hui j'ai rencontré votre femme, répond l'avocat, et elle m'a informé qu'elle avait investi 10 000 euros dans deux photos qui, selon elle, peuvent rapporter entre 15 et 20 millions d'euros. Et je crois qu'elle pourrait bien avoir raison.

– Formidable ! s'exclame le collectionneur. Mon épouse est une femme d'affaires avisée. Vous venez de me remonter le moral ! Je peux entendre la mauvaise nouvel e.

Après avoir pris une profonde inspiration, l'avocat lui répond :

– Ce sont des photos de vous avec votre secrétaire.

Lever du soleil
07h48

Jeudi 7

Coucher du soleil
17h20

Sainte Carine – On fête aussi les Ernest, Engelbert, Amaranthe

« Il ne faut pas s'offenser que les autres nous cachent la vérité, puisque nous nous la cachons si souvent à nous-mêmes. » *François de La Rochefoucauld*

CÉTACÉS

LE DAUPHIN DE CHINE

Son surnom de « déesse du Yangzi Jiang » lui vient d'une légende selon laquelle une jeune fille chinoise, devant être vendue comme esclave, plongea dans les eaux du fleuve pour échapper à son sort, avant de se réincarner en dauphin blanc, ou « baiji ». La population de ce dauphin d'eau douce, d'environ 2 m pour un poids de 100 à 150 kg, jadis abondant, a régressé à cause de la pêche, de la pollution et du trafic sur le Yangzi Jiang. Il a été déclaré « espèce disparue » en 2007. Mais en 2018, il a semble-t-il été identifié sur des photos. Tout espoir n'est donc pas perdu !

25

Brèves régions

DOUBS – LA FAMILLE DE LYNX

En novembre 2021, alors qu'elle circulait de nuit sur une route du Doubs, une automobiliste a eu la drôle de surprise d'apercevoir dans ses phares de voiture une maman lynx accompagnée de ses trois petits. Ces animaux ne s'étaient pas échappés d'un cirque ni d'un parc zoologique, ils vivent en liberté dans les forêts franc-comtoises où on en dénombre seulement une centaine. Animal très discret, le lynx est le seul grand félin vivant à l'état sauvage en Europe et en rencontrer est rare. L'automobiliste a pu filmer la scène avec son téléphone portable avant que la famille de grands prédateurs aux grandes oreilles rejoigne les bois environnants.

Recette — Lasagnes saumon et poireaux

Pour 4 pers. | **15 min de préparation** | **50 min de cuisson**

- 1 paquet de feuilles de lasagnes fraîches
- 2 beaux pavés de saumon, sans la peau
- 3 blancs de poireaux
- 3 œufs
- 150 g de mascarpone
- 10 cl de crème fleurette
- 1 petit paquet de parmesan râpé
- Thym séché
- Huile d'olive
- Sel, poivre

Coupez le saumon en petits dés.

Lavez et émincez les poireaux. Faites-les revenir 15 min dans une sauteuse avec un peu d'huile d'olive.

Préchauffez le four à 180 °C (th. 6). Dans un cul-de-poule, battez à la fourchette les œufs, le mascarpone et la crème. Salez, poivrez et saupoudrez de parmesan râpé et de thym.

Disposez une couche de cette préparation au fond d'un plat à four huilé. Dessus, installez une couche de feuilles de lasagnes. Versez un peu de la poêlée de poireaux puis ajoutez une partie du saumon et versez encore un peu de mélange crémeux. Couvrez de feuilles de lasagnes, ajoutez des poireaux, du saumon et du mélange crémeux. Procédez ainsi jusqu'à épuisement des ingrédients.

Saupoudrez de parmesan et enfournez pour 35 min de cuisson.

Lever du soleil
07h50

Vendredi 8

Coucher du soleil
17h19

Saint Geoffroy – On fête aussi les Scott, Willard

« Les faits sont comme des sacs ; quand ils sont vides ils ne tiennent pas debout. » *Luigi Pirandello*

ha ha, hi hi, ho ho FRANÇAIS
huhuhuh, hahaha, kukuku JAPONAIS
ax ax ax RUSSE
cha cha LITUANIEN
jajaja ESPAGNOL

Humour du monde

Sarah dit à son mari Yaakov

– Notre voisine à de la chance : chaque matin, son mari l'embrasse tendrement avant de partir travailler. Pourquoi ne fais-tu pas la même chose ?

– Parce que je ne la connais pas assez !

ÇA S'EST PASSÉ Le 8 novembre 324

Constantin Ier le Grand fonde Constantinople, la « Nouvelle Rome », sur le site de l'ancienne Byzance. Il s'y installe définitivement en 330.

CITATIONS HUMORISTIQUES : BLAGUES ET VANNES

« Il suffit d'un mot à l'église pour se marier, d'un mot dans son sommeil pour divorcer. »

Michel Galabru

LEVALLOIS-PERRET

C'est sa ville !

Le nom de la commune de Levallois-Perret est une véritable mise en abîme, puisque cette création récente porte le nom de celui qui a vendu les terrains, accolé à celui qui y a créé les premiers lotissements. En 1822, Jean-Jacques Perret, un riche propriétaire terrien, lance une opération de construction massive de logements aux portes de Paris, sur une partie de la commune de Clichy. Mais le projet ne se déroule pas comme prévu et il faut attendre 1837 pour que Nicolas Eugène Levallois, un riche propriétaire, le reprenne et le mène à bien. En 1867 naît Levallois-Perret grâce à une loi de Napoléon III, en y ajoutant une partie de Neuilly. C'est aujourd'hui une des communes les plus denses du monde.

Quand l'hôpital manque même de couvertures...

ACTU

Les bons petits plats du pénitencier

En novembre 2022, un nouveau restaurant bistronomique nommé Les Beaux Mets *a été inauguré à Marseille. Comme son nom vous l'aura peut-être indiqué, il a la particularité d'être installé au cœur de la prison des Baumettes et emploie presque exclusivement des détenus. Après les contrôles de sécurité, ce restaurant ressemble à n'importe quel autre établissement, à quelques détails près : les clients sont escortés par des agents pénitentiaires en uniforme entre l'entrée et l'espace de restauration. Là, ils sont servis par des détenus en costume. Le restaurant est dirigé par la cheffe Sandrine Sollier, avec un menu supervisé par le chef doublement étoilé Michel Portos. Tartare de daurade ou carpaccio de bœuf en entrée ; crumble d'agneau ou maquereaux aux champignons, châtaignes et céleris en plat, trois desserts au choix : il faut compter entre 28 et 35 euros pour y déjeuner. Des options végétariennes sont également disponibles. En revanche, impossible de commander un apéritif ou du vin, la vente d'alcool étant prohibée en prison. Le but du restaurant est double : préparer la réinsertion des détenus et montrer le quotidien carcéral au grand public. Ce projet a été conçu par l'association Festin, à l'origine d'autres chantiers d'insertion culinaires, comme La Table de Cana, un réseau de traiteurs qui forme, embauche et accompagne des personnes en difficulté et éloignées de l'emploi. Les Beaux Mets s'inspirent de deux autres restaurants pénitentiaires similaires qui ont fait leurs preuves en Angleterre et en Italie : The Clink à Londres et In Galera à Milan. Pour d'évidentes raisons de sécurité, il faut réserver sa table au moins quatre jours à l'avance.*

Lever du soleil
07h51

Samedi 9

Coucher du soleil
17h17

Saint Théodore – On fête aussi les Mathurin

« Dieu n'a pas d'autres mains que les nôtres. » *Georges Bernanos*

DES nuisibles PAS nuisibles

LA COCCINELLE

Avec sa livrée rouge ponctuée de noir, elle est jolie et on lui donne le bon Dieu sans confession, d'autant qu'elle a la réputation, justifiée, de dévorer des masses de pucerons. Au nom de la lutte biologique, on a introduit une espèce asiatique, plus efficace que ses homologues européennes, qu'elle a peu à peu supplantées. Elle peut être jaune, rouge ou orange, et elle est aujourd'hui en position dominante dans bien des régions, où elle envahit les maisons. Et dans les vignes, elle donne un mauvais goût au vin. Utile ou nuisible, la coccinelle ? Il faut y regarder à deux fois.

LE BON MOT DE L'HISTOIRE

« La Révolution est fixée aux principes qui l'ont commencée : elle est finie. »
Napoléon Bonaparte, novembre 1799

Deux jours après le coup d'État du 18 brumaire an VIII (9 novembre 1799), le nouveau Premier consul clôt définitivement la Révolution commencée dix années plus tôt. Il n'y a pas eu grand monde pour défendre le Directoire, régime censitaire dirigé par la haute bourgeoisie, qui a été balayé en 48 heures. En décembre 1799, la Constitution de l'an VIII est adoptée. Elle ne fait aucune référence aux Droits de l'homme ou à la défense de la Liberté. Elle installe un régime autoritaire dirigé par trois consuls, dont seul le premier détient en réalité le pouvoir. En 1802, Napoléon devient consul à vie. Le 2 décembre 1804, il est sacré empereur des Français.

GRÈVE GÉNÉRALE

LES INFLUENCEURS SONT-ILS UNE MENACE ?

SOLUTION MOTS FLÉCHÉS P. 327

	M		V		T		M		K		Q	
D	E	D	I	R	E		O	S	M	I	U	M
	D	E	C	E	N	N	I	E		N	O	E
P	I	V	E		O	A	S	I	S		I	F
	C	A		I	N	J	E	C	T	E		A
M	A	L	M	E	N	A		H	U	M	A	I
	L	U	I		E		R	E	D	U	I	T
R	E	A	M	O	R	C	E		I	L	E	
	M	I	E	N		O	C	R	E	E		B
M	E	S	S		A	N	E		U	S	E	R
	N			I	N	F	L	U	X		M	E
A	T	T	E	S	T	E	E	S		B	O	F
		S	U	B	I	R			G	A	L	
S	P	I	R	A	L	E	S		R	H	U	M
	E	G	O		O	R	A	L	E		M	A
U	S	A		O	P	A	C	I	F	I	E	R
	A	N	T	R	E		R	E	F	O	N	T
F	I	E	E	S		P	E	D	A	N	T	E

CRÊPAGE DE CHIGNONS & Bette Davis Joan Crawford

La rivalité entre ces deux immenses stars appartient à la légende d'Hollywood. Tout commence en 1933 : cette année-là, Bette Davis est pour la première fois la vedette d'un film et la presse s'apprête à lui consacrer des portraits dithyrambiques. Patatras ! Annoncé quelques jours avant la sortie du film, le divorce du couple Joan Crawford et Douglas Fairbanks Jr relègue Bette Davis en bas de page. Nouvel affront deux ans plus tard quand Crawford épouse l'acteur Franchot Tone dont Davis est follement amoureuse. Dès lors, la guerre est déclarée et les deux actrices ne vont cesser de s'envoyer des vacheries par presse interposée pendant trente ans. Cette détestation atteint son paroxysme en 1962 lorsque les deux stars, qui ont vieilli, se retrouvent pour *Qu'est-il arrivé à Baby Jane ?*, un film de Robert Aldrich qui raconte l'affrontement et la haine entre deux sœurs comédiennes. Petits coups bas et déclarations assassines se succèdent pendant tout le tournage. Mais à l'arrivée, *Qu'est-il arrivé à Baby Jane ?* est un chef-d'œuvre.

Lever du soleil **07h53**

Dimanche 10

Coucher du soleil **17h16**

Saint Léon – On fête aussi les Léonie, Léo, Eurydice, Noé

« Le penser critique n'est possible que là où les points de vue de tous les autres sont ouverts à l'examen. C'est pourquoi le penser critique, qui est pourtant une affaire solitaire, ne se coupe pas de "tous les autres". » *Hannah Arendt*

Bibliophiles

Le Secret de ma jeunesse, Pierre Peuchmard (Pierre Mainard, 2019)

« Passé le feu, / le feu revient / avec sa laine et ses épines / avec les fleurs du marronnier / avec la mer au bout des branches / Passé le feu, / le bleu répond pour la brûlure / une boule d'ivoire au bout des doigts […] » La poésie de Pierre Peuchmard ne s'explique pas, elle se lit, elle se sent, elle fourmille dans nos membres, elle détend nos muscles, elle agit sans délai, elle fait bruisser des arbres et courir de petites bêtes dans notre salon, elle varie la lumière. Elle enchante. Le triste est parfois derrière les mots, ou jamais très loin. Pourtant on y est bien, on s'y cale.

Humour du monde

ha ha, hi hi, ho ho FRANÇAIS
huhuhuh, hahaha, kukuku JAPONAIS
ax ax ax RUSSE
cha cha LITUANIEN
jajaja ESPAGNOL

– Aaron, tu as déclaré le vol de ta carte de crédit ?

– Non, parce que figure-toi que le voleur dépense moins que ma femme.

Les guitaristes de légende

Django Reinhardt

Il a « trois handicaps : paralysé de deux doigts, illettré, une origine sociale discriminée », dit le spécialiste Vincent Bessières. Guitariste surdoué, Django Reinhardt (1910-1953) compense son incapacité à lire ou écrire une partition par une mémoire extraordinaire, et son handicap (à la suite d'un incendie accidentel) en adaptant son jeu à force de travail. Il cherche sa vie durant à dépasser une « image folklorique » de sa musique. Héritage tzigane, répertoire de bal musette et sons venus d'Amérique donnent naissance à ce que l'on appelle d'abord « le swing français », après l'Occupation le « jazz manouche », simplement une musique électrisante qui le propulse au rang des plus grands. Jimi Hendrix a appelé son groupe Band of Gypsies en son honneur.

Disque conseil : *Rome 1949*, Label Ouest, 2019.

L'INTELLIGENCE ARTIFICIELLE : UN DANGER POUR L'HUMANITÉ ?

Ha! Ha! Ha! CITATIONS HUMORISTIQUES : BLAGUES ET VANNES

« Vous ne vous êtes pas réveillé le jour où on a distribué l'intelligence ? » *Bertrand Blier*

« Je déteste le proverbe : "Qu'importe le flacon pourvu qu'on ait l'ivresse." Je préfère le contraire : "Qu'importe l'ivresse pourvu qu'on ait le flacon !" » *Claude Chabrol*

« La mort n'est, en définitive, que le résultat d'un défaut d'éducation puisqu'elle est la conséquence d'un manque de savoir-vivre. » *Pierre Dac*

« Il faut s'efforcer d'être jeune comme un beaujolais et de vieillir comme un bourgogne. » *Robert Sabatier*

« Comme un homme politique ne croit jamais ce qu'il dit, il est tout étonné quand il est cru sur parole ! » *Charles de Gaulle*

Lever du soleil
07h54

Lundi 11

Coucher du soleil
17h15

ARMISTICE

Saint Martin – On fête aussi les Ménas, Véran

« Souviens-toi de conserver ton âme égale à elle-même dans les mauvaises passes de la vie ; et dans la prospérité, qu'elle reste modérée, éloignée d'une joie insolente. » *Horace*

Le saviez-vous ?

Morts pour la France

Il n'y a pas que des soldats qui soient morts pour la France : il y a aussi des villages « morts pour la France ». Ces communes, au nombre de six, ont été dévastées durant la bataille de Verdun en 1916 et jamais reconstruites en raison du danger que représentaient les munitions non explosées et la pollution des sols. Lieux de mémoire, ces communes sont malgré tout administrées par un maire nommé par le préfet.

Les Bons Bonbons de nos régions

Le haricot de Soissons

La variété de haricot cultivée dans les environs de la « Cité du vase » est réputée pour la qualité de son gros grain de couleur ivoire. C'est pour rendre hommage à ce fleuron de la production maraîchère locale qu'un pâtissier tenant boutique près de la cathédrale a eu l'idée de créer une gourmandise du même nom pendant l'entre-deux-guerres. Bonbon praliné feuilleté, enrobé d'une fine couche de sucre de couleur beige, imitant la forme d'une fève, le haricot de Soissons est aujourd'hui la spécialité des confiseurs de la ville, qui le déclinent en version nature ou chocolat.

Brèves régions

TARN-ET-GARONNE – LE PHILOCORBOLIEN

Alors qu'il cherchait une carriole à cheval pour son fils, Yvan Quercy ne trouva comme attelage qu'un vieux corbillard. D'abord surpris par sa découverte, il en a ensuite fait une passion, et est devenu philocorbolien. Après plus d'un demi-siècle à sillonner sa région, il a récupéré cent trente de ces ultimes moyens de transport et a ouvert le « musée du Corbillard et de l'Attelage » à Cazes-Mondenard, dans le Tarn-et-Garonne. Ouvert à la visite, le lieu propose aux curieux quelques joyaux, comme ce char royal de 1750 dont la partie inférieure est d'époque. La visite est aujourd'hui conduite par Yvan Quercy, fils, qui a passé sa vie entouré... de corbillards.

700 000

C'est le nombre total d'allumettes que comptera une fois terminée la maquette construite par Alain Vosgien, un habitant de la Meuse. Depuis une dizaine d'années, cet émule de François Pignon, le célèbre personnage du Dîner de cons, s'est en effet mis en tête de reproduire l'intégralité du village d'Astérix et des irréductibles Gaulois en allumettes ! Une fois sa réplique terminée, elle devrait mesurer 9 m² pour au moins 700 000 allumettes utilisées ! Le retraité a déjà réalisé la maison d'Astérix, celle dans l'arbre du barde Assurancetourix, la poissonnerie d'Ordralfabétix, le laboratoire de Panoramix ou encore la maison du chef Abraracourcix. Comme François Pignon, Alain Vosgien a commencé par une reproduction de la tour Eiffel et de quelques monuments célèbres avant de s'attaquer à ce chantier pharaonique. Un hommage à l'univers d'Uderzo qui n'est pas tout à fait un hasard : depuis quarante ans, Alain Vosgien collectionne les objets en lien avec Astérix et Obélix.

Lever du soleil
07h56

Mardi 12

Coucher du soleil
17h13

Saint Christian – On fête aussi les Astère, Josaphat, Cunibert

« Nous n'avons pas besoin de magie pour changer le monde. Nous portons déjà tout le pouvoir dont nous avons besoin à l'intérieur de nous. » *J. K. Rowling*

CHARADE piège

Mon premier est un label,

Mon second, un taxi, héla,

Mon troisième est une variété de bette,

Mon tout est un film de Jean Cocteau.

LA BELLE ET LA BÊTE
(LABEL – HÉLA – BETTE)

Ha! Ha! Ha! CITATIONS HUMORISTIQUES : BLAGUES ET VANNES

« Pour devenir populaire, une idée doit s'incarner dans un héros, prendre un visage et même un corps humain. Bref, elle doit cesser d'être une idée. »

Roland Topor

Heureux Mariages

Que **LOUIS FLORENT DELACOURT** trouve à se marier avec **LOUISE FLORENTINE DESJARDINS** était déjà un bel exercice de conjugaison des patronymes. Mais qu'en plus cette union ait été célébrée à Rue, dans la Somme, relevait de la prouesse. C'est pourtant ce qui arriva le 18 octobre 1882. **PIERRE MARC MAISON**, quant à lui, épousa **CLAIRE JARDIN** le 22 avril 1771 à Bar, dans l'Aube !

SYSTÈME D

REDRESSER UNE PORTE VOILÉE

Dans les appartements anciens, il arrive que les portes, surtout à cadre et à panneaux, se déforment : elles ne s'adaptent plus correctement dans les feuillures et laissent passer de l'air et la lumière. Pour redresser un battant, il faut commencer par le démonter en l'ouvrant et en le soulevant. Ensuite, démontez les poignées et, le cas échéant, la serrure en applique. Placez alors la porte sur une surface plane, par exemple un établi ou même un sommier métallique. Serrez cette porte aux quatre angles (au moins) avec des serre-joints, en glissant des cales sous les mors pour ne pas endommager le parement du battant. Attendez au moins 24 heures, ou même plusieurs jours, pour que le panneau redevienne parfaitement plan. Vous pouvez alors le remonter, sans oublier de lubrifier les gonds.

EURO 2024

MALÉDICTION

Finaliste de deux des trois premiers championnats d'Europe, médaille d'or aux Jeux olympiques de 1960 après trois d'argent, dans le top 8 lors de sept des quatorze Coupes du monde auxquelles elle a participé, avec deux demi-finales, la Yougoslavie a toujours été considérée comme une valeur sûre en Europe. Pourtant, lorsqu'elle s'impose face à l'Angleterre en demi-finale de l'édition de 1968, elle lance une incroyable disette. Non qualifiée en 1972, 1980 et 1988, exclue en 1992, elle s'est inclinée en demi-finale en 1976 et a perdu ses trois matchs de groupe en 1984. Cette incroyable malédiction prend fin au bout de trente-deux ans lorsque, sous le nom de République fédérale de Yougoslavie, elle s'impose face à la Norvège en phase de groupes lors de la dernière apparition du nom Yougoslavie.

UEFA - UEFA - UEFA - UEFA - UEFA - UEFA - UEFA - UEFA - UEFA

Lever du soleil **07h57**

Mercredi 13

Coucher du soleil **17h12**

Saint Brice – On fête aussi les Livia, Homobon, Maxellende

« Rien ne sert de courir, il faut partir à point. » *Jean de La Fontaine*

Gangs – LE CARTEL DE MEDELLÍN

Dirigé par le redoutable Pablo Escobar, ce réseau de narcotrafiquants a régné sur l'Amérique latine dans les années 1970 et 1980. L'influence de cette organisation tentaculaire qui opérait depuis Medellín, en Colombie, s'étendait jusqu'aux États-Unis et en Europe. À son apogée, le cartel fournissait près de 80 % de la production mondiale de cocaïne et générait 25 milliards de dollars de bénéfice par an. La richesse du cartel lui permettait de corrompre des membres de la police, des juges et des politiciens, lui conférant une impunité presque totale. Et l'élimination pure et simple attendait les incorruptibles qui se mettaient en travers de son chemin. Dans le même temps, Escobar utilisait sa fortune colossale pour financer des œuvres sociales ou faire construire des logements pour les pauvres, gagnant ainsi la sympathie de la population locale. En 1991, le gouvernement colombien soutenu par la DEA américaine lance l'opération « Bloque de Búsqueda » pour capturer Escobar et ses associés. Le 2 décembre 1993, Escobar est abattu lors d'une opération de police à Medellín. Sa disparition entraînera la dislocation rapide du cartel, hélas bientôt remplacé par d'autres organisations criminelles.

Alea jacta est – Citations latines

Tu quoque (mi) fili

La célèbre citation latine, qui signifie « Toi aussi, mon fils », correspondrait aux dernières paroles prononcées par Jules César mourant lorsqu'il découvre que Brutus, son protégé, fait partie de ses assassins. Mais, d'une part, l'historien latin Suétone (IIe siècle apr. J.-C.), rapporte que ces paroles ont été proférées en grec et non en latin. D'autre part, la forme latine de cette phrase a entretenu l'idée que Brutus était le fils adopté de César, ce que les historiens réfutent depuis longtemps.

CALEMBOURS ou RÉPARTIES cultes du cinéma

Dans quel film ?

« L'important, c'est que t'aies récupéré l'artiche… Ah ! C'est beau, hein ? Regarde-moi cette couleur ! C'est ni jaune citron, ni jaune safran… C'est jaune morlingue, jaune blé, quoi ! Van Gogh aurait vu ça, il en aurait fait un chef-d'œuvre ! »

Réponse : Les Deux Crocodiles, *de Joël Séria.*

LES PRÉCURSEURS DE L'ÉCOLOGIE

RENÉ DUMONT

Premier candidat écologiste à se présenter à l'élection présidentielle, en 1974, cet ingénieur agronome (1904-2001) milite contre une agriculture du rendement, mais aussi contre les inégalités sociales provoquées par le capitalisme. L'homme politique veut replacer la paysannerie au centre de la société et appelle à un éco-socialisme. Auteur prolifique, il a publié une soixantaine d'ouvrages, consacrés aux thématiques écologistes et sociales.

Lever du soleil
07h59

Jeudi 14

Coucher du soleil
17h11

Saint Sidoine – On fête aussi les Balsamie, Devrig

« La bonté fait du bien à celui qui donne et à celui qui reçoit. » *William Shakespeare*

PAROLES
Les mots des flics et des voyous
PAROLES

Pain

• Coup violent, coup de poing. Synonymes : châtaigne, marron, patate. • Jour de prison, jour d'arrêt (militaire). Exemple : « Il ne peut pas la rejoindre : il est sous le coup d'un quinze pains pour absence à l'appel. » (Albert Spaggiari, *Faut pas rire avec les barbares*, 1977). • Faire passer le goût du pain : tuer. • Perdre le goût du pain : mourir. • Pain frais : prostituée. Pain de fesse : revenue de la prostitution. Synonyme : pain des jules • Pain dur : affaire sans intérêt. • Manger du pain rouge : vivre d'assassinat, se battre à mort. • Planche à pain : banc des prévenus ou des accusés. Synonyme : banc d'infamie.

ha ha, hi hi, ho ho
FRANÇAIS
huhuhuh, hahaha, kukuku
JAPONAIS
ax ax ax
RUSSE

Humour du monde

cha cha
LITUANIEN
jajaja
ESPAGNOL

– Je suis mariée avec Isaac depuis 20 ans, dit Ruth, et nous ne nous sommes jamais disputés.
– Ce n'est pas possible ! s'étonne Sarah. Et que se passe-t-il quand vous n'êtes pas d'accord ?
– Il me donne raison !
– Mais, si c'est lui qui a raison ?
– Ça n'est jamais arrivé !

TERRE-NEUVE

Ancêtre du labrador, le terre-neuve est un chien qui vit depuis fort longtemps sur l'île éponyme, à l'extrémité orientale du Canada. Mais il ne serait pas arrivé ici par hasard. Certains spécialistes pensent qu'il a été introduit par les premiers colons vikings vers l'an mille, voire par les Basques au XVIIe siècle. Quoi qu'il en soit, il s'est merveilleusement bien adapté à son environnement car ses pattes palmées, ses paupières étanches et ses oreilles tombantes qui empêchent l'eau de pénétrer à l'intérieur en font un nageur hors pair et le meilleur compagnon des chasseurs aquatiques. Tombée dans l'oubli au début du XXe siècle, la race a failli disparaître complètement et ne doit sa survie qu'à Harold Macpherson, un membre du gouvernement de Terre-Neuve, qui ouvrit un chenil pour la perpétuer.

Chiens voyageurs

ACTU

Pédale funèbre

Fondatrice de l'entreprise de pompes funèbres Le Ciel & La Terre (Paris), Isabelle Plumereau en est convaincue : sa corbicyclette est une petite révolution dans le secteur des pompes funèbres. Corbicyclette ? Un vélo-corbillard, ou plus exactement un triporteur pour transporter les défunts vers leur dernière demeure. S'il existe déjà des modèles similaires aux États-Unis ou au Danemark, c'est la première fois qu'un tel véhicule est conçu pour le marché français. Pour se lancer, Isabelle Plumereau a dû s'adapter à notre législation qui impose que le cercueil ne soit pas visible lorsqu'il est transporté. La corbicyclette est donc dotée d'une vitre teintée pour le dissimuler. L'intérieur du corbillard a également été conçu pour accueillir des rails afin de pouvoir recevoir le cercueil. Il est fabriqué en bois pour alléger le poids du véhicule et est agrémenté de barres latérales pour permettre aux proches de se tenir au corbillard et de l'entourer. Les fleurs peuvent être disposées sur le toit. Pour sa créatrice, le vélo-corbillard offre de nombreux avantages. Il roule à une vitesse plus lente qu'un fourgon mortuaire et fait également moins de bruit, ce qui permet d'être en harmonie avec l'atmosphère paisible d'un cimetière. En outre, les proches du défunt n'ont pas à subir les odeurs du pot d'échappement. Enfin, la corbicyclette étant équipée d'un système d'assistance électrique qui aide son conducteur dans l'effort, les pentes ne sont pas un problème !

Lever du soleil
08h01

Vendredi 15

Coucher du soleil
17h10

Saint Albert – On fête aussi les Adalbert, Léopold, Arthur, Victoire

« Un ami de l'ordre établi n'est, souvent, qu'ami de tout ce qui périmé et mauvais. »
Johann Wolfgang Goethe

Monarchies du monde

Royaume-Uni

Sous la couronne de Charles III, outre la Grande-Bretagne, on trouve 9 pays d'Amérique et 5 d'Océanie : tous appartiennent au « Commonwealth » et le roi est leur souverain. Particularité de ce royaume, au Canada, qui connaît deux langues officielles, le monarque a l'obligation de s'exprimer dans chacune d'elles. C'est pourquoi Charles III doit manier le français comme l'anglais.

MOTS MÊLÉS

Savants de la tour Eiffel M-Z

R	T	C	D	P	I	P	H	E	D	Y	C	Q	P
Y	I	T	E	I	T	E	P	Q	D	Z	T	P	P
O	W	U	R	T	Z	E	E	Z	R	T	R	T	M
V	K	N	P	U	G	P	R	E	A	T	E	P	R
W	E	F	O	A	E	O	D	T	N	L	S	E	U
X	C	L	V	E	J	I	O	A	E	U	C	R	T
D	E	U	G	C	E	S	N	C	H	A	A	R	S
P	A	N	X	N	L	S	N	I	T	N	I	I	W
S	O	I	H	O	U	O	E	V	I	G	N	E	M
M	V	C	T	L	P	N	T	U	E	E	A	R	O
C	S	F	A	O	M	T	G	R	C	R	V	D	R
R	B	M	T	P	Q	E	L	Z	E	A	I	P	I
N	P	O	I	N	S	O	T	Y	C	K	E	Z	N
A	B	M	E	Y	K	M	Y	D	R	N	R	N	N

Solution page 341

Cherchez les noms des savants cachés dans la grille ci-dessous. Vous les trouverez soit horizontalement, soit verticalement ou encore en diagonale ; ils peuvent se lire de gauche à droite ou de droite à gauche, de haut en bas comme de bas en haut.

MALUS
MONGE
MORIN
NAVIER
PELOUZE
PERDONNET
PERRIER
PETIET
POINSOT
POISSON
POLONCEAU
PONCELET
REGNAULT
SAUVAGE
SCHNEIDER
SEGUIN
STURM
THENARD
TRESCA
TRIGER
VICAT
WURTZ

Ha! Ha! Ha!

CITATIONS HUMORISTIQUES : BLAGUES ET VANNES

« Si on payait moins cher les gens, ils auraient moins d'argent, les commerçants vendraient moins. Ils seraient obligés de baisser leurs prix et l'inflation serait jugulée. »

Georges Wolinski

Brèves régions

31

HAUTE-GARONNE – ABBAYE DE BONNEFONT

Rachetée par une communauté de communes en 2010, l'abbaye de Bonnefont a fait l'objet d'importants travaux de sauvegarde et de restauration qui ont permis son ouverture au public et le développement d'une programmation culturelle. Situé à moins d'une heure de Toulouse, ce site classé au titre des Monuments historiques est né en 1136, et les ruines que le visiteur peut en découvrir aujourd'hui témoignent d'un riche passé. Un jardin médiéval de 700 m² a été recréé suivant le plan traditionnel des jardins monastiques du Moyen Âge. Classé en agriculture biologique depuis novembre 2018, on y cultive des plantes médicinales, tinctoriales et comestibles.

Lever du soleil
08h02

Samedi 16

Coucher du soleil
17h08

Sainte Marguerite – On fête aussi les Gertrude

« La vérité doit s'imposer sans violence. » *Léon Tolstoï*

Le saviez-vous ?

Sous le Soleil, mais pas exactement

Parce qu'il est enclavé au fond d'une vallée très encaissée, le village italien de Viganella (dans le Piémont) vit chaque année dans l'ombre de mi-novembre à fin janvier. Ou du moins : vivait ! Car en 2016, le maire a fait installer un miroir sur une paroi de la montagne. Ce miroir, à 874 m de la place centrale du bourg, reflète les rayons du soleil et apporte de la lumière à ceux qui en étaient privés jusqu'alors.

Heureux Mariages

Quelle idée est passée par la tête de **LÉONTINE COCHON** quand elle décida de passer sa vie avec **GEORGE EUSÈBE BOUCHERY** ? Quoi qu'il en soit, ils furent unis pour le meilleur et pour le pire par le maire de Saint-Ay (Loiret), le 9 mars 1889. **MARIE ROSE LEBOEUF**, quant à elle, épousa **ALFRED EUGÈNE HONORÉ BOUCHER** en toute confiance le 12 juin 1877 à Saint-Florent-des-Bois (Vendée).

Rébus Fable de La Fontaine

POISSON PÊCHEUR
POISSON PÊCHEUR
POISSON PÊCHEUR ⟵

Le Petit Poisson et le Pêcheur

LE CYCLISME AUX JO

AUX SEPTIÈMES JEUX

Si les premiers Jeux paralympiques se sont déroulés en 1960, il faut attendre la septième édition pour que le cyclisme y soit représenté. Sept épreuves (six masculines, une féminine) sont disputées. Le Français Dominique Molle décroche deux médailles d'or. Depuis, la discipline s'est développée : en 2021 à Tokyo, 51 épreuves se déroulent, dont 20 féminines et 2 mixtes, et 153 médailles sont distribuées. Au palmarès, la France occupe la troisième place avec cinq médailles d'or, quatre d'argent et sept de bronze.

Une chanson dans la tête

Les feuilles mortes, Cora Vaucaire, etc.

C'est sur une musique de Joseph Kosma destinée à un ballet de Roland Petit que Marcel Carné adapte au cinéma (*Les Portes de la nuit*), que Jacques Prévert écrit des paroles qu'il qualifie de « simples comme bonjour ». Créée en 1948 par Cora Vaucaire, la chanson « Les feuilles mortes » connut des débuts difficiles avant de devenir un succès moncial. Yves Montand la met à son répertoire : un bide ! Reprise par un grand nombre de chanteurs français ou étrangers, elle fera par la suite le tour du monde. « Automn leaves » a été chantée par Franck Sinatra, Nat King Cole et plusieurs centaines d'autres. Des chanteurs classiques, dont Philippe Jaroussky, l'ont aussi mise à leur répertoire. Chaque année, en novembre, qu ne fredonne pas dans sa tête *Les feuilles mortes se ramassent à la pelle…* ?

Lever du soleil
08h04

Dimanche 17

Coucher du soleil
17h07

Sainte Élisabeth – On fête aussi les Élise, Hilda, Aignan

« Rien ne nous trompe autant que notre jugement. » *Léonard de Vinci*

Apéro

Suze

C'est une liqueur de gentiane, créée au XIXe siècle par un distillateur français, sur l'idée d'un villageois suisse qui distillait des racines de gentiane. Dès sa sortie en 1889, la Suze est remarquée à l'Exposition universelle de Paris – ses fabricants soignent également son marketing, engageant des artistes pour créer les étiquettes ou les affiches promotionnelles, jusqu'à créer des bouteilles sérigraphiées. La Suze se savoure en cocktail, accompagnée de tonic ou de vin pétillant.

Plantes qui soignent

LE ROMARIN

On ne le présente plus. Cet arbuste méditerranéen prospère aujourd'hui en toutes régions et parfume à l'envi grillades et ragoûts. L'huile essentielle est recommandée contre la fatigue physique et intellectuelle, mais on prépare aussi une tisane avec les romarins du jardin (une petite branche par tasse), conseillée contre le stress, les troubles du sommeil et de la digestion. Et c'est une excellente détox de la fonction hépatique. Enfin, on dit que le romarin stimule la pousse des cheveux – à vérifier !

LE PRIX DE LA BAGUETTE AUGMENTE

Il faut être philosophe — ARENDT*

La terrible, l'indicible, l'impensable banalité du mal**

Lorsque, en 1961, Hannah Arendt assiste, à Jérusalem, au procès du dignitaire nazi Adolf Eichmann, qui avait organisé la déportation vers l'Est des Juifs allemands et autrichiens, elle s'étonne de découvrir que l'incriminé n'est « ni démoniaque, ni monstrueux », mais un criminel « tout à fait ordinaire ». Eichmann est le stéréotype même de l'homme banal. Comment dès lors expliquer ses actes terribles ? Arendt publie un livre** dans lequel elle propose une explication : ce qui a rendu possible l'inconcevable, c'est « le manque de pensée, signe d'une conscience éteinte ». Par malentendu, l'oxymore « banalité du mal », en sous-titre de l'ouvrage, a suscité l'ire de la presse, qui a reproché à l'auteur d'avoir banalisé le mal. En réalité, l'interprétation d'Arendt se situe à l'opposé : le fait d'avoir consenti au crime ne disculpe pas, bien au contraire.

*Hannah Arendt (1906-1975), philosophe et politologue américaine d'origine allemande, connue notamment pour ses analyses du totalitarisme (*Les Origines du totalitarisme*, 1951, en trois volumes).

***Eichmann à Jérusalem, rapport sur la banalité du mal* (1963)

ACTU

L'origine de la « grande pestilence »

La peste noire est l'une des pandémies les plus mortelles de l'histoire. Elle a décimé jusqu'à 60 % de la population d'Europe, du Moyen-Orient et d'Afrique du Nord en moins d'une dizaine d'années. Pendant des siècles, les historiens ont débattu de l'origine de cette épidémie. Une étude récente publiée dans la revue Nature *vient enfin d'apporter une réponse précise : la peste noire a émergé en Asie centrale. C'est grâce à de l'ADN humain ancien, extrait d'un site funéraire du XIVe siècle près du lac d'Issyk Kul, dans l'actuel Kirghizistan, que les chercheurs ont pu remonter à la source. Sur plus de 400 pierres tombales de ce site, une centaine étaient précisément datées : 1338-1339. Avec une épitaphe mentionnant une « mort de pestilence ». Verdict de l'ADN : les corps avaient été infectés par la bactérie* Yersinia pestis, *le bacille responsable de la peste noire, transmise à l'homme par les puces des rongeurs. Les analyses du génome ont aussi précisé qu'il s'agissait d'une souche ancestrale de la bactérie. La communauté avait donc bien été victime du même fléau que celui qui a frappé l'Europe quelques années plus tard. Installées au cœur des routes de la soie, les communautés locales pratiquaient le commerce au long cours et voyageaient beaucoup. L'épidémie de peste noire a atteint l'Europe en 1346 par le bassin méditerranéen, via des navires transportant des marchandises depuis la mer Noire.*

Lever du soleil
08h05

Lundi 18

Coucher du soleil
17h06

Sainte Aude – On fête aussi les Odon, Maudez, Patrocle

« Sachez avoir tort. Le monde est rempli de gens qui ont raison. C'est pour cela qu'il écœure. »
Louis Ferdinand Céline

Ça ne rime à rien...

Pauvre

Le mot « pauvre » est lui-même très pauvre... En effet, il n'a aucun ami qui accepte de faire une rime riche ni même suffisante avec lui. « Pauvre » ne connaît donc, dans les poèmes, que des rimes pauvres, avec, par exemple, « alcôve », « fauve », « mauve », « guimauve », « chauve », voire « gaufre », « apôtre », « pause » ou encore « épaule », pour certains auteurs.

AHAHAHAHAH ! OH ! OH ! AH ! AH ! AH ! HI ! HI ! HI ! WHA HA ! HA !

LA BONNE BLAGUE

Un génie accorde trois vœux à une vieille dame. Cette dernière, le visage illuminé par l'espoir, déclare : « Je veux redevenir jeune. » Et aussitôt, elle rajeunit. « Je veux que ma petite maison soit transformée en un superbe manoir. » Et aussitôt, elle se retrouve dans un magnifique manoir. « Je veux que mon chat devienne un beau jeune homme ! », s'exclame-t-elle enfin. Et aussitôt, son chat se transforme en un beau jeune homme. Émerveillée, la femme se tourne vers lui et dit :

– Tous mes rêves se sont réalisés ! Prends-moi dans tes bras, emmène-moi à l'étage et fais-moi l'amour passionnément !

Le chat devenu homme lui répond :

– Chérie, c'est maintenant que tu vas regretter de m'avoir fait castrer.

Ha! Ha! Ha!

CITATIONS HUMORISTIQUES : BLAGUES ET VANNES

« Pour ceux qui vont chercher midi à 14 heures, la minute de vérité risque de se faire longtemps attendre. » *Pierre Dac*

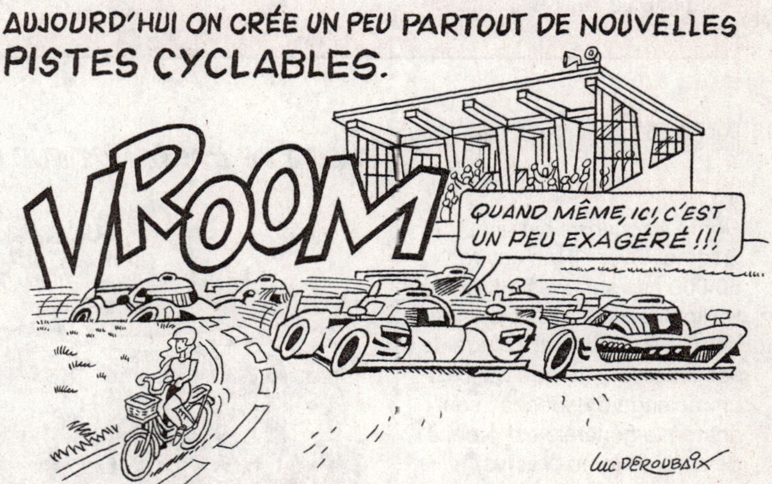

Chevaliers de l'Histoire

Pierre Terrail de Bayard

La vie du chevalier « sans peur et sans reproche » est connue grâce aux chroniques qu'en a faites son compagnon d'armes, Jacques de Mailles. Issu d'une famille de la noblesse dauphinoise, Bayard est un cavalier hors pair, mais aussi un excellent fantassin qui se distingue très tôt lors des guerres d'Italie. En 1504, il devient un véritable héros lorsqu'il défend « seul » le pont du Garigliano pour couvrir le retrait des troupes françaises du royaume de Naples. Après s'être encore illustré lors de batailles à Gênes, Padoue, Bologne et Ravenne, Bayard est nommé lieutenant-général du Dauphiné par François Ier. En 1515, après la victoire de Marignan, c'est à lui que revient l'honneur d'adouber le jeune souverain. Gouverneur très populaire du Dauphiné pendant cinq ans, Bayard repart au combat lorsque la guerre éclate de nouveau entre François Ier et Charles Quint. Le 29 avril 1524, alors qu'il couvre la retraite de l'armée française dans le Piémont, il est mortellement blessé par un boulet d'arquebuse.

SOLUTION MOTS MÊLÉS P. 338

R	T	C	D	P	I	P	H	E	D	Y	C	Q	P
Y	I	T	E	I	T	E	P	Q	D	Z	T	P	P
O	W	U	R	T	Z	E	E	Z	R	T	R	T	M
V	K	N	P	U	G	P	R	E	A	T	E	P	R
W	E	F	O	A	E	O	D	T	N	L	S	E	U
X	C	L	V	E	J	I	O	A	E	U	C	R	T
D	E	U	G	C	E	S	N	C	H	A	A	R	S
P	A	N	X	N	L	S	N	I	T	N	I	I	W
S	O	I	H	O	U	O	E	V	I	G	N	E	M
M	V	C	T	L	P	N	T	U	E	E	A	R	O
C	S	F	A	O	M	T	G	R	C	R	V	D	R
R	B	M	T	P	Q	E	L	Z	E	A	I	P	I
N	P	O	I	N	S	O	T	Y	C	K	E	Z	N
A	B	M	E	Y	K	M	Y	D	R	N	R	N	N

Lever du soleil
08h07

Mardi 19

Coucher du soleil
17h05

Saint Tanguy – On fête aussi les Eudeline, Eudes

« Le bonheur, c'est lorsque vos actes sont en accord avec vos paroles. » *Mahatma Gandhi*

WESTERNS

Django Unchained, de Quentin Tarantino (2012)

Cinéphile bien connu, Quentin Tarantino a toujours clamé sa passion des westerns, évoquant Sergio Leone et Howard Hawks comme mentors. Avec *Django Unchained*, il signe sa version du western spaghetti, s'inspirant d'un personnage mythique, Django, créé par Sergio Corbucci en 1966. Notons d'ailleurs que pour sa bande-son, Tarantino a choisi des morceaux d'Ennio Morricone et de Luis Bacalov, compositeur de Corbucci, et qu'il a tourné une partie du film à Santa Clarita, en Californie, lieu de tournage de plusieurs westerns de John Ford. Chez Tarantino, l'action se déroule deux ans avant la guerre de Sécession. Django (Jamie Foxx), alors esclave, rencontre le docteur Schultz, un chasseur de prime allemand (Christoph Waltz), qui lui propose de l'affranchir en échange de son aide pour capturer deux hors-la-loi. Après cette transaction, Django, désormais libre, décide de devenir chasseur de prime à son tour, pour gagner sa vie et retrouver sa femme Broomhilda (Kerry Washington) retenue par l'ignoble Calvin Candie (Leonardo DiCaprio). Avec ce film, Tarantino reçoit l'Oscar du Meilleur scénario original, Waltz celui du Meilleur acteur dans un second rôle. C'est le plus grand succès commercial du réalisateur.

NOS ANCÊTRES

PATCHWORK

Homo luzonensis est une énigme. Vivant il y a environ 50 000 ans sur une île des Philippines inaccessible à pied depuis le continent, l'étude de ses fossiles a montré qu'il est un mélange d'espèces : son anatomie générale est proche de celle d'*Homo erectus*, dont il serait un descendant, alors que certaines de ses dents sont proches de l'australopithèque, d'autres de l'*Homo sapiens*, dont il fut un contemporain.

SALON DE L'AÉRONOTIQUE ET DE L'ESPACE DU BOURGET

SUDOKU

3				9				2
					3	5		
8				5	1	4		
	8							
			1				7	
9			6	8		2		
		5		2	4	8		
7		9						
					5		6	

Solution page 349

Brèves régions

83

VAR – NOTRE-DAME DES ANGES

À Pignans, dans le Var, deuxième sommet des Maures, la chapelle Notre-Dame des Anges est un havre de paix qui culmine à 768 mètres d'altitude. La légende raconte qu'au XIe siècle, l'attention d'un berger fut attirée par les aboiements de son chien. Grâce à celui-ci, il découvrit dans un buisson une statue de la Vierge. Avec l'aide des habitants du village, il décida de l'emmener dans leur église paroissiale, au village en contrebas. Mais le lendemain, la statue avait disparu et le berger la retrouva… dans les buissons où son chien l'avait repérée. C'est ainsi qu'ils décidèrent de la laisser à sa place et de construire une chapelle autour d'elle.

Lever du soleil **08h108**

Mercredi 20

Coucher du soleil **17h04**

Saint Edmond – On fête aussi les Octave, Benward

« Quand je pourrais me faire craindre, j'aimerais encore mieux me faire aimer. » *Michel de Montaigne*

C'est qui celui-là ?

Se faire appeler Désiré

Celui qui se fait appeler Désiré, c'est celui qui se fait attendre ou même qui ne vient jamais. L'expression est construite sur un jeu de mots entre le verbe « désirer » et le prénom « Désiré ». Ce dernier, issu de *Desideratus* en latin, signifie « celui qui est attendu ». Il est souvent donné aux enfants impatiemment souhaités par des couples après une longue période de stérilité.

INVENTIONS bleu, blanc, rouge

Le stylo à bille

Imaginé en 1888 par un tanneur américain pour écrire sur le cuir, le premier stylo à bille devenait vite inutilisable car l'encre bloquait le mécanisme en séchant. Après différents essais qui s'échelonnèrent sur plus de cinquante ans, c'est un Français, le baron Bich, qui ajustera les paramètres d'un brevet déposé en 1938 pour en faire l'objet courant qui nous est devenu indispensable.

LA CHINE EST-ELLE UNE DICTATURE ?

CHARADE syllabique

Mon premier entre dans la composition de la Suze _ _ _ TIANE

Mon deuxième est une terre conquise sur la mer _ _ _ DER

Mon troisième est un petit récipient. _ _ DET

La mère de **mon quatrième** est Gaïa, _ _ TAN

Mon cinquième est un système de propulsion. _ _ LICE

Mon tout est un grand couturier français.

JEAN-PAUL GAULTIER (GEN - POL - GO - TI - HÉ)

LA FRANCE, PAYS EUROPÉEN QUI COMPTE LE PLUS DE CENTENAIRES.

ACTU

L'empereur qui existait peut-être

Sponsianus, un empereur romain inconnu, pourrait enfin avoir sa place dans l'histoire grâce à une équipe de chercheurs de l'Université de Londres. Considérées comme des faux depuis le XIXe siècle, quatre pièces à son effigie, uniques « preuves » de son existence, seraient en fait authentiques. Ces deniers en or prouveraient que Sponsianus a réellement gouverné dans la province isolée de Dacie, dans les Carpates, au milieu du IIIe siècle apr. J.-C.. Alors qu'il rédigeait un ouvrage sur l'Empire romain en crise, Paul Pearson a examiné une des quatre pièces en haute résolution. Il a remarqué des petites rayures et des dépôts de terre sur la pièce. Après une analyse poussée, il s'est avéré que ces rayures et dépôts étaient des signes d'usure réels. De même, les inscriptions mal orthographiées et les motifs mal gravés des pièces « sponsiennes » qui jusqu'ici les faisaient considérer comme fausses seraient, selon le chercheur, le signe que l'écriture était un peu différente dans la province de Dacie. Il est difficile de savoir exactement qui était Sponsianus, car les sources historiques le concernant sont très limitées. Usurpateur qui a peut-être régné pendant une courte période, c'était probablement un commandant de l'armée proclamé empereur par ses troupes alors qu'il se trouvait en Afrique. Une seule certitude : son règne éphémère qui n'est mentionné par aucun auteur antique n'a eu aucun impact sur l'Empire romain alors en pleine fragmentation.

Lever du soleil
08h110

Jeudi 21

Coucher du soleil
17h03

Présentation de Marie – On fête aussi les Gélase, Rufus

« Consulte ta raison ; prends sa clarté pour guide. » *Molière*

Bibliophiles

Un jour d'octobre à Santiago, Carmen Castillo (Aubier, 1988)

Le 5 octobre 1974, à la suite coup d'État de Pinochet, Carmen Castillo, enceinte de six mois et demi, est arrêtée par la police politique chilienne ; son mari est tué sous ses yeux. Tous deux étaient à la tête d'un mouvement clandestin de résistance. Ce récit de la vie d'avant, de ses joies et de sa douceur, de l'angoisse qui monte, de l'étau qui se resserre, de la violence de l'arrestation, de l'atrocité des tortures, de la terreur, mais aussi du courage et de la solidarité entre détenus, n'est pas militant. Images, odeurs, voix, souvenirs, bons ou mauvais, font la chair d'une leçon de mémoire.

ASTUCES 2 FAINÉANT

Raccourci, mon ennemi

Il paraît qu'il faut marcher entre cinq et dix mille pas par jour pour se maintenir en forme. Oui, mais pour certains, cela peut paraître beaucoup et fatigant. Quelques astuces permettent d'atteindre cet objectif quotidiennement. La première consiste à étudier l'itinéraire pour qu'il soit le plus plat possible. L'ennemi, dans la marche ordinaire comme dans la randonnée, c'est le raccourci ! Car s'il permet d'atteindre plus vite un point B en partant d'un point A, le raccourci utilise souvent des chemins difficiles. Mieux vaut faire quelques détours sur un sol plat plutôt que de se fatiguer dans une pente raide. L'utilisation de bâtons de marche est une autre astuce qui fonctionne bien, car ce type de marche soulage les jambes et fait travailler le haut du corps en complément du bas.

Recette

Rôti de porc à l'orange

Pour 5 à 6 pers. | **15 min de préparation** | **1 h 30 de cuisson**

- 1 rôti de porc d'environ 1 kg
- ½ cube de bouillon de légumes
- 500 g de pommes de terre
- 500 g de haricots verts
- 1 pot de marmelade d'oranges
- Huile d'olive
- Sel, poivre

Préchauffez le four à 180 °C (th. 6). Déposez le rôti dans une cocotte pouvant aller au four. Diluez le cube de bouillon dans 1 tasse d'eau bouillante. Versez le pot de marmelade et le bouillon sur le rôti, salez, poivrez et enfournez 1 h 30.

Lavez les pommes de terre. Si elles sont grosses, coupez-les en deux. Déposez-les sur la grille du four et enfournez 1 h. La peau va dorer et devenir croustillante, l'intérieur sera fondant, comme une purée.

Équeutez les haricots verts puis faites-les cuire à la vapeur 15 à 20 min, selon que vous les aimez croquants ou plus tendres. Versez un filet d'huile, et assaisonnez.

Servez la viande avec sa sauce et ses accompagnements.

Variantes

Essayez cette recette avec de la confiture de figues. Simplifiez-vous la vie, utilisez des pommes de terre grenaille et faites-les cuire directement avec le rôti !

Lever du soleil
08h11

Vendredi 22

Coucher du soleil
17h02

Christ Roi – On fête aussi les Cécile, Shirley, Sheila, Philémon

« L'homme a quatre visages : ce qu'il est vraiment, ce qu'il croit être, ce qu'il montre aux autres, et ce que les autres perçoivent. » *Confucius*

Les rues mythiques du MONDE

Elm Street (Dallas, États-Unis)

Située dans le centre-ville, cette rue traverse plusieurs quartiers historiques de Dallas. Au sud, Elm Street débute dans le quartier de Farmers Market, connu pour ses marchés de fruits et légumes frais et ses restaurants typiques. En remontant vers le nord, on traverse West End et Main Street qui abritent de nombreux bâtiments de style victorien et Art déco. Plus loin se trouve Uptown, quartier des immeubles de bureaux modernes et des lofts rénovés. L'endroit a aussi tristement marqué l'histoire des États-Unis. C'est en effet au coin de Elm Street et Houston Street que se trouve l'immeuble duquel Lee Harvey Oswald a tiré sur Kennedy le 22 novembre 1963.

La Véritable Histoire de... Phileas Fogg

Le héros créé par Jules Verne pour son *Tour du monde en quatre-vingts jours* a vraisemblablement été inspiré par un certain George Train. En 1870, soit deux ans avant la publication du roman, cet homme d'affaires américain un brin excentrique avait en effet bouclé un tour du monde en quatre-vingts jours, largement médiatisé dans son pays mais aussi en Europe et notamment en France où il avait séjourné plusieurs semaines. À la fois visionnaire et mécène, Train, le bien nommé, a multiplié les initiatives pionnières dans le domaine des transports : un réseau d'entrepôts pour la circulation des marchandises en Australie, des compagnies de tramway à cheval à Londres et en Irlande, une ligne de clipper qui naviguait autour du cap Horn jusqu'à San Francisco, sans oublier l'Union Pacific, le premier chemin de fer transcontinental en Amérique du Nord. Mort en 1904, l'Américain présentait néanmoins une différence de taille avec son double de fiction britannique : George Train avait la réputation d'être un homme au caractère volcanique, tout l'inverse de Phileas Fogg, modèle de sang-froid !

CITATIONS HUMORISTIQUES : BLAGUES ET VANNES

« Je bois pour rendre les gens intéressants. »
Dave Barry

« Comment voulez-vous que les hommes politiques n'aient qu'une parole, étant donné le nombre de médias ! »
Jean Yanne

230

C'est en millions d'années l'âge de Mbiresaurus raathi, *le plus vieux dinosaure d'Afrique, découvert à l'automne 2022 au Zimbabwe. Selon l'équipe internationale de paléontologues qui a exhumé ses restes, la bestiole mesurait un mètre de haut environ, avait une longue queue, et pesait à peine 30 kg. Probablement omnivore, ce dinosaure se nourrissait de plantes, de petits animaux et d'insectes. Des restes de dinosaures semblables de la même époque n'avaient auparavant été trouvés qu'au Brésil et en Argentine. Les paléontologues ont justement choisi le Zimbabwe pour creuser, après avoir calculé que le pays se trouvait à peu près à la même latitude que ces zones d'Amérique du Sud lorsqu'il n'existait qu'un seul continent, la Pangée. Le squelette de* Mbiresaurus *étant presque complet, la bestiole va devenir une référence parfaite pour d'autres découvertes.*

Lever du soleil
08h13

Samedi 23

Coucher du soleil
17h01

Saint Clément – On fête aussi les Colomban, Bassim, Rachilde

« Si l'on interroge bien les hommes, en posant bien les questions, ils découvrent d'eux-mêmes la vérité sur chaque chose. » *Platon*

SAGITTAIRE

Vermot'roscope

23 novembre – 21 décembre

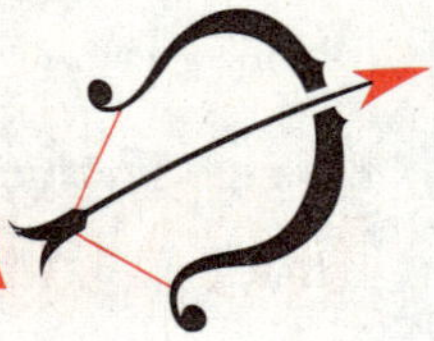

Votre caractère

Vif, entreprenant, enthousiaste, curieux, généreux, spontané, communicatif, disponible, pédagogue, avant-gardiste, ouvert sur le monde, bienveillant, optimiste, gai, bon vivant, gourmand, direct, franc, indépendant, aventureux, risque-tout, impulsif, pressé, hyperactif, enflammé, colérique.

Les événements célestes de 2024

Cette année, si **Saturne** vient freiner votre élan et amoindrir votre enthousiasme, vous pouvez compter sur les stimulantes **Jupiter** et **Pluton**.

Ainsi devrez-vous vous dépasser et repousser vos limites si vous voulez faire face à toutes vos obligations. À vous de puiser dans vos réserves d'énergie pour franchir étape par étape les grandes échéances de cette période.

Quoi que vous viviez ou fassiez, vous ne pourrez pas vous dérober.

PLEINS FEUX SUR 2024, DOMAINE PAR DOMAINE

Vie relationnelle : Les premiers moments de l'année sont marqués par un renouveau social et amical. Certains en profiteront pour faire du tri dans leurs relations. De juin à décembre, votre présence est très recherchée et demandée. Vous devez répondre à de nombreuses sollicitations et vos échanges avec les autres sont des plus agréables.

Amour : ***En couple*** : sur la première moitié de 2024, les habitudes et la routine vous pèsent. Vous aspirez à vivre autrement. Au second semestre, les astres vous permettent de pimenter votre vie conjugale. La fantaisie et la créativité s'invitent dans votre nid douillet et l'épanouissement fait son retour.

Célibataire : de janvier à fin mai, vous cherchez à mieux définir vos aspirations et vos attentes. Observateur, vous faites preuve de patience. De juin à décembre, la tendance s'inverse. Votre charme est décuplé et vous êtes amené à faire une très belle rencontre.

Famille : Vos relations avec vos proches sont plus compliquées et parfois plus tendues. Vous éprouvez des difficultés à vous comprendre et les tensions se multiplient. Essayez de prendre un peu de distance et ne démarrez pas au quart de tour.

Quotidien et vitalité : Belle période où, malgré un certain manque de résistance et de nombreux moments de fatigue, vous affichez un bel optimisme et un bel entrain. En 2024, vos activités et votre vie sociale ont une influence bénéfique sur votre moral.

Budget : Cette année, vous devez faire plus attention à la gestion de votre budget. Évitez les achats impulsifs et les dépenses hasardeuses. Efforcez-vous de préserver votre situation financière. Pensez à mettre de l'argent de côté et essayez de faire des économies.

GRANDS SPORTIFS DES JO

LÉGENDE VIVANTE

Paraplégique à 20 ans après une chute de ski, Heinz Frei participe à ses premiers Jeux paralympiques en 1984 et lance alors une histoire totalement folle : quinze médailles d'or, huit d'argent, douze de bronze dans trois compétitions (athlétisme, cyclisme, ski). Il décroche sa dernière médaille aux Jeux de Tokyo… à 63 ans. À ce palmarès s'ajoutent 14 titres mondiaux et surtout 112 victoires en marathon, dont il détient encore le record du monde. Il est aujourd'hui une véritable légende du sport paralympique.

CITIUS - ALTIUS - FORTIUS

Brèves régions

VAUCLUSE – SANG D'OCRE

Une légende raconte que les ocres du Luberon sont le résultat d'un drame amoureux. La femme du seigneur de Roussillon, dans le Vaucluse, avait un amant. Fou de rage lorsqu'il le découvrit, le mari fit assassiner son rival, ordonna que son cœur lui soit apporté et le cuisina pour le faire manger à sa femme. Quand elle apprit quel était le plat qu'on lui servait, celle-ci se suicida du haut des falaises de Roussillon. C'est son propre sang qui aurait donné sa couleur à la terre. Heureusement, il ne s'agit que d'une légende, car on sait que les ocres sont des pigments naturels utilisés dans les grottes dès la Préhistoire, bien avant le temps des seigneurs.

Lever du soleil
08h14

Dimanche 24

Coucher du soleil
17h01

Sainte Flora – On fête aussi les Bieuzy, Flore, Florette, Floride

« L'ignorance et la bêtise sont des facteurs considérables de l'Histoire. » *Raymond Aron*

Le saviez-vous ?

Une comptine, source d'inspiration

En 1918, Étienne Valton, qui travaille dans la confection de sous-vêtements, notamment les caleçons en tricot descendant jusqu'aux genoux, a l'idée de couper les jambes desdits caleçons. D'où lui est venue cette idée ? Il a entendu ses enfants chanter : « Maman, les p'tits bateaux qui vont sur l'eau ont-ils des jambes ? » et s'est dit : « Pourquoi mes caleçons ont-ils des jambes ? » La petite culotte était née et la marque Petit Bateau fut déposée en 1920.

DES nuisibles PAS nuisibles

LE SANGLIER

Utile, le sanglier ? Mais oui. Il joue un rôle important pour la diversification des plantes forestières en mettant au jour des graines et en transportant des semences et des spores. En outre, il aère le sol en fouissant. Mais pourquoi est-il redouté ? Parce que ses populations sont devenues trop nombreuses. Elles ont été favorisées par les chasseurs, dépités par la raréfaction du petit gibier, et sont devenues incontrôlables dans bon nombre de régions. Aujourd'hui, ces mêmes chasseurs se présentent comme le seul recours pour limiter les dégâts occasionnés par le sanglier, notamment sur le maïs.

La dictée du mois 11/10 — *Du lac à la mer*

Notre ancre, vigoureusement enlevée par l'effort des quarantes hommes de notre équipage, s'arrache à regret au doux farniente de la baie de Nagasaki. Là, en effet, notre navire ne fatigait ses chaînes par aucuns de ces bonds brusques et saccadés auquels l'oblige trop souvent la vague capricieuse ; les collines qui nous entouraient ne laissaient passer qu'un soufle de la brise du large, à peine capable de rider la surface unie du lac que nous quittions pour aller courir des mers semées d'éceuils inconnus et labourées par les typhons pendant cette saison de l'année. Enfin notre coquille de noix, quoi que petite, est solide ; […] quand au commandant, son amabilité n'est rien en comparaison des qualités exceptionnelles qui en font, à la fleur de l'âge, un vieux loup de mer.

Maurice Jametel, La Corée avant les traités, *1885.*

quarante, fatiguait, aucun, auxquels, souffle, écueils, quoique, quant

CITATIONS HUMORISTIQUES : BLAGUES ET VANNES

« À force d'être déçu par les autres, je finirai bien par croire en moi. »
Frédéric Dard

Groupes des 60s

The Rolling Stones

Ce groupe britannique à la longévité extraordinaire est formé en 1962 par le guitariste Brian Jones, qui sera progressivement éclipsé par Keith Richards et Mick Jagger. Avec à son actif 23 albums, tous couronnés de succès, le groupe se caractérise par ses sonorités blues et son aura extraordinaire. À partir des années 1965, les Stones connaissent un succès international, avec des chansons comme « Satisfaction » ou « Paint it Black », mélangeant les expérimentations et multipliant les tournées. Malgré la mort de Brian Jones en 1969, le groupe continue de tourner, porté par le duo Jagger-Richards, et signe d'autres titres cultes comme « Wild horses » ou « Angie ». Leurs derniers albums datent des années 2010.

Lever du soleil
08h15

Lundi 25

Coucher du soleil
17h00

Sainte Catherine – On fête aussi les Cathy, Ketty, Mercure

« L'enfer, c'est de ne plus aimer. » *Georges Bernanos*

Les Bons Bonbons de nos régions

L'angélique de Niort

Ce sont les religieuses de Niort, au XVIIIe siècle, qui eurent l'idée de transformer « l'herbe des anges », plante aux vertus médicinales voire magiques, en friandise, en lui appliquant la technique du confisage. D'une jolie couleur vert tendre, l'angélique de Niort est donc la tige fibreuse et creuse de la plante que l'on fait confire pour la déguster. Pour avoir le droit de porter la mention « de Niort » et bénéficier du label Charentes-Poitou, l'angélique doit impérativement être cultivée dans le marais poitevin et transformée sur place.

ÇA S'EST PASSÉ Le 25 novembre 1924

Le jury accepte la thèse du mathématicien et physicien Louis de Broglie. Il y développe sa conception de la lumière fondée sur la théorie des quanta et la relativité restreinte.

Les plus beaux bateaux de l'histoire

LE *JACQUES SAADÉ*

Certains navires impressionnent, non par leur beauté ou leur histoire, mais par leur gabarit hors norme et leurs prouesses technologiques. C'est le cas du *Jacques Saadé*, le plus gros porte-conteneurs au monde propulsé au gaz naturel liquéfié. Inauguré au Havre en janvier 2021, fabriqué en Chine, sa construction a duré deux ans et nécessité sept années de recherche. Ce fleuron de la marine marchande française fait la fierté du groupe CMA-CGM avec ses 400 m de long (soit l'équivalent d'un immeuble de 26 étages, plus que la hauteur de la tour Eiffel) et sa capacité de 23 000 conteneurs (soit l'équivalent de 220 000 tonnes ou quelque 44 000 éléphants). Détail non négligeable, le gaz naturel liquéfié qui propulse ce géant des mers pour assurer des liaisons de l'Europe à l'Asie permet de réduire les émissions de CO_2 de 20 % par rapport à la motorisation au fioul.

LES GOUVERNEMENTS PRÉCONISENT D'ÉCONOMISER L'EAU.

ACTU

Repas antédiluvien

L'Ediacarien est une période de l'histoire de la Terre qui s'étend de -635 à -541 millions d'années. Son nom fait référence aux collines d'Ediacara, en Australie, où ont été retrouvés des fossiles des tout premiers animaux ayant existé sur Terre. Des fossiles datant de la même période ont récemment été découverts dans le sud de la Chine et en Russie, attestant d'un premier épisode de diversité biologique sur la planète. Parmi les espèces animales vivant il y a 600 millions d'années, deux tiennent désormais la vedette : Kimberella, qui ressemble à une limace ovale (dont les plus gros mesurent 15 cm de long pour 7 de large), et Calyptrina, semblable à un ver tubicole. En utilisant des techniques d'analyse chimique avancées, les scientifiques de l'Université nationale australienne ont découvert que ces bestioles se nourrissaient d'algues et de bactéries. En examinant de plus près les restes moléculaires de leur dernier repas, les chercheurs ont surtout pu prouver que ces deux animaux possédaient une bouche et un intestin qui digérait les aliments de la même manière que les invertébrés modernes. Kimberella grattait les algues du fond marin et Calyptrina se nourrissait probablement par l'intermédiaire de son intestin. Bien que l'Ediacarien ait connu une explosion évolutive, appelée l'explosion d'Avalon, la plupart des bestioles de cette période ont disparu sans descendants. Ce n'est qu'au Cambrien (-540 à -485 millions d'années) que la vie a connu un nouvel épisode de diversité avec l'apparition de nombreuses formes de vie, exclusivement marines.

Lever du soleil
08h17

Mardi 26

Coucher du soleil
16h59

Sainte Delphine – On fête aussi les Conrad, Sirice

« L'homme d'action est toujours sans conscience ;
il n'y a de conscience que chez le contemplatif. » *Johann Wolfgang Goethe*

Cocktails

Manhattan

Pour 1 verre à cocktail
3 min de préparation

- *5 cl de bourbon*
- *3 cl de vermouth rouge (Martini® ou Cinzano®)*
- *1 trait d'Angostura® bitters*

Mélangez les 3 ingrédients à la cuillère pendant 20 sec. Servez dans un verre très froid.

Conseil
Décorez, si vous aimez, d'une cerise au marasquin.

Humour du monde

ha ha, hi hi, ho ho Français
huhuhuh, hahaha, kukuku Japonais
ax ax ax Russe
cha cha Lituanien
jajaja Espagnol

« Laissez-nous vous dire ce que nous, les Israéliens, nous reprochons à Moïse. Il nous a promenés pendant quarante ans dans le désert pour nous amener au seul minuscule endroit du Moyen-Orient où il n'y a pas de pétrole. » Golda Meir (Premier ministre d'Israël 1969-1974)

Solution Sudoku p. 342

3	5	6	4	9	8	7	1	2
4	7	1	2	6	3	5	8	9
8	9	2	7	5	1	4	3	6
6	8	7	5	3	2	9	4	1
5	2	3	1	4	9	6	7	8
9	1	4	6	8	7	2	5	3
1	6	5	3	2	4	8	9	7
7	4	9	8	1	6	3	2	5
2	3	8	9	7	5	1	6	4

Présentatrices mythiques de TV

Mademoiselle Agnès

Sa voix grave particulièrement reconnaissable a longtemps commenté les défilés de mode pour Canal +, avec toujours une savante pointe d'humour teintée d'ironie. Agnès Boulard, dite Mademoiselle Agnès, commence en tant que Miss météo dans l'émission *Nulle part ailleurs*, à partir de 1991, tout en commentant déjà les événements de mode nationaux. Entre 2001 et 2005, elle collabore au *Vogue* français et crée en parallèle une société de production consacrée aux reportages sur la mode et la haute couture. Elle produit notamment la série documentaire *Signé Chanel* qui remporte un succès d'estime. Elle enchaîne ensuite les chroniques pour *Le Grand Journal* ou *Le Petit Journal* de Canal +. On la découvre également en tant que présentatrice déjantée pour l'émission de téléréalité *The Simple Life*. Son ton décalé, empreint d'humour, mais aussi expert, est sa marque de fabrique.

EURO 2024

RÉSILIENCE

Du haut de ses 31 ans, Alexandra Popp possède l'un des plus beaux palmarès du football féminin : trois Ligues des champions, six titres de championne d'Allemagne, huit Coupes d'Allemagne, une médaille d'or aux Jeux olympiques, une Coupe du monde des moins de 20 ans (dont elle fut nommée meilleure joueuse). Pourtant, l'EURO s'est longtemps refusé à elle. En 2013, elle assiste à la victoire de ses coéquipières devant sa télévision, écartée par une blessure à la cheville. Quatre ans plus tard, un souci au ménisque l'empêche de participer à l'EURO. En 2022, elle rattrape le temps perdu : avec six buts, elle est la co-meilleure buteuse de l'histoire en phase finale et établit un autre record, celui de marquer lors des cinq matchs qu'elle dispute. Malheureusement, une blessure à l'échauffement la prive de finale.

UEFA - UEFA - UEFA - UEFA - UEFA - UEFA - UEFA - UEFA - UEFA

Lever du soleil
08h18

Mercredi 27

Coucher du soleil
16h58

Saint Séverin – On fête aussi les Séverine, Virgile, Goustan

« Tout esclave a en ses mains le pouvoir de briser ses chaînes. » *William Shakespeare*

Etymologie

Avis aux dérobeurs de robes

Le nom *robe*, attesté dès le XIIe siècle, a été emprunté au germanique *rauba* avec son sens de « pillage, larcin », puis « butin, notamment de vêtements ». *Rauba* a pour dérivé le verbe *rauban* que le français a également emprunté sous les formes *rober*, « piller, voler », et son intensif *dérober*, seul survivant aujourd'hui. Au fil des siècles, le sens de *robe* s'est spécialisé : tout d'abord comme synonyme de *vêtement*, puis dans son sens actuel de « vêtement de dessus couvrant le buste et les jambes ».

AHAHAHAHAH ! OH ! OH ! AH ! AH ! AH ! HI ! HI ! HI ! WHA HA ! HA !

LA BONNE BLAGUE

Un grimpeur expérimenté se trouve sur une falaise escarpée. Malheureusement, il perd l'équilibre et se retrouve accroché à une petite branche qui semble prête à céder à tout moment. Il hurle de toutes ses forces :
– Au secours ! Au secours ! Il y a quelqu'un là-haut ?
Soudain, une voix puissante et majestueuse venue de nulle part lui répond :
– Je vais t'aider, mon fils, mais tu dois d'abord avoir confiance en moi.
– Oui, oui, je te fais confiance ! s'écrie l'homme, désespéré.
– Lâche la branche ! ordonne la voix.
Après un long silence, l'homme crie à nouveau :
– Au secours ! Il y a quelqu'un d'autre là-haut ?

Ha! Ha! Ha!

CITATIONS HUMORISTIQUES : BLAGUES ET VANNES

« Mon médecin m'a recommandé d'arrêter les petits dîners pour quatre. À moins qu'il n'y ait trois autres personnes. »
Orson Welles

« Le peu que je sais, c'est à mon ignorance que je le dois. »
Sacha Guitry

OENOTOURISME

La route des vins d'Alsace

Traversé par une route de 170 km, le terroir alsacien se partage entre sept cépages, pinot blanc, sylvaner, riesling, muscat, pinot gris, gewurztraminer et pinot noir. Parmi les vins alsaciens célèbres, on pense au crémant d'Alsace, légèrement effervescent. On ira découvrir les villages médiévaux de Riquewihr à Andlau, lovés dans des vallées verdoyantes et propices à la visite culturelle. À ne pas rater non plus, le château de Kaysersberg, sur la montagne du Schlossberg. Ce château fort médiéval est aujourd'hui en ruine et forme un décor splendide dans les collines. Notons d'ailleurs que la région se prête particulièrement à la promenade cycliste. À Strasbourg, on ne manquera pas la visite incontournable de la Cave historique des hospices civils.

Lever du soleil **08h19**

Jeudi 28

Coucher du soleil **16h58**

AVENT

Saint Jacques de la Marche – On fête aussi les Sosthène

« Avant de s'agrandir au dehors, il faut s'affermir au dedans. » *Victor Hugo*

Le saviez-vous ?

Une station de métro sans usagers

Dans les années 1920, la ville de Paris souhaite relier les lignes de métro 3 et 7 (aujourd'hui 3bis et 7bis) entre Place des Fêtes et Porte des Lilas, avec une station entre les deux. La ligne est créée, la station Haxo est construite, mais l'ancêtre de la RATP, la Compagnie du chemin de fer métropolitain de Paris, estime que le projet ne sera pas rentable et y renonce, juste avant la fin du chantier. Les accès extérieurs n'ont jamais été construits.

CALEMBOURS ou RÉPARTIES cultes du cinéma

Dans quel film ?

« J'dis pas qu't'as tort, mais j'dis pas qu't'as raison non plus. Parce que de toute façon, même si je suis ce que tu dis, c'est pas des choses à m'reprocher parce que j'suis pas tout seul à être comme ça. »

Réponse : Coup de torchon, de Bertrand Tavernier.

SYSTÈME D

RÉNOVER UN VIEUX CARRELAGE

Bien posé, un carrelage peut durer très longtemps. Cependant, il s'encrasse et prend parfois un vilain aspect. Mais il n'est pas nécessaire de le remplacer. Effectuez un nettoyage approfondi avec du savon noir. Frottez les taches une par une à la brosse à chiendent. Les décapants spécialisés sont puissants, mais parfois trop : ils risquent d'abîmer le sol. S'il y a des impacts, rebouchez-les avec une pâte de réparation blanche, que l'on peut teinter avec du colorant. Si les joints sont en mauvais état, évidez-les au ciseau de maçon, avant de les refaire. En finition, et sauf s'il s'agit de terre cuite, vous pouvez appliquer un vitrificateur ou un vernis, qui donne un bel aspect et imperméabilise. Autre solution : la peinture acrylique spéciale pour carrelage, que l'on passe au rouleau.

10 MILLIARDS D'ÉCONOMIES IDENTIFIÉS POUR REDRESSER LES FINANCES PUBLIQUES D'ICI 2027.

ÉNIGMES

M@ths en-vie

Romain dépense le tiers de son argent, plus la moitié de ce qu'il lui reste. À la fin, il compte 25 € dans son porte-monnaie.

Combien d'argent avait-il au départ ?

Réponse : Romain avait 75 € au départ. En effet, si Romain dépense le tiers de son argent, il lui reste deux tiers. Mais il dépense également la moitié de ces deux tiers, soit un tiers. Ce qui veut dire qu'il lui reste un tiers de la somme initiale, soit 25 €. La somme initiale était de trois fois un tiers donc 3x25 €, soit 75 €. CQFD !

Lever du soleil
08h21

Vendredi 29

Coucher du soleil
16h57

Saint Saturnin – On fête aussi les Sernin

« Nous avons sous les yeux les défauts d'autrui. Les nôtres, sont derrière notre dos. » *Sénèque*

Apéro

Pounti

Cette terrine auvergnate est aujourd'hui servie en apéritif, mais elle fut longtemps un plat traditionnel du Cantal et de l'Aveyron. La préparation réunit différents ingrédients : farine de seigle, blettes, lard ou chair à saucisse, et pruneaux, cuits au four. Le *pounti* se mange froid, en tranches. On peut aussi parler de *picoussel* – terme patois du Rouergue, ancienne province correspondant à l'Aveyron actuel. À déguster avec un saint-pourçain ou un côtes d'Auvergne.

Monarchies du monde

Suède

Le roi Charles XVI Gustave règne sur la Suède depuis 1973. Sa lignée paternelle ne vient pas de Scandinavie mais… du Béarn ! Il descend en effet de Jean-Baptiste Bernadotte qui s'installa sur le trône en 1818 et dont les descendants ne furent jamais délogés. Ce maréchal d'Empire avait été choisi en 1810 par le Parlement comme héritier du roi Charles XIII, sans postérité.

66

Brèves régions

PYRÉNÉES ORIENTALES – LA FÊTE DE L'OURS

Depuis le 29 novembre 2022, la fête de l'Ours est entrée au patrimoine culturel immatériel de l'Unesco. Cette tradition carnavalesque, qui remonte au XVe siècle, est pratiquée en février dans trois communes des Pyrénées-Orientales : Arles-sur-Tech, Prats-de-Mollo-la-Preste et Saint-Laurent-de-Cerdans. Appelée localement « La Festa de l'Os », elle symbolise la fin de l'hibernation de l'ours et le début du printemps. C'est aujourd'hui une fête joyeuse durant laquelle des hommes déguisés en ours courent dans les rues des villages, cherchant à attraper les passantes. Autrefois, elle représentait le départ des chasseurs qui partaient en montagne à la chasse à l'ours.

4 016

C'est, en mètres, l'altitude à laquelle est monté Rémi Ouvrard, debout sur un ballon, tandis que son père Jean-Daniel était aux manettes. Avec cet exploit réalisé au-dessus de la Vienne à l'occasion du Téléthon, le pilote de montgolfière pulvérise les 1 217 mètres d'altitude, son précédent record. En 2019, Jean-Daniel Ouvrard avait participé à un autre record aérien atypique. La trapéziste châtelleraudaise Isabelle Ponsot avait en effet battu le record du monde de trapèze aérien, en réalisant des figures 7 mètres sous la nacelle de Jean-Daniel, jusqu'à 3 714 mètres d'altitude. À ces altitudes-là, mieux vaut se préparer avec un bon échauffement, car les températures sont largement en dessous de 0 °C !

Lever du soleil
08h22

NOVEMBRE

Samedi 30

Coucher du soleil
16h57

Saint André – On fête aussi les Tugdual

« Rien n'est plus dangereux que d'être trop moderne ; on risque de devenir soudain ultradémodé. » *Oscar Wilde*

PAROLES Les mots des flics et des voyous PAROLES

Parapluie

• Tout ce qui couvre ou cache une activité illicite. Exemple : « Quand les roussins m'ont pris / Comme je n'avais pas de parapluie / Ils m'invitèrent à prendre le thé / Au bar de la santé » (Pierre Perret, *Ma gosse*, 1960). • Outil de cambrioleur pour débloquer certaines serrures. Il est constitué d'un axe entouré de tiges réglables et adaptables à la serrure visée. • Utiliser un parapluie : crocheter une serrure. • Ouvrir le parapluie : chez les voyous, fournir un alibi de dernière minute ; chez les policiers, se couvrir vis-à-vis de la hiérarchie. • Maison parapluie : la police.

La saga de l'orthographe

L'orthographe de certains mots présentait en outre des « anomalies », c'est-à-dire des graphies non conformes aux règles générales de l'écriture française. Pour éviter la pagaille (au lieu de pagaye), on écrirait ainsi : nénufar (au lieu de nénuphar), bonhommie (bonhomie), combattif (combatif), prudhommal (prud'homal)… Je vous entends déjà persiffler (au lieu de persifler).

➠ *À suivre p. 361*

PATHOLOGIES DU VIEILLISSEMENT : LA RECHERCHE N'AVANCE PAS VITE

AU JARDIN

Culture sur bottes de paille

C'est une technique de culture hors-sol, mais parfaitement naturelle. La paille est un milieu bien aéré, chaud, drainant et riche en éléments nutritifs. Les avantages : pas de travail du sol, pas de désherbage et pas de mal au dos. En outre, la botte est décorative et elle permet la culture précoce de nombreuses espèces (tomate, aubergine, melon, courge), au jardin mais aussi en zone urbaine, dans une cour pavée ou même sur une terrasse. Il faut des bottes de paille de blé, issues de l'agriculture biologique et rectangulaires. Placez la botte sur une grande bâche plastique, arrosez pendant quatre jours et apportez de l'engrais azoté et du compost de jardin. Refermez la bâche et attendez douze jours. Plantez ensuite directement dans la paille, puis arrosez et continuer à apporter de l'engrais.

COMMENT SAUVER LES LIBRAIRES INDÉPENDANTS ?

MILLY-LAMARTINE

C'est sa ville !

Milly-Lamartine, dans le département de Saône-et-Loire, ne doit pas être confondue avec la commune de Milly-la-Forêt, chère à Jean Cocteau, dans l'Essonne. Ici, dans cette zone rurale qui entoure Mâcon, c'est un autre poète qui est célébré : Alphonse de Lamartine. L'auteur des *Méditations poétiques* passa les dix premières années de sa vie à Milly et y revint vers l'âge de 30 ans. Il y fut baigné dans des paysages qui lui donnèrent l'inspiration romantique qu'il conservera toute sa vie. En 1860, âgé de 70 ans, criblé de dettes, c'est avec regrets que Lamartine vend la maison familiale de Milly. Mais la commune ne lui en tiendra pas rigueur et lui rendra hommage en prenant son nom en 1902.

Dimanche 1er
DÉCEMBRE

Sainte Florence – On fête aussi les Éloi, Ansan, Mokhtar

Lever du soleil **08h23**

Coucher du soleil **16h56**

« Celui qui ne sait aucune langue étrangère ne sait pas sa propre langue. »
Johann Wolfgang Goethe

LA LETTRE MYSTÈRE

Voici, pour plagier un titre de roman de Peter Handke, une courte lettre pour un long adieu.

[Paris, 6 mars 1855]

Madame,

J'ai appris que vous vous étiez donné la peine de venir, hier, dans la soirée, trois fois, chez moi.

Je n'y étais pas. Et dans la crainte des avanies qu'une telle persistance de votre part pourrait vous attirer de la mienne, le savoir-vivre m'engage à vous prévenir : que je n'y serai jamais.

Réponse **Lettre de novembre**

Ingeborg Bachman

Entre 1948 et 1967, deux très grands écrivains et poètes, Ingeborg Bachman (1926-1973) et Paul Ceylan (1920-1970), ont entretenu une correspondance amoureuse magnifique et douloureuse. Ils se sont aimés, ils ont dérivé tous deux loin l'un de l'autre, éloignés géographiquement, mais aussi forcés à la distance par leur difficulté à vivre, à accepter l'amour dans un monde qui survit à la guerre, à s'écrire malgré l'intensité de leur lien, à écrire chacun une œuvre magistrale, essentielle. C'est un amour plein de silence, une « tâche trop difficile ». Cette lettre n'est livrée ici que comme une invite à les lire.

« Écris-moi vite, je te prie »

C'est un simple au revoir que vous adresse votre Almanach, qui compte bien vous retrouver, fidèles, l'année prochaine, et en attendant de recevoir de vos nouvelles. Nous vous invitons, en effet, à nous adresser une lettre (attention : fictive ou assez récrite pour ne pas compromettre l'intimité d'un proche ou d'un correspondant) d'environ 10 lignes. Nous en sélectionnerons une que nous publierons dans le prochain millésime. Nous n'aurons d'autres critères que l'étonnement, le rire, l'émotion, la qualité de l'écriture…

Que le plaisir à vous rencontrer par lettre interposée.

Adressez-nous votre courrier à :
Hachette Pratique / Almanach Vermot, 58 rue Jean-Bleuzen, 92178 Vanves Cedex

Lever du soleil
08h25

Lundi 2

Coucher du soleil
16h56

Sainte Viviane – On fête aussi les Bibiane

« Les graines sont invisibles. Elles dorment dans le secret de la terre jusqu'à ce qu'il prenne fantaisie à l'une d'elles de se réveiller. » *Antoine de Saint-Exupéry*

Les Bons Bonbons de nos régions

Le bois cassé de Saint-Jean d'Angély

Comme les bêtises, le bois cassé serait né, en 1904, à cause d'une erreur d'un confiseur de Saint-Jean d'Angély. Alors qu'il était en train de fabriquer des berlingots, une faute d'inattention fait rater à M. Boutinon la pâte composée de sucre et de glucose. À la place, un bonbon léger et croustillant qui a l'aspect de bois cassé. Son goût unique et légèrement caramélisé ainsi que son aspect feuilleté vont rapidement le rendre célèbre, avant qu'il tombe en désuétude après-guerre. Sa fabrication a depuis été relancée par plusieurs confiseurs angériens. Certains le préparent même directement devant leurs clients.

Ha! Ha! Ha! CITATIONS HUMORISTIQUES : BLAGUES ET VANNES

« Un seul bon argument vaut mieux que plusieurs arguments meilleurs. » *Tristan Bernard*

« Charité bien ordonnée commence par soi-même et continue par soi-même. » *Alfred Capus*

« La publicité s'adresse de plus en plus aux riches. Mais ce sont toujours les pauvres qui regardent. » *Louis De Funès*

« Les dessous-de-table sont si pleins qu'ils ne savent plus où les mettre. » *Coluche*

« Le homard n'aspire à la cuisson que comme le chrétien au ciel. Le chrétien désire le ciel, mais le plus tard possible. » *Alexandre Vialatte*

« Depuis que j'ai un certain succès, je ne sens aucune différence. On écrit toujours mon nom avec des fautes. » *Benoît Poelvoorde*

C'est qui celui-là ?

Se faire appeler Jules

Selon l'expression, celui qui se fait appeler Jules se fait traiter de tous les noms : il est déconsidéré, sali, voire insulté. Mais savez-vous qui était ce Jules à l'origine ? Tout simplement le surnom que nos grands-mères donnaient à leur pot de chambre… Au regard de l'usage d'un tel accessoire, il n'y a donc pas de quoi être fier de se faire appeler Jules !

LE CYCLISME AUX JO

NOUVELLES ÉPREUVES

Après la route et la piste, le cyclisme envahit d'autres terrains. En 1996, le vélo tout-terrain devient discipline olympique. Avec quatre médailles d'or décrochées depuis, trois chez les hommes, une chez les femmes, la France domine le palmarès. Dernière discipline à avoir fait son entrée aux Jeux, le BMX est apparu d'abord en 2008 à Pékin pour la course, ensuite à Tokyo en 2021 pour le freestyle. Pour sa première édition, la course féminine a été marquée par un doublé français, grâce à Anne-Caroline Chausson et Laetitia Le Corguillé.

Lever du soleil
08h26

Mardi 3

Coucher du soleil
16h55

Saint François-Xavier – On fête aussi les Birin

« Là où vos talents et les besoins du monde se croisent, c'est là que réside votre vocation. » *Aristote*

Le saviez-vous ?

W en dernier

Bien que le z soit la dernière lettre dans l'ordre alphabétique, ce n'est pas lui qui est entré le dernier dans notre alphabet. En effet, le w, pourtant connu et utilisé depuis le Moyen Âge, n'a été intégré à l'alphabet français que dans la seconde moitié du XIXe siècle. Voici ce qu'écrit Littré dans son Dictionnaire de la langue française (1863-1872) : « Lettre introduite dans notre alphabet pour conformer notre écriture à celle de plusieurs peuples du Nord. »

CITATIONS HUMORISTIQUES : BLAGUES ET VANNES

« J'ai déchiré le testament que je venais d'écrire. Il faisait tant d'heureux que j'en serais arrivé à me tuer pour ne pas trop les faire attendre. »

Sacha Guitry

ÉNIGMES

Quatre trafiquants d'armes ont réinvesti leur argent acquis illégalement dans des secteurs variés pour le blanchir. Cependant, une enquête a été menée et leurs domiciles sont perquisitionnés. Les enquêteurs ont pris note des biens de chacun, mais malheureusement leurs notes ont été mélangées et, quoique toutes les données se trouvent dans la bonne colonne, une seule de celles-ci se trouve à la bonne place. Grâce aux assertions suivantes pouvez-vous déduire les biens de chacun ? L'enquête n'étant pas terminée, leurs identités n'ont pas été révélées. Ils sont donc représentés par les lettres A, B, C et D.

	Commerces	Propriétés	Autres biens
A	Casino	Château	Voiture de luxe
B	Restaurant	Appartement de luxe	Avion
C	Boîte de nuit	Manoir	Bijoux
D	Vignoble	Yacht	Œuvres d'art

1. Le casino ne se trouvait pas en seconde place.
2. Le manoir se trouvait sur la ligne immédiatement au-dessus des bijoux.
3. Le vignoble se trouvait sur la ligne immédiatement en dessous du château.
4. La voiture de luxe se trouvait sur la ligne immédiatement au-dessus du restaurant.
5. Le château n'était pas en seconde position.

Solution : Coup de pouce : Selon 3 et 5, le château ne peut se trouver qu'en première ou troisième position. S'il se trouvait en troisième position, nous aurions le casino et le restaurant en troisième position dans la première colonne, ce qui n'est pas possible. Le château se trouve donc en première position. Le reste est facile.
A. Casino, château, Œuvres d'art
B. Vignoble, manoir, voiture de luxe
C. Restaurant, yacht, bijoux
D. Boîte de nuit, appartement de luxe, avion

50

C'est en pourcentage la baisse de volume des glaciers depuis 1931. On le sait, la fonte des glaciers attribuée au réchauffement climatique est étroitement surveillée depuis les années 2000. Mais jusqu'ici, les scientifiques ne savaient pas grand-chose de leur évolution au cours des décennies précédentes. Pour obtenir des réponses, des chercheurs suisses ont procédé à la reconstitution de la topographie de l'ensemble des glaciers qui existaient en 1931. Les glaciologues ont notamment eu recours à plus de 20 000 photographies prises entre 1916 et 1947. Par exemple, le glacier Fiescher, aujourd'hui constitué de minuscules taches blanches, ressemblait à une énorme mer de glace en 1928. Selon les scientifiques, le recul des glaciers n'a pas été continu au cours du siècle dernier. Au contraire, entre les années 1920 et 1980, ils ont même connu quelques épisodes de croissance. Mais les glaciers fondent désormais à un rythme de plus en plus rapide. Alors qu'ils ont perdu 50 % de leur volume entre 1931 et 2016, il ne leur a fallu que six ans – entre 2016 et 2022 – pour en perdre 12 %.

Lever du soleil
08h27

Mercredi 4

Coucher du soleil
16h55

Sainte Barbara – On fête aussi les Adnette, Cyran, Barbe

« L'obstination est le chemin de la réussite. » *Charlie Chaplin*

Heureux Mariages

Se nommer **GROSSEIN** n'est pas toujours facile. Mais associer ce nom avec celui de son conjoint peut devenir parfois encore plus cocasse. Que dire du couple **MAY-GROSSEIN** qui vivait vers 1858 à La Roche-Morey dans la Haute-Saône ? Ou de l'union **BON-GROSSEIN** en 1923 à Dijon (Côte-d'Or) ? Et même de **VILAIN-GROSSEIN**, une famille de Nouan-le-Fuzelier (Loir-et-Cher) formée en 1836 ?

Système D

ALLÉGER LA FACTURE D'ÉLECTRICITÉ

Les petits ruisseaux font les grandes rivières et les petites précautions peuvent réellement réduire la facture. Par exemple, éteignez le four avant la fin théorique de la cuisson, le plat n'en sera pas moins parfaitement cuit. Éteignez systématiquement les veilles qui ponctuent la nuit de nombreuses petites lueurs, bien inutiles, notamment pour les appareils informatiques et audiovisuels. Pour l'éclairage, privilégiez les LED, mais pensez à éteindre en quittant une pièce. Et pour les murs et même les sols, préférez les couleurs claires, qui réfléchissent la lumière : vous allumerez ainsi plus tard le soir. Ne mettez en marche le lave-vaisselle et le lave-linge que quand ils sont pleins, et fréquemment en programme éco. Et évitez le plus possible d'utiliser le sèche-linge, très énergivore.

DISCOUNT, GROS VOLUMES ET BAS PRIX : DE NOUVELLES ENSEIGNES ARRIVENT DANS LA GRANDE DISTRIBUTION

Humour du monde

ha ha, hi hi, ho ho – Français
huhuhuh, hahaha, kukuku – Japonais
ax ax ax – Russe
cha cha – Lituanien
jajaja – Espagnol

Deux voisines discutent à Haïfa

– Qu'est-ce que vous utilisez pour votre vaisselle ?

– Mon mari.

« Trois sortes d'hommes ne comprennent rien aux femmes : les jeunes, les vieux et ceux entre les deux. »

Proverbe irlandais

Harcèlement scolaire...

85 Brèves régions

VENDÉE – RECORD DE RONDS-POINTS

Selon une étude publiée sur le blog « Beyond the maps » et régulièrement actualisée, la Vendée est depuis longtemps le département de France le plus dense en ronds-points par rapport à sa démographie, puisqu'on en compte 1 617 au total, soit 2,43 pour 1 000 habitants. Le département est talonné par celui de la Loire-Atlantique, beaucoup plus peuplé mais pourvu de 3 075 giratoires, soit 2,25 pour 1 000 habitants. Paris, ville capitale mais aussi département, est tout à fait en queue de liste puisqu'elle ne compte que 8 ronds-points au sens officiel du terme (avec des panneaux « Cédez le passage » à chaque entrée), soit 0,004 pour 1 000 habitants.

Lever du soleil
08h28

Jeudi 5

Coucher du soleil
16h55

Saint Gérald – On fête aussi les Bassus, Crispine

« Celui qui déplace la montagne, c'est celui qui commence à enlever les petites pierres. » *Confucius*

Cocktails

Moscow mule

Pour 1 mug en métal
5 min de préparation

- *4 cl de vodka*
- *12 cl de bière de gingembre (ginger beer)*
- *1 citron vert non traité : 1 cl de jus + 1 rondelle*
- *Glaçons*

Au shaker, mélangez la vodka, la bière de gingembre et le jus de citron.
Versez dans un mug en métal et ajoutez les glaçons.
Décorez de citron.

Variantes
Troquez la vodka contre du whisky et vous obtenez un irish mule ! Et les variantes sont infinies en fonction des alcools choisis…

GRANDS SPORTIFS DES JO

L'EMPEREUR DU JUDO

Aux Jeux olympiques de Pékin, le Français Teddy Riner s'incline au troisième tour mais file décrocher le bronze. Il s'agit alors de l'une des onze défaites qu'il concède en 247 combats dans toute sa carrière. Invaincu pendant près de dix ans, Riner remporte deux médailles d'or olympiques en individuel qui s'ajoutent à dix titres de champion du monde. Sa victoire aux Jeux de Rio en 2016 en fait le judoka le plus titré de l'histoire de son sport. En 2020, par équipe, il décroche sa troisième médaille d'or.

CITIUS - ALTIUS - FORTIUS

MOTS MÊLÉS

Villes de France – Anagrammes

T	L	Y	W	C	S	S	E	R	T	S	I	C	U
O	I	V	I	P	S	E	B	I	T	N	A	A	V
U	M	N	A	Y	K	M	P	S	J	N	Y	L	B
R	O	K	S	L	R	I	D	P	N	S	L	A	O
S	G	W	C	E	E	N	P	E	A	I	A	I	U
N	E	G	A	G	V	N	S	R	B	R	N	S	R
T	S	L	X	T	R	R	C	L	G	A	T	N	G
E	K	N	R	U	B	E	A	E	T	P	S	A	E
L	V	O	U	A	L	N	N	N	A	N	T	E	S
O	I	R	S	L	I	T	E	O	G	U	N	L	R
N	N	T	E	P	E	I	A	K	B	E	U	R	E
G	I	S	E	U	R	M	C	K	U	L	R	O	I
A	C	U	I	O	X	W	I	O	E	T	E	S	M
B	E	L	L	I	E	S	R	A	M	I	E	N	S

Solution page 364

Les anagrammes de villes de France vous sont données ; notez qu'elles sont dans l'ordre alphabétique des noms des villes. Reconstituez leurs noms puis trouvez-les dans la grille ci-dessous, soit horizontalement, soit verticalement, soit en diagonale. Elles peuvent se lire de gauche à droite ou de droite à gauche, de haut en bas comme de bas en haut.

1. ANGE
2. BAIL
3. MANIES
4. RÉGNAS
5. BINÂTES
6. ENGLUERAIT
7. SALER
8. ENGLOBÂT
9. ABATIS
10. GOBEURS
11. CANE
12. LAÇAIS
13. SCANNÉ
14. ALPINE
15. VÉREUX
16. ENGLOBER
17. TISSER
18. GLIOMES
19. ÉLIRONT
20. MÉSALLIER
21. LUMEN
22. TANNÉS
23. CINÉ
24. MIENS
25. ROTIN
26. ENRÔLAS
27. PAIRS
28. RIMES
29. NOUER
30. SCLÉRALES
31. TEES
32. NAVRÉS
33. TROUS
34. APPRÊTS
35. ENCLAVE

Présentatrices mythiques de TV

Sophie Davant

Née en 1963 dans une famille de scientifiques et d'universitaires, Sophie Davant se destine d'abord à une carrière dans le vin. Pourtant, elle passe le concours de l'Institut de journalisme de Bordeaux et décroche un stage chez Antenne 2. Lorsque l'occasion de passer une audition pour devenir animatrice télé se présente, elle la saisit et remporte le gros lot : elle devient présentatrice ponctuelle de *Télématin* en 1987, tout en alternant avec la météo d'Antenne 2. Son naturel et son charisme lui permettent rapidement d'accéder à la présentation d'émissions de divertissement, à la télévision comme à la radio. Figure populaire de la télévision, elle présente notamment le célèbre jeu *Fort Boyard*. Davant accède également aux commandes du service météo en 1992. Elle est aussi connue pour animer le *Téléthon* tous les ans, ainsi que l'émission matinale *C'est au programme* de 1998 à 2019.

Lever du soleil
08h29

DECEMBRE
Vendredi 6

Coucher du soleil
16h54

Saint Nicolas – On fête aussi les Nikolaï, Colas, Nicole

« Chacun vit dans un monde différent, et celui-ci s'avère aussi divers que la diversité des personnes. »
Arthur Schopenhauer

La Véritable Histoire de… Zorro

Imaginé en 1919 par le romancier américain Johnston McCulley, le justicier au masque noir, devenu par la suite le héros de plusieurs films et séries télévisés est principalement inspiré du Mouron rouge, un autre personnage de fiction équipé d'un masque, d'une cape et d'une épée créé quinze ans plus tôt par l'écrivaine anglaise Emma Orczy. Toutefois, la vie de William Lamport présente quelques similitudes avec celle de Don Diego de la Vega. Né au début du XVIIe siècle, ce jeune aristocrate doit fuir l'Angleterre à cause de ses opinions politiques. Réfugié en Espagne, il prend le nom Guillén Lombardo. Fin épéiste et éduqué, il rejoint l'armée en tant que capitaine puis devient conseiller du duc d'Olivares, le Premier ministre tout-puissant du roi Philippe IV d'Espagne. En 1640, Olivares envoie Lombardo au Mexique pour espionner le nouveau vice-roi. Habitué des hautes sphères de la société, il découvre avec effroi le sort des Indiens et des esclaves. Guillén prépare bientôt un complot pour renverser le vice-roi avec l'appui des Indiens, des esclaves noirs et des marchands créoles. Gentilhomme aisé le jour, il fait du trafic de tabac la nuit pour financer son projet. Il signe tous les actes de la rébellion d'un Z pour « Ziza », un terme hébreu qui signifie « lumière ». Finalement dénoncé, Guillén Lombardo est arrêté et condamné à être brûlé pour hérésie. Cent cinquante ans avant la Révolution française (et les aventures de Zorro), ce justicier avait rédigé une déclaration qui promettait l'indépendance d'une colonie, une réforme agraire, l'interdiction de l'esclavage, l'égalité entre citoyens ou encore un monarque élu démocratiquement !

DES nuisibles PAS nuisibles

LA MARTRE

Chassée comme « nuisible » parce qu'elle a la réputation de s'attaquer à des oiseaux gibiers, longtemps piégée parce que ses poils font d'excellents pinceaux pour les artistes, et souvent écrasée sur les routes, la martre est en régression dans de nombreuses régions. Ce petit mammifère (50 cm) à fourrure brune et bavette claire vit dans les forêts denses et se laisse rarement apercevoir. Essentiellement carnivore, la martre régule les populations de campagnols et de mulots. Malheureusement, elle figure toujours sur la liste des animaux pouvant être chassés sur simple arrêté préfectoral.

CALEMBOURS ou RÉPARTIES cultes du cinéma

Dans quel film ?

« À chaque fois que j'écoute Wagner, ça me donne envie d'envahir la Pologne. »

Réponse : Meurtre mystérieux à Manhattan, *de Woody Allen.*

ACTU

Femmes-objets

À Malmö, en Suède, deux poubelles installées sur le pont David Hall susurrent des messages érotiques dans le but d'inciter les riverains au tri sélectif. Les voix utilisées sont exclusivement féminines et cela a suscité une polémique. Les habitants de la ville ont dénoncé cette initiative comme étant sexiste et posté des vidéos sur les réseaux sociaux pour exprimer leur malaise. La ville s'est justifiée en expliquant que l'objectif était justement d'amener les gens à parler de la chose la plus sale qui soit : les ordures. Mais l'initiative est au moins maladroite, la sexualisation des voix numériques faisant déjà l'objet d'un débat : assistants vocaux, smartphones, enceintes connectées, GPS, etc. ont le plus souvent des voix de femmes, entretenant le cliché que les femmes seraient plus douces et serviables.

Lever du soleil
08h30

Samedi 7

Coucher du soleil
16h54

Saint Ambroise – On fête aussi les Ambroisie, Azenor

« Confronté à la roche, le ruisseau l'emporte toujours, non par la force mais par la persévérance. » *Confucius*

Monarchies du monde

Thaïlande

Rare pays du monde à n'avoir jamais été colonisé, la Thaïlande est gouvernée depuis 1782 par la dynastie Chakri. C'est actuellement Maha Vajiralongkorn qui y règne sous le nom de Rama X. Car, quel que soit leur nom, les souverains deviennent tous « Rama » en accédant au trône, par référence aux rois de l'Inde antique. Le père de l'actuel souverain eut un règne particulièrement long, de 1946 à 2016.

CHARADE classique

Mon premier est un préfixe se rapportant au cheval,

Mon deuxième dispose par couche,

Mon troisième exprime le dédain,

On voit des animaux sauvages dans **mon quatrième**,

Mon tout est un physicien, astronome français qui travailla notamment sur la lumière.

HIPPOLYTE FIZEAU
(HIPPO – LITE – FI – ZOO)

AHAHAHAHAH ! OH ! OH ! AH ! AH ! AH ! HI ! HI ! HI ! WHA HA ! HA !

LA BONNE BLAGUE

Un homme pousse la porte d'un salon de coiffure et demande d'un ton impatient :
– Combien de temps avant que je puisse me faire couper les cheveux ?
Le coiffeur considère les clients qui attendent dans son salon et lui répond :
– Environ deux heures.
L'homme quitte aussitôt les lieux.
Quelques jours plus tard, le même individu revient et réitère sa demande :
– Combien de temps avant que je puisse me faire couper les cheveux ?
Le coiffeur, perplexe, regarde à nouveau autour de lui et répond :
– Environ trois heures.
L'homme déguerpit aussitôt.
La semaine suivante, il refait son apparition et pose la même question :
– Combien de temps avant que je puisse me faire couper les cheveux ?
Le coiffeur jette un coup d'œil sur ses clients et répond :
– Environ une heure et demie.
L'homme disparaît aussitôt.
Intrigué, le coiffeur se tourne vers son assistant et lui demande :
– Fais-moi une faveur, suis-le pour voir où il va. Il n'arrête pas de demander combien de temps il doit attendre pour une coupe de cheveux, mais il ne revient jamais.
Un peu plus tard, l'assistant revient au salon, plié en deux de rire. Le coiffeur, impatient, lui demande :
– Alors, où va-t-il ?
Sans arrêter de rire, l'autre lui répond :
– Chez toi !

C'est sa ville !

RICHELIEU

Si Chilly-Mazarin porte le nom d'un cardinal presque par hasard, la ville de Richelieu, quant à elle, doit le sien à un autre cardinal qui fut son fondateur. Bâtie de toutes pièces à partir de 1631, cette commune d'Indre-et-Loire suit un plan en damier sur le modèle des villes romaines et des bastides médiévales. Deux places principales sont tracées dès l'origine, l'une est nommée Place royale et l'autre Place du cardinal, ce qui montre la proximité d'Armand Jean du Plessis, duc de Richelieu, avec le roi Louis XIII dont il a été le ministre de 1624 à 1642. Richelieu n'a, en revanche, jamais vécu à Richelieu, puisqu'il est né à Paris en 1585 et mort également dans la capitale en 1642.

Lever du soleil
08h32

Dimanche 8

Coucher du soleil
16h54

Immaculée Conception – On fête aussi les Elfried, Eucher

« Ce n'est pas parce que tu iras d'un endroit dans un autre que tu échapperas à toi-même.
Ça ne donne aucun résultat. » *Ernest Hemingway*

Bibliophiles

Civilizations, Laurent Binet (Grasset, 2019)

La littérature titille le lecteur, en jouant avec des références ou des personnages masqués, énigmes entêtantes que l'on est parfois heureux de résoudre, en nous bousculant par un décentrement du regard (comme Montesquieu dans *Les Lettres persanes*). Ici l'histoire renverse l'Histoire. Christophe Colomb n'a pas découvert l'Amérique, mais les Incas ont conquis l'Europe ! Ludique, divertissant, érudit, mêlant citations vraies et pastiches, récrivant nos textes fondateurs et nos manuels scolaires à la mode quechua, pour ainsi dire, ce roman nous laisse sens dessus dessous, désorienté et essoufflé.

La saga de l'orthographe

Les « rectifications de l'orthographe » n'ont pas force de loi. On les trouve dans des documents administratifs et, depuis 2016, des éditeurs scolaires ont décidé de les appliquer dans leurs manuels. Mais on ne peut les imposer : aujourd'hui, les deux orthographes sont justes. Ne corrigez pas les cartes postales de vos petits-enfants, et libellez les chèques que vous leur envoyez comme bon vous semble.

➠ *À suivre p. 373*

87

Brèves régions

HAUTE-VIENNE – LES ÉMAUX PEINTS

C'est à Limoges, dans la Haute-Vienne, que sont nés les émaux. Plusieurs techniques s'y sont succédé depuis le XIIe siècle et celle dite des « émaux peints » se perpétue encore aujourd'hui. La particularité des émailleurs limousins est d'avoir adopté de fines feuilles de cuivre comme support. En appliquant les émaux et en les délimitant à l'aiguille, ils ont dessiné de fins motifs dont les couleurs sont obtenues uniquement à la cuisson. Le développement local de cet art est particulièrement dû à trois facteurs : la présence de silice pour la matière vitreuse, d'oxydes métalliques pour sa coloration et d'une eau acide pour la purification des poudres.

Recette

Gratin dauphinois

Voici une recette de gratin dauphinois dans la pure tradition.

Pour 4 à 6 pers.	10 min de préparation	1 h 15 de cuisson

- 1 kg de pommes de terre
- 1 l de lait entier
- Noix de muscade
- Sel, poivre

Lavez les pommes de terre, épluchez-les si vous le souhaitez (surtout si elles ne sont pas biologiques) et tranchez-les en rondelles, pas trop fines pour qu'elles ne se délitent pas à la cuisson, ni trop épaisses pour qu'elles cuisent lentement mais sûrement.

Faites chauffer le lait dans une grande casserole. Salez, poivrez et ajoutez la noix de muscade, à votre goût.

Mettez les rondelles de pommes de terre dans le lait chaud et laissez cuire à feu très doux pendant 45 min : les pommes de terre se gorgent doucement de lait.

Préchauffez le four à 170 °C (th. 5-6). Versez les pommes de terre dans un plat à four et enfournez pour 30 min.

Variantes
Vous pouvez utiliser du lait demi-écrémé pour plus de légèreté. Pour les gourmands, ajoutez un peu de comté râpé avant d'enfourner.

Lever du soleil
08h33

Lundi 9

Coucher du soleil
16h54

Saint Pierre Fourier – On fête aussi les Léocadie

« Les vrais hommes de progrès sont ceux qui ont pour point de départ un respect profond du passé. Tout ce que nous faisons, tout ce que nous sommes, est l'aboutissement d'un travail séculaire. » *Ernest Renan*

Déguisées en homme ♂

Rena Kanokogi

Née en 1935, Rena découvre le judo en 1955. Après trois ans de pratique intensive, elle tente de participer à plusieurs concours mais, à chaque fois, sa candidature est rejetée parce que c'est une femme. En 1959, elle décide de concourir au championnat de judo à Utica, dans l'État de New York, en se faisant passer pour un homme. Elle se coupe les cheveux très court et fixe sa poitrine avec un ruban adhésif pour l'aplatir au maximum. Résultat : elle remporte tous ses combats et gagne l'épreuve ! Au moment de récupérer sa médaille, elle révèle son identité. Elle est aussitôt déchue de son titre. Rena choisit alors de s'exiler au Japon pour poursuivre sa carrière de judoka. En 1962, elle devient la première femme à être autorisée à s'entraîner avec des hommes. De retour aux États-Unis, elle organise le premier championnat de judo junior puis le premier championnat du monde de judo féminin, au Madison Square Garden. Après avoir menacé de poursuivre le Comité international olympique devant les tribunaux, elle obtient l'introduction du judo féminin aux JO de 1988. Première femme à être promue au rang de 7e Dan, Rena Kanokogi est décédée en 2009. Un an auparavant, le gouvernement japonais lui décernait l'ordre du Soleil levant, la plus haute distinction du Japon pour un étranger.

NOS ANCÊTRES

HOMO SAPIENS

L'Homme moderne serait apparu il y a près de 300 000 ans en Afrique et aurait migré en Europe vers 45 000 ans, son représentant le plus connu étant l'Homme de Cro-Magnon. Au cours du temps, son crâne a vu son volume passer de 1 100 cm^3 à 1 650 cm^3 avant de se fixer à 1 400 cm^3. Bipède, grand (entre 1,77 m et 1,90 m), il est le premier à introduire le lait dans son alimentation.

Ha! Ha! Ha! CITATIONS HUMORISTIQUES : BLAGUES ET VANNES

« On devrait mourir une heure par jour plutôt que tout à la fin. »
Jean Marie Gourio

« Je ne comprendrai jamais comment une femme qui peut préparer de la cire brûlante, se l'étaler sur les jambes, avant d'arracher ses poils par la racine, puisse encore avoir peur d'une araignée ! »
Jerry Seinfeld

52

C'est le pourcentage de la population mondiale touchée par un mal de tête au moins une fois dans l'année. Ce chiffre a été obtenu en compilant les données de 357 études publiées sur le sujet entre 1961 et 2020. Ainsi, chaque jour, 15,8 % de la population mondiale souffre d'un mal de tête, soit plus de 1,2 milliard d'individus ! Les maux de tête seraient plus répandus chez les femmes (57,8 %) que chez les hommes (44,4 %). De même, la migraine varie considérablement avec l'âge : si elle peut survenir chez les jeunes enfants, elle devient beaucoup plus fréquente après la puberté et encore davantage chez les adultes d'âge moyen. En revanche, elle est moins répandue après 60 ans. Enfin, et ce n'est guère encourageant, les chiffres suggèrent qu'il y a plus de personnes souffrant de céphalées aujourd'hui qu'il y a cinquante ans.

Lever du soleil
08h34

Mardi 10

Coucher du soleil
16h54

Saint Romaric – On fête aussi les Eulalie, Koulizh

« Nous gagnerions plus de nous laisser voir tels que nous sommes, que d'essayer de paraître ce que nous ne sommes pas. » *François de La Rochefoucault*

PAROLES Les mots des flics et des voyous PAROLES

Raisiné

• Sang. Synonymes : raisin, jus, sauce tomate, sirop. Exemple : « Je bredouille, bouffe mes mots, mes lèvres en compote. Un gout de raisiné dans la bouche. » (Alphonse Boudard, *La Cerise*, 1963). • Pisser le raisiné : perdre son sang à la suite d'une blessure. • Se faire du raisin : se faire du mauvais sang, être inquiet à propos d'une affaire compliquée.

Il faut être philosophe

SIMONE DE BEAUVOIR*

« On ne naît pas femme, on le devient ».

Le Deuxième Sexe (1949), le plus influent des ouvrages existentialistes, fut une véritable onde de choc tant en France que dans le monde anglo-saxon. L'auteure y retrace l'histoire de l'humanité, vue comme un patriarcat, ainsi que les différentes étapes de la vie d'une femme typique. Selon Beauvoir, l'inégalité entre les deux sexes n'est pas naturelle mais idéologiquement construite. Les mythes de la féminité – ceux de la mère, de la vierge, de la mère patrie, etc. – sont autant de pièges qui contribuent à cette injustice. Dans le livre II, elle s'évertue à démontrer que les expériences quotidiennes des femmes, tout au long de leur vie, les prédisposent à subir l'autorité masculine et les enferment dans leur condition, en les empêchant ainsi de vivre librement : « On ne naît pas femme, on le devient. »

* Simone de Beauvoir (1908-1986), philosophe et essayiste française

Ha! Ha! Ha! CITATIONS HUMORISTIQUES : BLAGUES ET VANNES

« Un ami, c'est quelqu'un sur qui nous pouvons toujours compter pour compter sur nous. »
François Périer

« Je suis une gardienne de maison hors pair. Quand je divorce, je garde la maison. »
Zsa Zsa Gabor

« Moi, je ne suis pas trop "motard", je n'aime pas le costard : c'est ou tout cuir ou tout plâtre… »
Patrick Timsit

ASTUCES 2 FAINÉANT

Propreté facile du mixeur

Quand on utilise son mixeur, pour faire de la soupe ou broyer des aliments, on sait combien il est difficile de le nettoyer ensuite : des fibres de légumes s'enroulent autour de l'axe des lames et des particules viennent se coincer dans les interstices. Certains hésitent à mettre les doigts près de la lame, même l'appareil débranché, car elle est tranchante. D'autres mettent directement la tête au lave-vaisselle mais se rendent compte qu'elle ressort remplie d'eau sale accumulée dans les cavités. La meilleure solution est beaucoup plus simple : remplissez un verre d'eau chaude et ajoutez une goutte de liquide vaisselle. Plongez le mixeur dans cette préparation (de préférence dans l'évier) et faites tourner l'appareil quelques secondes : il ressortira parfaitement propre.

Lever du soleil
08h34

Mercredi 11

Coucher du soleil
16h54

Saint Daniel – On fête aussi les Gentien, Sabin

« Nous étouffons parmi les gens qui pensent avoir absolument raison. » *Albert Camus*

Le saviez-vous ?

Y a-t-il une erreur sur les horloges ?

Les cadrans d'horloge sur lesquels les chiffres figurent en numérotation romaine notent 4 avec IIII et non IV, tel qu'on le représente normalement. Est-ce une méconnaissance de la part des horlogers ? Non ! Jusqu'au XVIe siècle, les deux transcriptions coexistaient. Les horlogers ont préféré le IIII, d'une part parce qu'il évite la confusion avec le VI, et, d'autre part, parce qu'il offre un meilleur équilibre au VIII qui lui est symétrique.

Les guitaristes de légende

Ry Cooder

Nous le découvrons en 1984, avec *Paris, Texas*, de Wim Wenders. Mais Cooder (né en 1947), grâce à son époustouflante technique (le « slide », en particulier, qui ne modifie pas la tension des cordes en les tirant vers le haut mais en modifie l'intonation par « glissement ») et à sa connaissance du répertoire américain (blues, country, folk, jazz et influences latines), accompagne les musiciens les plus illustres depuis le milieu des années 1960 (les Rolling Stones, John Lee Hooker, Neil Young…). À partir des années 1970, il explore les musiques du monde (Japon, Irlande, Espagne, Afrique, Inde, Japon…). Chacun de ses albums correspond à un style et à une guitare. Le magazine *Rolling Stone* le classe, en 2014, 8e guitariste de tous les temps.

Disque conseil : *Bop Till You Drop*, Warner Bros, 1979.

REMETTEZ DANS L'ORDRE LES 5 CASES DE CETTE PETITE HISTOIRE.

SOLUTION : 4, 1, 3, 2, 5

SOLUTION MOTS MÊLÉS P. 358

1. AGEN
2. ALBI
3. AMIENS
4. ANGERS
5. ANTIBES
6. ARGENTEUIL
7. ARLES
8. BAGNOLET
9. BASTIA
10. BOURGES
11. CAEN
12. CALAIS
13. CANNES
14. ÉPINAL
15. ÉVREUX
16. GRENOBLE
17. ISTRES
18. LIMOGES
19. LORIENT
20. MARSEILLE
21. MELUN
22. NANTES
23. NICE
24. NIMES
25. NIORT
26. ORLÉANS
27. PARIS
28. REIMS
29. ROUEN
30. SARCELLES
31. SÈTE
32. SEVRAN
33. TOURS
34. TRAPPES
35. VALENCE

T	L	Y	W	C	S	S	E	R	T	S	I	C	U
O	I	V	I	P	S	E	B	I	T	N	A	A	V
U	M	N	A	Y	K	M	P	S	J	N	Y	L	B
R	O	K	S	L	R	I	D	P	N	S	L	A	O
S	G	W	C	E	E	N	P	E	A	I	A	I	U
N	E	G	A	G	V	N	S	R	B	R	N	S	R
T	S	L	X	T	R	R	C	L	G	A	T	N	G
E	K	N	R	U	B	E	A	E	T	P	S	A	E
L	V	O	U	A	L	N	N	N	A	N	T	E	S
O	I	R	S	L	I	T	E	O	G	U	N	L	R
N	N	T	E	P	E	I	A	K	B	E	U	R	E
G	I	S	E	U	R	M	C	K	U	L	R	O	I
A	C	U	I	O	X	W	I	O	E	T	E	S	M
B	E	L	L	I	E	S	R	A	M	I	E	N	S

Etymologie

Attention à ne pas tomber dans la tombe !

Ne nous fions pas aux apparences ! Malgré leurs formes similaires, *tomber* et *tombe* n'ont aucun rapport entre eux d'un point de vue étymologique. Le verbe, attesté dès la fin du XIIe siècle, vient du latin populaire *tumbare*, lui-même formé à partir du radical onomatopéique *tumb-* qui évoque le bruit d'une chute. En ancien français, *tomber* signifiait également « sauter, danser, gambader ». Le nom, datant du milieu du XIIe siècle, lui, est un emprunt au latin ecclésiastique *tumba*, qui signifie « tombe, sépulture ».

Lever du soleil
08h35

Jeudi 12

Coucher du soleil
16h54

Saint Corentin – On fête aussi les Coralie, Lupita

« Qu'importe ma vie ! Je veux seulement qu'elle reste jusqu'au bout fidèle à l'enfant que je fus. »
Georges Bernanos

Apéro

Picon

Cette liqueur est confectionnée à partir de la macération de plantes amères (racines de gentiane, écorce de quinquina, zestes d'oranges séchées), auxquelles on ajoute un sirop de sucre et de caramel, qui teinte la boisson. C'est Gaétan Picon, apprenti distilleur, qui invente ce breuvage, en 1830, pour soigner une fièvre intense, alors qu'il est engagé comme soldat dans la conquête de l'Algérie. Après la guerre, il développe la formule et la présente à l'Exposition universelle de Londres, sous le nom d'« amer africain ». Aujourd'hui, le Picon se boit en accompagnement de la bière, dans le nord de la France, comme en Belgique et en Suisse.

Les rues mythiques du MONDE

Las Ramblas (Barcelone, Espagne)

Cette artère arborée et entièrement piétonne s'étend sur environ 1,2 km, depuis la place de Catalogne jusqu'au Port Vell, en passant par le quartier gothique de la ville. Cœur culturel et touristique de Barcelone, Las Ramblas est divisée en cinq parties ayant chacune son caractère : la « Rambla de Canaletes », point de départ symbolique de l'avenue avec sa fontaine ; la « Rambla dels Estudis » où se trouve l'université ; la « Rambla de Sant Josep » et son fameux marché couvert de la Boqueria ; la « Rambla de Caputxins » avec le superbe Liceu, le théâtre le plus ancien et le plus prestigieux de la ville ; et enfin, la « Rambla de Santa Monica », au niveau du Port Vell. Lieu de promenade très populaire, souvent bondée le week-end, l'avenue accueille en permanence des artistes de rue, musiciens, mimes et acrobates.

AU JARDIN

Économiser l'eau

C'est un impératif qui devient chaque année plus pressant. Quelques pratiques simples permettent d'obtenir de belles récoltes sans gaspiller. Incorporez au sol du compost, qui accroît ses capacités de rétention de l'eau. Protégez le potager du vent, asséchant, par des écrans et des haies, et dès qu'il fait chaud, mettez en place des claies d'ombrage. Utilisez l'arrosoir, et non le tuyau, et arrosez le soir au pied des plantes, et non sur le feuillage. N'arrosez que les plantes qui en ont besoin, et d'abord les plus jeunes, qui développent leurs racines. Après l'arrosage, sur les plantes établies, paillez au pied, par exemple avec du carton recouvert de compost ou de fumier mûrs. Ensuite, restez attentif pour réagir par un arrosage au pied si le feuillage présente un signe d'affaissement.

88 Brèves régions

VOSGES – LA GLUCOSERIE

En 1858, ouvre à Épinal une usine spécialisée dans la raffinerie de sirops et la fabrication de glucose. Couronnée dans deux Expositions universelles, elle ferme néanmoins ses portes après un siècle d'activité. Après avoir été entièrement restauré, le bâtiment abrite aujourd'hui un établissement culturel public qui a conservé le nom « La Glucoserie ». Son objectif est de présenter le patrimoine local à travers des outils modernes comme des supports vidéo, des projections composites ou encore la réalité virtuelle, pour attirer de nouveaux publics vers l'histoire de la région ou les amener à la découverte de projets d'aménagement contemporains.

Lever du soleil
08h36

Vendredi 13

Coucher du soleil
16h54

Sainte Lucie – On fête aussi les Josse, Lucette, Ursicin, Mencia

« Ce qu'on sait, savoir qu'on le sait ; ce qu'on ne sait pas, savoir qu'on ne le sait pas : c'est savoir véritablement. » *Confucius*

Heureux Mariages

SUZANNE POULET connut le plus beau jour de sa vie le vendredi 21 décembre 1934, à Giraumont (Meurthe-Et-Moselle), lorsqu'elle épousa **MARCEL SAUSSE**. Mais pour **YVONNE ANDRÉA POULET**, c'est avec **JULES RENÉ LOUIS PINSON** que naquit le bonheur le samedi 3 avril 1926, à Ohain (Nord). Des couples dont on ne se sait pas s'ils se reproduisirent comme des lapins ou s'ils furent des fours.

ACTU

Marathon-âne

Le pack burro racing *est une nouvelle discipline sportive qui consiste à courir avec un âne. Fleur Thomas, éleveuse dans le Pays d'Auge, a découvert cette pratique grâce à ses contacts professionnels aux États-Unis. Imaginé à la fin des années 1940, le* pack burro racing *rend hommage aux mineurs de la conquête de l'Ouest qui utilisaient les ânes pour porter leur matériel. Il y a deux ans, Fleur Thomas a commencé à former des ânes à la course à pied pour tordre le cou aux préjugés qui les décrivent comme têtus et peu enclins à se prêter à des activités, contrairement au cheval. L'éleveuse souligne que courir est une activité supplémentaire pour éviter que les bourricots se retrouvent abandonnés dans un champ. Si l'entraînement est facile et ludique, le* pack burro racing *peut offrir bien des surprises : un beau carré d'herbe et l'âne peut décider de s'arrêter net. Mais c'est le jeu : « En compétition, on court en équipe. Il ne s'agit pas de course pour gagner, mais pour passer la ligne d'arrivée », explique Fleur Thomas qui rêve d'organiser une épreuve en France. Étonnamment, les ânes ne sont pas fatigués par leur course. Aux États-Unis, à la fin de ces marathons en binôme, alors que les coureurs sont souvent épuisés, leur animal est encore en pleine forme et ne transpire même pas ! Grâce à plusieurs mécanismes physiologiques, les ânes ont une gestion interne très efficace de l'eau, ce qui leur permet d'ailleurs d'être beaucoup plus résistants à la sécheresse que les chevaux et d'être bien mieux adaptés à des climats arides que leurs cousins.*

Ha! Ha! Ha! CITATIONS HUMORISTIQUES : BLAGUES ET VANNES

« J'ai arrêté de croire au père Noël le jour où, dans une galerie marchande, il m'a demandé un autographe. »

Jacques Dutronc

« Nous avons généralement en France un gouvernement d'hommes qui savent ce qu'ils veulent. Ils veulent y rester. »

André Frossard

MYTHOLOGIES CÉLESTES

Olympe solaire

Si observer les étoiles revient à lire le grand livre d'histoires livré par la mythologie grecque, il en va de même pour l'observation du système solaire. Chaque planète rappelle un dieu de l'Olympe : Mercure est Hermès, le messager des dieux ; Vénus est Aphrodite, la déesse de l'amour ; Mars est Arès, dieu de la guerre, dont les deux enfants, Phobos, la peur, et Deimos, la terreur, ont laissé leur nom aux deux satellites martiens ; Jupiter est Zeus, le dieu suprême ; Saturne est Chronos, père de Zeus ; Uranus est Ouranos, le dieu du ciel, père de Chronos ; Neptune est Poséidon, dieu des mers ; Pluton est Hadès, dieu des enfers, dont le satellite Charon conduit les âmes. Et la Terre ? Elle est Gaïa, la déesse mère.

VENDREDI 13

Lever du soleil
08h37

Samedi 14

Coucher du soleil
16h54

Sainte Odile – On fête aussi les Nicaise, Folquin

« Suivre le bon chemin dans la vie, c'est ne pas vouloir toujours gagner la haute mer, c'est aussi ne pas rester, par crainte de la tempête, trop près du rivage semé d'écueils. » *Horace*

Gangs
MURDER INCORPORATED

Ce gang de voyous juifs américains basé à New York a « œuvré » dans les années 1930-1940 pour différents parrains de la mafia. Également connu sous le nom de « The Combination » ou de « The Purple Gang », Murder Incoporated était dirigé par « Lepke » Buchalter et « Gurrah » Shapiro. Parmi ses membres influents, on trouvait des mafieux aussi célèbres que Bugsy Siegel et Meyer Lansky. Les activités du gang comprenaient la contrebande d'alcool pendant la prohibition et, par la suite, le racket, la prostitution, les vols à main armée et le trafic de stupéfiants. Mais ses membres étaient surtout employés par d'autres groupes criminels comme tueurs à gages pour éliminer les témoins gênants, les repentis ou leurs concurrents. Murder Inc. a ainsi exécuté la plupart des assassinats commandités par le Syndicat du crime, la confédération des mafias américaines créée en 1929 par Lucky Luciano. Le gang finira par être démantelé en 1940 à la suite des révélations d'un de ses membres qui, pour sauver sa tête, révèle le fonctionnement de Murder Incorporated et dénonce ses complices. Arrêtés et inculpés pour meurtre, la plupart de ses membres sont condamnés à la prison à vie ou à la peine de mort. En mars 1944, Lepke « Buchalter » lui-même s'assoit sur la chaise électrique. C'est le seul chef de la mafia américaine à avoir été exécuté par la justice.

Ça ne rime à rien...

Quatorze et quinze

Les mystères de la langue font que nous sommes passés de *quattuordecim* et *quindecim*, en latin, à « quatorze » et « quinze » en français. Prenant tout le monde de court, la transformation du « decim » en « ze » a créé des mots qui ne riment avec rien d'autre. Même si certains n'hésitent pas à faire rimer « quatorze » avec « quatre roses » et « quinze » avec « singe »...

CALEMBOURS ou RÉPARTIES cultes du cinéma

Dans quel film ?

« Je vous présente le colonel Vincent, super résistant.

— Dois-je vous appeler Super ou Résistant ?

— Appelez-moi Super, pas de chichi. »

Réponse : Papy fait de la résistance, *de Jean-Marie Poiré.*

EURO 2024
BUTS CLÉS

Depuis le premier but inscrit par Milan Galić en 1960, 807 buts ont été inscrits en 337 matchs de phase finale. Trente rencontres seulement se sont soldées sur des matchs nuls sans but, treize ont connu six buts ou plus. Deux joueurs français sont les auteurs de buts clés : Alain Giresse est l'auteur du 100e but de l'histoire en 1984 face à la Belgique, Thierry Henry du 400e en 2004 face à la Suisse. La Suisse a cependant pris sa revanche sur les Bleus, Haris Seferović inscrivant le 800e but de l'histoire en 2021, et Johan Vonlanthen devenant le plus jeune buteur de l'histoire de l'EURO face à la France en 2004. À noter que le but le plus rapide de l'histoire est l'œuvre du Russe Dmitri Kirichenko, soixante-huit secondes, alors qu'Ivica Vastic est le buteur le plus âgé du haut de ses 38 ans et 257 jours.

UEFA - UEFA - UEFA - UEFA - UEFA - UEFA - UEFA - UEFA - UEFA

Lever du soleil
08h38

Dimanche 15

Coucher du soleil
16h54

Sainte Ninon – On fête aussi les Nina, Mesmin

« Les livres contiennent de l'humour, de la beauté, de l'intelligence, de l'émotion, de la pensée, et bien sûr, tout ce qui fait la vie. La vie sans un livre est vide. » *Isaac Asimov*

CÉTACÉS

LA BALEINE PYGMÉE

C'est la plus petite des baleines à fanons, avec 4 à 7 m de long pour un poids d'environ 3 tonnes. Gris foncé avec un ventre blanc, elle a un bec effilé et une bouche arquée. Elle nage dans les eaux froides de l'hémisphère sud et reste secrète. Elle vit seule ou par deux et se montre rarement en surface. Elle souffle peu, ne saute pas et n'émet pas de claquements. On connaît mal son comportement et sa reproduction. Le corps des vieux individus porte de nombreuses cicatrices de morsures de requins.

C'est qui celui-là ?

Tranquille comme Baptiste

Apparue au début du XIXe siècle, l'expression « tranquille comme Baptiste » ne semble pas faire référence à saint Jean qui baptisa Jésus dans le Jourdain. Elle serait plutôt en rapport avec un personnage récurrent du théâtre, un rôle de flegmatique un peu simple d'esprit, souvent appelé Baptiste par les auteurs. Quoi qu'il lui arrive, Baptiste restait tranquille et serein.

LES PRÉCURSEURS DE L'ÉCOLOGIE

DONNA HARAWAY

Née en 1944, cette scientifique et philosophe américaine développe une vision interdisciplinaire de la biologie, à travers des ouvrages comme le *Manifeste des espèces compagnes* (2003), qui traite de la relation tissée avec l'animal de compagnie, ou le *Manifeste Cyborg* (1984) qui milite pour un féminisme postmoderne. Haraway croise ainsi les thématiques de l'écologie, de la conscience environnementale et de la domination masculine. Avec *Staying with the Trouble* (2016), elle raconte les nouvelles cohabitations imposées par le changement climatique.

Moments uniques

DU ROSE POUR CÉLÉBRER LA MESSE

Savez-vous que les couleurs liturgiques, donc celles des habits des prêtres pour célébrer la messe, ont été fixées en 1563 par le Concile de Trente ? Le violet, couleur du pardon, de l'attente et de la pénitence, est porté pendant les temps de l'Avent et du Carême. Pourtant, pendant ces deux périodes, il existe une rupture du port du violet avec l'apparition d'un jour de célébration en rose. Cette couleur, considérée à la fois comme un violet adouci mais aussi comme le mélange de rouge, symbole de l'amour divin, et de blanc, couleur de la fête, est celle des habits du 4e dimanche de Carême et du 3e dimanche de l'Avent. Cette année, le 10 mars et ce 15 décembre furent donc les deux seuls moments où la messe a été célébrée par des prêtres habillés de rose.

Lever du soleil
08h39

Lundi 16

Coucher du soleil
16h54

Sainte Alice – On fête aussi les Adélaïde, Aïda, Alizée

« Tout homme s'enrichit quand abonde l'esprit. » J. K. Rowling

MOTS FLÉCHÉS

LES MOTS DÉCLENCHEURS SONT DES ANAGRAMMES.

FRUITIÈRES / BATÈLERA		CALS / BILEUSE		RECÈLERAI / TELS		ARGENTÉE / ET		TA		LOB / DIRE		TANCÉE
								TORT / ANIS				
RECULÉES / ÉLISES									LIE			
						RAND / TRIPERIE					NETTOIES	
UT / INÈS			PAITA / SÉNÉ						ÂNE / MUSÉE			
				LINGE						CO / RAT		
DÉTIRÉE / SIED								AIMÉ / PIE				
				SERRURE / TAO								ERSE
BUS		ÉROS / CÂBLAIS					PRÊTE / CE					
			GABLE		IRES / URÉES					ET / TERTIO		
CAÏN	GRACIA / ÉVENTAI							CA	TEE / CÉNURES			
				EU / LE			CASTE					
SELLA / DÉBLAIS						CRÉA / US					ET	GLANE
							ER	TAON / MARE				
IVE / EST				SAUNERIE / TEL								
			UR		EL	MUTE / SU					NI	
ABUTÉES		LEUR					RE			LI		
							GÊNER					

SOLUTION PAGE 376

Lever du soleil
08h39

Mardi 17

Coucher du soleil
16h55

Saint Judicaël et Saint Gaël – On fête aussi les Brian, Wivine

« Un homme est la somme de ses actes, de ce qu'il fait, de ce qu'il peut faire. Rien d'autre. » *André Malraux*

Monarchies du monde

Tonga

Tupou VI est roi des Tongas depuis le 18 mars 2012. Il est issu de la dynastie des Tu'i Kanokupolu, fondée au XVIIe siècle. D'abord nommés « chefs suprêmes », ces dirigeants ont pris le titre de « roi » en 1875, lorsque Siaosi, qui dirigeait déjà le pays depuis dix ans, devint le roi George Tupou Ier. L'actuel souverain, âgé de 65 ans, est son descendant à la 7e génération.

Groupes des 60s

The Kinks

C'est un groupe majeur de la *British Invasion*, fondé en 1963 à Londres par les frères Ray et Dave Davies. Connus pour leurs influences blues, folk et country, les Kinks se font repérer avec un premier single en 1964, *You really got me*. Pendant cette décennie, le groupe se mesure à l'autre coqueluche des Britanniques, les Beatles, et sort *Sunny Afternoon*. Entre 1967 et 1972, ils écrivent plusieurs albums, dont *The Kinks are the village green preservation society*, dont le style très sobre contraste dans une époque où le psychédélisme est à la mode. Après un passage à vide dans les années 1980, l'avènement de la Brit Pop dans les années 1990 les replacera sur le devant de la scène.

INVENTIONS bleu, blanc, rouge

Le vaccin

Louis Pasteur, connu pour être l'inventeur du vaccin contre la rage en 1885, avait commencé ses travaux quelques années plus tôt en travaillant sur des poules infectées par le choléra. Il avait découvert qu'en atténuant le virus, celui-ci n'était plus dangereux et immunisait la personne à qui on l'injectait. En 1902, le vaccin contre la variole devenait le premier obligatoire.

LES TAXIS VOLANTS : BIENTÔT UNE RÉALITÉ.

ÇA, C'EST FAIT DIVERS

Un « Fight Club » de tout-petits ? C'est la mauvaise idée qu'ont eue deux employées d'une crèche située dans le New Jersey, aux États-Unis. Nounous en surface, Erica Kenny et Chanese White, 22 et 28 ans, organisaient des combats entre les enfants dont elles avaient la garde. Le pot aux roses a été découvert lorsque des vidéos de ces rixes filmées ont fuité sur les réseaux sociaux. Ce n'est pas la première fois que des cas similaires se produisent. En 2016, une employée d'une crèche en Floride a été arrêtée pour avoir organisé des bastons de nourrissons. En 2018, une nounou en Californie a, elle, été accusée d'avoir organisé des bagarres entre des enfants de moins de 4 ans. Interpellée, elle a déclaré qu'elle voulait les endurcir. En Afrique du Sud, en 2019, des employés d'une crèche ont été accusés d'avoir organisé des combats entre chérubins pour divertir les parents et les invités lors d'événements organisés dans l'établissement. Les employés ont été arrêtés et la crèche a été fermée.

Lever du soleil
08h40

Mercredi 18

Coucher du soleil
16h55

Saint Gatien – On fête aussi les Gatienne

« Nul n'est plus esclave que celui qui se croit libre sans l'être. » *Johann Wolfgang Goethe*

Heureux Mariages

Une histoire de Coluche commençait par : « C'est l'histoire d'un mec… ». En 1839, à l'Île-Tudy (Finistère), c'est surtout l'histoire d'un gars qui s'est jouée le 29 avril. En effet, ce jour-là, **YVES MARIE LEGARS** épousa **MARIE FRANÇOISE FÉLICITÉ BEAUFILS**. Il devint donc le gendre de Louis Beaufils. Et Marie Françoise Félicité Beaufils se transforma en Marie Françoise Félicité Legars…

La dictée du mois *Un départ pour une vie nouvelle*

Michel Jofriau vogait vers une vie nouvelle. Pensif, il interrogeait l'horizon et se demandait de quoi serai fait l'inconnu qui l'attendait sur ces cotes normandes sur lesquels le navire avait mis le cap. Car le jeune voyageur, ainsi emporté vers la mère-patrie, allait à Rouen, dans sa famille maternelle, étudier la loie et se pourvoir des lettres patantes qui lui conféreraient le titre et les privilèges de notaire royal. Le cœur lourd de souvenirs, il songeait aux nuits de Varennes alors qu'il s'endormait sous les combles de la maison paternelle, bercé par le chant monottone des grillons pendant les nuits ardantes de l'été, et l'hiver, par le mugissement du vent à travers la plaine. Il pensait à son père si bon, à sa mère si tendre, à leurs baisers d'adieu.

Adrienne S**ENÉCAL**, Le Notaire Jofriau, *1935.*

12/10

voguait, serait, côtes, lesquelles, loi, patentes, monotone, ardentes

Ha! Ha! Ha! CITATIONS HUMORISTIQUES : BLAGUES ET VANNES

« Le crétin prétentieux est celui qui se croit plus intelligent que ceux qui sont aussi bêtes que lui. »
Pierre Dac

« Acheter est bien plus américain que penser. »
Andy Warhol

Brèves régions

89

YONNE – L'EXPÉRIENCE GUÉDELON

Au cœur de la Puisaye, Guédelon est un chantier de construction expérimental d'un château fort, débuté en 1997, selon les techniques et les matériaux utilisés au Moyen Âge. Ici, carriers, tailleurs de pierre, maçons, charpentiers, bûcherons, forgerons, tuiliers, charretières, cordiers… transforment et valorisent la pierre, le bois, la terre présents sur le site pour livrer aux visiteurs les secrets des bâtisseurs d'autrefois. De saison en saison, de l'enceinte fortifiée au logis et ses charpentes, en passant par toutes les salles du château, tout a été réalisé sous les yeux de milliers de visiteurs venus visiter ce chantier unique au monde.

Lever du soleil
08h41

Jeudi 19

Coucher du soleil
16h56

Saint Urbain – On fête aussi les Samantha

« Nous ne sommes pas ici dans ce monde pour transformer les autres, mais pour nous transformer nous-mêmes. » *Léon Tolstoï*

GRANDS SPORTIFS DES JO

LE ROI DES PISTES

Fils d'un ancien champion de France junior de ski, Jean-Claude Killy est l'un des meilleurs skieurs de son époque. Ses capacités d'analyse et surtout le développement de nouvelles techniques, dont celle d'utiliser ses bâtons pour se catapulter au départ – technique qui est ensuite adoptée par les autres skieurs–, lui permettent de dominer sur tous les terrains. Ce qu'il confirme en 1968 en décrochant trois médailles d'or en slalom géant, descente et slalom. Une performance qui n'a jamais été reproduite depuis.

CITIUS - ALTIUS - FORTIUS

CHARADE classique

Mon premier sert pour attirer discrètement l'attention,

Mon deuxième est le point d'attache d'une graine,

Mon troisième est un canidé ou un poisson,

Mon quatrième est un type de fruit charnu,

Mon tout est un président de la République française élu après la mort soudaine de Félix Faure.

ÉMILE LOUBET
(HEM – HILE – LOUP – BAIE)

Les Bons Bonbons de nos régions

Le nougat de Montélimar

Si le nougat peut être noir ou blanc, celui de Montélimar est généralement blanc. Composé d'amandes, de miel, de sucre et de blancs d'œufs battus en neige, cette confiserie qui pourrait dater du XIIe siècle doit son existence à la culture de l'amandier dans la région. Plusieurs documents attestent que le *nogat* (« amande » en langue occitane) est l'un des treize desserts traditionnels de Noël depuis le XVIIe siècle – tradition que poursuit la confiserie Fouque en ne fabriquant son nougat qu'à cette occasion. Le nougat de Montélimar doit sa notoriété internationale à Émile Loubet, maire de la ville puis président de la République (1899-1906), qui l'offrait à toutes les têtes couronnées qu'il rencontrait !

BIENTÔT LA PRIME DE NOËL : ÊTES-VOUS CONCERNÉ ?

7,7

C'est, en millions d'euros, le montant faramineux atteint par un vase a priori des plus banals vendu lors d'une vente aux enchères à Fontainebleau. Si on ajoute les frais, le prix de l'objet dépasse les 9 millions d'euros alors qu'il avait été estimé à... 2 000 euros. De forme Tianqiuping, ce vase qui mesure une cinquantaine de centimètres est recouvert d'émaux polychromes avec des figures de dragons et de nuages. La vendeuse qui réside dans un territoire d'outre-mer en a hérité de sa mère, qui elle-même en avait hérité de sa mère, une grande collectionneuse parisienne du siècle dernier. Le montant auquel il a finalement été cédé pose évidemment la question de l'époque de laquelle il date. Si pour l'expert qui l'a authentifié, il a été fabriqué au début du XXe siècle ; il semblerait que pour celui qui l'a acquis et la trentaine d'enchérisseurs qui ont bataillé, l'objet date plutôt de la dynastie Qing, c'est-à-dire... du XVIIIe siècle ! Réponse dans quelques mois : l'acquéreur étant, selon certaines indiscrétions, un grand musée chinois !

Lever du soleil
08h41

Vendredi 20

Coucher du soleil
16h56

Saint Théophile – On fête aussi les Zéphyrin, Isaac

« Il ne faut pas appeler richesses les choses que l'on peut perdre. » *Léonard de Vinci*

Plantes qui soignent

LE PLANTAIN

Il s'installe spontanément au jardin et certains le tiennent pour une mauvaise herbe. Le grand plantain forme une rosette de feuilles ovales, d'où surgissent de fins épis verts. On en fait des salades, mais il a aussi des vertus médicinales. Les graines, riches en mucilage, sont laxatives. L'infusion de feuilles (3 ou 4 par tasse) fluidifie les sécrétions liées à la bronchite et adoucit la gorge. Enfin, en cas de piqûre de moustique, un massage cutané avec des feuilles écrasées a un réel effet calmant.

La saga de l'orthographe

Une langue figée est une langue morte ou totalitaire. Parce qu'elle sert à dire qui nous sommes, comment et où nous vivons, elle ne cesse de nous suivre, ou de nous précéder parfois : ainsi, à présent, c'est l'écriture inclusive, qui féminise les mots en plaçant, entre des points-milieu, la terminaison du féminin, qui n'a pas fini de faire parler et réfléchir. Tant mieux, non ?

Chevaliers de l'Histoire

Götz Von Berlichingen

La vie de ce chevalier impérial allemand, surnommé « Main de fer » en raison de la prothèse métallique qui remplaçait son membre, a inspiré des pièces de théâtre à Goethe et Jean-Paul Sartre. Guerre contre la ligue souabe, les Turcs, les paysans allemands, les Français, Götz a guerroyé pendant près d'un demi-siècle, en servant divers seigneurs. Lorsqu'il ne combattait pas, il kidnappait des nobles contre rançon ou attaquait des convois de marchands pour le butin, activités qui le mirent à deux reprises au ban de l'Empire. Mort en 1562, à plus de 80 ans, Götz avait pris le temps de dicter son autobiographie dans le pur style des romans de chevalerie. Dans la culture populaire allemande, son nom est lié à un euphémisme se rapportant à une expression vulgaire (*Er kann mich am Arsch lecken* – « Il peut me lécher le cul ») que Goethe lui prête dans la pièce de théâtre qui porte son nom.

OENOTOURISME

La route des vins de Savoie et Bugey

À elles deux, la Savoie et le Bugey réunissent 2 600 hectares de vignes et comptent comme l'une des plus petites régions viticoles de France. Les AOC sont les suivantes : Ripaille, Marin, Marignan, Montmélian, Abymes, Apremont, Crépy, Seyssel et Roussette-de-savoie (la plus ancienne AOC de la région). Dans ces terroirs, répartis entre le nord de Chambéry, les rives du lac Léman et le sud de l'Ain, ce sont les vins blancs qui prédominent, avec 70 % de la production, à partir de cépages spécifiques comme la jacquère, l'altesse et la mondeuse blanche. À Bugey, le chardonnay prend un peu plus d'importance. Quelques vins rouges sont également produits, à partir de gamay. Une route des vins à ponctuer de haltes gourmandes sous le signe de la fondue ou de la raclette.

Lever du soleil **08h42**

Samedi 21

Coucher du soleil **16h56**

HIVER

Saint Pierre Canisius – On fête aussi les Thémistocle

« À l'instant où l'esclave décide qu'il ne sera plus esclave, ses chaînes tombent. » *Mahatma Gandhi*

Le saviez-vous ?

Le premier occupant de l'Élysée

Piqué au vif par une réplique de Philippe d'Orléans, alors régent, qui lui faisait remarquer qu'il n'avait pas de demeure parisienne digne de ce nom, le comte d'Évreux achète en 1718 un terrain rue du Faubourg-Saint-Honoré, qui n'était qu'une chaussée bordée de masures. Grâce à la dot apportée par son beau-père, Antoine Crozat – dont la fortune s'est construite sur la traite négrière –, il se fait construire en 1720 un hôtel particulier qui deviendra l'hôtel de l'Élysée.

CALEMBOURS ou RÉPARTIES cultes du cinéma

Dans quel film ?

« Dans un reportage de pure invention, tu as eu l'audace de me faire passer pour un imbécile. Un fou sinistre, aigri et hargneux, triste. Moi qui suis d'un naturel si joyeux ! Je tue pas mal, bien sûr, mais toujours avec le sourire ! »

Réponse : Fantômas, d'André Hunebelle.

PROBLÈMES + – /
de maths du certificat d'études

Pierre, Jean, Philippe, Renaud et Christian ont dévalisé une banque et emporté 10 millions de francs qu'ils se sont partagés en parties proportionnelles aux nombres suivants : 3, 5, 1, 4, 2.

1. Combien les policiers retrouvèrent-ils chez chacun d'eux ?

2. Sachant qu'ils obtiendront un an de prison pour chaque deux millions de francs volés, pour combien de temps seront-ils emprisonnés ?

Solution : 1. Pierre : (10 000 000 / (3 + 5 + 1 + 4 + 2)) x 3 = 2 000 000,00 francs
Jean : (10 000 000 / 15) x 5 = 3 333 333,33 francs
Philippe : (10 000 000 / 15) x 1 = 666 666,67 francs
Renaud : (10 000 000 / 15) x 4 = 2 666 666,67 francs
Christian : (10 000 000 / 15) x 2 = 1 333 333,33 francs
2. Pierre : 1 an
Jean : 3 333 333,33 / 2 000 000 = 1,67 ou 1 an et 8 mois (0,67 x 12)
Philippe : 666 666,67 / 2 000 000 = 0,33 ou 4 mois (0,33 x 12)
Renaud : 1 an et 4 mois
Christian : 8 mois.

SNCF : MENACES DE GRÈVE POUR NOËL.

SYSTÈME D

DES MARCHES QUI GRINCENT !

Un bruit assez discret mais difficile à supporter à la longue ! Si l'escalier grince, c'est parce qu'il vieillit et que les joints se desserrent, le bois se dilatant et se contractant avec les saisons. Commencez par repérer les marches fautives. Ensuite, vous devrez huiler à l'huile de lin, mais le bois doit être parfaitement net. En général, un léger ponçage, au papier de verre fin, est nécessaire (et il est obligatoire si les marches sont vernies). Après avoir dépoussiéré, appliquez une première couche d'huile de lin au pinceau (spalter), en évitant de surcharger. Et passez une deuxième couche après au moins 12 heures. Toutefois, si l'escalier est vieux et grince beaucoup, vous pouvez le saupoudrer de talc pour combler les fissures entre marches et contremarches, avant de l'huiler.

Lever du soleil
08h42

Dimanche 22

Coucher du soleil
16h57

Sainte Françoise-Xavière – On fête aussi es Gratien, Deved

« On ne reçoit pas la sagesse, il faut la découvrir soi-même, après un trajet que personne ne peut faire pour nous. » *Marcel Proust*

CAPRICORNE Vermot'roscope

22 décembre – 20 janvier

Votre caractère

Réservé, timide, calme, méfiant, posé, maîtrisé, concentré, franc, respectueux, travailleur, observateur, solide, résistant, déterminé, ambitieux, sincère, fiable, hypersensible, critique, cérébral, intransigeant, matérialiste, buté, entier, solitaire.

Les événements célestes de 2024

De beaux aspects planétaires viennent vous soutenir. Dès les premiers moments de l'année, vous pouvez compter sur la flamboyante **Jupiter**, l'empêcheuse de tourner en rond **Uranus** et la sage **Saturne**. Avec ce trio à vos côtés, vous avancez comme vous le souhaitez dans tous les domaines de votre vie. De très beaux moments de satisfaction sont à prévoir. Bien dans vos baskets, vous rayonnez et peu de personnes seront insensibles à votre charisme.

PLEINS FEUX SUR 2024, DOMAINE PAR DOMAINE

Vie relationnelle : Cette année, vous cherchez à vous rapprocher de vos amis même si vous attendez énormément d'eux. Misant sur la fidélité et la sincérité, vous fuyez naturellement les relations superficielles et inintéressantes. Votre exigence vous rend plus sélectif, et ne devient pas votre ami qui veut.

Amour : ***En couple*** : vous commencez bien 2024 puisque les astres vous permettent d'accéder à la douceur, au partage et à l'épanouissement conjugal. Toutes les conditions sont réunies pour favoriser la complicité. Au fil des mois, vous consolidez le lien qui vous unit.
Célibataire : dès le début de l'année, vous débordez de charme et de magnétisme. C'est le moment de partir à la rencontre de l'amour si vous le désirez. Saisissez chaque occasion de faire naître un nouveau sentiment. À partir de juin, votre comportement et votre façon de communiquer influenceront votre vie amoureuse ou une relation naissante.

Famille : Vos échanges avec vos proches (parents, enfants, petits-enfants) sont au beau fixe. À leurs côtés, vous vous sentez en pleine forme. Votre sens de la famille est très développé et vous vous efforcez d'être là pour ceux et celles que vous aimez.

Quotidien et vitalité : En 2024, vous évoluez au rythme de vos différentes activités. Pour certains, le premier semestre est positif pour toute initiation à de nouveaux loisirs ou hobbies. D'un bout à l'autre de l'année, vous vous sentez en pleine possession de vos moyens. Vous êtes solide et volontaire.

Budget : Attendez-vous à des hauts et des bas. Pour passer au mieux cette période, ciblez bien vos dépenses, mettez de l'argent de côté afin de remédier aux différents impératifs ou imprévus qui jalonneront 2024.

Cocktails

Limoncello

Pour 1 petite bouteille de limoncello
5 min de préparation –
Plusieurs semaines de repos

- *3 beaux citrons jaunes non traités*
- *50 cl d'alcool pour liqueur (eau-de-vie)*
- *150 g de sucre*
- *50 cl d'eau de source ou filtrée*

Lavez les citrons et prélevez le zeste, puis faites-les macérer dans l'alcool un mois dans un endroit sombre et frais.
Faites bouillir le sucre et l'eau.
Filtrez l'alcool et versez sur le sirop tiède.
Conservez au frais dans une bouteille en verre.

Brèves régions

TERRITOIRE DE BELFORT – INCROYABLES COMESTIBLES

À Todmorden, en Grande-Bretagne, est né en 2008 un mouvement citoyen dont l'objectif est de produire de la nourriture à partager localement, dans une démarche d'autonomie alimentaire saine, durable et inclusive. Au fil des années, il s'implante partout en Europe et en France, comme à Belfort où la maison de quartier Centre-ville s'est engagée dans la démarche en créant un jardin solidaire. Un carré de terre a été débroussaillé par la mairie, de la terre apportée, des bacs à compost et des récupérateurs d'eau de pluie installés. Depuis, des plantations et des récoltes sont faites dans ce potager urbain, par et pour les habitants du quartier.

Lever du soleil
08h43

Lundi 23

Coucher du soleil
16h58

Saint Armand – On fête aussi les Dagobert

« On ne comprend absolument rien à la civilisation moderne si l'on n'admet pas d'abord qu'elle est une conspiration universelle contre toute forme de vie intérieure. » *Georges Bernanos*

Alea jacta est Citations latines

Vade retro Satanas

Les adeptes d'exorcisme connaissent bien cette maxime, puisqu'elle est utilisée dans les séances de désenvoûtement. Injonction est faite au Malin de se retirer, d'aller en arrière (*vade retro*). D'après les Évangiles selon saint Matthieu et saint Marc, c'est la phrase qu'aurait prononcée Jésus refusant les tentations du Diable lors de son séjour au désert. Par extension, c'est une formule par laquelle on repousse une tentation ou exprime une répulsion.

Monarchies du monde

Vatican

Peu de personnes le savent, mais le Vatican est aujourd'hui la seule monarchie absolue d'Europe, les autres étant constitutionnelles. Le pape est un monarque, élu par les cardinaux, lesquels sont choisis… par le pape. C'est ainsi que Jorge Mario Bergoglio, connu sous le nom de François, fut élu par ses pairs en 2013. Il avait été nommé cardinal par le pape Jean-Paul II en 2001.

Bibliophiles

The Flame. Poèmes, notes et dessins, Leonard Cohen (Seuil, 2018)

En 1967, le succès de « Suzanne » et de « So long, Marianne » décide de la carrière de Leonard Cohen : quoique déjà connu au Canada comme romancier et poète, il sera auteur-compositeur-interprète. Sa vie durant, pourtant, il ne cesse d'écrire en marge de sa carrière. Peu avant sa mort (2016), il réunit les poésies, textes de chansons et en prose qui lui sont chers, ici accompagnés de quelques dessins et d'extraits de son journal. Tous font entendre sa voix si particulière, sa spiritualité et sa musique puisque, comme il le disait : « Dans tout ce que je fais […] il y a de la guitare derrière. »

SOLUTION MOTS FLÉCHÉS P. 369

	F		L		C		T		A		B	
A	R	B	A	L	E	T	E		T	R	O	T
	U	L	C	E	R	E	E	S		I	L	E
L	I	E	S	S	E		N	A	R	D		N
	T	U		T	A	P	A	I		E	N	A
S	E	I	N		L	I	G	N	E		O	C
	R	E	E	D	I	T	E		M	A	I	E
D	I	S	E		E	R	R	E	U	R	S	
	E		S	O	R	E		P	E	T	E	R
U	S	B		T		R	E	I	S		T	E
		A	G	A	R	I	C			E	T	E
I	N	C	A		U	E		A	C	T	E	S
	A	L	L	E	S		A	C	E	R		
D	I	A	B	L	E	S			N	O	T	A
	V	I	E		E	U	R	A	S	I	E	N
T	E	S		L			E	M	U	T		G
	T		R	E	L	U		E	R		I	L
B	E	A	U	T	E	S		R	E	G	N	E

128

C'est, en heures, le temps qu'un célèbre influenceur belge a passé sur… des toilettes. Oui, ce n'est pas une blague, car en matière de record idiot, on n'est jamais au bout de ses surprises ! Le dénommé Raphaël Laurent est donc resté assis sur le trône pendant près de 6 jours. Très actif sur TikTok où il compte près de 180 000 abonnés, l'intéressé – qui se fait appeler raphiquii – a expliqué qu'il s'était minutieusement préparé pour réussir son « exploit ». Seul petit bémol : le champion espérait tenir 7 jours entiers, mais son corps l'a trahi. Sa performance lui a en effet causé un gonflement des jambes engendré par la mauvaise circulation sanguine. En revanche, sa prouesse n'aurait engendré aucun gonflement de son Q.I.

Lever du soleil
08h43

Mardi 24

Coucher du soleil
16h58

Sainte Adèle – On fête aussi les Adélice, Adélie, Tarsille

« Qui se connaît, connaît aussi les autres ; car chaque homme porte la forme entière de l'humaine condition. » *Michel de Montaigne*

ÇA S'EST PASSÉ
Le 24 décembre 1524

Mort de Vasco de Gama, navigateur portugais, vice-roi des Indes portugaises, le premier Européen à atteindre l'Inde par la voie maritime.

Rébus Fable de La Fontaine

LU ANIMAL NE

Un Animal dans la Lune

Chiens voyageurs

YORKSHIRE

C'est en Angleterre, dans la région du Yorkshire, située au centre du pays, que ce petit chien apparaît dès l'époque romaine. Pline l'Ancien, le grand auteur et encyclopédiste du Ier siècle, évoque dans son *Histoire naturelle* des « petits chiens qui poursuivent leur proie presque dans le sous-sol », découverts par les légions romaines en débarquant sur le sol anglais. Sélectionné par des croisements au fil des années, le yorkshire se caractérise par ses mâchoires puissantes, sa dentition parfaite et sa petite taille qui lui permet d'entrer dans les terriers de rat et de lapin pour les chasser, d'où son nom complet « yorkshire terrier ». C'est beaucoup plus tard, en 1898, que le standard officiel de la race fut défini, à la suite de la création du très british et très select *Club du Yorkshire*.

PAROLES
Les mots des flics et des voyous

PAROLES

Saucisson

- Affaire difficile à élucider ou sans intérêt pour un policier. Procédure qui n'avance pas et va se terminer en Vaines Recherches (V.R.)
- Détournement de sommes modiques via un grand nombre de transactions illicites. Les prélèvements sont faits par petites tranches. Synonyme : salami.
- Saucissonner : 1) ligoter 2) arrêter, emprisonner.
- Saucissonnage : entraver une personne avec des liens pendant qu'on cabriole son domicile. Les auteurs sont appelés les saucissonneurs.

Recette — Petits biscuits de Noël

Pour 6 à 8 pers.	20 min de préparation	10 min de cuisson - 30 min de repos

- 125 g de beurre, à température ambiante
- 2 œufs (1 œuf entier + 1 blanc)
- 100 g de sucre
- 1 sachet de sucre vanillé
- 200 g de farine
- 100 g d'amandes en poudre
- ½ sachet de levure chimique
- 1 cuil. à café bombée de cannelle en poudre

Préchauffez le four à 180 °C (th. 6). Travaillez le beurre mou dans un grand cul-de-poule avec une spatule. Cassez l'œuf entier et séparez le blanc du jaune.

Battez les 2 blancs avec les sucres pour qu'ils soient bien mousseux. Incorporez-les au beurre ramolli.

Versez la farine, les amandes, la levure et la cannelle. Mélangez intimement jusqu'à obtenir une pâte bien homogène.

Filmez et laissez reposer la pâte 30 min au frais.

Étalez la pâte sur le plan de travail fariné. Avec l'emporte-pièce de votre choix, coupez la pâte en bonshommes, cercles cannelés, étoiles… Déposez-les sur une plaque de four tapissée de papier sulfurisé.

Mélangez le jaune d'œuf avec un peu d'eau et dorez les biscuits au pinceau. Enfournez 10 min.

Conseil
Conservez dans une boîte en métal.

DÉCEMBRE

Lever du soleil
08h43

Mercredi 25

Coucher du soleil
16h59

NOËL

Saint Emmanuel – On fête aussi les Jésus, Jacopone

« Le moyen de ne jamais s'ennuyer, c'est d'avoir une vie intérieure. » *Paul Claudel*

Apéro

Foie gras

Le foie gras est probablement l'une des spécialités françaises les plus connues à travers le monde. Cette préparation de foie frais de canard ou d'oie se consomme cru, mi-cuit ou cuit, selon les recettes. Traditionnellement dégusté à l'apéritif, c'est un mets festif, notamment assimilé aux fêtes de fin d'année. Si la France est le plus gros consommateur de foie gras du monde, la spécialité existe depuis l'Antiquité et traverse les traditions culinaires de plusieurs pays.

KILLER SUDOKU

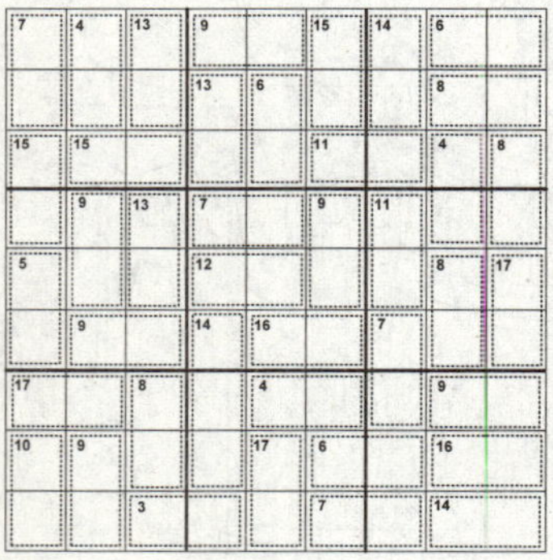

Solution page 381

Il faut remplir la grille en utilisant les chiffres de 1 à 9 une seule fois dans chaque ligne, colonne et carré de 3 x 3.

Le Sudoku est divisé en sections délimitées par des pointillés, dans lesquelles est indiquée la somme des chiffres contenus dans cette section.

Une chanson dans la tête

Petit papa Noël, Tino Rossi

Qui n'a pas chanté ou fredonné « Petit papa Noël » ? On sait moins que cette chanson a connu deux versions. La première, écrite en 1944 par Émile Audiffard, sur une musique très simple d'Henri Martinet, est la prière d'un enfant pour le retour de son papa prisonnier. C'est Raymond Vinci qui écrira les paroles de la seconde version, celle de 1946, enregistrée par Tino Rossi, le chanteur à la voix de velours. Le succès de ce chant de Noël laïque est immédiat. La vente des disques atteint des sommets : 300 000 exemplaires par an, durant des décennies. La chanson sera enregistrée par un grand nombre d'artistes, mais quand on cite « Petit papa Noël », on pense immédiatement à Tino Rossi qui a revêtu le costume du père Noël. *Petit papa Noël / Quand tu descendras du ciel / avec tes jouets par milliers*. À vous…

C'est sa ville !

VITRY-LE-FRANÇOIS

Une commune qui en remplace une autre et conserve son nom, c'est l'histoire peu banale de Vitry-le-François. Cette histoire commence avec les Romains qui firent de Vitry une place stratégique. Détruite par le feu en 1143, elle se reconstruit et devient Vitry-le-Brûlé jusqu'à sa seconde destruction, en 1544, par les armées de Charles Quint. Mais la place n'est pas abandonnée, le roi François Ier ordonne sa reconstruction, tout en changeant légèrement sa localisation. Et c'est ainsi qu'aujourd'hui existe toujours dans la Marne la petite commune de Vitry-en-Perthois, rebâtie sur l'emplacement historique, et Vitry-le-François, la grande ville qui porte le nom de celui qui a souhaité sa refondation.

Lever du soleil
08h44

Jeudi 26

Coucher du soleil
17h00

Saint Étienne – On fête aussi les Estève, Esteban, Stève, Stéphanie

« Donne et tu recevras. » *Platon*

Ça ne rime à rien...

Simple

Le mot latin *simplex* signifiait « formé d'un seul élément » et s'employait déjà à l'époque au sens figuré pour qualifier quelqu'un à l'intelligence modeste, comme s'il n'avait qu'un neurone dans le cerveau. Et il a suffi qu'il perde son « x » final pour que le mot devienne lui aussi unique : impossible d'en trouver un autre qui puisse créer une rime avec lui !

AHAHAH!OH!AH!HI!HI!WHAHA!HA!

LA BONNE BLAGUE

Un garçon de huit ans n'a jamais prononcé un mot. Un soir, alors qu'il prend son dîner, il se tourne vers sa mère et dit :

– La soupe est froide !

Stupéfaite, sa mère ne peut s'empêcher de s'exclamer :

– Mon fils, j'ai attendu si longtemps pour entendre ta voix. Pourquoi as-tu gardé le silence pendant toutes ces années ?

Le garçon la regarde et lui répond :

– Jusqu'à présent, je n'avais rien à redire.

92

Brèves régions

HAUTS-DE-SEINE – LE BUREAU DU PRÉFET

Situé au 24e étage de la préfecture des Hauts-de-Seine, avec une vue imprenable sur le quartier d'affaires de La Défense, le bureau du préfet est resté dans son « jus » des années 1970. Mais attention, il ne s'agit pas d'une ambiance vieillotte ni terne, au contraire ! Le mobilier comme la décoration sont signés par de grands noms de l'époque, à l'image du bureau dessiné par le designer Joseph-André Motte. Le bâtiment tout entier, imaginé en 1973 par l'architecte André Wogenscky, disciple de Le Corbusier, a lui-même été récemment inscrit au titre des Monuments historiques et est très prisé dans le cadre de tournages de télévision et de cinéma.

ÇA, C'EST FAIT DIVERS

Pendant plusieurs mois, leur cavale a tenu en haleine nos cousins québécois. Profitant d'une clôture abîmée par les intempéries, des vaches éprises de liberté ont pris la clé des champs en Mauricie, une région du Québec au nord de Montréal. Cachés dans une forêt dense et peu accessible pendant le jour, les bovins sortaient pour s'alimenter dans les champs voisins la nuit. Quasiment devenues sauvages, les vaches ont pu pendant de longues semaines déjouer toutes les tentatives de capture, s'imposant peu à peu comme les vedettes des journaux télévisés. Elles ont même réussi à échapper à des cow-boys appelés en renfort par les autorités. C'est finalement l'arrivée de l'hiver qui a mis fin à leur cavale. Alors que la nourriture se faisait plus rare dans les champs, l'Union des producteurs agricoles (UPA) de Mauricie est parvenue à attirer les fugitives dans des enclos à l'aide de fourrage. L'ensemble du troupeau a pu être récupéré sain et sauf par son éleveur qui a déclaré aux médias que toutes ses bêtes sans exception étaient en pleine forme.

Lever du soleil
08h44

Vendredi 27

Coucher du soleil
17h00

Saint Jean l'Évangéliste – On fête aussi les Fabiola, Hans

« Connaître le passé est une manière de s'en libérer. » *Raymond Aron*

Le saviez-vous ?

On a retrouvé Charlot dans un champ de maïs

Décédé deux jours plus tôt, Charlie Chaplin est inhumé le 27 décembre 1977. Mais deux mois plus tard, son cercueil est volé par deux mécaniciens qui espèrent obtenir une rançon pour ouvrir leur propre garage. La famille ne cède pas et il faudra plus de deux mois aux policiers pour retrouver la trace des pilleurs de tombe qui se souvenaient avoir caché le cercueil dans un champ de maïs, mais ne savaient plus où exactement… Finalement, on a retrouvé le cercueil, qui fut rapatrié dans son cimetière.

LE BON MOT DE L'HISTOIRE

« Pendant que vous irez courir l'aventure, il faut que quelqu'un reste garder la vieille maison. »
Léon Blum, 27 décembre 1920

En juillet 1920, Lénine a créé le Kominterm, une nouvelle Internationale communiste qui veut rompre avec le réformisme. Lors du XVIIIe congrès des socialistes français à Tours, les débats sont houleux. Léon Blum dénonce l'illusion d'une révolution violente en France et le caractère totalitaire de la nouvelle Internationale. Malgré sa mise en garde, la majorité des délégués du Congrès choisit de faire allégeance au pouvoir bolchevik installé à Moscou et fonde la Section française de l'Internationale Communiste (SFIC), ancêtre du Parti communiste français. Léon Blum prend alors la tête de ce qui reste de « la vieille maison socialiste ».

NOS ANCÊTRES

PREMIERS ARTISTES ?

L'art aurait émergé dès le Paléolithique sous forme de gravures : sur galets chez les australopithèques (3 millions d'années), sur coquillages chez *Homo erectus* (500 000 ans), sur os chez *Homo heidelbergensis* (370 000 ans). Quant aux peintures, la plus ancienne a été découverte en Indonésie : un sanglier d'ocre rouge. Elle date de 45 000 ans, probablement l'œuvre d'*Homo sapiens*.

LA PRINCIPALE PRÉOCCUPATION DES FRANÇAIS EST DE RÉDUIRE LEUR CONSOMMATION D'ÉNERGIE.

EURO 2024

LA PLUS EUROPÉENNE

En 2020, l'EURO célébrait son soixantième anniversaire. Même si son coup d'envoi a été repoussé d'un an, son organisation originale n'a pas été impactée par la pandémie. Car pour la première fois de son histoire, le championnat d'Europe ne s'est pas posé dans un seul pays, mais a réparti les matchs aux quatre coins du continent. Onze villes de onze pays ont été sélectionnées, sept villes et six pays n'avaient jamais accueilli la moindre rencontre d'une phase finale avant cela. L'EURO 2020 s'est ainsi déroulé en Angleterre, en Allemagne, en Azerbaïdjan, au Danemark, en Écosse, en Espagne, en Hongrie, en Italie, aux Pays-Bas, en Roumanie et en Russie. Il a été le plus européen de tous. Plus de 28 millions de demandes de tickets ont été reçues par l'UEFA, soit le double de l'édition précédente.

UEFA - UEFA - UEFA - UEFA - UEFA - UEFA - UEFA - UEFA - UEFA

Lever du soleil
08h44

Samedi 28

Coucher du soleil
17h01

Saints Innocents – On fête aussi les Gaspard

« Ne pas empêcher un crime quand on le peut, c'est l'ordonner soi-même. » *Sénèque*

Les rues mythiques du MONDE

Via Monte Napoleone (Milan, Italie)

Non loin de la Scala, cœur culturel de la ville, cette avenue doit son nom à l'occupation napoléonienne. Considérée comme l'une des rues les plus chics au monde, avec ses boutiques de luxe et de haute couture (Gucci, Prada, Vuitton, Hermès, Dolce & Gabbana…), la Via Monte Napoleone est également réputée pour ses salons de coiffure de renom fréquentés par les célébrités. Outre les *people*, mannequins et autres créateurs de mode qu'on croise inévitablement, la rue offre des bâtiments remarquables, comme la Villa Reale construite au XVIIIe ou la Chiesa di Santa Maria della Passione, une église baroque du XVIIe siècle.

Présentatrices mythiques de TV

Audrey Pulvar

Née en 1972 à Fort-de-France, Audrey Pulvar fait ses premières armes chez Antilles Télévision, en tant que JRI (journaliste reporter d'image), puis accède à partir de 1995 à la présentation du journal du soir. Au début des années 2000, elle travaille comme pigiste pour LCI et TV5. En 2003, elle présente le JT du soir pour France 3 et devient ainsi la première femme noire à présenter un JT sur une chaîne hertzienne. Deux ans plus tard, elle accède au *19/20*. Lorsqu'elle quitte France 3 en 2009, Pulvar passe sur I-Télé en tant que présentatrice du 18 h-20 h, puis rejoint France Inter pour le 6 h-7 h. La journaliste se mettra en retrait des programmes politiques à plusieurs reprises, selon les ambitions politiques de son conjoint Arnaud Montebourg. Chroniqueuse dans *On n'est pas couché*, elle devient brièvement directrice éditoriale des *Inrocks* en 2012, avant de retourner à la télévision et à la radio en tant que chroniqueuse. Progressivement, cette femme de médias s'investit en politique, jusqu'à devenir adjointe à la maire de Paris en 2018, en charge des questions d'alimentation durable.

CRÊPAGE DE CHIGNONS Michael J. Fox & Sean Penn

En 1989, le gentil Marty McFly de *Retour vers le futur* décide de changer de registre en acceptant de jouer dans *Outrages*, un drame très dur sur la guerre du Vietnam réalisé par Brian De Palma. Pour lui donner la réplique, le réalisateur a choisi l'un des « bad boys » d'Hollywood : Sean Penn. Spécialiste des rôles d'hommes torturés, désespérés ou imprévisibles, l'acteur est également connu pour sa vie privée tumultueuse et émaillée de plusieurs condamnations pour violence. De caractère diamétralement opposé dans le film comme dans la vie, les deux acteurs ne vont pas s'entendre pendant tout le tournage, Penn refusant même d'adresser la parole à Fox hors caméra. Comme l'a expliqué De Palma plus tard : « Sean n'a jamais quitté son rôle de sergent et traînait avec des gars de l'armée. Quand il n'ignorait pas Michael, il le provoquait et maintenait sans cesse une tension entre eux. » Sean Penn est allé jusqu'à cracher dans l'assiette de son partenaire au cours d'un dîner ! Inutile de dire que les deux acteurs ne tournèrent plus jamais ensemble…

Solution Killer Sudoku **p. 378**

5	1	9	3	6	7	8	4	2
2	3	4	9	5	8	6	7	1
6	8	7	4	1	2	9	3	5
9	7	8	5	2	6	4	1	3
1	2	5	8	4	3	7	6	9
4	6	3	1	7	9	5	2	8
8	9	6	7	3	1	2	5	4
3	4	2	6	8	5	1	9	7
7	5	1	2	9	4	3	8	6

Lever du soleil
08h44

Dimanche 29

Coucher du soleil
17h02

Saint David – On fête aussi les Abigaël

« Chaque homme dans sa nuit s'en va vers sa lumière. » *Victor Hugo*

ha ha, hi hi, ho ho FRANÇAIS
huhuhuh, hahaha, kukuku JAPONAIS
ax ax ax RUSSE

Humour du monde

cha cha LITUANIEN
jajaja ESPAGNOL

– Chéri, tu sais que Moshe, notre nouveau voisin, ne cesse de regarder chez nous avec des jumelles. Il veut sans doute me surprendre en train de me déshabiller. Il faudrait que nous installions des rideaux à nos fenêtres.

– Si tu veux mon avis, laisse-le te regarder une bonne fois et je te promets que c'est lui qui mettra des rideaux à ses fenêtres.

Cocktails

Gin-fizz

Pour 1 tumbler ou verre à cocktail 5 min de préparation

- *4 cl de gin de bonne qualité type Bombay Sapphire®*
- *1 citron (4 cl de jus)*
- *2 cuil. à café de sucre en poudre*
- *Quelques glaçons*
- *5 cl d'eau gazeuse*
- *1 rondelle de citron jaune*

Versez le gin, le jus de citron, le sucre dans un shaker et ajoutez les glaçons.

Mélangez et versez dans le verre en filtrant, pour ôter les glaçons.

Ajoutez l'eau gazeuse.

Décorez de la rondelle de citron.

Les plus beaux bateaux de l'histoire

LE *PIERRE Ier*

Avec ses couleurs bleu et or et son mât culminant à 27 mètres au-dessus des flots, le grand trimaran *Pierre Ier* est entré dans la légende quand la navigatrice pour qui il a été conçu, par l'architecte Marc Van Peteghem, arrive en première position de la 4e édition de la Route du Rhum en 1990. Florence Arthaud est la première femme à remporter cette course maritime et son bateau ressemble à un joyau des océans scintillant dans le soleil couchant quand elle franchit la ligne d'arrivée. L'image est restée dans les mémoires. Depuis, le trimaran a eu plusieurs vies et plusieurs propriétaires. Cependant, comme un clin d'œil de la vie, alors que Florence Arthaud est décédée en 2015, c'est à bord de ce bateau mythique, rebaptisé *Flo*, que le marin Philippe Poupon (arrivé deuxième en 1990) a pris le départ de la Route du Rhum le 6 novembre 2022.

Démantèlement centrales nucléaires...

ACTU

Le plus malin des cerbères

Vous avez l'impression que votre chien est plus intelligent que la moyenne. Peut-être que vous avez raison. Des chercheurs de l'université d'Helsinki, en Finlande, viennent d'établir un classement des races canines les plus intelligentes. Comment ont-ils fait ? Ils ont soumis un millier de chiens de 13 races différentes à des tests cognitifs et de comportement pendant quatre ans. Les chercheurs ont ainsi analysé l'impulsivité des chiens, la résolution de problèmes spatiaux, leur raisonnement logique, la mémoire à court terme, etc. Voici leurs conclusions :

10. Le berger australien
9. Le cocker anglais
8. Le berger des Shetlands
7. Le chien d'eau espagnol
6. Le hovawart
5. Le golden retriever
4. Le border collie
3. Le labrador
2. L'Australian kelpie
1. Le berger belge malinois

Lever du soleil
08h44

Lundi 30

Coucher du soleil
17h03

Saint Roger – On fête aussi les Anysia, Tirid

« On ne lave pas du sang avec du sang mais avec de l'eau. » *William Shakespeare*

Le saviez-vous ?

Un petit cochon qui rapporte gros

Un peu partout dans le monde, les tirelires se présentent souvent sous la forme d'un petit cochon avec une fente sur le dos par laquelle on insère l'argent que l'on veut économiser. Cela s'explique sans doute par le fait que le cochon est l'animal que l'on engraisse peu à peu, aussi longtemps que possible, avant de le tuer (comme on casse sa tirelire) afin d'en tirer le meilleur profit.

Déguisées en homme ♂

Dorothy Lawrence

Après des études de journalisme, Dorothy rêve d'être correspondante de guerre. Nous sommes en 1914 ; sa candidature auprès des journaux étant systématiquement rejetée, Dorothy décide de travailler comme correspondante indépendante. Elle se rend en France et tente de s'approcher de la zone de front mais, arrêtée par la police à Senlis, elle est obligée de faire demi-tour. La jeune femme réalise que pour atteindre son but, elle doit se grimer en homme. À Paris, elle persuade deux soldats britanniques de lui fournir un uniforme militaire. Elle se coupe les cheveux, aplatit sa silhouette avec un corset, se brunit le teint avec du cirage, apprend le rudiment du maniement des armes et à marcher au pas. Après avoir obtenu de faux papiers d'identité militaire au nom de Denis Smith, du 1er bataillon du régiment royal d'infanterie du Leicestershire, elle gagne la ligne de front, à Albert dans la Somme. La vie dans les tranchées affectant rapidement sa santé, elle doit révéler son sexe au bout de dix jours. Arrêtée, elle est renvoyée chez elle. En 1919, Dorothy Lawrence publie un livre sur son expérience, amplement censuré par le ministère de la Guerre. Internée en hôpital psychiatrique à partir de 1925, elle est morte oubliée de tous en 1964.

Etymologie

Faut-il épouser son sponsor ?

Le très actuel anglicisme *sponsor*, « celui qui soutient financièrement un événement sportif ou culturel à des fins publicitaires », est lui-même un emprunt au latin ecclésiastique qui lui donnait le sens de « parrain, marraine ». C'est dans ce sens que l'anglais l'a emprunté au XVIIe siècle. Et curieusement, le *sponsor* latin vient du verbe *spondere*, « promettre à titre de caution, de répondant », dont le dérivé *sponsare*, « promettre en mariage », nous a donné… *épouser*.

CITATIONS HUMORISTIQUES : BLAGUES ET VANNES

« Moi, je ne suis pas trop "motard", je n'aime pas le costard : c'est ou tout cuir ou tout plâtre… » Patrick Timsit

ÉNIGMES M@ths en-vie

Je pose une pierre sur la première marche d'un escalier. Je pose deux pierres sur la deuxième marche, trois pierres sur la troisième marche… Sur quelle marche vais-je poser la 100e pierre ?

Réponse : Je vais poser la 100e pierre sur la 14e marche. En effet, si je pose une pierre sur les 13 premières marches, je vais poser 1 + 2 + 3 + 4 + 5 + 6 + 7 + 8 + 9 + 10 + 11 + 12 + 13, soit 91 pierres. Je vais alors poser 14 pierres sur la 14e marche, soit 105 pierres, dont la centième, CQFD !

DÉCEMBRE

Lever du soleil **08h44** — **Mardi 31** — Coucher du soleil **17h04**

Saint Sylvestre – On fête aussi les Colombine, Yona, Colombe

« On ne construit du solide que sur le passé. » *T. S. Eliot*

DES nuisibles PASnuisibles

LE FRELON

Plus gros et plus clair que le frelon asiatique, redouté parce qu'il s'attaque aux abeilles, le frelon européen, ou « cul jaune », qui atteint jusqu'à 30 mm de long, est impressionnant en vol et on détruit souvent ses nids parce que l'on redoute sa piqûre – qui n'est en réalité pas plus douloureuse ni dangereuse que celle d'une guêpe. De fait, il ne pique que si l'on attaque son nid. Par ailleurs, il régule les populations de mouches et d'autres insectes, notamment celles de la fausse teigne de la cire, et il est donc l'ami des apiculteurs. Il est actuellement protégé dans certains pays d'Europe.

ASTUCES 2 FAINÉANT

Plier le linge en quelques secondes

Vous avez remarqué combien il est difficile de plier un t-shirt de manière régulière sans perdre trop de temps ? Plutôt que de faire plusieurs essais pour savoir si le bord droit est rabattu sur la même largeur que le bord gauche, utilisez plutôt un carton de type boîte à chaussures ! Coupez cette boîte aux quatre angles, de manière à mettre le carton à plat. Posez le t-shirt au milieu : il vous suffit alors de rabattre un côté puis l'autre et enfin le bas pour obtenir un pliage parfait et régulier. Vous n'avez plus ensuite qu'à plier en deux ou trois votre vêtement, selon la taille de vos étagères, pour le ranger. Évidemment, cette astuce fonctionne aussi avec les chemises (à condition de les boutonner avant), les chemisiers, les corsages, les sweat-shirts…

Brèves régions

SEINE-SAINT-DENIS – LES MURS À PÊCHES

La Société pratique d'horticulture de Montreuil fut créée en 1878 par des arboriculteurs, à la suite de l'Exposition universelle lors de laquelle ils avaient remporté un prix, afin de promouvoir la production montreuilloise. Aujourd'hui, c'est un musée et un jardin-école destiné à des expérimentations agricoles collectives. Tous les ans, des pommiers y sont greffés avec des variétés anciennes, tandis que des variétés de pêchers sont réimplantées sur les murs à pêches. Les visiteurs y sont les bienvenus pour découvrir la culture des pêchers palissés, la culture de la vigne, la variété de pomme calville… et pour déguster les productions de l'association.

Réponse Lettre de décembre

Nous avons ouvert ces pages avec Flaubert (1821-1880). Refermons-les avec lui. Avec un tout autre Flaubert, celui de l'amour vache. À 24 ans, encore inconnu (encore beau aussi…), il rencontre en 1846 une poétesse célèbre et très belle, Louise Colet (1810-1876). C'est l'amour ! Complet : à la fois charnel, voluptueux, et tout empreint d'admiration et d'émulation littéraires. Le seul problème est que Flaubert est volontiers misanthrope, misogyne, que rien ne l'insupporte plus que le trop de présence de l'autre, que rien ne l'occupe plus que son œuvre en perpétuel travail (que lui-même et les copains également, il faut le reconnaître). Bref, ce billet concis et brutal met un point final à ce qui fut pour la pauvre Louise un peu plus de huit ans d'une relation infernale, ponctuée d'épisodes tapageurs, de rebuffades et de « refroidissements ». Grâce à laquelle, il est vrai, elle est passée à la postérité. Elle lui répondit aussi laconiquement : « Lâche, couard et canaille. » On dit que devenu malade et cacochyme, Flaubert, de passage à Paris, la croisa sur une promenade et pensa à la saluer : elle aurait lancé, sans un regard, un « Dire que j'ai pu aimer ça ! » assassin. La meilleure des conclusions à toute correspondance amoureuse ?

Gustave Flaubert